Bernhard Vogel — Dieter Nohlen
Rainer-Olaf Schultze

WAHLEN IN DEUTSCHLAND

BERNHARD VOGEL — DIETER NOHLEN
RAINER - OLAF SCHULTZE

Wahlen in Deutschland

Theorie - Geschichte - Dokumente
1848-1970

W
DE
G

1971

WALTER DE GRUYTER · BERLIN · NEW YORK

ISBN 3 11 001732 6

Das Heil der Demokratien, von welchem Typus und Rang sie immer seien, hängt von einer geringfügigen technischen Einzelheit ab: vom Wahlrecht. Alles andere ist sekundär. ... Ohne diese Stütze einer vertrauenswürdigen Abstimmung hängen die demokratischen Institutionen in der Luft.

Ortega y Gasset
(in *„Aufstand der Massen"*)

Je mehr Macht (und Verantwortung) wir den Wählern geben, ... desto fester sichern wir auch zugleich den Bestand und die Dauerhaftigkeit des demokratischen Gemeinwesens...

Dolf Sternberger
(in *„Die Große Wahlreform"*)

VORWORT

Die *Forschungsgruppe „Wahl der Parlamente"*, die sich seit längerer Zeit mit der Theorie und Praxis der Parlamentswahl beschäftigt, steht in der Tradition der von Professor *Dolf Sternberger* am Heidelberger Institut für Politische Wissenschaft angeregten und geförderten *Forschungen zum Parlamentarismus und zur Repräsentation*. Das Ziel ihrer Bemühungen ist es, für alle Länder der Welt — und untereinander vergleichend — das Vordringen der Wahl als Mittel der Bestellung von Repräsentativorganen darzustellen. Dazu gehört die historische Entwicklung des Wahlrechts, die Analyse der Wahlsysteme nach ihren Gestaltungselementen, nach ihrer Mechanik und nach ihren Auswirkungen, die Geschichte der Parlamentswahlen und die Wahlentwicklung anhand der Wahlstatistik. Untersucht wird vor allem die Verflechtung von politischer Einstellung, Parteipräferenz und Wahlentscheidung der Wahlbevölkerung auf der einen Seite, das Institutionensystem, das Parteiengefüge und die Bedeutung der Wahl als Mittel politischer Machtbildung auf der anderen Seite sowie die Interdependenz der verschiedenen Faktoren. Im Mittelpunkt steht dabei die Frage nach dem Wahlsystem, dies jedoch nicht, weil das Wahlsystem in jedem Falle über die Struktur der Institutionen und über die Form ihres Zusammenwirkens entscheidet, sondern weil das Wahlsystem heute in den pluralistischen politischen Systemen, in denen verschiedene politische Parteien konkurrierend bei Wahlen auftreten, im Zentrum des Bereichs umstrittener institutioneller Regelungen der Wahl steht.

Für die Staaten des europäischen Kontinents konnte die Forschungsgruppe, die zunächst von Dr. Bernhard Vogel, sodann von Dr. Dieter Nohlen geleitet wurde, ihre Untersuchungen bereits abschliessen. Die Ergebnisse erschienen in dem *Handbuch „Die Wahl der Parlamente und anderer Staatsorgane"*, herausgegeben von Dolf Sternberger und Bernhard Vogel, Redaktion von Dieter Nohlen, Bd. I: Europa, Walter de Gruyter & Co., Berlin 1969, 2 Halbbände (I. Halbb. XL und 832 S., II. Halbbd. XVI und 657 S.).

Die hier vorliegende Publikation beruht in ihren wesentlichen Teilen auf zwei im Rahmen des genannten Handbuches erschienenen Beiträgen. Es sind dies die von Dieter Nohlen verfaßte *„Begriffliche Einführung in die Wahlsystematik"* und die Ländermonographie *„Deutschland"*, die Bernhard Vogel und Rainer-Olaf Schultze schrieben.

Eine Reihe von Überlegungen hat die Autoren bewogen, bereits ein Jahr nach der Erstveröffentlichung eine *überarbeitete Neuauflage* dieser Studien zu publizieren. Im Vordergrund stand dabei der Gedanke, beide Untersuchungen wegen ihrer grundsätzlichen Bedeutung für die wissenschaftliche und politische Diskussion der Wahlrechtsfrage in einer gesonderten Ausgabe auch einem breiteren Publikum leicht zugänglich zu machen. Sodann verlockte die Möglichkeit, *eine Reihe von Erweiterungen* vornehmen zu können. So enthält der theoretische Teil nun einige neue Stichworte, ausgewählt nach dem Maßstab der für Deutschland wichtigen Erscheinungen und Begriffe. Dem weithin unveränderten Text der historischen Darstellung — ergänzt nur um die Analyse der Bundestagswahl von 1969 — konnte ein umfangreicher *wissenschaftlicher Apparat* beigefügt werden, auf den im Beitrag „Deutschland" wegen des handbuchartigen Charakters jener Publikation verzichtet werden mußte. Die erläuternden Anmerkungen erleichtern nun dem Leser eine weiterführende und intensivere Beschäftigung mit den aufgeworfenen Fragen. Dem dient auch die dem Text jetzt angefügte *Auswahl relevanter Quellen:* Sie soll einen direkten Einblick in die Diskussionen um das geeignetste Wahlrecht und Wahlsystem und in die formal-rechtliche Ausgestaltung der Wahl in Deutschland vermitteln. Nicht zuletzt ermunterte die wohlwollende Aufnahme des Handbuches in Wissenschaft und Politik die Autoren dazu, ihre Untersuchungen in leicht veränderter Form neu aufzulegen.

Die Verfasser sind Herrn Professor *Dolf Sternberger* und dem *Verlag Walter de Gruyter* zu großen Dank dafür verpflichtet, daß sie schon so frühzeitig nach dem erstmaligen Erscheinen der Beiträge einer veränderten Neuauflage zugestimmt haben. Zu danken ist auch Herrn cand. phil. *Klaus Ziemer* für das sorgfältige Gegenlesen der Korrekturfahnen und Herrn stud. phil. *Günther Philipp* für die Anfertigung des Stichwortverzeichnisses.

Heidelberg, im Herbst 1970

Bernhard Vogel
Dieter Nohlen
Rainer-Olaf Schultze

INHALT

I. BEGRIFFLICHE GRUNDLAGEN

A. BEGRIFF UND FUNKTIONEN DER WAHL

I. Definition der Wahl als Bestellungstechnik (technischer Wahlbegriff)

Technisch gesehen ist die *Wahl ein Mittel zur Bildung von Körperschaften oder zur Bestellung einer Person in ein Amt*. Der Zweck definiert die Wahl indes nicht hinreichend. Die Bestellungstechnik „Wahl" ist durch *bestimmte Verfahren* gekennzeichnet. Bei der Wahl werden im Unterschied zu anderen Bestellungstechniken (siehe unten) von einer wohl abgegrenzten Wählerschaft (im Sinne der Wahl-Berechtigten) individuell Stimmen abgegeben; die Stimmen werden ausgezählt und mittels eines festgelegten Entscheidungsmaßstabes und gegebenenfalls unter Zuhilfenahme eines bestimmten Verrechnungsverfahrens in Mandate übertragen. Dieser Wahlbegriff[1]) vermeidet eine qualitativ-inhaltliche Bestimmung; er richtet sich an technisch-prozeduralen Kriterien und an der Zielvorstellung der Wahl aus. Legt man ihn der so drastisch von einander abweichenden Wahlwirklichkeit in Geschichte und Gegenwart zugrunde, so wird sogleich deutlich, daß — gemäß dem politischen Sprachgebrauch — auch die Bestellung der Parlamente in den kommunistischen Ländern unter die Bezeichnung und den Begriff der Wahl fällt.

Von einer technischen Bestimmung der Wahl ausgehend läßt sich diese Erscheinung zunächst gegen andere Bestellungsmethoden von Körperschaften deutlich abgrenzen. So ist die Wahl unterschieden von der *Bestellung nach Geburtsrecht*, die besagt, daß ein Amt oder Mandat bei Tod oder Abtritt des Inhabers automatisch an den Erben fällt. Die Wahl hebt sich von der *Ex-officio-Bestellung* ab, bei der Personen, wenn sie ein bestimmtes Amt, eine Stellung, einen Stand, einen Titel, einen Beruf etc. erlangen, zugleich die Berechtigung zur Mitgliedschaft in einer Körperschaft erhalten. Auch die *Bestellung durch Losentscheid*, von Aristoteles als d i e demokratische Methode angesehen, der im Altertum und noch in der römischen Kaiserzeit in Kleinasien

---

[1]) Vgl. damit die Definition von Stein Rokkan: „Elections are institutionalized procedures for the choosing of office holders by some or all of the recognized members of an organization", Art. Electoral Systems, in: International Encyclopedia of Social Sciences, hrsg. von David L. Sils, New York 1968, Bd. 5, S. 6. Die Definition kommt allerdings wie viele andere Versuche nicht über eine reine Zweckbestimmung hinaus.

übernatürliche Kraft beigemessen wurde, ist von der Wahl als Bestellungstechnik deutlich verschieden. Für Beispiele der Anwendung dieser Methoden ist hier nicht der Ort. Jedoch muß betont werden, daß die Bestellung nach Geburt, ex-officio und nach dem Los heute noch verwandt werden, daß es sich um Bestellungsmethoden handelt, die nicht durch die Ausbreitung der Wahl hinfällig geworden sind, wenn auch das Los nur noch „as a last resort in supplementing election . . ., after all the other criteria of quality and of voters' confidence have been gauged"[2]), angesehen werden muß.

Zwei weitere Bestellungstechniken von Körperschaften und Amtsträgern sind nicht so offensichtlich von der Wahl zu unterscheiden: *Ernennung und Akklamation*[3]). Insbesondere wenn die Vielfalt der Erscheinungen wahlähnlicher Bestellungen von der Antike bis zur Gegenwart mit in Betracht gezogen wird, ergibt sich, daß die Übergänge zwischen Wahl, Ernennung und Akklamation fließend sind[4]).

Eine Definition, die theoretisch eine Abgrenzung versucht, verlangt hier eine Beschäftigung mit den technischen Prozeduren der Wahl. Dabei wird schnell deutlich, daß mit den spezifischen Bestandteilen und Verfahrensabläufen der Wahl inhaltliche Akzente gesetzt werden. Mit ihnen treten die begrifflich konstitutiven Elemente der Wahl in Erscheinung. Neben der Abgrenzung der Wahl gegenüber den anderen Bestellungstechniken erfolgt dann als das wesentliche Ergebnis eine Differenzierung zwischen den unter einem nur technischen Aspekt als Wahl bezeichneten Erscheinungen. Es trennt sich also die Wahl im liberal-pluralistischen Verständnis von der Wahl im sozialistischen Staat bolschewistischer Prägung, im folgenden bolschewistische Wahl genannt.

II. Inhaltlich-qualitativer Wahlbegriff

Es gibt zweifellos allgemeine Vorstellungen von dem, was eine *Wahl* sei. Wählen bedeutet danach etwa, zwischen etwas wählen, sich für eine Sache oder Person unter mehreren, zumindest aber zweien zu

---

[2]) Benjamin Akzin, Election and appointment, in: AmPSR, Bd. 54 (1960), S. 713.

[3]) Mit den genannten sechs Bestellungstechniken sind im übrigen eigentlich alle empirischen und denkbaren Bestellungsarten von Körperschaften und Amtsträgern erfaßt. Die Bestellung per Divination oder per Usurpation sind keine für sich eigenen Techniken, sondern Legitimationskriterien; sie lassen sich, ebenso wie die Kooptation, in jedem Falle auf eine der genannten Bestellungsmethoden zurückführen.

[4]) Zum fließenden Übergang zwischen Wahl und Ernennung siehe Benjamin Akzin, a.a.O., S. 705 ff. Vgl. auch W. J. M. Mackenzie, Art. Election, in: International Encyclopedia of Social Sciences, a.a.O., S. 2 f.

entscheiden. Und Wahl heißt dementsprechend *Auswahl*. Wenn keine Auswahl besteht, eine Entscheidung unter mehreren Möglichkeiten also nicht offensteht, so liegt eigentlich keine Wahl vor. Zum inhaltlichen Wahlbegriff gehört, daß Alternativen sachlicher oder personeller Art bestehen, zwischen denen sich der Wähler entscheiden kann.

Weiterhin entspricht diesen allgemeinen Vorstellungen, daß wählen nur kann, wer eigenverantwortlich nach eigenen Maßstäben sich zwischen mehreren Möglichkeiten, bei der politischen Wahl zwischen Kandidaten oder Kandidatenlisten, entscheiden kann. Zur Wahl als Auswahl muß also (begrifflich) die *Wahlfreiheit* der Wähler hinzutreten.

Diese Wahlfreiheit besitzt *zwei Komponenten*. Der einen Komponente zufolge muß dem Wähler tatsächlich offenstehen, sich für eine jede der angebotenen Möglichkeiten zu entscheiden. Ausübung von Zwang oder andere Beeinflussung von außen bei der Entscheidung des Wählers ist mit der Wahlfreiheit und somit mit dem Wahlbegriff unvereinbar. Der Wähler hat die *Freiheit der Auswahl*. Die andere Komponente der Wahlfreiheit betrifft das Angebot der Möglichkeiten selbst, unter denen gemäß dem Wahlbegriff der Wähler ohne Nötigung zu einer bestimmten Wahlentscheidung frei auswählen können muß. Komplementär zur freien Auswahl muß die *Freiheit im Angebot,* bei der politischen Wahl in der Wahlbewerbung und Kandidatenaufstellung, hinzutreten. Zum Begriff der Wahl gehört demzufolge, daß keine Beschränkungen willkürlicher (willkürlich-rechtlicher) Natur bestehen dürfen, die eine mögliche Vielfalt von Angeboten begrenzen oder gar auf ein Minimum reduzieren.

Für die Wahl als politische Erscheinung sind die hier entwickelten Begriffe Auswahl und Wahlfreiheit konstitutiv. Sie sind *axiomatische Bestandteile des Wahlbegriffs*. Wahlen, die in Theorie und Praxis dem durch die Begriffe Auswahl und Wahlfreiheit gekennzeichneten Wesen der Wahl zuwiderlaufen, sind keine Wahlen im eigentlichen Sinne.

Für die Wahlen, die sich unter dem obigen technischen Wahlbegriff haben subsumieren lassen, ergibt sich nun bereits das entscheidende *Kriterium der Abgrenzung*. Die Wahlen in den kommunistischen Einparteiendiktaturen sind keine Wahlen im Sinne des inhaltlichen Wahlbegriffs, weil ihnen dessen Bestandteile (Auswahl und Wahlfreiheit) fehlen. *Die Disparität zwischen Wahlen und „Wahlen"* verstärkt sich noch dadurch, daß der inhaltliche Wahlbegriff in Verbindung mit Prinzipien und Rechtssätzen demokratisch-pluralistischer Verfassungssysteme folgerichtig weiter ausgebaut wurde. So ist beispielsweise — unter Berücksichtigung des Gleichheitsgrundsatzes, auch der Presse-,

Versammlungs- und Organisationsfreiheit — der Bereich der Freiheit der Wahlbewerbung erweitert und der Grundsatz der Gleichheit der Chancen der sich bewerbenden Personen oder Gruppen zum Begriff der Wahl mit hinzugetreten.

a) Der bürgerlich-demokratische Wahlbegriff

Bei bürgerlich-demokratischen Wahlen verwirklicht sich das Wesen der Wahl in einem bestimmten Procedere, mit dem verschiedene Prinzipien zur Geltung kommen. Diese Prinzipien fußen einerseits auf dem Verständnis der Wahl als Auswahl und Wahlfreiheit, andererseits wollen sie diese inhaltliche Bestimmung der Wahl konkretisieren und in der Praxis sichern.

Der bürgerlich-demokratische Wahlbegriff manifestiert sich in den folgenden *Merkmalen:*

— *Der Wahlvorschlag.* Vorab muß hier besonders darauf hingewiesen werden, daß der Vorschlag in engster Verbindung zur Wahl selbst steht, ja zum Begriff der Wahl gehört[5]). Denn der Modalität der Wahlbewerbung kommt für den Wahlbegriff essentielle Bedeutung zu. Sie muß — wie bereits aufgezeigt wurde — frei sein und darf keinen willkürlichen Bedingungen unterliegen.

Andererseits aber kann der Vorschlag, der in aller Regel von einem sehr viel kleineren Gremium als dem Wahlkörper gemacht wird, den eigentlichen Wahlakt, d.i. die Auswahl durch die Wähler, nicht absorbieren[6]), selbst dann nicht, wenn faktisch die gesamte Wählerschaft am Vorschlag mitbeteiligt wurde[7]). Die positive Auswahlentscheidung des Wählers ist ein wesentlicher Bestandteil des Wahlbegriffs.

— *Die Konkurrenz.* Bei der bürgerlich-demokratischen Wahl stehen Personen und Personengruppen im Wettstreit um die Besetzung von Mandaten und Ämtern. Wie aus der bürgerlichen Demokratie der

---

[5]) Dies entgegen der Unterscheidung und Trennung von Vorschlag und Wahl bei Max Weber, Wirtschaft und Gesellschaft, hrsg. von Johannes Winckelmann, Tübingen 1956, Neudruck Köln-Berlin 1964, S. 848. Dazu grundlegend: Dolf Sternberger, Über Vorschlag und Wahl. Umriß einer allgemeinen Theorie, in: Kaufmann-Kohl-Molt, Kandidaturen zum Bundestag, Köln 1961.

[6]) Dies liegt u. a. bei den sogen. „stillen Wahlen" vor, bei denen der Vorschlag bereits als Wahl ausreicht, wenn nicht mehr Kandidaten aufgestellt werden, als Abgeordnete zu wählen sind; siehe dazu die Beiträge Schweiz (von Renate Atsma und Rainer Rund) und Liechtenstein (von Holgar Raulf) im Handbuch: Die Wahl der Parlamente und anderer Staatsorgane, a.a.O., S. 800 bzw. 1227.

[7]) So bei kommunistischen Wahlen; siehe dazu etwa den Beitrag Sowjetunion (von Hermann Otto Leng), ebenda, S. 1203 ff.

Pluralismus der Meinungen und Gruppen nicht wegzudenken ist[8]),
so ist — daraus erwachsend — die Kandidatenkonkurrenz ein unab-
dingbarer Bestandteil im bürgerlich-demokratischen Wahlbegriff. Dies
korrespondiert mit dem Wesen der Wahl als Auswahl, so daß in Er-
weiterung des Begriffs die Wahl als Auswahl zwischen konkurrierenden Wahlbewerbern definiert werden kann.

Die Konkurrenz ist zunächst mit der natürlichen Verschiedenheit der
Bewerber gegeben. Auch bei Listen ist die Konkurrenz eine solche
zwischen Personen, denn nur Personen können Mandate und Ämter
besetzen. Mit den verschiedenen, mit einander konkurrierenden Personen gehen jedoch in bürgerlich-demokratischen Wahlen sachlich-po-
litische Differenzen einher. Personen stehen stellvertretend für *konkurrierende politische Meinungen und Programme*. Diesem Aspekt
kommt im bürgerlich-demokratischen Wahlbegriff sogar hohe Bedeutung zu. Für ihn genügt eine Personenauswahl dann nicht, wenn die
Personen sämtlich für ein und dieselbe Sache kandidieren[9]). Die Konkurrenz muß also sachbezogen gesehen werden. Tatsächlich stehen Personen in Wahlen der liberal-pluralistischen Verfassungssysteme immer
stärker für Parteien und deren Programme[10]).

Unter dem Gesichtspunkt des Konkurrenzprinzips läßt sich die bürgerlich-demokratische Wahl definieren als Auswahl unter verschiedenen, alternativen politischen Vorstellungen und Sachprogrammen, für
die Personen konkurrierend um Mandate und Ämter auftreten.

— *Die Chancengleichheit.* Sie umfaßt den ganzen Bereich der Wahl
als Institution, läßt sich jedoch schwerlich für diese insgesamt definieren. Sie erfordert vielmehr eine äußerst *schwierige Detailabgrenzung*,
etwa bei der Wahlbewerbung, Parteifinanzierung, Wahlwerbung etc.
Die Chancengleichheit ergibt sich als solche aus dem *Rechtssatz der
Gleichheit*, die in bürgerlich-demokratischen Verfassungssystemen ei-

---

[8]) Siehe dazu vor allem die Schriften von Ernst Fraenkel, hier namentlich
seine Aufsatzsammlung „Deutschland und die westlichen Demokratien“, 3. Aufl.,
Stuttgart 1968. Daneben auch das Konkurrenzmodell bei Joseph A. Schumpeter,
Kapitalismus und Demokratie, 2. Aufl., Bern 1950, S. 427 ff.

[9]) Dies trifft bekanntlich für die Kandidatenauswahl in den kommunistischen
Ländern zu; siehe dazu in der Historischen Darstellung den Abschnitt über die
Wahlen in der DDR, S. 277 ff., sowie den Beitrag Sowjetunion (von Hermann Otto
Leng), in: Die Wahl der Parlamente und anderer Staatsorgane, a.a.O., S. 1203 ff.

[10]) Unter den Bedingungen der hochindustrialisierten Massengesellschaft haben
sich die Programme der Parteien angeglichen. Doch ist darin letztlich keine un-
umgängliche Entwicklung des Endes zu sehen, daß es keine alternativen Möglichkeiten mehr gebe (siehe: Manfred Friedrich, Opposition ohne Alternative? Köln
1962; Ekkehard Krippendorf, Das Ende des Parteienstaates? In: Der Monat,
Heft 160, Januar 1962). Vielmehr wandeln sich die Gegensätzlichkeiten alternativer
Programme in Umfang und Stil; grobe Unterscheidungen werden durch nuan-
cierte ersetzt.

nes der obersten Postulate darstellt. Sie kann aber ebenso aus dem klassischen Bestandteil der Wahl und des engeren Wahlrechts, dem Epitheton «gleich», gefolgert werden (siehe unten S. 22 ff.).

Die Chancengleichheit muß insbesondere im rechtlichen Sinne verstanden werden; sie umfaßt auf keinen Fall psychologische Ungleichheiten im Wahlwettbewerb, wie sie regierende und oppositionelle Parteien in einigen Ländern antreffen. Dagegen ist die Gleichheit nicht nur als formale Gleichheit zu sehen, von der jedermann weiß, daß sie tatsächlich sehr ungleiche Verhältnisse schaffen kann. Der Gleichheitssatz bedarf einer jeweils an den konkreten Sachverhalten vorzunehmenden Auslegung.

— *Die Wahlfreiheit.* Für den Wahlberechtigten muß gewährleistet sein, daß er frei und ungebunden seine Wahl treffen kann. Eine Nötigung von dritter Seite zu einer bestimmten Stimmabgabe ist im bürgerlich-demokratischen Wahlbegriff nicht statthaft.

Der Sicherung der Wahlfreiheit dienen die Bestimmungen des engeren Wahlrechts (siehe unten S. 20 ff.), so daß sich besonders hier zeigt, wie eng die Wahl*rechts*prinzipien, vornehmlich das Postulat der geheimen Stimmabgabe, mit dem Begriff der Wahl selbst verbunden sind. Ohne die freie Entscheidung der Wähler verliert die Wahl ihren eigentlichen Kern.

— *Der Auswahlprozeß.* Hier handelt es sich um technische Regelungen, die für die Auswahl und die Wahlentscheidung der Wahlberechtigten unabdingbar notwendig sind. Um eine Wahlentscheidung herbeizuführen bedarf es:

a) eines Stimmgebungsverfahrens
b) eines besonderen Zählverfahrens und/oder
c) eines Stimmenverrechnungsverfahrens.

Diese Regelungen sind mannigfach variierbar, indes als solche aus der Wahl nicht wegzudenken. Vielmehr bilden sie die technischen Besonderheiten der Wahl als Bestellungstechnik, abgehoben von anderen Bestellungsmethoden (siehe oben).

— *Die Entscheidung auf Zeit.* Die Wahl als politische Institution versteht sich als eine periodisch auszuübende und revozierbare Entscheidung. Eine einmal vollzogene Wahlentscheidung kann vom Wahlbegriff her nicht dahingehend ausgelegt werden, Auswahl und Wahlfreiheit der Wahlberechtigten für die Zukunft einzuschränken[11]).

[11]) Zu ähnlichen Gedankengängen siehe Dolf Sternberger, Grund und Abgrund der Macht. Kriterien der Rechtmäßigkeit heutiger Regierungen, Frankfurt 1962, S. 209 ff., desgleichen auch in: Die große Wahlreform. Zeugnisse einer Bemühung, Köln und Opladen 1964, S. 16.

b) Die Begriffe Akklamation, Ernennung, Plebiszit und Referendum

Eine erste Abgrenzung kann nun gegenüber jenen Bestellungstechniken erfolgen, die mit der Ausgangspunkt für die Frage nach dem Wesen der Wahl waren. Die Wahl ist im folgenden also von der Akklamation und von der Ernennung zu unterscheiden und zudem ist zu erörtern, was die Begriffe Plebiszit und Referendum bedeuten.

Zunächst ist festzustellen, daß der *Begriff der Akklamation* mehrdeutig ist. Die Akklamation kann als „einfachste Form der Wahl"[12]) bezeichnet werden. Auswahl und Wahlfreiheit müssen dann bei der Akklamation gegeben sein, so daß sich gegenüber der Wahl nur das Procedere des Auswahlprozesses verändert. Die Wahl vollzieht sich dann durch „beistimmenden Zuruf ohne Einzelabstimmung"[13]). Diese Art von Akklamation ist *akklamatorische Wahl* zu nennen. Man könnte auch von *Wahl per Akklamation* sprechen[14]).

Nicht eigentlich Wahl liegt nun bei der Akklamation vor, wenn — wie historisch zu Beginn der Papstwahl oder im römischen Urkönigtum — zwischen electio und acclamatio zu unterscheiden ist, wenn Wahlkörper und Akklamationskörper auseinanderfallen und die Akklamation nicht originär mit dem Bestellungsakt zusammenhängt. Dann kommt der Akklamation im wesentlichen nur die Funktion zu, dem Erwählten Beifall zu spenden und die einmütige Anerkenntnis zu dokumentieren. Im Akklamationsakt liegt dann weder die Möglichkeit der Auswahl noch die der Nichtzustimmung; der Zwang totaler Anerkenntnis ist die entscheidende Kategorie[15]). Daß Wahl und Akklamation in diesem Falle begrifflich streng zu scheiden sind, wird zudem darin deutlich, daß der *Akklamation im Sinne totaler Anerkenntnis* keine eigentliche electio, sondern die Anwendung jedweder anderen Bestellungstechnik vorausgegangen sein kann, z. B. eine Ernennung.

Die Begriffe *Ernennung* und Wahl gegeneinander abzugrenzen erscheint in mancher Hinsicht als recht willkürlich. Das wesentliche Un-

---

[12]) Wörterbuch zur Geschichte, hrsg. von Erich Bayer, Stuttgart 1960, S. 15.

[13]) Der Große Brockhaus, 16. Aufl., Wiesbaden 1952 ff., Bd. 1, S. 127; vgl. auch Encyclopedia Britannica, Bd. 1, (1962), S. 98.

[14]) W. J. M. Mackenzie verwendet den Begriff „election by acclamation" für Wahlen, die „unfrei" sind und in denen der Wähler keine Auswahl hat (Free Elections, London 1958, S. 172). Gerade diese Inhalte fallen nach der hier vorgeschlagenen begrifflichen Abgrenzung unter Akklamation als gesonderte Bestellungstechnik, die mit eigentlicher Wahl nichts gemein hat.

[15]) Der Begriff muß hier so deutlich zugespitzt werden, um ihn von der Wahl per Akklamation abzugrenzen. Für ein modernes Beispiel der Akklamation als Bestellungstechnik siehe die Ausführungen über die bolschewistischen Wahlen, S. 13 ff., hier insbesondere S. 17.

terscheidungsmerkmal ist nach Hans Kelsen[16]) und Karl Braunias[17])
die Über- oder Untergeordnetheit der zu bildenden Körperschaft oder
des zu bestellenden Amts- oder Mandatsträgers. Ernennung ist die
„Berufung eines Organs durch ein vorgesetztes Einzelorgan"[18]), „die
Bestellung in der Richtung nach abwärts"[19]), wohingegen Wahl die
Bestellung „in der Richtung von unten nach aufwärts"[20]) ausdrückt,
verbunden mit der Unterordnung der Auswählenden gegenüber den
Gewählten[21]). Entscheidend für den Unterschied zwischen Wahl und
Ernennung ist jedoch, daß man bei der Ernennung die Merkmale der
Wahl, die Auswahl und die Formen des Auswahlprozesses, nicht ein-
zuhalten braucht, um die Person oder die Personen ausfindig zu
machen, die bestellt werden sollen, und daß dem Akt der Ernennung
selbst das Procedere der Wahl völlig wesensfremd ist. Bei der Ernennung steht der zu Ernennende bereits fest, der Gewählte bei der
Wahl hingegen nicht. Ernennung ist im wesentlichen Vollzug eines
Beschlusses, der wahlähnlich zustande gekommen sein mag, die Wahl
dagegen ist ein Prozeß.

Plebiszit und Referendum gehören zum Oberbegriff Abstimmungen,
unter den auch die Wahl eingereiht werden kann[22]). Das Plebiszit bezeichnet als Personalplebiszit Abstimmungen über Personen[23]), wobei
keine personelle Alternative, sondern nur Zustimmung oder Ablehnung einer kandidierenden Person offensteht. In der Verfassungspraxis vollzieht sich ein solches Plebiszit zumeist in Verbindung mit
der Entscheidung über eine Sachfrage[24]). Als Realplebiszit bedeutet
der Begriff die Abstimmung über eine Sachfrage, vor allem territoriale
Fragen (territoriales Plebiszit)[25]).

---

[16]) Hans Kelsen, Allgemeine Staatslehre, Berlin 1925, S. 279.

[17]) Karl Braunias, Das parlamentarische Wahlrecht. Ein Handbuch über die Bildung der gesetzgebenden Körperschaften in Europa, 2 Bde., Berlin/Leipzig 1932,
Walter de Gruyter & Co., Bd. II, S. 1.

[18]) Hans Kelsen, a.a.O., S. 279.

[19]) Braunias, a.a.O., Bd. II, S. 1.   [20]) Ebenda.

[21]) Benjamin Akzin, Election and appointment, a.a.O., S. 713.

[22]) Allerdings muß dann betont werden, daß über Personen entschieden wird, die
Ämter und Mandate zu besetzen haben. So auch Karl-Heinz Seifert, Das Bundeswahlgesetz. Bundeswahlordnung und wahlrechtliche Nebengesetze, 2. völlig neu bearbei-
tete Aufl., Berlin und Frankfurt 1965, S. 35: „Wahl ist eine Abstimmung, durch die
eine oder mehrere Personen aus einem großen Personenkreis auserlesen werden".

[23]) Maurice Duverger will den Begriff nur für Entscheidungen über Personen
verwendet sehen; siehe Institutions politiques et droit constitutionnel, 2. Aufl.,
Paris 1968, S. 232.

[24]) Vgl. Maurice Duverger, ebenda.

[25]) Siehe Karl Loewenstein, Verfassungslehre, 2. Aufl. Tübingen 1969, S. 271 ff.
Loewenstein schlägt vor, den Terminus Plebiszit für Volksabstimmungen über nicht
verfassungsrechtliche und nicht gesetzgeberische Gegenstände zu verwenden.

Das *Referendum,* auch Gesetzesreferendum, ist eine Abstimmung über Sachfragen, ein Mittel direkter Demokratie, das auch Volksabstimmung und Volksentscheid genannt wird[26]).

III. Funktionen der Wahl

Begriff und Funktionen der Wahl stehen ganz zweifellos in einer Korrelation zueinander. Indes wird man Funktionen unterscheiden können, die dem Begriff der Wahl selbst weitestgehend entsprechen, mit ihm harmonieren und mit ihm offensichtlich eine Einheit bilden, und solche, die dem Begriff im eigentlichen Sinne zuwiderlaufen.

Nehmen wir zum Beispiel Funktionen der Wahl wie die Auswahl der Regierenden durch die Wählerschaft, die Entscheidung über politische Sachfragen oder die Kontrolle der Regierenden durch die Sanktion möglicher Entsetzung aus Amt und Mandat usw. Dies sind zunächst Funktionen, die sich in politischen Systemen entwickelt haben, denen die Wahl als vorrangige politische Erscheinung, in der Regel als Legitimationsprinzip zugrundeliegt. Es kann zudem gesagt werden, daß diese *Funktionen* eine *enge Verbindung mit dem Begriff der Wahl selbst* eingegangen sind. So definiert etwa Maurice Duverger die Wahl als „Auswahl der Regierenden durch die Regierten"[27]). Auch andere Definitionen der Wahl basieren wesentlich auf den mit ihr in bürgerlich-demokratischen politischen Systemen einhergehenden Funktionen[28]).

Zudem muß natürlich berücksichtigt werden, daß bestimmte Merkmale des Wahlbegriffs zugleich auch als Funktionen der Wahl verstanden werden können. So ist beispielsweise die Auswahl unter den Wahlbewerbern nicht nur zum Begriff der Wahl gehörig, sondern eine wesentliche Funktion der Wahl. Dies verweist darauf, daß auch von den *Funktionen* her gewisse *Maßstäbe* an die Wahlen angelegt wer-

---

[26]) Für eine ähnliche Abgrenzung von Plebiszit und Referendum siehe Encyclopedia Britannica, Bd. 18 (1962), S. 72.

[27]) Maurice Duverger, Die politischen Parteien, Tübingen 1959, S. 361.

[28]) An solchen Definitionen, in denen primär auf die Funktionen der Wahl abgehoben wird, herrscht in der Literatur kein Mangel. Siehe etwa Ernst Fraenkel, Deutschland und die westlichen Demokratien, a.a.O., S. 65 f. Die Diskussion um die Frage, ob die Wahl wesentlich eine Entscheidung über politische Sachfragen oder Alternativlösungen einerseits (so Ernst Fraenkel, ebenda) oder zuallererst „eine Kundgebung des Vertrauens gegenüber Personen, Personengruppen, Parteien, potentiellen Regierungsmannschaften" andererseits ist (so Dolf Sternberger, Grund und Abgrund der Macht, a.a.O., S. 177 ff., S. 185), geht auch wesentlich von den Funktionen aus, die der Wahl — zudem entsprechend verschiedenen Verfassungstypen — zugeschrieben werden können. Siehe dazu weiter unten S. 11 ff.

den können. Gehört die Auswahl wesensmäßig zur Wahl, so ist es
unabhängig von diesem begrifflichen Aspekt auch widersinnig, von
Wahlen zu reden, wenn die Funktion der Auslese durch den Wähler
nicht erfüllt werden kann. Wenn Wahlen etwa nur die Funktion zukommt, Personen im Mandat oder Amt zu bestätigen, also nicht gleichzeitig die „Negativ"-Lösung, nämlich die Entsetzung, die Abwahl, zur
Disposition steht, dann liegen keine Wahlen im eigentlichen Sinne des
Terminus vor[29]).

Die Funktionen sind also auch Kriterien der Wahl; umgekehrt freilich nicht minder bilden die *Wahlen Maßstäbe für ihre Funktionen.*
Vladimir Klokočka hat zurecht und mit aller Deutlichkeit hervorgehoben, daß „echte Funktionen... Wahlen... nur dort haben, wo sie
nicht nur bloßes Instrument der politischen Macht sind, sondern auch
ihr Kriterium"[30]). Die Struktur des politischen Systems, in denen Wahlen stattfinden, also die Frage, ob ein System pluralistisch oder monistisch, (nach den Loewensteinschen Termini) konstitutionell oder auto-
kratisch verfaßt ist, ist mit entscheidend dafür, ob die Funktionen der
Wahl jeweils dem inhaltlichen Wahlbegriff entsprechen oder nicht.

Von dieser Dichotomie ausgehend, läßt sich ein *Kanon von Funktionen
der Wahl* entwickeln, und die Funktionen können ihrerseits nach ihrer
Konformität mit dem inhaltlichen Wahlbegriff eingestuft werden.
Freilich treten auch einige Funktionen unabhängig vom politischen
System bei allen Wahlen auf. Diese *Basisfunktionen* orientieren sich
jedoch ganz am technischen Wahlbegriff. Die Verbindung eines Amtes
oder eines Mandates mit einer Person, unabhängig von der Frage, ob
Neuwahl (also Abwahl des vorhergehenden Amts- oder Mandatsträgers) oder Bestätigung vorliegt, ist eine solche Funktion. Die zweite
Basisfunktion von Wahlen geht von einem ähnlichen technischen Gesichtspunkt aus: an die Stelle vieler sollen wenige oder nur ein Einzelner treten, von einem großen Personenkreis soll eine kleinere Körperschaft oder auch nur eine Person bestellt werden. In diesem Bereich
könnten — generell gesagt — alle jene Funktionen fallen, die auch
von den anderen Bestellungstechniken wie Ernennung, Los, Erbfolge
etc. wahrgenommen werden können. Dazu gehört etwa auch, wenn

---

[29]) Vgl. hierzu Vladimir Klokočka, in seiner für die hier behandelten begrifflichen und funktionalen Fragestellungen sehr aufschlußreichen Studie: Demokratischer Sozialismus. Ein Authentisches Modell, Hamburg 1968, S. 52, wo er die „verfassungsrechtliche Verankerung und Proklamation des Führungsanspruches der Kommunistischen Partei" als „rechtliche Bestätigung der Monopolisierung politische
Macht" auslegt, so daß „die Ergebnisse aller Wahlen — auch der zukünftigen —
im voraus" bestimmt seien. Solche Wahlen seien „natürlich dann keine Wahlen
mehr, ... mit dem Charakter von Wahlen unvereinbar".

[30]) Vladimir Klokočka, a.a.O., S. 36.

alle qualitativen Maßstäbe hintangestellt werden, die Frage, wie die Nachfolge in Führungsämtern zu lösen ist. Nur in demokratischen politischen Systemen könnte diese Funktion ausschließlich durch Wahlen erfüllt werden.

Daneben gibt es andere Funktionen, wie die Legitimierung eines politischen Systems und der Regierenden durch Wahlen, für die nicht das gleiche gesagt werden kann; diese *Funktionen* sind also *nicht unabhängig vom politischen System* den Wahlen in jedem Falle immanent. Tatsächlich wird ja in autoritären Systemen die Wahl (oder was darunter verstanden wird) ebenfalls als Legitimationsgrund beansprucht. Hier ist jedoch die subtilere Unterscheidung zu treffen, daß Wahlen nur dort Legitimierungsfunktionen effektiv wahrnehmen können, wo dem inhaltlichen Wahlbegriff entsprechend kompetitive Auswahl und Wahlfreiheit herrschen. Wenn an die Stelle des Konkurrenzprinzips die monopolistische Führung tritt, können Wahlveranstaltungen keine Legitimierungsfunktionen übernehmen.

a) Funktionen bürgerlich-demokratischer Wahlen

In konstitutionellen (K. Loewenstein), demokratisch-pluralistischen Verfassungssystemen ergeben sich die folgenden Funktionen der Wahl:

— *Legitimierung* des politischen Systems und der Regierung, d.h. Anerkennung der Spielregeln des politischen Prozesses und Autorisierung der Gewählten durch die Wahlbevölkerung, legitim Macht auszuüben. Karl Braunias stellte namentlich diese (in seiner Terminologie) „legitimationsbegründende Aufgabe des Wahlrechts" heraus[31]).

— *Repräsentation* von Meinungen und Interessen der Wahlbevölkerung, mit der zugleich eine Transformation politischer Einstellungen in politische Macht erfolgt.

— *Integration,* und zwar einerseits des gesellschaftlichen Pluralismus im Sinne der Integrationslehre von Rudolf Smend: Integration der gestreuten Gruppenwillen im Vorgang der Auseinandersetzung von Gegensätzen und Herbeiführung eines politisch aktionsfähigen Gemeinwillens[32]).

Integration andererseits im Sinne der Verbindung der politischen Institutionen mit den Präferenzen der Wählerschaft[33]) und Herbeifüh-

---

[31]) Karl Braunias, a.a.O., Bd. II, S. 2.

[32]) Rudolf Smend, Die politische Gewalt im Verfassungsstaat, abgedruckt in: Staatsrechtliche Abhandlungen, Berlin 1955, S. 85.

[33]) Campbell/Converse/Miller/Stokes, The American Voter, New York-London 1960, I/S. 3.

rung einer Wechselbeziehung zwischen Führern und Geführten[34]) und gegenseitiger Beeinflussung[35]).

— *Herbeiführung eines Konkurrenzkampfes* um politische Macht und Amt sowie Entscheidung in Form

a) der Auswahl unter konkurrierenden Wahlbewerbern,
b) der Auslese des politischen Personals,
c) der Akzeptierung oder Ablehnung alternativer politischer Sachprogramme,

wobei die drei Punkte in aller Regel ineinander verwoben sind.

— *Kontrolle* der Amts- und Mandatsträger und ihrer politischen Entscheidungen über die Sanktion der Abwahl und Entsetzung. Die Machtkontrolle (als Korrelat zur Machtzuweisung[36]) bei Wahlen) ist dabei nicht nur eine periodisch ausgeübte und somit zeitlich begrenzt wirksame Wahlfunktion, sondern ist als ein den gesamten politischen Prozeß bestimmendes Element zu verstehen, weil die Kontrolle durch Wahlen wesentlich präventiver Natur ist.

Je nach der Struktur des politischen Systems, der Gesellschaft und des Parteiensystems können zur Wahl weitere Funktionen hinzutreten. In parlamentarischen Regierungssystemen mit Zweiparteien- oder Zweiblöckesystem etwa können Wahlen die zusätzlichen, teilweise sehr viel spezifischeren Funktionen haben:

— *Parlamentarische Mehrheitsbildung,* d.h. Herausbildung von klaren Regierungsmehrheiten zum Zwecke entscheidungsfähiger Führung und eindeutiger Verantwortung. Daraus folgt in der Verfassungspraxis die *Einsetzung* (und Absetzung) *der Regierung* durch den Wähler[37]), Entscheidung der Wahlbevölkerung über Regierungsprogramme und Regierungsmannschaften[38]).

— *Einsetzung einer kontrollfähigen Opposition,* und damit Herbeiführung einer möglichst großen Chance für die Wähler, die Machtausübung zu kontrollieren.

— *Bereithaltung des Machtwechsels,* bzw. sogar eine Erleichterung des Wechsels der konkurrierenden Parteien in der Machtausübung.

---

[34]) Carl J. Friedrich, Demokratie als Herrschafts- und Lebensform, Heidelberg, 1959, S. 20.

[35]) Richard Rose and Harve Mossavir, Voting and elections: A functional analysis, in: PSt., Bd. XV, S. 171 ff., hier S. 174 f.

[36]) Zu diesen Begriffen und zum Zusammenhang der Funktionen von Wahlen siehe Erwin K. Scheuch/Rudolf Wildenmann, Zur Soziologie der Wahl, Köln-Opladen 1965, S. 38.

[37]) Besonders betont bei J. A. Schumpeter, a.a.O., S. 432 f.

[38]) Hierzu R. T. McKenzie, Politische Parteien in England, Köln-Opladen 1961, S. 386 f.

Diese letztere Kategorie, deren Bedingungen zu untersuchen die grundlegende Fragestellung der Computersimulation der Kölner Wahlstudie war[39]), führt die Problematik der Wahlfunktionen nun entschieden in den Bereich der technischen Regelungen des Wahlprozesses. D.h. sollen Wahlen diese letztgenannten Funktionen erfüllen, so ergeben sich daraus besondere Maßstäbe für das Wahlsystem. Die empirischen Daten weisen dies deutlich aus. Die meisten parteilichen Mehrheitsbildungen kommen aufgrund der spezifischen mehrheitsbildenden Auswirkungen von Wahlsystemen zustande[40]). Funktionen der Wahl gehen somit in *Funktionen des Wahlsystems* über bzw. sind von diesen abhängig. Wahlen können dann die ihnen in bestimmten politischen Systemen zufallenden Funktionen nur erfüllen, wenn ein funktionsgerechtes Wahlsystem angewandt wird.

Grundsätzlich ist bei der Bestimmung der Funktionen der Wahl von einer engen Verflechtung von politischer Institutionenordnung, Zielvorstellung der durch Wahlen herbeizuführenden Repräsentation (siehe unten S. 32 f.), gesellschaftlicher Struktur, Parteiwesen, Parteiensystem und Wahlsystem auszugehen. Sie stehen in einem engen *Wirkungszusammenhang*. Nicht eine isolierte Betrachtung, sondern — wie bei jedem System — nur eine *Analyse der Gesamtheit der Elemente im Verhältnis ihrer gegenseitigen Interdependenz* kann ein einzelnes Systemelement hinlänglich erklären, Wirkung und Rückwirkung aufzeigen und die tatsächlichen Funktionen der Wahl im einzelnen Falle dieses oder jenes Landes erfassen[41]).

IV. Exkurs: Der bolschewistische Wahlbegriff

Was in den Ländern der kommunistischen Parteidiktaturen aufgrund der dort üblichen Wahlpraxis unter einer Wahl verstanden wird, ist von der bürgerlich-demokratischen Wahl prinzipiell verschieden. Zwar sind die oben herausgestellten *Merkmale* teilweise auch der bolschewistischen Wahl eigen, jedoch nie im Verhältnis der Wahl als Auswahl durch den Wähler und Wahlfreiheit bei der Wahlbewerbung und

---

[39]) Wildenmann/Kaltefleiter/Schleth: Auswirkungen von Wahlsystemen auf das Parteien- und Regierungssystem der Bundesrepublik, in: Erwin K. Scheuch/Rudolf Wildenmann, a.a.O., S. 74 ff.

[40]) So auch Douglas W. Rae, The political consequences of electoral laws, New Haven - London 1967, S. 151.

[41]) Von diesen Bedingungen hängt auch ab, ob Wahlen mehr repräsentativen oder plebiszitären Charakter tragen. Zu den Begriffen und zur theoretischen Erörterung der mit ihnen zusammenhängenden Verfassungsstrukturfragen siehe Ernst Fraenkel, Die repräsentative und die plebiszitäre Komponente im demokratischen Verfassungsstaat, in: Deutschland . . ., a.a.O., S. 71 ff.

Auswahl. Sie sind vielmehr Fassade, hinter der Regelungen und
Prinzipien angewandt werden, die die Implikationen der Wahl
im eigentlichen Sinne gerade aufheben. Neben den technischen Notwendigkeiten wie etwa einem Stimmgebungsverfahren, die unabdingbar sind, wenn in einem technischen Sinne noch von Wahlen (und nicht
von Ernennungen oder ex-officio Bestellungen o. ä.) gesprochen werden soll, wird auch der Wahlvorschlag gehandhabt, jedoch auf der
Basis des Einheitsprinzips inhaltlich entleert[42]). Es kommt zu keiner
wirklichen Kandidatenkonkurrenz und also nicht zu einer Konfrontation pluralistischer Interessen, auch wenn — wie neuerdings üblich[43])
— mehr Kandidaten im Wahlkreis aufgestellt werden, als jeweils Abgeordnete im Wahlkreis zu wählen sind. Die Wahlpraxis in den bolschewistischen Ländern hat mit dieser Regelung nur eine subtilere
Form der Fassade angenommen, wenn mit den Kandidaten nicht sach-
lich-politische Differenzen zum Ausdruck kommen.

Die Disparität zwischen bürgerlich-demokratischer und bolschewistischer Wahl läßt sich also zunächst anhand der einzelnen Wahlmerk-
male beschreiben, was hier nicht weiter geschehen soll. Sie ergibt sich
sodann auch bei Betrachtung der Wahl als politischer Gesamterschei-
nung, wenn untersucht wird, welches Gewicht und welchen Ort die
einzelnen Merkmale im *Phasenablauf der Wahl* im bürgerlich-demokratischen und im bolschewistischen Wahlbegriff einnehmen und welche
andere Struktur der Phasenablauf selber hat. So besitzt der Wahlvorschlag bei bolschewistischen Wahlen die höchste Bedeutung im Wahl-
ablauf, dem die Wahlentscheidung der Wähler am Wahltag weit
nachgeordnet ist[44]). Die Kandidatennominierung und die Zusammenstellung der Block- oder Einheitsliste wird von den dazu berechtigten
Wahlkommissionen besorgt, die in der bolschewistischen Wahltheorie
aufgrund ihrer Wahl durch die Nationale Front und damit alle
Werktätigen und das Volk schlechthin besonders legitimiert sind

---

[42]) Dahin geht auch die Kritik der demokratisch-pluralistisch ausgerichteten
Kommunisten an den bolschewistischen Wahlen: „Die Konfrontation verschie-
denster politischer Interessen und die demokratische Mehrheitsbildung werden zu
einer inhaltslosen und grotesken Manifestation eines starren ‚Einheitsprinzips‘ um-
funktioniert und gleichen jeder beliebigen spektakulären, aber inhaltsleeren politischen Veranstaltung“. So Vladimir Klokočka a.a.O., S. 36. Vgl. auch die heftige
Polemik gegen den pluralistischen Sozialismus bei Ernst Gottschling, Die Theorie
von der „pluralistischen Demokratie“ im heutigen Klassenkampf, in: Neue Justiz,
Jg. 22 (1968), S. 609 ff.

[43]) Siehe hierzu vor allem den Beitrag Polen (von Klaus Schrode) im Handbuch:
Die Wahl der Parlamente und anderer Staatsorgane, a.a.O., S. 995 ff.

[44]) Vgl. Dieter Feddersen, Die Rolle der Volksvertretungen in der Deutschen
Demokratischen Republik, Hamburg 1965, S. 46. Ebenso Ernst Wolfgang Böckenförde, Die Rechtsauffassung im kommunistischen Staat, München 1967, S. 60.

und zudem nur die Ergebnisse der Nominierungskampagnen, an denen wiederum das Volk intensiv beteiligt wird, prüfen und billigen. Die eigentliche Auswahl (als Merkmal der Wahl) vollzieht sich — wenn wir die Kontrolle des Vorschlags durch den Herrschaftsapparat hier beiseite lassen — vorab der Wahl in der Wahlvorbereitung innerhalb der kommunistischen Partei und der Parteien der Nationalen Front und wird so dem Wähler genommen. Die Hauptperson bei der Wahl, der Wähler, befindet sich beim Wahlakt in der Situation, nicht mehr wählen, sondern nur noch akklamieren zu können. „Ihre Wahlen sind nichts als organisierte Akklamationen"[45]).

Die entscheidende Disparität zwischen bürgerlich-demokratischem und bolschewistischem Wahlbegriff ergibt sich aber erst, wenn nach der Funktion der Wahlen in den verschiedenen, hier pluralistisch und dort monistisch strukturierten politischen Systemen gefragt wird. Über diesen Weg erst gelangen wir zu einem Verständnis der bolschewistischen Wahl und seiner von der bürgerlich-demokratischen Wahl abweichenden Merkmale.

a) Funktionen bolschewistischer Wahlen

Wahlen kommunistischer Parteidiktaturen entbehren sämtlicher Funktionen, welche ihre Basis darin haben, daß in Wahlen an sich konkurrierenden Wahlbewerbern die Macht offensteht. Mit der inhaltlichen *Entleerung des Wahlbegriffs* fällt eine *Entleerung der Wahl in bezug auf ihre Funktionen* zusammen, freilich nur in der Hinsicht, daß Wahlen in den kommunistischen Ländern nicht mehr die mit dem eigentlichen Begriff und den eigentlichen Funktionen der Wahl konformen Funktionen ausüben. Denn neben die ‚technischen' Funktionen, die oben erwähnt wurden (siehe S. 10 f.), und jene, wie die Legitimierungsfunktion, die inhaltslos bleiben, treten neue Funktionen, die sich aus vollends verschiedenartigen politischen Systemvorstellungen herleiten. Ihnen zufolge wären Wahlen im eigentlichen (bürgerlich-demokratischen) Sinne überflüssig[46]). Denn in der kommunistischen Theorie wird der von der Partei vorab definierte Volkswille marxistisch-leninistisch begründet. Auf ihn können Wahlen keinen Einfluß haben. Den objektiven Interessen der Gesellschaft entspricht die Führungsrolle der Arbeiterklasse und ihrer Avantgarde, der Partei, der zuzustimmen eine Freiheit aufgrund der Einsicht in die Notwendigkeit ist, keine beliebige ‚subjektive' und ‚zufällige' Freiheit.

Die Wahlen in den Ländern der kommunistischen Parteidiktaturen erfüllen also *andere Funktionen*. Sie dienen neben der *Bestätigung*

---

[45]) Dolf Sternberger, Grund und Abgrund der Macht, a.a.O., S. 105; zum Begriff der Akklamation siehe oben S. 7.
[46]) Vgl. Dieter Feddersen, a.a.O., S. 40.

der herrschenden Machtgruppen (weshalb sie bereits im eigentlichen, qualitativ-inhaltlichen Sinne keine Wahlen sind):

— *„der Festigung der volksdemokratischen Ordnung und dem Aufbau des Sozialismus"* [47]). Sie sind „Integrationsmittel zur Befestigung und Weiterentwicklung der sozialistischen Staatsmacht" [48]).

— der *Verdeutlichung der Maßstäbe der kommunistischen Politik* und der Mobilisierung der Bürger für die Idee des Sozialismus [49]). Dies geschieht vor allem in den Versammlungen der Wahlbewegung. Die Wahlen gehören zum System der Transmissionen.

— der *„Festigung der politisch-moralischen Einheit der Bevölkerung"* [50]) durch Hebung des politischen Bewußtseins in Rückschau (Rechenschaft) und Ausblick [51]) und Dokumentation dieser Einheit mittels des Wahlergebnisses in „Höchstzahlen an Wahlbeteiligung und positiver Akklamation" [52]). In dieser Geschlossenheit von Werktätigen und kommunistischer Politik kommt die Vorstellung der Identität von Regierenden und Regierten zum Ausdruck.

— der *Mobilisierung aller gesellschaftlichen Kräfte* zum Aufbau des Sozialismus, praktisch „eine Inpflichtnahme . . . der einzelnen zugunsten der von der Partei festgelegten politischen und gesellschaftlichen Aufbauziele" [53]). Die Wahlen erhalten eine entschieden *sozioökonomische Funktion:* sie sollen die Produktivkräfte steigern. In Selbstverpflichtungen zur Erfüllung besonderer Normen treten die Bürger in einen Wettstreit [54]), der seinerseits als „große Volksabstimmung" verstanden wird [55]).

Schließlich erfüllen bolschewistische Wahlen auch eine *Alibi-Funktion,* worauf gerade Kritiker aus eigenen Reihen stark abheben. Bei „Existenz (bürgerlich-) demokratischer Formen" soll der Schein

---

[47]) Gerhard Riege, Die Rolle der Wahlen in der DDR, Berlin (-Ost) 1958, S. 12.

[48]) Ernst-Wolfgang Böckenförde, a.a.O., S. 65.

[49]) Vgl. Dieter Feddersen, a.a.O., S. 46.

[50]) Präambel des Wahlgesetzes der DDR vom 31. Juli 1963, abgedruckt in: Otto Gotsche, Wahlen in der DDR, Schriftenreihe des Staatsrates der Deutschen Demokratischen Republik, Nr. 4/1964, S. 17. Diese Einheit wurde zunächst auch darin gesehen, daß in den Wahlkreisen immer nur ein Kandidat aufgestellt wurde; vgl. A. Gorschenjew/J. Tscheljapow, Das sowjetische Wahlsystem, Berlin (-Ost) 1958, S. 32. Inzwischen hat sich in einigen Ostblockländern der Mehrmannwahlkreis durchgesetzt.

[51]) Ebenda, S. 7; siehe auch Eberhard Poppe, Der sozialistische Abgeordnete und sein Arbeitsstil, Berlin (-Ost) 1959, S. 31 ff.

[52]) Ernst-Wolfgang Böckenförde, a.a.O., S. 61.   [53]) Ebenda, S. 59.

[54]) Eberhard Poppe, a.a.O., S. 41 ff. In Wahlen findet demnach nicht mehr ein Wettbewerb um politische Macht, sondern um wirtschaftliche Planziele statt.

[55]) Otto Gotsche, a.a.O., S. 8.

aktiver Zustimmung (anstelle des tatsächlichen passiven Zustimmungs-
zwanges) erweckt werden[56]).

Indem mit dieser letzten Funktion die systemimmanente Betrachtung
eigentlich wieder in die vom bürgerlich-demokratischen Wahlbegriff
ausgehende kritische Analyse der kommunistischen Wahlen übergeht,
wird deutlich, daß es für die Definition des bolschewistischen Wahlbegriffs unabdingbar ist, *zwei Ansätze deskriptiver Analyse* zu verwirklichen: Zum einen eine *Negativ-Abgrenzung* gegenüber der bürgerlich-demokratischen Wahl, die namentlich auf die begrifflichen
Merkmale abhebt; zum anderen eine der kommunistischen Demokra-
tietheorie *immanente Darstellung*, die wesentlich von den *Funktionen*
der bolschewistischen Wahlen ausgeht. Beide methodischen Wege sind
nicht alternativ, sondern zugleich und gleichen Schritts einzuschlagen,
wenn eine hinlängliche Definition des bolschewistischen Wahlbegriffs
erzielt werden soll. Denn nach den Funktionen der Wahl, die, wie
gezeigt wurde, mit den Begriffsinhalten der Wahl möglicherweise
nicht identisch oder konform sind, richten sich ihre Formen und ihr
Sinn, die somit verständlich werden. Jedoch bleiben die herkömmlichen (bürgerlich-demokratischen) Inhalte des Wahlbegriffs die wissenschaftlichen Bewertungs- und Klassifikationskriterien.

Von der Funktion der bolschewistischen Wahl her, Einheit herzustellen
und zu dokumentieren[57]), wird klar, daß bolschewistische Wahlen
im *Wahlakt* den Charakter von *Manifestationen politischer Einheit* in
Form von *Akklamationen* tragen, wobei dem Wähler Zustimmung oder
Ablehnung nicht offensteht, sondern ihm eine totale Akklamation auferlegt ist. Kompetitive Auswahl und Wahlfreiheit als Mittel, den politischen Willen der Bevölkerung zu ergründen, sind vom Selbstverständnis der bolschewistischen Demokratie her dem kommunistischen
Wahlakt natürlicherweise funktionsfremd. Nicht anders verhält es
sich mit dem *Wahlvorschlag*. Die Wahlbewegung und der Versamm-
lungsdemokratismus dienen der Kontaktpflege zwischen Parteiführung
und Volk, der *Transmission*, der *Agitation* und *Propaganda* im Sinne
der *Erziehung*. Auch hier handelt es sich um „einen staatlich gelenkten
Integrationsvorgang . . . mit dem Ziel der weiteren Stabilisierung der
Staatsmacht[58]). Wie groß man auch den Wählereinfluß über Rechen-

---

[56]) Vladimir Klokočka, a.a.O., S. 36 f. Jedoch wird man das Wahlphänomen in
den bolschewistischen Ländern nur mißverstehen können, wenn man in ihm ausschließlich, wie W. J. M. Mackenzie, Elections, a.a.O., S. 5, die Fortsetzung der
traditionellen Wahlmanipulationen etwa napoleonischer Prägung sieht und damit
abtut.

[57]) Siehe dazu Dolf Sternberger, Grund und Abgrund der Macht, a.a.O., S. 102 ff.

[58]) Ernst-Wolfgang Böckenförde, a.a.O., S. 64. Zur Kandidatenaufstellung und
Kaderpolitik siehe Hermann Otto Leng, Die allgemeine Wahl im bolschewistischen
Staat (Diss., masch. Ms.), Heidelberg 1970.

schaftslegung und Wählerauftrag zu gestalten bereit sein mag[59]): bei
der Kandidatennominierung kann aufgrund des Selbstverständnisses
der bolschewistischen Demokratie der Führungsanspruch der kommunistischen Partei nicht in Frage gestellt werden[60]) und damit vom
Funktionsverständnis kommunistischer Wahlen her keine freie Kandidatenkonkurrenz und keine Vorwahl[61]) bei der Nominierung stattfinden. Tatsächlich erfolgt denn auch die Kandidatur in Form der
Ernennung[62]).

Bolschewistische Wahlen sind, nach einer Definition von Hermann O.
Leng, *„Volksbefragungen konsultativen Charakters im Wege einer
gelenkten Kampagne mit der Auflage der abschließenden totalen Akklamation"*[63]).

B. BEGRIFF UND BESTANDTEILE DES WAHLRECHTS

I. Wahlrechtsbegriffe

Beim Wahlrecht sind wohl zwei verschiedene Inhalte zu unterscheiden.
Man wird von einem umfassenden und einem engeren Wahlrechtsbegriff ausgehen müssen.

Der *umfassende Wahlrechtsbegriff* enthält alle rechtlichen und ge-
wohnheitsrechtlichen Bestimmungen, die die Wahl von Repräsentationen oder von Personen in ein Amt betreffen. Das Wahlrecht ist
hier „der Inbegriff der Rechtsnormen, die die Wahl von Organen regeln"[64]), es umgreift alle positiv-rechtlichen Regelungen und alle Kon-
ventionen von der Kandidatur bis hin zur Wahlprüfung. Unter einem
umfassenden Wahlrechtsbegriff ist es also richtig, Fragen der Wahlbewerbung und des Wahlsystems als Wahl*rechts*fragen anzusehen, denn
zweifellos handelt es sich um gesetzlich zu fixierende Regelungen.
In diesem Sinne wurde auch das Werk von Karl Braunias „Das parlamentarische Wahlrecht" betitelt.

Der *engere Wahlrechtsbegriff* enthält nur jene gesetzlichen Bestimmungen, die „das Recht des Einzelnen, an der Bestellung von Organen

---

[59]) Die neue Verfassung der DDR vom 9. April 1968 zählt die „Volksaussprache
über die Grundfragen der Politik", die bei der Wahlbewegung stattfinden soll, zu
den „unverzichtbaren sozialistischen Wahlprinzipien" (Art. 22/3). Ernst-Wolfgang
Böckenförde konzediert denn auch, daß über die Wahlbewegung Kritik an Miß-
ständen geübt und Vorschläge der Wähler an den Parteiapparat herangetragen
werden, a.a.O., S. 59.

[60]) Siehe Ernst Gottschling, a.a.O., S. 614 f.; ders. auch in: Klassendiktatur
und „Teilung der Macht", Neue Justiz, Jg. 23 (1969), S. 1 ff., hier S. 6 ff.

[61]) Eine Vorwahl sieht Rudi Rost in der Kandidatennominierung, „Über unsere
Abgeordneten", in: Demokratischer Aufbau, Heft 8 (1957), S. 171 f.

[62]) Zum Begriff siehe oben S. 9 f.

[63]) Hermann Otto Leng, Die bolschewistische Wahl . . ., a.a.O.

[64]) Braunias, a.a.O., Bd. II, S. 2.

mitzuwirken", betreffen[65]). Er konkretisiert das Recht zu wählen, beschränkt sich inhaltlich auf die rechtlichen Bedingungen der Teilnahme von Personen an der Wahl und auf die Ausgestaltung dieses Rechtes.

Das engere Wahlrecht bezeichnet vor allem, wer wahlberechtigt und wer wählbar ist; es fragt zudem danach, ob das Recht zu wählen allgemein, gleich, direkt und geheim ist. Der engere Wahlrechtsbegriff bezieht sich somit auf Rechtsgrundsätze und Rechtsfragen, die in aller Regel verfassungsrechtlichen Charakter haben. Unter ihnen sind die Grundsätze der Allgemeinheit und Gleichheit der Wahl vorrangig, besonders auch, weil sie weitgehend dem allgemeinen Gleichheitssatz in der Demokratie entsprechen und somit zum Selbstverständnis der Demokratie gehören.

Die Ausbreitung des allgemeinen, gleichen, direkten und geheimen Wahlrechts ist als Geschichte der Rechtsnormen zu verstehen, die dem engeren Wahlrechtsbegriff zugehörig sind. Entsprechend diesen Rechtsnormen konnte der Einzelne an Wahlen teilnehmen: als Wahlberechtigter, als Wählbarer, mit gleichem Stimmwert wie alle anderen Wahlberechtigten oder ungleichem Stimmwert, unmittelbar oder mittelbar, geheim oder offen.

Von einer Änderung des Wahlsystems bleiben die Bestandteile des engeren Wahlrechts zunächst unbetroffen. Gewiß kann etwa der Rechtssatz der Gleichheit der Wahl für ein zu schaffendes oder zu überprüfendes Wahlsystem relevant werden. Und somit kann der engere Wahlrechtsbegriff in die rechtlichen Regelungen des gesamten Wahlbereiches hineinwirken[66]), teilweise Orientierungsmaßstäbe liefern. Diese mögliche Verflechtung von engeren Wahlrechtsmaßstäben und umfassendem Wahlrecht, verstanden als rechtlich-organisatorische Regelungen der Wahl, stellt jedoch die Sonderung der Begriffe an sich nicht in Frage[67]).

II. Bestandteile des engeren Wahlrechts (Wahlrechtsgrundsätze)

Die Bestandteile des engeren Wahlrechts waren begrifflich und inhaltlich seit der französischen Revolution, die ihrerseits die Wahl-

---

[65]) Ebenda.

[66]) Dies wird besonders von Karl-Heinz Seifert betont, a.a.O., S. 36.

[67]) Andererseits geht es natürlich zu weit, die Maßstäbe des engeren Wahlrechts für die Beurteilung von Wahlsystemen in einer Weise heranzuziehen, wie es Enid Lakeman — wenn auch in polemischer Zuspitzung — getan hat, als er vom britischen Unterhauswahlsystem sagte, daß es „weder gleich, noch direkt, noch frei sei", in: Parteien, Wahlrecht, Demokratie. Schriftenreihe der Friedrich-Naumann-Stiftung zur Politik und Zeitgeschichte, Bd. 12, Köln-Opladen 1967, S. 64.

rechtsbewegung mächtig in Gang setzte, einer fortdauernden Veränderung unterlegen. In der Gegenwart allerdings haben sich für das Wahlrecht in demokratisch verfaßten politischen Systemen feste Rechtsnormen herausgebildet. Diese werden gekennzeichnet durch die vier Epitheta allgemein, gleich, direkt und geheim. Sie bilden das Korrelat und die Legitimitätsbasis eines demokratischen Staates, wenn sie zugleich zusammenfallen mit dem oben charakterisierten liberalpluralistischen Wahlbegriff. Seit der Stalinverfassung von 1936 sind die klassischen Bestandteile des Wahlrechts auch in den sozialistischen Ländern bolschewistischer Prägung verfassungsrechtlich verankert. Diese Tatsache tritt aber an Bedeutung hinter den weiteren Ausbau der Kontrolle der Wahlen, vor allem der Wahlbewerbung, die 1936 erfolgte, weit zurück[68]).

Was unter den einzelnen Bestandteilen genau zu verstehen ist, welche Abgrenzungen vorzunehmen und welche Folgerungen rechtspolitischer Natur sich aus den Definitionen ergeben, davon soll im folgenden gehandelt werden. Wir verfahren dabei systematisch, definieren also zunächst die heute verbindlichen Rechtsnormen und stellen ihnen dann die Vielzahl historischer Erscheinungen und Rechtsregelungen gegenüber.

a) allgemein

Die Rechtsnorm der *Allgemeinheit der Wahl* bedeutet, daß grundsätzlich alle Staatsbürger, unabhängig von Geschlecht, Rasse, Sprache, Einkommen oder Besitz, Beruf, Stand oder Klasse, Bildung, Konfession oder politischer Überzeugung Stimmrecht besitzen und wählbar sind. Gegen diesen Grundsatz verstößt nicht, daß einige unerläßliche Voraussetzungen gefordert werden wie ein bestimmtes Alter, Staatsbürgerschaft, Wohnsitznahme, Besitz der geistigen Kräfte und der bürgerlichen Ehrenrechte und volle rechtliche Handlungsfähigkeit. Als formale Bedingung ist heute die Forderung der Eintragung in die Wählerlisten anzusehen. Für die Wählbarkeit können weitere Bedingungen hinzutreten, wie ein erhöhtes Alter und Unvereinbarkeiten mit der Ausübung anderer Ämter (Ineligibilitäts- oder Inkompatibilitätsbestimmungen); von ihnen wird ebenfalls der Allgemeinheitsgrundsatz nicht verletzt. Eine Beeinträchtigung des passiven Wahlrechts bedeutet es auch nicht, wenn faktisch zur Wahlbewerbung die Mitgliedschaft in einer Partei erforderlich ist[69]).

Der moderne Begriff des allgemeinen Wahlrechts schließt das *Wahlrecht für Frauen* mit ein. Er ist deshalb von dem historischen Begriff

---

[68]) Hier handelt es sich sogar um eine gewisse Wechselbeziehung; vgl. etwa A. Gorschenjew/J. Tscheljapow, Das sowjetische Wahlsystem, a.a.O., S. 3 ff., 25.

[69]) So bereits Braunias, a.a.O., Bd. II, S. 112.

des allgemeinen Wahlrechts zu trennen, der noch keineswegs das Frauenwahlrecht enthielt, bzw. dieser historische Begriff ist aus systematischen Gründen aufzugeben. In den Beiträgen des Handbuches wird, um Verwechslungen auszuscheiden, stets entweder von allgemeinem Wahlrecht oder allgemeinem Männerwahlrecht gesprochen[69a]).

Beim *Wahlalter* ist eine exakte Festlegung nicht vorzunehmen. Man wird vielmehr von einem allgemein gültigen Satz von 21 Jahren ausgehen können und neben einer Reduzierung des Wahlalters auf achtzehn Jahre, die vor allem in den sozialistischen Staaten besteht, in anderen Ländern angestrebt wird und in der Bundesrepublik jüngst vollzogen wurde, auch eine Altersbedingung von 23 Jahren als mit dem Grundsatz des allgemeinen Wahlrechts vereinbar ansehen müssen[70]).

Im Gegensatz zur allgemeinen Wahl stehen alle *Formen des beschränkten Wahlrechts.* In historischer Perspektive lassen sich im wesentlichen drei Arten der Beschränkung des Wahlrechts unterscheiden:

1. durch *direkte Ausschließung* bestimmt bezeichneter Gruppen mit unveränderlichen Merkmalen vom Wahlrecht, vor allem ethnischer oder religiöser Minoritäten, etwa der Juden, oder in abhängigem Status befindlicher Personen (Erfordernis der Selbständigkeit) etc.

2. durch Festsetzung eines Zensus *(Zensuswahlrecht)* in den Formen entweder eines bestimmten Besitznachweises (Besitzzensus), einer bestimmten Steuerleistung (Steuerzensus) oder eines bestimmten (zumeist) Jahreseinkommens (Einkommenszensus), weniger häufig in Pacht-, Wohnungs-, Lohn- und Sparqualifikationen.

3. durch Forderung von Schulbildung und weiterer geistiger Leistungsnachweise in der Form des Ausschlusses der Analphabeten und der Festsetzung bestimmter Bildungsnachweise *(Bildungszensus)*[71]).

Hierzu zählt auch das sog. *„Kapazitätenwahlrecht"*, das bestimmt bezeichneten Personengruppen aufgrund ihrer Bildung oder ihrer gesellschaftlichen Stellung das Wahlrecht einräumte und ihnen nicht angehörende ausschloß.

[69a]) Bezug genommen ist hier auf die Länderbeiträge im Handbuch: Die Wahl der Parlamente und anderer Staatsorgane, a.a.O.

[70]) Zur Frage des Wahlalters in historischer, rechtlicher und international vergleichender Perspektive siehe Hans-Helmut Röhring, Mit 18 wählen?, in: Aus Politik und Zeitgeschichte, Beilage zur Wochenzeitung Das Parlament, B 33/69, S. 28 ff. Zur Senkung des Wahlalters siehe den folgenden Teil, S. 189 f.

[71]) Zum Problem Analphabetismus und Wahlrecht im historischen und internationalen Vergleich siehe die Studie von Gustavo Sariego Mac-Ginty, Los derechos políticos de los analfabetos, Ed. Juridica, Santiago de Chile 1966.

b) gleich

Der *Grundsatz der gleichen Wahl* ist zunächst eine Frage des engeren Wahlrechts. Er bedeutet, daß es nicht zulässig ist, das Stimmgewicht der Wahlberechtigten nach Besitz, Einkommen, Steuerleistung, Bildung, Religion, Rasse, Geschlecht oder politischer Einstellung zu differenzieren. Das Prinzip des gleichen Wahlrechts postuliert die *Zählwertgleichheit der Stimmen* der Wahlberechtigten. Jeder Wähler kann mehrere oder eine Stimme haben, entscheidend ist, daß die Stimmenzahl bei sämtlichen Wählern eines ganzen Wahlgebietes gleich ist. Abweichungen, die für den Gleichheitsgrundsatz nicht ins Gewicht fallen, sind auch hier noch möglich. Zum Beispiel ergibt sich dort, wo die Wähler so viele Stimmen besitzen, wie jeweils Abgeordnete im Wahlkreis zu wählen sind, eine natürliche Differenzierung in der Stimmenzahl der Wahlberechtigten eines Landes.

Dagegen sind mit dem Gleichheitsgrundsatz alle *Klassen-, Kurien- und Pluralwahlrechte* unvereinbar, deren Prinzip es war, das Stimmgewicht der Wahlberechtigten zu differenzieren. Zwei Formen sind hier zu unterscheiden: 1. Die Unterteilung der Wählerschaft in zahlenmäßig sehr stark von einander abweichende Gruppen, Klassen oder Kurien, nach Ständen, Berufen, Steuerklassen usw., die eine fixierte Zahl von Abgeordneten (bei indirekten Wahlen: von Wahlmännern) zu wählen hatten. Hierhin gehört auch die Sonderung bestimmter Wählerkategorien, etwa Universitätswähler, von der allgemeinen Wählerschaft, wenn innerhalb dieser Gruppe auf eine wesentlich reduzierte Zahl von Wahlberechtigten oder Wählern ein Abgeordneter entfiel. 2. Die Differenzierung der Zahl der den Wahlberechtigten zur Verfügung stehenden Stimmen (Pluralwahlrecht), in der Form, daß bestimmte Personengruppen, Grundeigentümer, Steuerzahler, Familienväter etc. eine oder mehrere Zusatzstimmen erhielten.

Der rechtlichen Fixierung ungleicher Wahlen, wesentlich eine Erscheinung des 19. Jahrhunderts, steht die Möglichkeit gegenüber, durch *technische Regelungen der Wahlprozedur* die Gleichheit der Wahl aufzuheben. Vor allem deshalb ist das Postulat der gleichen Wahl „heute der wichtigste aller Wahlrechtsgrundsätze"[72]). Die Problematik tritt hier aus dem Bereich des engeren Wahlrechts heraus. Entsprechend dem Prinzip der gleichen Wahl müssen die technischen Regelungen der Wahl, insbesondere die Wahlkreiseinteilung, so gestaltet sein, daß annäherungsweise eine *Zählwertgleichheit der Stimmen* garantiert ist. Vor allem in solchen Systemen der Mehrheitswahl, in denen das Gestaltungselement Wahlkreis die mehrheitsbildende Wirkung herbeiführt, muß gewährleistet sein, daß das Verhältnis der Be-

---

[72]) Karl-Heinz Seifert, Das Bundeswahlgesetz, a.a.O., S. 45.

völkerungszahl zur Zahl der zu wählenden Abgeordneten im gesamten Wahlgebiet etwa gleich ist, wenn der Gleichheitsgrundsatz nicht verletzt werden soll[73]).

Ein besonderer Zusammenhang ergibt sich auch zwischen *Zählwert-und Erfolgswertgleichheit* der Wählerstimmen. Der Erfolgswert kann je nach Wahlsystem unterschiedlich sein. Doch wird in Wahlsystemen, die grundsätzlich von einer proportionalen Übertragung der Stimmen in Mandate ausgehen und auf ein bestimmtes Repräsentationsmodell hinauslaufen (siehe S. 32), eine erhebliche Abweichung von Zählwert und Erfolgswert der Wählerstimmen nicht zulässig sein, ohne daß der Gleichheitsgrundsatz verletzt wird. Darauf wird im Zusammenhang der Wahlsystemtypen noch eingegangen (siehe unten S. 34 f.). Ebenfalls andere Bereiche betrifft der Gleichheitsgrundsatz unter dem Gesichtspunkt der Chancengleichheit der Parteien. Siehe dazu die Erörterungen im Kapitel zum inhaltlichen Wahlbegriff (oben S. 5 f.).

c) geheim

Der *Grundsatz der geheimen Wahl* steht der öffentlichen oder offenen Stimmabgabe gegenüber, also der Abgabe der Stimme zur Niederschrift, durch Zuruf oder Handzeichen. Die geheime Wahl will die freie Wahlentscheidung der Wahlberechtigten sichern, die sich aus dem Erfordernis der Wahlfreiheit ergibt (siehe oben S. 6). Sie verlangt, daß die Stimmabgabe der Wähler, die heute zumeist mittels Stimmzetteln erfolgt, in ihrer Entscheidung von anderen nicht erkennbar ist. Diesem Zweck haben bei geheimen Wahlen die technischen Regelungen zu dienen, wie Wahlzelle, amtliche, verdeckbare Stimmzettel, versiegelte Wahlurnen etc. Geheime Wahlen sind aber auch unter Verwendung anderer Techniken der Stimmabgabe möglich: historisch in Form des Kugelungssystems[74]), gegenwärtig unter Verwendung von Wahlmaschinen[75]).

Der Grundsatz der geheimen Wahl ist kein den Wähler verpflichtender Rechtssatz. Die Möglichkeit, die Stimmabgabe geheim zu vollziehen,

---

[73]) Zur theoretischen Erörterung des Gleichheitssatzes im Wahlrecht siehe den knappen Abriß mit umfangreichen Literaturverweisen bei Karl-Heinz Seifert, a.a.O., S. 45 ff.

[74]) Das Kugelungssystem wurde noch bis nach dem Zweiten Weltkrieg in Jugoslawien und Albanien angewandt, im ganzen 19. Jahrhundert bis 1926 in Griechenland.

[75]) Wahlmaschinen wurden zunächst zur Erleichterung statistischer Erhebungen und soziologischer Untersuchungen verwandt. Für die Reichstagswahlen in Schweden sind nach 1970 zur Ermittlung des Wahlergebnisses Computer im Einsatz. Der Wähler locht bei der Stimmabgabe perforierte Stimmkarten.

muß rechtlich und organisatorisch gewährleistet sein[76]). Allerdings
wird faktisch von geheimen Wahlen nicht mehr gesprochen werden
können, wenn größere Wählergruppen auf ihr Recht, geheim abzu-
stimmen, verzichten und ihre Stimme offen abgeben. Wie dies auch
motiviert sein mag: geheime Wahl und Akklamation stehen in einem
gewissen begrifflichen Spannungsverhältnis. Sie können einander ausschließen[77]).

d) direkt

Direkte, unmittelbare Wahlen (als letzter der eigentlich vier Grund-
bestandteile des engeren Wahlrechts) kennen im Gegensatz zu indirekten, mittelbaren Wahlen keine Zwischengremien, die zunächst von
den Wählern gewählt werden (Wahlmänner) und die dann die Wahl
vollziehen. In direkten Wahlen bestimmen die Wähler selbst die Mandatsträger. Die „Zwischenschaltung eines fremden Willens zwischen
Wählern und Abgeordneten bei oder nach der Wahlhandlung (ist)
ausgeschlossen"[78]).

Die *Listenwahl* starrer Liste und verschiedene Stimmgebungsverfahren tangieren nicht den Grundsatz der direkten Wahl[79]). Jede Stimme
muß nur „bestimmten oder bestimmbaren Wahlbewerbern zugerechnet" werden[80]). Unvereinbar sind demnach freie und willkürliche
Veränderungen in der Reihenfolge und in der Auswahl der Kandidaten einer Liste durch die Parteien nach der Stimmabgabe. Hier muß
eine detaillierte gesetzliche Regelung vorliegen und für die Wahl der
Kandidaten bindend sein.

Bei indirekten Wahlen wird allerdings zwischen *formal und substantiell mittelbaren Wahlen* unterschieden werden müssen. Als formal indirekt sind solche Wahlen anzusehen, bei denen wohl ein Zwischen-
gremium zwischen Wähler und Mandatsträger tritt, der Wähler jedoch eine gezielte, nur einer Person oder einer Liste der für die repräsentative Körperschaft oder ein Amt kandidierenden Personen oder
Listen zugute kommende Stimme abgeben kann, in denen der Wähler-
wille also nicht durch ein Wahlgremium mediatisiert wird. Wahlen,
in denen ein Wahlmännergremium ungebunden zur Wahl der endgültigen Mandatsträger schreiten kann, sind dann als substantiell in-

---

[76]) Die deutsche Rechtsprechung geht auch von einer Verpflichtung aus, die
Stimmabgabe geheim zu vollziehen; siehe Karl-Heinz Seifert, a.a.O., S. 55.

[77]) Hier ist auf die kommunistische Wahlpraxis und die sich aus ihr für den
Begriff der Wahl ergebenden Konsequenzen angespielt; siehe dazu oben S. 7, 14 ff.

[78]) Karl-Heinz Seifert, a.a.O., S. 40.

[79]) Entgegen Gerhard Leibholz, neuerdings wieder in „Parteien und Wahlrecht
in der modernen Demokratie", in: Parteien, Wahlrecht, Demokratie, a.a.O.,
S. 40 ff., hier S. 47 f.

[80]) BVerfG.Entsch. VII, 63 ff., hier 68.

direkte Wahlen zu bezeichnen. Beispielsweise ist die Entwicklung der amerikanischen Präsidentenwahlen von substantiell zu formal indirekten Wahlen verlaufen.

e) frei

Der *Grundsatz der freien Wahl* ist erst in geringem Umfang positivrechtlich verankert worden[81]). Tatsächlich ist auch das, was unter dem Prinzip zu verstehen ist, sehr viel weniger scharf abzugrenzen. Zudem zeigt sich, daß er als Begriff des engeren Wahlrechts zum Begriff der Wahl als solcher gehört. Hier trägt der Terminus vor allem *politisch programmatischen Charakter*[82]). Als solcher findet er sich bereits in der Bill of Rights von Virginia vom 12. Juni 1776 in Artikel sechs.

Im Bereich des engeren Wahlrechts könnte der Begriff „frei" besagen, daß die Ausübung des Wahlrechts „ohne Zwang oder sonstige unzulässige Beeinflussung von außen"[83]), ohne Nötigung zu einer bestimmten Stimmabgabe und ohne Kontrolle derselben vonstatten zu gehen hat. Diese Erfordernisse werden aber durch die vier klassischen Bestandteile des demokratischen Wahlrechts bereits hinreichend gedeckt, so daß der Begriff „frei" hier „überflüssig"[84]) erscheint. Tatsächlich wird so auch der Begriff „frei" dem Grundsatz der geheimen Wahl zu- und untergeordnet[85]).

Im Sinne des allgemeinen Wahlbegriffs liegt die weitere Interpretation des Prinzips „frei", nach der die Ausschaltung jeglichen Zwangs oder Monopols im gesamten Wahlprozeß, insbesondere bei der Kandidatur, als sein Kriterium zu gelten habe. Gedacht wird dabei an eine freie Kandidatenkonkurrenz und an eine Wahl als Auswahl. Gerade diese Inhalte wurden oben dem eigentlichen Begriff der Wahl zugrundegelegt, so daß sich die Rede von den freien Wahlen als eine

---

[81]) In Deutschland nur in den Verfassungen von Rheinland-Pfalz (1947), Schleswig-Holstein (1949), Nordrhein-Westfalen (1950), Niedersachsen (1951) und in Art. 38 des Grundgesetzes. Im europäischen Verfassungsrecht ist der Grundsatz frei nur in der italienischen Verfassung von 1948 verankert.

[82]) Zur theoretischen Erörterung und politischen Bedeutung des Postulats freier Wahlen siehe Dolf Sternberger, Grund und Abgrund der Macht, a.a.O., S. 29 ff., S. 303 und S. 308 f.

[83]) Karl-Heinz Seifert, a.a.O., S. 42.

[84]) Thomas Ellwein, Das Regierungssystem der Bundesrepublik Deutschland, 2. Aufl., Köln-Opladen 1965, S. 98, Anm. 84 (S. 333).

[85]) So durch Karl-Heinz Seifert im Handwörterbuch der Sozialwissenschaften, Stuttgart/Tübingen/Göttingen, 1956 ff., Artikel Wahlrecht und Wahlsystem, Bd. 11 (1960), S. 473 ff., hier S. 474. Im Widerspruch dazu steht allerdings die Meinung desselben Autors in seiner Schrift Das Bundeswahlgesetz, a.a.O., S. 42. Dort bezeichnet er die freie Wahl als „allgemeines Wahlrechtsprinzip. Gerade sie in besonderem Maße".

Tautologie erweist. Wahlen sind entweder frei oder es sind (qualitativ-inhaltlich) keine. Die politische Absicht, aus der die Betonung und verfassungsrechtliche Verankerung des Wortes „frei" folgte, liegt auf der Hand. Man wollte die Wahlen von der faschistischen und kommunistischen Wahlpraxis deutlicher abheben. Indes, stärkere begriffliche Klarheit wird damit nicht gewonnen, zumal die Kommunisten mit der gleichen Selbstverständlichkeit ihre Wahlen auch als „frei" bezeichnen[86]).

C. BEGRIFF, GRUNDTYPEN UND GESTALTUNGS-ELEMENTE DES WAHLSYSTEMS

I. Der Begriff des Wahlsystems

In der überwiegenden Zahl von Untersuchungen, die sich mit den Wahlsystemen und ihren Auswirkungen befassen, wird von einer Definition des Begriffs abgesehen. Eine terminologische Klärung des Begriffs Wahlsystem steht jedoch notwendigerweise am Beginn wahlsystematischer Überlegungen.

Wahlsysteme stellen Verfahren dar, mittels derer die Wähler ihren politischen Willen in Wählerstimmen ausdrücken und Stimmenzahlen in Mandate übertragen werden[87]). Die technischen Regelungen, die ein Wahlsystem enthält, umfassen den gesamten *Wahlprozeß:* die (mögliche) Untergliederung des Wahlgebietes in Wahlkreise, die Form der Kandidatur (Einzelkandidatur oder verschiedene Listenformen), das Stimmgebungsverfahren (ob und wie der Wähler eine oder mehrere Stimmen vergeben kann) und das Stimmenverrechnungsverfahren.

Die mannigfach variierbaren und kombinierbaren Regelungen wirken sich auf das *Wahlergebnis* in zweifacher Weise aus. Zunächst beeinflussen sie die Wahlentscheidung des Wählers, indem sie ihn bei der Stimmabgabe vor eine jeweils andere Entscheidungssituation stellen. Ihr entsprechend trifft der Wähler seine Wahl; dabei prägt

[86]) Siehe W. A. Karpinskij, Die Gesellschafts- und Staatsordnung der UdSSR, Berlin (-Ost) 1947, S. 75; A. Gorschenjew — J. Tscheljapow, Das sowjetische Wahlsystem, Berlin(-Ost) 1958, S. 42. So heißt es auch nun im Artikel 54 der Verfassung der DDR vom 6. April 1968: „Die Volkskammer besteht aus 500 Abgeordneten, die vom Volke auf die Dauer von 4 Jahren in freier, allgemeiner, gleicher und geheimer Wahl gewählt werden."

[87]) Eine ähnliche Definition verwendet auch Douglas W. Rae: Wahlsysteme (in: seiner Terminologie: „electoral laws") „are those which govern the process by which electoral preferences are articulated as votes and by which these votes are translated into distributions of governmental authority (typically parliamentary seats) among the competing political parties", a.a.O., S. 14.

die vorgeschriebene Form in aller Regel die inhaltliche Entscheidung
mit. Sodann wirken sich unterschiedliche technische Regelungen bei
der Übertragung von Stimmenzahlen in Mandate von einander
abweichend auf die parlamentarische Mandatsstärke der Parteien aus.
Diese verschiedenen Auswirkungen der Stimmenverrechnungsverfahren beeinflussen auch die Parteipräferenzen und das Stimmver-
halten der Wahlberechtigten.

Grundsätzlich lassen sich die Wahlsysteme nach zwei Prinzipien
unterscheiden: nach dem Prinzip der *Mehrheitswahl* und dem Prinzip
der *Verhältniswahl*. Diese Begriffe bezeichnen die *Wahlsystemgrund-
typen* — jede Wahlsystemdiskussion geht von ihnen aus oder führt
auf sie hin. Der wissenschaftlichen Analyse der Termini Mehrheitswahl und Verhältniswahl kommt deshalb ganz erhebliche Bedeutung
zu; sie ist jedoch bislang weitgehend vernachlässigt worden — sehr
zum Nachteil der in Wissenschaft und Politik geführten Wahlsystemdiskussion. Im folgenden sollen nun zunächst beide Begriffe definiert,
sodann in Auseinandersetzung mit der herkömmlichen Wahlsystem-
theorie die Kriterien einer neuen Terminologie dargelegt werden.

II. Wahlsystemgrundtypen

a) Mehrheitswahl

Der Begriff „Mehrheitswahl" ist zunächst als *Entscheidungsprinzip*
zu verstehen: die Mehrheit der Stimmen soll entscheiden. Diese
Regel ist historisch im 5. Jahrhundert an die Stelle der Einstimmigkeit getreten[87a]. Heute ist sie vor allem gegenüber dem Entscheidungsmaßstab der Verhältniswahl abzugrenzen.

Soll die Wahlentscheidung nach der Mehrheit herbeigeführt werden,
so können unterschiedliche *Mehrheitsqualifikationen* angewandt werden: das Kriterium der absoluten Stimmenmehrheit (majority formula) und das Kriterium der relativen Stimmenmehrheit (plurality
formula). Im ersteren Falle bedarf ein Bewerber zu seiner Wahl einer
Stimmenzahl, die größer ist als die Summe der Stimmen, die die
restlichen Kandidaten erhielten, im zweiten Falle benötigt er nur

---

[87a]) Zur Entwicklung des Mehrheitsprinzips in historischer und ideengeschicht-
licher Perspektive siehe: Ladislas Konpczynski, Le Liberum Veto. Etude sur le
développement majoritaire. Institut d'études Slaves de l'Université de Paris.
Bibliothèque Polonaise, Paris 1930; vor allem auch den Aufsatz von Otto von
Gierke, Über die Geschichte des Majoritätsprinzips, in: Schmollers Jahrbuch, NF
Bd. 39 (1915), S. 565 ff., sowie Heinz Josef Varain, Die Bedeutung des Mehrheits-
prinzips im Rahmen unserer politischen Ordnung, in: ZPol NF Bd. 11 (1964),
S. 239 ff. (dort auch weitere Literaturhinweise).

mehr Stimmen als irgendein anderer Kandidat. Die Mehrheitswahl als Entscheidungsprinzip impliziert, daß die Stimmen, die für den unterlegenen Kandidaten oder deren mehrere abgegeben werden, gänzlich unberücksichtigt bleiben. Aber auch jene Stimmen, die über das Minimum hinausgehen, das zum Gewinn eines Mandats ausreichend ist, bringen nichts ein.

Die *klassischen Mehrheitswahlsysteme,* in welchen nach der Mehrheit entschieden wird, sind: 1) die relative Mehrheitswahl in Einerwahlkreisen, namentlich in Großbritannien angewandt, und 2) die absolute Mehrheitswahl in Einerwahlreisen mit Stichwahl im zweiten Wahlgang zwischen den zwei stimmstärksten Kandidaten des ersten Wahlgangs, nach welchem unter anderem im Deutschen Kaiserreich bis 1918 gewählt wurde. In beiden Wahlsystemen ist das Wahlgebiet in so viele Wahlkreise eingeteilt, wie Abgeordnete zu wählen sind. Über den Gewinn eines Mandats entscheiden in den Wahlkreisen die nach den Wahlsystemen unterschiedlichen Mehrheitsqualifikationen.

In zweiter Hinsicht ist die *Mehrheitswahl als Repräsentationsprinzip* zu begreifen. Der Mehrheitswahl liegt im Gegensatz zur Verhältniswahl die Zielvorstellung zugrunde, bei Wahlen eine Mehrheitsbildung und eine Entscheidung über die politische Führung herbeizuführen, eine Partei mittels parlamentarischer Mehrheitsbildung für die Regierungsbildung zu befähigen. Die Mehrheitswahl als Prinzip politischer Repräsentation ist politisch, denn sie strebt nach Integration, sie ist dynamisch, denn sie fordert zur politischen Willensbildung auf, sie ist funktional, denn sie entspricht in parlamentarischen Regierungssystemen den institutionellen Bedingungen, unter denen parlamentarische Regierung und Kontrolle (mittels der Chance des Machtwechsels) am besten verwirklicht werden können.

Mehrheitsbildende Wahlsysteme heben vor allem auf diesen funktionalen Aspekt ab. Sie werden im Einzelfalle unter Berücksichtigung der in einem Lande vorherrschenden politischen Strukturen (wahlsoziologische und -geographische Bedingungen) konstruiert, um die Repräsentationsvorstellung der Mehrheitswahl zu erreichen und um zugleich mögliche negative Auswirkungen der oben genannten klassischen Mehrheitswahlsysteme zu vermeiden. Dabei ist durchaus möglich, daß Entscheidungsprinzip und Repräsentationsprinzip, in denen die klassischen Mehrheitswahlsysteme übereinstimmen, auseinandertreten. Dies liegt beispielsweise beim Dreierwahlsystem vor: die Mandate werden in Dreierwahlkreisen nach dem Verhältnis der Stimmen vergeben; jedoch verwirklicht dieses Wahlsystem in der Theorie die Repräsentationsidee der Mehrheitswahl.

b) Verhältniswahl

Der Begriff Verhältniswahl ist in zweifacher Weise zu verstehen. Er bezeichnet zunächst ein *Entscheidungsprinzip:* die Vergabe der Mandate soll nach dem *Verhältnis der Stimmen* zueinander erfolgen, im Gegensatz zum Entscheidungsmaßstab der Mehrheitswahl. Bei der Feststellung der nach dem Verhältnis der Stimmen siegreichen Kandidaten geht keine der abgegebenen gültigen Stimmen verloren, solange noch Mandate zu vergeben sind. Für die technische Abwicklung der Verteilung der Mandate sind bestimmte *Verrechnungsmethoden* (Divisorenverfahren, Wahlzahlverfahren, Methoden des größten Durchschnitts oder Überrestes etc., siehe unten S. 48 ff.) charakteristisch, die in aller Regel voneinander abweichende Auswirkungen auf die Mandatsverteilung zeigen.

Die Verhältniswahl ist in zweiter Hinsicht ein *Repräsentationsprinzip.* Die Zielvorstellung der Verhältniswahl ist, im Parlament ein getreues (partei-)politisches *Abbild der Wählerschaft* hervorzubringen. Jede Stimme hat einen *gleichen Erfolgswert.* Der Proporz ist somit rational und gesellschaftsbezogen — freilich auch statisch, insofern er nur eine Meinungsmessung herbeiführt, und nur bedingt funktional.

Dem Repräsentationsprinzip der Verhältniswahl kommt es nicht primär auf die technische Abwicklung der Verteilung der Mandate an, sondern auf das Ergebnis der Mandatsvergabe, auf eine annäherungsweise Proportionalität von Stimmen und Mandaten. In der Ausgestaltung können Systeme der Verhältniswahl deshalb sehr von einander unterschieden sein. Erfolgt die Mandatsvergabe in mehreren Phasen, so kann in Verhältniswahlsystemen zunächst der Entscheidungsmaßstab der Mehrheitswahl angewandt oder es kann in kleinen Wahlkreisen gewählt werden. Unabdingbar ist dann allerdings, daß in einer zweiten oder weiteren Phase der Mandatsverteilung ein proportionaler Ausgleich erfolgt.

c) Gruppierung der Wahlsysteme

Die vorstehenden Definitionen haben für die Termini *Mehrheitswahl und Verhältniswahl* jeweils ein *zweifaches Verständnis* eingeführt: als *Entscheidungsmaßstab* und als *Repräsentationsprinzip. Für die Gruppierung der empirischen Wahlsysteme ist nun die Frage nach dem Repräsentationsprinzip ausschlaggebend.* Welche Auswirkungen haben die Wahlsysteme theoretisch auf die Stimmen-Mandatsrelation? Unabhängig davon, wie die technische Abwicklung der Verteilung der Mandate abläuft und welcher Entscheidungsmaßstab im Prozeß der Mandatsverteilung angewandt wird, sind *alle Wahlsysteme, die in*

*der Theorie die Zielvorstellung eines proportionalen Verhältnisses von
Stimmen und Mandaten anstreben, Systeme der Verhältniswahl. Alle
Wahlsysteme, die in der Theorie die Mehrheitsbildung einer Partei
oder Parteienverbindung begünstigen, die mehrheitsbildend wirken
und somit eine natürliche Disproportion von Stimmen und Mandaten
fördern, sind Systeme der Mehrheitswahl.* Zum Beispiel ist das Dreierwahlsystem, in dem die Mandate nach dem Entscheidungsmaßstab der
Verhältniswahl und mittels eines Stimmenverrechnungsverfahrens
vergeben werden, in der Theorie ein System der Mehrheitswahl.

Das Wahlsystem der Bundesrepublik (nach dem Bundeswahlgesetz
von 1956) ist zum *Beispiel* ein System der Verhältniswahl. Der Entscheidungsmaßstab der Mehrheitswahl bestimmt das Ergebnis im einzelnen Wahlkreis, nicht aber das endgültige Mandatsverhältnis der
Parteien auf Landes- oder Bundesebene. Grundlegend für die Mandatsanteile der Parteien ist die Zahl der abgegebenen gültigen Zweitstimmen. Die 496 Mandate werden den Parteien proportional zu
ihrem Anteil an Zweitstimmen nach der Methode d'Hondt (siehe
unten S. 50 ff.) zugeteilt. Damit wird das Repräsentationsmodell der
Verhältniswahl erreicht, auch wenn diejenigen Parteien von der Mandatsverteilung ausgeschlossen bleiben, die die Sperrklausel (siehe
unten S. 56 ff.) nicht überspringen können.

d) Kriterien der Begriffsbildung und der Gruppierung von Wahlsystemen

Der Gruppierung der verschiedenen Wahlsysteme hat die *Wahl-
systemtheorie bislang andere Kriterien* zugrundegelegt.

Die unter spezifisch historischen und begriffsgeschichtlichen Voraussetzungen entwickelten *Typen* der *Mehrheitswahl und Verhältniswahl*
wurden in der Wahlsystematik immer mehr wegen ihrer technischen
Verschiedenartigkeit als gegensätzlich gesehen. Bestimmte Gestaltungselemente wurden dem einen Grundtyp zugeordnet, andere dem zweiten und für im Grunde nicht austauschbar gehalten. Konkret wurde
mit der Mehrheitswahl der Einerwahlkreis, nicht aber die Liste oder
ein Verrechnungsverfahren wie die Methode d'Hondt als vereinbar
betrachtet, und ebenso Liste und Mehrmannwahlkreis mit der Verhältniswahl, nicht aber Einerwahlkreis und Einzelkandidatur[88]). Das hat
zunächst zu der Annahme geführt, daß es sogen. *Mischwahlsysteme*
gebe, solche Systeme, die nach den charakterisierten Vorstellungen
Elemente der Mehrheitswahl mit solchen der Verhältniswahl verbinden würden, und dann zu manch künstlichen Einordnungsversuchen

---

[88]) Als Beispiel solcher Begriffserklärung möge hier nur Heino Kaack, Zwischen
Verhältniswahl und Mehrheitswahl, Opladen 1967, S. 10, dienen.

der Mischwahlsysteme. Zuweilen wurden — als Folge des Prinzips, Wahlsysteme nach den auffallendsten, aber nicht ihre Auswirkungen bestimmenden Gestaltungselementen in das Grundtypensystem einzuordnen — Wahlsysteme nach einem Grundtyp bezeichnet, obwohl sie in ihren Auswirkungen dem offenkundig widersprachen und eher auf den anderen Grundtyp hinausliefen. Hier ist beispielsweise die gewiß irreführende Bezeichnung des stark mehrheitsbildenden Dreierwahlkreissystems als „Verhältniswahl in Dreierwahlkreisen" zu nennen. Der Terminus „Verhältniswahl" steht hier nur für den Entscheidungsmaßstab und den technischen Ablauf der Mandatsverteilung, nicht aber für die Auswirkung des Wahlsystems. Doch ist kaum zu vermeiden, daß mit solcher Bezeichnungspraxis irrige Implikationen in vielerlei Hinsicht verbunden werden[88a].

Zu welch *begrifflich verwirrenden analytischen Beschreibungen* es unter *der herkömmlichen Wahlsystematik* kommen kann, soll nur an einem Beispiel gezeigt werden. Karl-Heinz Seifert versucht in seiner Standarddarstellung das Bundestagswahlsystem von 1956 zu bestimmen[89]: „Das BWG beruht auf einem *Verbindungswahlsystem,* das die Mehrheitswahl zu seiner Grundlage macht, diese dann aber durch ein Verhältniswahlsystem überlagert. In dieser Verbindung sind die Prinzipien der *Verhältniswahl dominant.* Sie beherrschen das Wahlergebnis. Das Gesetz will auf jeden Fall sicherstellen, daß die Zusammensetzung des BTages ziemlich genau den für die einzelnen Parteien abgegebenen Stimmen entspricht. Demgegenüber treten die *mehrheitswahlrechtlichen Elemente* ganz in den Hintergrund. Der Sache nach handelt es sich beim BWG also um ein System der reinen Verhältniswahl (so auch BVerfGE 16, 139), rechtstechnisch um eine bloße *Formalverbindung* beider Grundwahlsysteme, eine *Verhältniswahl mit eingegliederter Mehrheitswahl,* kein echtes Mischwahlsystem. Die Aufnahme gewisser Elemente der typischen Mehrheitswahl in das Gesamtsystem hat nicht den Zweck, die besonderen konzentrativen, sog. «integrierenden», «mehrheitsbildenden» Wirkungen der Mehrheitswahl zum Tragen zu bringen, sondern will . . . grundsätzlich nur den Persönlichkeitscharakter der Mehrheitswahl für die Verhältniswahl nutzbar machen . . . Insofern ist es auch berechtigt, beim BWG von einem System der «personalisierten Verhältniswahl» zu sprechen" (Hervorhebungen im Original).

[88a]) Siehe etwa die in diesem Punkt vorherrschende begriffliche Verwirrung bei Thomas von der Vring, Reform oder Manipulation? Zur Diskussion eines neuen Wahlrechts, Frankfurt am Main 1968, besonders S. 226, aus der dann unvermeidlich Fehlschlüsse resultieren.

[89]) Karl-Heinz Seifert, Das Bundeswahlgesetz, a.a.O., S. 20.

Sicherlich, dem Autor gelingt es, dem Leser die Sache verständlich zu machen. Aber um wieviel leichter wäre dies, wenn in der Darstellung von klaren und einsichtigen Begriffen ausgegangen würde. So aber ist in „einem Verbindungswahlsystem ... die Mehrheitswahl ... Grundlage", das „der Sache nach ... ein System der reinen Verhältniswahl, ... eine Verhältniswahl mit eingegliederter Mehrheitswahl, kein echtes Mischwahlsystem" ist.

Diese offensichtlichen terminologischen Mängel gehen darauf zurück, daß die Grundtypen nicht von den Auswirkungen her bestimmt werden. Dieser *Maßstab der Klassifikation von Wahlsystemen* liegt aber nicht nur aus oben genannten Gründen nahe. Er wird vor allem durch die folgenden Überlegungen zu den *Prinzipien politischer Repräsentation* bestärkt.

Es gibt für die Bildung einer modernen Repräsentativkörperschaft zwei klar von einander geschiedene Repräsentationsmodelle. Dem *einen Modell* oder *Prinzip* liegt die Vorstellung zugrunde, „daß es Aufgabe einer repräsentativen Körperschaft sei, die verschiedenen Gruppen einer Gemeinschaft so genau wie möglich gegenwärtig zu machen"[90]). Jede Meinung oder Meinungsgruppe soll repräsentiert sein, wenn sie nur groß genug ist, um an der zur Verfügung stehenden Zahl von Mandaten teilhaben zu können. Nur technisch-logische Gründe können dies verwehren: wenn 1000 Wähler 10 Abgeordnete zu wählen haben, dann muß eine Gruppe zumindest 100 Wähler erreichen, um ein Mandat erhalten zu können. Diese Repräsentationsvorstellung zielt auf ein möglichst gleiches Verhältnis von abgegebenen Stimmen und Mandaten hin. Stimmen- und Mandatsanteile der Parteien sollen möglichst kongruent sein.

Die *andere Repräsentationsvorstellung* impliziert im Gegensatz dazu eine natürliche Disproportion von Stimmen und Mandaten. Sie sinnt nicht auf Verhältnismäßigkeit, sondern auf Mehrheit und Mehrheitsbildung. Dieses Prinzip hebt darauf ab, daß eine politisch zu nennende Repräsentation „auf die Integration des gesamten gesellschaftlichen Organismus ziel(t)"[91]) und „letzten Endes nur ein Mittel zu einem Zweck darstellt, nämlich dazu, eine Partei für die Regierungsbildung zu wählen"[92]).

---

[90]) Carl J. Friedrich, Repräsentation und Verfassungsreform in Europa (Erstveröffentl. 1948), in: Zur Theorie und Geschichte der Repräsentation und Repräsentivverfassung, hrsg. von Heinz Rausch, Darmstadt 1968, S. 209 ff., hier S. 218.

[91]) Gerhard Leibholz, Parlamentarische Repräsentation (Erstveröffentl. 1945), in: Zur Theorie und Geschichte der Repräsentation ... a.a.O., S. 222 ff., hier S. 229.

[92]) Carl J. Friedrich, Repräsentation und Verfassungsreform, a.a.O., S. 217.

Es geht hier nicht (und dies muß hervorgehoben werden) um die Repräsentation als solche, also nicht um die Frage, was Repräsentation ist, sondern um das Ziel der Wahl, d. h. die Form der Repräsentation, um eine numerische Realrepräsentation auf der einen Seite und eine Idealrepräsentation auf der anderen Seite, um das Abbild des Wählerwillens hier und die Willensbildung und die Entscheidung über die politische Führung dort. *Die beiden Repräsentationsvorstellungen stehen sich antithetisch gegenüber:* die eine ist gesellschaftsbezogen, statisch und rational, die andere in eigentlichem Sinne politisch, dynamisch und funktional. Wiederholt wurde versucht, die beiden Prinzipien politischer Repräsentation miteinander zu verbinden. „Sie sind jedoch so verschieden, daß logischerweise kein Kompromiß möglich erscheint"[93]).

Daraus folgt nun, daß wir es in der Lehre von den Wahlsystemen zunächst mit *zwei Prinzipien* zu tun haben. D. h. wird von *der Verhältniswahl* oder *der Mehrheitswahl* gesprochen, so sind diese Termini nicht als Systeme, sondern als Prinzipien zu begreifen, als *Synonyma der beiden Grundvorstellungen* von Repräsentation. „To call it (the proportional representation) a system, or a method, or an institution, is to misunderstand the basic facts of the situation, and to confuse all the issues that arise from it. Such slipshod terminology is bound to lead to slipshod thinking; and that, in fact, is all too often its outcome"[94]).

Diese beiden Grundvorstellungen von Repräsentation bilden die eigentliche *Basis der Wahlsystematik.* An ihnen sind die Wahlsysteme zu messen und zu orientieren. Bei der Klassifikation von Wahlsystemen ist jeweils die Frage zu stellen: entsprechen die Auswirkungen eines Wahlsystems, also der Kombination verschiedener Gestaltungselemente, theoretisch diesem oder jenem Prinzip, dieser oder jener Grund- oder Zielvorstellung von Repräsentation. Als *Verhältniswahlsysteme* sind dann solche Wahlsysteme zu bezeichnen, die der Zielvorstellung einer proportionalen Abbildung von Stimmen in Mandaten in der Theorie nahekommen[95]). Ebenso haben als *Mehrheitswahl-*

---

[93]) Ebenda, S. 217 f.

[94]) J. F. S. Ross, Elections and Electors, London 1955, S. 12; vgl. im übrigen G. Schepis, S. 5, a.a.O. Auch Schepis spricht vom Mehrheitsprinzip und von „Wahlsystemen, die auf dem Proporzprinzip basieren", S. 63, und Dolf Sternberger, der ebenfalls das Prinzip der Mehrheitswahl dem Prinzip der Verhältniswahl gegenüberstellt und folglich auch zu der Ansicht gelangt, daß es keine Mischwahlsysteme gebe, in: Die große Wahlreform, Köln-Opladen 1965, S. 139 f.

[95]) Helmut Unkelbach versucht in seiner Wahlsystematik eine Unterscheidung von Verhältniswahlsystemen im engeren und weiteren Sinne, wobei die Verhältniswahl im weiteren Sinne „nicht unerhebliche Abweichungen . . von der Proportionalität" zuläßt; Grundlagen der Wahlsystematik, Göttingen 1956, S. 44. Weil

systeme die Wahlsysteme zu gelten, die dem zweiten Repräsentationsmodell in der Theorie entsprechen. Der Zusatz „in der Theorie" ist
natürlich wichtig, da Wahlsysteme, die an sich in dieser oder jener
Richtung wirken, in der Praxis unter bestimmten soziologischen, vor
allem wahlgeographischen Bedingungen durchaus diese ihnen theoretisch nachgewiesenen Auswirkungen nicht erkennen lassen können. Um
dies verständlicher zu machen, genügt der Hinweis, daß das klassische
mehrheitsbildende Wahlsystem, die relative Mehrheitswahl in Einerwahlkreisen, in ethnisch gespaltenen Ländern mit regionalen Asymme-
trien wahlgeographischer Natur die Eigenschaft verlieren kann, bei
Wahlen in aller Regel die Mehrheit einer Partei herbeizuführen.

Für die *Wahlgesetzgebung* eines Landes heißt das nun Folgendes. Der
Gesetzgeber muß sich für eine Repräsentationsvorstellung erklären.
Will er ein proportionales Verhältnis von Stimmen und Mandaten,
so hat er wahlsystematisch eine Reihe von Möglichkeiten, dieses Ziel
zu erreichen. Nicht anders stellt sich der Sachverhalt dar, wenn das
Parlament sich mit Mehrheit für das zweite Repräsentationsmodell
und folglich für ein mehrheitsbildendes Wahlsystem entscheidet. Innerhalb dieses Grundprinzips kommen für den Gesetzgeber ebenfalls
verschiedene Wahlsysteme in Betracht.

Als Beispiel für die Orientierung der Wahlgesetzgebung verschiedener Länder an der Zielvorstellung von Repräsentation mögen die
Wahlreformen in den skandinavischen Staaten dienen[96]). Hier hat
man in bestehenden Verhältniswahlsystemen in den fünfziger Jahren
die Verrechnungsmethoden, nach denen die Stimmen in Mandate übertragen werden, verändert, um die Auswirkung des Wahlsystems der
vorherrschenden Repräsentationsvorstellung, nämlich der einer mög-

---

auch Unkelbach die Wahlsysteme nach den Rechenmethoden und nicht nach den
— wie hier vorgeschlagen — Auswirkungen und nach dem Repräsentationsprinzip
ordnet, muß er zu einer begrifflichen Hilfskonstruktion Zuflucht nehmen. Seine
„Verhältniswahl im weiteren Sinne" ist Mehrheitswahl.

[96]) Siehe dazu im Handbuch Die Wahl der Parlamente und anderer Staats-
organe, a.a.O., die Länderbeiträge Dänemark (von Rolf Kraft und Dieter Nohlen),
S. 162 ff., 170, Norwegen (von Jürgen Nicklaus), S. 908 ff., und Schweden (von
Lutz Franke), S. 1095 ff. Vgl. im übrigen auch den Beitrag Finnland (von Dieter
Nohlen und Günter Torka), S. 422 f., 427 f. und den Beitrag Island (von Hajo
Schnittger und Ingo Wagner), S. 699 f., 702 f. Natürlich treten auch Fälle auf, in
denen sich das verfassungsrechtlich verankerte Repräsentationsmodell und die durch
das Wahlsystem erzielte tatsächliche Repräsentation widersprechen, da das Wahl-
system nicht so konstruiert wurde, daß es eine Repräsentation entsprechend der
Verfassungsnorm herbeiführen kann. Hier mag als ein Beispiel das gegenwärtige
Wahlgesetz zum chilenischen Abgeordnetenhaus dienen. Siehe dazu Dieter Nohlen,
Chile vor Präsidentschaftswahlen. Westliche Demokratie und sozialer Wandel in
Lateinamerika, in: Aus Politik und Zeitgeschichte, Beilage zur Wochenzeitung
Das Parlament, B 35/36/70.

lichst exakten Proportionalität von Stimmen und Mandaten, anzupassen.

Die Freiheit des Gesetzgebers, sich für ein Repräsentationsmodell auszusprechen und ein diesem entsprechendes Wahlsystem zu schaffen, darf aber nicht dahingehend mißverstanden werden, daß die Möglichkeit einer willkürlichen Zurechtschneiderei von Wahlsystemen bestünde. Die Beurteilung und Einordnung von Wahlsystemen nach den von ihnen ausgehenden Wirkungen im Bereich des Stimmen- und Mandatsverhältnisses läßt keineswegs den Maßstab verloren gehen, nach welchem Wahlsysteme auf ihre *verfassungsrechtliche Vereinbarkeit* überprüft werden können. Die aus den verschiedensten Gestaltungselementen bestehenden Wahlsysteme müssen folgerichtig ihre jeweiligen Zielvorstellungen anstreben. Proportionale Wahlsysteme können nicht zugleich hohe Sperrklauseln enthalten, welche Parteien bestimmter Größe von der Mandatsverteilung ausschließen. Jedwede Veränderung eines solchen Systems, die den Proporz über ein allgemein noch anerkanntes zulässiges Maß[97] einschränkt, ohne vom proportionalen Repräsentationsprinzip abzurücken, ist verfassungsrechtlich äußerst bedenklich. Funktionalen Begründungen (staatspolitische Gefahr o.ä.) ist hier ein sehr enger Raum gesteckt, da das proportionale Repräsentationsmodell eben gerade nicht nach funktionalen Gesichtspunkten aufgebaut ist[98]. Zum Beispiel muß es in einem System der Verhältniswahl als wahlsystemwidrig angesehen werden, für die Teilnahme an der Mandatsvergabe neben einer Prozenthürde zwingend den Gewinn eines Wahlkreismandates vorzuschreiben[99].

Dagegen wäre es widersinnig, in Systemen der Mehrheitswahl verfassungsrechtliche Bedenken zu hegen, weil Stimmen- und Mandatsanteil der Parteien erheblich von einander abweichen und der Erfolgswert der Stimmen variieren können, ja, es ist völlig systemfremd, Sperrklausel-Wirkungen mehrheitsbildender Wahlsysteme ins Feld zu

---

[97] Vom deutschen Bundesverfassungsgericht wurde eine Sperrklausel von fünf Prozent als mit dem Prinzip der Verhältniswahl noch vereinbar angesehen; siehe BVerfG Entsch. 1, 209/256; 3, 383 ff.; 4, 40/143/380; 5, 83; 6, 94.

[98] Von hierher versteht sich auch der Einwand Karl Loewensteins, daß die Sperrklausel im Bundeswahlgesetz gegen demokratische Grundsätze verstoße (Verfassungslehre, a.a.O., S. 281 f.). Tatsächlich verstoßen Sperrklauseln gegen das Repräsentationsmodell, das den Verhältniswahlsystemen zugrunde liegt. Vgl. dazu auch Dolf Sternberger, der zurecht betont, daß Sperrklauseln „mit dem Grundsatz der unbedingten Zahlengerechtigkeit des Verhältniswahlsystems schlechterdings nicht zu vereinbaren seien", Die große Wahlreform, Köln-Opladen 1964, S. 143. Ein Verweis auf die faktischen Sperrklauseln in Mehrheitswahlsystemen, die Loewenstein von Karl-Heinz Seifert entgegengehalten werden (a.a.O., S. 48), geht an dem Kern der Frage vorbei.

[99] Im bestehenden Bundeswahlgesetz von 1956 ließe sich demnach das Wörtchen „oder" nicht durch ein „und" ersetzen.

führen. Die Berechnungen für das Vierer- und Dreierwahlkreissystem, die besagen, daß eine Partei etwa 15 respektive 20 Prozent der Stimmen im Wahlkreis benötigt, um ein Mandat zu erhalten, sind wahlsystemtheoretisch von Belang, geben aber nicht den geringsten Anlaß zu verfassungsrechtlichen Bedenken.

Die Natur verfassungsrechtlicher Fragestellungen ist also nach den Repräsentationsmodellen verschieden. Bei Mehrheitswahlsystemen, deren mehrheitsbildende Wirkung namentlich auf der Gestaltung der Wahlkreise (Wahlkreisgröße) beruht, wird, um die verfassungsrechtlich geschützte Stimmwertgleichheit nicht zu verletzen, große Bedeutung der Wahlkreiseinteilung und ihrer ständigen Anpassung an die Bevölkerungsbewegungen zukommen, einer Frage, die unter einem System der Verhältniswahl lässiger gehandhabt, in aller Regel sogar vernachlässigt werden kann.

In einer Weise verlieren damit die einzelnen *Gestaltungselemente eines Wahlsystems* an Gewicht, da nicht mehr sie, sondern die Auswirkungen, die ihre Kombination hervorruft, für die Zuordnung eines Wahlsystems ausschlaggebend sind. Mathematische Methoden wie die Wahlzahl- und Divisorenverfahren (siehe S. 48 ff.) sind demnach ganz unbedenklich mit der Mehrheitswahl vereinbar und charakterisieren ein Wahlsystem nicht, solange sie nicht dessen Auswirkungen in entscheidender Weise beeinflussen. Das von Ferdinand A. Hermens und Helmut Unkelbach vorgeschlagene „Kubische Wahlsystem"[100]) beläßt beispielsweise alle gegenwärtigen Elemente des Bundeswahlgesetzes unverändert. Es fügt nur eines hinzu: es legt der Umsetzung der Stimmen in Mandate nicht die Zahl der abgegebenen Stimmen, sondern deren dritte Potenz zugrunde. Damit wird der Effekt der relativen Mehrheitswahl (siehe S. 61 f.) in das bestehende Wahlsystem eingefügt und ein Wahlsystem geschaffen, das trotz Liste, d'Hondt, Verrechnung der Stimmen auf Landesebene etc. als ein System der Mehrheitswahl zu bezeichnen ist, weil die Zielvorstellung dieses Wahlsystems auf das oben dargestellte zweite Repräsentationsmodell hinausläuft.

In anderer Weise — und dies wird an dem gewählten Beispiel sehr deutlich — gewinnen die einzelnen Gestaltungselemente in einem Wahlsystem an Bedeutung. Durch den Einbau, Austausch oder die Abwandlung eines Elementes kann eine Auswirkung erzielt werden, die das Wahlsystem von einem Repräsentationsmodell in das entgegengesetzte sich verändern lassen kann. Die Gestaltungselemente bestim-

---

[100]) Ferdinand A. Hermens/Helmut Unkelbach, Die Wissenschaft und das Wahlrecht, in PVS, 8. Jg. (1967), S. 2 ff. Dieser Vorschlag ist zwar wahlsystemtheoretisch interessant, für die politische Praxis aber ungeeignet.

men aber nicht direkt die Frage der Zuordnung eines Wahlsystems, sondern allein ihre Auswirkungen. Darin liegt der Wandel in der Bewertung der Gestaltungselemente.

Am *Gestaltungselement Wahlkreis* läßt sich die hier entwickelte Neuorientierung der Wahlsystematik sehr schön aufzeigen. Über den Wahlkreis bzw. die Wahlkreiseinteilung ergibt sich ein kontinuierlicher Übergang von einem System der Verhältniswahl in ein solches der Mehrheitswahl. Bislang wurde dem Wahlkreis als Gestaltungselement von Wahlsystemen relativ wenig Aufmerksamkeit geschenkt[101]. Karl Braunias meinte, daß die Bedeutung der Wahlkreise von den Wahlsystemen abhänge[102]. Wenn man unter Wahlkreis die Größe versteht, in der die abgegebenen Stimmen der hier Wahlberechtigten ohne Berücksichtigung der im (möglichen) anderen Wahlgebiet abgegebenen Stimmen Grundlage sind für die Zuteilung von Mandaten an die Kandidaten, dann wird man eher umgekehrt formulieren müssen, daß vom Wahlkreis die Wahlsysteme, Auswirkungen und Zuordnung der Wahlsysteme abhängen können. Man kann Einer-, Zweier-, Dreierwahlkreise einrichten, kleine, mittlere und große Wahlkreise. Lassen wir alle weiteren Gestaltungselemente hier außer acht, die die folgend beschriebenen Auswirkungen verschiedener Wahlkreisgrößen aufheben könnten, so ergibt sich, daß in großen Wahlkreisen ein etwa proportionales Verhältnis von Stimmen und Mandaten herbeigeführt werden kann. Je kleiner man nun die Wahlkreise wählt, in desto geringerem Maße können sich Stimmen- und Mandatsanteil der Parteien entsprechen. Schließlich wird bei dieser fortlaufenden Reduzierung der Zahl der in einem Wahlkreis zu wählenden Abgeordneten eine Grenze erreicht, von der ab die Disproportion zwischen Stimmen und Mandaten so groß ist, daß aufgrund dieser veränderten Auswirkung einer anderen Repräsentationsvorstellung entsprochen wird. Wahl in Vierer-, Dreier-, Zweier- oder Einerwahlkreisen ist Mehrheitswahl. Eine Verkleinerung der Wahlkreise — wie etwa in Irland in der Zeit von 1923 - 1947 und erneut 1969 — kann also auf einen Wahlsystemwechsel hinauslaufen[103].

---

[101] Dem Wahlkreis hat man sich im wesentlichen nur unter der Frage der Wahlkreisgeometrie zugewendet. Es wurde also die Wahlkreiseinteilung daraufhin überprüft, ob in den Wahlkreisen etwa gleich viele Mandate auf eine bestimmte Bevölkerungszahl entfielen und eine Toleranzgrenze der Abweichung nicht überschritten wurde.

[102] Braunias, a.a.O., Bd. I, S. 129.

[103] Die mehrheitsbildende Wirkung hängt in der Praxis, wie bereits oben betont, von den politischen und sozialen Bedingungen ab, die in den verschiedenen Ländern vorherrschen. Siehe dazu den Beitrag Irland (von Dieter Nohlen) im Handbuch: Die Wahl der Parlamente und anderer Staatsorgane, a.a.O., S. 658 ff.

Eine Revision der Lehre von den Wahlsystemen — verstanden als kritische Überprüfung ihrer Grundlagen in der Absicht einer veränderten Durchgliederung und wissenschaftlich angemessenen Neuordnung — sollte schließlich noch jene *Fragestellungen* ausscheiden, die sich in der Bewertung und Einordnung von Wahlsystemen als irrig und unfruchtbar herausstellen.

So durchzieht fast die gesamte Wahlsystemliteratur, daß die Mehrheitswahl eine *Personenwahl* sei, die Verhältniswahl dagegen nicht[104].

Der Proporz wird durchgängig mit dem Listenelement verbunden. Vor einer historischen und wahlsystematischen Erörterung erhebt sich die Frage, ob sich in einem von Parteien durchdrungenen und getragenen Regierungssystem bei der Wahl noch primär die Personenfrage stellt, die Alternative also zwischen den sich bewerbenden Wahlkreiskandidaten, oder nicht vielmehr die Alternative zwischen Parteien, Parteiführungen und Parteiprogrammen. Empirische Untersuchungen in einer Reihe von europäischen Ländern weisen eine immer geringere Bedeutung der einzelnen Kandidaten für die Wahlentscheidung des Wählers aus.

Historisch hat bei der Entwicklung des Verhältniswahlgedankens die Forderung nach einer Klassifikation der Kandidaten durch den Wähler im Vordergrund gestanden. Wie de Borda im Jahre 1781[105] wollten auch die späteren Verhältniswahltheoretiker dem Wähler eine geeignetere Auswahlmöglichkeit unter den Kandidaten geben, indem sie dem Wahlprozeß differenziertere Regelungen zugrundelegten. Das Hare'sche System ist davon gekennzeichnet, wie auch die Bemühung des Schweizers Hagenbach-Bischoff, in seinem Lande die freie Liste einzuführen[106].

Wahlsystematisch ist zudem längst nicht ausgemacht, welches System eine umfassendere und geeignetere Auswahl unter Personen zuläßt. Es gibt eine Vielzahl von Möglichkeiten, in ein System der Verhältniswahl die Auswahl der Abgeordneten durch den Wähler selbst einzufügen. Abgesehen von den ausgereiften Systemen wie dem „single transferable vote" (siehe S. 53) ist vor allem an vielfältige Formen

---

[104] Siehe u. a. Grundlagen eines deutschen Wahlrechts, Bericht der vom Bundesministerium des Innern eingesetzten Wahlrechtskommission, Bonn 1955, S. 118 f., und jüngst wieder Heino Kaack, a.a.O., S. 10: „bei Mehrheitswahl ist die einzelne Persönlichkeit und nicht die Partei Bezugspunkt". Vgl. dazu auch die Kritik von Nils Diederich aus wahlsoziologischer Sicht, in: Empirische Wahlforschung, Köln/Opladen 1965. S. 12.

[105] Histoire de l'academie royale des sciences, Paris 1784, S. 657 ff.

[106] Thomas Hare, The Election of Representatives, 3. Aufl. London 1865; Ed. Hagenbach-Bischoff, Berechtigung und Ausführbarkeit der proportionalen Vertretung bei unseren politischen Wahlen, Basel 1885 und andere Schriften.

der freien Liste zu denken, wie sie seit Jahrzehnten in einigen Ländern praktiziert werden (siehe S. 43). Andererseits wird heute international in der Lehre von den Wahlsystemen heftige Kritik an der relativen Mehrheitswahl in Einerwahlkreisen wegen der fehlenden Personenwahl durch den Wähler geübt[107]).

Diese Hinweise genügen, um aufzuzeigen, daß die Frage der Personenwahl, wie sie bisher formuliert wurde, als Kriterium der Einteilung von Wahlsystemen entfallen muß. Nicht Personenwahl und Verhältniswahl sind Gegensätze, sondern allenfalls Personenwahl und Listenwahl starrer Liste. Die schiefe Gegenüberstellung entspringt im übrigen einer spezifisch deutschen Perspektive. In Deutschland wurden Verhältniswahlsysteme stets auf der starren Liste aufgebaut. Unter den gegenwärtig gültigen Verhältniswahlsystemen Europas kennt nur das deutsche Bundeswahlgesetz die starre Form der Liste[107a]). Dieser Sonderfall kann nicht zum wahlsystematischen Kriterium der Bestimmung und Zuordnung von Wahlsystemen erhoben werden.

Dagegen lassen sich einzelne Gestaltungselemente von Wahlsystemen natürlich auf die Frage hin untersuchen, ob sie eine größere Auswahl unter Personen gestatten oder nicht. Darin ist sogar die *moderne Fragestellung der Wahlsystematik* zu sehen, die unter dem Begriff der *Persönlichkeitswahl* zu fassen ist: die Frage nach der *personellen Auswahlmöglichkeit des Wählers innerhalb seiner Parteipräferenz.* Denn tatsächlich ist die Stimmabgabe für die Kandidaten in Einerwahlkreisen identisch mit der für eine Partei und vice versa. Personenauswahl gestatten dagegen Wahlsysteme, die die freie oder lose gebundene Form der Liste in Mehrmannwahlkreisen vorsehen — sie stärken den Wählereinfluß. Freie Liste und Mehrmannwahlkreise lassen sich dabei mit dem Repräsentationsprinzip sowohl der Mehrheitswahl als auch der Verhältniswahl verbinden.

Bestehende Maßstäbe bedürfen demnach einer Neuzuordnung und einer anschließenden vertieften Analyse. Dies trifft auch für den *Maßstab der Integration* zu. Die bisherige Wahlsystematik machte es sich zu einfach, wenn sie der „Mehrheitswahl" integrierende Funktionen zuerkannte, der „Verhältniswahl"[108]) hingegen nicht bzw. ausschließlich desintegrierende Funktionen[109]). Doch können das Grundprinzip

---

[107]) Vgl. etwa J. F. S. Ross, Elections and electors, a.a.O., S. 38 und passim; Enid Lakemann/James D. Lambert, Voting in Democracies, London 1955, S. 37 ff.

[107a]) Allerdings kennen einige Landeswahlgesetze in der Bundesrepublik auch die lose gebundene Form der Liste; vgl. Groß-Tabelle G VI im nachfolgenden Teil, S. 192 ff.

[108]) Begriffe nach der bisherigen wahlsystematischen Terminologie.

[109]) Vgl. Thomas von der Vring, Reform oder Manipulation? Zur Diskussion eines neuen Wahlrechts, a.a.O., S. 145 ff.

Verhältniswahl und ebenso, um spezifische Bauelemente von Wahlsystemen anzuführen, die Liste größere integrierende Wirkung haben
als etwa der Einerwahlkreis[110]). Solche Bestimmungen sind von den
tatsächlichen sozialen und politischen Bedingungen eines Landes abhängig und entziehen sich somit einer eindeutigen Vorab-Erklärung.

Zusammenfassend ergibt sich somit für die Gruppierungsfrage von
Wahlsystemen: *Entscheidungsprinzip* (entweder relative oder absolute
Mehrheit oder verhältnismäßiger Anteil) und *Repräsentationsprinzip*
(Stimmen-Mandatsrelation) können auseinandertreten. Obwohl die
Entscheidungsprinzipien in ihrer Bedeutung für die Wahlentscheidung
der Wähler nicht verkannt werden, sollte die Bewertung und Zuordnung von Wahlsystemen nach den von ihnen ausgehenden Wirkungen auf die Stimmen-Mandatsrelation erfolgen. Eine solche *Bewertung und Unterscheidung der Wahlsysteme nach den Grundprinzipien
politischer Repräsentation als Basis der Wahlsystematik* muß jedoch
einhergehen mit einer detaillierten Analyse der ein Wahlsystem jeweils konstituierenden Gestaltungselemente. Diese *Gestaltungselemente
des Wahlprozesses,* von denen die wichtigsten im folgenden Kapitel
beschrieben werden, sind *die Bausteine der Wahlsystematik;* sie bestimmen in ihrer Mischung die theoretischen Auswirkungen der
Wahlsysteme, aufgrund derer die Wahlsysteme dann den Prinzipien
Mehrheitswahl oder Verhältniswahl zugeordnet werden.

III. Gestaltungselemente der Wahlsysteme

a) Der Wahlkreis

*Der Wahlkreis ist dasjenige Gebiet, in dem die abgegebenen Stimmen
der hier Wahlberechtigten ohne Berücksichtigung der in einem anderen
Wahlgebiet abgegebenen Stimmen die Grundlage für die Zuteilung
von Mandaten an die Kandidaten bilden.* Im Wahlkreis kommt es
also zur Vergabe von Mandaten[111]). Darin unterscheidet er sich vom
Stimmbezirk, der der Stimmabgabe dient und den Wahlkreis derart
untergliedert, daß alle Wahlberechtigten möglichst bequem ihrem

---

[110]) Helmut Unkelbach, der in seinen „Grundlagen der Wahlsystematik" (a.a.O.)
wesentlich von der Integrationswirkung von Wahlsystemen ausgeht, argumentiert
an dieser Tatsache, die empirisch vielfach zu belegen ist, vollends vorbei. Dabei
denke man nur an die Überwindung eines potentiellen oder tatsächlich vorliegenden Gegensatzes von Stadt und Land. Die Liste wird dazu in der Lage sein, der
Einerwahlkreis hingegen in aller Regel nicht. Über die Mathematisierung der
Wahlsystematik werden leicht nahezu selbstverständliche Zusammenhänge aus
den Augen verloren.

[111]) Siehe Douglas W. Rae, a.a.O., S. 19.

Wahlrecht (oder auch ihrer Wahlpflicht) nachkommen können. Der Wahlkreis unterscheidet sich auch vom *Wahlring*[111a]) und vom *Aufstellungskreis*, die in der Regel nur für die Wahlbewerbung, teilweise auch für die Modalität der Mandatsverteilung Bedeutung haben.

Es gibt verschiedene *Wahlkreistypen*: Einerwahlkreise und Mehrmannwahlkreise, wobei die Mehrmannwahlkreise unter Veränderung der im Wahlkreis zu wählenden Abgeordneten mannigfach variabel sind. Es ist aber sinnvoll, weiter wie folgt zu unterscheiden: Zweierwahlkreise, Dreierwahlkreise, Viererwahlkreise, Wahlkreise mittlerer Größe (mit fünf bis zehn Abgeordneten), große Wahlkreise (über zehn Mandate im Wahlkreis).

Die verschiedenen Wahlkreistypen sind grundsätzlich mit allen Systemen der Mehrheitswahl und der Verhältniswahl zu verbinden. Es kann also auch den Einerwahlkreis im System der Verhältniswahl geben, da der Wahlkreis nicht das die Auswirkungen eines Wahlsystems bestimmende Element zu sein braucht. Etwa kann mittels eines Verhältnisausgleichs oder einer Ergänzungsliste (siehe unten S. 54 ff.) die natürliche Disproportion von Stimmen und Mandaten bei der Wahl in Einerwahlkreisen aufgehoben werden. Unter Eliminierung des möglichen Einflusses anderer Gestaltungselemente geht von den verschiedenen *Wahlkreisgrößen* im Modell folgende Wirkung aus: je größer der Wahlkreis, desto stärker der Proportionalitätseffekt. Wahl in Vierer- und kleineren Wahlkreisen hingegen ist Mehrheitswahl.

Neben die wahlsystematisch möglicherweise bedeutungsvolle Frage der Wahlkreisgröße tritt die zumeist politisch viel umkämpftere der *Wahlkreiseinteilung*. Die Einteilung eines Wahlgebietes in Wahlkreise kann unter den verschiedensten Gesichtspunkten erfolgen. Gezielte Wahlkreisgeometrie unter manipulatorischen Motiven kann dabei vor allem in Systemen der Mehrheitswahl wirkungsvoll zur Geltung kommen.

Fast immer ist für die Auswirkungen eines Wahlsystems von Bedeutung, ob bei einer Untergliederung des Wahlgebietes in Wahlkreise ein fester *„Repräsentationsschlüssel"* angewandt wird. Die Frage ist also, ob in allen Wahlkreisen etwa gleich viele Mandate auf die Bevölkerung entfallen oder nicht. Nur Verrechnungsverfahren, die für eine bestimmte Zahl erhaltener Stimmen die Vergabe eines Mandats vorsehen (wie die Automatische Methode; siehe S. 49), und Systeme

---

[111a]) Zu Wahlring und Aufstellungskreis siehe die Beiträge Niederlande (von Dieter Nohlen) bzw. Dänemark (von Rolf Kraft und Dieter Nohlen) im Handbuch: Die Wahl der Parlamente und anderer Staatsorgane, a.a.O., S. 868 bzw. S. 165 ff.

der Verhältniswahl mit nationalem Mandatsausgleich sind im Hinblick auf die Wahlkreiseinteilung weitgehend unempfindlich.

Jedoch wird durch die aktiv oder passiv (unterlassene Neuverteilung der Mandate) herbeigeführten Differenzen in der Repräsentation der *Grundsatz der gleichen Wahl* (siehe oben S. 22 ff.) tangiert, so daß eine verfassungsrechtliche Überprüfung dieser Ungleichheiten möglich ist. Historisch betrachtet ist diese Art gezielter Wahlkreisgeometrie in Mehrheits- und Verhältniswahlsystemen vor allem zur Reduzierung der Repräsentation ethnischer und politischer Minderheiten angewandt worden.

Zwar in hohem Maße politisch anstößig, aber weniger verfassungsrechtlich überprüfbar ist jene Form manipulierter Wahlkreisgeometrie, die unter dem Namen des „gerrymandering" bekannt ist[112]). Sie bezeichnet die Zuschneidung der Wahlkreisgrenzen nach der geographischen Streuung der Wählerschaft eines Bewerbers oder einer Partei.

b) Formen der Kandidatur

Die technischen Regelungen der Wahlbewerbung sind mit entscheidend für die Formung des Wählerwillens und das Ergebnis der Wahl. Mittels verschiedener Formen der Kandidatur, bei denen sich zunächst einmal *Einzelkandidatur und Liste* gegenüberstehen, kann die Entscheidung des Wählers strukturiert werden. Der Wähler wird bei seiner Wahlentscheidung vor eine andere Situation gestellt, je nachdem, welche Form der Kandidatur (sie spiegelt sich konkret auch im Aussehen des Stimmzettels wider) vorliegt.

Vor allen Definitionen bedarf es zunächst wieder des Hinweises, daß das Gestaltungselement Liste mit fast allen anderen Gestaltungselementen von Wahlsystemen verbunden auftreten kann. Die Liste innerhalb von Systemen der Mehrheitswahl ist keineswegs ungewöhnlich. Hier seien nur das belgische „scrutin d'écrasement" und die türkischen Wahlgesetze von 1946 und 1950 genannt, die die Liste in Mehrmannwahlkreisen mit der Entscheidung nach absoluter (Belgien) und relativer (Türkei) Mehrheit verbanden[113]).

Vorab zu beachten ist auch die Veränderung der *Kandidaturbedingungen,* wenn die Wahlentscheidung nur mittels mehrerer Wahlgänge zu erreichen ist, in der Regel beim Erfordernis qualifizierter Stimmenmehrheiten. Bei der *Stichwahl* ist in zweiten oder weiteren Wahlgängen nur die Kandidatur von zwei Bewerbern für ein zu vergebendes

---

[112]) Siehe dazu Ausführungen und Beispiel in: Carl J. Friedrich, Der Verfassungsstaat der Neuzeit, Berlin/Göttingen/Heidelberg 1953, S. 327 ff.

[113]) Siehe die Länderbeiträge Belgien (von Dieter Nohlen und Heidemarie Opiela) und Türkei (von Dietrich Brinkmann und Holgar Raulf) im Handbuch: Die Wahl der Parlamente und anderer Staatsorgane, a.a.O., S. 84 und S. 1342 ff.

Mandat vorgesehen, und zwar der Bewerber mit den meisten Stimmen aus dem ersten oder dem vorausgegangenen Wahlgang. Bei der *erweiterten Stichwahl* sind zumindest drei Bewerber für ein noch offenes Mandat in einem erneuten Wahlgang zugelassen. *Unbeschränkte Kandidatur*, auch die Bewerbung völlig neuer Kandidaten, erlaubt im System der absoluten Mehrheitswahl die sogen. Romanische Mehrheitswahl.

Die Liste ist begrifflich in Abgrenzung zur Einzelkandidatur zu sehen. Doch kann die Liste in freier Form (siehe unten) der Einzelkandidatur sehr nahe kommen. Deshalb muß sich eine *Definition der Liste* wesentlich von dieser Grenznähe zur Einzelkandidatur her ergeben. Im Gegensatz zur Einzelkandidatur, bei der für einen Kandidaten bei der Mandatsverteilung nur die von ihm selbst errungenen, allein auf ihn abgegebenen Stimmen zählen, ist bei jedweder Form der Liste für die Umsetzung von Wählerstimmen in Mandate eine Summierung der Stimmen verschiedener Bewerber und eine Übertragung der Stimmen eines oder mehrerer Kandidaten auf einen anderen Bewerber, wenn nicht sogar die Stimmabgabe für die Bewerber insgesamt, kennzeichnend. Diese Modalitäten hängen allein von der Form der Liste ab. Charakteristisch für die Liste ist auch, daß die Mandate zunächst an sie und dann erst an die Bewerber, die auf einer Liste stehen, vergeben werden. Für die Mandatsvergabe an die Listenbewerber ist die Form der Liste und die hier angewandte Verrechnungsmethode ausschlaggebend.

Unter den *Listenformen* sind zu unterscheiden:

1. *die starre Liste.* Die Reihenfolge der Kandidaten ist unveränderlich. Der Wähler kann nur die Liste als solche wählen. Die Mandate, die der starren Liste zufallen, werden in der festgelegten Reihenfolge der Bewerber vergeben.

2. *die lose gebundene Liste.* Die Reihenfolge der aufgestellten Bewerber ist veränderlich. Der Wähler hat die Möglichkeit, die Liste unverändert zu wählen oder die Kandidaten neu einzureihen, indem er etwa Zahlen vor die Kandidatennamen schreibt und damit angibt, in welcher Reihenfolge er die Bewerber einer Liste gewählt sehen möchte, oder Namensstimmen oder Präferenzstimmen (siehe unten) zu vergeben oder Kandidaten zu streichen.

3. *die freie Liste.* Nicht nur die Reihenfolge der Kandidaten einer Liste ist veränderlich (wie unter zwei aufgeführt), sondern der Wähler kann Kandidaten verschiedener Listen in einer neuen Reihenfolge zusammenfügen und mischen (Panaschieren; siehe S. 47) oder auch neue Bewerber eintragen.

Bei der Bezeichnung von Listen als starre, lose gebundene oder freie muß in der *Praxis* neben den rechtlichen Regelungen mit berücksichtigt werden, ob die Veränderung von Listen effektiv werden kann. Es ist sehr wohl möglich, daß die Bedingungen für eine Veränderung der Reihenfolge der Kandidaten durch den Wähler so streng sind, daß entgegen den rechtlichen Möglichkeiten lose gebundene Listen etwa faktisch doch starr sind[114]). Die Form der Liste betrifft zentral die Auswahlmöglichkeit der Wähler, die ein wichtiger Maßstab bei deren Bewertung ist. Die starre Liste führt zu einem Kandidatenvorschlagsmonopol der Parteien, dem der Wähler vollkommen unterworfen ist. Dem Wähler bleibt hier — wie im übrigen auch bei der Wahl in Einerwahlkreisen[115]) — nur eine Auswahl unter den Parteien, nicht aber eine Auswahl unter den Kandidaten der verschiedenen Parteien.

4. *Wahlkreis-, Landes- und Bundesliste*

Natürlich lassen sich Listen auch danach unterscheiden, ob sie das Wahlgebiet regional untergliedern oder nicht. Die Frage ist, ob etwa *Wahlkreislisten* (in Mehrmannwahlkreisen) oder *Landeslisten* (Provinzlisten, je nach Struktur eines Staates) getrennt voneinander bestehen oder *Bundeslisten* (Nationale Listen) der Parteien für das gesamte Wahlgebiet.

Zahl und Größe der Listen haben Bedeutung für die Kandidatur und das Zuteilungsverfahren der Mandate. Je nachdem, mit welchen weiteren Gestaltungselementen sie verbunden werden, können die *Listengrößen* die *Auswirkungen* eines Wahlsystems entscheidend mitbestimmen.

Zunächst gelten die *Listen,* die nicht das ganze Wahlgebiet decken, als *Gebietseinheiten, in denen von einander getrennt Kandidatengruppen* (Listenkandidaten) *aufgestellt werden.* In aller Regel sind es dann die Parteiorganisationen der entsprechenden Gebietsgliederungen, die für die Aufstellung der Listen und die Reihung der Kandidaten verantwortlich zeichnen. Bei Bundeslisten ist dagegen der Einfluß der zentralen Parteiorganisation zumeist dominant. Darüber soll hier keine allgemeine Theorie gegeben werden. Soviel wird jedoch klar, daß die Frage der Listengröße für die Struktur der Parteien und die Parlamentssoziologie ausgesprochen wichtig ist.

---

[114])Siehe dazu etwa das belgische Wahlsystem im Beitrag Belgien (von Dieter Nohlen und Heidemarie Opiela) im Handbuch: Die Wahl der Parlamente und anderer Staatsorgane, a.a.O., S. 89 f.

[115]) Siehe J. F. Ross, Elections and electors, a.a.O., S. 38; Ross hebt hervor, daß „the real choice between persons is made by a handful of people . . .; the electors in general must take what they are given". Von hierher kommt Ross zu einer Ablehnung der Einerwahl und des Zweiparteiensystems.

Für die *Listengrößen* kann im *Bereich der Auswirkungen auf die Stimmen-Mandatsrelation* das gleiche gesagt werden wie für die verschiedenen Wahlkreisgrößen (siehe oben S. 41 f.). Jedoch wird oft gerade mittels einer Liste, die mehrere Wahlkreise einschließt, oder mittels einer Bundesliste, die alle Wahlkreise und regionalen Listen überwölbt, versucht, der Auswirkung des Faktors Wahlkreis auf das Mandatsergebnis entgegenzuwirken. Die Liste dient so vor allem dazu, den Proporz von Stimmen und Mandaten herzustellen oder zu verbessern, den der Wahlkreis (ebenfalls als Einheit zur Aufstellung von Kandidaten), wenn er klein bis mittelgroß ist, nicht herbeiführt. Die Listen erfüllen hier die Funktion eines Verhältnisausgleichs nach Art der Ergänzungslisten (siehe unten S. 55).

5. *Listenverbindung — Wahlbündnis*

Dieses Ziel verfolgen auch die *Listenverbindungen,* die man als Substitut größerer Listeneinheiten oder Nationaler (Bundes-)Listen ansehen kann. Die verbundenen Listen haben in aller Regel bei der Verrechnung der Stimmen und der Mandatszuteilung Vorteile gegenüber den unverbundenen Listen, da die Reststimmen der Listen auf höherer Listenebene mit verwertet werden können.

Wahlbündnisse werden zumeist abgeschlossen, um ebenfalls diesen Vorteil zu nutzen. Sie unterscheiden sich von den Listenverbindungen vor allem darin, daß sie zwischen verschiedenen Parteien und auch innerhalb von Wahlkreisen zustandekommen, während die Listenverbindungen zwischen Listen ein und derselben Partei und in aller Regel dann zwischen verschiedenen Wahlkreisen oder überregional erfolgen.

c) Stimmgebungsverfahren

Zu den in der Regel weniger beachteten Problemen der Lehre von den Wahlsystemen gehört die Regelung der Stimmgebung. Hier sind eine Reihe technischer Verfahren zu unterscheiden:

Einzelstimmgebung, Mehrstimmgebung, beschränkte Stimmgebung, Listenstimmen, Namensstimmen (oder Nominalstimmgebung), Kumulieren, Präferenzstimmgebung, Alternativstimmgebung, Eventualstimmgebung, Panaschieren.

Unter *Einzelstimmgebung* ist zu verstehen, daß der Wähler nur eine Stimme zu vergeben hat, wie viele Abgeordnete auch im Wahlkreis zu wählen sind. Einzelstimmgebung erfolgt zumeist in Verbindung mit dem Einerwahlkreis oder (in Mehrmannwahlkreisen) mit der starren Liste. Der Wähler wählt dann entweder einen Kandidaten oder eine Kandidatenliste.

Mehrstimmgebung ist in aller Regel verbunden mit Mehrmannwahlkreisen und lose gebundenen oder freien Listen. Der Wähler hat dann
die Möglichkeit, so viele Stimmen abzugeben, wie Abgeordnete im
Wahlkreis zu wählen sind. Er kann jedoch nur jeweils eine Stimme
auf einen Kandidaten abgeben.

Beschränkte Stimmgebung heißt, daß dem Wähler innerhalb der Mehrstimmgebung nicht so viele Stimmen zur Verfügung stehen, wie Mandate in einem Wahlkreis zu vergeben sind. Dieses Verfahren geht
konform mit einem besonderen System der Mehrheitswahl, der Mehrheitswahl mit Minderheitenvertretung in Mehrmannwahlkreisen
(auch: Mehrheitswahl mit beschränkter Stimmgebung).

Listenstimmen und Namensstimmen (als Einzelstimmgebung) sind
dort zu unterscheiden, wo der Wähler die Möglichkeit hat, entweder
eine Liste zu wählen oder einen einzelnen Kandidaten auf einer Liste.
Hier sind die Regelungen mannigfach variierbar. In aller Regel
kommt auch die Namensstimme der Liste zugute, auf der der Kandidat verzeichnet steht. Die Namensstimme kann gegebenenfalls für die
Vergabe der Mandate innerhalb einer Liste von Bedeutung sein. Liegt
zugleich Mehrstimmgebung vor, so verstärkt sich die Möglichkeit, die
ursprüngliche Reihenfolge der Bewerber auf einer Liste durch Namensstimmen zu verändern, zumal wenn Präferenzstimmen und Kumulieren erlaubt sind.

Beim *Kumulieren*, einer Art der Mehrstimmgebung, wird dem Wähler eingeräumt, auf ein und denselben Kandidaten mehrere Stimmen
zu häufen. Die Möglichkeit zu kumulieren kann beschränkt oder unbeschränkt sein. Bei beschränkter Kumulation kann der Wähler nur
einen Teil der ihm zur Verfügung stehenden Stimmen auf jeweils einen Kandidaten vereinen.

Bei der *Präferenzstimmgebung* kann der Wähler eine eigene Reihenfolge festsetzen, in welcher er die aufgestellten Kandidaten gewählt
sehen möchte. Zumeist geschieht dies, indem der Wähler Zahlen vor
die Kandidatennamen schreibt. Die Zahl der Präferenzen kann auch
eingeschränkt werden, so daß der Wähler nicht die ganze Liste nach
seinen Vorstellungen neu ordnen kann, sondern nur einige Kandidaten
durch Präferenzen hervorheben kann.

Alternativstimmgebung (oder Eventualstimmgebung) steht in aller
Regel in Verbindung mit Präferenzstimmen, ist aber eine Form der
Einzelstimmgebung. Der Wähler gibt dabei an, welchen Kandidaten er
gewählt sehen möchte, wenn sein Erstkandidat keine Möglichkeit hat,
das geforderte Stimmenlimit zu erreichen. Andererseits ist es mittels
Alternativstimmgebung auch möglich, Überschußstimmen eines bereits gewählten Kandidaten auf die Zweit- und Drittpräferenzen zu

übertragen. Diese Form der Stimmgebung ist kennzeichnend für das „single transferable vote"-System[116]).

Das *Panaschieren* geht über die bisher aufgezeigten Einflußmöglichkeiten des Wählers noch hinaus. Es gestattet, Kandidaten einer Liste zu streichen und sie durch andere zu ersetzen. Hier ist die Liste frei. Es können also vom Wähler auf Kandidaten verschiedener Listen soviele Stimmen abgegeben werden, wie Mandate im Wahlkreis zur Verfügung stehen. Praktisch läuft das darauf hinaus, daß der Wähler eigene Listen aufstellen kann.

Der Wähler wird bei den verschiedenen Stimmgebungsverfahren in je anderer Weise aufgefordert, seine politischen Präferenzen zum Ausdruck zu bringen. Was oben bereits für die Liste gesagt wurde, trifft auch für die Stimmgebungsverfahren zu: sie formen die Wählerentscheidung. Allerdings ist der *Wählereinfluß* auf die Auswahl der Kandidaten im Wahlprozeß bei den verschiedenen Stimmgebungsverfahren sehr unterschiedlich zu bewerten. Zu den Bestimmungen über die Änderungen, die der Wähler an der Reihenfolge der aufgestellten Kandidaten mittels qualifizierter Stimmgebung in den dann lose gebundenen oder freien Listen vornehmen kann, können Regelungen hinzutreten, die faktisch die Wählerveränderungen unwirksam machen. Dies kann hier nur angedeutet, auf empirische Beispiele muß verzichtet werden.

d) Zweistimmensystem

Das *Zweistimmensystem,* das 1953 für die Wahlen zum Deutschen Bundestag eingeführt wurde[117]), ist die *logisch konsequente Entwicklung der herkömmlichen Namens-Listenstimmenverbindung,* die bei Einzelstimmgebung eigentlich zwei Wahlentscheidungen implizierte: die Entscheidung für einen Kandidaten und die für eine Liste (siehe oben S. 38 f.), ohne in der Parteipräferenz wechseln zu können. Neben dem Faktum, daß der *Wähler zwei Stimmen* hat, ist das besondere Charakteristikum des Zweistimmensystems die *Möglichkeit, die Erststimme einem Kandidaten zu geben, der nicht der Parteiliste zugehörig ist, die man mit der Zweitstimme wählt.*

Dem Wähler wird damit — in Anlehnung an die Idee des Panaschierens — gestattet, eine von der generellen Parteipräferenz, die er mit der Zweitstimme ausdrückt, abweichende Wahlentscheidung im Hinblick auf den zu wählenden Wahlkreisabgeordneten zu treffen. Jedoch ist zu berücksichtigen, daß die Vergabe der Erststimme nicht

---

[116]) Siehe dazu weiter unten S. 53 f. und vor allem die dort in Anmerkung 123 angegebenen Studien.

[117]) Siehe dazu den nachfolgenden Beitrag S. 191.

losgelöst von der parteipolitischen Zugehörigkeit der Kandidaten erfolgt. Vielmehr ist in der parteienstaatlichen Demokratie, wie oben bereits erwähnt wurde, bei der Wahlentscheidung in den Wahlkreisen weniger die kandidierende Einzelperson als vielmehr die Parteifrage der in aller Regel entscheidende Orientierungspunkt für das Wahlverhalten. So kann aus dem Zweistimmensystem nicht gefolgert werden, der Wähler besitze eine Personal- und eine Parteistimme[118]). Die diesen Begriffen zugrundeliegenden Vorstellungen würden den empirischen Wahlverhaltensmotiven zuwiderlaufen.

Das Zweistimmensystem erlaubt jedoch eine *differenzierte Wahlentscheidung* demjenigen Wähler, der eventuell außerhalb seiner Parteipräferenz in der Frage, wer den Wahlkreis im Parlament vertreten soll, seiner Stimme Gewicht verleihen will. Dazu siehe weiter unten das *Stichwort „Splitting" im Zweistimmensystem*.

e) Regeln der Stimmenverwertung

Die Umsetzung von Wählerstimmen in Mandate geht immer von einer Zählung und Wertung der Stimmen aus. Die einfachsten *Entscheidungsmaßstäbe* zwischen den Stimmenzahlen von Wahlbewerbern sind die der relativen und absoluten *Mehrheit*. Danach ist gewählt, wer die meisten Stimmen oder wer über die Hälfte der abgegebenen gültigen Stimmen erreicht.

Der Zuteilung der Mandate nach der Mehrheit steht grundsätzlich als ausschließliche Alternative die Mandatsvergabe nach dem *Verhältnis* der Stimmen zueinander gegenüber. Dazu gibt es verschiedene Verrechnungsverfahren.

Unter der Vielzahl von *Stimmenverrechnungsverfahren* lassen sich zuerst einmal zwei *Grundtypen* unterscheiden, auf denen sich eine Reihe von Verrechnungsmethoden aufbauen. Es sind dies das *Wahlzahlverfahren* und das *Divisorenverfahren*. Grundsätzlich unterschieden sind beide Verfahren weniger vom Rechenprozeß her — beides sind Divisionsverfahren —, als vom Ergebnis. Wahlzahlverfahren führen in den meist vorkommenden Formen in aller Regel nicht zu einer vollständigen Mandatsverteilung. Vielmehr bleibt ein Rest an Mandaten, der dann in einem zweiten Zuteilungsverfahren unter Zuhilfenahme eines anderen Verrechnungsverfahrens vergeben werden muß. Dagegen erreichen Divisorenverfahren in jedem Falle eine Verteilung aller zu vergebenden Mandate.

---

[118]) Dieser Vorschlag wurde von Elisabeth Noelle-Neumann gemacht. Siehe dazu Dieter Nohlen / Rainer-Olaf Schultze, Die Bundestagswahl 1969 in wahlstatistischer Perspektive, in: Aus Politik und Zeitgeschichte, Beilage zur Wochenzeitung Das Parlament, B 51—52, 1969, S. 15 ff., hier vor allem S. 27 ff.

1. Wahlzahlverfahren

Wahlzahlverfahren (auch [Wahl-] Quotientenverfahren genannt) gehen davon aus, daß für eine bestimmte Zahl von Stimmen (Wahlzahl/ Wahlquotient) ein Mandat vergeben wird. Die Wahlzahl stellt einen Quotienten dar: der Dividend ist in aller Regel die Zahl der abgegebenen gültigen Stimmen im Wahlkreis, der Divisor dagegen kann wechseln. Er ist entweder gleich der Zahl der im Wahlkreis zu vergebenden Mandate; das Verrechnungsverfahren wird dann als *(einfaches) Wahlzahlverfahren* (Wahlzahl nach Hare) bezeichnet. Oder die Zahl der im Wahlkreis zu vergebenden Mandate als Divisor wird um eins, zwei, drei etc. erhöht. Durch die Vergrößerung des Divisors entstehen kleinere Wahlzahlen. Dies hat zur Folge, daß die Zahl der Mandate, die mittels des Wahlzahlverfahrens vergeben werden können, anwächst, und zwar kontinuierlich mit der Erhöhung des Wahldivisors. Die verbreitetste Form des Wahlzahlverfahrens ist die *Methode Hagenbach-Bischoff,* benannt nach dem Schweizer Mathematiker, der diese Verrechnungsmethode propagiert hat. Sie sieht vor, daß die Wahlzahl gebildet wird aus der Division der Zahl der abgegebenen gültigen Stimmen durch die Zahl der im Wahlkreis zu vergebenden Stimmen plus eins

$$\text{Wahlzahl} = \frac{\text{gültige Stimmen im Wahlkreis}}{\text{Wahlkreismandate} + 1}$$

Alle weiteren Wahlzahlverfahren, bei denen der Divisor nicht gleich der Zahl der Mandate im Wahlkreis oder der Mandate im Wahlkreis plus eins ist, werden als modifizierte Wahlzahlverfahren bezeichnet (auch modifizierte Methode Hagenbach-Bischoff).

Eine Art Wahlzahlverfahren stellt die *Automatische Methode* dar. Bei diesem Zuteilungsverfahren wird allerdings gesetzlich festgelegt, auf wie viele abgegebene Wählerstimmen ein Mandat entfällt. Hat ein Bewerber oder eine Liste diese Zahl erreicht, so erhalten sie automatisch einen Sitz oder so viele Mandate, wie die vorher fest bestimmte Zahl in der erzielten Stimmenzahl der Liste enthalten ist[119])

Divisorenverfahren (auch Höchstzahlverfahren genannt) sehen vor, daß die von den Parteien gewonnenen Stimmen im Wahlkreis oder Wahlgebiet durch fortlaufende Zahlenreihen (Divisorenreihen) dividiert werden. Nach der Größe der entstehenden Quotienten werden die Mandate vergeben.

---

[119]) Ein praktisches Beispiel dieser Verrechnungsmethode enthält der nachfolgende Beitrag, S. 151 f.

2. d'Hondtsches Verfahren

Die Verrechnungsmethode des belgischen Mathematikers Viktor d'Hondt zählt zu den Divisorenverfahren. Die besondere Divisorenreihe der Methode d'Hondt lautet: eins, zwei, drei, vier und so fort.

Beispiel: Nach dem bekannten Zahlenspiegel von Walter Jellinek[120] sind in einem Wahlkreis zehn Abgeordnete zu wählen. Von den 10.000 Stimmen entfallen auf die Partei A: 4160, auf die Partei B: 3380, auf die Partei C: 2460. Teilt man diese Zahlen der Reihe nach durch eins, zwei, drei und so fort, dann entstehen folgende Reihen:

Partei A			Partei B			Partei C		
: 1	4160	(1)	: 1	3380	(2)	: 1	2460	(3)
: 2	2080	(4)	: 2	1690	(5)	: 2	1230	(7)
: 3	1386	(6)	: 3	1126	(8)	: 3	820	
: 4	1040	(9)	: 4	845	(10)	: 4	615	
: 5	832		: 5	676		: 5	492	

Die höchsten entstandenen Quotienten werden für die Vergabe der Mandate an die Parteien berücksichtigt, so daß die Partei A das 1., 4., 6. und 9. Mandat erhält, die Partei B das 2., 5., 8. und 10. und die Partei C das 3. und 7. Mandat (entsprechend den in Klammern gesetzten Zahlen hinter den Quotienten).

Die Divisorenreihe der Methode d'Hondt begünstigt leicht die großen Parteien. Sie ist zu unterscheiden von anderen Divisorenreihen:

Bezeichnung	Divisorenreihe
Methode d'Hondt	1 - 2 - 3 - 4 etc.
Methode Imperiali	2 - 3 - 4 - 5 etc.
Methode St. Laguë	1 - 3 - 5 - 7 etc.
Ausgegl. Methode oder modif. Methode St. Laguë	1,4 - 3 - 5 - 7 etc.
Dänische Methode	1 - 4 - 7 - 10 - 13 etc.
. . . .	1 - 1,5 - 2 - 2,5 - 3 etc.
Methode Huntington	1,41 - 2,45 - 3,46 - 4,47 oder $\sqrt{1\cdot 2}-\sqrt{2\cdot 3}-\sqrt{3\cdot 4}$ etc.

Diese verschiedenen Divisorenreihen sind von unterschiedlicher *Auswirkung auf die Mandatsverteilung.* Um die Divisorenreihen in ihren Auswirkungen gegeneinander abzugrenzen, ist es notwendig, sie als mathematische Reihen aufzufassen und vergleichend zu untersuchen. Das heißt, nicht etwa die Höhe des ersten Divisors ist ausschlaggebend für die Wirkweise der Divisorenreihe, sondern das Verhältnis der Zahlen zueinander, die die gesamte Zahlenreihe konstituieren. So

---

[120] Walter Jellinek, Verfassung und Verwaltung des Reichs und der Länder, Leipzig und Berlin 1925, S. 53.

wird, um einen solchen Irrtum konkret zu nennen, oft gemeint, die Ausgeglichene Methode sei für die kleinen Parteien ungünstiger als die d'Hondt'sche Methode, weil sie durch einen höheren ersten Divisor (1,4 gegenüber 1) die Stimmenzahl einer kleineren Partei erheblich reduzieren könne, so daß diese nun nicht mehr die Höchstzahl erreiche, die oft noch den Gewinn des letzten Mandats in einem Wahlkreis ermögliche[121]). Zur Widerlegung dieser Ansicht das folgende

Rechenbeispiel:

Bei einer Bewerbung von zwei Parteien um zwei Mandate erhält die Partei A 101 Stimmen, die Partei B 50 Stimmen. Würde die d'Hondt' sche Methode angewandt, so würden der Partei A beide Mandate zufallen, denn 101 geteilt durch zwei ist größer als 50. Unter Anwendung der Ausgeglichenen Methode ergibt sich eine andere Mandatsverteilung:

Partei A	Partei B
$101 : 1,4 = 72,2 \ (1)$	$50 : 1,4 = 35,7 \ (2)$
$: 3 \ \ = 33,6$	$: 3 \ \ = 16,6$

Partei B würde nun den zweiten Sitz erhalten. Mathematisch läßt sich die Erfahrung dieses Rechenbeispiels folgendermaßen ausdrücken: je kleiner bei den Divisoren das Verhältnis der ersten zur zweiten Zahl ist (hier 1,4 zu 3, was eben kleiner ist als 1 zu 2; 1,5 zu 3 wäre ein gleiches Verhältnis), desto günstiger schneiden kleinere Parteien bei der Mandatsverteilung ab. Insgesamt ist die Auswirkung der Ausgeglichenen Methode in Abgrenzung zur Methode d'Hondt etwa so zu umschreiben, daß möglicherweise eine der kleineren Parteien die Chance hat, ein Mandat (mehr) zu erhalten auf Kosten einer der größeren Parteien. Zum Verständnis dieser flexiblen Aussage muß hinzugefügt werden, daß es im konkreten Fall sowohl möglich ist, daß die zweitstärkste Partei ein Mandat von der stimmstärksten Partei erhält, wie auch, daß die kleinste Partei ein Mandat (mehr) zugesprochen bekommt auf Kosten der zweitkleinsten oder irgendeiner größeren Partei bis hin zur stimmstärksten.

3. Andere Verrechnungsverfahren

Die Methoden des größten Durchschnitts, des kleinsten und des größten (Über-) Restes lassen sich am besten an einem *Beispiel* erklären und zugleich in ihren *Auswirkungen auf die Mandatsverteilung* um-

---

[121]) So neuerdings wieder Douglas W. Rae, a.a.O., S. 34.

reißen. Es seien fünf Mandate zu vergeben und die Stimmverteilung auf die Parteien sei:

A = 1000   B = 620   C = 380

Unter Anwendung des einfachen Wahlzahlverfahrens (siehe oben S. 49) ergibt sich als Wahlzahl 2000 : 5 = 400 und dementsprechend folgendes Ergebnis im ersten Zuteilungsverfahren:

Partei	Stimmen		Wahlzahl		Mandate	Reststimmen
A	1000	:	400	=	2	200
B	620	:	400	=	1	220
C	380	:	400	=	0	380

Die Partei A erhält zwei Mandate, die Partei B ein Mandat, die Partei C geht leer aus; jedoch sind zwei Mandate noch nicht vergeben.

Bei Anwendung der *Methode des größten Durchschnitts* wird nun berechnet, wie viele Stimmen die Parteien tatsächlich benötigten, um ein Mandat zu erhalten:

Partei A hat 1000 : 2 = 500 Stimmen gebraucht,
Partei B   620 : 1 = 620 Stimmen,

Partei C hat kein Mandat erhalten und 380 Stimmen. Partei B weist den größten Durchschnitt auf, Partei A den zweitgrößten. Diesen beiden Parteien fallen in der angegebenen Reihenfolge die beiden Restmandate zu.

Wird die *Methode des kleinsten (Über-) Restes* angewandt, so werden, da die Reste lauten: Partei A = 200, Partei B = 220, Partei C = 380, ebenfalls die Parteien A und B die zwei restlichen Mandate erhalten, allerdings in anderer Reihenfolge: zuerst A und dann B.

Die *Methode des größten (Über-) Restes* führt zu einem wesentlich anderen Ergebnis. Den größten Rest hat die kleinste Partei, nämlich C, den zweitgrößten die Partei B. Die Restmandate fallen somit an die Parteien C und B.

Schließlich sind beim Wahlzahlverfahren für das zweite Zuteilungsverfahren noch zwei weitere Methoden der Stimmenverrechnung zu unterscheiden: das Restteilungsverfahren und die modifizierte Methode d'Hondt.

Das *Restteilungsverfahren* ist ein Divisorenverfahren (siehe oben S. 49 f.) und schließt an die Methode des größten Überrestes an. Die Reststimmen werden nacheinander durch eine bestimmte Divisorenreihe (hier zumeist die Divisorenreihe d'Hondt, siehe oben S. 50) geteilt, die Restmandate werden den Parteien mit den höchsten Quotienten zugewiesen. In unserem Beispiel unterscheidet sich diese Methode mangels einer größeren Zahl von Restmandaten im Ergebnis nicht von der Methode des größten (Über-) Restes.

Die *modifizierte Methode d'Hondt* schließt eher an die Methode des größten Durchschnitts an, ohne ein gleiches Ergebnis wie diese hervorzurufen. Die Reststimmen werden bei diesem letzten Verfahren jeweils durch die um eins erhöhte Zahl der bereits erhaltenen Mandate der Parteien dividiert und den höchsten Quotienten ein Mandat zugesprochen. In unserem Beispiel bedeutet dies:

für Partei A   für Partei B   für Partei C
$200 : 2 + 1 = 66{,}6$ $220 : 1 + 1 = 110$ $380 : 0 + 1 = 380$

Die Restmandate fallen somit an die Parteien C und B.

Über die *Auswirkungen der verschiedenen Verrechnungsmethoden*, die in aller Regel nur in einem zweiten Verrechnungsverfahren beim Wahlzahlverfahren angewandt werden, läßt sich insgesamt festhalten, daß die Methoden des größten Durchschnitts und des kleinsten Überrestes die großen Parteien begünstigen, die Methode des größten (Über-) Restes vor allem die kleinen Parteien.

Die *Verrechnungsmethoden Andrae, Hare und Droop* stehen als Bezeichnungen stellvertretend für ein in sich geschlossenes Zähl- und Verrechnungssystem von Stimmen, das allgemein *„single transferable vote"* genannt wird[122]. Dieses Wahlsystem geht bei der Mandatszuteilung von einer *Wahlzahl* aus, deren Berechnungsweise allerdings variieren kann:

$$\text{entweder} \quad \frac{\text{abgegebene Stimmzettel}}{\text{Mandatszahl im Wahlkreis}}$$

$$\text{oder} \quad \frac{\text{abgegebene Stimmzettel}}{\text{Mandatszahl im Wahlkreis} + 1} + 1$$

Im ersteren Fall handelt es sich um die Wahlzahl nach Andrae und Hare, im zweiten um die Wahlzahl nach Droop oder Droop-Quota. Hat ein Bewerber die Wahlzahl erreicht, ist er gewählt.

Die *eigentliche Besonderheit* dieses Wahlsystems liegt in der Art und Weise der *Stimmgebung* und in der Form der *Kandidatur*. Sie gestatten die Übertragung einer Einzelstimme im gegebenen Falle von einem Kandidaten auf den anderen. Die Kandidaten be-

---

[122]) Die deutsche Bezeichnung „listenlose Verhältniswahl" oder „Verhältniswahl übertragbarer Einzelstimmgebung" läßt das Mißverständnis aufkommen, von dem oben bereits ausführlich die Rede war (siehe S. 30 ff.). Die Bezeichnung „Verhältniswahl" steht nur für das Entscheidungsprinzip, für die technische Abwicklung der Verteilung der Mandate, nicht für Repräsentationsvorstellungen. Denn „single transferable vote" in Dreierwahlkreisen etwa ist Mehrheitswahl.

werben sich einzeln (listenlos), und der Wähler kann, indem er Ziffern vor die Namen der Kandidaten auf dem Stimmzettel schreibt, Erst-, Zweit-, Dritt-, Viert- etc. *Präferenzen* verteilen. Zählung und Verwertung der Stimmen können variieren. Sie haben sich seit der ersten Anwendung des Systems technisch wesentlich verbessert[123]).

4. Verhältnisausgleich

Der Verhältnisausgleich stellt ein *Hilfsinstrument* dar, das dazu dient, das *endgültige Verhältnis von Stimmen und Mandaten der Parteien nach dem Repräsentationsprinzip der Verhältniswahl* (siehe oben S. 27 ff.) *zu gestalten,* auch wenn in einer ersten Phase der Mandatszuteilung der Entscheidungsmaßstab der Mehrheitswahl angewandt wurde. Desgleichen wird mit ihm versucht, in Verhältniswahlsystemen den Proporz zu vervollständigen.

Es gibt verschiedene *Formen des Verhältnisausgleichs.* Die gebräuchlichste ist, eine Anzahl von Mandaten vorzusehen (von 500 etwa 100 bis 200), die ausreicht, um möglicherweise entstandene Disproportionen zwischen Stimmen und Mandaten der Parteien (nach Vergabe der ersten 300 oder 400 Mandate) auszugleichen. Im Unterschied zum Phänomen der Ergänzungsliste, die einem ähnlichen Zweck dienen kann, wird in den Proporz und die Vergabe der Ausgleichsmandate die Gesamtzahl der zu vergebenden Mandate eingeschlossen.

Insofern kommt die *Regelung des Bundeswahlgesetzes von 1956* der Erscheinung des Verhältnisausgleichs nahe: die Disproportionen, die bei der Vergabe der Mandate nach relativer Mehrheit in den Einerwahlkreisen auftreten, werden vollkommen abgebaut. Dies geschieht, indem die Gesamtzahl der Mandate proportional zugeteilt wird. Allerdings ist es wohl sinnvoller, das Bonner Wahlsystem als Verhältniswahl[124]) zu verstehen, das zuallererst mittels der Zweitstimmenkonstruktion die Verteilung der Mandate nach Proporz bestimmt. Sodann kommen die Mandate in Anrechnung, die die Parteien bereits in den Wahlkreisen errungen haben. Es findet also kein eigentlicher Verhältnisausgleich, sondern vielmehr eine originäre proportionale Mandatszuteilung statt. Der Entscheidungsmaßstab der Mehrheitswahl spielt nur für die Mandatsvergabe innerhalb der mittels Verhältniswahl den Parteien bereits zugeteilten Mandate eine Rolle.

---

[123]) Siehe dazu die Länderbeiträge Dänemark (von Rolf Kraft und Dieter Nohlen), S. 155, und Irland (von Dieter Nohlen), S. 658 ff., 680 ff. und 678 in: Die Wahl der Parlamente und anderer Staatsorgane, a.a.O.

[124]) Und nicht als Wahlsystem mit Verhältnisausgleich, wie bei Hartmut Jäckel, Wahlführer 1969, München 1969, S. 27 f.

Zu verweisen ist darauf, daß oftmals — ganz entgegen der Intention des Verhältnisausgleichs, dem Proporz zu dienen — für die Teilnahme der Parteien am Verhältnisausgleich *Bedingungen* gestellt werden (siehe Stichwort Sperrklausel).

5. Ergänzungsliste

Die Ergänzungsliste hat im Unterschied zu fast allen anderen Listenformen (siehe oben Seite 43 ff.) nur geringe Bedeutung in der Frage der Kandidatur, erhebliches Gewicht hingegen für die *Stimmen-Mandatsrelation der Parteien*. Mittels der Ergänzungsliste wird zumeist versucht, *Disproportionalitäten im Wahlergebnis auszugleichen*. Sie kann dabei vielfältige Funktionen erfüllen.

Zunächst ist festzuhalten, daß die Ergänzungsliste eine Anzahl von Mandaten vorsieht, die zusätzlich zu den bereits vergebenen Mandaten und rechnerisch unabhängig von ihnen verteilt werden. Enthält die Ergänzungsliste beispielsweise 30 Mandate, so können diese proportional zum Stimmenergebnis den Parteien zugeteilt werden (*Ergänzungsliste nach Verhältniswahl*). Auch kann die Verteilung der Mandate der Ergänzungsliste proportional zum Mandatsergebnis der in der ersten Phase der Mandatszuteilung vergebenen Mandate erfolgen. Wurden diese Mandate nach Mehrheitswahl vergeben, so wird die Ergänzungsliste nach der Art und der Auswirkung, die die Zuteilung ihrer Mandate kennzeichnen, *Ergänzungsliste nach Mehrheitswahl* genannt. Jedoch auch im letztgenannten Fall werden die bereits in einer ersten Phase der Mandatszuteilung vergebenen Mandate nicht mehr direkt in den Verteilungsprozeß der Mandate der Ergänzungsliste mit einbezogen, wie dies beim Verhältnisausgleich geschieht.

Die Ergänzungsliste nach Verhältniswahl dient vor allem Proporzgesichtspunkten, bei Anfügung an die relative Mehrheitswahl in Einerwahlkreisen vor allem der Vertretung von Minderheiten, ohne daß diese in aller Regel entscheidende Bedeutung für die parlamentarische Mehrheitsbildung erlangen können. Wie vor allem die Ergänzungsliste nach Mehrheitswahl kann sie aber auch die Funktion eines parteiinternen Proporzes erfüllen. In Verbindung mit einer Nationalen (Bundes-)Liste (siehe oben Seite 44) können die Parteien mittels der Ergänzungsliste direkten Einfluß unter anderem auf die regionale, personelle und soziologische Struktur ihrer Parlamentsfraktion nehmen.

6. Sperrklausel

Wird die Teilnahme der Parteien an der Mandatsvergabe durch nicht wahlsystem-immanente Faktoren[125]*) mittels Fixierung besonderer Bedingungen begrenzt, so spricht man von einer Sperrklausel.* Eine solche Sperrklausel sieht das Bundeswahlgesetz in § 6, Abs. 4, vor. Es schränkt damit — anders als das Weimarer Reichstagswahlrecht, das keine Sperrklausel kannte — das Prinzip der Verhältniswahl zugunsten der Arbeits- und Funktionsfähigkeit des Bundestages ein, indem es der Wahl von Splitterparteien vorbeugt. Das Bundesverfassungsgericht hat in mehreren Entscheidungen diese funktionalen Gesichtspunkte anerkannt und eine Sperrklausel von fünf Prozent als mit dem Prinzip der Verhältniswahl für vereinbar erklärt.

Im ersten Bundeswahlgesetz von 1949 wurde für die Teilnahme an der Mandatsvergabe im Bund von den Parteien — mit Ausnahme von solchen nationaler Minderheiten — fünf Prozent der Stimmen in einem Bundesland (Prozentklausel) oder ein Wahlkreismandat (Grundmandatsklausel) gefordert. Die nachfolgende Wahlgesetzgebung hat die Sperrklausel erheblich verschärft: seit 1953 müssen die Parteien fünf Prozent der Zweitstimmen im gesamten Bundesgebiet erreichen, und 1956 wurde die Zahl der geforderten Wahlkreismandate auf drei erhöht.

D. BEGRIFFE IM BEREICH DER AUSWIRKUNGEN VON WAHLSYSTEMEN

Innerhalb der Lehre von den Wahlsystemen gewinnen mit neuen Untersuchungen zur Wahlpraxis neue Fragestellungen Bedeutung, die eng mit den Auswirkungen verschiedener Wahlsysteme zusammenhängen. Mit ihnen gehen Begriffe einher, die teilweise erst jüngst durch die Wahlsoziologie geprägt wurden — sie reichen auch bereits stark in die Wahlsoziologie hinüber. Dabei ist allerdings nicht zu verkennen, daß die Popularität, der sich manche dieser Begriffe erfreuen, ihrer wissenschaftlich gerechtfertigten Anwendbarkeit beträchtlich vorausgeeilt ist.

a) Überhangmandate

Überhangmandate können in Wahlsystemen entstehen, die erstens für die *Mandatsverteilung zwei Phasen* nach unterschiedlichen Entscheidungsmaßstäben bestimmen, zweitens in der ersten Phase nicht den

---

[125]) Diese Formulierung schließt aus, daß Hürden, die für kleine Parteien in Systemen der Mehrheitswahl bestehen und Mandatsgewinne erheblich erschweren, wenn nicht gar ausschließen, als Sperrklauseln bezeichnet werden, wie jüngst fälschlicherweise wieder bei Hartmut Jäckel, Wahlführer 69, a.a.O., S. 26.

Entscheidungsmaßstab der Verhältniswahl anwenden, der aber (drittens) Grundlage für das endgültige Mandatsergebnis der Parteien sein soll.

Diese *wahlsystemtechnischen Voraussetzungen* erfüllt das gegenwärtige Wahlsystem der Bundesrepublik Deutschland. Das Bundeswahlgesetz von 1956 schreibt in Paragraph 6, Absatz 3, vor, daß eine Partei, die in einem Bundesland mehr Wahlkreismandate erhalten hat, als der Landesliste aufgrund des Zweitstimmenanteils zustehen[126]), diese überzähligen Mandate behalten kann, ohne daß ein Mandatsausgleich erfolgt. Die gesetzliche Mitgliederzahl des Bundestags erhöht sich um die Zahl der Überhangmandate. Diese Regelung geht von dem Gedanken aus, daß einer Partei ein direkt in den Wahlkreisen erzieltes Mandat nicht wieder genommen werden kann, auch wenn damit das dem Wahlsystem zugrundeliegende Repräsentationsprinzip der Verhältniswahl durchbrochen wird.

Sind die wahlsystemtechnischen Voraussetzungen erfüllt, können Überhangmandate entstehen, wenn

1. die Wahlkreise eines Bundeslandes im Durchschnitt wesentlich kleiner sind als in den anderen Ländern,

2. die Wahlbeteiligung in einem Bundesland wesentlich geringer ist als in den anderen Ländern,

3. in einem Bundesland ein und dieselbe Partei eine große Anzahl knapper Wahlkreismehrheiten erzielt,

4. in bestimmten Bundesländern starke Dritt- und Viertparteien auftreten, ohne daß diese ein Wahlkreismandat gewinnen können. Die Zahl der Überhangmandate, die möglicherweise entstehen, bleibt allerdings in jedem Falle eng begrenzt (siehe Tabelle VI).

b) Kubusregel

Bereits zu Beginn des Jahrhunderts hat man sich mit der Frage beschäftigt, welche *normalen Auswirkungen die relative Mehrheitswahl auf die Stimmen-Mandatsrelation der Parteien* hat. An den Wahlergebnissen zum britischen Unterhaus wurde seitdem immer wieder empirisch nachgewiesen, daß das Verhältnis der Mandate zweier Parteien bei relativer Mehrheitswahl in etwa den dritten Potenzen der Stimmenzahlen der Parteien entspricht. Zeichnet man eine Kurve der Kubikzahlen der von den Parteien bei verschiedenen Wahlen erhaltenen Stimmen, so siedeln sich die effektiv von den Parteien ge-

---

[126]) Siehe dazu die Darstellung des Wahlsystems der Bundesrepublik Deutschland im nachfolgenden Beitrag S. 189 ff.

wonnenen Mandate nahe diesen hypothetischen Werten an (siehe die Darstellung I, S. 61).

Die Kubusregel besitzt somit einen gewissen *prognostischen Wert* bei der Voraussage von Mandatsergebnissen bei zu erwartenden (durch die Demoskopie vorhergesagten) Stimmenergebnissen. Sie gibt grob den Disproportionseffekt zwischen Stimmen und Mandaten der relativen Mehrheitswahl in Einerwahlkreisen an. Sie gilt indes nur für dieses Wahlsystem, und es können Abweichungen von ihr vorkommen, die bis zu einer Umkehrung in der Größenordnung der Zahlen reichen. Diese Variable in der Auswirkung der relativen Mehrheitswahl verweist uns auf den Begriff des Bias.

c) Bias

Worum geht es bei diesem *Begriff*? Der „bias" (von englisch bias = schiefe Ebene, Neigung, Geneigtheit) besagt, daß *eine Partei gegenüber einer anderen durch Faktoren begünstigt wird, die nicht im Wahlsystem begründet liegen, aber durch das Wahlsystem reflektiert werden.* In der ungenauen Kurzform — und vor allem in der polemischen Auseinandersetzung um die Wahlsysteme — wird jedoch zumeist davon gesprochen, daß der Bias die Begünstigung einer Partei d u r c h das Wahlsystem darstelle.

Es ist deshalb wichtig, eine grundsätzliche Unterscheidung zu treffen zwischen der Art und den *Entstehungsfaktoren von Vorteilen,* die Parteien gegenüber anderen bei Wahlen besitzen können.

Die *erste Form der Begünstigung* liegt im Wahlsystem begründet. Wahlsysteme unterscheiden sich ja wesentlich untereinander darin, daß sie jeweils andere Auswirkungen zeigen (siehe oben S. 26 f.). Entsprechend den angewandten Wahlsystemen können die erzielten Wahlergebnisse erheblich voneinander abweichen. Diese Verschiedenheit läßt sich am markantesten an den Differenzen von Stimmen- und Mandatsanteilen der Parteien ablesen, an den Vorteilen der einen Partei oder Gruppe von Parteien und den Nachteilen der anderen Partei oder Parteien sowie der graduellen Veränderung des Vorteil-Nachteil-Verhältnisses bis zu seiner grundsätzlichen Verschiebung, bei der sich die Ordnung umkehrt. Diese Begünstigung einer Partei, in Mehrheitswahlsystemen in aller Regel einer größeren gegenüber einer kleineren, ist somit eine natürliche, *vom Wahlsystem intentional gewollte* und *in der Praxis nachweislich bewirkte Erscheinung.*

Die *zweite Form der Begünstigung* hingegen geht nicht auf das Wahlsystem zurück. Zwar ist ein Zusammenhang mit dem Wahlsystem nicht gänzlich zu leugnen, da die Begünstigung nur in bestimmten Wahlsystemen auftritt. In Verhältniswahlsystemen ist sie unbekannt. Der Vorteil, den eine Partei besitzen mag, ist jedoch zufällig (deshalb spricht man auch vom „accidental bias") und periodisch, er kann bei den folgenden Wahlen dahinschwinden oder gar der gegnerischen Partei zufallen. Er liegt *nicht im Wahlsystem begründet,* sondern in der Wahlgeographie, in der Streuung der politischen Meinungen, Interessen und Parteipräferenzen[127]). Diese Form der zufälligen und zeitweiligen Begünstigung einer Partei, der Bias also, tritt vor allem im relativen Mehrheitswahlsystem auf.

Während nun für die Verhältniswahlsysteme ein klares Maß existiert, das Vor- und Nachteile der Parteien bei der Übertragung von Wählerstimmen in Mandate wiederzugeben vermag, stellt sich für das *relative Mehrheitswahlsystem* zunächst die Frage, welches ein — systemimmanent betrachtet — *gerechter Maßstab* sei, um die Abweichungen von den normalen Auswirkungen zu bewerten[128]). *Zwei Kriterien* schälen sich hier heraus:

1. eine Partei, die die Mehrheit der Stimmen auf sich vereinigt oder die meisten Stimmen gewinnt, soll auch die Mehrheit der Mandate erhalten;
2. eine Partei soll zum Gewinn einer bestimmten Mandatszahl nicht mehr Stimmen brauchen als eine andere Partei.

Beide Kriterien liegen dem bisherigen Bias-Konzept der Wahlforschung zugrunde. Sie scheinen auch eng miteinander verbunden. Ihre Unterscheidung ist jedoch wichtig, denn sie erst ermöglicht mittels der Spezifizierung der Begriffsinhalte eine terminologische Klärung des Bias-Begriffs. Empirisch zeigt sich nämlich, daß es kein exaktes Maß gibt, nach dem die Berechnung und Bewertung des Abschneidens der Parteien im Sinne des zweiten Kriteriums erfolgen kann[129]). Da in

---

[127]) Zu den Entstehungsfaktoren zählen: Überschußstimmen der Parteien in Wahlkreisen, die zum Gewinn weiterer Mandate nicht beitragen; Dreieckswahlen, d. h., das Auftreten von Dritt- und Viertparteien in verschiedenen Wahlkreisen; regional unterschiedliche Wahlbeteiligungen.

[128]) An dieser Stelle muß angemerkt werden, was Hartmut Jäckel in seinem begriffskritischen Beitrag „Swing" und „Bias" als Mittel zur Analyse und Prognose von Mehrheitswahlergebnissen, in: PVS Bd. 9, 1968, S. 203, hervorgehoben hat. Er sagt zu Recht, daß unter den Bedingungen der relativen Mehrheitswahl in Einerwahlkreisen "jede auf die Gesamtstimmanteile der Parteien bezogene Formel von vornherein als systemwidrig erscheinen (muß)". Man sollte sich stets vergegenwärtigen, daß man bei der Bewertung der Auswirkungen der relativen Mehrheitswahl nach den Maßstäben der Verhältniswahl diesem Wahlsystem und der ihm zugrundeliegenden Repräsentationsidee ständig Gewalt antut.

[129]) Die Tabelle von David E. Butler, erstmals 1945 entwickelt, gibt für die britischen Unterhauswahlen die Sitzverteilung für jede vom gegenwärtigen Stimmenergebnis abweichende Stimmenverteilung (durchschnittlicher nationaler Swing) an; siehe Ronald B. McCallum und Alison Readman, The British General Election of 1945, London-New York-Toronto 1947, S. 290. Sie könnte noch am ehesten —

aller Regel die Stimmenanteile der Parteien sehr voneinander abweichen, fehlt der gemeinsame Nenner, auf dem basierend mögliche Vor- und Nachteile der Parteien vergleichend festgestellt werden können.

Die Wahlforschung hat deshalb versucht, der Berechnung der Vor- und Nachteile der Parteien bei relativer Mehrheitswahl eine Untersuchung der Faktoren zugrundezulegen, die einen Bias bewirken können[130]). Es wurde ein *„hypothetischer Bias"* zu formulieren versucht, dem jedoch bei prognostischer Anwendung nur wenig Aussagekraft zukommt. Denn mit der Verminderung der Stimmendistanz zwischen den Parteien kann sich auch die regionale Stimmenverteilung derart angleichen, daß sich die Entstehungsfaktoren des Bias verändern, vielleicht mit dem anderen Wahlergebnis vollkommen entfallen. Besonders schwierig ist es, aufgrund eines Wahlergebnisses, das unter Anwendung eines Verhältniswahlsystems erzielt wurde, den mutmaßlichen Bias prognostiziert für mögliche nachfolgende Wahlen nach relativer Mehrheitswahl zu berechnen. Das Wählerverhalten wird durch das angewandte Wahlsystem entscheidend mitbestimmt. Die Situation der Dritt- und Viertparteien wandelt sich erheblich. Andererseits kann ein Bias zugunsten einer Partei latent existieren, ohne daß er recht erkennbar ist, da er sich in den vorhergehenden Wahlergebnissen nicht manifestiert hat. Die Veränderung in den Stimmanteilen der Parteien kann gerade zu Lasten der Faktoren gegangen sein, die bisher den latent vorhandenen Bias verdeckt haben.

Aus alledem wird deutlich, daß der Bias nach dem zweiten Kriterium eine sehr wenig bestimmbare Größe ist. Er ist hier nicht nur eine zufällige Erscheinung, sondern auch ein wissenschaftlich kaum fixierbarer Wert. Der Bias bleibt so nur Hypothese, mit der operational nicht allzuviel anzufangen ist.

---

bei aller Fragwürdigkeit des Swing-Konzeptes, siehe dazu weiter unten S. 62 f. — zur Berechnung eines Bias nach dem zweiten Kriterium dienen. Ihre bedingte Aussagekraft verdankt sie aber vor allem den besonderen Verhältnissen Großbritanniens, der Homogenität und Stabilität des dortigen Wahlkörpers. Die Tabelle 1 bei Joachim Wiesner, Britischer Typ und modifizierte Formen relativer Mehrheitswahl, Jahrbuch für Verfassung und Verfassungswirklichkeit, hrsg. von F. A. Hermens, 1969, S. 183 ff., hier S. 194 f., aus der ebenfalls der Bias abgeleitet werden könnte, geht von einem gleichmäßigen Swing im gesamten Bundesgebiet aus. Gerade das Wahlergebnis von 1969 hat gezeigt, wie irreal eine solche Hypothese ist. Siehe dazu Dieter Nohlen/Rainer-Olaf Schultze, Die Bundestagswahl 1969 in wahlstatistischer Perspektive, a.a.O., S. 15 ff., hier vor allem S. 19 ff.

[130]) So vor allem R. Wildenmann/W. Kaltefleiter/U. Schleth in der Untersuchung: Auswirkungen von Wahlsystemen ... a.a.O., S. 90 ff., 108 ff. Zur Kritik an der Bias-Berechnung siehe Hartmut Jäckel, Die Auswirkungen einer Wahlreform. Methodische Bemerkungen zur Analyse von Wahlsystemen und Wahlergebnissen, in: PVS Bd. 7 (1966), S. 533 ff.

Das erstgenannte Kriterium läßt hingegen eine eindeutige Bestimmung des möglichen Vor- und Nachteils von Parteien im System der relativen Mehrheitswahl zu. Es liegt offensichtlich ein Bias vor, wenn eine Partei mit weniger Stimmen als eine andere Partei die meisten Parlamentsmandate erringt. Im Gegensatz zu den hypothetischen Bias-Werten nach dem zweiten Kriterium können wir nun zu einer klaren mathematischen Definition des Bias kommen.

Darstellung I: Mandate der Konservativen Partei und der Labour Partei (K_1 und L_1) und hypothetische Mandatszahlen der beiden Parteien (K_2 und L_2) nach der Kubusregel bei den britischen Unterhauswahlen 1922—1966 (in Prozent)[131].

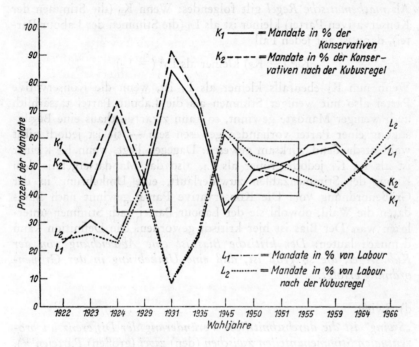

Eine Faustregel der relativen Mehrheitswahl ist, daß sich die Mandatszahlen der Parteien zueinander verhalten wie die dritten Potenzen der Stimmenzahlen, die die Parteien erzielten. Nach dieser Kubusregel (siehe oben S. 57 f.) ist es also nicht möglich, daß eine nach Stimmen schwächere Partei mehr Mandate verbuchen kann als die nach Stimmen stärkste Partei. Somit kann man den *kritischen Bias* als eine

---

[131]) Die Graphik wurde übernommen aus: Die Wahl der Parlamente und anderer Staatsorgane, a.a.O., S. 639.

Abweichung von der Kubusregel definieren, selbst wenn man dieser Regel nur den Wert einer Faustregel beimißt. Die Faustregel läßt ein Mehr oder Weniger an Abweichungen im Hinblick auf die mathematische Exaktheit der Verhältniszahlen zu. Ihre Umkehrung in der Größenordnung allerdings ist mit dem kritischen Bias identisch.

Dieser Fall hat sich bisher zweimal in Großbritannien zugetragen. Die vorstehende Graphik macht deutlich, daß die Abweichungen der Wahlergebnisse nach relativer Mehrheitswahl von der Kubusregel nur gering sind, im Grenzbereich allerdings eine Umkehrung in der Größenordnung hervorrufen. Dieser Tatbestand deckt den Bias-Begriff.

Als *mathematische Regel* gilt folgendes: Wenn K_0 (die Stimmen der Konservativen Partei) kleiner ist als L_0 (die Stimmen der Labour Partei), dann ist auf jeden Fall

$$K_0^3 \; (= K_2) \text{ kleiner als } L_0^3 \; (= L_2).$$

Wenn nun K_1 ebenfalls kleiner als L_1 ist, wenn die Konservative Partei also mit weniger Stimmen als die Labour Partei tatsächlich auch weniger Mandate gewinnt, so kann zwar durchaus eine Begünstigung einer Partei vorhanden gewesen sein — sie ist jedoch nicht wahlentscheidend wirksam gewesen. Dagegen liegt, wenn K_2 kleiner ist als L_2, K_1 jedoch größer als L_1, also das Mandatsergebnis dem Kubus der Stimmenzahlen zuwiderläuft, eine Umkehrung in der Größenordnung vor: Die Konservative Partei gewinnt nach Mandaten die Wahl, obwohl sie der Labour Partei nach Stimmen unterlegen war. Der Bias ist hier kritisch geworden. Die Definition kann demnach lauten: *Der kritische Bias ist eine Abweichung von der Kubusregel, die so groß ist, daß eine Umkehrung in der Größenordnung erfolgt.*

d) Swing

„Swing" ist die durchschnittliche Veränderung der Differenz an prozentualen Stimmenanteilen zwischen (den) zwei (großen) Parteien[132]).

Der Begriff bezeichnet den Mittelwert der Summe aus der prozentualen Stimmabnahme der einen Partei und des (dieser mehr oder weniger entsprechenden) Zuwachses der anderen Partei.

---

[132]) Diese Definition geht zurück auf Nils Diederich, Empirische Wahlforschung, a.a.O., S. 131, der in Anlehnung an David E. Butler/Richard Rose: The British General Election of 1959, London 1960, S. 235: „Swing is defined as the average of the Conservative percentage gain and the Labour percentage loss", folgende Begriffsbestimmung wählte: „Swing ist die durchschnittliche Veränderung der Differenz an Wählerstimmen zwischen den beiden großen Parteien."

Beispielsweise erzielte die SPD bei den Bundestagswahlen 1969 einen Swing zu ihren Gunsten von 2,45 Prozent. Der Swing errechnet sich aus folgenden Daten: 1965 betrug der Abstand zwischen CDU/CSU und SPD im Stimmenanteil 8,3 Prozent, 1969 nur mehr 3,4 Prozent. Die Stimmendistanz zwischen beiden Parteien verringerte sich also um 4,9 Prozent. Die Hälfte dieses Wertes, also 2,45 Prozent, stellt den Swing dar, denn (entsprechend der Vorstellung einer direkten Wählerbewegung zwischen zwei Parteien, die dem Swing-Konzept zugrundeliegt) brauchten nur 2,45 Prozent der Wähler von der CDU/CSU zur SPD zu wechseln, um die Stimmenanteile der beiden Parteien um 4,9 Prozent anzugleichen.

Zu unterscheiden ist zwischen dem *nationalen Swing,* der durchschnittlichen Veränderung der Differenz an prozentualen Stimmenanteilen zwischen zwei Parteien auf nationaler (Bundes-)Ebene, und dem *Wahlkreis-Swing,* dem gleichen Phänomen auf Wahlkreisebene.

Die *britische Wahlforschung* arbeitet etwa seit Beginn der fünfziger Jahre mit dem Swing-Begriff[133]). Nach Deutschland wurde das Instrument vor allem durch Studien zu übertragen versucht, die sich mit den möglichen Auswirkungen der Einführung der relativen Mehrheitswahl in Einerwahlkreisen beschäftigten[134]). In jüngster Zeit hat sich erhebliche und sehr berechtigte *Kritik an der Tauglichkeit des Swing-Begriffs* zur Analyse und Prognose von Wahlergebnissen erhoben. In der deutschen Wahlforschung wurden die Einwände gegen das Swing-Konzept vor allem von Hartmut Jäckel vorgetragen[135]).

Tatsächlich ist der Swing ein sehr *grober Begriff.* Er macht Richtung und Größe der Veränderungen im Wahlergebnis deutlich, vermag aber weder die Stimmenrelationen der Parteien noch den tatsächlichen Fluß der Wählerbewegung anzugeben. Ein Swing von 3 Prozent zugunsten einer Partei sagt nichts darüber aus, welche Partei die Wahl gewonnen hat, so daß unverkennbar andere Daten zur Analyse eines Wahlergebnisses wichtiger sind als der Swingwert. Er gibt nur den *Saldo der Stimmenbewegung* an und vermag nicht (als nationaler Swing) die Unregelmäßigkeiten des Swing auf Wahlkreisebene zu erfassen. Erst recht ist der Swing nicht geeignet, die effektive Wählerbewegung nachzuzeichnen. Er statuiert das Modell eines direkten

[133]) Siehe hierzu vor allem die Studien von David E. Butler und des Nuffield College/Oxford. Als kritische Einführung empfiehlt sich die schon mehrfach erwähnte Studie von Nils Diederich, Empirische Wahlforschung, a.a.O., S. 117 ff.

[134]) Siehe insbesondere Rudolf Wildenmann/Werner Kaltefleiter/Uwe Schleth, Auswirkungen von Wahlsystemen..., a.a.O., S. 74 ff.

[135]) Hartmut Jäckel, „Swing" und „Bias" als Mittel der Analyse und Prognose von Mehrheitswahlergebnissen, a.a.O., S. 197 ff.

Wählerwechsels zwischen zwei Parteien; indes, selbst auf Wahlkreisebene kann die prozentuale Zu- und Abnahme der Parteien von einer
Wahl zur anderen auf Wahlbeteiligungsdifferenzen oder auf das
plötzliche, vielleicht erneute Auftreten von Drittparteien zurückzuführen sein.

Die hier vorgebrachten Einwände reichen bereits aus, um den sehr
begrenzten Aussagewert des Swing-Begriffs aufzuzeigen. Insbesondere
bei prognostischer Anwendung kann man nur davor warnen, mit dem
Swing-Begriff und den darauf fußenden Techniken vorzugeben, wissenschaftlichen Ansprüchen genügende, verläßliche Ergebnisse erzielen zu können.

e) Überschußstimmen (Reststimmen)

Überschußstimmen sind Stimmen, die über das Minimum hinausgehen,
das zum Gewinn eines Mandats (in Einerwahlkreisen) oder einer
bestimmten Mandatszahl (in Mehrmannwahlkreisen) *ausreichend ist*
und folglich nichts einbringen. Sie gehen den Parteien praktisch verloren, wenn nicht eine Reststimmenverwertung besteht.

Während das Phänomen der *Überschußstimmen im Bereich der Ver-*
hältniswahl früh erkannt wurde und verschiedene Methoden entwickelt wurden, um die sog. Reststimmen zu verwerten (siehe oben
S. 51 ff.), hat die Wahlforschung erst jüngst die *Überschußstimmen im*
Bereich der Mehrheitswahl zum Problem erhoben. Tatsächlich können
in der Höhe sehr unterschiedliche Überschußstimmen der Parteien bei
relativer Mehrheitswahl in Einerwahlkreisen das Mandatsergebnis
auf Wahlgebietsebene entscheidend mitbestimmen.

Reststimmen innerhalb der Verhältniswahl gehen allein auf die Verrechnungsverfahren zurück. Überschußstimmen innerhalb der Mehrheitswahl liegen zunächst im *Entscheidungsprinzip der Mehrheitswahl*
begründet (siehe oben S. 27 ff.). Sie erlangen jedoch hier erst Bedeutung, wenn eine *unterschiedliche Struktur in der regionalen Streuung*
der Wählerschaft der Parteien hinzutritt, wenn etwa eine Partei erheblich mehr *Hochburgen* aufweist als die andere und in diesen Wahlkreisen ihre Mandate mit 25 und mehr Prozent Überschußstimmen
gewinnt. Dann gerät das Verhältnis der Überschußstimmen der Parteien, die als solche bei relativer Mehrheitswahl in Einerwahlkreisen
unumgänglich sind, aus dem Gleichgewicht. Als Folge davon tritt die
Ungleichheit der Chancen der Parteien auf, die Mehrheit der Parlamentsmandate zu gewinnen. Sie wird in der relativen Mehrheitswahl
in Einerwahlkreisen mit dem Begriff des Bias (siehe oben Seite 58 ff.)
gekennzeichnet.

Den Auswirkungen der Überschußstimmen innerhalb der relativen Mehrheitswahl läßt sich entgegenwirken durch die Einführung eines beschränkten Verhältnisausgleiches oder einer Ergänzungsliste (siehe oben Seite 54 f.). In anderen Mehrheitswahlsystemen, wie etwa dem Dreierwahlsystem, kommt den Überschußstimmen der Parteien keine reale Bedeutung zu: sie gleichen sich von Wahlkreis zu Wahlkreis in etwa aus.

f) „Splitting" im Zwei- (oder Mehr-)stimmensystem

Der *Begriff* des Stimmen-Splitting ist der *amerikanischen Wahlforschung* und Wahlpraxis entlehnt[136]). Er bezeichnet dort ein *unterschiedliches Wahlverhalten des Wählers bei der auf einen Wahltag konzentrierten,* ja auf einem Stimmzettel gemeinsam durchgeführten *Wahl verschiedener exekutiver und legislativer Organe.* Der Wähler wechselt seine Parteipräferenz (als „split ticket") bei einer, mehreren oder allen Wahlentscheidungen, die er auf einem Wahlzettel getrennt voneinander treffen kann. Das Splitting steht im Gegensatz zum „straight ticket", bei dem der Wähler für alle einzelnen Wahlentscheidungen seine Parteipräferenz beibehält. Wichtig ist hervorzuheben, daß das Stimmen-Splitting dort, wo es zunächst aufgetreten ist und begrifflich fixiert wurde, nichts mit dem Wahlsystem zu tun hat.

„Splitting" im Zwei- (oder Mehr-)stimmensystem bezeichnet den Wechsel der Parteipräferenz bei der Wahl ein und desselben repräsentativen Organs, der durch das Wahlsystem ermöglicht wird. Das Zweistimmensystem nach dem geltenden Bundeswahlgesetz (siehe dazu oben Seite 47 f.) gestattet es, die Erststimme einem Wahlkreisbewerber zu geben, der nicht der Partei angehört, die man mit der Zweitstimme wählt. Da die Zweitstimmen über die Verteilung der Mandate im Bundestag und somit über die Mandatsstärken der Parteien entscheiden, wird der Wähler hier auf seine grundsätzliche Parteipräferenz angesprochen. Bei der Vergabe der Erststimme, deren Bedeutung begrenzter ist, können zu der im tatsächlichen Wählerverhalten weiterhin *dominanten Motivation der grundsätzlichen Parteipräferenz* andere Gesichtspunkte konkurrierend oder ergänzend hinzutreten[137]).

---

[136]) Ausführlich wird dies dargestellt in: Dieter Nohlen/Rainer-Olaf Schultze, Die Bundestagswahl 1969 in wahlstatistischer Perspektive, a.a.O., Abschnitt 5, „Splitting" — ein neues Phänomen im Wahlverhalten?, S. 27 ff.

[137]) Nähere Ausführungen zum empirischen „Splitting" im Zweistimmensystem enthält der nachfolgende Beitrag, S. 233 ff.

II. GESCHICHTE
DER WAHLEN IN DEUTSCHLAND

A. VOR DER REICHSGRÜNDUNG

I. Die Entwicklung bis 1848

Das *Heilige Römische Reich Deutscher Nation* war bis zur Niederlegung der Reichskrone durch Kaiser Franz II. am 6. August 1806 ein *ständisch verfaßter Staat*, der sich auf das dualistische Gliederungsprinzip von „Kaiser und Reich" gründete. Die Stände (Adel, Geistlichkeit, Städte und in einigen Ausnahmefällen auch die Bauern) bildeten die Grundlage von Versammlungen, in denen „in korporativer Organisation die Gesamtheit, das «Land» oder das «Reich», gegenüber dem Herrscher «vertreten»"[1]) wurde. Weder die in England im 17. und 18. Jahrhundert erkämpfte Teilnahme des Parlaments an der Regierung noch der Gedanke der Nationalrepräsentation, wie er in der französischen Nationalversammlung von 1789 zum Ausdruck kam, waren im „alten Reich" jemals verwirklicht worden. Zudem hatten nicht nur die kaiserliche Zentralgewalt und der Regensburger Reichstag, sondern auch die landständischen Körperschaften in den einzelnen Territorien im Zeitalter des Absolutismus ständig an Einfluß verloren. Vielfach wurden die Landtage nicht mehr einberufen oder sogar ganz abgeschafft[2]).

Repräsentiert waren *die bevorrechtigten Stände*, in der Regel die Prälaten, die Ritterschaft und die Städte. Während in den katholischen Territorien, vor allem in den geistlichen Fürstentümern, der Prälatenstand noch verhältnismäßig einflußreich war, hatte er in protestantischen Gebieten seine ursprüngliche Position verloren. Der Ritterschaft war in einzelnen Territorien auch der landsässige Herrenstand angegliedert. In Ländern, in denen der gesamte Adel der Reichsritterschaft angehörte — wie z. B. in Württemberg —, gab es keine ritterschaftliche Kurie mehr. In Gebieten, in denen keine Kurie der Ritter oder der Prälaten existierte, oder wo aufgrund der geographi-

---

[1]) Otto Hintze, Typologie der ständischen Verfassungen des Abendlandes, in: Ders., Staat und Verfassung. Gesammelte Abhandlungen zur allgemeinen Verfassungsgeschichte, hrsg. v. Gerhard Oestreich, 2. erweiterte Auflage, Göttingen 1962, S. 121.

[2]) Siehe hierzu Fritz Hartung, Herrschaftsverträge und ständischer Dualismus in den deutschen Territorien, in: Derselbe, Staatsbildende Kräfte der Neuzeit, Gesammelte Aufsätze, Berlin 1961, S. 62 ff.; vgl. ferner auch F. Carsten, Princes und Parliaments in Germany, Oxford 1959; Inge Schlieper, Wurzeln der Demokratie in der deutschen Geschichte, Bonn/Wien/Zürich 1967.

schen und wirtschaftlichen Gegebenheiten, wie in Ostfriesland, im Dithmarschen, in Hadeln und in den Alpen, vor allem in Tirol, neben den Städten die Bildung eines weiteren Standes unumgänglich war, hatten auch die Bauern, vielfach bereits seit dem späten Mittelalter, eine eigene Vertretung erlangt.

Die Bestellung der ständischen Körperschaften ging auf verschiedene Techniken zurück, unter denen die Wahl nur eine geringe Rolle spielte[3]). Während die Ritterschaft auf den Landtagen in eigener Person erschien, entsandten die Kapitel, Klöster, Stifte, Universitäten und Städte Deputierte, die von den Korporationen delegiert wurden, und die sie als solche repräsentierten. In den Städten beriefen gewöhnlich die Magistrate die Landtagsmitglieder. Die Abgeordneten des Bauernstandes setzten sich im allgemeinen aus den Gemeindevorständen zusammen, oder aber sie wurden von den Gemeindebewohnern nach den Grundsätzen des jeweiligen Gemeindewahlrechts bestellt.

Die Auflösung des „alten Reiches", die territoriale Neugestaltung infolge von Säkularisation und Mediatisierung durch den Reichsdeputationshauptschluß (1803) sowie der Gründung des Rheinbundes (1806) und die Besetzung weiter Gebiete durch französische Truppen ließen eine *Neuordnung der staatlichen Verhältnisse* notwendig werden und konfrontierten die deutschen Staaten mit den Verfassungsvorstellungen der französischen Revolution, den napoleonischen Reformen und der angelsächsischen Verfassungsentwicklung.

Die Abkehr von den „alten" Verfassungsgrundlagen vollzog Preußen mit den *Stein-Hardenbergschen Reformen*[4]) (seit 1808), deren Ziele die „Belebung des Gemeingeistes und Bürgersinns, . . ., der Einklang zwischen dem Geist der Nation, ihren Ansichten und Bedürfnissen, und denen der Staatsbehörden, die Wiederbelebung der Gefühle für Vaterland, Selbständigkeit und Nationalehre"[5]) waren. Auf lokaler Ebene sollten die besitzenden und gebildeten bürgerlichen Schichten durch Selbstverwaltung an den politischen Entscheidungen beteiligt werden. Der ständisch-korporativen Bestellungsweise diametral entgegengesetzt, beeinflußt vom englischen Vorbild, den Munizipalgesetzen der französischen Revolution und dem Wahlrecht in den

---

[3]) So auch Georg Meyer, Das parlamentarische Wahlrecht, hrsg. v. Georg Jellinek, Berlin 1901, S. 106 f.

[4]) Zum Gesamtkomplex der Preußischen Reformen siehe Ernst Rudolf Huber, Deutsche Verfassungsgeschichte seit 1789 (s. BiblAng.) Bd. 1, S. 95 ff., dort auch weiterführende Literaturangaben; insbesondere zur Städteordnung S. 172 ff.

[5]) Nassauische Denkschrift des Freiherrn vom und zum Stein, zit. nach: Derselbe, Briefe und Amtliche Schriften, neu herausgegeben von Walter Hubatsch, 7 Bde., Stuttgart 1960 ff., Bd. 2, 1, S. 380 ff., hier S. 394.

freien Reichsstädten, führte deshalb die *preußische Städteordnung*[6])
vom 19. November 1808 zum ersten Mal in Deutschland ein fast
allgemeines, gleiches, direktes und geheimes Männerwahlrecht ein,
das nur an einen verhältnismäßig geringen Zensus (150—200 Taler
jährliches Einkommen) und an die Bestimmung, daß zwei Drittel der
passiv Wahlberechtigten Hausbesitzer sein mußten, gebunden war. Die
in Wahlkreisen bestellten Repräsentanten sollten die Exekutive, d. h.
den von ihnen gewählten Magistrat, kontrollieren und Verbesse-
rungsvorschläge machen. Sie sollten nur ihrem eigenen Gewissen,
nicht aber der Wählerschaft verantwortlich sein und dem Wohl der
ganzen Stadt, nicht dem ihrer Auftraggeber dienen.

Während die Refom der lokalen Verwaltungen von den Fürsten
durchgeführt wurde, forderte die *nationale Bewegung*[7]), getragen
von dem romantisch verklärten Gedanken an eine „nationale Wie-
dergeburt des Reiches", auch auf staatlicher Ebene eine geschriebene
Verfassung als „ein geschlossenes, den Staat in seiner Totalität er-
fassendes System rational richtiger, gültiger Bestimmungen"[8])
und trat — entsprechend den Implikationen der konstitutionellen
Idee (s. u.) — für eine Anerkennung der Leistungen des Bürgertums
während der Befreiungskriege ein.

Trotz der Zusagen einiger Fürsten, eine Verfassung auf „volkstüm-
licher Basis" zu schaffen[9]), formulierte der *Wiener Kongreß*, der
die Neuordnung Europas und des Reiches noch ganz nach dem Prinzip des Gleichgewichts der Mächte ohne Berücksichtigung der Interessen der einzelnen Völker vollzog, in der Wiener Bundesakte nur,
daß „in allen Bundesstaaten eine landständische Verfassung stattfinden ..."[10]) werde. Dieser bemerkenswert unbestimmt gehaltene
Artikel beeinflußte nicht nur die Verfassungsdiskussionen nachhaltig,
sondern führte auch in den meisten Staaten zu *neuen*, in der Regel

---

[6]) Text siehe Quellenteil Nr. 1, S. 316 ff.

[7]) Vgl. hierzu wie auch für die ganze Epoche die weiterhin grundlegenden Arbeiten von Friedrich Meinecke, Das Zeitalter der Deutschen Erhebung, 1. Auflage
1906, Neudruck der 6. Auflage, Göttingen 1958 und Franz Schnabel, Deutsche Geschichte im 19. Jahrhundert, 4 Bde., 2. und 3. Auflage, Freiburg 1951—1954, hier
insbesondere Bd. 1 und 2.

[8]) Franz Schnabel, a.a.O., Bd. 2, S. 124 f.

[9]) So etwa im ersten der beiden Verfassungsversprechen des preußischen Königs
Friedrich Wilhelm III., in dem im Rahmen des Finanzediktes vom 27. Oktober 1810
zugesagt wurde, „der Nation eine zweckmäßig eingerichtete Repräsentation sowohl
in den Provinzen als für das Ganze zu geben, deren Rat Wir gern benutzen ...
werden". Beide Verfassungsversprechen, auch das zweite vom 22. Mai 1815, sind
abgedruckt bei Ernst Rudolf Huber, Dokumente zur deutschen Verfassungsgeschichte (s. BiblAng.), Bd. 1, S. 41 ff. und S. 56 f.

[10]) Art. 13 der Bundesakte vom 10. Juni 1815, zit. nach Ernst Rudolf Huber,
a.a.O., Bd. 1, S. 78.

vom Fürsten *oktroyierten Verfassungen*[11]). In den norddeutschen
Staaten (s. Tab. G I), in denen sich der landständische Dualismus
aufgrund der nur minimalen territorialen Veränderungen noch relativ stark und ungebrochen erhalten hatte, blieben die alten, vorna-
poleonischen Verfassungen entweder bestehen (in Sachsen-Gotha,
den beiden Mecklenburg, den anhaltinischen Herzogtümern und
den reußschen Fürstentümern) oder wurden geringfügig revidiert (in
Lippe, Preußen, Schleswig-Holstein, Schaumburg-Lippe), indem man
die Zusammensetzung der landständischen Körperschaften (in Preußen entgegen der zugesagten Landesrepräsentation die Provinzialstände) neu organisierte und den Landtagen eine beratende Stimme
bei der Gesetzgebung einräumte. Die süddeutschen Staaten (u. a. Baden, Bayern, Hessen-Darmstadt, Nassau, Württemberg, s. Tab. G I)
hingegen haben nach dem Wiener Kongreß (Nassau bereits am 1.
September 1814) neue Verfassungen erlassen, um ihre durch den
Reichsdeputationshauptschluß und den Rheinbund territorial stark
veränderten Staaten zu konsolidieren und um einer bundesstaatlichen Verfassungsentwicklung entgegenzuwirken. Diese Verfassungen, die in Anlehnung an die französische Charte von 1814 entstanden, wiesen bereits *konstitutionelle Prinzipien*[12]) auf; zum ersten-
mal in Deutschland garantierten sie den Bürgern unveräußerliche
Grundrechte und gewährleisteten Gewaltenteilung, Zwei-Kammer-
system (s. Tab. G I) sowie Ministerverantwortlichkeit.

Während sich die erste Kammer im allgemeinen aus den Prinzen des
jeweils regierenden Hauses, dem hohen Adel, Vertretern der Kirche
und der Universitäten und „Männern des allerhöchsten Vertrauens"
zusammensetzte, wurden die Mitglieder der zweiten Kammer meist
durch ein beschränktes Wahlrecht bestellt. Die Abgeordneten waren
Vertreter des gesamten Volkes gegenüber dem Monarchen, nicht aber
Repräsentanten des Staates; sie konnten die Gesetzgebung lediglich
beeinflussen, verfügten aber dagegen meist bereits über Steuerbe-
willigungs- und Budgetrecht. Der Fürst jedoch behielt in den meisten
Staaten seine fast uneingeschränkte Machtvollkommenheit. Das

---

[11]) Zur im folgenden skizzierten Verfassungsentwicklung in den Staaten des
Deutschen Bundes vgl. Ernst Rudolf Huber, VGesch., Bd. 1, S. 314 ff., 538 ff.

[12]) Zu den hier verwandten Begriffen siehe Ernst Rudolf Huber, VGesch. Bd. 1,
passim; zur Interpretation des Monarchischen Prinzips Bd. 1, S. 651 ff.; zu der von
Huber, insbesondere auch im 3. Band der VGesch., S. 4 ff., vertretenen These eines
spezifisch deutschen Typs von konstitutioneller Monarchie, die ideengeschichtlich
ihren Ursprung bereits im deutschen Liberalismus des Vormärz hat, und der seither
geführten wissenschaftlichen Diskussion vgl. den Aufsatz von Ernst-Wolfgang
Böckenförde, Der deutsche Typ der konstitutionellen Monarchie im 19. Jahrhundert
in: Werner Conze, Hrsg., Beiträge zur deutschen und belgischen Verfassungsgeschichte im 19. Jahrhundert, Beiheft zur Zs. GWU, Stuttgart 1967, S. 70 ff.

Groß-Tabelle G I: Das Wahlrecht in deutschen Staaten von 1815—1848

Staat Gesetzliche Grundlagen Vf. = Verfassung WG = Wahlgesetz WO = Wahlordnung V = Verordnung	Zahl der Kammern I. = 1. Kammer II. = 2. Kammer Mitgliederzahl Zusammensetzung Wahlperiode	Erfordernisse für die Wahl zur 2. Kammer		
		Aktives Wahlrecht*	Wahl zum Wahlmann	Passives Wahlrecht
Baden Vf. v. 22.8.1818 WO v. 23.12.1818	Zwei Kammern: I. geb. u. gewählt, keine feste Zahl, II. 63 Abg., alle 2 Jahre 1/4 Erneuerung	Ansässigkeit als Bürger im Wahldistrikt oder Bekleidung eines öffentlichen Amtes, 25 Jahre (grundherrlicher Adel: 21 Jahre)	aktives Wahlrecht	30 Jahre, Mindestkapital oder Bezug einer Rente, verbunden mit direkter Steuerleistung, Zugehörigkeit zu einer christlichen Konfession
Bayern Vf. v. 26.5.1818 Edikt v. 26.5.1818	Zwei Kammern: I. geb., keine feste Zahl II. auf 7.000 Familien 1 Abg. 6 Jahre	Urwahlen von Gemeindeorganen vollzogen, Gemeindewahlrecht	Ansässigkeit, Grundbesitz, Steuerleistung	30 Jahre, Wählbarkeit zum Wahlmann
Braunschweig Vf. v. 25.4.1820 Neue Landschaftsordnung v. 18.12.1832	Eine Kammer: 48 Abg. (10 der Ritterschaft, 10 der Bauern, 12 der Städte, 16 gemeinsam von den Ständen)	Landeszugehörigkeit, Steuerleistung, Bürgerrecht, Grundbesitz	Höchstbesteuerte im Wahlkreis	Magistratsmitglieder, höchstbesteuerte Händler, Gewerbetreibende, Grundbesitzer und Bauern
Hessen (Darmstadt) Vf. v. 17.12.1820 V v. 22.3.1820 V v. 5.4.1820	Zwei Kammern: I. geboren u. ernannt, II. 6 Jahre, 50 Abg., Sozialprop., 34 davon in Wahldistrikten	Staatsbürgerrecht, Ansässigkeit, 25 Jahre	60 Höchstbesteuerte des Wahldistrikts, 30 Jahre	30 Jahre, direkte Steuerleistung oder Mindestgehalt als Staatsbeamter, Besitz von Staatspapieren
Hannover Vf. v. 6.8.1840 WG v. 6.11.1840	Zwei Kammern: I. erbliche u. ex-officio ernannte Mitglieder, 36 Abg. der Ritterschaft II. Abg. der Klöster, der Universität, des Domkapitels von Hildesheim, der Konsistorien, 36 Abg. der Städte und der Landgemeinden	Gemeindewahlrecht	aktives Wahlrecht	25 Jahre, Staatsangehörigkeit, Zugehörigkeit zu einer christlichen Konfession, Grundbesitz, oder Mindestjahreseinkommen, oder Mehrjahreseinkommen
Hohenzollern-Hechingen WO v. 1.2.1835; beruht auf Landesvergleich von 1798	Eine Kammer: 12 Abg. (2 der Stadt Hechingen und 10 der Landgemeinden)	Gemeindebürgerrecht, 25 Jahre	aktives Wahlrecht, 1/2 aus Höchstbesteuerten	Wählbarkeit zum Wahlmann
Hohenzollern-Sigmaringen Vf. v. 11.7.1833	Eine Kammer: die beiden fürstlichen Standesherren oder deren Delegierte, 1 Abg. der Geistlichkeit, und 14 Abg. der in 7 Wahlbezirken aufgeteilten Gemeinden	Gemeindebürgerrecht, 25 Jahre (auch die verwitweten Frauen, die durch ihre Söhne wählen)	aktives Wahlrecht, 1/2 aus Höchstbesteuerten	aktives Wahlrecht, bestimmtes Vermögen, oder ständiges Einkommen, Zugehörigkeit zu einer christlichen Konfession
Kurhessen Vf. v. 5.1.1831 WG v. 16.2.1831	Eine Kammer: 3 Jahre, geborene und gewählte Mitglieder	30 Jahre, Selbständigkeit, Ortsbürgerrecht, Besitz eines Wohnhauses oder Grundbesitz	aktives Wahlrecht, Höchstbesteuerte, sonst: Mindesteinkommen oder Staatsbesitz	Magistratsmitglieder: Mindestvermögen oder Einkommen, oder Steuerleistung, sonst: Mindeststeuer, Vermögen, 30 Jahre
Lippe Vf. v. 6.7.1836	Zwei Kammern: I. 7 Abg. der Ritterschaft II. 7 Abg. der Städte und 7 Abg. der Bauern	Besitz eines Grundstückes, 25 Jahre	direkte Wahl	Mindestgrundbesitz, oder Bürgermeister, oder Syndikus

Nassau Patent v. 1/2. 9. 1814 Patent v. 3/4. 11. 1815	Zwei Kammern: I. Herrenbank: ernannt, erblich II. 22 Abg. der Geistlichkeit, der Grundbesitzer, der Gewerbetreibenden, der höheren Lehranstalten, 7 Jahre	nichtadlige Grundbesitzer: Mindeststeuerleistung	aktives Wahlrecht, höhere Grundsteuer	aktives Wahlrecht, höhere Grundsteuer
Preußen V v. 1. 7. 1823 V v. 23. 3. 1824	nur Provinziallandtage	24 Jahre, Grundbesitz	aktives Wahlrecht (4. Stand bestellt Wähler, die dann Bezirkswahlmänner wählen)	mindestens 10jähriger Grundbesitz: Magistratszugehörigkeit oder Gewerbebetrieb verbunden mit Grundbesitz
Sachsen Vf. v. 4. 9. 1831 WG v. 24. 9. 1831	Zwei Kammern: I. geb. Mitglieder II. 75 Abg., Sozialprop., 3 Jahre Teilerneuerung	Ortseinwohnerschaft, 25 Jahre; Eigentum eines Wohnhauses oder direkte Steuerleistung	aktives Wahlrecht höherer Zensus, 30 Jahre	aktives Wahlrecht, höherer Zensus, 30 Jahre, 3 Jahre Ansässigkeit
Sachsen-Altenburg GG v. 29. 4. 1831 WG v. 29. 4. 1831	Eine Kammer: 24 Abg. der Rittergutsbesitzer, der Städte und der Bauern und ein Präsident, 12 Jahre	21 Jahre, Wohnrecht, Steuerleistung oder Grundbesitz	aktives Wahlrecht (Rittergutsbesitzer wählen direkt)	aktives Wahlrecht, Mindeststeuer, 25 Jahre
Sachsen-Meiningen Vf. v. 14. 9. 1824 WG v. 23. 8. 1829	Eine Kammer: 24 Abg. der Rittergutsbesitzer, der Städte und der Bauern	direkte Steuerleistung	Besitz des Bürger- oder Nachbarrechts	Wählbarkeit zum Wahlmann, höherer Zensus
Sachsen-Weimar GG v. 5. 5. 1816	Eine Kammer: 31 Abg. (11 des Ritterstandes, 10 der Städte, 10 der Bauern)	Bürger- oder Nachbarrecht, oder Besitz eines Wohnhauses	aktives Wahlrecht	Einkommen, aktives Wahlrecht
Schaumburg-Lippe V v. 15. 1. 1816	Eine Kammer: 10 Abg.	Grundeigentum	aktives Wahlrecht	aktives Wahlrecht, 25 Jahre (für Bauern 30 Jahre)
Schleswig-Holstein für Holstein: Vf. v. 28. 5. 1831 V v. 15. 5. 1834	Zwei Kammern: je eine für Schleswig und Holstein mit 44 bzw. 48 Abg. (4 der Ritterschaft, 2 der Geistlichkeit, 5 der Großgrundbesitzer, 17 der Landgemeinden, 12 der Städte, 1 der Universität Kiel, 1 der Fideigüter), 6 Jahre	25 Jahre, Grundeigentum oder Hausbesitz, Zensus.	direkte Wahl	aktives Wahlrecht
Schwarzburg-Sondershausen Vf. v. 28. 12. 1830 (nicht in Kraft getreten) Vf. v. 24. 9. 1841	Eine Kammer: 13 Abg.	21 Jahre, Bürger- oder Nachbarrecht	aktives Wahlrecht	30 Jahre, Mindesteinkommen, oder Mindestvermögen in Häusern oder Äckern
Waldeck Landesvertrag v. 19. 4. 1816	Eine Kammer: Ritterschaft erscheint in Person, je 2 Deputierte der 3 Städte, 10 Abg. der Bauern	Besitz eines Ackergutes	aktives Wahlrecht	Mindestbesitz, aktives Wahlrecht
Württemberg Vf. v. 25. 9. 1819	Zwei Kammern: I. ernannt, kraft eigenen Rechts II. Abg. der Stände, der Städte, des Oberamtsbezirks, 6 Jahre	Gemeindebürgerrecht, Volljährigkeit, Steuerleistung	aktives Wahlrecht, 2/3 von den Höchstbesteuerten	30 Jahre, aktives Wahlrecht, Zugehörigkeit zu einer christlichen Konfession

Anmerkung: *) Als Erfordernis für die Wahl zur 2. Kammer galt allgemein die Zugehörigkeit zu einer christlichen Konfession; Ausnahmen, in denen diese Qualifikation nur für das passive Wahlrecht erforderlich war, sind unter der „Rubrik Passives Wahlrecht" besonders aufgeführt.

„*monarchische Prinzip*"[13]) — von Metternich und Gentz als Gegen-
lehre gegen die Gewaltenteilung entwickelt und durch Artikel 57
der Wiener Schlußakte vom 15. Mai 1820 als staatsrechtliche Norm
verkündet — erkannte die Mitarbeit der Landtage bei der Gesetzgebung zwar an, hielt aber an der Einheit von „auctoritas" und
„potestas", von Exekutive und Legislative fest, sicherte dem Monarchen den Besitz der „gesamten Staatsmacht" und beließ die Souveränität einzig in der Person des Landesherren. Auf den Wiener
Konferenzen von 1834 wurde als Reaktion auf die französische
Juli-Revolution von 1830 das monarchische Prinzip erneut be-
kräftigt: „Das ... Grundprinzip des deutschen Bundes, gemäß
welchem die gesamte Staatsgewalt in dem Oberhaupte des Staates
vereinigt bleiben muß und der Souverän durch eine landständige Verfassung nur in der Ausübung bestimmter Rechte an die Mitwirkung
der Stände gebunden werden kann, ist in seinem vollen Umfange
unverletzt zu erhalten. Jede demselben widerstrebende, auf eine Teilung der Staatsgewalt abzielende Behauptung ist unvereinbar
mit dem Staatsrecht der im deutschen Bunde vereinigten Staaten
und kann bei keiner deutschen Verfassung in Anwendung kommen ..."[14]).

Obwohl die ständische Struktur in den meisten deutschen Staaten erhalten blieb, änderte sich die *Berechtigung zur Teilnahme an den Landtagen* (s. Tab. G I), da ihnen jetzt auch Repräsentanten der bäuerlichen Bevölkerung angehörten und mit Ausnahme von Schaumburg-
Lippe und Waldeck die Mitglieder der Ritterschaft nicht mehr in
Person erscheinen konnten, sondern ebenfalls Abgeordnete wählen
mußten[15]). Sowohl in den Staaten, die das ständische System beibe-
hielten, als auch in denen, deren Verfassungen bereits konstitutionelle
Prinzipien aufwiesen, bestanden die Landtage in der Regel aus Abgeordneten der Ritterschaft, d. h. der Ritterguts- und Großgrundbesitzer, die die gutsherrliche Gerichtsbarkeit ausübten, der Städte und
der ländlichen Grundeigentümer. In den Staaten aber, in denen
die zweite Kammer nur noch aus Abgeordneten der Städte und
der ländlichen Grundbesitzer gebildet wurde (s. Tab. G I), verwischten
sich die ständischen Grenzen bereits, und vielfach beruhte — wie vor
allem in Baden — die Einteilung schon auf einer Gliederung des

---

[13]) Siehe Anmerkung A/12.

[14]) Art. 1 des Schlußprotokolls der Wiener Konferenzen vom 12. Juli 1834, zit.
nach Ernst Rudolf Huber, Dokumente, a.a.O., Bd. 1, S. 124.

[15]) Eine zusammenfassende Darstellung der Wahlrechtsentwicklung im Deutschen
Bunde zwischen 1815 und 1848 liegt bedauerlicherweise nicht vor; so muß noch
immer auf das Handbuch von Georg Meyer, a.a.O., S. 106 ff. verwiesen werden;
vgl. auch Ernst Rudolf Huber, VGesch., Bd. 1, S. 341 ff.

Landes in Wahlbezirke, die allerdings Stadt- und Landgemeinden noch scharf voneinander trennte. Dies galt auch für Staaten, in denen es — wie in den Hohenzollernschen Fürstentümern Hechingen und Sigmaringen — keine Ritterschaft mehr gab und in denen entgegen der allgemein gültigen Dreiteilung die Repräsentationskörperschaften nur aus Abgeordneten der Gemeinden zusammengesetzt waren. Trotz der Säkularisation wirkte die frühere Existenz des Prälatenstandes noch nach, so daß in zahlreichen Landtagen die Geistlichkeit entweder von „ex-officio"[16]) bestellten hohen Würdenträgern oder von gewählten Abgeordneten repräsentiert wurde. In einigen Staaten, wie in Nassau, Sachsen oder Schwarzburg-Sondershausen, gab es zudem noch einen selbständigen Kaufmanns- und Fabrikanten- sowie einen Gelehrtenstand.

Während die Wahl der Ritterschaft und der Universitäten, sofern letztere noch Landtagsmitglieder bestellen durften, in allen Staaten direkt erfolgte, setzte sich bei der Wahl in den Städten und Landgemeinden der *Einfluß des „französischen Rechts"* durch. Die Abgeordneten wurden in der Regel nicht unmittelbar durch die wahlberechtigten Urwähler sondern indirekt durch Wahlmänner bestellt (s. Tab. G I). In Preußen und einigen anderen Staaten galt sogar eine dreifache Abstufung, wobei nicht die Urwähler, sondern sog. Bevollmächtigte oder Wähler die Wahlmänner bestellten. Als einziger Staat führte Schleswig-Holstein das direkte Wahlrecht ein, das aber infolge eines verhältnismäßig hohen Zensus nur wenigen zustand.

Aktives und *passives Wahlrecht* blieben auf die männliche Bevölkerung beschränkt. Nur in einigen kleineren Staaten, in denen es nicht an die Person, sondern an den Besitz als solchen gebunden war, konnten auch Frauen, meist jedoch nur die Rittergutsbesitzerinnen, wählen. Generelle Voraussetzungen für das aktive Wahlrecht (s. Tab. G I) waren die Zugehörigkeit zu einer christlichen Konfession, ein bestimmtes Alter (Volljährigkeit, 21, 24, 25 oder 30 Jahre), die Staatsbürgerschaft und oft auch ein Einkommens- oder Eigentumszensus. Als Ausschließungsgründe galten in der Regel der Verlust der bürgerlichen und politischen Ehrenrechte, der Empfang öffentlicher Armenunterstützung und die Abhängigkeit von einem privaten Dienstherrn. Vielfach waren auch alle Nicht-Selbständigen vom aktiven Wahlrecht ausgeschlossen. Der vage Begriff der „Selbständigkeit", der in den meisten Staaten bis zur Gründung des Kaiserreiches (1871) gültig blieb (s. Tab. G III), wurde sehr unterschiedlich interpretiert. In Baden wurden als nicht selbständig nur solche Personen bezeichnet, die unter Vormundschaft standen. In anderen Staa-

---

[16]) Zum Begriff siehe die Begrifflichen Grundlagen S. 1.

ten verstand man alle Personen ohne eigenen Hausstand darunter,
oder diejenigen, die sich in einem „abhängigen Dienstverhältnis" befanden.

Wählbar zu Wahlmännern und Abgeordneten (s. Tab. G I) waren
im allgemeinen alle Personen, die das aktive Wahlrecht besaßen;
allerdings waren die Altersgrenze und der Zensus zumeist wesentlich
erhöht. In einigen Staaten untersagte man zudem nahen Verwandten
die gleichzeitige Zugehörigkeit zur selben Kammer. In vielen
Staaten gab es für jeden einzelnen Stand Sonderbestimmungen. So
war das aktive wie das passive Wahlrecht der Ritterschaft und des
grundherrlichen Adels an den Besitz eines „landtagsfähigen" Ritter-
gutes gebunden. Die Einwohner in den Städten und Landgemeinden
durften meist nur dann wählen, wenn sie das Gemeindebürgerrecht
besaßen, das im allgemeinen nur bei einem bestimmten Vermögen
gewährt wurde, oder wenn sie ein Grundstück oder ein Wohnhaus als
Eigentum nachweisen konnten. In einigen Staaten war jedoch nur
eine gewisse Steuerleistung erforderlich (s. Tab. G I).

Die Zensusbestimmungen, die im allgemeinen nicht so hoch waren wie
zur selben Zeit in Frankreich, unterschieden sich in den einzelnen
Staaten sehr und führten vor allem in Preußen zu einer beträchtlichen Einschränkung des Wahlrechts. Aufgrund der Wahlgesetze für
die preußischen Provinzialstände vom 5. Juni 1823 und 2. Juni 1824
(s. Tab. G I) konnten z. B. in den Städten des Kreises Solingen bei
der Wahl des Jahres 1830 von den 7 934 Einwohnern nur 511
(6,4 v. H.), in den Landgemeinden von 42 784 Einwohnern nur
1 542 (3,6 v. H.) wählen; im Kreis Düsseldorf waren von den
31 596 Einwohnern sogar nur 246 (0,7 v. H.) wahlberechtigt[17]).

Die Beschränkung des Wahlrechts entsprach im wesentlichen den Ansichten des besitzenden und gebildeten Bürgertums und sicherte ihm
in den Repräsentationskörperschaften einen überragenden Einfluß.
Aber bereits die Auswirkungen der französischen Juli-Revolution, die
jetzt auch in Deutschland spürbare Industrialisierung und die mit
ihr einhergehende Veränderung der Sozialstruktur ließen das rheinische
Großbürgertum im vierten Rheinischen Landtag von 1833 ein abge-
stuftes Wahlrecht fordern, das dem Besitz und der wirtschaftlichen
Macht Rechnung tragen sollte[18]). Zur Formulierung des allgemeinen
und gleichen Wahlrechts gelangte im Vormärz nur die kleine Gruppe

---

[17]) Die Wahlrechtsentwicklung in Preußen, vor allem im Rheinland, ist dargestellt
in der Monographie von Heinz Boberach, Wahlrechtsfragen im Vormärz. Die Wahlrechtsanschauung im Rheinland 1815—1849 und die Entstehung des Dreiklassenwahlrechts, Düsseldorf 1959, dort S. 42 auch die hier angegebenen Zahlenbeispiele.

[18]) Siehe ebenda, S. 44 ff. und passim.

der liberal- oder radikal-demokratischen Intelligenz, die sich vornehmlich an den Ideen der französischen Sozialisten und Legitimisten sowie der englischen Chartisten orientierte. Die von der Beschränkung des Wahlrechts betroffenen Schichten, die Handwerker, Arbeiter und das bäuerliche Proletariat waren jedoch noch zu lose organisiert, um die Wahlrechtsdiskussion wirksam beeinflussen zu können[19]).

Der Gedanke an eine Einigung Deutschlands und der Wunsch nach einer *deutschen Nationalversammlung* war seit den Befreiungskriegen stets lebendig geblieben; in welcher Weise aber diese Versammlung bestellt werden sollte, bewegte die Gemüter kaum. Das Volk sollte zwar an der Regierung mitwirken; jedoch verstanden die führenden Repräsentanten des deutschen Liberalismus unter dem Begriff Volk fast ausschließlich das gebildete und besitzende Bürgertum; nur die Angehörigen dieser Schicht sah man als die „wahren, unmittelbaren und ursprünglichen Glieder der Staatsgesellschaft (an) ... Bürgschaft für die Teilnahme am gemeinsamen Wohl gibt nur das Vermögen der Stimmenden und zumal der Grundbesitz"[20]). Der Liberalismus des Vormärz trat deshalb allgemein für eine Beschränkung des Wahlrechtes ein. Wie das Wahlrecht aber im einzelnen zu gestalten sei, darüber bestand keine einheitliche Meinung. Auf der Tagung der „Ganzen" um Gustav Struve und Friedrich Hecker in Offenburg[21]) im September 1847, die die Spaltung des Liberalismus in eine gemäßigte und in eine demokratisch-radikale Richtung deutlich manifestierte, wurde u. a. die Bestellung eines deutschen Parlamentes auf der Grundlage des gleichen Wahlrechts gefordert. In Heppenheim (Oktober 1847) hingegen sprachen sich die gemäßigt liberalen „Halben" für eine Repräsentation des Volkes durch Notabeln aus, die von den Landtagen oder anderen Körperschaften der einzelnen Bundesstaaten delegiert werden sollten. An eine Wahl nach Kopfzahl[22]) dachte noch niemand.

---

[19]) Vgl. Gerhard Schilfert, Sieg und Niederlage des demokratischen Wahlrechts in der deutschen Revolution 1848/49, Berlin (Ost) 1952, S. 12 ff.

[20]) Karl von Rotteck, Ideen über Landstände, Karlsruhe 1819, S. 53; vgl. auch seine Geschichte des badischen Landtages von 1831, passim, sowie die von Rotteck verfaßten Artikel „Gleichheit", „Census" und „Constitution" im gemeinsam mit Carl Welcker herausgegebenen Staats-Lexikon, Bd. 3 bzw. Bd. 7 der ersten Auflage, Altona 1836 bzw. 1839, S. 366 ff., S. 761 ff. bzw. S. 66 ff.

[21]) Zur Spaltung des Liberalismus und den Tagungen vom Herbst 1847 siehe Ernst Rudolf Huber, VGesch., Bd. 2, S. 449 ff.

[22]) Zum Begriff siehe die Begrifflichen Grundlagen S. 20 f.

II. Das Wahlrecht in der Revolution von 1848/49

a) Bestellung und fraktionelle Gliederung der Frankfurter Nationalversammlung

Die *Forderung nach allgemeinem und gleichem Wahlrecht* kam erst
durch die französische Februar-Revolution von 1848 mit dem Strom
demokratischer Ideen nach Deutschland[23]) und bildete bald einen
Hauptbestandteil der „Märzforderungen". Auch der Heidelberger
Konvent vom März 1848, an dem neben den südwestdeutschen Liberalen auch einige radikale Demokraten teilnahmen, verlangte jetzt
unter dem Eindruck der Ereignisse in allen deutschen Staaten nach
der Volkszahl gewählte Vertreter der Nation, ohne sich jedoch über
die Bestellungsweise zu äußern. In Heidelberg wurde beschlossen,
zur Vorbereitung der Wahl einer deutschen Nationalrepräsentation
eine Versammlung von Deputierten aus ganz Deutschland einzuberufen[24]).

Das *Frankfurter Vorparlament*, das vom 31. März bis zum 4. April
1848 tagte, bestand aus 574 Mitgliedern, die in aller Regel aufgrund
ihrer Zugehörigkeit zu den Landtagen der Bundesstaaten vom
„Siebener-Ausschuß" des Heidelberger Konvents eingeladen worden
waren[25]). Preußen entsandte wegen der gleichzeitigen Zusammen-
kunft des Zweiten Vereinigten Landtages jedoch Vertreter der Städte.
Die Zusammensetzung der Versammlung entsprach weder der territorialen noch der sozialen Bevölkerungsstruktur des Deutschen Bundes.
Zum einen waren einige Staaten — wie Preußen mit 141 und Hessen-
Darmstadt mit 84 Abgeordneten — überrepräsentiert, während andere wie Hannover nur neun oder Österreich nur zwei Abgeordnete
entsandten; zum zweiten aber stellte neben wenigen Großgrundbe-
sitzern und einer kleinen Gruppe des Groß- und Kleinbürgertums die
freie und beamtete Intelligenz den Hauptanteil der Mitglieder des
Vorparlamentes[26]). Ihre Debatten waren wesentlich gekennzeichnet
von der allgemeinen „Märzstimmung" und dem Bestreben, die Richtlinien zur Einberufung der Nationalversammlung so schnell wie

---

[23]) So auch Johanna Philippson, Über den Ursprung und die Einführung des
allgemeinen Wahlrechts in Deutschland, mit besonderer Berücksichtigung der Wahlen
zum Frankfurter Parlament im Großherzogtum Baden, Berlin 1913, dort S. 7 ff.
auch eine Analyse der Wahlrechtsvorstellungen des Liberalismus im Vormärz.

[24]) Siehe die Erklärung der Heidelberger Versammlung vom 5. März 1848, abgedruckt bei Ernst Rudolf Huber, Dokumente, a.a.O., Bd. 1, S. 264 f.

[25]) Das Einladungsschreiben des Siebener-Ausschusses, ebenda, S. 265 f.

[26]) Zur Bestellung des Vorparlamentes, seiner Zusammensetzung und den dort
abgehaltenen Wahlrechtsberatungen vgl. Johanna Philippson, a.a.O., S. 39 ff. Ferner
auch die Monographie von Gerhard Schilfert, Sieg und Niederlage des demokratischen Wahlrechts in der deutschen Revolution 1848/49, Berlin 1952, S. 86 ff., die
trotz ihrer einseitigen marxistischen Interpretation aufgrund der aufgearbeiteten
Materialfülle unentbehrlich ist.

möglich auszuarbeiten. Zudem wollte keiner „den Fluch auf sich nehmen, unpopulär zu sein oder gar zu wagen, gegen den Strom zu schwimmen"[27]). Aus diesem Grunde standen dann im Gegensatz zu den Diskussionen in der Frankfurter Paulskirche (s. u.) auch der Grundsatz des allgemeinen und gleichen Wahlrechts und der Begriff der Selbständigkeit nicht im Mittelpunkt der Beratungen. Den Ausführungen Mittermaiers, der „das ausgedehnteste Wahlrecht ohne Unterschied der Konfession, ohne Rücksicht auf einen Zensus"[28]) forderte, wurde auch von den Gegnern des allgemeinen Wahlrechts (Dahlmann, Gagern, Bassermann, Mohl) nicht widersprochen. Anlaß zu Auseinandersetzungen zwischen den führenden Vertretern der Liberalen und den Demokraten (Blum, Hecker, Vogt) bildeten vor allem das Wahlalter, die Frage, ob die Wahl direkt oder indirekt durchzuführen war, und das Problem, welchen Charakter die Beschlüsse der Versammlung haben sollten. Obwohl sich auch die liberale Mehrheit des Vorparlamentes nicht an den Bundestagsbeschluß vom 31. März gebunden fühlte, der die Wahl von Nationalvertretern zwar ankündigte, alle wesentlichen Bestimmungen aber den einzelnen Regierungen überließ, wollte sie die Richtlinien der Versammlung nicht als unumstößliche Normen, sondern nur als Empfehlungen verstanden wissen. Auch in der Frage des Wahlmodus konnten sich die Demokraten nicht durchsetzen. Die Beschlüsse enthielten lediglich den Hinweis, daß die Versammlung „die direkte Wahl im Principe für die zweckmäßigste"[29]) halte. Erst der sogen. „Fünfziger-Ausschuß", der in Zusammenarbeit mit dem Bundestag die Durchführung der Wahl zur Nationalversammlung überwachen sollte, behandelte das Problem der Selbständigkeit, ohne sie jedoch zu definieren. Verstanden wurde der Begriff von den meisten Mitgliedern des Vorparlamentes wahrscheinlich nur im privatrechtlichen Sinne, so daß man nicht an eine weitgehende Beschränkung des allgemeinen Wahlrechtes dachte und nur solche Personen ausschließen wollte, die unter Vormundschaft standen.

Der neuerliche Bundestagsbeschluß vom 7. April 1848[30]) stimmte mit den Vorschlägen des Vorparlaments fast wörtlich überein, empfahl den Regierungen aber nicht die direkte Wahl. Entgegen seinen Richtlinien vom 31. März, die vorsahen, daß ein „Deputierter" auf 70 000 Einwohner gewählt werden sollte, entfiel jetzt auf 50 000

---

[27]) Gerhard Schilfert, a.a.O., S. 98.

[28]) Karl Mittermaier am 1. April 1848, abgedruckt in: Offizielle Berichte über die Verhandlungen zur Gründung eines deutschen Parlamentes 1848 — Verhandlungen des deutschen Parlamentes, 2 Bde., hrsg. von Jucho, Frankfurt/M. 1848, Bd. 1, S. 44.

[29]) Beschlüsse des Vorparlamentes vom 31. März und 1. bis 4. April 1848, zit. nach Ernst Rudolf Huber, Dokumente, a.a.O., Bd. 1, S. 272.

[30]) Vgl. Ernst Rudolf Huber, Dokumente, a.a.O., Bd. 1, S. 274 f.

Einwohner ein Mandat, wobei auch die deutschen Kleinstaaten, deren Bevölkerung unter 50 000 lag, einen Abgeordneten nach Frankfurt entsenden sollten. Da aktive *Wahlberechtigung und Wählbarkeit* nicht „durch einen Wahlzensus, durch Bevorrechtigung einer Religion, durch die Wahl nach bestimmten Ständen"[31]) eingeschränkt werden durften, konnte jeder volljährige und selbständige männliche Staatsangehörige der Bundesstaaten an der Wahl teilnehmen. Hinsichtlich des Wahlsystems, des direkten oder indirekten Wahlmodus und der Auslegung der „Selbständigkeit" jedoch waren die Bundesstaaten an keine Richtlinien gebunden. So wurden in Hannover und Württemberg[32]) als nicht selbständig alle Arbeiter und Dienstboten, die „in Kost und Lohn von Dienst- oder Arbeitsherren" standen, vom Wahlrecht ausgeschlossen, während in Sachsen alle Empfänger öffentlicher Armenunterstützung und das „häusliche Gesinde", in Kurhessen und Österreich alle Tagelöhner, Dienstboten und Handwerksgesellen nicht wahlberechtigt waren. In Bayern war das aktive Wahlrecht an einen direkten Steuerzensus gebunden. In Baden, Lippe, Sachsen-Coburg-Gotha, Sachsen-Meiningen und Sachsen-Weimar enthielten die Wahlgesetze das Erfordernis der Selbständigkeit, ohne es zu definieren. Ohne jegliche Einschränkung galt das allgemeine Wahlrecht in Braunschweig, Nassau, Kurhessen, Preußen und Schleswig-Holstein. Der Empfehlung des Vorparlamentes, die Abgeordneten unmittelbar zu bestellen, entsprachen nur Kurhessen, Schleswig-Holstein, Württemberg und die drei Reichsstädte Bremen, Frankfurt und Hamburg. In allen übrigen Staaten wurde indirekt gewählt.

Da sich weder das Vorparlament noch der „Fünfziger-Ausschuß" zur Frage des Wahlsystems geäußert hatten, gab es auch hier in den einzelnen Staaten unterschiedliche Bestimmungen; doch galt im allgemeinen das *absolute Mehrheitswahlsystem*. In Anlehnung an das französische Beispiel wurde in fast allen Staaten neben dem Abgeordneten noch ein Stellvertreter gewählt. Während in den meisten Fällen zwei verschiedene Wahlvorgänge abgehalten wurden, bestimmten manche Wahlordnungen, daß der Bewerber mit den zweitmeisten Stimmen als Stellvertreter nachfolgen sollte.

Die *Wahl zur deutschen Nationalversammlung*[33]) fand in der Regel am 1. (Urwahl) und am 8. Mai (Hauptwahl) 1848 statt. Obwohl die

---

[31]) Siehe Anmerkung A/29.

[32]) Zum folgenden vgl. Georg Meyer, a.a.O., S. 147 ff.

[33]) Die Wahlakten der Wahl zur Nationalversammlung sind leider verloren gegangen. Dennoch gibt es eine Reihe von Spezialuntersuchungen, die die Wahl in einzelnen Bundesstaaten oder Landschaften zum Inhalt haben (s. BiblAng.). Von diesen ist außer der Arbeit von Johanna Philippson, a.a.O., die ausgezeichnete Darstellung von K. Repgen, Märzbewegung und Maiwahlen des Revolutionsjahres 1848 im Rheinland, Bonn 1955, besonders zu nennen.

Groß-Tabelle G II: Das Wahlrecht in deutschen Staaten während der Revolution von 1948

Staat Gesetzliche Grundlagen Vf. = Verfassung WG = Wahlgesetz WO = Wahlordnung V = Verordnung	Zahl der Kammern I. = 1. Kammer II. = 2. Kammer Mitgliederzahl Zusammensetzung Wahlperiode	Erfordernisse für die Wahl zur 2. Kammer:		
		Aktives Wahlrecht	Wahl zum Wahlmann	Passives Wahlrecht
Baden	s. Tab. G I			Zugehörigkeit zu einer christlichen Religion entfällt (Ges. v. 17.2.1849)
Bayern Vf. v. 26.5.1818 WG v. 4.6.1848	Zwei Kammern: II. Mitgliederzahl schwankend, 1 Wahlmann auf 500 Einwohner, 1 Abg. auf 31 500 Einwohner	Staatsangehörigkeit, Volljährigkeit, direkte Steuerleistung	aktives Wahlrecht, 25 Jahre	aktives Wahlrecht, 30 Jahre, höherer Zensus
Braunschweig Neue Landschaftsordnung v. 18.12.1832 WG v. 11.9.1848	Eine Kammer: 54 Abg. (20 der Städte, 34 der Landgemeinden), 26 Abg. von den Höchstbesteuerten, 28 Abg. allgemein gewählt	Höchstbesteuerte: soviel wie die Anzahl der Wohnhäuser durch 10 dividiert ergibt. 25 Jahre, Wohnrecht, Ausschließungsgründe: Verlust der bürgerlichen Ehrenrechte, öffentliche Armenunterstützung	direkte Wahl	aktives Wahlrecht, 1 Jahr Staatsangehörigkeit
Hannover Vf. v. 5.9.1848 WG v. 26.10.1848	Zwei Kammern: I. ernannte Mitglieder, Deputierte der Großgrundbesitzer, der Kirchen, der Schulen, der Rechtsgelehrten, 6 Jahre II. 82 Abg. der Städte und Landgemeinden, 6 Jahre	Staatsbürgerschaft, direkte Steuerleistung, Selbständigkeit, 25 Jahre, Ausschließungsgründe; diejenigen, die in Kost und Lohn eines anderen stehen	aktives Wahlrecht	aktives Wahlrecht
Hessen (Darmstadt) Vf. v. 17.12.1820 WG v. 3.9.1849	Zwei Kammern: I. 25 Abg.; zwei der 48 Wahlkreise, die zur II. Kammer gebildet werden, werden zusammengefaßt: Darmstadt und Mainz wählen je 1 Abg., 6 Jahre II. 50 Abg. in 48 Wahlkreisen (Darmstadt und Mainz wählen 2 Abg.), 6 Jahre	allgemein, 25 Jahre, Staatsbürgerrecht, Ausschließungsgründe: öffentliche Armenunterstützung	direkte Wahl	aktives Wahlrecht, 30 Jahre
Hohenzollern-Hechingen	durch Staatsvertrag vom 7.12.1849 mit Preußen vereinigt			
Hohenzollern-Sigmaringen	durch Staatsvertrag vom 7.12.1849 mit Preußen vereinigt			
Kurhessen Vf. v. 11.7.1833 WG v. 5.4.1849	Eine Kammer: Abg. der Städte, Ämter und Deputierte der Grundbesitzenden und Gewerbetreibenden	Ortsbürgerrecht, Selbständigkeit, eigener Hausstand	direkte Wahl	aktives Wahlrecht
Lippe Vf. v. 28.12.1849 V v. 16.1.1849	Eine Kammer: 25 Abg.	allgemein, 25 Jahre, Ausschließungsgründe: Verlust der bürgerlichen Ehrenrechte, öffentliche Armenunterstützung	direkte Wahl	aktives Wahlrecht, 30 Jahre

Fortsetzung Groß-Tabelle G II

Staat Gesetzliche Grundlagen Vf. =Verfassung WG=Wahlgesetz WO=Wahlordnung V =Verordnung	Zahl der Kammern I. = 1. Kammer II. = 2. Kammer Mitgliederzahl Zusammensetzung Wahlperiode	Erfordernisse für die Wahl zur 2. Kammer:		
		Aktives Wahlrecht	Wahl zum Wahlmann	Passives Wahlrecht
Nassau Edikt v. 5.4.1848 und v. 28.12.1849	Eine Kammer: 41 Abg.	allgemein, Volljährigkeit, bürgerliche Ehrenrechte, Gemeindebürgerrecht	aktives Wahlrecht, WS: absolute Mehrheitswahl in Mehrmannwahlkreisen (Stichwahl im 3. Wahlgang)	aktives Wahlrecht
Preußen Vf. v. 5.12.1848 WG v. 6.12.1848	Zwei Kammern: I. 190 Abg., 6 Jahre	I. 30 Jahre, 6 Monate Ansässigkeit, jährlich 8 Taler Steuer oder 500 Taler Einkommen oder 5 000 Taler Grundbesitz	I. aktives Wahlrecht, 1 Wahlmann auf 100 Urwähler WS: absolute Mehrheitswahl in Mehrmannwahlkreisen (2-3 Abg. pro Wahlkreis) mit Stichwahl	I. 40 Jahre, 6 Jahre Staatsangehörigkeit, aktives Wahlrecht
	II. 350 Abg., 3 Jahre	II. 24 Jahre, 6 Monate Ansässigkeit, Selbständigkeit Ausschließungsgründe: Verlust der bürgerlichen Ehrenrechte, öffentliche Armenunterstützung	II. aktives Wahlrecht, 1 Wahlmann auf 250 Urwähler WS: absolute Mehrheitswahl in Mehrmannwahlkreisen (mindestens 2 Abg. pro Wahlkreis) mit Stichwahl	II. 30 Jahre, 1 Jahr Staatsangehörigkeit, aktives Wahlrecht
Sachsen Vf. v. 15.11.1848 WG v. 15.11.1848	Zwei Kammern: I. Prinzen des königlichen Hauses, 50 Abg. in 25 Wahlkreisen, Halberneuerung zu jedem Landtag II. 75 Abg. in Einerwahlkreisen für jeden Landtag neu bestellt	allgemein, Volljährigkeit, Selbständigkeit, Ausschließungsgründe: Verlust der bürgerlichen Ehrenrechte, öffentliche Armenunterstützung	direkte Wahl	aktives Wahlrecht, 30 Jahre
Sachsen-Altenburg GG v. 24.4.1831 WG v. 10.4.1848	Eine Kammer: 29 Abg. (12 der Städte, 17 der Landgemeinden)	Volljährigkeit, Zugehörigkeit zu einer christlichen Religion, eigener Hausstand	direkte Wahl	aktives Wahlrecht, 25 Jahre
Sachsen-Coburg Vf. v. 8.8.1821 WG v. 22.4.1848	Eine Kammer: 18 Abg., 6 Jahre	Volljährigkeit, Selbständigkeit, Ausschließungsgründe: öffentliche Armenunterstützung, Abhängigkeit von Dienstherren	direkte Wahl	aktives Wahlrecht, 30 Jahre
Sachsen-Gotha GG v. 26.5.1849 WG v. 26.5.1849	Eine Kammer: 19 Abg.	Selbständigkeit, Steuerzensus	direkte Wahl	aktives Wahlrecht
Sachsen-Meiningen Vf. v. 14.9.1824 WG v. 3.6.1848	Eine Kammer: 25 Abg., 6 Jahre	Volljährigkeit, allgemein Ausschließungsgründe: Verlust der bürgerlichen Rechte	aktives Wahlrecht	aktives Wahlrecht, 30 Jahre
Sachsen-Weimar GG v. 5.5.1816 WG v. 17.11.1848	Eine Kammer: 41 Abg.	allgemein	direkte Wahl	aktives Wahlrecht

Fortsetzung Groß-Tabelle G II

Staat Gesetzliche Grundlagen Vf. =Verfassung WG=Wahlgesetz WO=Wahlordnung V =Verordnung	Zahl der Kammern I. = 1. Kammer II. = 2. Kammer Mitgliederzahl Zusammensetzung Wahlperiode	Erfordernisse für die Wahl zur 2. Kammer:		
		Aktives Wahlrecht	Wahl zum Wahlmann	Passives Wahlrecht
Schaumburg-Lippe	s. Tab. G I			
Schleswig-Holstein Vf. v. 15. 9. 1848 WG v. 13. 7. 1848	Eine Kammer: 120 Abg. (in 60 Wahlkreisen, 28 für Schleswig, 32 für Holstein, je 2 Abg., Ausnahmen: Altona (4 Abg.) Fehmarn, Arroe (1 Abg.)	allgemein, 21 Jahre, bürgerliche Rechte, Ausschließungsgründe: öffentliche Armenunterstützung	direkte Wahl	aktives Wahlrecht, 25 Jahre
Schwarzburg-Sondershausen GG v. 12. 12. 1849	Eine Kammer: 18 Abg., 4 Jahre	allgemein, 25 Jahre, Ausschließungsgründe: Verlust der bürgerlichen Ehrenrechte, öffentliche Armenunterstützung	direkte Wahl	aktives Wahlrecht, 3 Jahre Staatsangehörigkeit
Waldeck GG v. 23. 5. 1849 WG v. 23. 5. 1849	Eine Kammer: 15 Abg. (12 für Waldeck, 3 für Pyrmont) 2 Jahre	allgemein, 25 Jahre, bürgerliche Rechte, Ausschließungsgründe: öffentliche Armenunterstützung	direkte Wahl	aktives Wahlrecht, 3 Jahre Staatsangehörigkeit
Württemberg Vf. v. 25. 9. 1819 WG v. 1. 7. 1849	Vfs-Versammlung	allgemein, Steuerleistung	direkte Wahl	aktives Wahlrecht

beiden gegensätzlichen Hauptströmungen der Revolution, die liberal-konstitutionelle sowie die republikanisch-demokratische Richtung, vornehmlich in den Städten eine Reihe von politischen Vereinen, Gesellschaften und Klubs gebildet hatten und zahlreiche Diskussionen und öffentlichen Vorwahlen ähnliche „Wahlversammlungen" durchführten, blieb die Wahl dennoch eine reine Persönlichkeitswahl, bei der vor allem lokale Honoratioren gewählt wurden. Vielfach hatten Urwähler und Wahlmänner von der politischen Haltung der Abgeordneten kaum eine Vorstellung, und mehrfach vertraten diese dann den Ansichten ihrer Wähler völlig konträre Ziele.

Die Zusammensetzung der Nationalversammlung (s. Tab. A 1) unterschied sich erheblich von der sozialen Gliederung des Deutschen Bundes; sie entsprach vor allem der historischen Aufgabe der Paulskirche. Nicht die Interessen und Sorgen des einzelnen Wählers — wie bei der gleichzeitig durchgeführten Wahl zur preußischen Nationalversammlung (s. Tab. A 3) — beeinflußten die Wahlentscheidung, sondern vornehmlich die Meinung, daß nur finanziell unabhängige, erfahrene und hochgebildete Abgeordnete das seit den Befreiungskriegen lebendig gebliebene Ziel der deutschen Einheit verwirklichen könnten. So entstand ein *bürgerliches Honoratiorenparlament*[34]),

---

[34]) Zur Struktur der Frankfurter Nationalversammlung siehe auch Ernst Rudolf Huber, VGesch. Bd. 2, S. 606 ff.

dem über einhundert Professoren, über zweihundert Juristen, eine
große Anzahl höherer Verwaltungsbeamter, zahlreiche Schriftsteller
und auch einige freiberufliche Akademiker angehörten. Von den
830 Abgeordneten und Stellvertretern (bei 585 Mitgliedern) waren
550 akademisch gebildet. Wirtschaftliche Berufe wurden nur von
110 Abgeordneten ausgeübt. Den Hauptanteil dieser Gruppe stellten
der Großgrundbesitz und das industrielle Großbürgertum, während
dem Kleinbürgertum, den Handwerkern und den Kleinbauern nur
wenige Abgeordnete zuzurechnen waren.

In der Paulskirche bildeten sich aus den beiden revolutionären Hauptströmungen und den konservativen Kräften mehrere meist nach ihren
Tagungsorten benannte Fraktionen (s. Tab. A 2), die alle ein kurz-
gefaßtes Programm besaßen. Obwohl sie bei den Abstimmungen über
Grundsatzfragen bereits relativ feste Blöcke bildeten, waren es doch
nur sehr lockere Zusammenschlüsse. Der fluktuierende Charakter
der Versammlung war vielfach aufgrund landschaftlicher Zusammen-
gehörigkeit, wirtschaftlicher, sozialer, aber auch altständischer und
nationalpolitischer Interessen so stark, daß das Plenum noch „nicht
in einen Pluralismus festgefügter und impermeabler Formationen aus-
einanderbrach, sondern sich in der Auseinandersetzung immer wieder
als ein Ganzes herstellte"[35]) und deshalb oft Zufallsmehrheiten
entstanden.

b) Die Wahlrechtsdiskussion in der Paulskirchenversammlung und die Durchsetzung des allgemeinen und gleichen Wahlrechts

Während bei den Debatten des Vorparlamentes die Auswirkungen des
allgemeinen Wahlrechts, des Wahlmodus und der Wahlsysteme noch
weitgehend unbekannt waren, wurden die *Beratungen des Wahlgesetzes*[36]) in der Paulskirche, die im Februar und März 1849 stattfanden, wesentlich von diesen Gesichtspunkten geprägt, da die nach
divergierenden Bestimmungen bestellten Repräsentationskörperschaften der einzelnen Bundesstaaten (s. Tab. G II) sehr unter-

---

[35]) Ernst Rudolf Huber, VGesch. Bd. 2, S. 613; vgl. auch Gilbert Ziebura, Anfänge des deutschen Parlamentarismus (Geschäftsverfahren und Entscheidungsprozeß
in der ersten deutschen Nationalversammlung), in: Faktoren der politischen Entscheidung, Festgabe für Ernst Fraenkel, Berlin 1963, S. 183 ff.

[36]) Die Beratungen sind abgedruckt im 7. Band des von Franz Wigard herausgegebenen Stenographischen Berichts der Verhandlungen der konstituierenden Nationalversammlung in Frankfurt 1848/49. Vgl. auch die in Auszügen im Quellenteil
Nr. 2 zusammengestellte Diskussion in der Paulskirche, S. 324 ff. Zur Interpretation
siehe insbesondere Gerhard Schilfert, a.a.O., S. 169 ff. und Walter Gagel, Die Wahlrechtsfrage in der Geschichte der deutschen liberalen Parteien, Düsseldorf 1958,
S. 7 ff.

schiedlich zusammengesetzt waren. Besonders die Wahl zur zweiten preußischen Nationalversammlung vom 21. (Urwahl) und 28. (Hauptwahl) Januar 1849, deren zwei Kammern nach verschiedenen Wahlgesetzen (s. Tab. G II) bestellt wurden, zeigte den Abgeordneten der Paulskirche die ausschlaggebende Bedeutung beschränkender Wahlrechtsbestimmungen auf. Während in der Ersten Kammer aufgrund des Zensuswahlrechts das liberale Großbürgertum über eine überragende Mehrheit verfügte, war die Zweite Kammer, nach dem allgemeinen und gleichen Wahlrecht gewählt, ungefähr genauso zusammengesetzt wie die erste preußische Nationalversammlung vom Mai 1848 (s. Tab. A 3). Die Mitglieder der Paulskirchenversammlung erkannten, „daß die soziologische Zuordnung der Wähler zu den Parteien durch das Wahlrecht politisch wirksam wurde und auf diese Weise das allgemeine Wahlrecht den Demokraten zugute kam"[37]).

Im Vordergrund der Wahlrechtsdiskussionen standen deshalb wesentlich nur noch „parteipolitische" Überlegungen. Während die Demokraten zu Verfechtern des allgemeinen und gleichen Wahlrechts wurden, versuchte die konservative und liberale Mehrheit im Plenum und im Verfassungsausschuß der Paulskirche, das aktive und passive Wahlrecht so zu gestalten, daß trotz der zahlenmäßig weit größeren unteren Schichten der Bevölkerung ihre Machtposition erhalten blieb[38]). Vor allem ihr Ziel, einen „liberalen" Staat zu schaffen, in dem der bürgerliche Mittelstand und die akademische Intelligenz die tragenden Kräfte bilden und ihre eigenen Interessen mit denen des Staates weitgehend identisch sein sollten, ließen die Liberalen eine Beschränkung des Wahlrechts anstreben. Ihren Herrschaftsanspruch begründeten sie damit, daß das politische Recht nicht „als ein solches zu betrachten" sei, „welches der Person unmittelbar und eigenthümlich anhaftet"[39]), sondern daß nur die realen Interessen des Staates, d. h. letztlich also ihre eigenen, bestimmen sollten, „wer geeignet ist als der Träger dieses Rechtes zu erscheinen und es zum Frommen der Gesammtheit zur Ausübung zu bringen"[40]). In Verbindung mit ihrer Ansicht, daß nur Personen mit hervorragenden Bildungs- und Besitzqualifikationen staatspolitisch handeln können[41]), gelangten sie im Wahlgesetzentwurf des Verfassungsausschusses zu einer Definition der Selbständigkeit, die mit allen Dienstboten, Handwerksgehilfen, Fabrikarbeitern und Tagelöhnern mehr

---

[37]) Walter Gagel, a.a.O., S. 8.   [38]) Vgl. ebenda, S. 10.

[39]) Georg Waitz, Stenographischer Bericht . . . , a.a.O., Bd. 7, S. 5222.

[40]) Derselbe, ebenda.   [41]) Vgl. Walter Gagel, a.a.O., S. 11.

als die Häfte der zur Wahl der Paulskirchenversammlung Wahlberechtigten vom aktiven Wahlrecht ausgeschlossen hätte[42]).

Auch die beiden anderen Hauptbestandteile des *Wahlgesetzentwurfes* entsprachen ganz den Intentionen der Liberalen. So wurde der Vorschlag, die Wahlen öffentlich durchzuführen, damit begründet, daß bei wirklich unabhängigen, nicht an einen Dienstherren gebundenen und staatspolitisch verantwortungsbewußten Wählern Manipulationsversuche bei öffentlicher Stimmabgabe nicht zu befürchten seien[43]). Während sich die Liberalen im Vorparlament, als sie aufgrund der „Märzstimmung" das allgemeine Wahlrecht billigen mußten, für eine mittelbare Wahl durch Wahlmänner entschieden hatten, forderten sie jetzt, da durch den Ausschluß großer Schichten der Bevölkerung ihr Übergewicht in den Repräsentationskörperschaften sicher zu sein schien, mit aller Entschiedenheit direkte Wahlen, damit nicht lokale Persönlichkeiten, sondern Kandidaten, „die eine hervorragende Stellung im politischen Leben einnehmen"[44]), gewählt würden.

Die liberalen Abgeordneten des Verfassungsausschusses waren der Meinung, durch diese drei Hauptbestandteile einen Kompromiß geschaffen zu haben, der sich gegen die Argumentation der Demokraten, daß man das Wahlrecht, über das man selbst bestellt worden war, nicht beschränken könne, durchsetzen würde. Vor allem glaubten sie, daß sich auch die Fraktion des linken Zentrums (s. Tab. A 2), das die Abstimmungen in der Paulskirche maßgeblich beeinflussen konnte, für ihre Vorlage aussprechen würde. Dennoch konnte sich der Verfassungsausschuß bei den einzelnen Abstimmungen über die Epitheta des engeren Wahlrechts nur in der Frage des Wahlmodus behaupten. Entscheidend für die Niederlage des liberalen Wahlgesetzentwurfes waren die Umgruppierungen innerhalb der Fraktionen nach dem Sieg der „Kleindeutschen"[45]). Neben den Demokraten stimmte jetzt auch die Mehrzahl der „großdeutsch" orientierten Abgeordneten der beiden Zentrumsfraktionen gegen die Beschränkung des Wahlrechts; einige wohl in der Hoffnung, daß die Fürsten der einzelnen Bundesstaaten eine so „liberal-demokratische" Verfassung mit einer durch allgemeine Wahlen bestellten Repräsentation nicht

---

[42]) Vgl. die Ausführungen des Abgeordneten Hildebrand, Stenographischer Bericht . . ., a.a.O., Bd. 7, S. 5285 ff.; siehe auch Gerhard Schilfert, a.a.O., S. 171.

[43]) So vor allem Georg Waitz, Stenographischer Bericht . . ., a.a.O., Bd. 7, S. 5228 f.

[44]) Derselbe, ebenda, S. 5222.

[45]) Siehe hierzu Gerhard Schilfert, a.a.O., S. 241 ff.; vgl. auch Ernst Rudolf Huber, VGesch. Bd. 2, S. 787 ff.

zulassen und somit die Einigungsbestrebungen in ihrer kleindeutschen Form scheitern würden.

In der Schlußabstimmung über das *Reichswahlgesetz*[46]) am *2. März 1849* wurde mit 256 gegen 194 Stimmen für die Wahl zur zweiten Kammer, dem Volkshaus, das *allgemeine, gleiche, direkte und geheime Wahlrecht* beschlossen. Aktiv und passiv wahlberechtigt waren alle unbescholtenen männlichen Deutschen, die das 25. Lebensjahr vollendet hatten und im Besitz der bürgerlichen Ehrenrechte waren. Vom Wahlrecht ausgeschlossen waren nur die Personen, die unter Vormundschaft gestellt, im Konkurs befindlich oder Empfänger öffentlicher Armenunterstützung waren. Gemäß der letzten Volkszählung sollten in jedem Bundesstaat Wahlkreise mit jeweils 100 000 Einwohnern gebildet werden, wobei Staaten mit weniger als 100 000, aber mehr als 50 000 Einwohnern ebenfalls ein eigener Wahlkreis zugestanden wurde und nur die selbständigen Territorien unter 50 000 Einwohnern mit anderen im Anhang des Wahlgesetzes festgelegten Staaten zusammengelegt wurden. Gewählt werden sollten die Abgeordneten für eine dreijährige Wahlperiode in Einerwahlkreisen nach *absoluter Mehrheitswahl* mit Stichwahl[47]) im dritten Wahlgang zwischen den beiden Kandidaten, die die meisten Stimmen erhalten hatten.

III. Preußisches Dreiklassenwahlrecht und Verfassungskonflikt

Als Friedrich Wilhelm IV. am 28. April 1849 die ihm von der Paulskirchenversammlung angebotene Kaiserkrone ablehnte, waren die Einheitsbestrebungen und die verfassungspolitischen Ziele der Nationalversammlung endgültig gescheitert. Die *Reaktion*, die bereits mit der Pariser Juni-Schlacht von 1848 begonnen hatte und die wesentlich von den Dynastien, der Bürokratie und dem adligen Großgrundbesitz getragen wurde, konnte jetzt auch in den einzelnen Staaten die Ereignisse des Jahres 1848 weitgehend wieder rückgängig machen. In fast allen deutschen Ländern wurden — teilweise tatkräftig unterstützt durch Bundestagsbeschlüsse und Bundesexekution[48]) — er-

---

[46]) Text siehe Quellenteil, Nr. 3, S. 348 ff.; vgl. auch die synoptische Zusammenstellung der wahlrechtlichen und wahlsystematischen Bestimmungen in der Groß-Tabelle G VII.

[47]) Zu den Begriffen siehe die Begrifflichen Grundlagen, S. 28.

[48]) Die Grundlage für das Eingreifen der Organe des Deutschen Bundes bildete der sogenannte „Bundesreaktionsbeschluß" des Bundestages vom 23. August 1851 (abgedruckt bei Ernst Rudolf Huber, Dokumente, a.a.O., Bd. 2, S. 1 f.). Er forderte die einzelnen Staaten auf, die während der Revolution geschaffenen verfassungs-

neut die Verfassungen des Vormärz in Kraft gesetzt und die Parlamente, die in der Mehrzahl der Bundesstaaten auf der Grundlage des allgemeinen und gleichen Wahlrechts bestellt worden waren (s. Tab. G II), wieder durch die vorrevolutionären Repräsentationskörperschaften ersetzt[49]. Nur in Baden und Bayern blieb während der Reaktion das Wahlrecht von 1848 unverändert erhalten. In einigen kleineren Staaten, vor allem den sächsischen Herzogtümern (s. Tab. G. III), wurden nur geringfügige Änderungen durchgeführt: zu den in allgemeinen Wahlen gewählten Abgeordneten traten besondere Repräsentanten der Höchstbesteuerten[50]; zudem wurde die direkte durch die mittelbare Wahl ersetzt.

Die *oktroyierte Verfassung Preußens*[51] vom 5. Dezember 1848, mit der Friedrich Wilhelm IV. und das bereits wieder konservative Kabinett versuchten, „die neue Freiheit von 1848 mit der Autorität der Krone und des Gesetzes"[52] zu verbinden, änderte das allgemeine und gleiche Wahlrecht für die Wahl zur zweiten Kammer noch nicht. Erst im weiteren Verlauf der Reaktion dachte man in den konservativen Kreisen daran, das Wahlrecht zu beschränken. Da die Allgemeinheit der Wahlen erhalten bleiben sollte, eine ständische Gliederung nicht durchführbar schien, jede gesellschaftliche Gruppe aber gemäß ihrer sozialen, wirtschaftlichen und politischen Stellung repräsentiert sein sollte, wurde beschlossen, ein allgemeines, aber ungleiches Wahlrecht zu schaffen[53].

Als Vorbild diente das *Dreiklassenwahlsystem* der rheinischen Gemeindewahlordnung vom 23. Juli 1845, das den Forderungen des rheinischen Bürgertums nach Berücksichtigung von Besitz und Bil-

---

politischen Veränderungen durch Revision wieder mit den Beschlüssen des Deutschen Bundes in Einklang zu bringen. Der Bundestag selbst behielt sich mögliche Interventionen vor und bestellte einen Reaktionsausschuß, der die von den Länderregierungen getroffenen Maßnahmen zu überprüfen hatte. Konkret eingegriffen hat der Bundestag u. a. im Königreich Hannover und in Kurhessen. Siehe hierzu Ernst Rudolf Huber, VGesch. Bd. 3, Teil A, Kapitel III, passim.

[49] Zu den einzelnen wahlrechtlichen Änderungen in den Bundesstaaten während der Reaktion siehe Georg Meyer, a.a.O., S. 194 ff.; vgl. auch Tabelle G III.

[50] Zum Begriff siehe die Begrifflichen Grundlagen S. 20 f.

[51] Die Verfassung vom 5. Dezember 1848 ist abgedruckt bei Ernst Rudolf Huber, Dokumente, a.a.O., Bd. 1, S. 385 ff.

[52] So der bayerische Gesandte Graf von Lerchenfeld, zit. nach Veit Valentin, Geschichte der deutschen Revolution, 2 Bde., Berlin 1930, Bd. 2, S. 291.

[53] Zur Entstehung des Dreiklassenwahlrechts siehe vor allem Heinz Boberach, a.a.O., passim, insbesondere S. 115 ff.; vgl. auch Gerhard Schilfert, a.a.O., S. 252 ff., sowie den an den Beratungen vor der Oktroyierung beteiligten Rudolf von Gneist, Die nationale Rechtsidee von den Ständen und das preußische Dreiklassenwahlsystem, Berlin 1894, Neudruck Hildesheim 1962, S. 17 ff.

Groß-Tabelle G III: Das Wahlrecht in deutschen Staaten während der Reaktion (nach 1849)

Staat Gesetzliche Grundlagen- Vf. =Verfassung WG=Wahlgesetz WO=Wahlordnung V =Verordnung	Zahl der Kammern I. = 1. Kammer II. = 2. Kammer Mitgliederzahl Zusammensetzung Wahlperiode	Erfordernisse für die Wahl zur 2. Kammer		
		Aktives Wahlrecht	Wahl zum Wahlmann	Passives Wahlrecht
Baden	s. Tab. G I			
Bayern	s. Tab. G II			
Braunschweig Neue Landschafts- ordnung v. 18. 12. 1832. WG v. 23. 11. 1851	Eine Kammer: 46 Abg. (21 der Höchstbe- steuerten, 10 der Städte, 3 der ev. Kirche, 12 der Land- gemeinden), alle 3 Jahre Halberneuerung	25 Jahre, Staatsange- hörigkeit, Selbständig- keit, sowie für 3 Abt. Zensusbedingungen	aktives Wahlrecht (Höchstbesteuerte wählen direkt)	aktives Wahlrecht, 30 Jahre, 1 Jahr Wohnsitz
Hannover	s. Tab. G I			
Hessen Darmstadt) Vf. v. 17. 12. 1820 WG v. 6. 9. 1856	Zwei Kammern: I. Prinzen des regierenden Hauses, der Häupter der standesherrlichen Familien, ernannte Mitglieder (u.a. kath. Landesbischof, ev. Prälat, Kanzler der Universität) II. 50 Abg. (6 des grund- besitzenden Adels, 10 der Städte, 34 der Städte und Landgemeinden)	25 Jahre, Steuerzensus, Ausschließungsgründe: Verlust der bürgerlichen und politischen Ehren- rechte	aktives Wahlrecht, höherer Zensus	aktives Wahlrecht, höherer Zensus
Hohenzollern- Hechingen	durch Staatsvertrag vom 7. 12. 1849 mit Preußen vereinigt			
Hohenzollern- Sigmaringen	durch Staatsvertrag vom 7. 12. 1849 mit Preußen vereinigt			
Kurhessen 1) Vf. v. 12. 4. 1852 WG v. 13. 4. 1852	1) Zwei Kammern: I. ernannte und ex officio bestellte Mitglieder II. 48 Abg. der Ritterschaft, des Großgrundbesitzes, sowie der Städte und Landgemeinden	1) Städte: Mitglied des Stadtrates, des Bürger- ausschusses, gewählte Abg. der Zünfte, Groß- händler, die Industriellen Land: Ortsvorsteher, Ausschußvorsteher	1) aktives Wahlrecht (Ritterschaft und Großgrundbesitz wählen direkt)	1) nur Wahlmänner können gewählt werden
2) Vf. v. 24. 5. 1862 WG v. 21. 6. 1862	2) Eine Kammer: Abg. der Städte und Ämter, 3 Jahre	2) Ortsrecht, Selb- ständigkeit, Grundbesitz oder Gewerbebetrieb	2) direkte Wahl	2) aktives Wahlrecht
Lippe	s. Tab. G I			
Nassau V v. 25. 11. 1851	Zwei Kammern: I. ernannte Mitglieder, 6 Abg. der höchstbesteuerten Grund- besitzer, 3 Abg. der höchst- besteuerten Gewerbetreibenden II. 24 Abg., 6 Jahre, Drei- klassenwahlrecht (s. Preußen)	allgemein, 25 Jahre, 3 Jahre Staatsangehörig- keit, Ausschließungs- gründe: Verlust der bürgesrgerlichen und politischen Ehrenrechte, öffentliche Armenunter- stützung, aktives Wahl- recht zur 1. Kammer	aktives Wahlrecht, zur 1. und 2. Kammer	aktives Wahlrecht zur 1. und 2. Kammer, 30 Jahre, 5 Jahre Staatsangehörigkeit

Fortsetzung Groß-Tabelle G III

Staat Gesetzliche Grundlagen Vf. =Verfassung WG=Wahlgesetz WO=Wahlordnung V =Verordnung	Zahl der Kammern I. = 1. Kammer II. = 2. Kammer Mitgliederzahl Zusammensetzung Wahlperiode	Erfordernisse für die Wahl zur 2. Kammer		
		Aktives Wahlrecht	Wahl zum Wahlmann	Passives Wahlrecht
Preußen Vf. v. 31.1.1850 WG v. 30.5.1849 WG v. 7.5.1853	Zwei Kammern: I. Herrenhaus, erblich, ernannt (z. T. aufgrund von Präsentationswahlen) II. 350 Abg., 3 Jahre	allgemein, 24 Jahre, Ausschließungsgründe: Verlust der bürgerlichen Ehrenrechte, öffentliche Armenunterstützung; in 3 Abt. (Gesamtsumme der Klassen-, Grund-, Gewerbesteuer auf Wahlbezirksebene gedrittelt, die Urwähler nach Steuerleistung den Abten.zugeteilt, Wähler ohne Steuer werden der 3. Abt. zugeteilt; jede Abt. wählt 1/3 der Wahlmänner	aktives Wahlrecht WS: absolute Mehrheitswahl in Wahlbezirken mit Stichwahlen, an der alle Bewerber mit mehr als einer Stimme teilnehmen und jeweils der Bewerber mit den wenigsten Stimmen ausscheidet; nach Klassen 1 Wahlmann auf 250 Einwohner; öffentliche Stimmabgabe zu Protokoll	aktives Wahlrecht, 30 Jahre, 1 Jahr Staatsangehörigkeit WS: absolute Mehrheitswahl mit Stichwahlen, an der alle Bewerber mit mehr als einer Stimme teilnehmen und jeweils der Bewerber mit den wenigsten Stimmen ausscheidet; gemeinsame Abstimmung der Klassen
Sachsen	s. Tab. G I			
Sachsen-Altenburg GG v. 29.4.1831 WO v. 29.4.1831 WG v. 3.8.1850	Eine Kammer: 30 Abg. (9 der Städte, 12 der Landgemeinden, 9 der Höchstbesteuerten)	25 Jahre, eigener Hausstand, Dreiklassenwahlrecht (s. Preußen), ausgenommen die Höchstbesteuerten	direkte Wahl	aktives Wahlrecht, 3 Jahre Staatsangehörigkeit
Sachsen-Coburg-Gotha GG v. 3.5.1852 WO v. 3.5.1852	Eine Kammer: 30 Abg. (19 für Gotha, 11 für Coburg) 4 Jahre	25 Jahre, Selbständigkeit, eigener Hausstand	aktives Wahlrecht	aktives Wahlrecht, 30 Jahre
Sachsen-Meiningen WG v. 25.6.1853	Eine Kammer: 24 Abg. (2 ernannt, 6 der Großgrundbesitzer, 8 der Städte, 8 der Landgemeinden)	Zugehörigkeit zu einer christlichen Konfession, direkte Steuerleistung	aktives Wahlrecht, (Großgrundbesitzer wählen direkt)	aktives Wahlrecht, höherer Zensus
Sachsen-Weimar GG v. 15.10.1850 WG v. 6.4.1852	Eine Kammer: 31 Abg. (1 der Reichsritterschaft, 9 der Höchstbesteuerten, 21 durch allgemeine Wahlen)	allgemein	aktives Wahlrecht (Reichsritterschaft, Großgrundbesitz, Grundbesitz wählen direkt)	aktives Wahlrecht
Schaumburg-Lippe	s. Tab. G I			
Schleswig-Holstein	s. Tab. G I			
Waldeck GG v. 17.8.1852 WG v. 2.8.1856	Eine Kammer: 15 Abg., (12 für Waldeck, 3 für Pyrmont) 3 Jahre	25 Jahre, 1 Jahr Gemeindezugehörigkeit, Eigener Hausstand, Eigentum oder direkte Steuerleistung, Dreiklassenwahlrecht (s. Preußen)	aktives Wahlrecht, 30 Jahre, 3 Jahre Staatsangehörigkeit	aktives Wahlrecht, Wählbarkeit zum Wahlmann
Württemberg	s. Tab. G I			Zugehörigkeit zu einer christlichen Religion entfällt (Ges. v. 31.12.1861)

dung weitgehend entsprochen hatte[54]). Die Verordnung vom 30. Mai 1849[55]), die in die Verfassung vom 31. Januar 1850[56]) aufgenommen wurde, blieb mit geringen Änderungen bis 1918 gültig. Sie ließ die Bestimmungen des Wahlgesetzes vom 6. Dezember 1848[57]) im Bezug auf das aktive und passive Wahlrecht sowie den indirekten Wahlmodus bestehen und behielt auch das absolute Mehrheitswahlsystem mit Stichwahl im zweiten Wahlgang bei, ersetzte aber die geheime durch die öffentliche Stimmabgabe. Die Urwähler wurden auf Gemeindeebene in drei Steuerabteilungen eingeteilt, in die jeweils so viele Wahlberechtigte aufgenommen wurden, bis ein Drittel der Gesamtsteuersumme erreicht war. Jede Abteilung bestellte die gleiche Anzahl Wahlmänner, die dann — im Gegensatz zur rheinischen Gemeindewahlordnung — in gemeinsamer Abstimmung die Abgeordneten wählten, so daß die erste und zweite Abteilung, die bei der Wahl vom 17. Juli 1849 (s. Tab. A 4) nur eine Minderheit von 17,3 v. H. der Urwähler repräsentierten, die Mehrheit überstimmen konnten und die 2 961 950 (82,7 v. H.) Wahlberechtigten der dritten Klasse praktisch von jeglichem politischen Einfluß ausschlossen. Die *Einteilung der Urwähler* deckte sich schon bald nicht mehr mit der angestrebten Gliederung in eine reiche, eine bürgerliche und in eine ärmere Schicht, da aufgrund der unterschiedlichen Sozial- und Wirtschaftsstruktur Preußens die Steuersätze für die drei Abteilungen in den Wahlbezirken stark schwankten. So mußten bereits bei der Wahl vom 19. November 1861 (s. Tab. A 4) in einigen Bezirken Urwähler mit 505 Talern jährlicher Steuerleistung in der dritten Klasse wählen, während in anderen Gemeinden sieben Taler für die Zugehörigkeit zur ersten Klasse ausreichten. Mit der verstärkten Bevölkerungswanderung vom Land in die Stadt und der zunehmenden Industrialisierung vergrößerte sich dieses Mißverhältnis ständig, so daß bei der Wahl vom 25. September 1866 (s. Tab. A 4) in einigen Wahlbezirken die Urwähler bereits mit vier Talern in der ersten Klasse, in anderen aber mit mehr als 1 000 Talern Steuerleistung noch in der dritten Klasse eingestuft wurden.

Während das liberale Bürgertum dieses Wahlsystem, das seinen staatspolitischen Ansichten entsprach, begrüßte[58]), wurde es von den De-

---

[54]) Vgl. Heinz Boberach, a.a.O., S. 92 ff.

[55]) Text siehe Quellenteil Nr. 4, S. 350 ff. Zum Dreiklassenwahlrecht liegt eine umfangreiche Spezialliteratur vor, siehe die BiblAng.

[56]) Die preußische Verfassung vom 30. Januar 1850 ist abgedruckt bei Ernst Rudolf Huber, Dokumente, a.a.O., Bd. 1, S. 401 ff.

[57]) Das Wahlgesetz vom 6. Dezember 1848 ebenda, S. 395 f.

[58]) So auch Walter Gagel, a.a.O., S. 16 ff., der nachdrücklich auf die Übereinstimmung der gemäßigten Liberalen mit dem nach Besitz und Bildung abgestuften Dreiklassenwahlrecht hinweist.

mokraten fast einmütig abgelehnt, da bei ihnen die Meinung vorherrschend war, daß der Staat keine Aktiengesellschaft sei, bei der jeder Wahlberechtigte aufgrund seines Aktienanteils stimmberechtigt sei[59]). Sie beschlossen deshalb, sich an den Wahlen nicht mehr zu beteiligen, um so den Verfassungsbruch der Krone deutlich zu machen und um eine nachträgliche Anerkennung des Wahlgesetzes zu umgehen.

Während der Reaktion ergaben die *Wahlen zum preußischen Abgeordnetenhaus*[60]) und zu den Gemeindevertretungen immer eine für die Regierung günstige konservative Mehrheit[61]). Dies ging vor allem auf den erheblichen Rückgang der Wahlbeteiligung (s. Tab. A 4) und die weitgehende Manipulation der Wahlbezirkseinteilung durch die Regierung zurück. Zudem identifizierten sich außer dem adligen Großgrundbesitz auch weite Kreise des Großbürgertums mit der Politik des Kabinetts Brandenburg-Manteuffel und wählten in der Regel konservativ.

Mit der Regentschaft Wilhelms I. und dem Beginn der *„neuen Ära"* aber vollzog sich im Herbst 1858 ein entscheidender Wandel, der in der Folgezeit eine verfassungspolitische Auseinandersetzung zwischen Parlament und Krone herbeiführen sollte. Die Grundlage dieser Entwicklung beruhte wesentlich auf der Rückkehr der Demokraten (seit 1861 als „Fortschrittspartei") ins politische Leben und der Angleichung ihrer Forderungen an die Ziele der gemäßigten Liberalen[62]). Da so eine gemeinsame oppositionelle Haltung aller liberalen Kräfte möglich wurde, entstand — unterstützt durch das Wahlsystem — seit der Wahl zum Abgeordnetenhaus von 1858 eine absolute Mehrheit der liberalen Fraktionen[63]).

---

[59]) Ähnlich Gerhard Schilfert, a.a.O., S. 288, der die Reaktion der „demokratischen" Presse auf die Oktroyierung des Dreiklassenwahlrechts referiert.

[60]) Durch Gesetz vom 30. Mai 1855 (Gesetzessammlung 1855, S. 316) wurde die Bezeichnung „Abgeordnetenhaus" für die zweite Kammer eingeführt. In der Literatur ist die frühere Bezeichnung „Preußischer Landtag" vielfach auch für die Zeit nach 1855 verwandt worden, so daß leider keine einheitliche Nomenklatur vorherrscht. Als „Landtag" ist vielmehr — entsprechend dem dualistischen (englischen) Parlamentsmodell — die Gesamtrepräsentation zu verstehen, also beide Kammern, Herrenhaus und Abgeordnetenhaus.

[61]) Für die Wahlen der Jahre 1849 bis 1858 liegen nur unzureichende statistische Materialien vor. Es fehlt daher für diesen Zeitraum auch an einer Spezialuntersuchung; vgl. etwa die knappe Darstellung der Wahlen bei Richard Augst, Bismarcks Stellung zum parlamentarischen Wahlrecht, Leipzig 1917, S. 37.

[62]) Siehe hierzu etwa auch Walter Gagel, a.a.O., S. 20 ff.

[63]) Die Mandatsstärken der Fraktionen im Abgeordnetenhaus seit der Wahl von 1858 sind zusammengestellt in Tabelle A 5. Eine soziologische Analyse des Abgeordnetenhauses während des Verfassungskonfliktes bei Adalbert Hess, Das Par-

Die *Wirkweise des Dreiklassenwahlrechts*[64]) lag in erster Linie in
dem Gegensatz von Stadt und Land begründet. Im Jahre 1863 lebten
von den 3 549 065 Wahlberechtigten mehr als zwei Drittel (68,8 v.
H.) der Urwähler auf dem Lande. Die unterschiedliche Wahlbeteiligung aber, die in den Städten mit 37,7 v. H. um 10 v. H. höher war
als auf dem Lande, steigerte den Anteil der städtischen Wähler von
31,2 v. H. auf 38,1 v. H. Da die Liberalen in den Städten 67,4 v. H.,
die Konservativen hingegen nur 19,8 v. H. der Stimmen erzielten, der
Anteil beider Gruppen auf dem Lande mit 37,4 v. H. bzw. 37,2 v. H.
aber fast gleich groß war, ergab sich ein deutliches Übergewicht der
Liberalen, das durch die unterschiedliche Wahlbeteiligung in den
einzelnen Abteilungen, vor allem aber durch die gemeinsame Abstimmung bei der Abgeordnetenwahl noch erheblich vergrößert
wurde. Die liberalen Fraktionen, die nicht nur in den Städten in allen
drei Klassen die absolute, sondern auch auf dem Lande in der ersten
und zweiten Abteilung die relative Mehrheit der Stimmen erhalten
hatten, konnten so die konservativen Wahlmänner überstimmen und
erreichten mit 48,8 v. H. der Stimmen 70,1 v. H. der Mandate,
während die Konservativen bei einem Stimmenanteil von 30,6 v. H.
nur 9,9 v. H. der 352 Mandate erringen konnten.

Die Konfrontation zwischen der Krone und den Konservativen auf
der einen und der liberalen Parlamentsmehrheit auf der anderen
Seite entzündete sich an der *Frage der Heeresreform* und entwickelte
sich bald zu einer Auseinandersetzung um die verfassungsmäßigen
Rechte der einzelnen Staatsorgane[65]). Während die Liberalen entsprechend ihren Vorstellungen von Konstitutionalismus die Tätigkeit der
Minister mit den Ansichten der Parlamentsmehrheit in Einklang wissen wollten[66]), lehnten die Krone und das seit März 1862 wieder

---

lament, das Bismarck widerstrebte. Zur Politik und sozialen Zusammensetzung des
preußischen Abgeordnetenhauses der Konfliktszeit (1862—1866), Köln und Opladen
1964.

[64]) Zur Wirkweise des Dreiklassenwahlrechts während des Verfassungskonfliktes
siehe Walter Gagel, a.a.O., S. 20 ff., dort auch die hier angegebenen Zahlen. Vgl.
weiterhin Eugene N. Anderson, The Social and Political Conflict in Prussia, 1858—
1864, University of Nebraska Studies, new series no. 12, Lincoln 1954, sowie dessen
wahlstatistische Zusammenstellung, The Prussian Election Statistics 1862 and 1863,
Lincoln 1954.

[65]) Zum preußischen Verfassungskonflikt vgl. Ernst Rudolf Huber, VGesch.
Bd. 3, S. 269 ff.

[66]) So auch Otto Hintze, Das Monarchische Prinzip und die konstitutionelle Verfassung, in: Derselbe, Staat und Verfassung, a.a.O., S. 359 ff., hier insbesondere
S. 367. Die Liberalen forderten somit in gewisser Weise die Unterordnung der Regierung unter die Ziele der Parlamentsmehrheit; ihre verfassungspolitischen Vorstellungen zielten jedoch keineswegs darauf ab, die Prärogative des Monarchen, die
Regierung frei zu ernennen, aufzuheben und selber aus der Mitte der Parlaments-

ausschließlich konservative Kabinett (ab 24. September 1862 unter *Otto von Bismarck*) die Beschränkung ihrer Position durch die Anerkennung der Ministerverantwortlichkeit ab und umgingen das Budgetrecht des Abgeordnetenhauses.

Aufgrund dieser innenpolitischen Situation vollzog sich auch ein Wandel in der *Haltung der Parteien zum Dreiklassenwahlrecht*[67]). Auch die fortschrittlichen Liberalen mußten jetzt aus wahltaktischen und parteipolitischen Überlegungen das Wahlsystem verteidigen, das sie noch im Mai 1861 bei der Beratung der Städteordnung abgelehnt hatten, weil es ihrer Meinung nach vor allem in den Gemeindevertretungen, die von den Steuerklassen direkt gewählt wurden, zum Entstehen von Klassenparteien führen werde[68]). Hingegen wandten sich die Konservativen und vor allem Bismarck vom Dreiklassenwahlrecht ab und wurden zu Verfechtern allgemeiner und gleicher Wahlen, von denen sich die Konservativen erneut die Parlamentsmehrheit, Bismarck aber die Lösung des Verfassungskonfliktes erhofften. Sie begründeten ihre neue Haltung wesentlich mit der großen Zahl der Nichtwähler auf dem Lande, die ihrer Meinung nach meist königstreu eingestellt, zudem wohl auch noch von den adligen Grundherren weitgehend abhängig, konservativ wählen würden[69]).

Bismarck beabsichtigte zunächst, das allgemeine und gleiche Wahlrecht mit Hilfe eines Verfassungsoktrois durchzusetzen und führte in diesem Zusammenhang im Jahre 1863 auch mit Ferdinand Lasalle als dem Repräsentanten der entstehenden Arbeiterbewegung Besprechungen[70]). Infolge der außenpolitischen Entwicklung seit dem Dänischen Krieg versuchte er dann aber, den Verfassungskonflikt im Zusammenhang mit der nationalstaatlichen Einigung zu lösen. Für

---

mehrheit ein Kabinett zu bestellen. Das entscheidende Element parlamentarischer Regierung lag folglich noch nicht im Blickfeld ihrer Zielsetzungen. Siehe hierzu Dolf Sternberger, Gewaltenteilung und parlamentarische Regierung in der Bundesrepublik Deutschland, in: PVS, 1. Jg. (1960), S. 22 ff., neuerdings abgedruckt bei Kurt Kluxen, Hrsg., Parlamentarismus, NWB Nr. 18, Köln/Berlin 1967, S. 323 ff., hier S. 331; vgl. auch die von Klaus von Beyme am englischen Beispiel entwickelten Minimalkriterien parlamentarischer Regierung im 19. Jahrhundert, von Beyme, Repräsentatives und parlamentarisches Regierungssystem, in: PVS, 6. Jg. (1965), S. 152 f.

[67]) Siehe etwa Walter Gagel, a.a.O., S. 26 ff.

[68]) Vgl. ebenda, S. 23.   [69]) Ähnlich auch Richard Augst, a.a.O., passim.

[70]) Zur Politik Bismarcks im Hinblick auf das Dreiklassenwahlrecht, insbesondere auch zu seinen Überlegungen, das allgemeine und gleiche Wahlrecht zu oktroyieren und den Gesprächen mit Lasalle siehe Richard Augst, a.a.O., S. 35 ff.; vgl. ferner Hermann Oncken, Bismarck, Lasalle und die Oktroyierung des gleichen und direkten Wahlrechts während des Verfassungskonfliktes, in: Preußische Jahrbücher, Bd. 146 (1911), S. 107 ff.

Bismarck ließ sich dabei die Forderung nach allgemeinen und gleichen Wahlen nicht nur innenpolitisch, sondern vor allem auch gegen den Vielvölkerstaat Österreich verwenden. Sein erster offener Schritt in dieser Richtung war der preußische *Antrag auf Reform der Bundesverfassung* vom 9. April 1866, die von einer „aus direkten Wahlen und allgemeinem Stimmrecht der ganzen Nation"[71]) nach dem Reichswahlgesetz von 1849 bestellten Versammlung beraten werden sollte. Dieser taktische Schachzug führte nicht nur zum Krieg gegen Österreich, sondern wirkte sich auch innenpolitisch aus, da die Konservativen bei der Wahl vom 3. Juli 1866 (s. Tab. A 5) ihre Mandatszahl von 35 auf 136 erhöhen konnten. Zudem vollzogen die Liberalen aufgrund ihres erheblichen Stimmenverlustes und der allgemeinen Stimmung in der Bevölkerung, die sich nach der Schlacht von Königgrätz ganz der preußischen Krone zugewandt hatte, einen Wandel in ihrer Haltung zu Bismarck. Entscheidend wurden hierfür vor allem die Bildung der „Nationalliberalen Partei" Rudolf von Bennigsens im Jahre 1867, die bald infolge ihrer nationalstaatlichen Zielsetzung zur stärksten liberalen Gruppe wurde, sowie die Beendigung des Verfassungskonfliktes durch die Indemnitätsgesetzgebung vom September 1866[72]). Indem die Krone und Bismarck nachträglich die Zustimmung des Abgeordnetenhauses zur Heeresreform einholten, erkannten sie das von den Liberalen geforderte konstitutionelle Prinzip praktisch an und schufen so die Voraussetzung dafür, daß auch in der Verfassung des Norddeutschen Bundes durch die „Lex Bennigsen" die Verantwortlichkeit der Exekutive verankert werden konnte[73]).

Gleichzeitig mit der Annäherung an die Politik Bismarcks vollzogen die Liberalen auch die Abkehr vom *Dreiklassenwahlrecht*[74]). Die Zustimmung zum allgemeinen, gleichen, direkten und geheimen Wahlrecht wurde ihnen wesentlich durch die Ergebnisse der *Wahlen des Jahres 1867* erleichtert. Trotz der unterschiedlichen Wahlsysteme ergaben nämlich sowohl die Wahlen zum verfassungberatenden und zum ersten ordentlichen Reichstag des Norddeutschen Bundes vom 12. Februar bzw. 31. August 1867 (s. Tab. A 6) als auch die nach dem Dreiklassenwahlrecht durchgeführte Wahl zum preußischen Abgeordnetenhaus (s. Tab. A 5) in den vor 1866 preußischen Provinzen für die liberalen Parteien, Nationalliberale, Fortschritt und linkes Zen-

---

[71]) Zit. nach Ernst Rudolf Huber, Dokumente, a.a.O., Bd. 2, S. 192.

[72]) Zum Komplex der Indemnitätsgesetzgebung und ihrer verfassungspolitischen Relevanz siehe Ernst Rudolf Huber, VGesch. Bd. 3, S. 348 ff.

[73]) Vgl. ebenda, S. 658 ff. und 821 ff.

[74]) Siehe Walter Gagel, a.a.O., S. 38 ff.; dort auch eine ausführliche Analyse der Wahlrechtsreform und der Wahlen des Jahres 1867.

trum mit 29,5, 33,6 sowie 35,1 v. H. einen ähnlichen Mandatsanteil. Die an sich unterschiedliche Wirkweise der Wahlsysteme wurde durch die politischen Zeitereignisse weitgehend aufgehoben[75]).

---

[75]) Vgl. ebenda, passim, insbesondere auch S. 61 f., dort auch die hier angeführten Zahlen.

B. DIE PARLAMENTSWAHLEN IM KAISERREICH

I. Der institutionelle Rahmen des politischen Systems

a) Das Verfassungssystem

Der Norddeutsche Bund, allgemein nur als Provisorium und Vorstufe eines deutschen Gesamtstaates angesehen, wurde nach dem Deutsch-Französischen Krieg von 1870/71 durch Verträge[1]) mit den einzelnen süddeutschen Staaten zum *Deutschen Reich* erweitert und die Bundesverfassung vom 14. April 1867 von der ohne wesentliche Veränderungen am 14. April 1871 verabschiedeten *Reichsverfassung*[2]) abgelöst. Gemäß der politischen Entwicklung während der Reichsgründung und der überragenden Stellung Preußens enthielt die Verfassung zwei Grundmerkmale: Die Verbindung von föderalistisch-bundesstaatlichen und nationalstaatlich-zentralistischen Elementen mit preußischer Hegemonie sowie das monarchisch-konstitutionelle System mit scharfer Trennung von Exekutive und Legislative bei starkem Übergewicht der Regierung über das Parlament[3]).

Träger der Souveränität des Reiches war nach der Verfassung der *Bundesrat*, der wie der Bundestag des Deutschen Bundes als Gesamtkongreß aller Einzelstaaten aus „ex-officio" bestellten Vertretern der Landesregierungen bestand. Infolge seiner zahlenmäßigen Zusammensetzung und der Macht Preußens im Reich verlor der Bundesrat diese Position in der Verfassungswirklichkeit weitgehend an den

---

[1]) Die sogenannten „Novemberverträge" Preußens mit den Süddeutschen Staaten (abgedruckt bei Ernst Rudolf Huber, Dokumente, a.a.O., Bd. 2, S. 258 ff.) bilden die formale Basis für die Gründung des Deutschen Reiches. Zusammen mit der Präambel der Reichsverfassung, die den deutschen Fürsten das „pouvoir constituant" zuweist, haben sie zu der These vom „Reich als Fürstenbund" beigetragen, eine Fiktion, auf die vor allem Bismarck in seinen Auseinandersetzungen mit dem Reichstag mehrmals zurückgegriffen hat. Vgl. Ernst Rudolf Huber, VGesch., Bd. 3, S. 788 ff.

[2]) Die Reichsverfassung ist abgedruckt bei Ernst Rudolf Huber, Dokumente, a.a.O., Bd. 2, S. 289 ff.

[3]) Aus der umfänglichen Literatur zum Verfassungssystem des Kaiserreiches seien nur einige Arbeiten genannt; zu verweisen ist neben Ernst Rudolf Huber, VGesch., Bd. 3, S. 766 ff. und Bd. 4 vor allem auf Ludwig Bergsträsser, Die Entwicklung des Parlamentarismus in Deutschland, Laupheim 1954; J. Lamer, Der englische Parlamentarismus in der deutschen politischen Theorie im Zeitalter Bismarcks (1857 bis 1890). Ein Beitrag zur Vorgeschichte des Parlamentarismus, Lübeck/Hamburg 1963; John C. G. Röhl, Germany without Bismarck. The Crisis of Government in the Second Reich 1890—1900, London 1967, sowie neuerdings (inhaltlich vor allem auf die Parlamentarisierung der Reichsregierung nach 1900 eingehend) Dieter Grosser, Vom monarchischen Konstitutionalismus zur parlamentarischen Demokratie, Den Haag 1970.

König von Preußen, obwohl dieser eigentlich nur das geschäftsfüh-
rende Präsidialorgan des Reiches mit Kaisertitel darstellte. Als
Gegengewicht zu dem auf nationalstaatlicher Grundlage bestellten
Reichstag blieben die Funktionen des Bundesrates trotz der Gewalten-
vereinigung auf die einer zweiten Kammer mit Gesetzesinitiative,
Budgetberatung und absolutem Veto beschränkt.

Entscheidend zum Übergewicht der nationalstaatlichen Komponente
trug neben der Stellung des Reichskanzlers und des Reichstages vor
allem auch die *Position des Kaisers* durch die Verbindung mit der
preußischen Krone bei. Als Inhaber des Bundes-Präsidiums ernannte
er alle Reichsbeamten, besaß die Kommandogewalt über die Streit-
kräfte und die Möglichkeit zur Gesetzesinitiative. Verfassungspolitisch
relevant aber waren besonders seine Rechte gegenüber dem Reichskanzler und dem Reichstag. Der Kaiser ernannte nach Artikel 15
den Reichskanzler frei von irgendwelchen Einschränkungen und bestimmte gemeinsam mit ihm die Richtlinien der Politik. Er war für
die Ausübung seines Amtes nicht verantwortlich, bedurfte aber bei
seinen Maßnahmen der Gegenzeichnung des Reichskanzlers, der ihn
auch vor dem Reichstag vertrat. Diesen konnte er mit Zustimmung
des Bundesrates, die stets außer Zweifel stand, auflösen, mußte ihn
aber zu jährlichen Sessionen einberufen.

Nicht der Gegensatz Unitarismus-Föderalismus sollte die innere Entwicklung des Reiches entscheidend beeinflussen, sondern die Spannungen zwischen *Parlament und Regierung,* die sich vor allem aus der
Verbindung von alten konstitutionellen und neuen, den westeuropäischen demokratischen Verfassungsprinzipien entnommenen Elementen ergaben. So war der Reichstag durch seine auf dem allgemeinen, gleichen, direkten und geheimen Wahlrecht beruhenden Bestellungsweise bereits eine „Institution der modernen Massendemokra-
tie"[4]), ohne jedoch tatsächlich entsprechenden Einfluß auf die
Regierungsgewalt nehmen zu können, was vor allem für die Entwicklung der Parteien, ihr Selbstverständnis sowie ihr Verhalten von besonderer Relevanz werden sollte.

Die *Funktionen des Reichstages,* die in erster Linie auf den Bestimmungen der preußischen Verfassung vom 31. Januar 1850 basierten[5]), beschränkten sich weitgehend auf die Gesetzgebung mit Gesetzesinitiative und Haushaltsbewilligung. Der Reichstag mußte die

---

[4]) Karl Erich Born, Von der Reichsgründung bis zum ersten Weltkrieg, in: Bruno
Gebhardt, Handbuch der Deutschen Geschichte, 8. Aufl. herausgegeben von Herbert
Grundmann, Stuttgart 1960, Bd. 3, S. 195.

[5]) Die Übereinstimmung der Reichsverfassung mit der preußischen Verfassung
von 1850 wurde bereits von Paul Laband, Das Staatsrecht des Deutschen Reiches,
4 Bde., 5. Aufl., Tübingen 1911, Bd. 1, S. 293 ff., nachgewiesen.

legislative Gewalt jedoch mit dem Bundesrat teilen. Eine Überprüfung der Regierungstätigkeit, die ausschließlich vom Reichskanzler
im Parlament vertreten wurde — die Staatssekretäre waren als Res-
sortchefs diesem untergeordnet —, konnte der Reichstag wesentlich
nur bei der Haushaltsdebatte durchführen. Sie stellte aber trotz des
Artikels 17 der Verfassung, der die Verantwortlichkeit des Reichskanzlers anerkannte, noch keine Kontrolle im Sinne des parlamentarischen Systems dar, da der Reichstag den Reichskanzler nicht abberufen konnte und so die eigentliche Sanktion der Kontrolle fehl-
te[6]). Vielmehr beruhte das *Regierungssystem* darauf, daß der Reichskanzler vom Kaiser frei ernannt und entlassen wurde und die Exekutive nicht des Vertrauens des Reichstages bedurfte. Trotzdem
mußte sich der Reichskanzler in der Verfassungswirklichkeit um die
Unterstützung durch eine Reichstagsmehrheit bemühen; ja er war in
wachsendem Maße auf sie angewiesen, da durch Obstruktion bei Gesetzgebung und Etatbewilligung die Regierungstätigkeit praktisch unmöglich gemacht werden konnte, wenn nicht — wie während des
preußischen Verfassungskonfliktes — unter Ausschaltung der Legislative regiert werden sollte. Dieser negativen Macht des Parlamentes[7]) konnte der Reichskanzler jedoch das Mittel der *Reichstagsauflösung und Neuwahlen* entgegenstellen, sofern er vom Kaiser
unterstützt wurde. In der Verfassungswirklichkeit hat dann auch
diese Prärogative des Kaisers gegenüber dem Reichstag, der selbst
weder ein Versammlungs- noch ein Vertagungsrecht besaß, die Position der Exekutive entscheidend gestärkt. Das Parlament wurde bis
zum Jahre 1918 fünfmal (1878, 1887, 1890, 1893, 1907) vorzeitig
aufgelöst. Mit Ausnahme von 1890 ergaben die Neuwahlen dann jeweils eine deutliche Mehrheit für die regierungsfreundlichen Parteien.

---

[6]) Vgl. Anmerkung A/66 und den Abschnitt über die Parlamentarisierung der
Reichsregierung, S. 134 f. Die von Ernst Rudolf Huber, VGesch., Bd. 3, S. 898 ff.,
unter Hinweis auf die Entlassung Bismarcks nach der Niederlage der Kartellparteien
bei der Wahl von 1890 (siehe S. 115) vertretene Ansicht, daß in der Verfassungswirklichkeit eine effektive parlamentarische Kanzlerverantwortlichkeit bestanden
habe, geht an der realen Situation vorbei. Huber läßt völlig außer acht, daß die
Bestellung bzw. die Entsetzung der Regierung durch das Parlament und dessen
Mehrheit das entscheidende Kriterium parlamentarischer Verantwortlichkeit darstellen; dies aber war im Kaiserreich weder verfassungsrechtlich vorgesehen, noch
wurde es in der Verfassungswirklichkeit praktiziert.

[7]) Auf die weitgehend negative Macht des Reichstages weist u. a. Ludwig Bergsträsser nachdrücklich hin, vgl. Die Entwicklung des Parlamentarismus in Deutschland, in: Kurt Kluxen, a.a.O., S. 147.

b) Wahlrecht und Wahlsystem

Das *Wahlgesetz*[8]) des Norddeutschen Bundes vom 31. Mai 1869, das die Vereinheitlichung der Landesgesetze von 1866 darstellte und wie diese wesentlich auf dem Wahlgesetz der Paulskirche von 1849 basierte, wurde 1871 durch Artikel 20 der Verfassung auf die süddeutschen Staaten sowie 1873 auf Elsaß-Lothringen ausgedehnt und blieb bis zum Sommer 1918 in Kraft[9]). Das *aktive und passive Wahlrecht* besaßen alle männlichen Staatsangehörigen, die das 25. Lebensjahr vollendet hatten, im Besitz der bürgerlichen und politischen Ehrenrechte waren und in einem der Bundesstaaten wohnten. Ausgeschlossen vom Wahlrecht waren alle Personen, die unter Vormundschaft gestellt waren, sich im Konkurs befanden oder öffentliche Armenunterstützung erhielten. Inkompatibilität bestand für die regierenden Fürsten und die Mitglieder des Bundesrates. Aufgrund der scharfen Trennung von Exekutive und Legislative galt zudem gemäß Artikel 21 der Verfassung auch für alle höheren Staatsbeamten eine „Teil-Inkompatibilität"[10]). Zwar konnten alle Staatsbeamten — einschließlich der Militärangehörigen, deren Wahlrecht ruhte — gewählt werden, doch mußte jeder Reichstagsabgeordnete (wie 1917 beim Regierungseintritt auch Friedrich von Payer), der „in ein Amt eintritt, mit welchem ein höherer Rang oder ein höheres Gehalt verbunden ist"[11]), sein Mandat niederlegen.

Die *Zahl der Abgeordneten*, die zunächst für eine dreijährige und seit 1888 für eine fünfjährige Wahlperiode bestellt wurden[12]), war im Norddeutschen Bund auf 297 festgelegt und wurde 1871 sowie 1873 auf 382 bzw. 397 erweitert[13]). In der Regel wurde jeder

---

[8]) Text siehe Quellenteil Nr. 5, S. 355 ff.; vgl. auch die synoptische Zusammenstellung der wahlrechtlichen und wahlsystematischen Bestimmungen in der Groß-Tabelle G VII. Zu Wahlrecht, Wahlsystem und Wahlentwicklung im Kaiserreich, insbesondere auch zu einzelnen Wahlen liegt eine umfangreiche Spezialliteratur vor, siehe die BiblAng.

[9]) Zur Änderung des Reichstagswahlrechtes siehe unten S. 135 f.

[10]) Dieser Begriff nach Ernst Rudolf Huber, VGesch., Bd. 3, S. 895 f. Zur verfassungspolitischen Bedeutung dieser Unvereinbarkeitsbestimmungen im Hinblick auf das Verhältnis von Parlament und Regierung vgl. Dolf Sternberger, Gewaltenteilung und parlamentarische Regierung . . . , a.a.O., S. 332.

[11]) Artikel 21 der Reichsverfassung, zit. nach Ernst Rudolf Huber, Dokumente, a.a.O., Bd. 2, S. 294.

[12]) Die Wahlperiode war nach Artikel 24 der Reichsverfassung auf drei Jahre befristet und wurde durch Reichsgesetz vom 19. März 1888 (RGBl. 1888, S. 110) auf fünf Jahre verlängert.

[13]) Nach Artikel 20 der Reichsverfassung betrug die Abgeordnetenzahl des Reichstages 382; durch die Angliederung von Elsaß-Lothringen erhöhte sich die Gesamtzahl seit 1874 auf 397 Abgeordnete; vgl. auch Tabelle A 7.

Bundesstaat, vielfach ohne Rücksicht auf die Verwaltungsbezirke, in *Einerwahlkreise* mit ungefähr 100 000 Einwohnern und etwa 20 000 Wahlberechtigten aufgeteilt. Als Konzession an den bundesstaatlichen Charakter bildeten auch die Klein- und Kleinststaaten eigene Wahlkreise und wurden nicht wie durch das Wahlgesetz von 1849 mit anderen Territorien zusammengelegt. Infolge dieser Einteilung ergaben sich bereits zu Beginn der siebziger Jahre Bevölkerungsunterschiede in den Wahlkreisen. Bei der Wahl von 1874 war Schaumburg-Lippe mit 6723 Wahlberechtigten der kleinste, Bochum mit 43 693 der größte Wahlkreis, während im Durchschnitt auf 21 469 Wahlberechtigte ein Mandat entfiel[14]). War der Stimmenwert bei den ersten Wahlen noch relativ gleich, weil in der Mehrzahl der Wahlkreise zwischen 20 000 und 30 000 Wahlberechtigte wohnten, so wurde durch die sprunghafte, aber unterschiedliche Bevölkerungszunahme, zudem vor allem durch die ständig ansteigende „Ost-West-Wanderung" und die sich aufgrund der Industrialisierung vollziehende Konzentration der Bevölkerung auf die Städte und industriellen Ballungsräume das *Größenverhältnis der Wahlkreise* von Wahl zu Wahl deutlicher verzerrt. Besonders in den vorwiegend landwirtschaftlichen Gebieten im Osten des Reiches, in Ostpreußen, Pommern, Schlesien, in der Provinz Posen und im Regierungsbezirk Potsdam, war die Bevölkerungszunahme minimal, in einigen Wahlkreisen sogar rückläufig, so daß die Zahl der Wahlberechtigten in 85 (1903) bzw. 87 (1907) der 115 Wahlkreise dieser Gebiete zum Teil erheblich unter dem Reichsdurchschnitt lag. Im ostpreußischen Wahlkreis Heiligenbeil-Pr. Eylau z. B. stieg die Zahl der Wahlberechtigten nur von 18 208 (1874) auf 18 823 (1907) an, in Bochum dagegen im selben Zeitraum um über 100 000, in Teltow-Charlottenburg-Storkow sogar um über 200 000. Wie unterschiedlich sich auch eng beieinanderliegende Wahlkreise entwickelten, zeigt die Darstellung der Berliner Wahlkreise auf der folgenden Seite.

Von den Parteien wurden von dieser ungleichen Wahlkreiseinteilung vor allem die Konservativen und die polnische Minderheit begünstigt. Von den 54 bzw. 60 Mandaten, die die „Deutsch-Konservativen" bei den Wahlen 1903 und 1907 im gesamten Reich erzielen konnten, errangen sie 41 bzw. 45 in diesen Gebieten. Hingegen waren hauptsächlich die Sozialdemokraten aufgrund ihrer vorwiegend in den Städten konzentrierten Wählerschaft von der Ungleichheit des Stimmenwertes benachteiligt. So reichten bei der Wahl von 1912 im Wahlkreis Bochum die 53 333 sozialdemokratischen Stimmen nicht aus, um das

---

[14]) Die hier und im folgenden angeführten Zahlen sind, sofern nicht gesondert nachgewiesen, den amtlichen Statistiken zu den Reichstagswahlen entnommen, siehe die BiblAng.

Mandat zu erringen, während im Reichsdurchschnitt 15 450 und im Wahlkreis Heiligenbeil-Pr. Eylau sogar 7706 Stimmen zur absoluten Mehrheit genügten. Obwohl die Ungleichheit schon bald recht deutlich wurde und mit Ausnahme der Konservativen und der polnischen Minderheit alle Parteien eine Neueinteilung der Wahlkreise forderten[15]), wurde sie aus parteipolitischen Überlegungen, die sich wesent-

Darstellung II: Zahl der Wahlberechtigten in den sechs Berliner Wahlkreisen bei den Reichstagswahlen von 1874—1912

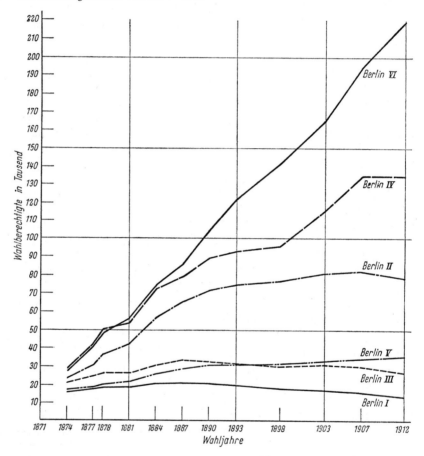

(Nach A. Milatz, Wahlrecht, Wahlergebnisse und Parteien des Reichstages, in: Deuerlein, s. BiblAng., S. 42)

[15]) Vgl. Alfred Milatz, Wähler und Wahlen in der Weimarer Republik, 2. Aufl., Bonn 1968, S. 28.

lich gegen die Sozialdemokraten richteten, bis zum Herbst 1918 nicht durchgeführt.

Gewählt wurde nach *absoluter Mehrheitswahl* in Einerwahlkreisen mit Stichwahl im zweiten Wahlgang[16]) zwischen den beiden Kandidaten, die die meisten Stimmen erhalten hatten. Bei der unterschiedlichen Bevölkerungsstruktur mit den zahlreichen Minderheiten, den Dänen, Elsaß-Lothringern und den Polen, aber auch bei der Vielfalt regionaler Interessengruppen, wie dem „Bund der Landwirte" (BdL), den Welfen oder dem Bayerischen Bauernbund führte dieses Wahlsystem zu einem heterogenen *Vielparteiensystem* (s. Darst. IX); da das Regierungssystem keine Koalition zur Bildung parlamentarischer Mehrheiten erforderte, wurde die Desintegration des Parteiensystems noch verstärkt. Bereits im ersten Reichstag gab es elf Parteien; ihre Zahl stieg in der Folgezeit auf 12 bis 16 Fraktionen an (s. Tab. A 8), so daß die dem Weimarer Verhältniswahlsystem[17]) oft vorgeworfene Parteienzersplitterung bereits im Kaiserreich angelegt war (s. Tab. A 8). Das Wahlsystem gab den *Parteien* nur äußerst selten einen ihren Stimmenzahlen entsprechenden prozentualen Mandatsanteil.

Es begünstigte vor allem die Parteien, die regional konzentriert waren, wie die nationalen Minderheiten, in Verbindung mit der Wahlkreiseinteilung auch die Konservativen, das in den katholischen Gebieten West- und Süddeutschlands und Oberschlesiens stark vertretene Zentrum, aber auch die Parteien, die jeweils die Regierungspolitik unterstützten und von der Wahlagitation der Regierung profitieren konnten (s. Darst. IV; Tab. A 9). So erzielten die *Nationalliberalen* in der Periode, während der sie die Regierungspolitik maßgeblich mit trugen, stets wesentlich mehr Mandate, als es ihrem Stimmenanteil entsprach. Sie erhielten bei der Wahl von 1874 mit 1 542 500 (29,7 v. H.) Stimmen 155 (39,0 v. H.) Sitze (s. Tab. A 8; Darst. IV; Tab. A 9). Seit 1881 aber, als sich die Partei zeitweilig in der „Opposition" befand und in zwei Fraktionen aufspaltete, sank nicht nur ihr Stimmenanteil, sondern sie war auch — mit Ausnahme der Kartellwahl von 1887, bei der sie mit den beiden konservativen Parteien sowohl für den ersten Wahlgang als auch für die Stichwahlen ein Wahlbündnis eingegangen war und die Koalition mit 47,2 v. H. der Stimmen 220 (55,4 v. H.) Mandate erhielt — deutlich unterrepräsentiert. So erreichten die Nationalliberalen bei der Wahl von 1890 mit einem Stimmenanteil von 16,3 v. H. nur 42 (10,6 v. H.) Mandate und konnten z. B. in den 14 badischen Wahlkreisen mit 82 268 der 258 804 Gesamtstimmen als stärkste Partei kein Mandat

---

[16]) Zu den Begriffen siehe die Begrifflichen Grundlagen, S. 27 f.

[17]) Siehe unten S. 151 ff.

Darstellung III: Stimmenentwicklung der Parteien bei den Reichstagswahlen von 1871—1912

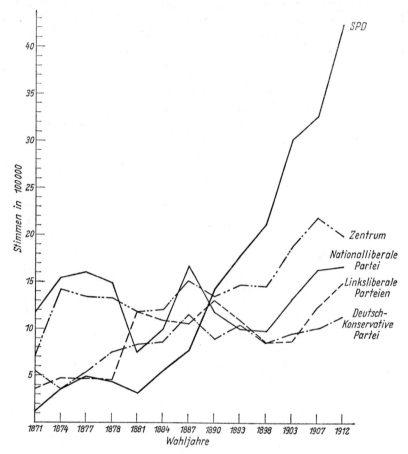

(Zu den exakten Zahlen siehe Tab. A 8)

gewinnen[18]). Aufgrund dieser Wirkweise des Wahlsystems forderten weite Kreise der Partei nicht nur eine „verhältnismäßige Vertretung", sondern auch die Abkehr vom allgemeinen und gleichen Wahlrecht[19]). Sie kehrten zurück zu den Wahlrechtsvorstellungen, die sie während des preußischen Verfassungskonflikts vertreten hatten. In Anlehnung an

---

[18]) Nach Georg Meyer, a.a.O., S. 621 f.

[19]) Siehe hierzu die Darstellung bei Walter Gagel, a.a.O., S. 125 ff.

das belgische Mehrstimmensystem[20]) strebten sie ein Pluralwahlrecht[21]) an, das Besitz und Bildung ausreichend berücksichtigte, traten jedoch mit ihren Plänen nicht an die Öffentlichkeit.

Darstellung IV: Stimmen- und Mandatsanteil von vier Parteien bei den Reichstagswahlen von 1871 bis 1912

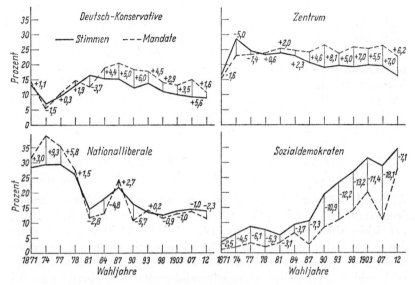

(zu einem detaillierteren Zahlenvergleich s. Tab. A 8)

Das *Zentrum* profitierte vom Wahlsystem erst seit dem Kulturkampf, während seine Mandatszahl bei den Wahlen bis 1877 trotz einer beträchtlichen Stimmenzahl (1871: 17,0; 1874: 27,9; 1877: 24,8 v. H.) nicht seinem prozentualen Anteil entsprach. Obwohl die Partei nach dem Kulturkampf ständig Stimmen verlor und ihr Stimmenanteil unter 20 v. H. absank, blieb ihre Mandatszahl im Reichstag mit etwa 25 v. H. relativ konstant. Vom Wahlsystem bevorzugt waren auch die beiden konservativen Parteien, die „Deutsch-Konservativen" und die „Deutsche Reichspartei". Mit Ausnahme der Wahlen von 1874 und 1881 lag die Mandatszahl der Deutsch-Konservativen immer erheblich über dem prozentualen Stimmenanteil. Sie waren bei

---

[20]) Zum belgischen Pluralwahlrecht vgl. den Beitrag Belgien von Dieter Nohlen und Heidemarie Opiela, in: Die Wahl der Parlamente und anderer Staatsorgane, a.a.O., S. 85 ff.

[21]) Zum Begriff siehe die Begrifflichen Grundlagen, S. 22.

mehreren Wahlen um ein Drittel, bei einigen sogar um fast die Hälfte ihrer Stimmenzahl überrepräsentiert. Nach reiner Verhältniswahl, dem Wahlsystem der Weimarer Republik, hätten sie bei der Wahl von 1884 statt 78 Mandate nur etwa 60, 1887 statt 80 nur 61, 1890 statt 73 nur 50, 1903 statt 54 nur 40 und 1907 statt 60 nur 38 Mandate im Reichstag erhalten[22]).

Benachteiligt vom Wahlsystem hingegen waren die Parteien, deren Wählerschaft nicht regional konzentriert, sondern über das gesamte Reich gleichmäßiger verteilt war. Dies galt neben den National-liberalen seit 1878 und den linksliberalen Parteien vor allem für die *Sozialdemokraten*, die zwar seit 1890 bei allen Wahlen die meisten Stimmen auf sich vereinigen konnten, aber bei keiner Wahl eine ih-rem prozentualen Anteil entsprechende Abgeordnetenzahl erreichten (s. Tab. A 8; Darst. IV; Tab. A 9). Das Mißverhältnis zwischen so-zialdemokratischen Stimmen und Mandaten lag zudem in der unver-änderten Wahlkreiseinteilung begründet, resultierte aber auch aus der Ablehnung der anderen Parteien, mit der SPD Wahlabsprachen für die Stichwahlen einzugehen. Die Zahl der Stichwahlen wuchs ständig.

Während 1871 und 1874 nur 46 bzw. 53 engere Wahlen stattfan-den, mußten 1890: 146, 1903: 180, 1907: 160 und 1912: 191 Stichwahlen durchgeführt werden. Bei der Wahl von 1903 wur-den die Sozialdemokraten in 43 Wahlkreisen, in denen sie im ersten Wahlgang die relative Mehrheit der Stimmen erhalten hatten, in der Stichwahl von Kandidaten der bürgerlichen Parteien überstimmt. Bei der Blockwahl von 1907, bei der sich die Nationalliberalen, die beiden konservativen und die linksliberalen Parteien gegenseitig un-terstützten und mit 38,9 v. H. der Stimmen 187 Mandate (47,1 v. H.) erreichten, hatte die SPD im ersten Wahlgang in 29 Wahlkreisen die absolute und in 44 Wahlkreisen die relative Mehrheit erhalten. In der engeren Wahl konnte sie in 90 Wahlkreisen kandidieren, setzte sich aber nur in 14 Wahlkreisen durch und erhielt so aufgrund des Wahlsystems und der Wahlkreiseinteilung für 3 259 000 Stim-men (28,9 v. H.) nur 43 Mandate (10,8 v. H.; s. Tab. A 8). Die SPD konnte ihre Mandatszahl erst bei der Wahl von 1912 ihrem Stimmenanteil relativ gut angleichen (27,7 zu 34,8 v. H.), da sie zum einen jetzt von den linksliberalen Parteien als bündnisfähig angese-

---

[22]) Eine solche Umrechnung kann natürlich keine exakten Zahlen liefern, da die Wahlentscheidung vom Wahlsystem mitgeprägt wird, der Stimmenanteil der Par-teien somit unter Mehrheitswahl ein anderer ist als unter Verhältniswahl und vice versa. Die errechneten Zahlen sollen ausschließlich Tendenz und Grad der Über-repräsentation der Deutsch-Konservativen im Reichstag deutlich machen, aber keineswegs den Eindruck entstehen lassen, daß bei Anwendung von Verhältniswahl die Mandatszahlen in dem angegebenen Ausmaß zurückgegangen wären.

hen wurde[23]), zum anderen aber ihr Stimmenanteil so gestiegen war (um weitere 5,9 v. H.), daß sie in vielen Wahlkreisen bereits im ersten Wahlgang die absolute Mehrheit auf sich vereinigen konnte[24]). Sie stellte deshalb nun auch mit 110 Mandaten im Reichstag die stärkste Fraktion.

Mit dem Gleichheitsgrundsatz, vor allem aber mit der Ablösung der mittelbaren Wahl, die auch nach 1871 in den meisten Bundesstaaten (s. Tab. G III; Tab. G IV) gültig blieb, durch den direkten Wahlmodus veränderten sich die *Organisationsformen der Parteien,* da die eigentliche Entscheidung über die Parlamentszusammensetzung jetzt nicht mehr bei den in Preußen etwas mehr als 60 000 (s. Tab. A 4) Wahlmännern, sondern direkt bei den Wählern lag. Die Wahlmänner, die nicht auf den Willen der Wahlberechtigten festgelegt waren — nur in wenigen Ausnahmefällen wurde eine „ehrenwörtliche" Verpflichtung auf einen Kandidaten zur Abgeordnetenwahl vorgenommen —, bildeten noch zu Beginn der sechziger Jahre in jedem Wahlkreis ein unabhängiges Kollegium, das während des Verfassungskonfliktes zu einer permanenten Körperschaft wurde und eine ständige Kontrolle der Parlamente ausübte[25]). Die Abgeordneten und Fraktionen brauchten sich in ihrer Beeinflussung nur um diese wesentlich aus lokalen Honoratioren zusammengesetzten und in ihrer Sozial- und Wirtschaftsstruktur mit den Fraktionen fast identischen Gruppen zu bemühen und benötigten noch keine ausgebaute Parteiorganisation.

Mit der Einführung der direkten Wahl aber mußten sie jetzt „in ganz andere soziale Bereiche"[26]) eindringen, wodurch neue, straffe Organisationsformen notwendig wurden[27]). Die Wahlmännerkollegien wurden von den Wahlkomitees und *Wahlvereinen* abgelöst, die in den Städten in ähnlicher Form bereits während der Revolution von 1848 bestanden hatten und denen Paragraph 17 des Wahlgesetzes die formale Grundlage für ihre Betätigung gewährte.

---

[23]) Vgl. die Monographie zur Reichstagswahl 1912 von Jürgen Bertram, Die Wahlen zum Deutschen Reichstag vom Jahre 1912. Parteien und Verbände in der Innenpolitik des wilhelminischen Reiches, Düsseldorf 1964, passim und S. 221 ff.

[24]) Siehe ebenda die Tabellen S. 215 und 221. Die SPD erreichte 1912 in 64 Wahlkreisen bereits im ersten Wahlgang das Mandat, während sie 1907 nur in 29 Wahlkreisen das Mandat in der Hauptwahl gewinnen konnte. Sie war 1912 zudem bei insgesamt 191 Stichwahlen in 122 Wahlkreisen in die engere Wahl gelangt.

[25]) So auch Walter Gagel, a.a.O., S. 45 ff. Leider liegen zu Struktur und Bedeutung der Wahlmännerkollegien während des preußischen Verfassungskonfliktes keine Spezialuntersuchungen vor.

[26]) Ebenda, S. 47.

[27]) Zu den Organisationsformen der Parteien im Kaiserreich siehe Thomas Nipperdey, Die Organisation der deutschen Parteien vor 1918, Düsseldorf 1961, sowie den Aufsatz desselben Autors, Die Organisation der bürgerlichen Parteien in Deutschland vor 1918, in: HZ Bd. 185 (1958), S. 550 ff.

Sie waren zunächst Hilfsorgane der Parlamentsfraktionen zur Kandidatenaufstellung und Wahlagitation, wurden aber schon bald, vor
allem bei den linksliberalen Parteien und den Sozialdemokraten, zur
untersten Stufe der zentralistisch aufgebauten und aus hauptamtlichen
Funktionären gebildeten *Parteiorganisation* außerhalb des Parlaments,
der dann auch die Fraktion praktisch eingeordnet wurde. Dies führte
zwangsläufig in der Folgezeit trotz des in der Verfassung garantierten freien Mandats[28]) zu einer stärkeren Abhängigkeit der Abgeordneten von den Parteiorganisationen. Dennoch waren die Abgeordneten in den siebziger und achtziger Jahren noch ziemlich ungebunden; die Fluktuation im Reichstag war aufgrund von Parteiaus-
tritten, Abspaltungen und Neugründungen noch recht erheblich[29]).
Zudem unterstützten Regierungs- und Wahlsystem die Stellung des
einzelnen Abgeordneten gegenüber der Parteiorganisation. Gegen
Ende des 19. Jahrhunderts veränderte sich die Struktur des Parlaments; der Reichstag setzte sich jetzt in zunehmendem Maße aus
hauptamtlichen, von der Partei und ihren Organisationen abhängigen
Berufspolitikern zusammen[30]). Dies war bei den sozialdemokratischen
Abgeordneten auch eine Folge ihrer finanziellen Abhängigkeit von
der Partei, da die Reichstagsmitglieder bis 1906 keinerlei Entschädi-
gungen in Form von Diäten erhielten. Vor allem aber beruhte diese
Entwicklung auf dem wachsenden Einfluß des Reichstages und der
Parteien und lag auch im Wandel des parlamentarischen Lebens
begründet, in welchem Detail-Debatten in den Vordergrund traten
und die Parteien veranlaßten, in erster Linie Abgeordnete mit Spe-
zialkenntnissen als Kandidaten zu nominieren.

II. Wahlen, Parteien und Regierungsverhält-
nisse in der Verfassungswirklichkeit des
Kaiserreiches

Im Reichstag verfügten zunächst die „alten", schon vor 1870 bestehenden preußischen Parteien, Konservative, Nationalliberale und Fortschritt infolge der gesellschaftlichen Struktur des Reiches und aufgrund der allgemeinen Stimmung nach der Reichsgründung und der
noch relativ geringen Wahlbeteiligung (s. Darst. V; Tab. A 8) mit

---

[28]) Vgl. Artikel 29 der Reichsverfassung.
[29]) Vgl. etwa Ernst Rudolf Huber, VGesch., Bd. 3, S. 889 ff.
[30]) Ähnlich Werner Frauendienst, Der Reichstag im Zeitalter des persönlichen
Regiments Wilhelms II., 1890—1914, in: Ernst Deuerlein, Hrsg., Der Reichstag,
Aufsätze, Protokolle und Darstellungen zur Geschichte der parlamentarischen Vertretung des deutschen Volkes, 1871—1933, Nachdruck Frankfurt/M./Bonn 1963,
S. 67; vgl. auch die Tabellen bei Peter Molt, Der Reichstag vor der improvisierten
Revolution, Köln und Opladen 1963, passim, insbesondere die Tabellen 19 sowie 22
und 23.

66,8 v. H., 65,1 v. H. und 64,0 v. H. der Sitze nach den Wahlen von 1871, 1874 und 1877 über eine starke Mehrheit, während die „neuen" Parteien, das Zentrum und die Sozialdemokraten 1871 nur 15,4 bzw. 0,5 v. H. der Mandate auf sich vereinigen konnten[31]).

Die *Deutsch-Konservativen* blieben im wesentlichen eine preußische Partei und repräsentierten in erster Linie den ostelbischen adligen und protestantischen Großgrundbesitz. Ihre Grundansichten basierten auf vorkonstitutionellen, zum Teil auch ständischen und patriarchalischen Ideen. Die nationalstaatliche Einigung sowie die verfassungsmäßigen Prinzipien, die ihre herrschende Stellung im Reich im Gegensatz zu Preußen beträchtlich einschränkten, billigten sie nur zögernd[32]). Zu Bismarck und dessen Realpolitik standen sie aber nicht nur aus diesem Grunde häufig in heftiger Opposition. Die Mandatszahl der Deutsch-Konservativen im Reichstag war — mit Ausnahme der Wahl von 1874, als sie sich in einer innerparteilichen Krise befanden, und der Kartellwahl von 1887, die ihre Abgeordnetenzahl durch das Wahlsystem erheblich ansteigen ließ — relativ konstant (s. Tab. A 8).

Bereits im Norddeutschen Bund spalteten sich von den Konservativen die „*Freikonservativen*" (Deutsche Reichspartei) ab. Ihnen gehörten vorwiegend das Großbürgertum, die Großindustrie und weite Kreise des katholischen Adels an. Gemäß ihren wirtschaftlichen Zielen unterstützten sie vorbehaltlos Bismarcks Politik und wurden zu einer gouvernementalen Partei. Sie erzielten bei der Wahl von 1878 mit 57 Mandaten ihren größten Erfolg. Die Abgeordnetenzahl sank dann aber — mit Ausnahme der Kartellwahl, bei der sie nochmals 41 Sitze auf sich vereinigen konnten — unter 30 Mandate ab und erreichte ähnlich wie bei den Deutsch-Konservativen im Jahre 1912 mit 14 Mandaten ihren Tiefstand (s. Tab. A 8).

Von den liberalen Parteien vertrat der „*Fortschritt*", der bereits im Norddeutschen Bund seine überstarke Stellung verloren hatte, eine oppositionelle Politik, da er die bundesstaatliche und verfassungspolitische Struktur des Reiches ablehnte, eine schrittweise Parlamentarisierung der Regierung forderte und auf wirtschaftspolitischem Gebiet am Manchester-Liberalismus festhielt[33]). Die *Nationalliberalen*

---

[31]) Zu der im folgenden skizzierten Entwicklung des Parteiensystems und der Parteien siehe die in den BiblAng. angeführten Gesamtdarstellungen und Einzeluntersuchungen sowie die von Wilhelm Mommsen herausgegebene Quellensammlung: Deutsche Parteiprogramme, 2. Aufl., München 1964.

[32]) So auch Hans Booms, Die Deutschkonservative Partei. Preußischer Charakter, Reichsauffassung, Nationalbegriff, Düsseldorf 1954, passim.

[33]) Vgl. etwa das Parteiprogramm der Fortschrittspartei von 1878, abgedruckt bei Wolfgang Treue, Deutsche Parteiprogramme 1861—1961, 3. Aufl., Göttingen 1961, S. 74.

Bennigsens hingegen wurden aufgrund ihrer Erfolge bei den Verfassungsberatungen im norddeutschen Reichstag, ihrer nationalstaatlich-kleindeutschen Zielsetzung und der Billigung der Bismarckschen Politik bis 1878 zur „staatstragenden" Partei. Sie erreichten bei den Wahlen die meisten Stimmen und stellten mit über 30 v. H. der Mandate die weitaus stärkste Fraktion (s. Tab. A 8).

Während von den beiden „neuen" Parteien die Sozialdemokraten bei den ersten Wahlen noch relativ unbedeutend waren, verfügte das katholische *Zentrum* schon im ersten Reichstag über 61 Mandate. Das Zentrum wurde im Herbst 1870 wesentlich als Reaktion auf die zu erwartende nationale Einigung in ihrer kleindeutschen Form und auf die Verbindung der Liberalen mit den preußisch-protestantischen Konservativen unter Führung des preußischen Königshauses gegründet[34]. Die organisatorische Basis bildete die seit dem Vormärz und der Revolution von 1848 entstandene katholische Laienbewegung mit ihren verschiedenen Vereinigungen[35]. Das Ziel der Partei war in erster Linie die Bekämpfung des ihrer Meinung nach allzu positivistischen Zeitgeistes mit seinen Auswirkungen in Staat und Gesellschaft. Infolge ihrer oppositionellen Haltung gelang es der Partei nicht nur, die Unterstützung der west- und süddeutschen Katholiken zu gewinnen, sondern sie konnte sich auch mit den partikularistischen Kräften, den katholischen Polen und Elsaß-Lothringern sowie den Welfen verbinden. Ludwig Windthorst gelang unter Führung des Zentrums so eine Kombination der verschiedenen nationalen und auch weltanschaulichen Minderheiten. Nach dem Kulturkampf stellte das Zentrum von 1881—1912, mit Ausnahme der Kartellwahl, die größte Reichstagsfraktion (s. Tab. A 8). Ihre Schlüsselstellung in der innenpolitischen Entwicklung beruhte zudem darauf, daß sie — im Gegensatz zu den anderen Parteien — nicht eine gesellschaftliche Klasse repräsentierte, sondern von den Katholiken aller Bevölkerungsschichten getragen wurde und deshalb mit allen anderen Parteien taktieren und koalieren konnte[36].

---

[34]) So etwa in den Gründungsprogrammen der Zentrumspartei vom Sommer und Herbst 1870; siehe insbesondere auch den Programmentwurf von Münster vom 14. Juni 1870, abgedruckt bei Wilhelm Mommsen, a.a.O., S. 212 ff.

[35]) Zur katholischen Laienbewegung während der Revolution von 1848 siehe Franz Schnabel, Zusammenschluß des politischen Katholizismus in Deutschland im Jahre 1848, Heidelberg 1910; die parteipolitische Organisation des Zentrums ist dargestellt bei Thomas Nipperdey, Die Organisation der deutschen Parteien vor 1918, a.a.O., S. 265 ff.

[36]) Vgl. Johannes Schauff, Die deutschen Katholiken und die Zentrumspartei. Eine politisch-statistische Untersuchung der Reichstagswahlen seit 1871, Köln 1928, passim.

Zunächst regierte *Bismarck* bis 1878 mit Hilfe der Nationalliberalen und der beiden konservativen Parteien, die nach den Wahlen von 1871 mit 219, 1874 mit 210, 1877 mit 206 und 1878 mit 216 Mandaten über die *Mehrheit im Reichstag* verfügten (s. Tab. A 8; Darst. III). Mit ihnen gelang es, das Reich auf- und auszubauen. Auch den Kulturkampf führte Bismarck mit ihnen gemeinsam. Die Basis der Zusammenarbeit war jedoch von Beginn an recht schmal, da sie nur auf einer national-, kultur- und wirtschaftspolitischen Interessengleichheit beruhte; staats- und verfassungspolitische Vorstellungen der Partner aber waren weitgehend entgegengesetzt[37]). Obwohl Bismarck bereit war, sich mit dem Reichstag bei der Gesetzgebung und Haushaltsberatung zu arrangieren, lehnte er stets alle Forderungen ab, sich an eine Partei oder eventuell notwendige Koalition zu binden[38]). So wurde nicht nur eine Entwicklung zum parlamentarischen Regierungssystem, die während der Zusammenarbeit zwischen Bismarck und den Nationalliberalen hätte entstehen können, vereitelt, sondern es mußten sich auch bei gegenteiligen Ansichten in der Gesetzgebung und Haushaltsbewilligung ernsthafte Schwierigkeiten zwischen Reichstag und Regierung ergeben.

Vor allem nach der *Reichstagswahl vom 10. Januar 1874* (s. Tab. A 8; Darst. III) wurde Bismarcks Stellung geschwächt. Es ergab sich nämlich trotz der Agitation Bismarcks während des Kulturkampfes aufgrund der überdurchschnittlich hohen Wahlbeteiligung der katholischen Bevölkerung ein erheblicher Mandatszuwachs für das Zentrum, dem jetzt 91 statt 61 Abgeordnete angehörten. Zudem gewannen auch die Nationalliberalen 30 Mandate und verfügten sowohl mit den Konservativen als auch mit der linksliberalen Fortschrittspartei über die Mehrheit im Reichstag. In der Absicht, Bismarcks Handlungsfreiheit einzuschränken und ihn von den Vorstellungen der Reichstagsmehrheit abhängig zu machen, lehnten die Nationalliberalen deshalb seit 1875 die mit ihren wirtschaftspolitischen Ideen nicht zu vereinbarende Schutzzollgesetzgebung der Regierung ab. Auch Bismarcks Versuche, durch ein Pressegesetz und Änderungen im Strafgesetzbuch die Tätigkeit der Sozialdemokraten zu behindern, fanden im Reichstag keine Mehrheit, obwohl alle Parteien bereits in den siebziger Jahren befürchteten, daß die Sozialdemokraten aufgrund der Wandlung der Sozialstruktur zu einem entscheidenden Faktor der Innenpolitik heranwachsen könnten. Erst zwei Attentate

---

[37]) So auch Karl Erich Born, a.a.O., S. 228 f.

[38]) Vgl. auch die äußerst kritische, aber doch im Grunde treffende Charakteristik der Regierungspraktiken Bismarcks von Golo Mann, Deutsche Geschichte im 19. und 20. Jahrhundert, Frankfurt/M. 1958, S. 426 ff.

auf Kaiser Wilhelm I. und eine gezielte Agitation der Regierung, die
die Nationalliberalen zwang, sich bereits vor der Neuwahl vom
30. Juli 1878 (s. Tab. A 8) auf ein Verbotsgesetz gegen die Sozialdemokraten festzulegen, ergaben im Reichstag eine Mehrheit für das
„Gesetz gegen die gemeingefährlichen Bestrebungen der *Sozialdemokratie*"[39]). Die Bestimmungen, auf zweieinhalb Jahre befristet, aber
stets bis 1890 verlängert, verboten alle sozialdemokratischen Organisationen, Versammlungen und Publikationsmittel, nicht aber die
Partei und die Reichstagsfraktion.

Die Anfänge der *sozialdemokratischen Bewegung* lagen in der Mitte
des 19. Jahrhunderts[40]). Sie trat zum ersten Mal während der Revolution von 1848 in Erscheinung, als in den Städten eine Reihe von
radikal-demokratischen Volksclubs, gewerkschaftlichen Vereinen und
die sogen. Arbeiterverbrüderung gegründet wurden. Durch die Reaktion jedoch wurde diese Entwicklung weitgehend unterbrochen. Zudem
konnten die Ideen der französischen Sozialisten, vor allem aber
Philosophie und Lehre von Karl Marx und Friedrich Engels erst mit
der gesellschaftlichen Umschichtung durch die Industrialisierung in
breitere Bevölkerungskreise eindringen. Als Partei entstand die Sozialdemokratie durch den Einigungskongreß des „Allgemeinen Deutschen Arbeitervereins" und der „Sozialdemokratischen Arbeiterpartei" im Jahre 1875. Ihr Programm war ambivalent[41]): Ihr grund-
sätzliches Ziel war der von Marx aufgezeigte Weg zur Weltrevolu-
tion; ihre praktische Arbeit galt der Lösung vordringlicher Probleme
der Arbeiterschaft: der Durchsetzung sozialer Gerechtigkeit, der
Handlungsfreiheit für die Gewerkschaften, dem Achtstundentag, der
wirksamen Kontrolle der Betriebe, usw. Zum Staat, zu seinem Repräsentanten Bismarck und auch zu den anderen Parteien standen
die Sozialdemokraten in scharfer Opposition.

---

[39]) Das Sozialistengesetz ist abgedruckt bei Ernst Rudolf Huber, Dokumente,
a.a.O., Bd. 2, S. 364 ff. Zur Entstehung siehe G. Schümer, Die Entstehung des Sozialistengesetzes, Diss. Göttingen 1930 und Wolfgang Pack, Das parlamentarische Rin-
gen um das Sozialistengesetz Bismarcks 1878—1890, Düsseldorf 1961; vgl. auch
Ernst Rudolf Huber, VGesch., Bd. 4, S. 1153 ff.

[40]) Siehe hierzu u. a. Frolinde Balser, Sozialdemokratie 1848/49—1863. Die erste
deutsche Arbeiterorganisation, „Allgemeine Arbeiterverbrüderung", nach der Revolution, 2 Bde., Stuttgart 1962; ferner auch Werner Conze und Dieter Groh, Die
Arbeiterbewegung in der nationalen Bewegung. Die deutsche Sozialdemokratie vor,
während und nach der Reichsgründung, Stuttgart 1966.

[41]) Diese Ambivalenz wird rein formal schon durch den Aufbau der Parteiprogramme deutlich, die stets in einen mehr theoretisch-marxistischen Grundsatzteil und
in einen Katalog von konkreten Forderungen zugunsten der Arbeiterschaft gegliedert waren; vgl. etwa das Gothaer und Erfurter Programm der SPD, beide abgedruckt bei Wilhelm Mommsen, a.a.O.

Obwohl das Sozialistengesetz die Partei weitgehend zur Illegalität zwang, konnte es seinen Zweck, die Sozialdemokraten vom politischen Leben auszuschließen, nicht erreichen. Nach einem Rückgang von 125 100 Stimmen bei der Wahl von 1881 vollzog sich ihr Aufstieg trotz des Organisationsverbots und trotz starker Behinderung ähnlich schnell wie vor 1878. Schon im Jahre 1884 erzielten sie 60 000 Stimmen mehr als 1877 und wurden nach dem Fall des Sozialistengesetzes bei der Wahl von 1890 mit 1 427 300 Stimmen (19,7 v. H.) zur stimmstärksten Partei, wobei sie vor allem von der sprunghaft

Darstellung V: Entwicklung der Wahlberechtigung und Wahlbeteiligung bei den Reichstagswahlen von 1871—1912

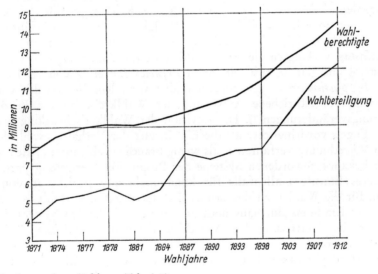

(Zu den exakten Zahlen s. Tab. A 8)

angestiegenen Wahlbeteiligung profitierten, aber aufgrund des Wahlsystems und der Wahlkreiseinteilung mit 35 Mandaten (8,8 v. H.) im Reichstag erheblich unterrepräsentiert blieben (s. Tab. A 8).

Die *Entwicklung zur stärksten Partei*, die sich seit 1890 bei allen Wahlen fortsetzte — ihr Stimmenanteil stieg von 23,3 v. H. im Jahre 1893 bis auf 34,8 v. H. bei der Wahl von 1912 (s. Tab. A 8) —, bewirkte einen Wandel in der Zielsetzung und im Verhalten der SPD. Obwohl ihre ideologischen Vorstellungen weiterhin auf den revolutionären marxistischen Ideen beruhten und sich die theoretische Begrün-

dung des Revisionismus nicht durchsetzen konnte[42]), veranlaßten die
Wahlerfolge, die in den süddeutschen Staaten und auf Gemeindeebene
vielfach bereits durch Wahlbündnisse mit dem Zentrum und den linksliberalen Parteien erzielt wurden, die SPD zur parlamentarischen
Mitarbeit. Auch im Reichstag vollzog die Partei den Wandel von
grundsätzlicher Obstruktion zu positiver Detailarbeit. Im Vordergrund ihrer Bestrebungen standen neben der Durchsetzung ihrer sozialpolitischen Vorstellungen die Demokratisierung der Institutionen
und die Ausbildung eines parlamentarischen Regierungssystems[43]).

Eines ihrer Hauptziele war zudem die *Reform des Wahlrechts*[44]).
Zunächst galten ihre Forderungen der Angleichung des unterschiedlichen, in den meisten Bundesstaaten noch beschränkten, vielfach
mittelbaren und öffentlichen Wahlrechts (s. u., Tab. G IV) an das
allgemeine, gleiche, direkte und geheime Reichstagswahlrecht, der
Herabsetzung des Wahlalters auf 20 Jahre sowie der Einführung
der Wahlpflicht[45]). Aufgrund der großen Unterrepräsentation im
Reichstag verlangten sie schon bald auch die Änderung des Wahlsystems und setzten sich seit ihrem *Erfurter Parteitag* von 1891 für
die *Proportionalwahl* ein, forderten aber vor allem die von der Verfassung vorgeschriebene Anpassung der Wahlkreise an die Bevölkerungsveränderungen[46]). Die Revision der Wahlkreiseinteilung war
für Engels vordringlicher als die Einführung der Verhältniswahl, deren Verrechnungsverfahren er als wenig brauchbar ablehnte: „Alle bisher bekannt gewordenen Systeme der Proportionalvertretung passen
unseres Erachtens allenfalls für kommunale und Bezirksvertretun-
gen, für die Wahlen zu den großen Landesvertretungen fehlt es aber
unseres Erachtens durchaus noch an einem praktikablen System der
Proportionalvertretung. Der Vorschlag, das ganze Land bzw. Reich
zu einem großen Wahlkörper zu erklären, der so und so viele hundert
Vertreter zu erwählen hat, erscheint nur einfach, tatsächlich würde er

---

[42]) Siehe hierzu vor allem auch die Auseinandersetzungen auf dem Parteitag der
SPD von Hannover 1899, auf dem weder der Revisionismus grundsätzlich verworfen noch die Abkehr von den marxistischen Grundanschauungen vollzogen wurde,
sondern der Widerspruch zwischen Theorie und Praxis weiter bestehen blieb.

[43]) So u. a. im Wahlaufruf der SPD zu der Reichstagswahl von 1912; vgl. jetzt
hierzu Dieter Grosser, a.a.O., S. 39 ff.

[44]) Siehe hierzu etwa den Aufsatz von Friedrich Schäfer, Sozialdemokratie und
Wahlrecht. Der Beitrag der Sozialdemokratie zur Gestaltung des Wahlrechts in
Deutschland, in: Jahrbuch für Verfassung und Verfassungswirklichkeit 1967,
S. 157 ff., hier S. 164 ff.

[45]) Vgl. Punkt eins des Gothaer Programms von 1875, abgedruckt bei Wilhelm
Mommsen, a.a.O., S. 314.

[46]) Vgl. Punkt eins des Erfurter Programms von 1891, abgedruckt ebenda, S. 351.

fast unlösbare Verwirrung zur Folge haben"[47]). Doch trat auch Engels grundsätzlich für die Proportionalwahl ein. Ebenfalls seit dem Erfurter Parteitag forderte die SPD das Frauenwahlrecht.

Durch den *Bruch zwischen Bismarck und den Nationalliberalen im Herbst 1878,* der im wesentlichen aufgrund der gegensätzlichen finanz- und wirtschaftspolitischen Ansichten erfolgte, ergaben sich auch Änderungen im Mehrheitsverhältnis und in der Parteienstruktur des Reichstages. Der linke Flügel der Nationalliberalen, der bereits seit der Reichsgründung wegen der unterschiedlichen verfassungspolitischen Vorstellungen die Zusammenarbeit mit Bismarck und den Konservativen skeptisch beurteilt hatte, bildete im Sommer 1880 als „Liberale Vereinigung" eine eigene Fraktion und näherte sich der Fortschrittspartei. Beide linksliberalen Gruppierungen schlossen sich im Frühjahr 1884 zur „Freisinnigen Partei" zusammen, konnten aber ihren Wahlerfolg von 1881 nicht wiederholen. Sie verloren 39 der 106 Mandate und erhielten auch bei den folgenden Wahlen trotz Wahlabsprachen mit der vornehmlich auf Süddeutschland konzentrierten „Deutschen Volkspartei" nur noch etwa zehn von Hundert der Mandate (s. Tab. A 8). Die Nationalliberalen, die infolge ihrer Spaltung mit Ausnahme der Kartellwahl von 1887 (s. u.) mit etwa 50 Abgeordneten nur noch ungefähr die Hälfte ihrer früheren Mandatszahlen erzielen konnten (s. Tab. A 8), wurden zu einer gouvernementalen Rechtspartei und unterschieden sich in ihrem Parteiprogramm nur noch geringfügig von den konservativen Parteien[48]).

Bismarck regierte nun zunächst mit Hilfe der interfraktionellen „Volkswirtschaftlichen Vereinigung", der 204 Abgeordnete (darunter 75 der konservativen Parteien, 87 des Zentrums und 27 der Nationalliberalen) angehörten, und deren programmatische Basis die Schutzzollpolitik der Regierung bildete. Aus dieser Gruppierung entstand dann eine *Zusammenarbeit zwischen Konservativen und Zentrum,* die möglich wurde, weil Bismarck den Kulturkampf seit 1876 nur noch sehr zurückhaltend führte, eine Aussöhnung mit dem Vatikan und dem deutschen Episkopat anstrebte und deshalb seine feindliche Haltung auch gegenüber dem Zentrum aufgab. Da diese Koalition aber nach der Wahl vom 27. Oktober 1881 (s. Tab. A 8; Darst. III) aufgrund der Mandatsverluste der konservativen Parteien nicht mehr

---

[47]) Friedrich Engels, Der Entwurf des neuen Parteiprogramms, in: Das Erfurter Programm, herausgegeben von Erich Fleischer, München 1948, S. 78.

[48]) Vgl. etwa die Heidelberger Erklärung der Nationalliberalen vom 23. März 1884, in der die Annäherung an Bismarck und die Konservativen programmatisch formuliert wurde; die Erklärung ist abgedruckt bei Wilhelm Mommsen, a.a.O., S. 158 ff.

über die Mehrheit im Reichstag verfügte, war Bismarck gezwungen,
mit wechselnden Mehrheiten zu taktieren, wobei ihn vor allem die
Konservativen, die Nationalliberalen oder das Zentrum unterstützten.
Die *unsicheren Mehrheitsverhältnisse* führten zu ständigen Spannungen zwischen Exekutive und Reichstag und erschwerten die Gesetzgebung. Bismarck versuchte deshalb, die „negative Macht" des Parlamentes einzuschränken und glaubte, durch einen berufsständischen, von
den Handelskammern zu bestellenden Volkswirtschaftsrat[49]), der zunächst in Preußen erprobt wurde, seinen finanz- und wirtschaftspolitischen Zielen mehr Gewicht verleihen zu können. Alle Bestrebungen,
dieses „Nebenparlament" auch auf das Reich auszudehnen, verhinderte der Reichstag, indem er die finanziellen Mittel zur Bildung des
Rates nicht bewilligte. Nach dem Scheitern dieser Pläne hat Bismarck mehrmals, vor allem aber kurz vor seiner Entlassung im
Jahre 1890, die Möglichkeit erwogen, den Konflikt mit dem Reichstag durch einen Verfassungsbruch zu lösen[50]): Die Reichsverfassung, die er als Bündnis der Fürsten verstand, sollte von den Bundesstaaten aufgekündigt und durch eine neue Vereinbarung der Fürsten
ersetzt werden. Das allgemeine, gleiche, geheime und direkte Reichstagswahlrecht sollte aufgehoben werden, um durch eine Angleichung
des Wahlrechts an das preußische Dreiklassenwahlsystem (s. u.) eine
aus Konservativen und Nationalliberalen gebildete regierungsfreundliche Mehrheit zu erreichen.

Die außenpolitische Entwicklung seit 1885 verhinderte jedoch die
Durchführung dieses Staatsstreichplanes. Zudem erhielt Bismarck
nach vorzeitiger Reichstagsauflösung bei der *Kartellwahl vom
21. Februar 1887* (s. Tab. A 8; Darst. III) unter dem Eindruck der
„Boulanger-Krise" wieder eine starke und gefügige Reichstagsmehrheit, da die drei Kartellparteien, Konservative, Deutsche Reichspartei und Nationalliberale, sich nicht nur in den Stichwahlen unterstützten, sondern bereits im ersten Wahlgang in jedem Wahlkreis
nur einen gemeinsamen Kandidaten nominierten, dadurch in ent-

---

[49]) Zum Volkswirtschaftsrat und den daraus resultierenden Auseinandersetzungen zwischen Bismarck und dem Reichstag siehe Ernst Rudolf Huber, VGesch., Bd. 4,
S. 1026 ff.

[50]) Zum Bismarckschen Staatsstreichplan liegt eine umfängliche und nicht minder
kontroverse wissenschaftliche Diskussion vor. Siehe u. a. Egmont Zechlin, Staats-
streichpläne Bismarcks und Wilhelms II. 1890—1894, Stuttgart/Berlin 1929, Hans
Rothfels, Zur Bismarck-Krise von 1890, in: HZ Bd. 123 (1921), S. 267 ff. sowie
die neueren Arbeiten von Werner Pöls, Sozialistenfurcht und Revolutionsfurcht in
ihrem Zusammenhang mit den angeblichen Staatsstreichplänen Bismarcks, Lübeck/
Hamburg 1960 und John C. G. Röhl, Staatsstreichplan oder Staatsstreichbereit-
schaft? Bismarcks Politik in der Entlassungskrise, in: HZ Bd. 203 (1966), S. 610 ff.

scheidendem Maße vom Wahlsystem profitierten und mit 47,3 v. H. der Stimmen 220 Mandate (55,2 v. H.) erzielen konnten.

Im Drei-Kaiser-Jahr 1888 verlor Bismarck in Wilhelm I. seinen entscheidenden Rückhalt in den Auseinandersetzungen mit dem Reichstag und den Parteien. Seine Entlassung lag wesentlich begründet in der Absicht Wilhelms II., die verfassungsmäßige, aber von Wilhelm I. niemals in Anspruch genommene Machtstellung des Kaisers zu einem „persönlichen Regiment"[51]) auszudehnen und die Funktionen des Reichskanzlers einzuschränken. Dem Kaiser kam dabei zugute, daß Bismarck selbst das monarchische Prinzip „in seiner politischen Theorie und Praxis verteidigt und gestärkt"[52]), die Position des Reichstages durch seine taktischen Schachzüge, seine Abneigung gegen den Parlamentarismus und seine Gleichgültigkeit auch gegenüber den Parteien, die ihn unterstützten, geschwächt hatte. Den äußeren Anlaß für *Bismarcks Demission*[53]) bildete seine trotz der Sozialgesetzgebung gescheiterte Innenpolitik, die infolge ihrer einseitig gegen die Sozialdemokraten gerichteten Zielsetzung seit 1889 zu erheblichen sozialen Unruhen geführt hatte. Obwohl die Kartellparteien grundsätzlich zu einer Verlängerung des Sozialistengesetzes bereit waren, fand die neuerliche Gesetzesvorlage im Reichstag keine Mehrheit, da Bismarck die von den Nationalliberalen geforderte Aufhebung des Ausweisungsparagraphen verweigerte. Auch durch eine Reichstagsauflösung, die ihm 1878 und noch 1887 eine regierungsfreundliche Mehrheit gebracht hatte, konnte er seine Entlassung nicht mehr verhindern. Die Kartellparteien verloren nämlich bei der Wahl vom 20. Februar 1890 (s. Tab. A 8; Darst. III) 85 ihrer 220 Mandate, während von den oppositionellen Parteien das Zentrum acht Sitze gewann, die Freisinnige Partei ihre Sitzzahl verdoppeln konnte und die Sozialdemokraten zur nach Stimmen stärksten Partei wurden.

Der allgemein als innenpolitischer Wendepunkt angesehene Sturz Bismarcks blieb verfassungspolitisch ohne tiefgreifende Wirkung und ermöglichte zunächst noch keine Entwicklung zum parlamentarischen

---

[51]) Zum „persönlichen Regiment" Wilhelms II. vgl. etwa Fritz Hartung, Das persönliche Regiment Wilhelms II., in: Derselbe, Staatsbildende Kräfte der Neuzeit, a.a.O., S. 393 ff.; siehe auch Ernst Rudolf Huber, VGesch., Bd. 4, S. 329 ff.

[52]) Karl Erich Born, a.a.O., S. 250.

[53]) Zur Demission Bismarcks siehe Ernst Rudolf Huber, VGesch. Bd. 4, S. 202 ff.; dort auch Hubers Interpretation des Bismarckschen Staatsstreichplanes.

Regierungssystem[54]). *Selbstverständnis und Verhalten der Parteien* waren noch zu stark von den konstitutionellen Strukturen und vom „System Bismarck" geprägt, das die Existenz der Parteien zwar grundsätzlich anerkannte, sie aber weitgehend von der Verantwortung ausschloß. „Die Parteien wurden daher tatenarm, sie waren nicht eigentlich initiativ, sondern wesentlich reagierend, auf den Bereich retrospektiver Kritik beschränkt, kaum in der Lage, ..., große Perspektiven einer künftigen Politik zu entwerfen, ihren Blick über das Tägliche ins Morgen oder gar Übermorgen hinauszurichten oder auch nur die disparaten Einzelbereiche der Politik zu einem kohärenten Ganzen zusammenzufassen"[55]). Aufgrund dieser immobilen innenpolitischen Situation wurde das Verhältnis zwischen Regierung und Reichstag auch nach den Wahlen von 1890, 1893, 1898 und 1903 (s. Tab. A 8; Darst. III) weiterhin von unsicheren Mehrheitsverhältnissen und vom Taktieren mit wechselnden Koalitionen bestimmt, so daß sich die Regierungspraxis der Nachfolger Bismarcks kaum veränderte.

Besonders beeinflußt wurde die Regierungstätigkeit noch durch den sich verstärkenden *Gegensatz zwischen Preußen und dem Reich,* der vor allem auf den sehr verschiedenartigen Wahlsystemen beruhte. Während die Regierungen im Reichstag nur mit Hilfe des Zentrums, das sich nicht auf eine Koalition festlegen ließ, eine Mehrheit erhalten konnten, mußten sie sich gleichzeitig in Preußen mit dem in seiner Grundhaltung ausschließlich konservativen Herrenhaus (s. Tab. G III) und den konservativen Parteien, die infolge des Dreiklassenwahlsystems im preußischen Abgeordnetenhaus über eine überstarke Mehrheit verfügten (s. u., s. Tab. A 5), arrangieren. Die Arbeit der Regierungen wurde durch diese unterschiedliche Zusammensetzung der Repräsentationskörperschaften erheblich erschwert, da sie zu ständigen Kompromissen zwischen den konträren Vorstellungen von Reichstag und preußischem Abgeordnetenhaus gezwungen wurden[56]).

---

[54]) Die Entlassung Bismarcks bedeutete zweifellos einen entscheidenden Einschnitt in einem politischen System, das weitgehend von ihm geschaffen und getragen wurde. So etwa auch Fritz Hartung, Deutsche Verfassungsgeschichte vom 15. Jahrhundert bis zur Gegenwart, 8. Aufl., Stuttgart 1964, S. 286. Dennoch blieb dieser Einschnitt auf die Entwicklung zum parlamentarischen Regierungssystem zunächst ohne Wirkung, da die Herausbildung fester Parlamentsmehrheiten in der Verfassungswirklichkeit auch nach dem Sturz Bismarcks nicht gelang.

[55]) Thomas Nipperdey, Grundprobleme der deutschen Parteigeschichte im 19. Jahrhundert, in: Werner Conze, Hrsg., Beiträge zur deutschen und belgischen Verfassungsgeschichte im 19. Jahrhundert, a.a.O., S. 147 ff., hier S. 162.

[56]) Vgl. etwa Fritz Hartung, Deutsche Verfassungsgeschichte, a.a.O., S. 295 ff.; ähnlich auch Werner Frauendienst, a.a.O., S. 69.

Ein *Wandel in den innenpolitischen Strukturen* vollzog sich jedoch, als sich Reichskanzler Bernhard von Bülow 1906 aus der Abhängigkeit des Zentrums löste[57]). In Anlehnung an den Bismarckschen Kartellgedanken bildete sich für die Wahl vom 25. Januar 1907 (s. Tab. A 8; Darst. III) ein Wahlbündnis gegen das Zentrum und die Sozialdemokraten aus Nationalliberalen, den beiden konservativen und den linksliberalen Parteien, die im Gegensatz zu ihrer Haltung in den süddeutschen Staaten, wo sie bereits mehrmals Wahlabsprachen mit den Sozialdemokraten eingegangen waren, im Reich die Politik der Regierung unterstützten. Die Blockparteien erhielten 187 Mandate und besaßen zusammen mit den fünf Abgeordneten der Wirtschaftlichen Vereinigung und den 16 der antisemitischen Fraktion aufgrund des Wahlsystems die Mehrheit im Reichstag, obwohl ihr Stimmenanteil nur 41,8 v. H. betrug und die oppositionellen Parteien 6 513 100 (58,2 v. H.) Stimmen erzielten.

Für das *Verhältnis von Regierung und Reichstag* sowie die Parlamentarisierung der Exekutive war die Parteienkonstellation, die durch die Blockwahl entstanden war, von entscheidender Bedeutung. Hatten bereits vor der Wahl die zunehmende Isolierung des Reiches und die schwankende Außenpolitik der Regierungen eine Stärkung des Reichstages und der Parteien ergeben, so war durch die scharfe Frontstellung der beiden großen Oppositionsparteien, des Zentrums und der Sozialdemokraten, zur „Regierungskoalition" „... erstmals im Reichstag jene Scheidung von Regierungsmehrheit und oppositioneller Minderheit vorübergehend erreicht worden, die für die Herausbildung eines parlamentarischen Regierungssystem konstitutiv ist"[58]).

Dies führte zur weitgehenden Abhängigkeit des Reichskanzlers von Bülow von den Blockparteien und mußte bei einem Bruch innerhalb der Koalition — ähnlich wie bei der Demission Bismarcks — die Entlassung des Reichskanzlers zur Folge haben. Da innerhalb der Blockparteien trotz der Interessengleichheit in der Kolonial- und Flottenpolitik aufgrund der stark voneinander abweichenden Verfassungs- und Wahlrechtsvorstellungen erhebliche Spannungen zwischen den konservativen und linksliberalen Kräften bestanden[59]),

---

[57]) Zur Blockpolitik von Bülows siehe Theodor Eschenburg, Das Kaiserreich am Scheidewege: Bassermann, Bülow und der Block, Berlin 1929 sowie die Dissertation von H. G. Hartmann, Die Innenpolitik des Fürsten Bülow 1906—1909, Kiel 1950.

[58]) Udo Bermbach, Vorformen parlamentarischer Kabinettsregierung in Deutschland. Der Interfraktionelle Ausschuß 1917/18 und die Parlamentarisierung der Reichsregierung, Köln und Opladen 1967, S. 19 f.

[59]) So auch Reinhard Patemann, Der Kampf um die preußische Wahlreform im Ersten Weltkrieg, Düsseldorf 1964, S. 15 f.

bedurfte es zur Auflösung der Koalition nur eines verfassungspolitischen Anlasses. Obwohl nach der „Daily-Telegraph-Affäre"[60]) vom Herbst 1908 der Bruch der „Regierungskoalition" und die Entlassung des Reichskanzlers von Bülow durch Wilhelm II. eine erneute *Stärkung des Reichstages* bewirkten, gelang die Parlamentarisierung der Reichsregierung, die von den Sozialdemokraten gefordert wurde, oder die Änderung der verfassungsmäßigen Regelung der Verantwortlichkeit des Reichskanzlers, wie sie das Zentrum und die linksliberalen Parteien anstrebten, nicht[61]). Beide Reformvorschläge scheiterten sowohl an den Gegensätzen der drei Parteien als auch an dem noch immer fehlenden Willen der Parteien, selbst die Verantwortung zu tragen[62]). Zudem wäre wohl der Bundesrat als Vertreter der Fürsten kaum bereit gewesen, seinen formalen Rechtsanspruch, der Träger der Souveränität des Reiches zu sein, an den Reichstag abzutreten. Vorschläge, wie die von Georg Jellinek[63]), daß dem Reichskanzler auf Antrag von 100 Mitgliedern des Reichstages oder von der Mehrheit des Bundesrates das Mißtrauen ausgesprochen werden könnte, um damit die Demission der Regierung zu veranlassen, wären sicherlich durch den von der preußischen Krone beherrschten Bundesrat abgelehnt worden. So blieb der Einfluß des Reichstages weiterhin auf seine „negative Macht" beschränkt.

Auch nach der Wahl vom 12. Januar 1912 (s. Tab. A 8; Darst. III), als die Sozialdemokraten zum ersten Mal von den zur „Fortschrittlichen Volkspartei" zusammengeschlossenen linksliberalen Parteien in den Stichwahlen unterstützt wurden und mit 110 Mandaten die stärkste Fraktion im Reichstag stellten sowie zusammen mit dem

---

[60]) Siehe hierzu Wilhelm Schüssler, Die Daily-Telegraph-Affaire. Fürst Bülow, Kaiser Wilhelm und die Krise des zweiten Reiches 1908, Göttingen 1952 sowie die in Anmerkung B/57 genannten Arbeiten; vgl. ferner auch Ernst Rudolf Huber, VGesch. Bd. 4, S. 302 ff.

[61]) Zu den Reformvorstellungen der Parteien siehe die Reichstagsdebatten vom 10. und 11. November bzw. 2. und 3. Dezember 1908 (Stenographische Berichte der Verhandlungen des Reichstages, XII. Legislaturperiode, Bd. 233, S. 5373 ff.); vgl. hierzu Werner Frauendienst, a.a.O., S. 70 und Udo Bermbach, a.a.O., S. 21 ff., sowie Dieter Grosser, a.a.O., passim.

[62]) So insbesondere auch Friedrich Naumann, der die innenpolitischen Strukturen während der Krise von 1908/09 so charakterisierte: „Es fehlt infolge der Zerfahrenheit unseres Parteiwesens bei den meisten Volksvertretern überhaupt der Wille zur Macht. Das ist eine traurige Erfahrung dieser Woche, wo wir an die Regierungsfähigkeit des Kaisers nicht mehr in alter Weise glauben können und doch dabei die Regierungsunfähigkeit der Volksvertretung vor Augen haben"; zit. nach Theodor Eschenburg, Die improvisierte Demokratie. Gesammelte Aufsätze zur Weimarer Republik, München 1963, S. 24 f.

[63]) Georg Jellinek, Ausgewählte Reden und Schriften, Bd. 2, Berlin 1911, S. 431 ff.; der Vorschlag ist referiert bei Theodor Eschenburg, a.a.O., S. 27.

Zentrum über die Mehrheit verfügten, gelang die Parlamentarisierung der Regierung nicht. Das einzige Ergebnis der verfassungspolitischen Auseinandersetzungen bestand so in einer Änderung der Geschäftsordnung, durch die der Reichstag in der Form von Interpellationen feststellen konnte, „daß die Behandlung der den Gegenstand bildenden Angelegenheit durch den Reichskanzler den Anschauungen des Reichstages entspricht oder nicht"[64]). Obwohl diese Form des Mißtrauensvotums, auf keine Verfassungsnorm gestützt, vorerst ohne verfassungspolitische Konsequenzen bleiben mußte — was die „Zabern-Affäre" von 1913[65]) deutlich machte —, zeigte es doch die Veränderung in den Machtverhältnissen von Kaiser, Reichskanzler und Reichstag und stellte in Verbindung mit der nach der Wahl von 1912 neu entstandenen Parteienkonstellation des Reichstages die Grundlage für den mit der Bildung des „Interfraktionellen Ausschusses" am 6. Juli 1917 endgültig beginnenden Demokratisierungs- und Parlamentarisierungsprozeß dar.

III. Die Wahlrechtsentwicklung in den Bundesstaaten des Kaiserreiches

Die Einführung des allgemeinen, gleichen, direkten und geheimen Wahlrechts im Norddeutschen Bund und Deutschen Reich beeinflußte — ähnlich wie während der Revolution von 1848 — auch die *Wahlrechtsentwicklung in den Bundesstaaten* (s. Tab. G IV). Vor allem die Staaten, die nach 1849 wieder zu den „vorrevolutionären", ständisch gegliederten Parlamenten (s. Tab. G II, Tab. G III) zurückgekehrt waren, mußten die Wahlrechtsbestimmungen der veränderten Situation anpassen. In den meisten Staaten wurden deshalb für die zweiten Kammern — die ersten Kammern wurden nur in wenigen Fällen durch Wahlen bestellt — die ständischen Strukturen abgebaut, die zensitären Einschränkungen aufgehoben oder wesentlich verringert, vielfach der indirekte Wahlmodus von der unmittelbaren Wahl abgelöst und die geheime Stimmabgabe eingeführt[66]). Nur geringe Modifikationen hingegen wurden in den Staaten vorgenommen, in denen während der Reaktionsphase das Wahlrecht von 1848/1849 beibehalten worden war und das aktive Wahlrecht, nur an direkte Steuern gebunden, bereits fast allgemein und gleich war. In den beiden mecklenburgischen Großherzogtümern jedoch fanden keine Ver-

---

[64]) Paragraph 33 a der Geschäftsordnung des Reichstages, eingefügt im Jahre 1910, zit. nach Ernst Rudolf Huber, Dokumente, a.a.O., Bd. 2, S. 334.

[65]) Siehe hierzu Hans-Ulrich Wehler, Der Fall Zabern, in: Die Welt als Geschichte, Jg. 1963, S. 27 ff.; zur Bedeutung der Zabern-Affäre für das Verhältnis von Parlament und Regierung vgl. Udo Bermbach, a.a.O., S. 28 ff.

[66]) Vgl. Georg Meyer, a.a.O., S. 243 ff.

Groß-Tabelle G IV: Das Wahlrecht in den deutschen Staaten nach 1871

Staat	Gesetzliche Grundlagen	Parlament	2. Kammer Wahlperiode E. = Erneuerung	Allgemeine Wahlrechtsgrundsätze	aktives Wahlrecht	Erfordernisse für die Wahl zur 2. Kammer: Wahl zum Wahlmann	Passives Wahlrecht
	Vf.v. = Verfassung vom WG = Wahlgesetz WgÄnd. = Wahländerungsgesetz WO = Wahlordnung WoÄnd. = Wahlordnungsänderungsgesetz LO = Landschaftsordnung VO = Verordnung GO = Geschäftsordnung LoÄnd. = Änderungsgesetz zur LO	I. 1. Kammer II. 2. Kammer Mgl. = Mitgliederzahl geb. = ständisch gebunden gew. = gewählt ern. = ernannt erbl. = erblich amtl. = an bestimmtes Amt gebunden					
Anhalt	1) LO u. GO v.18.7. und 31.8.1859 (Publikationspatent) LoÄnd. v. 19.2.1872; Ausführungsgesetz v. 18.1.1873 2) WG v. 27.4.1913	Eine Kammer: 1) Mgl.: 36 (ern. auf 6 Jahre, 10 von Höchstbesteuerten und 24 allgemein gew.: 14 von den Städten, 10 vom Land) 2) Mgl.: 46 (2 ern., 4 von Höchstkammern, 13 von Höchstbesteuerten und 27 allgemein gew.)	6 Jahre	1) allgemein, geheim, direkt (Höchstbesteuerte) indirekt 2) allgemein, direkt, geheim	1) alle Männer, die die bürgerlichen und politischen Ehrenrechte besitzen und keine öffentliche Armenunterstützung beziehen. 25 Jahre, Wahlrecht ruht für aktive Soldaten, nicht für Militärbeamte. 2) s.o.	1) aktives Wahlrecht WS: absolute Mehrheitswahl mit Stichwahl unter 2 Bewerbern; soviel Stimmen wie Wahlmänner zu wählen sind, auf 20-30 Urwähler ein Wahlmann. 2) direkte Wahl	aktives Wahlrecht WS: absolute Mehrheitswahl mit Stichwahl unter 2 Bewerbern; 1 Stimme je Wähler; 9 städtische und 20 ländliche Wahlkreise (Höchstbesteuerte auf Landesebene) 2) aktives Wahlrecht WS: absolute Mehrheitswahl mit Stichwahl für die Wahl jedes Abgeordneten 1 Wahlgang (ein Mehrmannwahlkreis)
Baden	Vf. v. 22.8.1818 WO v. 28.12.1818 WoÄnd. v. 21.10.1867, 21.12.1869, 16.4.1870, 25.8.1876, 6.3.1880, 10.7.1896	Zwei Kammern: I. Mgl.: schwankend; amtl.: kathol. Landesbischof u. ev. Landesbischof ern. ev. Geistlicher; ern.: maximal 8 auf 4 Jahre; geb.: 2 von Universität Heidelberg und Freiburg gew. auf 4 Jahre, 8 vom grundherrl. Adel gew. auf 8 Jahre mit Halberneuerung alle 4 Jahre II. Mgl.: 63, gew.	4 Jahre, alle 2 Jahre ½ E.	geheim, allgemein, indirekt	s. Anhalt; der zur 1. Kammer wählende grundherrl. Adel hat kein Stimmrecht.	aktives Wahlrecht WS: relative Mehrheitswahl; auf je 200 Einwohner 1 Wahlmann	aktives Wahlrecht, 30 Jahre WS: absolute Mehrheitswahl mit Stichwahl im 2. Wahlgang unter 3 Bewerbern, dann im 3. Wahlgang unter 2 Bewerbern; Einerwahlkreise und 5 Mehrmannwahlkreise, für die Wahl jedes Abg. 1 Wahlgang.
Bayern	Vf. v. 26.5.1818 WG v. 4.6.1848 und Novelle v. 21.3.1881	s. Tab. G II					

Fortsetzung Groß-Tabelle G IV

Land	Kammer	Wahlperiode	Wahlrechtsgrundsätze	Wahlberechtigung	Wahlart	Wahlsystem
Braunschweig Neue LO v. 12.10.1832 Ges. über Zusammensetzung der Landesversammlung und WG v. 22.11.1851 u. 23.11.1851; WgÄnd. u. WgErgG v. 3.8.1864 u. 25.1.1878	s. Tab. G III					
Bremen Vf. v. 21.2.1854 Neue Redaktion v. 17.11.1875; neu verkündet: 1.1.1894 WG: Anlage II zur Vf. (1894)	Eine Kammer: Mgl.: 150, davon 82 von Berufskammern u. 68 von den übrigen Wahlberechtigten gew.	6 Jahre alle 3 Jahre ½ E.	allgemein, direkt, geheim, Klassenwahlrecht: je 4 berufsständisch u. territorial gegliedert.	s. Anhalt	direkte Wahl	aktives Wahlrecht WS: absolute Mehrheitswahl in Mehrmannwahlkreisen mit Stichwahl mit doppelt soviel Bewerbern wie Abg. zu wählen sind; soviel Stimmen wie Abg. zu wählen sind. (Kumulationsverbot)
Hamburg Vf. u. WG v. 28.9.1860 rev. Vf. v. 13.10.1879	Eine Kammer: Mgl.: 160 (davon 40 von Grundstückseigentümern, 40 von Berufskammern und Verwaltungsorganen und 80 von übrigen Wahlberechtigten gew.)	6 Jahre alle 3 Jahre ½ E.	direkt, geheim	s. Anhalt. Zahlung einer indirekten Steuer	direkte Wahl	aktives Wahlrecht, 30 Jahre WS: relative Mehrheitswahl in Mehrmannwahlkreisen; 2 städtische und 8 ländliche Wahlkreise
Hessen Vf. v. 17.12.1820 WG v. 8.11.1872 WgÄnd. v. 6.6.1885 Kreisordnung v. 12.6.1874 Stadtordnung v. 13.6.1874 Landgemeindeordnung v. 15.6.1874	Zwei Kammern: I. Mgl.: schwankend, amtl.: kathol. Landesbischof, ev. Prälat, Kanzler der Landesuniversität; ern.: auf Lebenszeit; max. 12 geb.: Adelsvertretung (2 vom grundherrl. Adel gew.) II. Mgl.: 50 gew.	6 Jahre alle 3 Jahre ½ E.	indirekt, geheim, gleich	s. Anhalt. Zahlung einer direkten Steuer	aktives Wahlrecht, höherer Zensus. WS: relative Mehrheitswahl. Soviel Stimmen wie Wahlmänner zu wählen sind. Auf je 500 Einwohner 1 Wahlmann; mindestens 20 Wahlmänner auf 1 Stadt.	aktives Wahlrecht WS: absolute Mehrheitswahl in Einerwahlkreisen, in der Stichwahl genügt die relative Mehrheit
Lippe Vf. v. 6.7.1836 rev. durch Ges. über Zusammensetzung des Landtags und WG v. 3.6.1876	Eine Kammer: Mgl.: 21 gew.	4 Jahre	allgemein direkt geheim Dreiklassenwahlrecht	s. Anhalt	direkte Wahl	aktives Wahlrecht, 30 Jahre WS: absolute Mehrheitswahl mit Stichwahl unter 2 Bewerbern in 16 Einerwahlkreisen und 1 Dreimannwahlkreis und 1 Zweimannwahlkreis; 1 Stimme je Wähler; für die Wahl jedes Abg. 1 Wahlgang
Lübeck Vf. v. 29.12.1851 Neufassung v. 7.4.1875 Neufassung v. 2.10.1907	Eine Kammer: Mgl.: 120 gew.	6 Jahre alle 2 Jahre ⅓ E. (mit jährlichen Ergänzungswahlen)	allgemein, direkt, geheim, gleich (seit 1907 Vierklassenwahlrecht)	s. Anhalt	direkte Wahl	aktives Wahlrecht WS: relative Mehrheitswahl in 10 Mehrmannwahlkreisen; soviel Stimmen wie Abg. zu wählen sind.

Fortsetzung Groß-Tabelle G IV

Staat / Gesetzliche Grundlagen
Vf.v. = Verfassung vom
WG. = Wahlgesetz
WgÄnd. = Wahländerungsgesetz
WO. = Wahlordnung
WoÄnd. = Wahlordnungsänderungsgesetz
LO = Landschaftsordnung
VO = Verordnung
GO = Geschäftsordnung
LoÄnd. = Änderungsgesetz zur LO

Parlament:
I. 1. Kammer
II. 2. Kammer
Mgl. = Mitgliederzahl
geb. = ständisch gebunden
gew. = gewählt
ern. = ernannt
erbl. = erblich
amtl. = an bestimmtes Amt gebunden

Staat Gesetzliche Grundlagen	Parlament	2. Kammer Wahlperiode E. = Erneuerung	Allgemeine Wahlrechtsgrundsätze	Erfordernisse für die Wahl zur 2. Kammer: aktives Wahlrecht	Wahl zum Wahlmann	Passives Wahlrecht
Oldenburg GG v. 22.11.1852 WG v. 21.7.1868	Eine Kammer.; Mgl.: 34 gew., je 1 Provinzialrath für die Fürstentümer Lübeck und Birkenfeld	3 Jahre	indirekt, geheim, gleich	s. Anhalt. Besitzer eines eigenen Hausstandes	aktives Wahlrecht WS: relative Mehrheitswahl in Mehrmannwahlkreisen	aktives Wahlrecht WS: absolute Mehrheitswahl in Mehrmannwahlkreisen, wobei vom 3. Wahlgang an jeweils der Bewerber mit den wenigsten Stimmen ausscheidet; 1 Stimme je Wähler
Preußen Vf. v. 31.1.1850, Änd. Ges. v. 7.5.1853, VO. v. 30.3., 30.5.1849, 12.10.1854 Änd. Ges. v. 24.6.1891 und 29.6.1893	Zwei Kammern: I. Mgl.: schwankend, erbl. u. ern. (z. T. aufgrund von Präsentationswahlen) II. Mgl.: seit 1867 432 gew. seit 1876 433 gew.			s. Tab. G III		
Reuß ä.L. Vf. v. 28.3.1857 WG v. 24.4.1867	Eine Kammer: Mgl.: 12 (davon 3 ern., 2 von Großgrundbesitzern und 7 von übrigen Wahlberechtigten gew.)	6 Jahre alle 3 Jahre ½ E.	direkt (Großgrundbesitzer) indirekt, geheim	s. Anhalt. Besitzer eines eigenen Hausstandes u. Zahlung einer direkten Steuer.	aktives Wahlrecht, 30 Jahre WS: relative Mehrheitswahl in Mehrmannwahlkreisen, soviel Stimmen wie Wahlmänner zu wählen sind; auf 300 Einwohner 1 Wahlmann.	aktives Wahlrecht, 30 Jahre WS: Großgrundbesitzer: absolute Mehrheitswahl in Zweimannwahlkreisen mit Stichwahl unter 2 Bewerbern im 2. Wahlgang; für jeden Abg. 1 Wahlgang. Sonstige: Absolute Mehrheitswahl in Einerwahlkreisen mit Stichwahl unter 2 Bewerbern.
Reuß j.L. GG v. 14.4.1852 u. 20.6.1856 WG v. 17.1.1871 WgÄnd. v. 8.5.1874 und 30.4.1891	Eine Kammer: Mgl.: 16 (davon Besitzer des Reuß-Köstritzer-Paragiats; 3 von Höchstbesteuerten und 12 von übrigen Wahlberechtigten gew.)	3 Jahre	direkt, geheim	s. Anhalt. Zahlung einer direkten Steuer	direkte Wahl	aktives Wahlrecht WS: Höchstbesteuerte: absolute Mehrheitswahl in Mehrmannwahlkreisen mit Stichwahl unter doppelt soviel Bewerbern wie Abg. zu wählen sind. Sonstige: Absolute Mehrheitswahl in Einerwahlkreisen mit Stichwahl unter 2 Bewerbern, 1 Stimme je Wähler.
Sachsen 1) Vf. v. 4.9.1831 Vf änderndes Ges. und WG v. 3.12.1868 Vf. v. 5.5.1851, 27.11.1860, 19.10.1861, 3.12.1868, 12.10.1874	1) Zwei Kammern: I. Mgl.: geb. je 1 Vertreter des Hochstifts Meißen, Universität Leipzig und Collegialstift Wurzen. 12 von Ritter- und Großgutbesitzern auf Lebenszeit gew. II. Mgl.: 80 (davon 35 aus ...	6 Jahre alle 2 Jahre ⅓ E.	1) direkt, geheim, gleich	s. Anhalt. Zahlung einer direkten Steuer.	direkte Wahl	1) aktives Wahlrecht, 30 Jahre, höherer Zensus WS: relative Mehrheitswahl in Einerwahlkreisen, mindestens ⅓ der abgegebenen Stimmen, Stichwahl unter 2 Bewerbern; 1 Stimme je Wähler.

Fortsetzung Groß-Tabelle G IV

2) WG v. 5.5.1909	2) Zwei Kammern: I. s.o. II. Mgl.: 91 (davon 43 aus den Städten, 48 aus den Landgemeinden gew.)	2) 6 Jahre	2) allgemein, direkt, geheim, ungleich	s. Anhalt	direkte Wahl	2) aktives Wahlrecht WS: absolute Mehrheitswahl in Einerwahlkreisen mit Stichwahl unter 2 Bewerbern; Pluralstimmensystem: mit 1 Grundstimme und 3 Zusatzstimmen gemäß bestimmten Alters-, Bildungs-, Einkommens- und Besitzqualifikationen.
Sachsen-Altenburg GG v. 29.4.1831 WG v. 3.8.1850, durch Ges. v. 31.5.1870 wieder gültig	Eine Kammer: Mgl.: 30 (davon 9 aus Städten, 12 vom Land, 9 von Höchstbesteuerten gew.)	3 Jahre	Dreiklassenwahlrecht (außer den Höchstbesteuerten) direkt	s. Anhalt. Besitzer eines eigenen Hausstandes und Zahlung einer direkten Steuer.	direkte Wahl	aktives Wahlrecht WS: relative Mehrheitswahl in Mehrmannwahlkreisen (Höchstbesteuerte in Einerwahlkreisen); 1 Stimme je Wähler.
Sachsen-Coburg-Gotha Vf. v. 3.5.1852 WO v. 3.5.1852 WoÄnd. v. 31.5.1874	Eine Kammer: Gemeinsamer Landtag, bestehend aus: Landtag für Gotha: 19 Abg. und für Koburg: 11 Abg. gew. (bis 1874: Gemeinsamer Landtag aus 7 Delegierten der Koburger und 14 des Gothaer Landtages)	4 Jahre	indirekt, gleich	s. Anhalt. Besitzer eigenen Hausstandes und Zahlung einer direkten Steuer.	aktives Wahlrecht WS: relative Mehrheitswahl in Einer- und Mehrmannwahlkreisen; soviel Stimmen wie Wahlmänner zu wählen sind	aktives Wahlrecht, 30 Jahre WS: absolute Mehrheitswahl in Einerwahlkreisen mit Stichwahl unter 2 Bewerbern, diese müssen im 1. Wahlgang zusammen mindestens 50% der Stimmen erreicht haben; 1 Stimme je Wähler.
Sachsen-Meiningen GG v. 23.8.1829 WG v. 24.4.1873	Eine Kammer: Mgl.: 24 (davon je 4 von höchstbesteuerten Grundbesitzern und Einkommenssteuerpflichtigen und 16 von übrigen Wahlberechtigten gew.)	6 Jahre	allgemein, direkt, geheim, Dreiklassenwahlrecht	s. Anhalt.	direkte Wahl	aktives Wahlrecht, 30 Jahre WS: absolute Mehrheitswahl in Einerwahlkreisen mit Stichwahl unter 2 Bewerbern; 1 Stimme je Wähler.
Sachsen-Weimar GG v. 15.10.1850 WG v. 6.4.1852 WG v. 17.4.1896	Eine Kammer: Mgl.: 33 (davon 10 von den größeren Grundbesitzern und anderen Höchstbesteuerten, 23 allgemein gew.)	3 Jahre	geheim, allgemein, indirekt (die Grundbesitzer u. Höchstbesteuerten wählen direkt)	s. Anhalt. 21 Jahre	aktives Wahlrecht 23 Jahre WS: relative Mehrheitswahl in Mehrmannwahlkreisen	aktives Wahlrecht in Einerwahlkreisen mit Stichwahl unter 2 Bewerbern; 1 Stimme je Wähler; Grundbesitzer und Höchstbesteuerte: absolute Mehrmannwahlkreis, soviel wie Abg. zu wählen sind.
Schaumburg-Lippe Vf. u. WG v. 17.11.1868 Deklaration v. 24.12.1869 Ges. v. 4.7.1879	Eine Kammer: Mgl.: 15 (davon 10 gew., 2 Vertreter des Dominikalgrundbesitzes ern., 3 berufsständisch geb.)	6 Jahre	allgemein, direkt geheim	s. Anhalt.	direkte Wahl	aktives Wahlrecht, 30 Jahre WS: absolute Mehrheitswahl in Einerwahlkreisen mit Stichwahl unter 2 Bewerbern; 1 Stimme je Wähler.

Fortsetzung Groß-Tabelle G IV

Abkürzungen:

Staat / Gesetzliche Grundlagen:
Vf.v. = Verfassung vom; WG = Wahlgesetz; WgÄnd. = Wahländerungsgesetz; WO = Wahlordnung; WoÄnd. = Wahlordnungsänderungsgesetz; LO = Landschaftsordnung; VO = Verordnung; GO = Geschäftsordnung; LoÄnd. = Änderungsgesetz zur LO

Parlament:
I. 1. Kammer; II. 2. Kammer; Mgl. = Mitgliederzahl; geb. = ständisch gebunden; gew. = gewählt; ern. = ernannt; erbl. = erblich; amtl. = an bestimmtes Amt gebunden

2. Kammer Wahlperiode: E. = Erneuerung

Staat	Gesetzliche Grundlagen	Parlament	2. Kammer Wahlperiode	2. Kammer Allgemeine Wahlrechtsgrundsätze	Erfordernisse für die Wahl zur 2. Kammer: aktives Wahlrecht	Wahl zum Wahlmann	Passives Wahlrecht
Schwarzburg-Rudolstadt	GG v. 21.3.1854. ErgGes. v. 22.3.1861 u. 16.11.1870 Änd. des GG u. WG v.16.11.1870, WgÄnd.v.8.8.1879	Eine Kammer: Mgl. 16 gew. (davon 4 von Höchstbesteuerten, 12 von übrigen Wahlberechtigten)	3 Jahre	direkt, geheim	s. Anhalt. Zahlung einer direkten Steuer	direkte Wahl	aktives Wahlrecht WS: absolute Mehrheitswahl in Einerwahlkreisen mit Stichwahl unter 2 Bewerbern; 1 Stimme je Wähler.
Schwarzburg-Sondershausen	GG v. 8.7.1857 WG v. 14.1.1856 WgÄnd. v.13.4.1881	Eine Kammer: Mgl. 15 (davon 5 ern., je 5 von Höchstbesteuerten und übrigen Wahlberechtigten gew.)	4 Jahre	allgemein, indirekt (Höchstbesteuerte wählen direkt)	s. Anhalt	aktives Wahlrecht WS: absolute Mehrheitswahl in Mehrmannwahlkreisen; so viel Stimmen wie Wahlmänner zu wählen sind; auf 200 Einwohner 1 Wahlmann	aktives Wahlrecht, 30 Jahre WS: absolute Mehrheitswahl in zweimal 5 Einerwahlkreisen mit Stichwahl unter 2 Bewerbern; 1 Stimme je Wähler
Waldeck	GG v.17.8.1852 WG v. 17.8.1852, WgÄnd. v. 2.8.1856 und 4.8.1879	s. Tab. G III					
Württemberg	Vf. v. 25.9.1819 Ges. zur Änd. der Vf. und des WG v. 26.3.1868 Vf. v. 23.6.1874 WgÄnd. v.16.6.1882	Zwei Kammern: I. ständisch gegliedert, sowie maximal 8 ohne ständische Bindung ern. II. Mgl.: 93 (davon gew.: 70; geb.: 1 vom Domkapitel gew.; 13 von ritterschaftl. Adel gew.; amtl.: 6 ev. Generalsuperintendenten, kathol. Landesbischof, amtsältester kathol. Dekan, Kanzler der Landesuniversität)	6 Jahre	allgemein, direkt, geheim	s. Anhalt	direkte Wahl	aktives Wahlrecht, 30 Jahre WS: absolute Mehrheitswahl in Einerwahlkreisen mit Stichwahl unter 2 Bewerber; 1 Stimme je Wähler; Adel: absolute Mehrheitswahl in 4 Mehrmannwahlkreisen; so viel Stimmen wie Abg. zu wählen sind.

änderungen statt, und der altständische Charakter der Repräsentationskörperschaften blieb dort bis 1918 erhalten.

a) Das preußische Dreiklassenwahlrecht im Kaiserreich

Auch in Preußen wurde das Abgeordnetenhaus weiterhin nach dem *Dreiklassenwahlrecht* (s. Tab. G III; Tab. G IV) bestellt, wodurch der Dualismus zwischen Preußen und dem Reich wesentlich verstärkt wurde. Im Vordergrund der Wahlrechtsdiskussionen stand deshalb auch nicht das Reichstagswahlrecht — nur die Sozialdemokraten forderten das Frauenwahlrecht, die Einführung der Proportionalwahl oder die Anpassung der Wahlkreise an die veränderte Bevölkerungsstruktur —, sondern in erster Linie die Modifizierung oder Aufhebung des allgemeinen, aber ungleichen preußischen Wahlrechts.

Bildete das Dreiklassenwahlrecht durch die liberale Überrepräsentation eine entscheidende Voraussetzung für den preußischen Verfassungskonflikt[67]), so wirkte es sich nach der Reichsgründung, vor allem aber nach der parteipolitischen Umschichtung infolge des Bruchs zwischen Bismarck und den Nationalliberalen „im Sinne seiner konservativen Urheber von 1849" aus und wurde somit im Gegensatz zum Reichstagswahlrecht „zur Garantie einer konservativen Vorherrschaft"[68]).

Dieser Dualismus zwischen Reichstag und Abgeordnetenhaus beeinflußte aber nicht nur ganz allgemein die innenpolitische Entwicklung, sondern bewirkte zudem, daß im Reich das allgemeine und gleiche Wahlrecht nicht in Frage gestellt wurde. In Preußen aber verhinderte er, um das Gegengewicht zum Anwachsen der Stimmen- und Mandatszahlen der Sozialdemokraten zu erhalten, alle Reformbestrebungen, sobald sie den Kern des Dreiklassenwahlrechts, die öffentliche Stimmabgabe, den indirekten Wahlmodus, die Klasseneinteilung und die gemeinsame Abstimmung der Wahlmännerabteilungen betrafen.

Die Modifikationen vom 24. Juni 1891 und 29. Juni 1893[69]), die durch die *Miquelsche Steuerreform* notwendig wurden, stellten deshalb auch ausschließlich den Versuch dar, das Wahlrecht den neuen Steuerverhältnissen anzupassen und „den Mittelstand vor dem Abrutschen in die dritte Klasse zu bewahren"[70]. Für die Ermittlung der Gesamtsteuersumme wurden neben den Staatssteuern jetzt auch die Kommunalsteuern zur Berechnung herangezogen, für die nicht zur Einkommensteuer veranlagten Wahlberechtigten ein fingierter

---

[67]) Siehe oben, S. 90 ff.   [68]) Walter Gagel, a.a.O., S. 118.

[69]) Zu den Reformen von 1891 und 1893 siehe etwa Georg Meyer, a.a.O., S. 259 ff.; Walter Gagel, a.a.O., S. 119 ff.; Ernst Rudolf Huber, VGesch. Bd. 4, S. 371 ff.

[70]) Karl Braunias, a.a.O., Bd. I, S. 111.

Steuerbetrag von drei Mark eingesetzt und die Klasseneinteilung der Urwähler fand nicht mehr auf Gemeindeebene, sondern in jedem Urwahlbezirk statt. Die Reformen veränderten die Wirkweise des Wahlsystems aber kaum. Nicht einmal die Intentionen der konservativen Urheber, die Wähler entsprechend ihrer sozialen, wirtschaftlichen und politischen Stellung in eine reiche, eine bürgerliche und eine ärmere Schicht aufzuteilen, konnten wieder hergestellt werden, da die *Konzentration der Wähler auf die dritte Klasse* ständig weiter zunahm[71]). Gehörten 1867 noch 4,28 v. H. der Urwähler der ersten Abteilung an, so sank der Anteil im Jahre 1893 auf 3,52 v. H. und betrug bei der Wahl von 1903 nur noch 3,36 v. H. Auch in der zweiten Klasse verringerte sich der prozentuale Anteil der Urwähler, während er in der dritten Klasse von 83,54 v. H. (1867) auf 84,42 v. H. (1893) sowie 84,57 v. H. (1903) anstieg. Diese Entwicklung war bereis bei der Wahl von 1888 so weit vorangeschritten, daß in 2283 der 22 749 Urwahlbezirke der ersten Klasse nur ein Wahlberechtigter und in 1764 Urwahlbezirken nur zwei Wahlberechtigte die Wahlmänner bestellten. Sogar in 96 Urwahlbezirken der zweiten Klasse konnte nur noch ein Wahlberechtigter aufgenommen werden. In einigen Berliner Arbeiterbezirken gehörte man bei der Wahl von 1903 bereits mit 12 Mark jährlicher Steuern der ersten Klasse an, während man im Stimmbezirk Berlin Voßstraße mit 27 000 Mark in die dritte Klasse eingeteilt wurde, und so Reichskanzler von Bülow mit 270 weiteren Urwählern in der dritten Klasse wählen mußte[72]).

Neben der Konzentration der Urwähler wurde die Zusammensetzung des Abgeordnetenhauses auch durch die unveränderte Wahlkreiseinteilung[73]), die die Städte erheblich benachteiligte, sowie durch die niedrige, in den drei Klassen aber sehr unterschiedliche Wahlbeteiligung bestimmt, die aufgrund der öffentlichen Stimmabgabe noch bei der Wahl von 1893 in der ersten Klasse nur 48,1, in der zweiten 32,0 und in der dritten Klasse sogar nur 15,2 v. H. erreichte. Vor allem aber die gemeinsame Abstimmung der drei Wahlmännerabteilungen beeinflußte die Parteienkonstellation des Abgeordnetenhauses

---

[71]) Zum folgenden vgl. vor allem Walter Gagel, a.a.O., S. 113 ff.; dort auch die hier angeführten Zahlen.

[72]) Vgl. Ernst Rudolf Huber, VGesch. Bd. 3, S. 91 f.

[73]) Die Gesamtabgeordnetenzahl wurde zwar mehrmals — vor allem aufgrund der preußischen Annexionen und Eingemeindungen — von ursprünglich 352 bis auf 443 Mandate erhöht, die Wahlkreiseinteilung blieb davon jedoch weitgehend unberührt. Auch die Errichtung von zehn neuen Wahlkreisen im Jahre 1906 war keineswegs geeignet, die mit der Bevölkerungswanderung entstandenen erheblichen Ungleichheiten in den Wahlkreisgrößen zu beseitigen. Die Wahlkreiseinteilung ist somit praktisch seit 1860 unverändert erhalten geblieben.

und führte trotz der Veränderungen in der Gesellschaftsstruktur zu einer deutlichen Überrepräsentation der beiden konservativen Parteien und der Nationalliberalen, da die Stimmenanteile dieser drei Parteien in der ersten und zweiten Klasse erheblich größer waren als in der dritten Klasse (s. Tab. I). Sogar bei der Wahl von 1903, als sich die Sozialdemokraten erstmalig beteiligten, veränderte sich die Zusammensetzung des Abgeordnetenhauses kaum (s. Tab. A 5). Obwohl der Stimmenanteil der Deutsch-Konservativen von 25,2 v. H. auf 19 v. H. absank, verlor die Partei nur ein Mandat und stellte 143 (33 v. H.) Abgeordnete, da die SPD, die 23,9 v. H. der Stimmen der dritten Klasse erhielt, in den beiden anderen Abteilungen nur 0,7 bzw. 4,2 v. H. der Stimmen erzielen konnte[74]. Auch die Deutsche Reichspartei und die Nationalliberalen konnten aufgrund ihres stärkeren Stimmenanteils in der ersten und zweiten Klasse ihre Mandatszahlen behaupten. Die linksliberalen Parteien, deren Wählerschaft vorwiegend der dritten Klasse entstammte, büßten jedoch durch die Teilnahme der Sozialdemokraten vier Mandate ein.

Tabelle I: Stimmenanteil der konservativen und liberalen Parteien in den drei Urwählerabteilungen bei der Wahl zum preußischen Abgeordnetenhaus von 1898

Abteilung	I. %	II. %	III. %	I.-III. %	Mandate	%
Deutsch-Konservative	30,9	27,2	24,1	25,2	144	33,2
Deutsche Reichspartei	5,0	4,4	3,2	3,6	58	13,2
Nationalliberale	19,4	17,4	12,5	14,0	75	17,3
Freisinnige Partei	2,6	2,6	2,9	2,8	10	2,3
Freisinnige Volkspartei	6,7	7,7	9,2	8,7	26	6,0

(Quelle: Gagel, s. BiblAng., S. 116)

Die Wirkweise des Dreiklassenwahlsystems ließ bei den Diskussionen um die *Reformbestrebungen*[75], die seit Beginn des 20. Jahrhunderts ständig das Abgeordnetenhaus beschäftigten, die Sozialdemokraten und — trotz der sozialdemokratischen Konkurrenz in den Städten — auch die linksliberalen Parteien zu Verfechtern des gleichen Wahlrechts werden. Die konservativen Parteien sowie das Zentrum hingegen versuchten, jede Änderung zu verhindern. Auch die Nationalliberalen lehnten das Reichstagswahlrecht für Preußen ab, traten aber in Anlehnung an die belgischen Wahlreformen von 1893 und 1899[76]

---

[74] Siehe Walter Gagel, a.a.O., S. 118, Anmerkung 5.

[75] Zur Haltung der Liberalen Parteien siehe Walter Gagel, a.a.O., S. 125 ff.; die Stellung der SPD zum Dreiklassenwahlrecht ist dargestellt von D. Schuster, Das preußische Dreiklassenwahlrecht, der politische Streik und die deutsche Sozialdemokratie bis zum Jahr 1914, Diss. masch. Bonn 1958.

[76] Siehe Anmerkung B/20.

für ein Pluralwahlsystem ein, um den Einfluß des gebildeten Bürgertums zu stärken, da die plutokratische Wirkweise des Wahlsystems dazu geführt hatte, daß auch der Mittelstand in die dritte Klasse eingestuft werden mußte.

Obwohl bereits Reichskanzler von Bülow als Konzession für den Eintritt der linksliberalen Parteien in den „Bülow-Block" eine „organische Fortentwicklung" angekündigt hatte, versuchte erst sein Nachfolger Theobald von Bethmann Hollweg das Dreiklassenwahlrecht zu modifizieren. Gemäß der *Gesetzesvorlage vom 10. Februar 1910*[77]) sollte die Klasseneinteilung erhalten bleiben, die Stimmabgabe weiterhin öffentlich sein, der indirekte Wahlmodus jedoch durch die unmittelbare Wahl ersetzt werden. Um das gebildete Bürgertum wieder in die zweite Klasse einstufen zu können, sollten jährliche Steuerleistungen, die 5000 Mark überstiegen, für die Berechnung der Gesamtsteuersumme im Stimmbezirk nicht mehr berücksichtigt werden, und die „Kulturträger" eine Klasse höher wahlberechtigt sein als ihre Steuerleistung. Als „Kulturträger" definierte der Gesetzentwurf alle Bürger mit abgeschlossenem Hochschulstudium sowie diejenigen, die sich als Beamte im öffentlichen Dienst ausgezeichnet hatten. Durch „diese groteske Gleichsetzung von Unteroffizieren und Akademikern"[78]) wollte die Regierungsvorlage erreichen, daß von der Reform außer dem traditionell liberal orientierten Bürgertum auch die konservativen Kräfte begünstigt würden. Trotz der geringen Modifikationen fand die Regierung keine Mehrheit für ihre Vorstellungen, da gemeinsam mit den konservativen Parteien auch das Zentrum aus kulturpolitischen Überlegungen den Gesetzentwurf ablehnte.

IV. Verfassungspolitische Reformbestrebungen während des Ersten Weltkrieges

a) Das preußische Dreiklassenwahlrecht und die Durchsetzung des gleichen Wahlrechts

Die Diskussionen um die Reform des Dreiklassenwahlrechts wurden in der Folgezeit entscheidend vom Ersten Weltkrieg beeinflußt[79]),

---

[77]) Vgl. vor allem Gustav Schmoller, Die preußische Wahlreform von 1910 auf dem Hintergrunde des Kampfes zwischen Königtum und Feudalität, in: Jahrbuch für Gesetzgebung, Verwaltung und Volkswirtschaft im Deutschen Reiche, Bd. 34 (1910), S. 1261 ff.

[78]) Karl Erich Born, a.a.O., S. 305.

[79]) Die Auseinandersetzungen um das Dreiklassenwahlrecht sind dargestellt in den Monographien von Ludwig Bergsträsser, Die preußische Wahlrechtsfrage im Kriege und die Entstehung der Osterbotschaft 1917, Tübingen 1929, und Reinhard Patemann, a.a.O.

da sich mit zunehmender Dauer des Krieges, der Verschlechterung der militärischen Lage, der russischen Februar-Revolution, dem Kriegseintritt der Vereinigten Staaten sowie den Ernährungsschwierigkeiten auch die allgemeine politische Situation wandelte. Zunächst jedoch waren zu Beginn des Krieges in der Hoffnung auf ein schnelles und siegreiches Ende der militärischen Auseinandersetzung und mit Rücksicht auf den „Burgfrieden" die verfassungspolitischen Diskussionen sehr zurückhaltend geführt worden. So konnte der konservative Innenminister Friedrich-Wilhelm von Loebell im September 1915 der preußischen Regierung einen Wahlgesetzentwurf vorlegen, der trotz mehrmaliger erheblicher Änderungen Reichskanzler von Bethmann Hollweg zu der Überzeugung gelangen ließ, „daß kein Pluralwahlrecht zu einem politisch erträglichen Ziel führen könne"[80]).

Der *Loebellsche Gesetzentwurf*[81]), der in der Öffentlichkeit weitgehend unbekannt blieb, beinhaltete ein äußerst kompliziertes *Pluralwahlsystem*, dessen Grundgedanken auf der Überlegung beruhten, ein im Sinne der konstitutionellen Monarchie „arbeitsfähiges" Parlament zu schaffen, das „es der Regierung ermöglicht, die Ziele, die sie sich im allgemeinen gesteckt hat, zu erreichen"[82]). Die Vorlage sah die allgemeine, direkte und geheime Wahl vor, beschränkte aber gegenüber dem geltenden Dreiklassenwahlsystem das aktive Wahlrecht, da das Wahlalter auf 25 Jahre erhöht und die Aufenthaltsdauer auf ein Jahr verlängert werden sollte. Jeder Wahlberechtigte hatte eine Grundstimme. Allen Männern über 50 Jahre mit drei ehelichen Kindern wurde eine Zusatzstimme zuerkannt. Über eine weitere Stimme verfügte derjenige, der „Eigentümer, Pächter oder Niesbraucher eines zu mindestens 30 Mark Grundsteuerreinertrag oder 12 Mark Gebäudenutzungswert eingeschätzten Grundstücks oder Inhaber eines zu einem Gewerbesteuersatze von mindestens 16 Mark veranlagten Gewerbebetriebes ist"[83]). Zusätzlich waren noch drei weitere Stimmen als Steuerstimmen vorgesehen, um „den auf Steuerleistung beruhenden Grundmaßstab des Dreiklassenwahlrechts in ein Pluralsystem möglichst weitgehend hinüberzuretten"[84]). Auf Stimmbezirksebene sollten nach dem Gesamtbe-

---

[80]) Theobald von Bethmann Hollweg, Betrachtungen zum Weltkrieg, Bd. 2, Berlin 1921, S. 184 f., zit. nach Reinhard Patemann, a.a.O., S. 33.

[81]) Vgl. die eingehende Darstellung bei Ludwig Bergsträsser, Die preußische Wahlrechtsfrage ..., a.a.O., S. 13 ff.

[82]) Derselbe, ebenda, S. 33.

[83]) Paragraph 5 des Gesetzentwurfes, zit. nach Ludwig Bergsträsser, Die preußische Wahlrechtsfrage ..., a.a.O., S. 43.

[84]) Reinhard Patemann, a.a.O., S. 27.

trag der direkten Steuern, einschließlich der staatlichen Realsteuern, das oberste Zehntel der Wahlberechtigten drei, die beiden folgenden Zehntel zwei Zusatzstimmen und die drei nächsten Zehntel eine Zusatzstimme erhalten, wodurch 40 v. H. der Wahlberechtigten, unabhängig davon, ob sie Steuerzahler waren oder nicht, keine Zusatzstimme hätten bekommen können. In den Stimmbezirken, in denen es Nichtsteuerzahler gab, sollte anstelle der Zehntelung eine Sechstelung treten, so daß „das oberste Sechstel der übrig bleibenden Wähler drei, die folgenden zwei Sechstel zwei Zusatzstimmen, die drei unteren Sechstel eine Zusatzstimme"[85]) erhalten sollten. Durch diese Teilung der Stimmbezirke wollte der Entwurf die ländliche Bevölkerung bevorzugen, da in den Städten nur ungefähr 20 v. H. der Wahlberechtigten, auf dem Lande hingegen 50 v. H. nicht zur Einkommensteuer veranlagt waren, und so in den Städten mindestens 1200 Mark, auf dem Lande aber nur 900 Mark jährliches Einkommen notwendig gewesen wären, um eine Zusatzstimme zu erhalten[86]). Die „konservativ-agrarische Tendenz"[87]) des Gesetzentwurfes wurde zudem auch dadurch deutlich, daß bei der aufgrund der „Ansässigkeit" oder des „Betriebes" gewährten Zusatzstimme sowohl der Besitzer als auch der Pächter landwirtschaftlicher Gebiete über je eine Zusatzstimme verfügen sollten, während in den Städten nur die Hausbesitzer, nicht aber die Wohnungsmieter eine weitere Stimme erhalten hätten.

Die *innenpolitische Veränderung im Frühjahr 1917* beruhte neben der militärischen Lage und ihren Auswirkungen wesentlich auch auf der russischen Februar-Revolution. Sie machte die gegensätzlichen Ansichten innerhalb der Sozialdemokraten, die seit Kriegsausbruch und nach Zustimmung der Mehrheit der Reichstagsfraktion zu den Kriegskrediten bestanden, erneut deutlich und führte schließlich zur Spaltung der Partei. Nach dem Bruch waren die Mehrheitssozialisten gezwungen, unter dem zunehmenden Druck der von ihr abgetrennten Linksopposition die Reichsregierung zu sofortigen Reformen zu drängen[88]). Sie forderten deshalb erneut, jetzt aber intensiver, die Parlamentarisierung der Regierung sowie die Änderung des Dreiklassenwahlrechts und strebten — ähnlich wie Bismarck während des preußischen Verfassungskonflikts — die Aufhebung der umstrittenen Wahlverordnung von 1849 und die Oktroyierung des allgemeinen und gleichen Wahlrechts unter Ausschaltung des Abgeordne-

---

[85]) Paragraph 6 des Gesetzentwurfes, zit. nach Ludwig Bergsträsser, Die preußische Wahlrechtsfrage ..., a.a.O., S. 47.

[86]) Vgl. ebenda, S. 51 f.   [87]) Reinhard Patemann, a.a.O., S. 28.

[88]) So auch Udo Bermbach, a.a.O., S. 49.

tenhauses an[89]). Reichskanzler von Bethmann Hollweg, der ein solches Vorgehen ablehnte, gelang durch seine Zusage vom 14. März 1917, nach dem Kriege das gleiche Wahlrecht für Preußen durchzusetzen[90]), noch einmal eine zeitweilige Beruhigung der innenpolitischen Situation. Auch die auf sein Betreiben verkündete *„Osterbotschaft"* des Kaisers vom 9. *April 1917*, die die unmittelbare und geheime Wahl in Aussicht stellte, die Abkehr vom Klassenwahlsystem ankündigte, jedoch nicht ausdrücklich für ein gleiches Wahlrecht eintrat, trug zur Entspannung der Gegensätze bei[91]). Dennoch konnte sich von Bethmann Hollweg auf die Dauer mit seiner „Politik der Diagonale", durch die er — bedacht auf den Ausgleich mit allen Parteien — versuchte, sich bei jedem innenpolitischen Einzelproblem die Unterstützung der jeweilig ausschlaggebenden Partei zu sichern, nicht mehr durchsetzen. Vor allem Innenminister von Loebell, die konservativen Parteien, die Nationalliberalen und auch das Zentrum des Abgeordnetenhauses erschwerten seine Position gegenüber den „fortschrittlichen" Reichstagsparteien, da sie Ende Juni 1917 mit einer förmlichen Gesetzesvorlage beabsichtigten, die Einführung des Reichstagswahlrechts durch ein Pluralsystem zu umgehen[92]). Die Vorlage beruhte wesentlich auf dem Gesetzentwurf von 1915 und stellte nur die Steuerstimmen auf eine neue Grundlage, indem jetzt neben der Grundstimme jeder Wahlberechtigte, der ein Vermögen von über 6000 Mark besaß, eine Zusatzstimme und diejenigen, deren Steuerleistung die durchschnittliche Gemeindesteuerleistung oder die Summe von 3000 Mark übertraf, eine weitere Zusatzstimme erhalten sollten.

Aber nicht die Einigung der „konservativen" Parteien des Abgeordnetenhauses bestimmte die weiteren Auseinandersetzungen um das Dreiklassenwahlrecht, sondern vielmehr Stellung und Haltung des Reichstages und der Reichstagsparteien sowie die verfassungspolitische Entwicklung im Reich und das veränderte Verhältnis der Reichsorgane zueinander. Dies ging zurück auf den Dualismus zwischen Preußen und dem Reich und die Personalunion von Reichskanzler und preußischem Ministerpräsidenten. In der Folgezeit entstand so eine *Wechselwirkung von preußischer Politik und Reichspolitik*, wodurch auf der einen Seite die Reform des Dreiklassenwahlrechts als vor-

---

[89]) Siehe hierzu Ludwig Bergsträsser, Die preußische Wahlrechtsfrage ..., a.a.O., S. 121 ff.

[90]) Zur Sitzung des Abgeordnetenhauses vom 14. März 1917 vgl. ebenda, S. 118 ff.

[91]) Zur Osterbotschaft vgl. ebenda, S. 90 ff.; siehe auch Reinhard Patemann, a.a.O., S. 58 ff.

[92]) Siehe hierzu Reinhard Patemann, a.a.O., S. 65 ff.

dringlichstes innenpolitisches Problem maßgeblichen Anteil an der
schrittweisen Parlamentarisierung der Reichsregierung hatte[93]), auf der
anderen Seite aber die verfassungspolitischen Vorgänge im Reich
eine gemeinsame scharfe Frontstellung von Reichskanzler und
Reichstagsmehrheit gegenüber dem preußischen Herren- und Abgeordnetenhaus in der Frage des Wahlrechts ergaben. Durch diese innenpolitische Konstellation und den Druck des Reichstages mußte bereits
von Bethmann Hollweg noch vor seiner Entlassung die Änderung des
preußischen Wahlrechts „auf der Grundlage des gleichen Wahlrechts ... so zeitig" zugestehen, „daß die nächsten Wahlen nach dem
neuen Wahlrecht stattfinden können"[94]).

Obwohl sich auch sein Nachfolger Georg Michaelis mehrmals zu
„Osterbotschaft" und „Juli-Erlaß" bekannte, erfolgte die erste Le-
sung der *Regierungsvorlage*, die das *allgemeine, gleiche, direkte und
geheime Reichstagswahlrecht für Preußen* beinhaltete, das aktive
Wahlrecht jedoch an eine dreijährige Staatszugehörigkeit band und die
Erhöhung der Wahlkreise von 443 auf 455 vorsah, damit in den
großen Wahlkreisen mit über 250 000 Wahlberechtigten ein weiterer
Abgeordneter bestellt werden konnte, erst nach dem Sturz der
Regierung Michaelis und der neuerlichen Regierungsbildung am
5. Dezember 1917.

In Verbindung mit dem Wahlgesetzentwurf legte die Regierung dem
Abgeordnetenhaus noch zwei *Verfassungsänderungen* vor, durch die
das Verhältnis von Abgeordneten- und Herrenhaus neugeregelt und
die Bestellungsweise des Herrenhauses vollständig umgestaltet werden sollten[95]). Die erste Kammer, deren Zusammensetzung in erster
Linie auf erblicher Grundlage beruhte[96]), sollte jetzt nur noch aus ernannten Mitgliedern bestehen: Aus 60 aus dem Kreis der ehemals erb-
lichen Mitglieder auf Lebenszeit ernannten Mitgliedern; aus 108 Mitgliedern aufgrund ihres Amtes, ihres Besitztitels oder ihres Berufes für
die Zeit, während der sie diese Qualifikation erfüllten; sowie aus 192
auf zwölf Jahre nach Präsentation von Kirchen, Hochschulen, Selbst-
verwaltungs- und ständischen Körperschaften ernannten Mitgliedern.

---

[93]) So bildete die Durchsetzung des gleichen Wahlrechts für Preußen einen Hauptbestandteil der Forderungen der Mehrheitsparteien des Reichstages und des Interfraktionellen Ausschusses; siehe etwa das „Minimal"- und „Maximalprogramm" des
IFA bei den Regierungsbildungen vom Herbst 1917 und 1918; vgl. Udo Bermbach,
a.a.O., S. 173 bzw. 241.

[94]) Juli-Erlaß vom 12. Juli 1917, zit. nach Reinhard Patemann, a.a.O., S. 93.

[95]) Zur Umgestaltung der Struktur des Herrenhauses siehe ebenda, S. 128.

[96]) Zur Zusammensetzung des Herrenhauses vgl. Ernst Rudolf Huber, VGesch.
Bd. 3, S. 83 f.

Ziel dieser Vorlage war es somit, dem Herrenhaus seinen feudalen Charakter zu nehmen und die Möglichkeit des Königs, durch „Pairsschub" die Zusammensetzung zu beeinflussen, einzuschränken.

Die Bildung der *Regierung Georg von Hertling* im Herbst 1917[97]) war wesentlich von dem Gesichtspunkt bestimmt, im Abgeordnetenhaus eine Mehrheit für die Wahlgesetzvorlage der Regierung zu erhalten. Gustav Stresemann, der Vorsitzende der Reichstagsfraktion der Nationalliberalen, setzte deshalb für die Position des preußischen Vizepräsidenten, der als Kabinettsmitglied ohne Portefeuille nur für die preußische Wahlreform zuständig sein sollte, den Vorsitzenden der nationalliberalen Abgeordnetenhausfraktion, Robert Friedberg, durch, da man sich von seinem Einfluß den für die Verabschiedung des gleichen Wahlrechts notwendigen Meinungswandel bei 50 der 73 nationalliberalen Mitglieder des Abgeordnetenhauses versprach. Wenn dies gelingen sollte, so glaubte Stresemann, eine Mehrheit von 223 gegen 220 Stimmen für die Regierungsvorlage erreichen zu können[98]). Wie wenig jedoch die Reichstagsabgeordneten die Haltung der preußischen Parteien beurteilen konnten, wie groß die Diskrepanz zwischen den nach dem Klassenwahlsystem bestellten Mitgliedern des Abgeordnetenhauses und denen des Reichstags war, zeigte sich am 6. Dezember 1917, als die Nationalliberalen gemeinsam mit den beiden konservativen Parteien und einer Reihe von Zentrumsabgeordneten das gleiche Wahlrecht bereits bei der ersten Lesung der Regierungsvorlage ablehnten. Sie traten erneut für ein Pluralsystem ein und arbeiteten in langwierigen Ausschußberatungen einen Alternativgesetzentwurf aus[99]). Noch im Juli 1918 lehnte die Mehrzahl der Mitglieder des Abgeordnetenhauses das Reichstagswahlrecht für Preußen ab. Eine Mehrheit für das gleiche Wahlrecht (zunächst mit einer „Alters-Zusatzstimme") ergab sich sowohl im Abgeordnetenhaus als auch im Herrenhaus erst im Herbst 1918, als aufgrund des drohenden militärischen Zusammenbruchs auch die Oberste Heeresleitung die sofortige Lösung der innenpolitischen Probleme forderte. Am 11. Oktober stimmten der Ausschuß des Herrenhauses und am folgenden Tag auch die Abgeordnetenhausfraktionen der Nationalliberalen sowie des Zentrums dem gleichen Wahlrecht zu, wodurch das Gesetz am 9. Dezember hätte Rechtskraft erlangen können[100]).

---

[97]) Vgl. Udo Bermbach, a.a.O., S. 20 ff.; zur Bedeutung der Wahlrechtsfrage für die Regierungsbildung siehe Reinhard Patemann, a.a.O., S. 115 ff.

[98]) Die Zahlen ebenda, passim.

[99]) Zu den Beratungen im Abgeordnetenhaus nach der Regierungsvorlage vom 6. Dezember 1917 siehe die detaillierte Darstellung ebenda, S. 127 ff.

[100]) So auch Reinhard Patemann, a.a.O., S. 226.

b) Die Parlamentarisierung der Reichsregierung

Auch die *verfassungspolitischen Reformbestrebungen,* die im Herbst
1918 zur Parlamentarisierung der Reichsregierung führten, hatten
ihren Ausgangspunkt in der veränderten allgemein politischen Situation im Frühjahr 1917. Vor allem die Diskussionen um die Kriegs-
zielpolitik ließen im Reichstag eine enge Verbindung der Mehrheitsparteien, Sozialdemokraten, Zentrum und Fortschrittliche Volkspartei, entstehen. Um die Stellung des Reichstages gegenüber Regierung
und Oberster Heeresleitung zu stärken, bildeten die drei Parteien den
„Interfraktionellen Ausschuß"[101]), der schon bald zu einem entscheidenden innenpolitischen Machtfaktor wurde. Seine Mitglieder sahen
ihre primäre Aufgabe in der Durchsetzung der Friedensresolution des
Reichstages und strebten die preußische Wahlreform auf der Grundlage des gleichen Wahlrechts sowie die Parlamentarisierung der Regierung durch „juristische Verantwortlichkeit des Reichskanzlers und
der Staatssekretäre, Einflußmöglichkeiten des Parlamentes bei der
Regierungsbildung insbesondere durch Berufung von Abgeordneten
in Staatsstellen (und) parlamentarische Kontrolle des Heeres"[102]) an.
Die verfassungsrechtliche Institutionalisierung des parlamentarischen
Regierungssystems jedoch lehnte die Mehrzahl der Ausschußmitglieder
zunächst noch ab, da man Rückwirkungen auf den Bestand der Monarchie befürchtete und zudem die systemimmanenten Kriterien parlamentarischer Regierung, vor allem aber die Bedeutung, die der Auswahl des Reichskanzlers sowie der Staatssekretäre durch die Parlamentsmehrheit zukam, nicht erkannte[103]).

Obwohl die Regierungsbildung im Herbst 1917 und die Berufung von
Payers und Friedbergs zum Vizekanzler bzw. Vizepräsidenten trotz
aller Kompromisse der Mehrheitsparteien allgemein als Durchbruch
zum parlamentarischen Regierungssystem angesehen wurde, gelang
die Parlamentarisierung erst im Herbst 1918. Erst jetzt konnte nämlich der Ausschuß den zukünftigen Reichskanzler auf die „konstitutionelle Führung der Staatsgeschäfte durch die *Berufung verant-
wortlicher Regierungsvertreter aus der Parlamentsmehrheit"*[104]) und
auf die dazu notwendige Aufhebung der Inkompatibilitätsartikel neun
bzw. 21 der Verfassung, die Bundesratsmitgliedern und Staatsbeamten

---

[101]) Zum Interfraktionellen Ausschuß siehe neben Udo Bermbach, a.a.O., auch
den Aufsatz von Klaus Epstein, Der Interfraktionelle Ausschuß und das Problem
der Parlamentarisierung 1917/18, in: HZ Bd. 191 (1960), S. 562 ff.; vgl. jetzt auch
Dieter Grosser, a.a.O., S. 101 ff.

[102]) Udo Bermbach, a.a.O., S. 52.   [103]) Vgl. ebenda, S. 92 ff.

[104]) Punkt zwei des „Maximalprogramms" des IFA vom 21. September 1918, zit.
nach Udo Bermbach, a.a.O., S. 241.

die gleichzeitige Zugehörigkeit zum Reichstag untersagten, verpflichten. Zudem konnte der Ausschuß seine nach dem Proporz aufgestellte Kabinettsliste durchsetzen, so daß die Mehrzahl der Staats- und Unterstaatssekretäre der Regierung des Prinzen Max von Baden dem Reichstag und den Mehrheitsparteien angehörten[105]).

Durch die *Verfassungsänderung vom 28. Oktober 1918*[106]) wurde die Parlamentarisierung dann normativ fixiert. Die Inkompatibilität von Reichstagsmandat und Staatsamt wurde aufgehoben; Artikel neun jedoch beibehalten, um die föderalistische Struktur des Reiches unangetastet zu lassen. Artikel 15 wurde in der Weise erweitert, daß der Reichskanzler des Vertrauens des Reichstages bedürfe, zusammen mit seinen Stellvertretern dem Bundesrat und dem Reichstag verantwortlich sei und zudem die Verantwortung für alle Handlungen des Kaisers trage.

Das *Reichstagswahlrecht* war bereits vor der Regierungsbildung am 24. August 1918 reformiert worden[107]); die überkommene Wahlkreiseinteilung wurde an die Bevölkerungsveränderungen angepaßt, indem man die Mitgliederzahl des Reichstages, die sich in Zukunft am Bevölkerungswachstum orientieren sollte, von 397 auf 441 erhöhte. Die Zahl der Wahlkreise hingegen wurde von 397 auf 387 vermindert. Neben 361 Einerwahlkreisen, in denen die Abgeordneten weiterhin durch absolute Mehrheitswahl bestellt wurden, galt in 26 meist großstädtischen Wahlkreisen mit zwei bis zehn Mandaten die *Proportionalwahl starrer Liste*[108]). Die Mandatsverteilung erfolgte nach der Methode d'Hondt[109]). Die vollständige Neufassung des Reichstagswahlrechts sah der sozialdemokratische Gesetzesantrag vom 8. November 1918 vor[110]). Nicht nur in den 26 Großwahlkreisen, son-

---

[105]) Zur Bildung des Kabinetts des Prinzen Max von Baden siehe ebenda, S. 285 ff.

[106]) Die Verfassungsänderung ist abgedruckt bei Ernst Rudolf Huber, Dokumente, a.a.O., Bd. 2, S. 484 f.

[107]) Text der Änderungen siehe Quellenteil Nr. 6, S. 358 ff.; vgl. auch die synoptische Zusammenstellung der wahlrechtlichen und wahlsystematischen Bestimmungen in der Groß-Tabelle G VII.

[108]) Die Proportionalwahl ist im Kaiserreich nur in geringem Umfang zur Anwendung gelangt. So in Hamburg (seit dem 28. Februar 1906) und im Königreich Württemberg (seit dem 16. Juli 1906), wo in zwei Wahlkreisen 17 Abgeordnete der Zweiten Kammer bei einer Gesamtmandatszahl von 92 Abgeordneten nach Verhältniswahl bestellt wurden. Siehe hierzu etwa Karin Schauff, Die Entwicklung zum Proportionalwahlsystem in Deutschland, in: Johannes Schauff, Hrsg., Neues Wahlrecht, Berlin 1929, S. 126 ff.

[109]) Zum Begriff siehe die Begrifflichen Grundlagen, S. 50 ff.

[110]) Vgl. hierzu das Handbuch des deutschen Staatsrechts, herausgegeben von Gerhard Anschütz und Richard Thoma, 2 Bde., Tübingen 1930, Bd. 1, S. 94.

dern im gesamten Reich sollte nach Verhältniswahl starrer Liste gewählt werden. Das aktive Wahlrecht sollte auf die Frauen ausgedehnt
und das Wahlalter auf 24 Jahre vermindert werden. Zudem war für
alle Bundesstaaten die Angleichung von Wahlrecht und Wahlsystem
an das Reichstagswahlrecht vorgesehen.

C. DIE PARLAMENTSWAHLEN IN DER WEIMARER REPUBLIK

I. Die Novemberrevolution von 1918 und die Wahl zur Weimarer Nationalversammlung

Alle im Herbst 1918 vollzogenen innenpolitischen Reformen, die Ablösung des Dreiklassenwahlrechts in Preußen, die Modifizierung des Reichstagswahlrechts und die Parlamentarisierung, konnten jedoch die Monarchie nicht erhalten und die *Revolution vom 9. November 1918* nicht verhindern. Sie trugen aber dazu bei, einen völligen „Bruch in der politischen Kontinuität, der die Gefahr eines Zerfalls des deutschen Staates in sich barg"[1]), zu vermeiden, ermöglichten die *Übertragung der Reichsgewalt auf Friedrich Ebert* und waren zudem eine wesentliche Voraussetzung für die neue Verfassung.

Die Mehrheitssozialdemokraten (MSPD), die zwar mit der USPD den paritätisch zusammengesetzten „Rat der Volksbeauftragten" gebildet hatten, schlossen schon am 10. November als „Abwehrblock" gegen den Linksradikalismus ein Bündnis mit dem Bürgertum, der Obersten Heeresleitung und der Bürokratie, das in starkem Maße zur Stabilität der Regierungsgewalt und zur Aufrechterhaltung der Ordnung beitrug; dennoch war es zu Beginn der Revolution keineswegs sicher, ob tatsächlich das parlamentarische Regierungssystem beibehalten würde. Auch der *Aufruf der Volksbeauftragten* vom 12. November *zur Wahl einer Konstituante*, die „auf Grund des proportionalen Wahlsystems" von allen „mindestens 20 Jahre alten männlichen und weiblichen Personen"[2]) bestellt werden sollte, hatte zunächst nur programmatischen Charakter; er machte jedoch die Haltung der SPD deutlich, alle gesellschaftspolitischen Reformen einer gewählten Nationalversammlung zu überlassen. Die Mehrheit der USPD — der bolschewistisch orientierte Spartakusbund lehnte die Wahl einer Konstituante grundsätzlich ab und forderte die Räterepublik nach sowjetrussischem Vorbild — hingegen wollte die Wahl zur Nationalversammlung so lange hinauszögern, bis „die durch die Revolution geschaffenen Machtverhältnisse konsolidiert"[3]) und die ökonomischen und sozialen Veränderungen von den Volksbeauftragten und den zu

---

[1]) Karl Dietrich Bracher, Entstehung der Weimarer Verfassung, in: Derselbe, Deutschland zwischen Demokratie und Diktatur. Beiträge zur neueren Politik und Geschichte, Bern/München/Zürich 1964, S. 16.

[2]) Der Aufruf zit. nach Ernst Rudolf Huber, Dokumente, a.a.O., Bd. 3, S. 6 f.

[3]) Karl Dietrich Erdmann, Die Weimarer Republik, in: Bruno Gebhard, Handbuch der Deutschen Geschichte, a.a.O., Bd. 4, S. 88.

Beginn der Revolution entstandenen *Arbeiter- und Soldatenräten* durchgeführt worden waren.

Die *Bestellung der Räte*[4]) vollzog sich in den verschiedensten Formen und richtete sich im wesentlichen nach den örtlichen Gegebenheiten. Meist jedoch einigten sich die lokalen Parteiinstanzen von SPD und USPD, die dann den Arbeiterrat ernannten oder auch von Volks- und Betriebsversammlungen durch Wahl bestätigen ließen. Aus politischen Wahlen sind die Räte zu Beginn der Revolution nur in wenigen Fällen hervorgegangen[5]). Soweit jedoch Neuwahlen notwendig wurden, waren sie indirekt, gleich, meist geheim, aber auch öffentlich, vor allem aber nicht allgemein[6]). Aktiv wahlberechtigt waren nur die sogen. Hand- und Kopfarbeiter, zu denen man neben den Arbeitern auch Beamte und Angestellte, nicht aber Unternehmer und selbständige Kaufleute rechnete. Die Wahlen fanden in der Regel in den Betrieben bzw. Kasernen und für die Selbständigen, sofern sie an der Wahl teilnehmen durften, nach Berufsgruppen statt. Sie wurden von den beiden sozialistischen Parteien und meist auch von den Gewerkschaften organisiert. Nach der allgemein gültigen Proportionalwahl entfiel auf etwa 1 000 Wahlberechtigte bzw. ein Bataillon ein Delegierter. Generelle Aussagen über die Zusammensetzung der Räte sind für das ganze Reich kaum möglich, jedoch erlauben die Angaben über den „Allgemeinen Kongreß der Arbeiter- und Soldatenräte Deutschlands" infolge des indirekten Wahlmodus Rückschlüsse auch auf die Zusammensetzung der lokalen Räte. Von den 488 Mitgliedern des Reichskongresses erklärten sich 289 (59,2 v. H.) als Anhänger der SPD, 90 (18,4 v. H.) der USPD (darunter zehn Spartakisten), 25 (5,1 v. H.) der Demokraten, zehn (2,0 v. H.) der linksradikalen „Vereinigten Revolutionäre", 27 (5,5 v. H.) als Soldaten, während sich 47 (9,8 v. H.) Mitglieder nicht äußerten[7]).

---

[4]) Zur Rätebewegung in der Revolution von 1918/19 siehe etwa Walter Tormin, Zwischen Rätediktatur und sozialer Demokratie, Düsseldorf 1954; Eberhard Kolb, Die Arbeiterräte in der deutschen Innenpolitik 1918–19, Düsseldorf 1962; Dieter Schneider/Rudolf Kuda, Arbeiterräte in der Novemberrevolution. Ideen, Wirkungen, Dokumente, Frankfurt/M. 1968; vgl. auch Arthur Rosenberg, Geschichte der Weimarer Republik (Neudruck von: Geschichte der Deutschen Republik, Karlsbad 1935), Frankfurt/M. 1961, S. 16 ff.

[5]) Ähnlich auch Walter Tormin, Zwischen Rätediktatur und sozialer Demokratie, a.a.O., S. 55 ff.

[6]) Vgl. ebenda, passim.

[7]) Die Zahlenangaben schwanken in der Literatur geringfügig; so macht Eberhard Kolb von den hier nach Walter Tormin, Zwischen Rätediktatur und sozialer Demokratie, a.a.O., S. 93 zitierten Mitgliederzahlen abweichende Angaben. Vgl.: Der Zentralrat der Deutschen Sozialistischen Republik, Quellen zur Geschichte der Rätebewegung in Deutschland 1918/19, Bd. 1, Amsterdam 1968, S. XXVII f.

Im Mittelpunkt der Beratungen, die vom 16. bis 21. Dezember 1918 stattfanden, standen die Wahl eines Zentralrates, die Sozialisierung, sowie vor allem das Problem, zu welchem Zeitpunkt die Konstituante einzuberufen sei[8]). Gemäß der parteipolitischen Konstellation setzten sich die Vorstellungen der Mehrheitssozialdemokraten weitgehend durch. So bestellte der Kongreß in den Zentralrat, dessen Aufgabe im wesentlichen in der Kontrolle der Volksbeauftragten bestand, 27 Mehrheitssozialdemokraten und Soldaten, die mit der SPD sympathisierten. Von besonderer Relevanz waren zudem die Beschlüsse, durch die die „*Verordnung über die Wahlen zur verfassunggebenden deutschen Nationalversammlung*"[9]) vom 30. November 1918 gebilligt und der Wahltag mit dem 19. Januar 1919 auf den frühest möglichen Termin festgesetzt wurde, da sie die Ablehnung des Rätesystems und die endgültige Entscheidung zugunsten des Parlamentarismus erbrachten. Als Folge dieser Entscheidung ergab sich nach dem Ausscheiden der USPD aus dem Rat der Volksbeauftragten eine erhebliche Radikalisierung und „Linksschwenkung" der Räte sowie der USPD; in den Großstädten Berlin und München kam es zu blutigen Unruhen, die die Volksbeauftragten veranlaßten, die Nationalversammlung nach Weimar einzuberufen.

Für die *Wahl zur Weimarer Nationalversammlung* waren aktiv und passiv wahlberechtigt alle Männer und Frauen, die das 20. Lebensjahr vollendet hatten und im Besitz der bürgerlichen und politischen Ehrenrechte waren. Das passive Wahlrecht war zudem noch an einjährige Staatsangehörigkeit gebunden. Die Abgeordneten wurden in allgemeiner, gleicher und geheimer Wahl unmittelbar bestellt; je einer auf 150 000 Einwohner, wobei die Volkszählung vom 1. Dezember 1910 zugrunde gelegt wurde. Bei einem Überschuß von mindestens 75 000 Einwohnern wurde ein weiterer Abgeordneter bestellt, so daß 421 Abgeordnete gewählt wurden und im Reichsdurchschnitt auf 72 209 abgegebene gültige Stimmen ein Mandat entfiel[10]). Die Wahlkreiseinteilung, die im allgemeinen an den Ländergrenzen und Verwaltungsbezirken orientiert war, jedoch zum Teil die früheren Kleinstaaten preußischen Bezirken angliederte, schuf gemäß dem Wahlsystem 36 Großwahlkreise mit sechs (Mecklenburg) bis 17 (Württemberg) Man-

---

[8]) Zu den Debatten im Allgemeinen Kongreß der Arbeiter-Soldatenräte siehe Eberhard Kolb, a.a.O., S. 127 ff.

[9]) Text siehe Quellenteil Nr. 7, S. 361 ff.; vgl. auch die synoptische Zusammenstellung der wahlrechtlichen und wahlsystematischen Bestimmungen in der Groß-Tabelle G VII.

[10]) Siehe Anmerkung B/14.

daten[11]). Elsaß-Lothringen, das noch zum Deutschen Reich gehörte, galt als 37. Wahlkreis, konnte aber infolge der französischen Besetzung nicht an der Wahl teilnehmen.

Die Wahlverordnung bestimmte als Wahlsystem die *Proportionalwahl*, womit sie den Forderungen der Sozialdemokraten Rechnung trug[12]), vor allem aber die nach dem Ersten Weltkrieg vorherrschende Meinung berücksichtigte, daß nur ein System der Verhältniswahl mit ihrer weitestgehenden Kongruenz von Stimmen und Mandaten den empirischen Volkswillen möglichst genau reflektieren könne. Es wurde die Proportionalwahl starrer Liste[13]) eingeführt. Listenverbindungen waren zulässig. Von den im Reich aufgestellten 214 Wahlvorschlägen waren 102 mit anderen verbunden[14]). Während die Sozialdemokraten, die „Deutsche Demokratische Partei" (DDP) und auch die Unabhängigen Sozialdemokraten keine Wahlbündnisse eingingen, profitierten von der Möglichkeit der Listenverbindung verschiedene Splittergruppen, wie die „Deutsch-Hannoversche Partei", der „Braunschweigische Landeswahlverband" und die „Schleswig-Holsteinische Bauern- und Landarbeiter-Demokratie", die je ein Mandat erhielten, sowie von den stimmstarken Parteien die „Deutsche Volkspartei" (DVP), die „Deutschnationale Volkspartei" (DNVP) und die „Christliche Volkspartei" (CVP), die zusätzlich acht Mandate zugesprochen bekamen (s. Tab. A 12). Die Sitzverteilung erfolgte auf Wahlkreisebene nach der Methode d'Hondt[15]). Die Stimmen der Parteien, die im Wahlkreis bereits bei der Division durch eins kein Mandat erhielten, blieben unverwertet, so daß 1 133 567 Stimmen nicht berücksichtigt werden konnten (s. Tab. A 14). Vom Höchstzahlverfahren der Methode d'Hondt war neben einigen Splittergruppen und der DDP, die in zwei Wahlkreisen keinen Sitz erreichte, vor allem die USPD betroffen, die 7,6 v. H. der Stimmen, aber nur 5,2 v. H. der Sitze erhielt, da sie in 22 Wahlkreisen kein Mandat erzielen konnte. Ihre besten Ergebnisse erreichte die USPD in den Wahlkreisen Berlin mit 27,6, Leipzig 38,6 und Merseburg 44,1 v. H. der Stimmen.

An der *Wahl vom 19. Januar 1919* (s. Tab. A 11; Darst. VII; Tab. A 12; Tab. A 14 und A 15) beteiligten sich 19 Parteien, von denen infolge des Wahlsystems zehn Parteien Mandate erhielten. Es waren fast ausschließlich die „alten" Parteien[16]), die bereits dem kaiserlichen

---

11) Vgl. die Aufstellung bei Alfred Milatz, a.a.O., S. 30 ff.
12) Siehe oben S. 112 f.
13) Zu den Begriffen siehe die Begrifflichen Grundlagen, S. 42 f.
14) Vgl. Alfred Milatz, a.a.O., S. 33 f. und passim.
15) Zum Begriff siehe die Begrifflichen Grundlagen, S. 50 ff.
16) Zur Parteientwicklung in der Weimarer Republik siehe unten S. 154 ff.

Reichstag angehört hatten. Die Erwartungen der beiden sozialistischen Parteien (SPD und USPD), auch ohne Koalition mit den bürgerlichen Parteien eine regierungsfähige Mehrheit in der Nationalversammlung zu stellen, erfüllten sich nicht, da beide Parteien nur über 187 der 423 Mandate verfügten. Vor allem die Ausdehnung des aktiven Wahlrechts auf die Frauen und die Herabsetzung des Wahlalters von 25 auf 20 Jahre, von denen sich beide Parteien im Zusammenwirken mit der Proportionalwahl eine beträchtliche Steigerung sowohl ihrer Mandats- als auch ihrer Stimmenzahlen gegenüber der Reichstagswahl von 1912 erhofften, erreichten ihr vorgegebenes Ziel nicht. Zum einen blieb die Wahlbeteiligung der Jungwähler erheblich unter dem Reichsdurchschnitt von 83,0 v. H., zum anderen aber wählten die Frauen, die 54,0 v. H. aller Wahlberechtigten stellten, in weitaus stärkerem Maße das Zentrum und die bürgerlich konservativen Parteien. Auch bei den fol-

Tabelle II: Verhältnis der Frauenstimmen zu Männerstimmen bei den Reichstagswahlen von 1924 bis 1930

	1924/I	1924/II	1928	1930
Sozialistische Parteien	83	83	88	89
Bürgerliche Parteien	112	116	113	127

(Quelle: Tingsten, s. BiblAng.)

genden Reichstagswahlen bestand eine beachtliche Differenz im Wahlverhalten von Männern und Frauen[17]). Für die SPD betrug sie zeitweise zehn von Hundert, so daß sich gerade das von ihnen geforderte Frauenwahlrecht ständig gegen die Sozialdemokraten auswirkte. Das Wahlergebnis war dennoch ein Votum für die Mehrheitsparteien des Reichstages, Sozialdemokraten, Christliche Volkspartei (ehemaliges Zentrum) und Deutsche Demokratische Partei (ehemalige Fortschrittliche Volkspartei), die 76,1 v. H. der Stimmen und 331 Mandate erreichten. Von den Parteien, die das parlamentarische System mehr oder minder stark ablehnten, erzielten die Unabhängigen Sozialdemokraten 22 Mandate, die Deutschnationale Volkspartei als Sammelbecken der ehemaligen konservativen Fraktionen des Reichstages (Deutsch-Konservative, Deutsche Reichspartei und Deutsche Reformpartei) 44 und die Deutsche Volkspartei (ein Teil der ehemaligen Nationalliberalen) 19 Mandate.

---

[17]) Vgl. hierzu etwa Herbert Tingsten, Political Behaviour, Studies in Election Statistics, Stockholm Economic Studies 7, London (1937), S. 37 ff.

I I. Das Verfassungs- und Institutionensystem
der Weimarer Republik

a) Das Verfassungssystem der Weimarer Reichsverfassung

Am 31. Juli 1919 wurde die *Weimarer Reichsverfassung*[18]) mit den
Stimmen der Regierungsparteien der „Weimarer Koalition", Sozialdemokraten, Christlicher Volkspartei und Deutscher Demokratischer
Partei, gegen die der Deutschnationalen, der Deutschen Volkspartei
und des Bayerischen Bauernbundes mit 262 Stimmen bei 75 Gegenstimmen und einer Enthaltung verabschiedet[19]). Sie war durch *drei
Hauptmerkmale* gekennzeichnet: Den Fortbestand föderalistischer
Elemente des Kaiserreiches, ein ausgeprägtes plebiszitäres Moment
und als entscheidenen Faktor die „parlamentarisch präsidiale Doppel-
struktur des Regierungssystems"[20]).

Nach Artikel eins der Verfassung war das Deutsche Reich eine Republik, in der die Staatsgewalt vom Volke ausging, so daß der
Reichstag, der in allgemeinen, gleichen, geheimen und unmittelbaren
Wahlen für eine vierjährige Wahlperiode bestellt wurde, eine starke
Stellung im Verfassungssystem einnehmen sollte. In Anlehnung an
die Parlamentarisierung der Reichsregierung und die Verfassungsänderung vom Herbst 1918 sollte die Regierung vom Parlament abhängig sein. Neben der Gesetzgebungsfunktion wurde die Position des
Reichstages deshalb vor allem dadurch gekennzeichnet, daß Reichs-
kanzler und Reichsminister gemäß Artikel 54 der Verfassung zu ihrer
Amtsführung des Vertrauens des Reichstages bedurften.

Geschwächt wurde die Stellung des Reichstages aber bereits durch die
plebiszitären Elemente und die *föderalistischen Komponenten* der
Verfassung. Als quasi zweite Kammer fungierte neben dem Reichstag
der Reichsrat, der sich aus „ex-officio" bestellten Mitgliedern der
Länderregierungen zusammensetzte. Die Zahl der Mitglieder ergab
sich aus dem Bevölkerungsanteil; auf eine Million Einwohner entfiel ein Sitz, jedoch verfügten auch die Kleinstaaten mit weniger als

---

[18]) Die Weimarer Reichsverfassung ist abgedruckt bei Ernst Rudolf Huber,
Dokumente, a.a.O., Bd. 3, S. 127 ff. Aus der kaum noch überschaubaren Zahl von
Interpretationen zum Weimarer Verfassungssystem seien nur einige genannt: Willi-
balt Apelt, Geschichte der Weimarer Verfassung, 2. Aufl., München 1964; Friedrich
Karl Fromme, Von der Weimarer Verfassung zum Bonner Grundgesetz. Die ver-
fassungspolitischen Folgerungen des Parlamentarischen Rates aus der Weimarer
Republik und der nationalsozialistischen Diktatur, Tübingen 1960; siehe auch die
einleitenden Kapitel von Karl Dietrich Bracher, in: Die Auflösung der Weimarer
Republik. Eine Studie zum Problem des Machtverfalls in der Demokratie, 4. Aufl.,
Villingen 1964.

[19]) Vgl. Handbuch des deutschen Staatsrechts, a.a.O., Bd. 1, S. 136.

[20]) Karl Dietrich Bracher, Entstehung der Weimarer Verfassung, a.a.O., S. 31.

einer Million Einwohner über eine Stimme. Um dem hegemonialen Einfluß Preußens entgegenzuwirken, durfte kein Land mehr als zwei Fünftel der Mitglieder in den Reichsrat entsenden. Zudem wurden die preußischen Stimmen aufgeteilt; die Regierung und die Provinzen bestellten jeweils dreizehn Mitglieder. Insgesamt bestand der Reichsrat aus 66 Delegierten (s. Tab. A 17). Seine Funktionen waren gegenüber der Verfassung von 1871 erheblich eingeschränkt. Der Reichsrat war zwar an der Gesetzgebung beteiligt, und alle Gesetze bedurften der Zustimmung beider Kammern, doch konnte der Reichstag vom Reichsrat abgelehnte Gesetze mit zwei Drittel Mehrheit erneut beschließen. Neben der Volkswahl des Reichspräsidenten kam der plebiszitäre Teilcharakter der Verfassung in der direkten Gesetzgebung durch *Volksbegehren und Volksentscheid* zum Ausdruck. Dieser Weg, das Parlament zu kontrollieren und zu korrigieren, führte allerdings in keinem Falle zum Erfolg[21]). Dennoch schwächten die Referenden die Stellung des Reichstages, da sie die repräsentative Funktion der Abgeordneten unterminierten, die Abstimmungskampagnen die Zahl der Wahlkämpfe erhöhten und zudem den republikfeindlichen Kräften eine Plattform für ihre Propaganda gaben.

Von ausschlaggebender Bedeutung für die Stellung des Reichstages in der Verfassungswirklichkeit aber waren die außergewöhnlich weitreichenden *Rechte des Reichspräsidenten,* durch die die Nationalversammlung ein Gegengewicht gegen die Gefahr funktionsunfähiger parlamentarischer Regierungen schaffen wollte[22]). Der Reichspräsident wurde durch allgemeine, gleiche, geheime und direkte Wahl nach dem Prinzip der absoluten Mehrheitswahl — im zweiten Wahlgang genügte die relative Mehrheit — bestellt. Ausgenommen von der direkten Volkswahl war gemäß der Verfassungsänderung vom 27. Oktober 1922 Friedrich Ebert, der von der Nationalversammlung mit 277 Stimmen bei 51 Gegenstimmen und 51 Enthaltungen zum ersten Reichspräsidenten gewählt worden war[23]). Seine Amtszeit wurde bis

---

[21]) Insgesamt fanden sieben Volksbegehren statt, in zwei Fällen kam es daran anschließend zum Volksentscheid (Volksentscheid zur „Fürstenenteignung" vom 20. Juni 1926 und zur Ablehnung des Young-Planes vom 22. Dezember 1929); beide Volksentscheide wurden verworfen, da sich weniger als 50 Prozent der Stimmberechtigten daran beteiligten. Vgl. die Zusammenstellung bei Ernst Rudolf Huber, Dokumente, a.a.O., Bd. 3, S. 189 ff.

[22]) So auch Karl Dietrich Bracher, Parteienstaat — Präsidialsystem — Notstand, in: Derselbe, Deutschland zwischen Demokratie und Diktatur, a.a.O., S. 37; vgl. ferner Peter Haungs, Reichspräsident und parlamentarische Kabinettsregierung. Eine Studie zum Regierungssystem der Weimarer Republik in den Jahren 1924—1929, Köln und Opladen 1968, S. 22 ff.

[23]) Vgl. Handbuch des deutschen Staatsrechts, a.a.O., Bd. 1, S. 125. Zur Verlängerung der Amtszeit Friedrich Eberts vgl. Artikel 180 der Weimarer Verfassung.

zum 1. Juli 1925 verlängert. Wählbar für eine siebenjährige Amtsperiode — Wiederwahl war zulässig — war jeder Bürger, der das
aktive Wahlrecht besaß und das 35. Lebensjahr vollendet hatte. Der
Reichspräsident vertrat das Reich völkerrechtlich, war Oberbefehls-
haber der Reichswehr und ernannte und entließ neben allen Reichsbeamten auch den Reichskanzler und auf dessen Vorschlag die
Reichsminister, ohne an die Mehrheitsverhältnisse des Parlamentes
gebunden zu sein. Zudem konnte er mit Zustimmung des Reichskanzlers das Parlament auflösen und in Krisenzeiten mit Hilfe des Notverordnungsparagraphen 48 weitgehend auch die Gesetzgebung beeinflussen.

Da Reichskanzler und Reichsminister dem Reichstag verantwortlich
waren, dieser die Regierung deshalb jederzeit stürzen konnte, aber
selbst aus seiner Mitte heraus keinen Nachfolger zu bestellen brauchte,
bestand eine *Doppelabhängigkeit der Regierung,* die „in der Hauptsache aus dem traditionellen ‚Konstitutionalismus' zu verstehen" war,
„d. h., aus der fortwirkenden Lehre von der Trennung der Gewalten"[24]. Die Verfassung war so angelegt, daß der Konsens in den politischen Vorstellungen und Zielen einer Reichstagsmehrheit mit denen
des Reichspräsidenten notwendig war, um eine im Sinne des parlamentarischen Systems funktionsfähige Regierungsgewalt zu erhalten[25].
Sollten die Ansichten sich widersprechen, war parlamentarische Regierung nur bei einem „starken" Reichstag möglich und hing zudem von
der persönlichen Konstellation von Reichspräsident und Reichsregierung ab. Falls sich jedoch im Parlament keine starken Regierungsmehrheiten bilden würden, mußte der Reichspräsident zum ausschlaggebenden innenpolitischen Machtfaktor werden, und der Reichstag in der
passiven Rolle der Legislative, die er im Kaiserreich gespielt hatte, verbleiben. Für die Stabilität und Funktionsfähigkeit des parlamentarischen Regierungssystems, das die Parteien der Weimarer Koalition
der Nationalversammlung trotz aller Elemente des „Konstitutionalismus" schaffen wollten[26]), wurde deshalb die Struktur des Parteiensystems entscheidend.

---

[24] Dolf Sternberger, Gewaltenteilung und parlamentarische Regierung ...,
a.a.O., S. 332 f.; ähnlich auch Ludwig Bergsträsser, Die Entwicklung des Parlamentarismus in Deutschland, a.a.O., S. 153 f.

[25] Ähnlich Karl Dietrich Bracher, Parteienstaat — Präsidialsystem — Notstand,
a.a.O., S. 38.

[26] So auch Ludwig Bergsträsser, a.a.O., S. 153.

b) Wahlrecht und Wahlsystem in ihrer Bedeutung für das Parteiengefüge

Das *Wahlgesetz vom 27. April 1920*[27]), das 1924 und 1934 nur in einigen technischen Bestimmungen geändert wurde, war bei allen Reichstagswahlen der Weimarer Republik sowie des Dritten Reiches gültig und basierte auf der Wahlverordnung der Volksbeauftragten vom 30. November 1918. Aktiv wahlberechtigt waren wie zur Wahl der Nationalversammlung alle Männer und Frauen über 20 Jahre, die im Besitz der bürgerlichen und politischen Ehrenrechte waren. Allerdings ruhte das Wahlrecht der Soldaten während der Zeit ihrer Zugehörigkeit zur Reichswehr. Das passive Wahlrecht besaß jeder Wahlberechtigte, der das 25. Lebensjahr vollendet hatte und seit mindestens einem Jahr deutscher Staatsangehöriger war. Die Abgeordneten wurden in allgemeiner, gleicher und geheimer Wahl unmittelbar bestellt; je einer für 60 000 Stimmen, so daß die Mitgliederzahl des Reichstages von der Zahl der Wahlberechtigten und der Wahlbeteiligung abhängig war und folglich stark schwankte (siehe Darst. VI auf der folgenden Seite).

Aufgrund der Grenzregelung des Versailler Friedensvertrages mußte die Wahlkreiseinteilung modifiziert werden. Nach denselben Gesichtspunkten wie zur Wahl der Nationalversammlung wurden 35 Großwahlkreise geschaffen, die nach dem Stand vom 8. Oktober 1919 zwischen 871 416 (Pfalz) und 2 589 524 (Württemberg) Einwohnern zählten und zu 17 Wahlkreisverbänden zusammengefaßt wurden[28]).

Über das *Wahlsystem* wurde in der Weimarer Nationalversammlung kaum diskutiert[29]). Es bestand Übereinstimmung bei allen Parteien, daß nur die Proportionalwahl die weitgehende Verfälschung des Wählerwillens, die im Kaiserreich wesentlich als Folge der ungleichen Wahlkreiseinteilung aufgetreten war und die als der absoluten Mehrheitswahl immanent betrachtet wurde, die Über- bzw. Unterrepräsentation also, beseitigen könne. Ja, man sah sogar in ihr eine ganz natürliche Folgeerscheinung der parlamentarischen Demokratie[30]). Allein Fried-

---

[27]) Text des Wahlgesetzes in der Fassung von 1924 siehe Quellenteil Nr. 9, S. 367 ff.

[28]) Zur Struktur der Wahlkreise und Wahlkreisverbände siehe Alfred Milatz, a.a.O., S. 49 ff.; vgl. auch Tabelle A 10.

[29]) Die Beratungen sind abgedruckt in: Verhandlungen der Verfassunggebenden Deutschen Nationalversammlung, Bd. 336, Anlage zu den stenographischen Berichten. Siehe auch die in Auszügen im Quellenteil Nr. 8 zusammengestellte Wahlsystemdiskussion in der Weimarer Nationalversammlung, S. 364 ff.

[30]) Vgl. hierzu Friedrich Schäfer, Sozialdemokratie und Wahlrecht. Der Beitrag der Sozialdemokratie zur Gestaltung des Wahlrechts in Deutschland, in: Verfassung und Verfassungswirklichkeit 1967, S. 174 ff.

Darstellung VI: Entwicklung der Wahlberechtigung und der Wahlbeteiligung bei
den Wahlen von 1919—1933

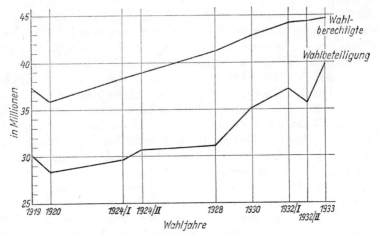

(Zu den exakten Zahlen siehe Tab. A 11)

rich Naumann (DDP) sprach sich für die relative Mehrheitswahl aus,
indem er vor allem auf die Notwendigkeit des Machtwechsels im parlamentarischen Regierungssystem hinwies: „Die Folge des Verhältniswahlsystems ist die Unmöglichkeit des parlamentarischen Regierungssystems; parlamentarisches System und Proporz schließen sich
gegenseitig aus. England, das Urbild des parlamentarischen Systems,
beruht auf dem Zweiparteiensystem. Dort ist ein Wechsel in der
Regierung nur zwischen den beiden sich gegenüberstehenden Parteien
möglich ... Das Zweiparteiensystem beruht auf dem englischen Wahlrecht, dort entscheidet der erste Wahlgang"[31]. Naumanns Argumentation entgegnete Hugo Preuss: „Ein Parlament mit politischer Verantwortlichkeit muß wenigstens in die Richtung des Zweiparteiensystems führen. Es brauchen nicht immer zwei ausgesprochene Parteien
zu sein, es können auch Koalitionen sein ... Der Satz ‚nach den
Grundsätzen der Verhältniswahl' muß stehenbleiben, gleichviel wie
man auch theoretisch über das Proportionalwahlsystem denken
mag"[32].

Die Verfassungsartikel 17 und 22 bestimmten deshalb sowohl für die
Reichstags- als auch für die Landtags- und Gemeindewahlen die Verhältniswahl.

---

[31]) Friedrich Naumann, in: Verhandlungen der Verfassunggebenden Deutschen
Nationalversammlung, Bd. 336, Anlage zu den stenographischen Berichten, S. 242.

[32]) Hugo Preuß, ebenda, S. 243.

Eingeführt wurde die *Verhältniswahl starrer Liste;* Listenverbindungen waren zulässig. Infolge der zentral durchgeführten Kandidatenaufstellung, durch die Plazierung der Bewerber auf den Listen und die Möglichkeit mehrmaliger Kandidatur in verschiedenen Wahlkreisen erhielten die Parteiorganisationen trotz des in Artikel 21 der Verfassung garantierten freien Mandats einen überstarken Einfluß auf die Parlamentsfraktionen und den einzelnen Abgeordneten. Zudem

Groß-Tabelle G V: Das Wahlrecht in den deutschen Ländern während der Weimarer Republik

Gemeinsam für alle Länder:		Aktiv wahlberechtigt sind alle im Besitz der bürgerlichen und politischen Ehrenrechte befindlichen Männer und Frauen über 20 Jahre. Wählbar sind alle Männer und Frauen, die das aktive Wahlrecht besitzen und das 25. Lebensjahr vollendet haben (mit Ausnahme der Länder Anhalt, Braunschweig, Bremen, Mecklenburg-Schwerin, Sachsen, Thüringen und Württemberg, in denen die Altersbeschränkung nur 20 Jahre beträgt). Die Wahlen erfolgen gemäß der Artikel 17 und 22 der Reichsverfassung vom 31. 7. 1919 sowohl für den Reichstag als auch für die Länder- und Gemeindeparlamente nach den Grundsätzen des Verhältniswahlsystems.
Land	Gesetzliche Grundlagen Vf. = Verfassung LWG = Landtagswahlgesetz	Parlament: Mitgliederzahl Wahlperiode — Wahlsystem
Anhalt	Vf. v. 18.7.1919 LWG v. 7.5.1920 und Änderungsgesetze bis 4.12.1928	Landtag 36 Abg. 4 Jahre — 1 Stimme je Wähler; 1 Wahlkreis; Sitzverteilung nach Wahlzahlverfahren (→S. 46); Reststimmenverwertung nach der Methode des größten Überrestes
Baden	Vf. v. 21.3.1919 LWG v. 29.7.1920 Änderungsgesetze bis 9.10.1931	Landtag schwankend (seit 1931: 65 Abg.) 4 Jahre — 1 Stimme je Wähler; 7 Wahlkreise; automatische Methode (→S. 257). Auf je 10 000 Stimmen 1 Sitz. Reststimmen werden auf Landesebene ebenso verrechnet. Auf einen Rest von mehr als 7 500 Stimmen entfällt 1 weiterer Sitz.
Bayern	Vf. v. 14.8.1919 LWG v. 12.5.1920 und Änderungsgesetze bis 10.3.1931	Landtag 128 Abg. 4 Jahre — 1 Stimme je Wähler; 8 Wahlkreise; 113 Abg. in Wahlkreisen und 15 „Landesabg." über Landeslisten nach der Methode Hagenbach-Bischoff (→S. 46).
Braunschweig	Vf. v. 6.1.1922 LWG v. 19.3.1921 Änderungsgesetze bis 4.8.1930	Landtag 48 Abg. 3 Jahre — 1 Stimme je Wähler; 1 Wahlkreis; Sitzverteilung nach der Methode d'Hondt (→S. 48 f.).
Bremen	Vf. v. 18.5.1920 WG v. 3.7.1923 und Änderungsgesetz v. 22.11.1924	Bürgerschaft 120 Abg. 3 Jahre — 1 Stimme je Wähler; 4 Wahlkreise. Sitzverteilung nach der Methode d'Hondt (→S. 48 f.).
Hamburg	Vf. v. 7.1.1921 WG v. 30.12.1920 und Änderungsgesetze bis 28.2.1927	Bürgerschaft 160 Abg. 3 Jahre — 1 Stimme je Wähler; 2 Wahlkreise. Sitzverteilung nach der Methode d'Hondt (→S. 48 f.).
Hessen	Vf. v. 12.12.1919 LWG v. 16.3.1921 und Änderungsgesetze bis 10.7.1931	Landtag 70 Abg. 3 Jahre — 1 Stimme je Wähler; 1 Wahlkreis; Sitzverteilung nach der Methode d'Hondt (→S. 48 f.).

Die Seitenverweise beziehen sich auf die *Begriffliche Einführung in die Wahlsystematik* im Handbuch ,*Die Wahl der Parlamente und anderer Staatsorgane'*, a. a. O.

Fortsetzung Groß-Tabelle G V

Land	Gesetzliche Grundlagen Vf. = Verfassung LWG = Landtagswahlgesetz	Parlament: Mitgliederzahl Wahlperiode	Wahlsystem
Lippe	Vf. v. 21.12.1920 LWG v. 17.12.1920 und Änderungsgesetz v. 20.12.1924	Landtag 21 Abg. 4 Jahre	1 Stimme je Wähler; 1 Wahlkreis. Sitzverteilung nach der Methode d'Hondt (→S. 48 f.).
Lübeck	Vf. v. 23.5.1920 WG v. 5.12.1923 und Änderungsgesetze bis 24.9.1929	Bürgerschaft 80 Abg. 3 Jahre	1 Stimme je Wähler; 1 Wahlkreis; Sitzverteilung nach der Methode Hagenbach-Bischoff (S. 46).
Mecklenburg-Schwerin	Vf. v. 17.5.1920 LWG v. 17.5.1920 und Änderungsgesetze bis 1.11.1928	Landtag schwankend; mindestens 50 Abg. 3 Jahre	1 Stimme je Wähler; 1 Wahlkreis, automatische Methode (→S. 257). Auf je 6000 Stimmen 1 Sitz. Um mindestens 50 Sitze verteilen zu können, kann die Zahl 6000 entsprechend reduziert werden.
Mecklenburg-Strelitz	Vf. v. 29.1.1919 WG v. 30.1.1919 und Änderungsgesetze bis 5.5.1927	Landtag 35 Abg. 4 Jahre	1 Stimme je Wähler; 2 Wahlkreise: Sitzverteilung nach der Methode d'Hondt (→S.48 f.). Bei verbundenen Listen werden die am 2. Wahlkreis (5 Sitze) abgegebenen Stimmen im 1. Wahlkreis mitgerechnet.
Oldenburg	Vf. v. 17.6.1919 LWG v. 7.7.1919 und Änderungsgesetze bis 21.4.1928	Landtag schwankend maximal 48 Abg. 3 Jahre	1 Stimme je Wähler; 3 Wahlkreise; automatische Methode (→S. 257). 4000 Stimmen 1 Sitz; bei verbundenen Listen werden Reststimmen auf Landes- ebene verrechnet. Müßten mehr als 48 verteilt werden, so wird die Zahl 4000 erhöht.
Preußen	Vf. v. 30.1.1920 LWG v. 3.12.1920 und neue Fassung v. 28.10.1924	Landtag schwankend 4 Jahre	1 Stimme je Wähler; automatische Methode (→S. 257). Auf je 40000 Stimmen 1 Sitz; Reststimmen werden über Landes- listen verrechnet. Auf einen Rest von mehr als 20000 Stimmen entfällt 1 weiterer Sitz.
Sachsen	Vf. v. 1.11.1920 LWG v. 4.9.1920 Änderungsgesetze bis 13.2.1929	Landtag 96 Abg. 4 Jahre	1 Stimme je Wähler; 3 Wahlkreise; Sitzverteilung nach Wahlzahlverfahren (→S.46); auf Landesebene.
Schaumburg-Lippe	Vf. u. 24.2.1922 LWG v. 25.2.1922 und Änderungsgesetze bis 28.3.1928	Landtag 15 Abg. 3 Jahre	1 Stimme je Wähler; 1 Wahlkreis; Sitzverteilung nach der Methode d'Hondt (→S. 48 f.).
Thüringen	Vf. v. 11.3.1921 LWG v. 11.3.1921 und Änderungsgesetze bis 28.3.1928	Landtag schwankend 3 Jahre	1 Stimme je Wähler; 4 Wahlkreise; automa- tische Methode (→S. 257). Auf je 12000 Stimmen 1 Sitz. Auf einen Rest von mehr als 9000 Stimmen entfällt 1 weiterer Sitz. Verrechnung im Wahlkreis, bei verbundenen Listen auf Landesebene.
Waldeck	vorläufige Vf. v. 15.3.1922 LWG v. 15.3.1922	Landtag 17 Abg. 3 Jahre	1 Stimme je Wähler; 1 Wahlkreis; Sitzverteilung nach der Methode d'Hondt (→S. 48 f.).
Württemberg	Vf. v. 25.9.1919 LWG v. 4.4.1924 Änderungsgesetze bis 5.5.1928	Landtag 80 Abg. 4 Jahre	1 Stimme je Wähler; 2 Wahlkreise; 56 Sitze über Bezirkslisten und 24 über Landes- listen nach der Methode d'Hondt (→S. 48 f.). Sperrklausel: mindestens 1 Wahlbezirk 1/80 der im ganzen Land abgegebenen Stimmen oder 1/8 hiervon in 4 Wahlbezirken.

Anmerkung: Bibliographische Nachweise zu den zahlreichen Änderungsgesetzen, die in der Regel keine grundsätzlichen Veränderungen zum Inhalt hatten, in: Braunias I, S. 122 ff.

änderten sich gegenüber der Kaiserzeit die Kriterien, die an einen Bewerber gestellt wurden[33]). Entscheidend war jetzt vor allem die Bewährung in der Parteibürokratie, da meist am Ende eines stetigen Aufstiegs innerhalb der Parteiorganisation ein Listenplatz bei Reichstagswahlen stand. Eine weitere Folge der starren Listen bestand darin, daß die Parteien weitgehend die verschiedenen Interessengruppen, von denen sie unterstützt wurden, bei der Zusammenstellung der Listen berücksichtigten. Außer den Interessenparteien (s. u.) gehörten dem Reichstag auch innerhalb der politischen Parteien starke Gruppen der verschiedenen Wirtschaftsverbände an.

Durch das Wahlsystem, zumal das Gestaltungselement der starren Liste, ergab sich für alle *Parteien* die Notwendigkeit, endgültig den Übergang von der Honoratioren- zur Mitgliederpartei zu vollziehen, ihre zentrale Führung zu straffen und einen wirksamen Parteiapparat aufzubauen. Als Vorbild diente den meisten Parteien das bereits vor dem Ersten Weltkrieg geschaffene *Organisationsschema* der SPD mit seiner ausgeprägten Parteihierarchie und festgefügtem Parteiapparat sowie der Gliederung in Ortsgruppen, Ortsvereinen, Wahlkreisvereinen, Bezirks-, Provinzial- oder Landesverbänden und Reichsorganisation[34]). Diese Struktur, die sich während der Revolution bewährt und die SPD bei der Wahl zur Nationalversammlung gegenüber den anderen Parteien erheblich begünstigt hatte, erwies sich — vor allem in den ersten Jahren der Weimarer Republik — als innerparteilicher Stabilisationsfaktor gegen die Abspaltung von USPD und KPD. Allerdings schränkte der „bürokratisch-verläßliche ... Charakter"[35]) ihre Manövrierfähigkeit erheblich ein, erschwerte die Anpassung der Partei an die veränderten Bedingungen und trug so entscheidend dazu bei, daß die Partei keine klare innere Einstellung zum parlamentarischen System fand[36]).

---

[33]) Zur Kandidatenaufstellung, aber auch zur Parlamentssoziologie während der Weimarer Republik liegen kaum Spezialuntersuchungen vor. So muß weitgehend auf die hierzu meist nur generalisierende Angaben enthaltenden Darstellungen zur allgemeinen Parteiengeschichte zurückgegriffen werden (s. BiblAng.). Siehe auch Karl Dietrich Bracher, Die Auflösung der Weimarer Republik, a.a.O., S. 64 ff. Vgl. ferner die allerdings infolge der grundsätzlichen Ablehnung der Verhältniswahl einseitige Darstellung bei Ferdinand A. Hermens, Demokratie oder Anarchie? Untersuchungen über die Verhältniswahl, 2. Aufl., Köln und Opladen 1968, S. 177 ff. (zuerst erschienen unter dem Titel: Democracy or Anarchy? A Study of Proportional Representation, Univ. of Notre Dame Press 1941).

[34]) Zur Organisationsstruktur der SPD vgl. Thomas Nipperdey, Die Organisation der deutschen Parteien vor 1918, a.a.O., S. 293 ff.

[35]) Karl Dietrich Bracher, Die Auflösung der Weimarer Republik, a.a.O., S. 73.

[36]) Vgl. ebenda, passim.

Ausnahmen in der *innerparteilichen Struktur* bildeten neben dem
Zentrum, das sich wie im Kaiserreich vor allem auf die kirchlichen
Organisationen und die zahlreichen katholischen Laienverbände
stützte, auch die beiden extremen Flügelparteien, die „Nationalsozialistische Deutsche Arbeiterpartei" (NSDAP) und die „Kommunistische Partei Deutschlands" (KPD) sowie die DNVP. Die Deutschnationalen[37]), die infolge des Zusammenschlusses der verschiedenen
konservativen Parteien eine stark heterogene Struktur aufwiesen,
hatten vielfach den Charakter einer Mitgliederpartei. Auch östlich der
Elbe erreichten sie beträchtliche Mitgliederzahlen, blieben hier jedoch
— vornehmlich auf dem Lande — Honoratiorenpartei, da die Großgrundbesitzer „keinen Wert darauf legten, mit ihren Landarbeitern
dem gleichen Verein anzugehören"[38]). Zudem erhielten sich die Landesverbände, die meist zentralistisch und autoritär geführt wurden,
eine weitgehende Eigenständigkeit.

Die Organisationsformen der NSDAP und auch der KPD wiesen
trotz aller ideologischen Gegensätze gewisse Gemeinsamkeiten auf,
die vor allem auf der Ablehnung des Parlamentarismus beruhten.
Während bei den meisten anderen Parteien politische Willensbildung
und der Erwerb von Parteiämtern durch Wahlen von der untersten
Organisationsstufe auf die jeweils nächsthöhere Ebene delegiert wurden und die Parteispitze kontrolliert werden konnte, kennzeichnete
NSDAP und KPD eine starke und unabhängige Parteispitze. In der
NSDAP war gemäß dem Führerprinzip die gesamte Macht in
Adolf Hitler, dem eigentlichen Integrationselement der Partei, konzentriert[39]). Ihm war der Parteiapparat, den er selbst ernannte und
der streng hierarchisch gegliedert war, untergeordnet. Da die zentrale Parteileitung keine grundsätzlich abweichenden Meinungen dul-
dete und auch auf innerparteiliche Gruppierungen kaum Rücksicht zu
nehmen brauchte[40]), beruhten die Wahlerfolge der Partei seit der

---

[37]) Zur Organisation der DNVP siehe Werner Liebe, Die Deutschnationale Volkspartei 1918–1924, Düsseldorf 1956, S. 7 ff.

[38]) Walter Tormin, Geschichte der deutschen Parteien seit 1848, 2. Aufl., Stutt-
gart/Berlin/Köln/Mainz 1967, S. 152.

[39]) Zur Parteistruktur der NSDAP vgl. Martin Broszat, Der Staat Hitlers (dtv-
Weltgeschichte des 20. Jahrhunderts, Bd. 9), München 1969, S. 33 ff.; vgl. auch
Karl Dietrich Bracher, Die Auflösung der Weimarer Republik, a.a.O., S. 117 ff.

[40]) Dies bedeutet allerdings keineswegs, daß die einzelnen Gliederungen der
NSDAP, insbesondere die vertikalen (regionalen) Organisationsstufen, nicht selb-
ständig handeln konnten. Dies war solange möglich, wie die absolute Loyalität zu
Hitler nicht angetastet wurde. In gewisser Weise bestand sogar eine erhebliche
Inkohärenz. Wenn jedoch die Unterordnung unter Hitler — wie in der Ausein-
andersetzung mit der Strasser-Gruppe — in Frage gestellt wurde, setzte sich die
Parteiführung ohne Rücksicht auf programmatische und politische Zielsetzungen
durch. Vgl. etwa Martin Broszat, ebenda, S. 65 ff. und passim.

Reichstagswahl von 1930 unter anderem auch darauf, daß die Partei mit ihrer Propaganda die meisten Bevölkerungsschichten ansprechen und damit die Grenzen überspringen konnte, die fast allen anderen Parteien durch die Verbindung mit wirtschaftlichen Interessengruppen gesetzt waren[41]).

Die Sitzverteilung auf die Parteien erfolgte nicht mehr wie 1919 nach der Methode d'Hondt, die nach Ansicht der Verfassunggeber zu viele Reststimmen unverwertet ließ und zu große Abweichungen von Stimmen- und Mandatsanteil ergeben hatte, sondern nach der automatischen Methode in drei *Ermittlungsverfahren*[42]). Auf Wahlkreis- und Wahlkreisverbandsebene erhielt jede Parteiliste im ersten bzw. zweiten Ermittlungsverfahren für je 60 000 Stimmen einen Sitz. Für das dritte Zuteilungsverfahren, das für das gesamte Reich durchgeführt wurde, stellten alle Parteien einen zentralen Reichswahlvorschlag auf. Berücksichtigt wurden aber gemäß Artikel 32 des Wahlgesetzes nur die Parteien, die bereits ein Mandat erhalten hatten. Zudem durften jeder Partei höchstens so viele Sitze zugesprochen werden, wie sie im ersten und zweiten Zuteilungsverfahren erzielt hatte. Wiederum entfiel auf 60 000 Stimmen sowie auf einen Rest von mehr als 30 000 Stimmen ein Mandat.

Obwohl durch die automatische Methode die weitestgehende Kongruenz von Stimmen und Mandaten ermöglicht wurde, ergab sich bei den Reichstagswahlen eine relativ hohe Zahl nicht verwerteter Stimmen, die entgegen den Erwartungen der Verfassunggeber teilweise größer war als bei der nach der Methode d'Hondt durchgeführten Mandatsverteilung zur Nationalversammlung. Sie erreichte bei den Wahlen 1924/I und 1928 mit 1 171 186 bzw. 1 548 762 den Höchststand (s. Tab. A 14). Dies war eine Folge der zunehmenden *Parteienzersplitterung*, der das Verhältniswahlsystem nicht entgegenwirkte. Da ein Zwang zur Konzentration nicht gegeben war und jede Richtung — selbst bei noch so geringer Anhängerschaft — mit Parlamentssitzen rechnen konnte, nahm sowohl die Zahl der Parteien, die sich an der Wahl beteiligten, als auch die Zahl der Parlamentsparteien ständig zu. Während zur Wahl der Nationalversammlung 19 Parteien Listen

---

[41]) Auf die Bedeutung der Parteistruktur, ihren Charakter als Sammel- und Einigungsbewegung, dem die programmatische wie taktische Ausrichtung angepaßt und untergeordnet wurde, für den Aufstieg der NSDAP weist etwa auch Karl Dietrich Bracher hin; vgl. Die Auflösung der Weimarer Republik, a.a.O., passim, insbesondere S. 171 ff.

[42]) Zur Konstruktion der drei Ermittlungsverfahren vgl. Artikel 30–33 des Wahlgesetzes im Quellenteil Nr. 9, S. 372 f.; für ein praktisches Beispiel siehe Tabelle A 13.

aufgestellt hatten, erhöhte sich die Zahl bei der Wahl zum ersten Reichstag von 1920 bereits auf 24; sie betrug im Mai 1924 29 und erreichte bei den Wahlen von 1928 und 1932/I mit 35 bzw. 42 Parteilisten den Höchststand (s. Tab. A 14). Noch an der März-Wahl von 1933, die bereits unter dem Druck der Nationalsozialisten durchgeführt wurde, beteiligten sich 15 Parteien. Mandate erhielten trotz der automatischen Methode infolge der extrem großen Parteienzersplitterung nur relativ wenige Parteien, so daß mit Ausnahme der März-Wahl von 1933 bei allen anderen Wahlen die Mehrzahl der Parteien, die Kandidatenlisten aufgestellt hatten, an den beiden Sperrklauseln scheiterten. So erreichten bei der Wahl von 1920 von den 24 Parteien nur zehn Parteien Mandate, 1924/I: von 29 nur zwölf; 1924/II: von 27 nur elf; 1928: von 35 nur 15, 1930: von 32 nur 15; 1932/I: von 42 nur 14; 1932/II: von 36 Parteien nur 13 Parteien Mandate.

Die Verhältniswahl hat zweifellos zur Zersplitterung des Parteiensystems beigetragen; die These aber, daß die Radikalisierung der Wählerschaft sowie der Aufstieg des Nationalsozialismus primär eine *Folge des Wahlsystems* gewesen seien und daß die relative Mehrheitswahl dies hätte verhindern können, überbetont die Rolle des Wahlsystems[43]). Zum einen scheiterten die meisten Splittergruppen an den Sperrklauseln und waren somit für die Mehrheitsverhältnisse im Reichstag ohne Bedeutung, zum anderen aber war die heterogene Struktur des Parteiensystems durch eine Reihe von Faktoren vorbelastet, denen die Proportionalwahl zwar Rechnung trug, die aber nicht in ihr begründet lagen. Vor allem durch die Entwicklung im Kaiserreich, die zu einem Parteienpartikularismus mit vornehmlich nach weltanschaulich sowie nach sozialen und wirtschaftlichen Interessen unterschiedenen Parteien geführt hatte, aber auch durch die wirtschaftliche Notlage, die die Radikalisierung des Wahlverhaltens (s. u.) bewirkte und das Entstehen der verschiedenen Interessenpar-

---

[43]) Diese recht einseitige, die sozio-ökonomischen und historischen Gegebenheiten fast völlig vernachlässigende These wurde und wird noch immer vornehmlich von Ferdinand A. Hermens und seiner Schule vertreten; am pointiertesten wohl von Hermens selbst in: Demokratie oder Anarchie?, a.a.O., S. 161 ff.; vgl. auch die in den BiblAng. zusammengestellten weiteren Arbeiten von Hermens. Zur Auseinandersetzung mit dieser These siehe vor allem Sten S. Nilson, Wahlsoziologische Probleme des Nationalsozialismus, in: ZgesStW Bd. 110 (1954), S. 279 ff. und Karl Dietrich Bracher, Probleme der Wahlentwicklung in der Weimarer Republik, in: Derselbe, Deutschland zwischen Demokratie und Diktatur, a.a.O., S. 50 ff.; neuerdings auch (inhaltlich jedoch vor allem auf die Bundesrepublik beschränkt) Thomas von der Vring, Reform oder Manipulation? Zur Diskussion eines neuen Wahlrechts, Frankfurt/M. 1968, insbesondere S. 124 ff. (dazu die Entgegnung von Hermens selbst in: Verfassung und Verfassungswirklichkeit 1968, S. 257 ff.).

teien (s. u.) entscheidend beeinflußte, konnte sich nur ein Vielparteiensystem ausbilden (s. Darst. IX). Zudem haben auch „die fort-
dauernde soziale und konfessionelle Zerklüftung der deutschen Gesellschaft"[44]) sowie das republikfeindliche Verhalten weiter Kreise der
Bevölkerung und der sie repräsentierenden radikalen Flügelparteien
wesentlich zur Instabilität des Parteiensystems beigetragen.

Entscheidend für die schwache Stellung des Reichstages in der Verfassungswirklichkeit waren auch *Selbstverständnis und Verhalten
der Parteien*, die das parlamentarische System grundsätzlich anerkannten. Obwohl einige der „alten" Parteien versuchten, durch neue
Parteibezeichnungen ihren Charakter als Volkspartei zu betonen
(Deutschnationale Volkspartei, Christliche Volkspartei, Deutsche
Volkspartei), blieben die Parteien weitgehend weltanschaulich oder
interessenpolitisch orientiert, so daß sich im Reichstag die unterschiedliche soziale und wirtschaftliche Gesellschaftsstruktur widerspiegelte[45]).
Dieses Faktum wurde infolge der wirtschaftlichen Situation nach
dem verlorenen Krieg zweifellos verstärkt, da die Wähler zunächst
an ihre persönliche Sicherheit dachten und die Parteien so veranlaßten, auf ihren sozial- und wirtschaftspolitischen Forderungen zu
beharren. Dies erschwerte in ganz erheblichem Maße sowohl die Integration im Parteiensystem als auch die Koalitionsbildung im Reichstag, zumal die Parteien, die in der Mehrzahl im Kaiserreich entstanden und vom Bismarckschen Verfassungssystem, das sie weitgehend von der Verantwortung ausgeschlossen hatte, geprägt waren,
nur teilweise erkannten, daß die Bereitschaft zum Kompromiß und
zur Koalition unter dem gegebenen Parteiensystem die conditio sine
qua non für ein funktionsfähiges parlamentarisches Regierungssystem
war. Da sich aber die Reichstagsfraktionen aufgrund der Doppel-
struktur des Regierungssystems nicht zur Mehrheitsbildung zusammenzufinden brauchten, blieben sie im wesentlichen die „Oppositionsparteien" des Kaiserreiches. Die Regierungen wurden so, auch wenn
sie von einer Parlamentsmehrheit bestellt worden waren, „nicht von
Regierungsparteien, sondern von einer Koalition verschiedener Oppositionsparteien gestützt[46]).

---

[44]) Karl Dietrich Bracher, Parteienstaat — Präsidialsystem — Notstand, a.a.O.,
S. 35.

[45]) So auch Werner Conze, Die Krise des Parteienstaates in Deutschland 1929/30,
in: HZ Bd. 178 (1954), S. 47 ff.; neuerdings abgedruckt in: Gotthard Jasper, Hrsg.,
Von Weimar zu Hitler, 1930–1933, NWB 25, Köln/Berlin 1968, S. 27 ff.

[46]) Werner Kaltefleiter, Wirtschaft und Politik in Deutschland. Konjunktur als
Bestimmungsfaktor des Parteiensystems, 2. Aufl., Köln und Opladen 1968; hier
und im folgenden nach der 1. Aufl. (1966) zitiert; hier S. 26.

III. Wahlentwicklung und Parteiensystem

a) Parteien und Wahlen bis zur Reichstagswahl von 1930

Die *Wahl zum ersten Reichstag vom 6.Juni 1920* (s. Tab. A 11;
Darst. VII) war von drei Faktoren beeinflußt: der erzwungenen
Ratifikation des Friedensvertrages, der Kompromißstruktur, die die
Verfassung und die von der Nationalversammlung verabschiedeten
Gesetze kennzeichnete, und der angespannten innenpolitischen Situ-
ation, die durch den „Kapp-Putsch" vom März 1920 eingetreten war.
Zwar wirkten diese Faktoren auf das Wahlverhalten der einzelnen
Bevölkerungsschichten unterschiedlich, hatten aber insgesamt zur Fol-
ge, daß die Parteien der Weimarer Koalition im Reichstag die Mehrheit verloren (nur 205 der 459 Sitze) — sie konnten sie bei keiner
nachfolgenden Wahl wiedergewinnen — und die republikfeindlichen
Flügelparteien ihre Stimmenzahl verdoppelten. Für die Bildung hand-
lungsfähiger Regierungen ergaben sich erhebliche Schwierigkeiten, da
diese in der Folgezeit kaum veränderten Kräfteverhältnisse ein Wechselspiel von Regierung und Opposition ausschlossen. Zudem mußten
Parteien mit konträren wirtschafts-, sozial- und verfassungspolitischen Konzeptionen zusammenarbeiten, wenn parlamentarische
Mehrheitsregierungen zustande kommen sollten.

Bis zum Regierungsantritt Heinrich Brünings im März 1930 amtier-
ten — durchschnittlich jeweils nur acht Monate — 14 verschiedene
Kabinette[47]). Kein einziger Reichstag erlebte das Ende der vierjährigen
Wahlperiode; allerdings fehlten bei den vorzeitigen Auflösungen im
Mai 1924 und 1928 nur wenige Monate[48]). Für die *Regierungsbildung*
boten sich *drei verschiedene Varianten* an[49]): die große Koalition aus
SPD, DDP, Zentrum, „Bayerischer Volkspartei" (BVP) und DVP
(von August bis November 1923 und von Juni 1928 bis März 1930);
die Koalition der bürgerlichen Parteien aus DDP, Zentrum, der
„Reichspartei des Deutschen Mittelstandes", den Agrarparteien, DVP
und DNVP (von Januar bis Dezember 1925 und von Januar 1927 bis
Juni 1928). Regierungen dieser beiden Koalitionstypen, die im Reichstag jeweils über eine Mehrheit verfügten, gab es aufgrund der zahlreichen, vor allem interessenpolitisch bedingten Gegensätze nur
viereinhalb Jahre, während in der übrigen Zeit zwischen 1920 und
1932 Minderheitenkabinette gebildet wurden, die gewöhnlich DDP,
Zentrum, BVP und DVP trugen. Diese Koalitionen wurden meist

---

[47]) Vgl. die Aufstellungen bei Ernst Rudolf Huber, Dokumente, a.a.O., Bd. 3,
S. 159 f. und 612 ff.

[48]) Siehe ebenda, S. 160 ff.

[49]) Zu den verschiedenen Koalitionsbildungen und -möglichkeiten vgl. Peter
Haungs, a.a.O., passim.

von der SPD toleriert, indem ihre Fraktion Regierung und Reichstag durch häufige Stimmenthaltungen funktionsfähig erhielt.

Entscheidend für diese Entwicklung waren die Stimmenverluste der *Parteien der Weimarer Koalition*[50]), vor allem die der SPD und DDP, bei der Wahl von 1920. Die *Sozialdemokraten,* die zwar bei allen Wahlen bis 1930 stimmstärkste Partei blieben, büßten 1920 über fünf Millionen Stimmen ein. Ein großer Teil ihrer Wähler von 1919 stimmte — enttäuscht darüber, daß während der Revolution und der Tagung der Nationalversammlung nur geringe gesellschaftspolitische Veränderungen vollzogen worden waren — für die Unabhängigen Sozialdemokraten. Die SPD konnte jedoch auch nach der Vereinigung mit einem Teil der USPD im September 1922 bei den folgenden Wahlen nie mehr den Stimmenanteil erreichen, den sie bei der Wahl zur Nationalversammlung erhalten hatte (s. Tab. A 11), da es ihr nicht gelang, in neue Wählerschichten einzudringen. Ihr Wählerreservoir bildete weiterhin fast ausschließlich die Industriearbeiterschaft, die aber in wachsendem Maße auch die KPD wählte (s. Tab. A 11), zu der sich der Spartakusbund und ein Teil der USPD zusammengeschlossen hatten.

Die programmatischen Ziele der SPD hatten sich gegenüber dem Kaiserreich kaum gewandelt. Parteiprogramme, Selbstverständnis und Verhalten waren weiterhin ambivalent. Der Gegensatz von Theorie und Praxis trat vor allem nach dem Zusammenschluß mit der USPD wieder deutlicher hervor[51]). Der linke Flügel der Partei, dessen Einfluß seit 1925 ständig wuchs, verstand auch die Weimarer Republik als „Klassenstaat". Er lehnte deshalb nicht nur die Regierungsbeteiligung der Partei sondern auch jegliche konstruktive Opposition ab und sah sein vornehmstes Ziel darin, „die Sozialdemokratische Partei vom Gedanken zur Tat des Klassenkampfes zu führen"[52]).

Diese innerparteilichen Gegensätze und die Furcht, erneut einen Teil ihrer Wähler an die USPD bzw. an die KPD zu verlieren, veranlaßten die SPD, sich seit November 1922 nicht mehr an der Regie-

---

[50]) Zur Parteienentwicklung der Weimarer Republik siehe die in den BiblAng. zusammengestellten Gesamtdarstellungen und Spezialuntersuchungen; für die Stimmentwicklung der Parteien vgl. Karl Dietrich Bracher, Probleme der Wahlentwicklung in der Weimarer Republik, a.a.O., passim; vor allem auch Alfred Milatz, a.a.O., passim sowie insbesondere die kartographischen Darstellungen der Stimmanteile der Parteien in der Anlage.

[51]) Siehe etwa Werner Conze, Die Krise des Parteienstaates ..., a.a.O., 37 ff.; vgl. auch das Görlitzer und Heidelberger Grundsatzprogramm der SPD von 1921 bzw. 1925, beide abgedruckt bei Wilhelm Mommsen, a.a.O., S. 453 ff. und 461 ff.

[52]) E. Eckstein, in: Klassenkampf Bd. 3 (1929), S. 428, zit. nach Werner Conze, ebenda, S. 37.

rung zu beteiligen, obwohl sie doch nach den Spielregeln des angestrebten parlamentarischen Regierungssystems in erster Linie berufen gewesen wäre, den Reichskanzler hervorzubringen. Nur im Jahre 1923 und vom Juni 1928 bis März 1930 gehörte sie den Kabinetten der großen Koalition an; während der übrigen Zeit jedoch suchte und fand sie ihr „Glück im Doppelspiel der mitregierenden Oppositionspartei oder der opponierenden Regierungspartei"[53]).

Während die SPD — vielfach als die führende Weimarer Partei angesehen und mit dem „System" identifiziert — somit nur für kurze Zeit an der Regierungsverantwortung beteiligt war, konnte das *Zentrum* seine innenpolitische Schlüsselposition auch in der Weimarer Republik behaupten: es gehörte bis zur Entlassung Brünings 1932 mit einer Ausnahme allen Kabinetten an. Aus seinen Reihen kam über sieben Jahre der Reichskanzler, obwohl immer zwei andere Parteien mehr Mandate im Reichstag innehatten (s. Tab. A 11). Der Einfluß des Zentrums beruhte vor allem darauf, daß es noch immer von der Mehrheit der katholischen Bevölkerung unterstützt wurde; noch 1928 wählten 48 v. H. der wahlberechtigten Katholiken das Zentrum[54]). Zudem war seine Politik nicht von einem festumrissenen Parteiprogramm bestimmt; vielmehr richtete das Zentrum seine Entscheidungen im wesentlichen an den aktuellen Problemen aus. Es bewahrte so seine taktische Beweglichkeit und konnte sowohl rechts- als auch linksgerichteten Regierungen angehören. Das Zentrum erwies sich damit als bedeutsamer, wenn nicht sogar wirksamster Stabilisierungsfaktor der Innenpolitik[55]), zumal auch die innerparteilichen Gegensätze durch die vornehmlich „katholische" Zielsetzung überdeckt wurden.

Lediglich die föderalistischen, teilweise sogar partikularistischen Bestrebungen ihrer bayerischen Mitglieder konnte die Partei nicht integrieren. Als Landesverband in Bayern bereits seit November 1918 weitgehend eigenständig, löste die „Bayerische Volkspartei" ihre Fraktionsgemeinschaft mit dem Zentrum schon im Januar 1920 und nahm seither an allen Reichstagswahlen der Weimarer Republik mit eigenen Kandidatenlisten teil. Die BVP war in sozial-, wirtschafts- und verfassungspolitischen Fragen konservativer eingestellt als das Zentrum, was seinen Ausdruck u. a. in ständiger Zusammenarbeit mit dem

---

[53]) Otto Gessler, Reichswehrpolitik in der Weimarer Zeit, hrsg. von Kurt Sontheimer, Stuttgart 1958, S. 366, zit. nach Peter Haungs, a.a.O., S. 66.

[54]) Nach Walter Tormin, Geschichte der deutschen Parteien seit 1848, a.a.O., S. 141; vgl. auch die Angaben für die Wahl von 1924/II bei Erhard Blankenburg, Kirchliche Bindung und Wahlverhalten. Die sozialen Faktoren bei der Wahlentscheidung Nordrhein-Westfalen 1961 bis 1966, Olten und Freiburg i. Br. 1967, S. 147.

[55]) Ähnlich Werner Conze, Die Krise des Parteienstaates ..., a.a.O., S. 52.

Landesverband der DNVP in Bayern fand. Besonders relevant wurde ihre Eigenständigkeit bei der Wahl des Reichspräsidenten vom 29. März und 26. April 1925, als sie im ersten Wahlgang mit Heinrich Held einen eigenen Kandidaten nominierte und nicht den in der engeren Wahl gemeinsamen Bewerber des Zentrums und der SPD, Wilhelm Marx, unterstützte. Gewählt wurde so zum Nachfolger Friedrich Eberts mit den etwa eine Million Stimmen der BVP der protestantisch preußische Kandidat der Rechten, Paul von Hindenburg (s. Tab. A 16).

Auch das Zentrum erlitt wie die beiden anderen Parteien der Weimarer Koalition bei der Wahl von 1920 — allerdings leichtere — Stimmenverluste; erheblicher wirkte sich die Abspaltung der BVP aus (s. Tab. A 11). In der Folgezeit jedoch blieb die Stimmenzahl relativ konstant. Auch während der Weltwirtschaftskrise verlor das Zentrum nur wenige Wähler. Bei der Wahl von 1932/I konnte es seinen Stimmenanteil sogar von 11,8 v. H. auf 12,5 v. H. erhöhen, da die Bindung der katholischen Bevölkerung an das Zentrum aufgrund der Massenarbeitslosigkeit und wirtschaftlichen Not wesentlich enger wurde.

Die *Deutsche Demokratische Partei* entstand im November 1918 aus der linksliberalen Fortschrittlichen Volkspartei; ihr schlossen sich vornehmlich in Südwestdeutschland, Schlesien und Sachsen auch die regionalen und örtlichen Parteiorganisationen der Nationalliberalen an. Eine Vereinigung der beiden liberalen Parteien des Kaiserreiches gelang jedoch nicht, da der Liberalismus nur noch eine geringe integrierende Kraft darstellte, der die gegensätzlichen wirtschafts-, sozial- und auch verfassungspolitischen Vorstellungen beider Gruppierungen sowie persönliche Antipathien der führenden Mitglieder nicht mehr überdecken konnte[56]). Infolge ihrer relativ guten Organisation erhöhte die DDP ihren Stimmenanteil im Vergleich zur Reichstagswahl von 1912 (12,2 v. H.) bei der Wahl zur Nationalversammlung auf 18,5 v. H. (s. Tab. A 11). Dieser Erfolg beruhte vor allem darauf, daß große Teile des Bürgertums nur in der DDP, nicht aber in der DVP und DNVP ein wirksames Gegengewicht zur SPD sahen. Sie gaben ihre Stimme der DDP deshalb in der Hoffnung, die erwartete sozialdemokratische Mehrheit in der Nationalversammlung zu verhindern[57]). Bereits bei der Wahl von 1920 wandten sich diese Wählerkreise jedoch wieder von den Demokraten ab (s. Tab. A 11). Die über-

---

[56]) Siehe hierzu auch Sigmund Neumann, Die Parteien der Weimarer Republik, Stuttgart 1965 (zuerst 1932 unter dem Titel: Die politischen Parteien in Deutschland erschienen), S. 48 ff.

[57]) Vgl. etwa Karl Dietrich Bracher, Probleme der Wahlentwicklung in der Weimarer Republik, a.a.O., S. 61 f.

wiegende Mehrheit des Bürgertums wählte nach der Enttäuschung über den Versailler Friedensvertrag wieder die konservativen Parteien und unterstützte DVP und DNVP, die sich beide gegen die Verfassung und den Friedensvertrag ausgesprochen hatten und die Republik weiterhin (die DVP bis 1923) grundsätzlich ablehnten.

Der Stimmenanteil der DDP sank in der Folgezeit stark (s. Tab. A 11). Die Demokraten waren dabei in ganz besonderem Maße von einer Entwicklung betroffen, die — mit Ausnahme des Zentrums — für alle die Parteien galt, die den Regierungen der Weimarer Republik fast ununterbrochen angehörten: da ein Wechselspiel von Regierung und Opposition auch weiterhin nicht möglich war, ergab sich eine *stetige Abnützung der regierenden Parteien*[58]); zudem wurde die Regierungsbeteiligung vom Wähler nur in geringem Maße honoriert, so daß die Neuwahl des Reichstages meist eine Stärkung der jeweiligen Oppositionsparteien zur Folge hatte. Mit Ausnahme der Wahl von 1924/II ging der Stimmenanteil der DDP seit 1920 kontinuierlich zurück, da Inflation und Weltwirtschaftskrise dem bürgerlichen Mittelstand, der traditionell linksliberalen Wählerschaft, die wirtschaftliche Existenzgrundlage weitgehend nahmen[59]). Zudem scheiterten alle Versuche, vor der Wahl von 1930 einerseits durch einen Zusammenschluß mit anderen liberal orientierten Gruppen wie der „Volksnationalen Reichsvereinigung" und einigen jüngeren Vertretern der DVP und andererseits durch die Umbenennung in „Deutsche Staatspartei" eine Konzentration herbeizuführen und neue Wählerschichten anzusprechen. Der Stimmenanteil der Demokraten sank trotz erheblich höherer Wahlbeteiligung (82,0 v. H. gegenüber 75,6 v. H.) um etwa 200 000 Stimmen auf 3,8 v. H. und erreichte bei den Wahlen des Jahres 1932 nur noch eins von Hundert (s. Tab. A 11).

Ähnlich verlief auch die Entwicklung der *Deutschen Volkspartei*[60]). Nachdem sie sich bei der Wahl von 1919 mit 19 Abgeordneten hatte begnügen müssen, erzielte sie bereits im ersten Reichstag mit 65 Mandaten ihre höchste Mandatszahl. Dann jedoch sank — mit Ausnahme der Wahl von 1924/II, als sie noch einmal mehr als zehn von Hundert der Stimmen erreichte — auch der Stimmenanteil der DVP bei allen Wahlen (s. Tab. A 11). Ihre Verluste waren aber im Vergleich zur DDP gering, da Stresemann als Parteivorsitzender die divergierenden Gruppierungen weitgehend zu binden vermochte, vor allem aber durch seine dynamische Außenpolitik großes Ansehen bei weiten Kreisen der Bevölkerung genoß. Das Wählerreservoir der DVP bestand

---

[58]) Ähnlich auch Alfred Milatz, a.a.O., S. 92.

[59]) Vgl. Werner Kaltefleiter, Wirtschaft und Politik in Deutschland, a.a.O.

[60]) Zur Gründung und Anfangsphase der DVP siehe Wolfgang Hartenstein, Die Anfänge der Deutschen Volkspartei 1918–1920, Düsseldorf 1962.

in erster Linie aus dem besitzenden und akademisch gebildeten Bürgertum; welchen Einfluß die Großindustrie auf die Fraktion gewann, geht aus der Tatsache hervor, daß z. B. 1928 von den 45 Mitgliedern der Reichstagsfraktion etwa ein Drittel Generaldirektoren und führende Repräsentanten der Wirtschaftsverbände waren[61]). Obwohl die DVP allen Regierungen seit 1923 angehörte und in den großen Koalitionen auch mit den Sozialdemokraten zusammenarbeitete, war ihre Grundkonzeption weiterhin „schwarz-weiß-rot"[62]). Sie beruhte vor allem in wirtschafts- und sozialpolitischen Fragen auf einem stets betonten Gegensatz zur SPD, so daß die DVP den inneren Bruch „zwischen gewollter staatlicher Verantwortung und interessenpolitisch gefesselter Entscheidungsfreiheit"[63]) nicht überwinden konnte.

Die *Deutschnationale Volkspartei* wurde im November 1918 als Sammelpartei der verschiedenen konservativen Gruppierungen des Kaiserreiches gegründet. Zu ihnen gehörten die Deutsch-Konservativen, die Deutsche Reichspartei, die Christlich-Sozialen, Repräsentanten des Alldeutschen Verbandes, die antisemitisch orientierten Deutsch-Sozialen sowie einige Mitglieder der Nationalliberalen. Ebenso heterogen waren Struktur, programmatische Zielsetzung und Wählerschaft[64]). Hatten die Deutsch-Konservativen sich in erster Linie auf die ostelbischen adligen Großgrundbesitzer gestützt, so gelang jetzt in Süd- und Westdeutschland der Durchbruch in neue, vornehmlich protestantische und kleinbürgerliche Bevölkerungsschichten. Bemerkenswert war auch ihr Eindringen in städtisch-industrielle Kreise. Vor allem während der Inflation und wirtschaftlichen Depression erzielten die Deutschnationalen, die sich dem Wähler als nationale Oppositionspartei anboten, erhebliche Stimmengewinne und bildeten im Reichstag nach den beiden Wahlen des Jahres 1924 mit 95 bzw. 103 Mandaten die zweitstärkste Fraktion (s. Tab. A 11).

Aufgrund ihrer heterogenen innerparteilichen Struktur gelang es der DNVP nicht, eine klare politische Konzeption zu entwickeln[65]). Deutlich wurden die gegensätzlichen Ansichten der beiden fast gleich großen Parteiflügel bei den Beratungen des „Dawes-Plans" im Sommer 1924, für dessen Annahme im Reichstag eine verfassungsändernde Zweidrittelmehrheit und somit auch die Zustimmung der DNVP

---

[61]) Nach Walter Tromin, Geschichte der deutschen Parteien seit 1848, a.a.O. S. 177; ähnlich auch Sigmund Neumann, a.a.O., S. 54 f.

[62]) Vgl. Sigmund Neumann, ebenda, S. 56 f.

[63]) Werner Conze, Die Krise des Parteienstaates ..., a.a.O., S. 35.

[64]) Zur innerparteilichen Struktur der DNVP siehe Werner Liebe, a.a.O., S. 15 ff.

[65]) Zu den Auseinandersetzungen innerhalb der DNVP um den Dawes-Plan siehe ebenda, S. 76 ff.

notwendig war. Im Gegensatz zur Parteiorganisation entschied sich die Mehrheit der Reichstagsfraktion für den Dawes-Plan und ermöglichte so die Annahme der Gesetze. Den inneren Zwiespalt zwischen radikaler Ablehnung der Weimarer Republik und gemäßigter Opposition, die selbst eine Regierungsbeteiligung zuließ, überwanden die Deutschnationalen jedoch nicht. Als die Wahl von 1928 infolge der innen- und außenpolitischen Stabilisierung einen deutlichen Stimmenrückgang ergab (s. Tab. A 11), traten die innerparteilichen Spannungen wieder stärker in den Vordergrund. Im Herbst 1928 setzte sich die extreme Gruppierung unter Führung des Alldeutschen Alfred Hugenberg gegen die Mehrheit der Reichstagsfraktion durch. Sie wurde dabei vom Parteiapparat und dem von Hugenberg beherrschten Scherl-Pressekonzern unterstützt. Nach der Sezession eines Großteils des gemäßigten Parteiflügels, die bei der Wahl von 1930 einen Stimmenrückgang der Deutschnationalen von etwa zwei Millionen bewirkte (s. Tab. A 11), galt die Politik der DNVP ausschließlich dem Kampf gegen das „System"[66]).

Die *Wahlentwicklung in der Weimarer Republik* vollzog sich in *drei Phasen,* die in den Wahlen von 1924/I, 1928 und 1932/I ihren Kulminationspunkt erreichten, während die jeweils folgenden Wahlen von 1924/II, 1930 und 1932/II bereits den Wandel deutlich werden ließen. Alle drei Entwicklungsstufen wurden infolge des „weltanschaulich-sozialökonomisch begründeten"[67]) Parteiensystems in ganz entscheidendem Maße von der wirtschaftlichen Lage beeinflußt. Es bestand eine deutliche Korrelation zwischen den wirtschaftlichen Krisensituationen der ersten und dritten Phase und der Radikalisierung des Wahlverhaltens sowie der innenpolitischen Stabilisierung und dem Stimmenrückgang der extremen republikfeindlichen Parteien bei den Wahlen von 1924/II und 1928[68]).

Politischen Nutzen aus der wirtschaftlichen Notlage zogen sowohl die rechts- als auch die linksgerichteten Flügelparteien. Allerdings erzielte die KPD im Vergleich zur DNVP und NSDAP nur geringe Stimmengewinne, da die Bindung der potentiellen Wechselwähler zur KPD an die Sozialdemokraten und die sie unterstützenden Gewerkschaften auch unter dem Eindruck der Wirtschaftskrisen relativ eng blieb[69]). Dennoch stiegen auch die Stimmenzahlen der Kommunisten in

---

[66]) Vgl. etwa Walter Tormin, Geschichte der deutschen Parteien seit 1848, a.a.O., S. 173 ff.

[67]) Werner Conze, Die Krise des Parteienstaates . . . , a.a.O., S. 27.

[68]) So auch Werner Kaltefleiter, Wirtschaft und Politik in Deutschland, a.a.O., passim.

[69]) Vgl. ebenda, passim.

Darstellung VII: Stimmentwicklung der Parteien bei den Wahlen von 1919—1933

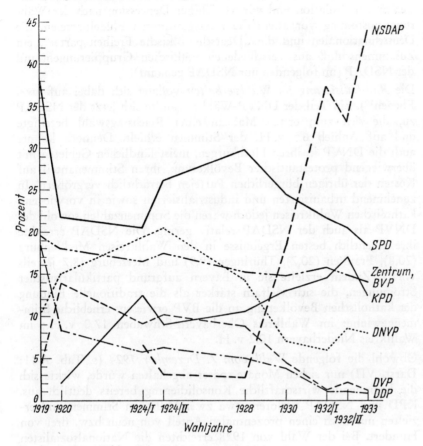

(Zu den exakten Zahlen siehe Tab. A 11)

stark industrialisierten, meist protestantischen Gebieten erheblich an (s. Tab A 11). Dies ging bei der Wahl von 1924/I in erster Linie auf die Umgruppierung der linksgerichteten Parteien nach der Spaltung der USPD und der Vereinigung mit der KPD bzw. SPD zurück, beruhte jedoch auch auf der wirtschaftlichen Notlage nach der Inflation, da die Kommunisten bei der Wahl von 1924/II, als allgemein wieder eine positive Wirtschaftsentwicklung erwartet wurde, einen Stimmenverlust von 3,6 v. H. erlitten. Während der Weltwirtschaftskrise stieg ihr Stimmenanteil aufgrund der politischen Radikalisierung — im Gegensatz zur NSDAP — sowohl bei der Wahl von 1932/I als auch bei der von 1932/II.

Bei der *Wahl vom 4. Mai 1924* (s. Tab. A 11; Darst. VII) profitierten von Inflation und wirtschaftlicher Depression nach der Währungsumstellung vor allem die rechtsgerichteten Flügelparteien, die Deutschnationalen und die „Deutsch-Völkische Freiheitspartei", ein Zusammenschluß aus verschiedenen völkischen Gruppierungen und der NSDAP (im folgenden nur NSDAP genannt).

Die *Radikalisierung im Wahlverhalten* vollzog sich dabei auf zwei Ebenen[70]. Ein Teil der DNVP-Wähler wandte sich jetzt der NSDAP zu, die sich zum ersten Mal an einer Reichstagswahl beteiligte und auf Anhieb 6,5 v. H. der Stimmen erhielt. Dennoch konnte auch die DNVP in ihren Hochburgen, meist ländlichen Gebieten mit überwiegend protestantischer Bevölkerung, ihren Stimmenanteil auf Kosten der übrigen bürgerlichen Parteien beträchtlich vergrößern. In zunehmend urbanisierten und industrialisierten sowie in vorwiegend katholischen Wahlkreisen jedoch waren die Stimmenzahlen sowohl der DNVP als auch der NSDAP relativ gering. Die NSDAP erreichte ihre eigentlich besten Ergebnisse in den Wahlkreisen Mecklenburg (20,8), Franken (20,7), Thüringen (9,9) und Merseburg (8,7 jeweils v. H.). Zudem erzielte sie in Bayern aufgrund partikularistischer Strömungen, die sich vielfach stärker als die traditionelle Bindung der katholischen Bevölkerung an die BVP erwiesen, erhebliche Stimmengewinne: im Wahlkreis Oberbayern-Schwaben 17,0 v. H.; im Wahlkreis Niederbayern 10,2 v. H.

Obwohl die folgende *Wahl vom 7. Dezember 1924* (s. Tab. A 11; Darst. VII) nur sieben Monate später abgehalten wurde, wirkte sich die beginnende wirtschaftliche Konsolidierung bereits deutlich aus. KPD und NSDAP verloren etwa zwei Millionen Stimmen und erzielten nur noch einen prozentualen Anteil von neun bzw. drei von Hundert. Bei der Wahl von 1928 erreichten die Nationalsozialisten sogar nur noch 2,6 v. H. und blieben in den meisten Wahlkreisen eine unbedeutende Splitterpartei. Trotz der anhaltenden innen- und außenpolitischen Stabilisierung trat bei der *Wahl vom 20. Mai 1928* (s. Tab. A 11; Darst. VII) keine Konzentration im Parteiensystem ein; vielmehr stieg — begünstigt durch das Verhältniswahlsystem und die automatische Methode — sowohl die Zahl der Parteien, die sich an der Wahl beteiligten, als auch diejenige, die Mandate errangen, sprunghaft an (s. Tab. A 14). Die potentiellen rechtsradikalen Wähler des bürgerlichen Mittelstandes, die 1920 für die DNVP gestimmt, während der Inflation bei der Wahl von 1924/I nationalsozialistisch gewählt und mit der beginnenden wirtschaftlichen Stabilisierung wieder zu den Deutschnationalen gewechselt hatten, unterstützten jetzt

---

[70]) Zum folgenden siehe insbesondere Werner Kaltefleiter, Wirtschaft und Politik in Deutschland, a.a.O., S. 32 ff.

vor allem die zahlreichen *wirtschaftlichen Interessengruppen*[71]). Nachteilig betroffen von dieser Entwicklung war in besonderem Maße die DNVP. Die Interessenparteien verdoppelten ihren Stimmenanteil gegenüber der Wahl von 1924/II auf 14,1 v. H.; allerdings erreichten nur sieben das Quorum, so daß nur 10,8 v. H. der Stimmen verwertet werden konnten (s. Tab. A 15).

Die größte dieser Gruppierungen bildete die Reichspartei des Deutschen Mittelstandes (Wirtschaftspartei)[72]), deren Mandatszahl sich bis zur Wahl von 1928 kontinuierlich bis auf 23 Sitze erhöhte (s. Tab. A 11). Die Partei vertrat vornehmlich die wirtschaftlichen Interessen der Haus- und Grundbesitzer sowie des Handwerks und Einzelhandels. Nach der Inflation entstanden mehrere neue Parteien, die vor allem die Aufwertung des verlorenen Vermögens anstrebten. Abgeordnete in den Reichstag entsandten auch die verschiedenen Interessenparteien der Landwirtschaft, „Landbund", „Landvolkpartei", „Deutsche Bauernpartei", die jedoch relativ klein blieben und nur wenige Mandate erhielten (s. Tab. A 11). Dennoch beeinflußten diese Splittergruppen, von denen nur einige das Quorum erreichten (s. Tab. A 15), das Parteien- und Regierungssystem nachhaltig. Allein ihre Existenz auf den Stimmzetteln trug zur Verwirrung des Wählers bei und ließ den Eindruck entstehen, daß mit Demokratie notwendig eine übermäßige Parteienzersplitterung einhergehen müsse. Zudem entwickelten die Interessenparteien kein gesamtpolitisches Konzept, sondern taktierten von Fall zu Fall, wobei sie durch ihr zahlenmäßiges Gewicht bei den unsicheren Mehrheitsverhältnissen oft eine Schlüsselstellung einnahmen.

b) Weltwirtschaftskrise und Radikalisierung der Wählerschaft

Wenngleich der Stimmenanteil der dem Reichstag angehörenden Interessenparteien bei der *Wahl vom 14. September 1930* (s. Tab. A 11; Darst. VII) erneut auf 11,6 v. H. anstieg, setzten sich die Parteienzersplitterung und das „interessenbezogene" Wahlverhalten nicht fort. Vielmehr trat seit dem Beginn der Weltwirtschaftskrise *mit der Radikalisierung eine erhebliche Konzentration ein*. Die fünf stimmstärksten Parteien erreichten bei den Wahlen von 1930 und 1932/I 74,7 v. H. bzw. 91,8 v. H. der Stimmen; die extremen Flügelparteien KPD und NSDAP erzielten bereits 1930 fast ein Drittel der Stimmen und verfügten nach der Wahl von 1932/I mit 319 der 608 Mandate über die Mehrheit der Sitze im Reichstag. Ihren besonderen Ausdruck fand diese Entwicklung in den überraschenden Gewinnen der NSDAP, die ihre Stimmenzahl auf etwa 6 400 000 verachtfachte,

---

[71]) Vgl. ebenda, S. 34.

[72]) Vgl. etwa Sigmund Neumann, a.a.O., S. 66 ff.; Walter Tormin, Geschichte der deutschen Parteien seit 1848, a.a.O., S. 183.

im Reichstag mit 107 Abgeordneten die zweitstärkste Fraktion bildete und ihren Stimmenanteil bei der Wahl von 1932/I nochmals mehr als verdoppelte.

Den Nationalsozialisten gelang es dabei, unter dem Eindruck der Weltwirtschaftskrise durch ihre nur auf Protest und Negation ausgerichtete Zielsetzung weite Kreise der Bevölkerung anzusprechen[73]. Auch die „pseudoreligiöse Verherrlichung"[74] Adolf Hitlers als der zentralen Führerpersönlichkeit der autoritär aufgebauten „Bewegung", die sich bewußt nicht als Partei verstand, hat zu ihren Wahlerfolgen beigetragen. Zudem wertete das taktisch klug zusammengestellte, jedoch heterogene und in seinen Einzelbestandteilen meist auch sehr verschwommene Konglomerat programmatischer Forderungen[75] die grundsätzlichen Probleme der neueren deutschen Geschichte aus. Dazu gehörten u. a.: „die Schwäche demokratischer Tradition und die machtvolle Fortdauer obrigkeitlicher Staats- und Gesellschaftsstrukturen (nach 1848); die aus der späten und nur unvollständigen Verwirklichung eines deutschen Nationalstaates rührende Anfälligkeit für nationalistisch-imperialistische Ideologien; die Problematik einer unerwarteten Niederlage mit dem Resultat der Dolchstoßlegende und des allgemeinen Protestes gegen den Frieden von Versailles; die Dauerkrise der von der Bevölkerungsmehrheit nie voll akzeptierten Republik . . .; und nicht zuletzt die Furcht des Kleinbürgertums vor einem Absinken ins Proletariat, die Furcht vor dem Kommunismus, die sich mit dem Radikalismus einer vom Industriezeitalter bedrohten Agrarbevölkerung verband. . ."[76].

Der politische Radikalismus beruhte jedoch vor allem auf den *Auswirkungen der Weltwirtschaftskrise;* sie spiegelten alle Probleme der Weimarer Republik wider und ließen diese gleichsam potenziert im Anwachsen der Stimmen- und Mitgliederzahlen von KPD und NSDAP und dem Ansteigen der Wahlbeteiligung (von 75,6 v. H. bei der Wahl von 1928 auf 82,0 v. H. und 84,1 v. H. bei der Wahl von

[73] Ähnlich auch Kurt Sontheimer, der den Nationalsozialismus u. a. als ein „Auffangbecken einer großen Los-von-Weimar-Bewegung" charakterisiert hat; vgl. Antidemokratisches Denken in der Weimarer Republik. Die politischen Ideen des deutschen Nationalismus zwischen 1918 und 1933, 2. Aufl., München 1968, passim; die Zitatstelle S. 292.

[74] Karl Dietrich Bracher, Voraussetzungen des Nationalsozialismus, in: Derselbe, Deutschland zwischen Demokratie und Diktatur, a.a.O., S. 162.

[75] Das Parteiprogramm der NSDAP, das allerdings nur von geringer Bedeutung für die vornehmlich taktisch bestimmte programmatische Haltung Hitlers und der NSDAP war, ist u. a. abgedruckt bei Wilhelm Mommsen, a.a.O., S. 547 ff. und Walther Hofer, Hrsg., Der Nationalsozialismus, Dokumente 1933—1945, Frankfurt/M. 1957, S. 18 ff.

[76] Karl Dietrich Bracher, Voraussetzungen des Nationalsozialismus, a.a.O., S. 161 f.

Tabelle III: Die soziale Gliederung der Mitglieder der NSDAP und der Gesellschaft 1930 (in Prozent)

Berufsgruppe	NSDAP	Gesellschaft	Gesellschaft = 100
Arbeiter	28,1	45,9	61,2
Angestellte	25,6	12,0	213,5
Selbständige	20,7	9,0	230,0
Beamte	8,3	5,1	162,7
Bauern	14,0	10,6	132,0
Sonstige	3,3	17,4	18,9
	100,0	100,0	

(Quelle: Hofer, s. BiblAng., S. 23)

1930 bzw. 1932/I[77]) zum Ausdruck kommen. Die Beziehung zwischen wirtschaftlicher Not und sozialer Gliederung der Mitglieder der NSDAP wurde dabei besonders deutlich[78]). Ähnlich, wenn nicht sogar identisch mit der Zusammensetzung der Mitgliederschaft war auch die *soziale Gliederung der NSDAP-Wähler.* Zwischen der Intensität der wirtschaftlichen Not und der Höhe des nationalsozialistischen Stimmenanteils bestand die grundsätzliche Korrelation: je größer die Wirtschaftskrise, desto höher der prozentuale Anteil der NSDAP-Wähler, wobei als Indikatoren auf dem Lande der Grad der Verschuldung des bäuerlichen Grund und Bodens, in den Städten die Zahl der Arbeitslosen anzusetzen sind[79]). Jedoch waren zudem regionale und konfessionelle Unterschiede sowie die soziale Schichtung, die Sozialstruktur und die Größe der Städte ausschlaggebend.

---

[77]) Der durch die Weltwirtschaftskrise ausgelöste Anstieg der Wahlbeteiligung ist vielfach zur Erklärung der NSDAP-Wahlerfolge herangezogen worden. So bereits auch Theodor Geiger, Die soziale Schichtung des Deutschen Reiches, Stuttgart 1932, S. 112. Dies ist insoweit richtig, als der Stimmenanteil der NSDAP bei den Wählern, die 1928 nicht oder noch nicht, aber 1932 / I gewählt haben, größer war als bei den übrigen Wählern. Die Bedeutung der angestiegenen Wahlbeteiligung darf jedoch nicht überbewertet werden. So hat Seymour M. Lipset für die Wahlen von 1928 und 1930 nachgewiesen, daß nur in fünf der 20 Wahlkreise mit überdurchschnittlichen NSDAP-Stimmenanteilen auch die Wahlbeteiligung überdurchschnittlich angestiegen ist. Vgl. S. M. Lipset, Nationalsozialismus. Ein Faschismus der Mitte, in: Gotthard Jasper, a.a.O., S. 115 ff.

[78]) Zur Soziologie der NSDAP-Mitgliedschaft und den organisatorischen und personellen Strukturen siehe Martin Broszat, a.a.O., S. 49 ff.; vgl. auch David Lerner, The Nazi Elite, Stanford University Press, Stanford 1951.

[79]) Vgl. Werner Kaltefleiter, Wirtschaft und Politik in Deutschland, a.a.O., S. 36 ff.

Die Gegenüberstellung von *Stadt und Land* zeigt, daß die ländliche Bevölkerung in der Regel in weit stärkerem Maße nationalsozialistisch wählte[80]). Ihre größten Stimmenanteile erzielte die NSDAP bei der *Wahl vom 31. Juli 1932* (s. Tab. A 11; Darst. VII) in den überwiegend agrarischen und protestantischen Wahlkreisen Schleswig-Holstein (51,0), Osthannover (49,5), Frankfurt/Oder (48,1), Pommern (48,0), Liegnitz (48,0), Ostpreußen (47,1), Chemnitz-Zwickau (47,0) und Südhannover-Braunschweig (46,1 jeweils v. H.)[81]). Die acht Spitzenwahlkreise der Nationalsozialisten lagen in Nord- und Ostdeutschland. Pommern und Ostpreußen waren die am meisten verschuldeten Wahlkreise; dennoch erzielte die NSDAP hier nur überdurchschnittliche, aber nicht ihre besten Ergebnisse[82]). In den Gebieten Ostdeutschlands wirkte die vor allem von Großbetrieben bestimmte Agrarstruktur der allgemeinen Beziehung zwischen dem Stimmenanteil der Nationalsozialisten und dem Grad der Verschuldung tendentiell entgegen[83]). Uneingeschränkt galt die Korrelation jedoch in ländlichen Gebieten mit mittelständischer Struktur, d. h. mit einem hohen Prozentsatz von selbständigen landwirtschaftlichen Kleinbetrieben.

Von Bedeutung für das Wahlverhalten war auch die *Konfessionszugehörigkeit*. In acht der neun Wahlkreise, in denen die Nationalsozialisten bei der Wahl von 1932/I ihre schlechtesten Ergebnisse erzielten und weniger als 30 v. H. der Stimmen erhielten, war die Mehrzahl der Bevölkerung katholisch[84]). Dies galt sowohl für die ländlichen als auch die städtischen Gebiete; jedoch nahmen mit steigender Urbanisierung die Bindung an Zentrum und BVP sowie die Resistenz gegenüber der NSDAP ab.

Entscheidend für den Stimmenanteil der NSDAP in den Städten war neben der Konfessionszugehörigkeit die Zahl der Einwohner. Es bestand eine deutliche reziproke Proportionalität: je größer die Städte waren, um so stärker nahm der Stimmenanteil der Nationalsozialisten

---

[80]) So auch Rudolf Heberle, Landbevölkerung und Nationalsozialismus. Eine soziologische Untersuchung der politischen Willensbildung in Schleswig-Holstein 1918 bis 1932, Stuttgart 1963, S. 37 ff.; vgl. auch Karl Dietrich Bracher, Die Auflösung der Weimarer Republik, a.a.O., S. 647 ff.

[81]) Siehe die Zusammenstellung bei Alfred Milatz, a.a.O., S. 112.

[82]) Vgl. Werner Kaltefleiter, Wirtschaft und Politik in Deutschland, a.a.O., S. 42.

[83]) Ähnlich Rudolf Heberle, der für Schleswig-Holstein nachweist, daß die Stimmenanteile der Nationalsozialisten in Gebieten mit Großgrundbesitz geringer gewesen sind als in Gebieten mit überwiegend selbständigen kleinbäuerlichen Betrieben. Vgl. Landbevölkerung und Nationalsozialismus, a.a.O., S. 42 ff.

[84]) Es sind dies die Wahlkreise: Köln/Aachen (20,2 v. H.), Niederbayern (20,4 v. H.), Westfalen-Nord (25,7 v. H.), Düsseldorf-West (27,0 v. H.), Oberbayern-Schwaben (27,1 v. H.), Westfalen-Süd (27,2 v. H.), Koblenz/Trier (28,8 v. H.), Oppeln (29,2 v. H.); vgl. Alfred Milatz, a.a.O., S. 112.

ab[85]). Von den 52 Großstädten mit mehr als 100 000 Einwohnern[86]) lag bei der Wahl von 1932/I in 32 der Stimmenanteil der NSDAP unter dem Reichsdurchschnitt von 37,3 v. H. der Stimmen; nur in 15 der Großstädte erreichten die Nationalsozialisten mehr als 40 v. H. der Stimmen, in 19 betrug der Stimmenanteil weniger als 30 v. H., wobei er im überwiegend katholischen Aachen mit 18,1 v. H. unter 20 v. H. blieb[87]). Der grundsätzlichen Korrelation zwischen der Zahl der NSDAP-Wähler und dem Grad der *Erwerbslosigkeit* wirkte dabei in Städten mit ausgeglichener Sozial- und Wirtschaftsstruktur die Industrialisierung entgegen[88]). Vor allem die Bindung der Arbeiter an die Gewerkschaften, die in der eisenschaffenden und -verarbeitenden Industrie und im Bergbau besonders groß war[89]), verhinderte ein Eindringen des Nationalsozialismus in die Arbeiterschaft. Das Reservoir potentieller NSDAP-Wähler erstreckte sich hier trotz hoher Arbeitslosigkeit fast ausschließlich auf die Wähler nicht sozialistischer Parteien und war dadurch so stark begrenzt, daß SPD und KPD in diesen Gebieten ihre Hochburgen weitgehend behaupten konnten. Allerdings verschob sich aufgrund der Radikalisierung das Gewicht der sozialistischen Stimmen geringfügig zugunsten der Kommunisten[90]). Überdurchschnittliche Ergebnisse erzielten die Nationalsozialisten bei der Wahl von 1932/I in der Regel in Städten mit relativ geringer Erwerbslosigkeit bei unausgeglichener Wirtschaftsstruktur und Präponderanz eines Industriezweiges sowie in Gebieten mit vorwiegend mittelständischen Strukturen[91]).

---

[85]) Rudolf Heberle stellt auch für die ländlichen Gemeinden diese Korrelation fest, d. h. in Schleswig-Holstein war der NSDAP-Stimmenanteil um so höher, je kleiner die Gemeinden wurden. Vgl. Landbevölkerung und Nationalsozialismus, a.a.O., S. 39.

[86]) Nach Statistik des Deutschen Reiches, Bd. 451, Die Bevölkerung des Deutschen Reiches nach den Ergebnissen der Volkszählung 1933, Teil 3, S. 50 und 65.

[87]) Zusammengestellt nach Statistik des Deutschen Reiches Bd. 434 (s. BiblAng.) passim. Die von Seymour M. Lipset unter Bezugnahme auf Samuel A. Pratt, The Social Basis of Nazism and Communism in Urban Germany, Diss. Michigan University 1948, S. 63, 261 ff., gemachte Aussage, daß in Städten mit mehr als 25 000 Einwohnern eine der anderen fünf großen Parteien stimmstärker gewesen sei, ist somit für beide Wahlen des Jahres 1932 nicht zutreffend. Siehe S. M. Lipset, Nationalsozialismus. Ein Faschismus der Mitte, a.a.O., S. 112.

[88]) Siehe Werner Kaltefleiter, Wirtschaft und Politik in Deutschland, a.a.O., S. 46 ff.

[89]) Vgl. ebenda, S. 48.

[90]) Zur Stimmentwicklung zwischen den sozialistischen Parteien siehe ebenda, S. 67 ff.

[91]) Vgl. Werner Kaltefleiter, Wirtschaft und Politik in Deutschland, a.a.O., S. 48 f. Zu einem ähnlichen Ergebnis kommen auch Charles Loomis und J. Allan Beegle bei der Analyse kleiner Größenklassen, d. h. vornehmlich ländlicher Gebiete; vgl. The Spread of German Nazism in Rural Areas, in: American Sociological Review, Bd. 11 (1946), passim.

Wahlverhalten und soziale Gliederung der nationalsozialistischen
Wähler werden auch aus einem Vergleich der Stimmenanteile der
Reichstagsparteien bei den Wahlen von 1928 und 1932/I deutlich:

Tabelle IV: Stimmenanteil der Parteigruppierungen bei den Wahlen von 1928 und
1932/I

	1928	1932/I
Sozialistische Parteien (SPD/KPD)	40,4	36,1
katholische Parteien (Zentrum/BVP)	15,2	15,7
bürgerliche Parteien (DNVP/DVP/DDP/Interessen- und Regionalparteien)	38,6	10,5
NSDAP	2,6	37,3

(s. Tab. A 11, Tab. A 15)

Während die Wähler der sozialistischen Parteien nur in geringem
Maße zur NSDAP wechselten und die Bindung der katholischen Be-
völkerung an das Zentrum und die BVP unter dem Eindruck der
Weltwirtschaftskrise sogar enger wurde, wurden die Nationalsozia-
listen vor allem von den früheren Wählern der bürgerlich-laizistischen
Parteien unterstützt, den Angehörigen mittelständischer Berufe, den
Beamten und Angestellten sowie den selbständigen Bauern, Handwerkern und Kleinhändlern. Diese Bevölkerungsschicht, die etwa ein
Drittel der Gesamtbevölkerung ausmachte[92]), war von der wirtschaftlichen Krisensituation am stärksten betroffen. Zudem bildeten die
„Proletarisierung des Mittelstandes"[93]), die ihre politische, wirtschaftliche, soziale und wohl auch psychologische Unzufriedenheit begründete, und die Furcht, endgültig ins Proletariat abzusinken, die Basis für
ihr radikales Wahlverhalten. Bei den Wahlen von 1932 war deshalb
der idealtypische Wähler der Nationalsozialistischen Partei ein selb-
ständiger protestantischer Angehöriger des Mittelstandes, der entweder
auf einem Hof oder in einer kleinen Ortschaft lebte und der früher für
eine Partei der politischen Mitte oder für eine regionale Partei ge-

---

[92]) Etwa 23,5 Millionen Einwohner, davon gehörten 13,6 Millionen dem alten
Mittelstand, den Bauern, Handwerkern und dem Kleinhandel, und fast zehn Mil-
lionen dem neuen Mittelstand, den Beamten und freien Berufen, an. Vgl. Werner
Kaltefleiter, Wirtschaft und Politik in Deutschland, a.a.O., S. 53.

[93]) M. Victor, Verbürgerlichung des Proletariats und Proletarisierung des Mittelstandes, in: Die Arbeit, 1931, Heft 8, S. 29.

stimmt hatte, die sich der Macht und dem Einfluß von Großindustrie und Gewerkschaften widersetzte"[94]).

Infolge des Wahlsystems konnten sich die Veränderungen im Wählerverhalten voll auf die politische Repräsentation auswirken; Stimmen- und Mandatsanteil waren weitgehend kongruent. Von den Zeitgenossen wurde jedoch *die Verbindung von Wahlsoziologie und Wahlsystem* noch nicht erkannt. Dennoch beschäftigte man sich vor allem im Zentrum, aber auch bei einigen jüngeren Mitgliedern der SPD (C. Mierendorff, J. Leber, u. a.) mit der Revision des Wahlsystems; gefordert wurde die Einführung der relativen Mehrheitswahl wesentlich aufgrund der extrem großen Parteienzahl. So erklärte Leber bereits im Dezember 1927, als die Parteienzersplitterung noch keineswegs ihren Höhepunkt erreicht hatte: „Die Weimarer Verfassung hat uns ein Regierungssystem nach westeuropäischem Muster geschenkt. Aber sie hat dazu ein Wahlrecht geschaffen, das nicht zu diesem System paßt. Man sage nicht, daß das deutsche Parteiensystem eben anders sei als das englische, hätte England unser Wahlrecht, es gäbe dort auch sieben Parteien statt drei"[95]). Die Diskussionen um das Wahlsystem waren jedoch im Grunde rein akademisch, da die Proportionalwahl in der Verfassung verankert war; eine Zweidrittelmehrheit war zu keiner Zeit zu erreichen.

Die verschiedenen *Reformvorschläge* und Gesetzesänderungen sowohl für das Reichstags- als auch für einzelne Länderwahlrechte[96]), die meist nicht realisiert oder vom Staatsgerichtshof wieder annulliert wurden, stellten deshalb die Verhältniswahl in keinem und die automatische Methode nur in einigen Ausnahmefällen in Frage. Auch die zahlreichen, u. a. von Weiß, W. Jellinek, W. Heile und R. Schmidt[97]) entwickelten „Mischsysteme", die Mehrheitswahl und Proportionalwahl in der Weise kombinierten, daß ein bestimmter Prozentsatz der Abgeordneten mit relativer Mehrheit in Einerwahlkreisen gewählt werden sollte, garantierten durch Ergänzungslisten oder Kürzungsverfahren den proportionalen Ausgleich[98]). Das entscheidende Merkmal und Ziel des Proporzsystems, die Verhältnismäßigkeit von Stimmen und Mandaten, sollte erhalten bleiben; die einem Mehrheitswahlsystem

---

[94]) Seymour M. Lipset, Nationalsozialismus. Ein Faschismus der Mitte, a.a.O., S. 114 f.

[95]) Julius Leber, Ein Mann geht seinen Weg, Berlin/Frankfurt/M. 1952, S. 105.

[96]) Zu den einzelnen Vorschlägen siehe Karl Braunias, a.a.O., Bd. I, S. 91 f.; Johannes Schauff, Neues Wahlrecht, a.a.O., passim; vgl. auch Friedrich Schäfer, Zur Frage des Wahlrechts in der Weimarer Republik, in: Staat, Wirtschaft und Politik in der Weimarer Republik. Festschrift für Heinrich Brüning, Berlin 1967, S. 119 ff.

[97]) Siehe hierzu die in den BiblAng. zusammengestellten Titel.

[98]) Vgl. Jahannes Schauff, Neues Wahlrecht, a.a.O., passim

immanente Über- bzw. Unterrepräsentation wollte man vermeiden. Die Änderungsvorschläge sahen deshalb in der Regel vor: Verkleinerung der Wahlkreise, Verminderung der Abgeordnetenzahl, Modifizierung oder Aufhebung der Reststimmenverwertung auf Wahlkreisverbands- und Reichsebene und eine stärkere Personalisierung der Wahl.

IV. Der Verfassungswandel und die Errichtung der Nationalsozialistischen Diktatur

Die Wahlentwicklung in der Weimarer Republik hat keineswegs allein und ausschließlich die „Machtergreifung" Hitlers ermöglicht. Die NSDAP erreichte bei den Wahlen des Jahres 1932 37,3 v. H. bzw. 33,1 v. H. der Stimmen und konnte auch bei der *Wahl vom 5. März 1933* (s. Tab. A 11; s. Darst. VII), die bereits unter Druck und Terror durchgeführt wurde, nicht die absolute Mehrheit der Stimmen erhalten. Noch 1933 entschieden sich 56,1 v. H. der Wähler nicht für die NSDAP. Nur in acht der 35 Wahlkreise erzielte sie mehr als 50 v. H. der Stimmen; in einigen kleineren, vorwiegend katholischen Gebieten des Rheinlandes, Westfalens und Bayerns verfügte sie nicht einmal über zehn von Hundert der Stimmen.

Entscheidend für die Machtübernahme Hitlers war vielmehr der Wandel in der Stellung der staatlichen Organe, den die Verfassung durch die Doppelabhängigkeit der Regierung ermöglichte und förderte[99]. Der *„stille Verfassungswandel"* war schon in der Zeit Eberts angelegt; der „Übergang zur Präsidentschaftsrepublik"[100] begann endgültig mit der Wahl Hindenburgs zum Reichspräsidenten im Jahre 1925. Bereits im Dezember 1927 und bei der Regierungsbildung nach der Wahl von 1928 dachten Hindenburg und seine Umgebung daran, eine überparteiliche Beamtenregierung einzusetzen, die allein auf das Vertrauen des Reichspräsidenten gestützt sein sollte[101]. Mit der großen Koalition unter Führung des Sozialdemokraten Hermann Müller gelang noch einmal eine Regierungsbildung auf parlamentarischer Basis; jedoch bestanden zwischen Kabinett und Regierungsparteien nur sehr lockere Beziehungen. Die Regierung blieb das „Kabinett der Persönlichkeiten", als das es im Juni 1928 entstanden war[102]. Auch die Regierungspraxis

---

[99]) Aus der zur Endphase der Weimarer Republik umfänglichen Literatur seien genannt: Werner Conze/Hans Raupach, Hrsg., Die Staats- und Wirtschaftskrise des Deutschen Reiches 1929—1933, Stuttgart 1967; Karl Dietrich Bracher, Die Auflösung der Weimarer Republik, a.a.O.; Gotthart Jasper, a.a.O.; dort jeweils auch weiterführende Literaturangaben.

[100]) Werner Conze, Die Krise des Parteienstaates ..., a.a.O., S. 46.

[101]) Vgl. ebenda, S. 48.

[102]) Die Regierungsbildung der großen Koalition ist dargestellt bei Peter Haungs, a.a.O., S. 146 ff.; vgl. vor allem auch Jürgen Blunck, Der Gedanke der großen Koalition in den Jahren 1923—1928, phil. Diss. Kiel 1961.

der Kabinette Heinrich Brünings, Franz von Papens und Kurt von
Schleichers und ihr Verhältnis zum Reichstag bildeten sich bereits in der
Mittelphase der Weimarer Republik aus[103]). So waren die erste Regierung Luther (Januar bis November 1925) und die große Koalition
unter Hermann Müller (Juni 1928 bis März 1930) nicht an die Fraktionen gebunden. Auch Reichstagsauflösungen[104]) und die Anwendung
des Notverordnungsparagraphen[105]) waren mehrmals erfolgt. Der Unterschied der seit 1930 gebildeten Präsidialkabinette und ihrer Regierungsweise zu den früheren Regierungen „lag in der systematisierten
Kombination dieser Regierungsmethoden und einem weiter als jemals
zuvor gehenden Erlahmen der parlamentarischen Gestaltungskraft"[106]).
Vor allem die Verknüpfung der entscheidenden Rechte des Reichspräsidenten, des Ernennungs-, Auflösungs-, und Notverordnungsrechts,
durch die der Reichstag praktisch ausgeschaltet werden konnte, trug
zur *Aushöhlung des Verfassungssystems* bei und ließ Reichskanzler
und Regierung von Hindenburg völlig abhängig werden. So konnte
Hindenburg nach seiner Wiederwahl zum Reichspräsidenten (s. Tab. A
16) Brüning entlassen, obwohl er seinen Wahlerfolg in hohem Maße
dessen persönlichem Einsatz zu verdanken hatte.

Zum Ausdruck kam „die Wendung zur autoritären, zur parlaments-
freien und schließlich parlamentsfeindlichen Regierungsweise"[107]), vor
allem in den *Reichstagsauflösungen* während der Endphase der Weimarer Republik[108]). Bereits im Sommer 1930 hatte Hindenburg auf
Wunsch Brünings den Reichstag aufgelöst, als dieser die Notverordnungen der Regierung aufgehoben hatte. Im September 1932 gestattete
der Reichspräsident Reichskanzler von Papen die Neuwahl, bevor der
Reichstag überhaupt zu seiner ersten Arbeitstagung zusammengekom-
men war; er begründete dies damit, daß die Möglichkeit bestehe, der
Reichstag könne Notverordnungen aufheben. Die Reichstagsauflösung
vom 1. Februar 1933 kennzeichnete den Verfassungswandel noch ent-

---

[103]) Zu den Koalitionsbildungen und Regierungspraktiken in der Mittelphase
der Weimarer Republik siehe Peter Haungs, a.a.O., passim; vgl. auch Michael Stürmer, Koalition und Opposition in der Weimarer Republik 1924—1928, Düsseldorf
1967.

[104]) Siehe Anmerkung C/48.

[105]) Vgl. die Ermächtigungsgesetze zwischen 1919—1923, abgedruckt bei Ernst
Rudolf Huber, Dokumente, a.a.O., Bd. 3, S. 185 ff.

[106]) Peter Haungs, a.a.O., S. 279.

[107]) Karl Dietrich Bracher, Probleme der Wahlentwicklung in der Weimarer Republik, a.a.O., S. 81.

[108]) Zu den Reichstagsauflösungen vgl. Helma Fricke, Die Reichstagsauflösungen
des Jahres 1932 und das parlamentarische System der Weimarer Reichsverfassung,
in: Der Staat, Bd. 1 (1962), S. 199 ff.; siehe auch Karl Dietrich Bracher, Die Auflösung der Weimarer Republik, a.a.O., passim.

schiedener. Hindenburg löste das Parlament auf, damit die Bevölkerung die Möglichkeit der Stellungnahme zur Regierung des „Nationalen Zusammenschlusses" habe[109]).

Nach der *Ernennung Hitlers* zum Reichskanzler am 30. Januar 1933 wurde die Absicht der Nationalsozialisten, „den Staat in die Form (zu) gießen, die wir als die richtige ansehen"[110]) sehr bald deutlich. Obwohl die Präsidialregierung aus NSDAP und DNVP bei der Wahl vom 5. März 1933 (s. Tab. A 11; Darst. VII) 51,9 v. H. der Stimmen erhielt, im Reichstag über 340 der 647 Mandate verfügte und somit zum ersten Mal seit 1930 wieder eine Regierung auf parlamentarischer Basis möglich war, erfolgte in wenigen Monaten die Umwandlung der parlamentarischen Republik in eine totalitäre Einparteiendiktatur faschistischer Prägung[111]). Schon vor der Reichstagswahl waren nach dem Reichstagsbrand durch die Notverordnungen „zum Schutz von Volk und Staat" und „gegen Verrat am deutschen Volk und hochverräterische Umtriebe" (beide vom 28. Februar 1933[112]) die Grundrechte außer Kraft gesetzt worden. Am 23. März 1933 legte Hitler dem Reichstag das „*Ermächtigungsgesetz*"[113]) („Gesetz zur Behebung der Not von Volk und Staat") vor, das ihm auf vier Jahre die Vollmacht verleihen sollte, entgegen den Beschränkungen der Verfassung ohne Beteiligung von Reichstag und Reichsrat Gesetze zu erlassen; er sollte selbst die Verfassung ändern dürfen, „soweit sie (die Gesetze) nicht die Einrichtung des Reichstages und des Reichsrates als solche zum Gegenstand haben" (Art. 2). Unangetastet blieben allein Stellung und Rechte des Reichspräsidenten, die jedoch nur noch formale Bedeutung hatten, da zum einen das Recht, die Gesetze zu unterzeichnen und auszufertigen, auf den Reichskanzler überging, zum zweiten aber das Notverordnungsrecht, die eigentliche Machtposition des Reichspräsidenten, dadurch praktisch aufgehoben wurde, daß Hitler die

---

[109]) Vgl. die Auflösungsverordnung vom 1. Februar 1933, abgedruckt bei Ernst Rudolf Huber, Dokumente, a.a.O., Bd. 3, S. 162.

[110]) Der Legalitätseid Hitlers beim Leipziger Reichswehrprozeß von 1930 ist in Quellenform dargestellt bei Ernst Deuerlein, Hrsg., Der Aufstieg der NSDAP in Augenzeugenberichten, Düsseldorf 1968, S. 327 ff., hier S. 332.

[111]) Zur „Machtergreifung" und der Errichtung der nationalsozialistischen Diktatur siehe u. a. Martin Broszat, a.a.O., S. 82 ff.; Karl Dietrich Bracher / Wolfgang Sauer / Gerhard Schulz, Hrsg., Die nationalsozialistische Machtergreifung. Studien zur Errichtung des totalitären Herrschaftssystems in Deutschland 1933/34, 2. Aufl. Köln und Opladen 1962; neuerdings auch Karl Dietrich Bracher, Die deutsche Diktatur. Entstehung, Struktur, Folgen des Nationalsozialismus, Köln / Berlin 1969.

[112]) Beide Notverordnungen sind abgedruckt bei Walther Hofer, a.a.O., S. 53, 57.

[113]) Hierzu siehe Hans Schneider, Das Ermächtigungsgesetz vom 24. März 1933, in: Vierteljahreshefte für Zeitgeschichte Bd. 1 (1953), S. 197 ff.; neuerdings auch in: Gotthard Jasper, a.a.O., S. 405 ff.; dort auch S. 504 der Text.

notwendige Gegenzeichnung des Reichskanzlers verweigern konnte. Nach dem Tode Hindenburgs (2. August 1934) entfielen aufgrund der Vereinigung des Reichspräsidentenamtes mit dem des Reichskanzlers auch die formalen Vorbehalte.

Das „Ermächtigungsgesetz", für dessen Verabschiedung eine verfassungsändernde Zweidrittelmehrheit notwendig war, wurde am 24. März 1933 dem Reichstag zur Annahme vorgelegt. An der Abstimmung beteiligten sich 538 der 647 Mitglieder[114]. Außer den 81 kommunistischen Abgeordneten, die aus dem Reichstag ausgeschlossen worden waren, konnten auch einige sozialdemokratische Abgeordnete infolge der bereits beginnenden Verhaftungen nicht mehr an der Sitzung teilnehmen. Mit Ausnahme der 94 Abgeordneten der SPD-Fraktion stimmten alle anderen Parteien der Vorlage zu. Auch der Reichsrat billigte das Gesetz; jedoch war die Abstimmung nicht verfassungskonform, da die Reichsratsstimmen von Baden, Preußen und Sachsen nicht von den Beauftragten der Landesregierungen abgegeben wurden, sondern von den durch die Reichsregierung eingesetzten Reichskommissaren instruiert waren. Diese 34 der 66 Gesamtstimmen (s. Tab. A 17) hätten deshalb nicht berücksichtigt werden dürfen. „Damit aber hat das „Ermächtigungsgesetz" im Reichsrat die vorgeschriebene Mehrheit nicht erreicht. Aus diesem Grunde ist es nicht legal zustande gekommen"[115].

Das „Ermächtigungsgesetz" legalisierte den Verfassungswandel, der am Ende der zwanziger Jahre begonnen hatte, und ermöglichte die Machtergreifung sowie alle folgenden *Maßnahmen zur Gleichschaltung* in allen entscheidenden staatlichen und privaten Bereichen. Nachdem unmittelbar nach der Reichstagswahl in Baden, Bayern, Hessen, Sachsen, Schaumburg-Lippe, Württemberg und den drei Reichsstädten Reichskommissare eingesetzt worden waren, verloren die Länder durch das „Gesetz zur Gleichschaltung der Länder mit dem Reich" vom 31. März 1933 endgültig ihre Eigenständigkeit[116]. Zudem wurden im Januar und Februar 1934 entgegen den Bestimmungen des „Ermächtigungsgesetzes" auch die föderalistischen Strukturen abgeschafft und durch einen den totalitären Systemen immanenten strengen Zentralismus ersetzt. Die Länderparlamente und der Reichsrat wurden aufgelöst, die exekutive Gewalt ging in die Hände von Reichsstatt-

---

[114] Vgl. ebenda, S. 419.   [115] Derselbe, ebenda, S. 430.
[116] Zur Gleichschaltung der Länder siehe u. a. Martin Broszat, a.a.O., S. 130 ff.; Karl Dietrich Bracher, Die deutsche Diktatur, a.a.O., S. 209 ff.; für die Gleichschaltung in einem Lande vgl. etwa Horst Rehberger, Die Gleichschaltung des Landes Baden 1932/33, Heidelberg 1966.

halter über, die der Dienstaufsicht und Weisung des Reichsinnen-
ministeriums unterstanden[117]).

Aber nicht nur die Repräsentationskörperschaften der Länder sondern
auch der *Reichstag* verlor jegliche Einflußmöglichkeit. Nachdem bereits nach der Reichstagswahl, an der Hitler die KPD noch teilnehmen ließ, um den Sozialdemokraten möglichst viele Stimmen zu
entziehen, die Kommunisten verboten worden waren, erfolgte am
22. Juni 1933 das Verbot der SPD. Die bürgerlichen Parteien lösten
sich daraufhin Ende Juni und Anfang Juli selbst auf. Durch die Gesetze „gegen die Neubildung von Parteien (14. Juli 1933) und „zur
Sicherung von Einheit von Partei und Staat" (1. Dezember 1933)
wurde die Monopolstellung der NSDAP in allen Bereichen legali-
siert[118]). Dem Reichstag, der am 12. November 1933, 29. März 1936
und 19. April 1938 nach den Grundsätzen des Wahlgesetzes der Weimarer Republik neu bestellt wurde[119]), gehörten ausschließlich „Abgeordnete" der NSDAP an. Das Parlament wurde zu einem *Instrument
der Akklamation* degradiert; daß seine Sitzungen nach dem Reichstagsbrand in der „Kroll-Oper" stattfanden, hatte fast symbolischen
Charakter.

Obwohl der Aufbau von Staat und Partei vom Führerprinzip geprägt
war, beruhte die Diktatur Hitlers auf einem spezifischen Dualismus
beider[120]). Vor allem diese Herrschaftstechnik, die die staatlichen Institutionen bestehen ließ, jedoch weitere Führungsinstanzen neu schuf
und so für fast alle Organe und Organisationen Doppel- und Viel-
gleisigkeit herstellte, erlaubte es Hitler, seine absolute Macht zu behaupten und ständig auszudehnen. Indem er die Vielzahl von In-
stanzen und Zuständigkeiten, die alle bei ihm zusammenliefen, die
alle von ihm abhängig waren und die nur er überschauen konnte,
gegeneinander ausspielte, gelang es ihm, den *Führerstaat* nach den
Prinzipien zu verwirklichen, die er in „Mein Kampf" gekennzeichnet
hatte.

---

[117]) Die beiden Gesetze „über den Neubau des Reiches" und „die Aufhebung des
Reichsrates" vom 30. Januar bzw. 14. Februar 1934 sind abgedruckt bei Walther
Hofer, a.a.O., S. 63 f.
[118]) Diese Gesetze ebenda, S. 61 f.
[119]) Zu den „Wahl"-ergebnissen siehe Tabelle A 18; zu den Volksabstimmungen
von 1933, 1934 und 1938 siehe Tabelle A 19.
[120]) Zum Aufbau von Staat und Partei im Dritten Reich, den Herrschaftsprak-
tiken Hitlers und der NSDAP, die in unserem Zusammenhang nur sehr verkürzt
dargestellt werden konnten, siehe u. a. Martin Broszat, a.a.O., passim; Karl
Dietrich Bracher, Die deutsche Diktatur, a.a.O., passim; dort auch weiterführende
Literaturangaben.

D. DIE PARLAMENTSWAHLEN IN DER BUNDESREPUBLIK

I. Die Entwicklung bis zum Grundgesetz

a) Der Wiederaufbau des politischen Lebens nach dem Zweiten Weltkrieg

Nach der bedingungslosen *Kapitulation* der deutschen Wehrmacht vom 7. und 8. Mai 1945 lag die Verantwortung für die Zukunft Deutschlands ausschließlich in den Händen der alliierten Siegermächte[1]). Über die territoriale Gestalt sowie die politischen und gesellschaftlichen Strukturen Deutschlands wurde im wesentlichen auf den Konferenzen der „Großen Drei" in Teheran, Jalta und Potsdam entschieden. Bei den Gesprächen von Jalta wurde zunächst nur der Beschluß gefaßt, daß die Siegermächte selbst „die oberste Gewalt hinsichtlich Deutschlands" ausüben werden[2]). Das *Potsdamer Kommuniqué* (Abkommen) vom 2. August 1945 machte detailliertere Aussagen; es enthielt u. a. zwei in sich widersprüchliche Grundsätze, die die politische Entwicklung maßgeblich beeinflussen sollten und die beide auf die Zweiteilung Deutschlands und Berlins in eine östliche von der Sowjetunion und eine westliche von den Vereinigten Staaten, Großbritannien und Frankreich beherrschte Interessensphäre hinauslaufen mußten.

Der erste Widerspruch lag darin, daß die Alliierten auf Drängen Stalins zwar die Zerstückelung (dismemberment) Deutschlands verwarfen und das Land trotz der *vier Besatzungszonen* als wirtschaftliche Einheit ansahen[3]), indes keine gemeinsamen funktionsfähigen

---

[1]) Zur Entwicklung Deutschlands nach dem Zweiten Weltkrieg und dem Wiederaufbau des staatlichen und politischen Lebens liegt eine umfangreiche wissenschaftliche Literatur vor. Angeführt seien hier nur einige allgemeinere Darstellungen: Ernst Deuerlein, Deutschland nach dem Zweiten Weltkrieg 1945—1955 (Bd. IV, Abschnitt 6 von O. Brandt / A. O. Meyer / L. Just, Handbuch der deutschen Geschichte) Konstanz 1964; Thilo Vogelsang, Das geteilte Deutschland (dtv-Weltgeschichte des 20. Jahrhunderts, Bd. 11), 3. Aufl., München 1969; Elmar Krautkrämer, Deutsche Geschichte nach dem Zweiten Weltkrieg. Eine Darstellung der Entwicklung von 1945 bis 1949 mit Dokumenten, Hildesheim 1962.

[2]) Zu den Vereinbarungen der Konferenzen von Teheran, Jalta und Potsdam vgl. die Quellensammlung von Heinrich von Siegler, Dokumente zur Deutschlandfrage. Von der Atlantik-Charta 1941 bis zur Berlin-Sperre 1961, 3. Bde., 2. Aufl., Bonn / Wien / Zürich 1961; hier Bd. 1, S. 5 f., 13 f., 34 ff. Zum Potsdamer Abkommen siehe auch Ernst Deuerlein, Hrsg., Potsdam 1945. Quellen zur Konferenz der „Großen Drei" (dtv-Dokumente), München 1963.

[3]) So insbesondere im III. Abschnitt, Teil B des Potsdamer Abkommens. Vgl. ebenda, S. 39. Zur Konferenz im allgemeinen siehe etwa Herbert Feis, Zwischen Krieg und Frieden. Die Potsdamer Konferenz, Frankfurt/M. 1962.

Exekutivorgane schufen, die diese Einheit hätten verwirklichen können. Sowohl der „Alliierte Kontrollrat" als auch die „Alliierte Kommandantur" von Groß-Berlin mußten ohne Einfluß bleiben, da für alle Beschlüsse Einstimmigkeit erforderlich war. Jede Besatzungsmacht konnte so durch ihr Vetorecht gemeinsame Entscheidungen verhindern und zudem in ihrer Zone die ihr notwendig erscheinenden Maßnahmen durchführen. Je mehr die weltpolitischen Gegensätze zwischen den Siegermächten anwuchsen, um so deutlicher entwickelten sich die Besatzungszonen auseinander, und um so stärker beteiligten die Alliierten die Bevölkerung ihrer Besatzungszone an den Entscheidungen, allerdings mit der Auflage, daß die von Deutschen geleiteten Institutionen ihre Befugnisse nicht gegen die Interessen der jeweiligen Besatzungsmacht gebrauchen würden.

Der zweite Widerspruch im Potsdamer Kommuniqué ging davon aus, daß die Alliierten zur Vorbereitung des „zukünftigen Wiederaufbaus des deutschen politischen Lebens auf demokratischer Basis"[4]) zwei unterschiedliche Wege ankündigten. Zum einen sollten die *Selbstverwaltungskörperschaften* schrittweise von unten nach oben aufgebaut werden, wobei zunächst lokale Institutionen „nach demokratischen Grundsätzen und im besonderen durch Wahlen" errichtet werden sollten; später sollten dann auch höhere Organe auf Bezirks-, Provinz- und Länderebene durch Wahl bestellt werden. Zum anderen jedoch beschlossen die Siegermächte zugleich und unabhängig davon, politische Parteien zuzulassen[5]). Gegründet werden durften aber nur „demokratische" Parteien. Als demokratisch galten dabei in erster Linie alle Parteien und Organisationen, die während des „Dritten Reiches" im Exil weiterexistiert oder die sich aktiv am „Widerstand" beteiligt hatten. Ein Hauptkriterium für eine „demokratische" Entwicklung in Deutschland bestand nach der Herrschaft einer monokratischen Partei im Parteienpluralismus. In der Regel wurden vier Parteien zugelassen: die Kommunistische Partei Deutschlands (KPD), die Sozialdemokratische Partei Deutschlands (SPD), die „Christlich-Demokratische Union" oder „Christlich-Soziale Union" (CDU/CSU)

---

[4]) Diese und die folgende Zitatstelle aus dem III. Abschnitt, Teil A, Ziffer 9 zit. nach der ersten deutschen Übersetzung in: Die Wandlung, 1. Jg., S. 79 ff. Die Übersetzung bei H. v. Siegler, a.a.O., weicht geringfügig ab.

[5]) Auf diesen Widerspruch und seine Bedeutung für die Reorganisation der Parteien sowie die Struktur des Parteiensystems weist vor allem Dolf Sternberger hin. Vgl. Block und Koalition. Eine Studie zur Entstehung der deutschen Parteiensysteme nach 1945, in: Derselbe, Lebende Verfassung. Studien über Koalition und Opposition, Meisenheim/Glan 1956, S. 51 ff.

und die „Demokratische Volkspartei" oder „Freie Demokratische Partei" (DVP/FDP)[6]).

Die *Organisation der Parteien* vollzog sich aber im Gegensatz zur Aussage des Potsdamer Abkommens ohne jegliche Legitimation durch die Bevölkerung. Der Aufbau der Parteien war längst abgeschlossen, teilweise sogar bis zum Zonenmaßstab vorangeschritten, ehe überhaupt Wahlen abgehalten wurden[7]). Die Parteien arbeiteten bereits in den von den alliierten Militärregierungen eingesetzten lokalen Verwaltungen, in den provisorischen Länderregierungen mit und waren somit schon „etabliert", bevor auf Gemeindeebene die ersten Wahlen durchgeführt wurden[8]); dies sowohl in der Sowjetischen Besatzungszone (SBZ) als auch in den drei Westzonen. Jedoch ergab sich in zweifacher Hinsicht ein gravierender Unterschied. Während die Westalliierten die Bildung von Parteien erst nach der Potsdamer Konferenz zuließen und zunächst nur die Gründung auf Kreisebene genehmigten, hatte die sowjetische Militärregierung bereits am 10. Juni 1945 für Berlin und die Sowjetische Besatzungszone die Gründung „antifaschistischer" Parteien sowohl auf lokaler als auch auf Landes- und Zonenebene erlaubt[9]). Vor allem aber zwang sie die Parteien ihrer Besatzungszone zur Bildung einer Parteienkoalition, dem „Block der antifaschistisch-demokratischen Parteien" und propagierte zudem den Zusammenschluß der beiden sozialistischen Parteien. Zu Beginn der Potsdamer Konferenz waren von den vier Phasen, die die Machtübernahme der Kommunisten ermöglichten, drei (die Gründung der KPD, die Zulassung anderer, jedoch lizenzierter Parteien, die Bildung einer Zwangskoalition mit paritätischer Besetzung aller Organisationen und Institutionen) abgeschlossen[10]). Allein die Vereinigung von SPD und KPD zur „Sozialistischen Einheitspartei Deutschlands" (SED) war noch nicht vollzogen. Endgültig festgelegt war jedoch die Form des Parteiensystems. Bevor in den Westzonen überhaupt Parteien zugelassen waren, war in der Sowjetischen Besatzungszone bereits die Ent-

---

[6]) Zum Wiederaufbau des Parteiwesens siehe die in den BiblAng. aufgeführten Gesamtdarstellungen und Einzeluntersuchungen.

[7]) Ähnlich Dolf Sternberger, Block und Koalition . . ., a.a.O., passim.

[8]) Zum zeitlichen Ablauf des Wiederaufbaus der Parteien, der Einsetzung von deutschen Verwaltungen und der Durchführung der ersten Wahlen auf Gemeinde- und Länderebene siehe die ausführliche Zeittafel in: Dolf Sternberger, Lebende Verfassung, a.a.O., S. 88 ff.

[9]) Zur Entwicklung in der sowjetischen Besatzungszone siehe im einzelnen den Abschnitt E, S. 253 ff.

[10]) So etwa auch Dolf Sternberger, Block und Koalition . . ., a.a.O., S. 53.

scheidung zugunsten des *Blocksystems*[11]) und eine bedeutsame Vorent-
scheidung zuungunsten eines einheitlichen deutschen Staates gefallen.

Von den vier Parteien erkannte die SPD die Bedeutung des Blocksystems als erste, da sie infolge der Einigungsbestrebungen zunächst
am direktesten betroffen war[12]). Obwohl auch innerhalb der Sozialdemokratie in den Westzonen unmittelbar nach der Kapitulation
der Wunsch nach *einer* sozialistischen Partei überwog, lehnte die
erste Delegiertenkonferenz auf Zonenebene im Oktober 1945 den
Zusammenschluß mit den Kommunisten ab. Unter Führung von Kurt
Schumacher nahm sie auch eine mögliche Spaltung der Partei in Kauf,
um ein Eindringen der Kommunisten in die Westzonen über den
Umweg der Vereinigung mit der SPD zu verhindern. Die endgültige
Entscheidung gegen die Fusion fällten die Delegiertenkonferenzen im
Januar 1946 sowie die Urabstimmung der West-Berliner SPD-Mit-
glieder vom 31. März 1946, bei der sich 82,2 v. H. gegen den Zu-
sammenschluß aussprachen[13]).

Diese Weigerung der SPD war zudem von ausschlaggebender Bedeutung für die Form des *Parteiensystems in den Westzonen*. Eine
Fusion hätte zwar die Bildung einer Blockkoalition nicht notwendig
zur Folge haben müssen; diese „wäre aber doch in der damaligen
Atmosphäre fortwirkender Résistance-Solidarität und aktueller Zusammenarbeit zur Bekämpfung dringender nationaler Not bedeutend
nahegerückt"[14]).

Während die Sozialdemokraten aus der Zwangsvereinigung in der
Sowjetischen Besatzungszone auf dem Gründungsparteitag der SED
vom 19. bis 22. April 1946 bereits im Mai 1946 die Konsequenz
zogen und sich auf ihrem ersten trizonalen Parteitag von Hannover
zur „westdeutschen" Gesamtpartei zusammenschlossen[15]), versuchten
die beiden bürgerlichen Parteien weiterhin, die Verbindung mit ihren
Organisationen in der Sowjetischen Besatzungszone aufrecht zuerhal-
ten. Aus diesem Grunde bildeten sie zunächst auch keine zentralen

---

[11]) Zu Begriff und Funktion von Blocksystem und Blockpolitik siehe unten,
S. 273 ff.

[12]) Zur Reorganisation der SPD vgl. Albrecht Kaden, Einheit oder Freiheit. Die
Wiedergründung der SPD 1945/46, Hannover 1964, passim.

[13]) Nach Albrecht Kaden, ebenda, S. 256. Von den etwa 60 000 SPD-Mitgliedern
Groß-Berlins konnten nur die 32 547 der drei Westzonen an der Abstimmung teilnehmen; von den 23 755 Mitgliedern (72,9 v. H.), die sich an der Abstimmung
beteiligten, lehnten 19 529 (82,2 v. H.) die Fusion ab, 2 937 (12,3 v. H.) stimmten
dafür. Vgl. auch Willy Brandt / Richard Löwenthal, Ernst Reuter. Ein Leben für
die Freiheit. Eine politische Biographie, München 1957, S. 357.

[14]) Dolf Sternberger, Block und Koalition ..., a.a.O., S. 57.

[15]) Vgl. Albrecht Kaden, a.a.O., S. 257 ff.

Parteigremien, sondern ließen die einzelnen Zonenorganisationen als oberste Parteiinstanzen bestehen. Eine gemeinsame, die Demarkationslinie überspannende Zielsetzung wurde jedoch ständig schwieriger, da die Landesverbände die entgegengesetzte Entwicklung auf gesellschaftlichem, wirtschaftlichem und sozialem Gebiet sowie die Interessen der Besatzungsmächte berücksichtigen mußten. Zudem behinderten die sowjetische Militäradministration und das Blocksystem die freie Tätigkeit der beiden bürgerlichen Parteien.

Von besonderer Relevanz für das Parteiensystem in den Westzonen wurde die *Strukturpolitik der Besatzungsmächte*[16]. Indem die Alliierten in der Regel nur vier Parteien lizenzierten, verhinderten sie das Wiederentstehen einer Parteienvielfalt. Sie unterstützten auf diese Weise Bestrebungen, die verhängnisvolle parteipolitische Zersplitterung des Bürgertums durch die Gründung einer großen interkonfessionellen Sammelpartei zu überwinden[17]. Doch kamen auch führende Zentrumspolitiker und Repräsentanten beider Konfessionen aus der Erkenntnis, daß das Zentrum allein die Machtergreifung der Nationalsozialisten nicht hatte verhindern können, zu der Überzeugung, „daß nur eine große Partei, die in der christlich-abendländischen Weltanschauung, in den Grundsätzen der christlichen Ethik ihr Fundament hatte, die notwendige erzieherische Aufgabe am deutschen Volk erfüllen, seinen Wiederaufstieg herbeiführen und einen festen Damm gegenüber der kommunistischen atheistischen Diktatur errichten könnte"[18].

Die CDU entstand im Frühjahr und Sommer 1945 in allen vier Besatzungszonen, vielfach unabhängig voneinander und zunächst auch unter den verschiedensten Parteibezeichnungen. Erst im Dezember 1945 einigte man sich auf den Namen *Christlich Demokratische Union*[19]. Noch heute bildet die CSU in Bayern eine formell und organisatorisch selbständige Partei, die jedoch seit 1949 auf Bundesebene eine sehr enge Fraktionsgemeinschaft mit der CDU eingegangen ist[20].

---

[16]) Die strukturellen Veränderungen im Parteiensystem und die historischen Wurzeln der Parteien zeigt vor allem auch die Darstellung IX, Zur Entwicklung der Parteien und des Parteiensystems in Deutschland, S. 203.

[17]) Zu den Bestrebungen, eine interkonfessionelle bürgerliche Partei zu gründen, siehe insbesondere Hans Georg Wieck, Die Entstehung der CDU und die Wiedergründung des Zentrums im Jahre 1945, Düsseldorf 1953.

[18]) Konrad Adenauer, Erinnerungen 1945—1953, Stuttgart 1965, S. 51.

[19]) Vgl. Hans Georg Wieck, a.a.O., passim.

[20]) Beide werden deshalb im folgenden als Einheit betrachtet, obwohl sie formell und organisatorisch zwei Parteien sind, u. a. auch mit getrennten, d. h. unverbundenen Landeslisten (siehe S. 197) an den Bundestagswahlen teilnehmen und — zunehmend in jüngster Zeit — auch in ihrer Programmatik gewisse Unterschiede aufweisen.

Auch die weitgehend dezentralisierte Organisation der CDU geht auf
die Gründungszeit zurück. Mit der Überwindung der konfessionellen
Schranken und dem Eindringen in alle Gebiete Deutschlands wurde
gerade die Struktur der CDU von den unterschiedlichen gesellschaftlichen Gegebenheiten der verschiedenen Regionen besonders stark
bestimmt. Während das Zentrum im Kaiserreich und in der Weimarer
Republik im wesentlichen auf katholische Gebiete beschränkt geblieben
war, schlossen sich der neuen Sammelpartei vornehmlich in den
protestantischen Gebieten Nord- und Ostdeutschlands ein Großteil
der Mitglieder der ehemaligen bürgerlichen Parteien an. Jedoch blieben Wiedergründungen früherer Parteien und neue Parteibildungen
nicht aus. Bereits im Oktober 1945 entstand das Zentrum wesentlich
aus personellen Differenzen, aber auch aus wirtschaftlichen Gegensätzen zur CDU wieder[21]). Zudem mag die traditionelle Bindung einiger katholischer Kreise an das alte Zentrum dabei mitgespielt
haben. Doch wurde diese Partei auf längere Sicht — ebenso wie
die protestantisch konservativen Parteien, die vornehmlich in Nord-
deutschland gegründet wurden — wieder weitgehend von der CDU
absorbiert[22]).

Aus den *Landtagswahlen von 1946 bis 1948*[23]) in den Westzonen gingen SPD und CDU/CSU mit 36,8 bzw. 35,5 v. H. der Stimmen etwa
gleich stark hervor, während die FDP/DVP einen Stimmenanteil von
9,5 v. H. erreichte (s. Tab. A 27). Die Kommunisten erzielten 9,6 v. H.
der Stimmen und konnten auch ihre Hochburgen, in denen während
der Weimarer Republik ihre Stimmenzahlen nahe an die der Sozialdemokraten herangekommen waren[24]), nicht mehr behaupten. Trotz
massiver Unterstützung durch die sowjetzonale SED gelang es nicht,
die negativen Auswirkungen der sowjetischen Politik (Vertreibung,
Kriegsgefangenenfrage, Berliner Blockade u. a. m.) auszugleichen. Der
Stimmenanteil der Kommunisten sank in den folgenden Wahlen kontinuierlich (s. Tab. A 21; Tab. A 27). Die KPD blieb — im Gegensatz
zur Nachkriegsentwicklung in anderen westeuropäischen Staaten —

---

[21]) Ähnlich Hans Georg Wieck, a.a.O., S. 145 ff., der vor allem auf diese beiden
Gründe, insbesondere auch die persönlichen Differenzen hinweist.

[22]) Zur Mutation des Parteiensystems und der Integration der kleinen bürgerlichen Parteien in die CDU/CSU siehe unten, S. 204 ff.

[23]) Das Wahlrecht in den Ländern ist dargestellt in Groß-Tabelle G VI, S. 192 ff.;
zu den Wahlergebnissen (und den Stimmenanteilen der Parteien) bei den Landtagswahlen siehe Tabelle A 27.

[24]) Siehe oben S. 167; vgl. vor allem die Aufschlüsselung der Reichstagswahlergebnisse nach Wahlkreisen bei Alfred Milatz, a.a.O., S. 90 und 107 sowie die
kartographischen Darstellungen in der Anlage.

eine unbedeutende Splitterpartei, die dann durch das Bundesverfassungsgericht am 17. August 1956 verboten wurde[25]).

Die Ergebnisse der Landtagswahlen bestimmten auch die Zusammensetzung der von den Westalliierten seit Ende 1946 errichteten *bi- und trizonalen Institutionen*[26]). Die Mitglieder wurden entweder von den Länderregierungen ernannt oder aber von den Landtagen prozentual zu den Fraktionsstärken bestellt. Als gesetzgebende Körperschaft der Bizone — am 2. Dezember 1946 von der amerikanischen und britischen Militärregierung als „Vereinigtes Wirtschaftsgebiet" konstituiert und am 25. Juni 1947 bzw. 9. Februar 1948 umgestaltet — entstand der „Wirtschaftsrat". Ihm gehörten je 20 Mitglieder der CDU/CSU und der SPD, vier der FDP, drei der KPD und fünf Mitglieder anderer Parteien an[27]). Den „Exekutivausschuß" (Exekutivrat) bildeten die Länderregierungen, die je einen Vertreter entsandten. Aufgrund der Umorganisation vom Februar 1948 wurde die Mitgliederzahl des Wirtschaftsrates, der Gesetzgebungskompetenz besaß, die fünf Verwaltungsdirektoren wählte und deren Tätigkeit kontrollierte, von 52 auf 104 Mitglieder erhöht[28]). Er setzte sich zusammen aus 44 Abgeordneten der CDU/CSU und der „Deutschen Partei" (DP), 40 der SPD, acht der FDP, sechs der KPD, vier des Zentrum und zwei Abgeordneten der „Wirtschaftlichen Aufbauvereinigung" (WAV). Der Exekutivrat wurde in „Länderrat" umbenannt.

Bei der Wahl der Verwaltungsdirektoren, die praktisch die Funktionen von Ministern ausübten, wurden die Gegensätze der beiden großen Parteien zum ersten Mal auch auf überzonaler Ebene deutlich[29]). Es begann die scharfe Trennung zwischen den Sozialdemokra-

---

[25]) Der Verbotsantrag der Bundesregierung wurde bereits im Jahre 1952 gestellt; das Urteil des Bundesverfassungsgerichts erfolgte dann im Jahre 1956 zu einem Zeitpunkt, als die KPD bereits nicht mehr die Fünf-Prozent-Sperrklausel überspringen konnte und zur politischen Bedeutungslosigkeit herabgesunken war. Die Urteilsbegründung ist abgedruckt in: BVerfGE. 5/133 ff.; vgl. auch den Auszug bei Thomas Ellwein, Das Regierungssystem der Bundesrepublik Deutschland. Leitfaden und Quellenbuch, 2. Aufl., Köln und Opladen 1965, S. 528 ff.

[26]) Siehe hierzu etwa den Überblick bei Ernst Deuerlein, Deutschland nach dem Zweiten Weltkrieg, a.a.O., S. 47 ff. sowie die Spezialuntersuchung von Walter Vogel, Westdeutschland 1945—1950. Der Aufbau von Verfassungs- und Verwaltungseinrichtungen über den Ländern der drei westlichen Besatzungszonen, 2 Teile, (Schriften des Bundesarchivs 2 und 12), Koblenz und Boppard 1956 bzw. 1964.

[27]) Die Zahlenangaben nach Heino Kaack, Die Parteien in der Verfassungswirklichkeit der Bundesrepublik, 2. Aufl., Bonn 1964, S. 37. Von den fünf „sonstigen Mitgliedern" gehörten je zwei dem Zentrum und der DP sowie einer der WAV an.

[28]) Vgl. Ernst Deuerlein, Deutschland nach dem Zweiten Weltkrieg, a.a.O., S. 49. Von den 44 Mitgliedern von CDU/CSU und DP gehörten 40 zur CDU/CSU.

[29]) Zu den programmatischen Gegensätzen der beiden großen Parteien siehe den II. Teil der vergleichenden Analyse von Wolf Dieter Narr, CDU-SPD, Programm und Praxis seit 1945, Stuttgart/Berlin/Köln/Mainz 1966, S. 63 ff.

ten und den bürgerlichen Parteien unter Führung der CDU/CSU, die
für die folgenden Jahre kennzeichnend sein sollte und erst in den sechziger Jahren überwunden wurde. Die Gegensätze beruhten vor allem
auf der unterschiedlichen wirtschaftlichen Grundkonzeption. Während
die SPD weiterhin die Sozialisierung und Verstaatlichung der Banken,
Versicherungsunternehmen sowie der Bodenschätze und der Grund-
stoffindustrien anstrebte und ihr Wirtschaftsprogramm am Modell
einer   demokratisch   kontrollierten   Zentralverwaltungswirtschaft
orientierte[30]), wandten sich die Christlichen Demokraten vom weitgehend sozialistischen „Ahlener Programm" der CDU der britischen
Zone ab[31]). Sie setzten sich — unterstützt von den kleineren Parteien
— bei der Wahl der Verwaltungsdirektoren durch und verwirklichten
nach der Währungsreform die von Ludwig Erhard entwickelte „soziale Marktwirtschaft".

b) Die fraktionelle Gliederung des Parlamentarischen Rates und die
   Entstehung des Grundgesetzes

Auch die Mitglieder des *„Parlamentarischen Rates"*, der sich aufgrund der Beschlüsse der drei Westalliierten und der Benelux-Länder
auf der Londoner Konferenz vom 23. Februar bis 6. März 1948[32]) am
1. September 1948 in Bonn als verfassunggebende Versammlung konstituierte, wurden von den Länderparlamenten wiederum prozentual
zu den Fraktionsstärken in den Landtagen gewählt.

Der Parlamentarische Rat tagte vom 1. September 1948 bis zum
8. Mai 1949. Zu seinem Präsidenten wählte das Plenum Konrad
Adenauer; Vorsitzender des Hauptausschusses wurde Carlo Schmid.
Die Mitglieder konnten sich bei ihren Beratungen auf die in einer
Denkschrift an die Ministerpräsidenten der Länder zusammen-

---

[30]) Vgl. die „Politischen Leitsätze" der SPD vom 11. Mai 1946, abgedruckt bei
Ossip K. Flechtheim, Hrsg., Dokumente zur parteipolitischen Entwicklung in
Deutschland seit 1945, Berlin 1962 ff., hier Bd. III, S. 17 ff.

[31]) Das Ahlener Programm vom 3. Februar 1947 ist abgedruckt bei Wilhelm
Mommsen, a.a.O., S. 576 ff.; auch in: Ossip K. Flechtheim, Dokumente . . . , a.a.O.,
Bd. II, S. 53 ff. Zur programmatischen Standortveränderung der — zumindest rhei-
nischen — CDU vgl. etwa Wolf Dieter Narr, a.a.O., S. 94 ff.

[32]) Zur Londoner Konferenz und den dort gefaßten Beschlüssen hinsichtlich der
drei Westzonen vgl. Peter H. Merkl, Die Entstehung der Bundesrepublik Deutschland, Stuttgart 1965, passim; dort auch weiterführende Literaturangaben. Der Wortlaut der Kommuniqués vom 6. März und 7. Juni 1948 abgedruckt in: Europa-Archiv,
Bd. 3 (1948), S. 1067 ff., 1437 ff. Die Londoner Beschlüsse wurden dann zusammengefaßt als sogenannte „Frankfurter Dokumente" am 1. Juli 1948 der Ministerpräsi-
dentenkonferenz der Länder übergeben. Sie stellen praktisch den Ausgangspunkt für
die Gründung der Bundesrepublik Deutschland dar. Siehe dazu jetzt auch Siegmar
Rothstein, Gab es eine Alternative? Zur Vorgeschichte der Gründung der Bundesrepublik Deutschland, in: Aus Politik und Zeitgeschichte, Beilage zur Wochenzeitung Das Parlament 20/1969.

Tabelle V: Zusammensetzung des Parlamentarischen Rates[33])

Land	Insge-samt	CDU/CSU	SPD	FDP/DVP	DP	Zen-trum	KPD
Baden	2	1	1	—	—	—	—
Bayern	13	8	4	1	—	—	—
Bremen	1	—	1	—	—	—	—
Hamburg	2	1	1	—	—	—	—
Hessen	6	2	3	1	—	—	—
Niedersachsen	9	2	4	1	2	—	—
Nordrhein-Westfalen	17	6	6	1	—	2	2
Rheinland-Pfalz	4	2	2	—	—	—	—
Schleswig-Holstein	4	2	2	—	—	—	—
Württemberg-Baden	5	2	2	1	—	—	—
Württemberg-Hohenzollern	2	1	1	—	—	—	—
Insgesamt	65	27	27	5	2	2	2
West-Berlin*)	5	1	3	1	—	—	—

Anmerkung: *) Nur mit beratender Funktion

gefaßten Vorschläge des Verfassungskonventes von Herrenchiemsee[34]) stützen, mußten jedoch die Auflagen der Alliierten, die auf der Londoner Konferenz ausgearbeitet worden waren, berücksichtigen. Auch im Parlamentarischen Rat wurden die Meinungsverschiedenheiten zwischen den beiden großen Parteien recht bald deutlich[35]). Spannungen ergaben sich vornehmlich bei der Gestaltung der föderativen Institutionen, bei den Beratungen über die Beziehungen zwischen Kirche und Staat, bei der Frage der Finanzstruktur und des Finanzausgleichs sowie bei der Wahlgesetzgebung[36]). Im Gegensatz zu ihrem Verhalten im Wirtschaftsrat und in den Länderparlamenten waren die Parteien jedoch — mit Ausnahme der Kommunisten — ständig um einen Kompromiß bemüht. Man wollte ein Eingreifen der Alliierten soweit als

---

[33]) Zusammengestellt nach Peter H. Merkl, a.a.O., S. 71.

[34]) Vgl. hierzu ebenda, S. 67 ff. Die verfassungspolitischen Vorstellungen und die Beratungen des Konventes einschließlich eines 149 Artikel umfassenden Verfassungsentwurfes sind enthalten in dem offiziellen „Bericht über den Verfassungskonvent auf Herrenchiemsee vom 10. bis 25. August 1948", hrsg. vom Verfassungsausschuß der Ministerpräsidenten-Konferenz der westlichen Besatzungszonen, München ohne Jahr.

[35]) Hierzu wie zu den Grundgesetzberatungen im allgemeinen siehe insbesondere Peter H. Merkl, a.a.O., S. 67 ff.; vgl. auch John Ford Golay, The Founding of the Federal Republic of Germany, University of Chicago Press, Chicago 1958. Siehe auch JöR, NF Bd. 1 (1951); dieser erste Band ist ausschließlich der Entstehungsgeschichte der Grundgesetzartikel gewidmet.

[36]) Zur Beratung des Wahlgesetzes siehe unten, S. 187 ff.

möglich ausschließen[37]). Zudem wußten die beiden großen Parteien
nicht, wer von den beiden nach der Verabschiedung des Grundgesetzes
als stärkste Partei aus den Wahlen hervorgehen würde und dann mit
der Verfassung regieren mußte.

Der Parlamentarische Rat verabschiedete die Verfassung am 8. Mai
1949 mit 53 Stimmen (27 der SPD, 21 der CDU, fünf der FDP) bei
zwölf Gegenstimmen (sechs der CSU, je zwei des Zentrums, der DP
und KPD)[38]). Nach der Ratifizierung durch die Länderparlamente —
nur Bayern lehnte die Verfassung ab, war aber bereit, sich der Bundesrepublik anzuschließen, falls die übrigen Landtage die Verfassung
billigen sollten — und der Konstituierung von Bundestag und Bundesrat sowie der Wahl des Bundespräsidenten und des Bundeskanzlers
trat das *Grundgesetz für die Bundesrepublik Deutschland* am 15. September 1949 in Kraft.

II. Der institutionelle Rahmen des politischen Systems

a) Das Verfassungssystem

Das Grundgesetz enthielt infolge der Erfahrungen der Weimarer Republik und des „Dritten Reiches", die die Verfassungsberatungen in ganz
entscheidendem Maße geprägt haben, zwei *Grundmerkmale*[39]): eine
ausgewogene bundesstaatlich-föderalistische Struktur, die den Dualismus zwischen Preußen und dem Reich ablöste und den nach dem
Zweiten Weltkrieg territorial neugestalteten Bundesländern weitgehende Eigenständigkeit verlieh, sowie das parlamentarische Regierungssystem unter Ausschaltung jeglicher plebiszitär-demokratischer
Verfassungselemente[40]).

---

[37]) Ähnlich Peter H. Merkl, a.a.O., S. 73 und passim. Zur Rolle der Alliierten,
ebenda, S. 128 ff.

[38]) Vgl. u. a. etwa Ernst Deuerlein, Deutschland nach dem Zweiten Weltkrieg,
a.a.O., S. 166. Zu den Ratifizierungsabstimmungen in den Landtagen, insbesondere
auch der Ablehnung durch den bayerischen Landtag siehe die Tabellen bei Peter
H. Merkl, a.a.O., S. 159 und 174.

[39]) Aus der Vielzahl der Literatur zum Verfassungs- und Regierungssystem der
Bundesrepublik seien nur einige Gesamtdarstellungen genannt: Thomas Ellwein, Das
Regierungssystem der Bundesrepublik Deutschland, a.a.O.; Theodor Eschenburg,
Staat und Gesellschaft in Deutschland, 6. Aufl., Stuttgart 1963; Alfred Grosser, Die
Bonner Demokratie, Düsseldorf 1960; Gerhard Loewenberg, Parlamentarismus im
politischen System der Bundesrepublik Deutschland, Tübingen 1969. Zum Ver-
fassungssystem siehe insbesondere auch Friedrich Karl Fromme, Von der Weimarer
Verfassung zum Bonner Grundgesetz, a.a.O.

[40]) Volksbegehren und Volksentscheid als Mittel der direkten Demokratie sind
nach dem Grundgesetz — anders als in der Weimarer Republik (vgl. Anmerkung
C/21) — nur bei Fragen der Länderneugliederung möglich. Vgl. Artikel 29 GG.
Einige Landesverfassungen — so etwa die bayerische und hessische — sehen jedoch

Vor allem *Stellung und Rechte des Staatspräsidenten* wurden — gegenüber Weimar — stark eingeschränkt. Während der Reichspräsident durch unmittelbare Volkswahl bestellt wurde, sieht das Grundgesetz für die Wahl des Bundespräsidenten den indirekten Wahlmodus vor. Das Staatsoberhaupt wird für eine fünfjährige Amtsperiode — einmalige Wiederwahl ist zulässig — von der Bundesversammlung gewählt, die sich zusammensetzt „aus den Mitgliedern des Bundestages und einer gleichen Anzahl von Mitgliedern, die von den Volksvertretungen der Länder nach den Grundsätzen der Verhältniswahl gewählt werden"[41]. Wählbar ist jeder Bürger über 40 Jahre, der das aktive Wahlrecht zum Bundestag besitzt. Der Bundespräsident vertritt die Bundesrepublik völkerrechtlich und ernennt und entläßt alle Bundesbeamten, einschließlich des Bundeskanzlers und der Bundesminister. Im Gegensatz zur Weimarer Republik ist er jedoch an die Mehrheitsverhältnisse des Parlaments gebunden; die Ernennung bleibt trotz seines Vorschlagsrechts „Formalität, höchstinstanzliche Beurkundung"[42]. Auch die Prärogative der Parlamentsauflösung ist dem Bundespräsidenten fast vollständig genommen worden. Er kann den Bundestag nur dann auflösen, wenn das Parlament den Bundeskanzler nicht mit absoluter, sondern nur mit relativer Stimmenmehrheit gewählt hat, oder wenn dem Bundeskanzler auf dessen Antrag hin vom Parlament nicht das Vertrauen ausgesprochen wurde.

Da es das vornehmste Ziel des Parlamentarischen Rates war, die Funktionsunfähigkeit parlamentarischer Regierung zu verhindern[43], stärkte der Verfassunggeber in dem Maße, in dem er die Einflußmöglichkeiten des Bundespräsidenten beschränkte, die Position des Bundeskanzlers und des Parlamentes. Ausschließlich dem *Bundestag* — „in allgemeiner, unmittelbarer, freier, gleicher und geheimer Wahl"[44] für eine vierjährige Wahlperiode bestellt — steht das Recht zu, den Bundeskanzler zu wählen. Nach Artikel 63 ist er nicht an das Vorschlagsrecht des Bundespräsidenten gebunden und kann selbst mit absoluter Mehrheit seiner Mitglieder eine andere Persönlichkeit wählen. Die Funktionen des Parlaments erstrecken sich zudem auch auf die Kontrolle der Regierung und die Gesetzgebung. Letztere muß der Bundestag allerdings aufgrund der föderativen Struktur der Verfas-

---

Volksabstimmungen auch bei anderen als ausschließlich territorialen Fragen vor. So bedürfen dort etwa Verfassungsänderungen außer der zwei Drittel Mehrheit in den Landtagen zusätzlich eines Volksentscheids, um Rechtskraft erlangen zu können.

[41] Artikel 41 GG; gegenwärtig gehören der Bundesversammlung bei einer Mitgliederzahl des Bundestags von 518 Abgeordneten somit 1036 Mitglieder an.

[42] Friedrich Karl Fromme, a.a.O., S. 77.

[43] Vgl. ebenda, passim. [44] Artikel 38 GG.

sung, die eine zweikammerige Legislative geschaffen hat, mit dem Bundesrat teilen.

Alle Gesetze — sofern sie nicht in die alleinige Kompetenz des Bundes oder der Länder fallen[45]) — bedürfen der Zustimmung beider Kammern. Im Gegensatz zur Weimarer Republik kann der Bundestag von der Ländervertretung abgelehnte Gesetze auch mit neuerlicher qualifizierter Mehrheit nicht beschließen. Nur bei Gesetzen, die nicht ausdrücklich der Zustimmung des Bundesrates unterliegen, ist dies möglich. Daß die Gesetzgebung unter diesen Bedingungen funktioniert, ist im wesentlichen das Verdienst des Vermittlungsausschusses. Diesem interparlamentarischen Gremium, dem je elf Mitglieder des Bundestages und Bundesrates angehören, ist es fast immer gelungen, zwischen den gegensätzlichen Standpunkten der beiden legislativen Organe zu vermitteln und eine für beide Kammern annehmbare Kompromißlösung auszuarbeiten.

Der *Bundesrat*, der nicht nur als Gesetzgebungsorgan ein föderalistisches Gegengewicht zum Bundestag darstellt, sondern von dem zugleich auch eine Kontrolle der Regierung ausgehen kann, unterscheidet sich in seiner Struktur grundsätzlich vom Bundestag. Da die Wahlen zu den Länderparlamenten nicht gleichzeitig abgehalten werden, ist der Bundesrat ein permanent tagendes Parlament, das an keine Legislaturperiode gebunden ist. Die Ländervertretung besteht z. Z. aus 45 „ex-officio" bestellten Mitgliedern der Länderregierungen, wobei jedes Bundesland aufgrund seines Bevölkerungsanteils vertreten ist[46]). Die Mitglieder werden von den Länderregierungen ernannt, beauftragt, bevollmächtigt und abberufen und müssen diesen als Kabinettsmitglieder angehören. Sie sind in der Regel Parteimitglieder, üben aber kein freies Mandat aus, sind an die Weisungen ihrer Regierungen (sehr häufig Koalitionsregierungen) gebunden und können ihre Stimmen nur einheitlich für jedes Land abgeben.

Die *Stellung des Bundeskanzlers und sein Verhältnis zum Bundestag* basieren gegenüber Weimar auf drei entscheidenden Änderungen: der Wahl durch das Parlament, der parlamentarischen Alleinverantwortlichkeit und dem konstruktiven Mißtrauensvotum. Nach Artikel 67 kann der Bundestag dem Bundeskanzler nur dann das Mißtrauen aussprechen, wenn er mit der Mehrheit seiner Mitglieder einen Nachfolger bestellt. Das Grundgesetz verhindert durch diese Regelung, daß parlamentarische ad-hoc-Mehrheiten die Regierung stürzen oder aber die Regierungstätigkeit blockieren können. Zudem übt das konstruktive Mißtrauensvotum auf die Parteien einen nicht unerheblichen Druck

---

[45]) Vgl. Artikel 73/74 GG.
[46]) Zur Zusammensetzung des Bundesrates siehe die tabellarische Zusammenstellung in Groß-Tabelle G VII.

aus, sich zur Mehrheitsbildung im Parlament zusammenzufinden. Nach Artikel 65 bestimmt der Bundeskanzler die Richtlinien der Politik und ist für seine Handlungen dem Bundestag verantwortlich. Diese Richtlinienkompetenz — in erster Linie als Reaktion auf die heterogenen Koalitionskabinette Weimars geschaffen[47]) — betrifft vor allem sein Verhältnis gegenüber den Bundesministern, die formal nur ihm verantwortlich sind, vom Parlament nicht bestellt und auch nicht durch ein Mißtrauensvotum abberufen werden können. Durch diese Verfassungsbestimmungen ist eine starke Regierungsgewalt zwar angelegt, die innenpolitische Stabilität in der Bundesrepublik beruht jedoch keineswegs ausschließlich auf der Neukonstruktion der Verfassung. Zur Funktionsfähigkeit des parlamentarischen Regierungssystems trug vor allem auch die gegenüber dem Kaiserreich und Weimar grundsätzlich veränderte Struktur des Parteiensystems bei, das von der unterschiedlichen Wahlgesetzgebung und in sehr starkem Maße von einem zunehmend polarisierten Wahlverhalten bestimmt wurde.

b) Parlamentarischer Rat und Wahlsystem

Die *Diskussionen um das Wahlsystem* in der Bundesrepublik waren und sind noch heute von den Erfahrungen der Weimarer Republik gekennzeichnet. Namhafte Repräsentanten der politischen Wissenschaft und der Publizistik sowie zahlreiche Politiker sprachen sich gegen den Proporz aus und forderten ein der parlamentarischen Regierung konformes Wahlsystem[48]).

Im Wahlrechtsausschuß des Parlamentarischen Rates[49]), der sich entsprechend der Stärke der einzelnen Fraktionen aus je vier Abgeord-

---

[47]) Ähnlich dem Grundgesetz kannte zwar auch die Weimarer Reichsverfassung formal in Artikel 56 die Richtlinienkompetenz des Reichskanzlers, doch war sie in der Verfassungswirklichkeit infolge der heterogenen Koalitionen praktisch ohne große Bedeutung. Friedrich Karl Fromme betont zurecht: „Die Minister waren faktisch Beauftragte ihrer Fraktionen; die Regierung wurde zum Gesandtenkongreß der Koalition und damit zum eigentlich führenden Organ." Von der Weimarer Verfassung zum Bonner Grundgesetz, a.a.O., S. 108. Im Regierungssystem der Bundesrepublik hingegen ist die Richtlinienkompetenz voll wirksam. Dies resultiert vor allem aus dem Zusammenwirken mit der parlamentarischen Alleinverantwortlichkeit des Bundeskanzlers und dem konstruktiven Mißtrauensvotum.

[48]) Die Grundzüge der Wahlreformdiskussion in der Bundesrepublik sind dargestellt am Ende dieses Abschnittes, S. 239 ff.

[49]) Zur Beratung des Wahlgesetzes und der Wahlsystemdiskussion im Parlamentarischen Rat siehe jetzt die Heidelberger Dissertation von Gudrun Stoltenberg-Schweizer, Das Wahlsystem zum ersten Bundestag. Funktion und Bedeutung des Parlamentarischen Rates, Diss. phil. masch. Heidelberg 1970. Vgl. auch Friedrich Schäfer, Sozialdemokratie und Wahlrecht, a.a.O., S. 157 ff. Siehe im übrigen die in Auswahl im Quellenteil Nr. 10, S. 375 ff., zusammengestellte Haltung der Parteien zum Wahlsystem.

neten der CDU/CSU und SPD sowie je einem Abgeordneten der FDP und KPD zusammensetzte[50]), waren im Gegensatz zur Weimarer Nationalversammlung alle Parteien davon überzeugt, daß ein funktionsfähiges parlamentarisches Regierungssystem in entscheidendem Maße bereits durch das Wahlrecht bestimmt würde[51]). An die Wiedereinführung der reinen Proportionalwahl Weimarer Prägung dachte deshalb niemand. Indes, die relative Mehrheitswahl in Einerwahlkreisen, wie die CDU/CSU sie forderte, wurde von der Mehrheit des Wahlrechtsausschusses ebenfalls abgelehnt. Seine Aufgabe sah der Ausschuß schließlich darin, ein Wahlsystem zu schaffen, das (nach der vorherrschenden Terminologie) Elemente der Verhältnis- und Mehrheitswahl enthalten und so gestaltet sein sollte, daß es einer möglichen Parteienzersplitterung erfolgreich entgegenwirken könne[52]).

Trotz dieser grundsätzlichen Übereinstimmung einigte man sich anfänglich nicht auf einen Kompromiß. Beide großen Parteien versuchten, bei der Kombination von Elementen der Mehrheits- und Verhältniswahl das von ihnen verfochtene Wahlsystem soweit als möglich durchzusetzen. In den Vorschlägen der SPD überwog die Proportionalwahl; in einem Wahlkreis sollten bei lose gebundener Liste, mehreren Stimmen je Wähler und der Möglichkeit des Panaschierens sechs Abgeordnete nach der Methode d'Hondt sowie als proportionaler Ausgleich zusätzlich zwei Abgeordnete über eine Landes- oder Bundesliste nach dem Wahlzahlverfahren[53]) gewählt werden. Der Entwurf der CDU/CSU hingegen sah die relative Mehrheitswahl mit Ergänzungsliste nach Proportionalwahl vor; von den rund 400 Abgeordneten sollten 300 in Einerwahlkreisen und nur 100 über die Ergänzungsliste gewählt werden[54]). Auch bei den weiteren Diskussionen, in denen eine Reihe neuer Vorlagen ausgearbeitet wurden, gelang es nicht, eine Einigung der Parteien zu erreichen. Die CDU/CSU lehnte ein Wahlsystem ab, bei dem zwar die Hälfte der 400 Abgeordneten nach relativer Mehrheitswahl in Einerwahlkreisen gewählt, der Mandatsanteil der Parteien jedoch ausschließlich nach einer Methode der Verhältniswahl ermittelt werden sollte. Für diesen von den Sozialdemokraten vorgelegten Kompromißvorschlag, Grundlage der Wahl zum ersten Bundestag, stimmten sowohl im Wahlrechts- und Hauptausschuß als auch im Plenum des Parlamentarischen Rates neben der SPD auch die

---

[50]) Nach Gudrun Stoltenberg-Schweizer, a.a.O.

[51]) So auch Friedrich Karl Fromme, a.a.O., S. 160 f.

[52]) Vgl. ebenda; zu ähnlichen Ergebnissen kommt auch Gudrun Stoltenberg-Schweizer, a.a.O., passim.

[53]) Zu den Begriffen siehe die Begrifflichen Grundlagen, passim.

[54]) Die hier referierten Vorschläge sind detailliert dargestellt bei Gudrun Stoltenberg-Schweizer, a.a.O., passim.

kleineren Parteien, denen die relative Mehrheitswahl zweifellos die Existenzgrundlage genommen hätte.

c) Wahlrecht und Wahlsystem

Das *Wahlgesetz vom 15. Juni 1949* — vor den Wahlen zum zweiten und dritten Bundestag am 8. Juli 1953 bzw. 7. Mai 1956 neugefaßt — ist in seinen wesentlichen Punkten noch heute gültig[55]). Aktiv wahlberechtigt sind alle Männer und Frauen, die sich im Besitz der bürgerlichen und politischen Ehrenrechte befinden und das 18. Lebensjahr vollendet haben. Das passive Wahlrecht besitzt jeder Wahlberechtigte, der „das Alter erreicht, mit dem die Volljährigkeit einsetzt"[56]) (21 Jahre). Inkompatibilität besteht für den Bundespräsidenten, die Bundesverfassungsrichter und alle Beamten sowie Angestellten des öffentlichen Dienstes; allerdings können diese Personen rechtswirksam gewählt werden, müssen jedoch bei Annahme der Wahl entweder aus ihrem Amt ausscheiden oder in den zeitweiligen Ruhestand versetzt werden[57]).

Das Wahlalter war ursprünglich durch den Parlamentarischen Rat im Jahre 1949 in Artikel 38 des Grundgesetzes auf 21 Jahre für das aktive Wahlrecht und 25 Jahre für die Wählbarkeit festgelegt worden. Diese Altersqualifikation war in der Bundesrepublik lange Zeit unumstritten; erst in jüngster Zeit — seit etwa 1965 — forderte man die Herabsetzung des Wahlalters auf 18 Jahre für die aktive und 23 bzw. 21 Jahre für das passive Wahlrecht[58]). Für diese Änderung sprach in erster Linie die Angleichung des aktiven Wahlrechts an die Wehrfähigkeit. Dem Bundestag lag schon in der letzten, fünften Wahlperiode ein — von der damaligen FDP-Opposition eingebrachter — Gesetzentwurf zur Senkung des Wahlalters auf 18 Jahre für das aktive bzw. 23 Jahre für das passive Wahlrecht vor. Die Gesetzesinitiative scheiterte weniger an der Haltung der drei dem Bundestag angehörenden Parteien, die sich übereinstimmend für die Herabsetzung ausgesprochen hatten, als vielmehr daran, daß sie nicht mehr fristgerecht vor der Bundestagswahl vom 28. September 1969 verabschiedet werden konnte. Bei der Wahl zum

---

[55]) Der Text des gegenwärtig gültigen Wahlgesetzes und Auszüge aus den Wahlgesetzen von 1949 und 1953 sind abgedruckt im Quellenteil Nr. 11, S. 388 ff. Vgl. auch die synoptische Zusammenstellung in der Groß-Tabelle G VII. Zu der umfangreichen Spezialliteratur über Wahlfragen siehe die BiblAng.

[56]) Artikel 38 GG, geändert am 31. Juli 1970; BGBl. 1970/I, S. 1165.

[57]) Zur Imkompatibilität vgl. Artikel 55 und 137 GG.

[58]) Zur Diskussion um das Wahlalter vgl. Hans-Helmut Röhring. Mit 18 wählen? Die Diskussion über die Herabsetzung des Wahlalters in der Bundesrepublik Deutschland, in: Aus Politik und Zeitgeschichte. Beilage zur Wochenzeitung Das Parlament, 33/69, S. 28 ff.

sechsten Bundestag waren somit — wie bei allen vorangegangenen
Wahlen — aktiv wahlberechtigt alle Männer und Frauen über 21
Jahre, wählbar alle Wahlberechtigten über 25 Jahre. Mittlerweile
ist das Wahlalter jedoch auch für die Bundestagswahlen herabgesetzt
worden, nachdem zuvor bereits die Mehrzahl der Bundesländer die
Altersqualifikation für die Landtags- und Gemeindewahlen gesenkt
hatte (s. Tab. G VI). Die Länderparlamente haben hier in gewisser
Weise die Entscheidung des Bundesgesetzgebers mitbestimmt. Ein
uneinheitliches Wahlalter auf Bundes- und Länderebene wäre ebenso
unmöglich gewesen wie die neuerliche Anhebung der Altersqualifikation bei den Landtagswahlen.

Die *Zahl der Abgeordneten* war für die Wahl zum ersten Bundestag
auf 400 festgelegt und wurde 1953, 1956 und 1963 auf 484, 494 bzw.
496 erweitert[59]). Die gesetzliche Abgeordnetenzahl kann jedoch infolge
des Wahlsystems durch die sog. Überhangmandate (s. u.) geringfügig
überschritten werden; dem Bundestag gehörten 1949: 402; 1953: 487;
1957: 497; 1961: 499 sowie 1965 und 1969 jeweils 496 Abgeordnete
an (s. Tab. A 21). Hinzu kommen noch die 1949: 19 und seit 1953: 22
Berliner Abgeordneten des Bundestages (s. Tab. A 22), die vom Berliner Abgeordnetenhaus proportional den Fraktionsstärken bestellt
werden, im Bundestag aber aufgrund des besonderen Status von Berlin nur eine beratende Funktion haben; ihre Stimmen werden bei Abstimmungen gesondert ausgezählt und nicht mitgewertet[60]).

Gemäß dem Wahlsystem wurde das Wahlgebiet für die erste Bundestagswahl in 242 Einerwahlkreise eingeteilt (s. Tab. A 20). Die *Wahlkreiseinteilung* war im allgemeinen an den bestehenden Verwaltungsbezirken orientiert und berücksichtigte nach Möglichkeit Stadt- und
Landkreisgrenzen. Aber bereits bei der Wahl von 1953 war das
Größenverhältnis der Wahlkreise infolge der Binnenwanderung sowie
des unterschiedlichen Bevölkerungswachstums recht deutlich verzerrt.
Im größten Wahlkreis, Gelsenkirchen, lebten 247 000 Wahlberechtigte,
im kleinsten, Recklinghausen-Stadt, hingegen nur 79 300, während
im Bundesdurchschnitt auf 137 000 Wahlberechtigte ein Wahlkreismandat entfiel. In zwölf der 242 Wahlkreise betrug die Abweichung
vom Bundesdurchschnitt mehr als 40 v. H., in 18 mehr als 30 v. H.,
nur in 97 Wahlkreisen war sie geringer als zehn von Hundert[61]). Trotz

---

[59]) Siehe auch die Tabellen A 21 und A 23. Die hier und im folgenden angegebenen Zahlen sind, sofern nicht gesondert nachgewiesen, den amtlichen Statistiken
zu den Bundestagswahlen entnommen; siehe die Zusammenstellung in den BiblAng.

[60]) Die Ergebnisse zu den Wahlen des Berliner Abgeordnetenhauses sind in
Tabelle A 26 enthalten.

[61]) Diese Angaben nach Joachim Raschke, Wie wählen wir morgen, Verhältnis-
oder Mehrheitswahl? Berlin 1967, S. 26 ff.

dieser teilweise erheblichen Ungleichheit des Stimmenwertes erfolgte weder für die Wahl von 1953 noch für die Wahlen von 1957 und 1961, als nach der Wahlgesetzänderung gemäß Paragraph drei die Abweichung maximal 33¹/₃ vom Bundesdurchschnitt betragen sollte, eine Neueinteilung der Wahlkreise[62]). Durch die Rückgliederung des Saarlandes im Jahre 1957 wurde nur die Zahl der Wahlkreise um fünf auf 247 erweitert. Erst als das Bundesverfassungsgericht 1963 die Wahlkreiseinteilung für verfassungswidrig erklärte, wurde die dringend notwendige Revision durchgeführt[63]). Die Zahl der Wahlkreise wurde auf 248 erhöht (s. Tab. A 20). Von der Neueinteilung waren 152 Wahlkreise betroffen. In den Ländern Bremen, Hamburg, Hessen und Saarland blieb die Anzahl der Wahlkreise unverändert (s. Tab. A 23). In Niedersachsen wurde die Anzahl der Wahlkreise um vier, in Bayern und Schleswig-Holstein um je drei verringert; in Nordrhein-Westfalen erhöhte sie sich um sieben, in Baden-Württemberg um drei und in Rheinland-Pfalz um einen Wahlkreis[64]).

Der Bundestag wird seit 1949 unverändert „nach den Grundsätzen einer mit der Personenwahl verbundenen Verhältniswahl"[65]) gewählt. Dieses *System der „personalisierten Verhältniswahl"* — in ähnlicher Weise mit zahlreichen Varianten bei einigen Landtagswahlen angewandt (s. Tab. G VI) — versucht das Entscheidungsprinzip der Mehrheitswahl mit dem Repräsentationsmodell der Verhältniswahl zu kombinieren[66]), indem jede Stimme in zwei Teilstimmen aufgespalten, diese dann gesondert ausgezählt und eine Hälfte der Abgeordneten auf Wahlkreisebene, die andere Hälfte über Landeslisten (1949 im Verhältnis 60 zu 40; 242 Abgeordnete in Wahlkreisen, 158 über Landeslisten) gewählt werden. Während zur Wahl des ersten Bundestages jeder Wähler nur eine Stimme hatte, verfügt er seit der Modifizierung des Wahlgesetzes von 1953 über zwei Stimmen, über eine *„Erststim-*

---

[62]) Vgl. Paragraph 3 des Wahlgesetzes im Quellenteil S. 388 f.

[63]) Vgl. BVerfGE. 16/130 ff. Daraufhin erfolgte dann mit Gesetzesänderung vom 14. Februar 1964 die Neueinteilung der Wahlkreise. Siehe BGBl. 1964/I, S. 61.

[64]) Vgl. Joachim Raschke, a.a.O., S. 27.

[65]) Paragraph 1 des Wahlgesetzes im Quellenteil, S. 388. Die hier vom Wahlgesetz selbst gegebene Definition des bundesrepublikanischen Wahlsystems wie auch der Begriff „personalisierte Verhältniswahl" sind wenig charakteristisch für die Gestaltung und die Wirkungen des Wahlsystems. Wenn diese Begriffe hier gebraucht werden, so nur, weil sie sich in der wissenschaftlichen Literatur und politischen Diskussion eingebürgert haben. Siehe hierzu etwa die kritischen Anmerkungen von Dolf Sternberger, Mutation des Parteiensystems. Eine Betrachtung zur dritten Bundestagswahl, in: Erwin Faul, Hrsg., Wahlen und Wähler in Westdeutschland, Villingen 1960, S. 7.

[66]) Siehe im einzelnen die detaillierten Ausführungen über Repräsentationsmodell und Entscheidungsmaßstab in den Begrifflichen Grundlagen, S. 26 ff.

Groß-Tabelle G VI: Das Wahlrecht in den Ländern der Bundesrepublik Deutschland

Bundesland Gesetzliche Grundlagen: Vf. = Verfassung LWG = Landes- wahlgesetz VoLW = Verordnung für LW WO = Wahlordnung	Parlament	Erfordernisse für		Wahlsystem
		Aktives Wahlrecht	Passives Wahl- recht	
Baden Vf. v. 22. 5. 1947 VoLW v. 10. 4. 1947	Landtag 60 Abg. 4 Jahre	Alle im Besitz der bürgerlichen und politischen Ehren- rechte befindlichen Bürger über 21 Jahre (Männer und Frauen)	aktives Wahl- recht, 25 Jahre	Verhältniswahl starrer Liste. 1 Stimme je Wähler; 12 Wahlkreise. Sitzverteilung auf Landesebene nach Wahlzahl- verfahren (→ S.46)
Baden-Württemberg Vf. v. 11. 11. 1953 LWG v. 27. 4. 1955	Landtag 120 Abg. 4 Jahre	s. Baden	s. Baden	Personalisierte Verhältniswahl 1 Stimme je Wähler; 70 Wahlkreise. Die Sitze werden über Listen auf Regierungsbezirksebene nach der Methode d'Hondt (→ S.48) verrechnet. Die in Wahl- kreisen mit relativer Mehrheit errungenen Direkt- mandate werden davon subtrahiert. Die restlichen Sitze erhalten die Bewerber mit den nächsthöchsten Stimmenzahlen im Regierungsbezirk. Bei Überhang- mandaten erfolgt proportionaler Ausgleich. Sperrklausel: mindestens 5% der abgegebenen Stimmen
Bayern Vf. v. 2. 12. 1946 1) LWG v. 3. 10. 1946 2) LWG v. 29. 3. 1949	Zwei Kammern: I. Landtag 1) 180 Abg. 4 Jahre 2) 204 Abg. 4 Jahre	s. Baden	s. Baden	1) Verhältniswahl lose gebundener Liste; 1 Stimme je Wähler: 5 Wahlkreise. Sitzverteilung auf Wahl- kreisebene nach der Methode Hagenbach-Bischoff (→ S. 46); Restmandate auf Landesebene nach der Methode d'Hondt (→ S. 48). Sperrklausel: mindestens in 1 Wahlkreis 10% der abgegebenen Stimmen. 2) Personalisierte Verhältniswahl lose gebundener Liste. 2 Stimmen je Wähler; 7 Wahlkreise. 102 Sitze nach relativer Mehrheitswahl in 102 Wahlbezirken. Mandatsverteilung auf Wahlkreisebene nach der Methode d'Hondt (→ S. 48); die in den Stimmbezirken errungenen Mandate werden von der Gesamtzahl subtrahiert; bei Überhangmandaten erfolgt kein Aus- gleich. Sperrklausel: s.o.
Ges. über den Senat v. 31. 7. 1947	II. Senat 60 Mgl. 6 Jahre alle 2 Jah- re ⅓ Er- neuerung	Von berufsständischen Orga- nisationen, Religionsgemein- schaften und Gemeinden in geheimer Abstimmung gewählt; Vertreter der Reli- gionsgemeinschaften ernannt.		
Berlin Groß-Berlin Vorl. Vf. v. 17.8.1946 1) WO v. 17.8.1946 West-Berlin Vf. v. 1. 9. 1950 2) LWG v. 4. 8. 1954 3) LWG v. 28. 3. 1958	1) Stadtver- ordneten- versammlung 130 Abg. 2 Jahre 2) u. 3) Abgeordneten- haus 200 Abg. 4 Jahre	Alle im Besitz der bürgerlichen und politischen Ehrenrechte befindlichen Bürger über 20 Jahre (Männer und Frauen)	s. Baden	1) Verhältniswahl starrer Liste. 1 Stimme je Wähler. Wahlkreise = Verwaltungsbezirke. Sitzverteilung auf Wahlkreisebene nach Wahlzahlverfahren (→ S. 46). Die Restmandate nach Stadtwahlvorschlägen nach der Methode d'Hondt (→ S. 48). 2) s.o. Sperrklausel: mindestens 5% der abgegebenen Stimmen. 3) Personalisierte Verhältniswahl starrer Liste. 1 Stimme je Wähler; 120 Wahlkreise. Mindestens 80 Sitze über Listen. Mandatsverteilung auf Landesebene nach der Methode d'Hondt (→ S. 48); die in Wahlkreisen errun- genen Mandate werden von der Gesamtzahl subtra- hiert. 120 Sitze nach relativer Mehrheitswahl. Bei Überhangmandaten erfolgt proportionaler Ausgleich. Sperrklausel: mindestens 5% der abgegebenen Stimmen oder 1 Direktmandat.

Bundesland Gesetzliche Grundlagen: Vf. =Verfassung LWG =Landes- wahlgesetz VoLW =Verordnung für LW WO =Wahlordnung	Parlament	Erfordernisse für		Wahlsystem
		Aktives Wahlrecht	Passives Wahl- recht	
Bremen Vf. v. 21.10.1947 1) VoLW Nr. 26 v. 13. 4.; Nr. 28, 30 v. 15. 5.; Nr. 31, 32 v. 30. 5. 1946 u. Nr. 43 gültig ab 30. 5. 1946 für die Länder Bremen u. Hamburg	1) Bürgerschaft 80 Abg. 9 Jahre	s. Baden	s. Baden	1) Personalisierte Verhältniswahl lose gebundener Liste. (Kumulationsverbot). Jeder Wähler hat soviel Stimmen wie Direktmandate auf Wahlkreisebene zu bestellen sind. Sitzverteilung in den Wahlkreisen nach relativer Mehrheitswahl (64 Sitze). Sitzvertei-lung über Listen: Stimmenüberschuß aller Direkt-mandate über den erfolglosen Bewerber mit dem höchsten Stimmenanteil durch Anzahl der Listen-sitze plus 1. Das um 1 erhöhte Ergebnis ist die Quote, mit der ein Bewerber als gewählt gilt. Rest-mandate für die Listen mit den größten Resten
2) LWG v. 9. 9. 1947	2) u. 3) Bürgerschaft 100 Abg. (20 Abg. aus Bremerhaven) 4 Jahre			2) Verhältniswahl starrer Liste und Einzelwahl-vorschläge. 1 Stimme je Wähler; 2 Wahlkreise. Sitzverteilung: Gesamtstimmen im Wahlbereich minus Stimmen der Parteien unter Sperrklausel und Stimmen für Einzelbewerber durch Anzahl der Abgeordnete minus Zahl der gewählten Einzel-bewerber. Sperrklausel: mindestens 5% der abgege-benen Stimmen.
3) LWG v. 22.4.1955				3) Verhältniswahl starrer Liste. 1 Stimme je Wähler; 2 Wahlkreise. Sitzverteilung auf Wahlgebietsebene nach der Methode d'Hondt (→ S. 48). Sperrklausel s.o.
Hamburg Vorl. Vf. v. 15.5.1946 Vf. v. 6.6.1952 1) VoLW Nr. 26 v. 13.4.; Nr. 28, 30 v. 15.5.; Nr. 31, 32 v. 30.5.1946 und Nr. 43 gültig ab 30. 5. 1946 für die Länder Bre-men und Hamburg 2) LWG v. 18.8.1949	Bürgerschaft 1) 110 Abg. 3 Jahre 2) u. 3) 120 Abg. 4 Jahre	s. Baden	s. Baden	1) Personalisierte Verhältniswahl lose gebundener Liste (Kumulationsverbot). 4 Stimmen je Wähler; 21 Wahlkreise. Sitzverteilung in den Wahlkreisen nach relativer Mehrheitswahl (84 Sitze). Sitzverteilung über Listen: Stimmenüberschuß aller Direktmandate über den erfolglosen Bewerber mit dem höchsten Stimmenanteil durch Anzahl der Listensitze plus 1. Das um eins erhöhte Ergebnis ist die Quote, mit der ein Bewerber als gewählt gilt. Restmandate für die Listen mit den größten Resten. 2) Personalisierte Verhältniswahl starrer Liste. 1 Stimme je Wähler; 72 Wahlkreise. 72 Sitze nach relativer Mehrheitswahl. 48 Sitze über Listen nach der Methode d'Hondt (→S. 48). Stimmenzahl-ermittlung pro Partei für Sitzverteilung über Listen: Stimmenüberschuß der Direktmandate über erfolg-losen Bewerber mit dem höchsten Stimmenanteil plus Stimmen aller erfolglosen Bewerber.
3) LWG v. 6.12.1956*)				3) Verhältniswahl starrer Liste. 1 Stimme je Wähler; 1 Wahlkreis. Sitzverteilung nach der Methode d'Hondt (→S. 48). Sperrklausel: mindestens 5% der abgegebenen Stimmen.
Hessen Vf. v. 1.12.1946 1) LWG v. 14. 10. 1946 2) LWG v. 18. 9. 1950	Landtag 1) 90 Abg. 4 Jahre 2) 96 Abg. 4 Jahre	s. Baden	s. Baden	1) Verhältniswahl starrer Liste. 1 Stimme je Wähler; 15 Wahlkreise. Sitzverteilung über Kreis- und Landes-listen nach Wahlzahlverfahren. Sperrklausel: minde-stens 5% der abgegebenen Stimmen. 2) Personalisierte Verhältniswahl starrer Liste. 1 Stimme je Wähler; 48 Wahlkreise. Sitzverteilung auf Landesebene nach der Methode d'Hondt (→S.48). Die mit relativer Mehrheit errungenen Direktmandate werden davon subtrahiert. Bei Überhangmandaten erfolgt proportionaler Ausgleich. Sperrklausel: mindestens 5% der abgegebenen Stimmen.

Die Seitenverweise beziehen sich auf die *Begriffliche Einführung in die Wahl-systematik* im Handbuch *Die Wahl der Parlamente und anderer Staatsorgane*, a.a.O.

Fortsetzung Groß-Tabelle G VI

Bundesland Gesetzliche Grundlagen: Vf. = Verfassung LWG = Landeswahlgesetz VoLW = Verordnung für LW WO = Wahlordnung	Parlament	Erfordernisse für		Wahlsystem
		Aktives Wahlrecht	Passives Wahlrecht	
Niedersachsen Vorl. Vf. v. 13.4.1951 LWG v. 31.3.1947	Landtag 149 Abg. 4 Jahre	s. Baden	s. Baden	Personalisierte Verhältniswahl starrer Liste. 1 Stimme je Wähler; 95 Wahlkreise. Sitzverteilung auf Landesebene nach der Methode d'Hondt (≻ S. 48). Die mit relativer Mehrheit errungenen Direktmandate werden davon subtrahiert. Bei Überhangmandaten erfolgt proportionaler Ausgleich. Sperrklausel: mindestens 5% der abgegebenen Stimmen oder 1 Direktmandat.
Nordrhein-Westfalen Vf. v. 28.6.1950 LWG v. 22.1.1947	Landtag 150 Abg. plus 33⅓ der 150 Direktmandate 3 Jahre (ab 11.3.1950 4 Jahre)	s. Baden	s. Baden	Personalisierte Verhältniswahl starrer Liste. 1 Stimme je Wähler; 150 Wahlkreise. 150 Direktmandate nach relativer Mehrheitswahl. Verteilung der restlichen Sitze über Landeslisten im Verhältnis zum Stimmenanteil der Parteien (Gesamtsitzzahl: 33⅓ mehr als Direktmandate). Bei Überhangmandaten erfolgt proportionaler Ausgleich. Sperrklausel: mindestens 5% der abgegebenen Stimmen.
Rheinland-Pfalz Vf. v. 18.5.1947 1) LWG v. 27.3.1947 2) LWG v. 7.12.1950	Landtag 1) u. 2) 100 Abg. 4 Jahre	s. Baden	s. Baden	1) Verhältniswahl starrer Liste. 1 Stimme je Wähler; 5 Wahlkreise. Sitzverteilung auf Wahlkreisebene nach Wahlzahlverfahren (≻ S. 46). 2) Verhältniswahl starrer Liste. 1 Stimme je Wähler; 7 Wahlkreise. Sitzverteilung auf Wahlkreisebene nach Wahlzahlverfahren (≻ S. 46). Restmandate für die Listen mit den größten Resten. Sperrklausel: mindestens 5% der abgegebenen Stimmen.
Saarland Vf. v. 15.12.1947 1) V über die Wahl zur Gesetzgeb. Versammlung v. 29.8.1947 2) LWG v. 18.11.1955 3) LWG v. 29.9.1960	Landtag 1) 50 Abg. 5 Jahre (vorgesehen alle 2 Jahre 1/3 Erneuerung) 2) 50 Abg. 5 Jahre	Alle im Besitz der bürgerlichen und politischen Ehrenrechte befindlichen Bürger über 20 Jahre (Männer und Frauen)	s. Baden	1) Verhältniswahl starrer Liste. Listenverbindung unzulässig; 1 Stimme je Wähler; 3 Wahlkreise. Sitzverteilung auf Wahlkreisebene nach modifizierter Methode d'Hondt (≻ S. 48). Zunächst erhält jede Wahlliste nach der Division durch eins ein Mandat zugesprochen; erst dann erfolgen Division und Sitzzuteilung nach der Methode d'Hondt, indem die Stimmenzahlen der Wahllisten so lange durch die jeweils bereits erhaltene Zahl der Mandate plus eins dividiert werden, bis die Gesamtzahl der im Wahlkreis zu vergebenden Sitze erreicht ist. 2) Verhältniswahl starrer Liste. 1 Stimme je Wähler; 3 Wahlkreise. Sitzverteilung nach der Methode d'Hondt (≻ S. 48). Sperrklausel: mindestens 5% der abgegebenen Stimmen. 3) Verhältniswahl starrer Liste. 1 Stimme je Wähler; 3 Wahlkreise. Sitzverteilung nach der Methode d'Hondt (≻ S. 48). Zunächst werden nach der Methode d'Hondt die 50 Mandate auf Landesebene an die Parteien vergeben; sodann werden ebenfalls nach der Methode d'Hondt 40 der 50 Mandate entsprechend den Gesamtstimmenzahlen in den 3 Wahlkreisen auf diese verteilt; im 3. Zuteilungsverfahren werden die 40 Mandate auf die Wahlkreislisten der Parteien wiederum nach der Methode d'Hondt verteilt; sich ergebende Mandatsdifferenzen (Mandate der Parteien auf Landesebene abzüglich den in den Wahlkreisen erhaltenen Mandaten) werden durch die 10 restlichen Mandate über Landeswahlvorschläge der Parteien ausgeglichen.

[66a]) Die Groß-Tabelle G VI gibt den Stand vom 31. Januar 1969 wieder. Seither sind eine Reihe von Änderungen eingetreten, die vornehmlich die Herabsetzung des Wahlalters betreffen. In allen Bundesländern ist mittlerweile das Wahl-

Bundesland Gesetzliche Grundlagen: Vf.　=Verfassung LWG =Landes- 　　　wahlgesetz VoLW =Verordnung 　　　für LW WO　=Wahlordnung	Parlament	Erfordernisse für		Wahlsystem
		Aktives Wahlrecht	Passives Wahl- recht	
Schleswig-Holstein Vf. v. 13.12.1949 1) LWG v. 31.1.1947	Landtag 1) 70 Abg. zunächst 3 Jahre, dann 4 Jahre	s. Baden	s. Baden	1) Personalisierte Verhältniswahl starrer Liste. 1 Stimme je Wähler; 42 Wahlkreise. 42 Direktmandate nach relativer Mehrheit. 28 Sitze über Landeslisten nach der Methode d'Hondt (→S.48). Stimmenzahl pro Partei: Stimmenüberschuß der Direktmandate über den erfolglosen Bewerber mit der höchsten Stimmenzahl plus Stimmenzahl aller erfolglosen Bewerber. Sperrklausel: mindestens 1 Direktmandat.
2) LWG v. 27.2.1950	2) 69 Abg. 4 Jahre			2) Personalisierte Verhältniswahl starrer Liste. 1 Stimme je Wähler; 42 Wahlkreise. 42 Direktmandate nach relativer Mehrheitswahl. 23 Sitze über Landes- listen nach der Methode d'Hondt (→S.48). Stimmen- zahl pro Partei: Stimmenüberschuß der Direkt- mandate über den erfolglosen Bewerber mit der höchsten Stimmenzahl plus Stimmenzahl aller erfolglosen Bewerber. Sperrklausel: mindestens 5% der abgegebenen Stimmen oder 1 Direktmandat; Ausnahme: Parteien nationaler Minderheiten.
3) LWG v. 18.3.1966	3) 73 Abg. 4 Jahre			3) Personalisierte Verhältniswahl starrer Liste. 1 Stimme je Wähler; 44 Wahlkreise. 44 Direktmandate nach relativer Mehrheitswahl. Restmandate über Landesliste nach der Methode d'Hondt (→S.48). Bei Überhangmandaten erfolgt kein Ausgleich. Sperrklausel: s. o.
Württemberg-Baden Vf. v. 24.9.1946 LWG v. 16.10.1946	Landtag 100 Abg. 4 Jahre	s. Baden	s. Baden	Verhältniswahl starrer Liste. 1 Stimme je Wähler. 26 Wahlkreise. 85 Sitze über Kreis und 15 über Landeslisten nach Wahlzahlverfahren (→S.46). Sperrklausel: mindestens 5% der abgegebenen Stimmen.
Württemberg-Hohenzollern Vf. v. 20.5.1947 LWG v. 2.4.1947	Landtag 60 Abg. 4 Jahre	s. Baden	s. Baden	Verhältniswahl starrer Liste. 1 Stimme je Wähler; 50 Wahlkreise. 50 Sitze über Kreis- und 10 über Landeslisten nach Wahlzahlverfahren (→S.46).

alter für das aktive Wahlrecht einheitlich auf 18 Jahre gesenkt worden, das
passive Wahlalter hingegen wurde uneinheitlich entweder auf 21 oder 23 Jahre
festgelegt:

Land	passives Wahlalter	Gesetzesänderung vom
Bayern	21 Jahre	18. 6. 1970
Baden-Württemberg	21 Jahre	17. 3. 1970
Berlin	21 Jahre	17. 7. 1969
Bremen	21 Jahre	2. 9. 1970
Hamburg	23 Jahre	17. 3. 1969
Hessen	21 Jahre	8. 5. 1970
Niedersachsen	21 Jahre	23. 2. 1970
Nordrhein-Westfalen	23 Jahre	16. 7. 1969
Rheinland-Pfalz	21 Jahre	26. 6. 1970
Saarland	23 Jahre	11. 3. 1970
Schleswig-Holstein	23 Jahre	19. 6. 1969

In Nordrhein-Westfalen wurde zudem — ebenfalls mit Änderung vom 16. 7.
1969 — die Wahlperiode von vier auf fünf Jahre verlängert.

me" zur Wahl eines Direktmandates in Einerwahlkreisen — gewählt ist, wer die relative Mehrheit der Stimmen auf sich vereinigt —, sowie eine „Zweitstimme" für die Wahl einer starren Parteiliste auf Länderebene[67]). Zur Berechnung der Mandatszahl der einzelnen Parteien wird jedoch ausschließlich der prozentuale Stimmenanteil der Parteien auf Länder- bzw. seit der Wahlgesetzänderung von 1956 auf Bundesebene herangezogen. Das entscheidende Element bleibt so der Proporz.

Berücksichtigt werden bei der Mandatszuteilung allerdings — mit Ausnahme von Parteien nationaler Minderheiten — nur die Parteien, die entweder fünf von Hundert der Stimmen oder eine bestimmte Zahl der Wahlkreismandate erhalten haben. Die *Sperrklausel*[68]) — in das Wahlgesetz von den Ministerpräsidenten der Länder eingefügt — ist 1953 und 1956 erheblich verschärft worden. Während bei der ersten Bundestagswahl die Parteien nur in einem Bundesland fünf von Hundert der Stimmen oder ein „Direktmandat" zu erzielen brauchten, um Abgeordnete in den Bundestag entsenden zu dürfen, müssen sie seit 1953 im gesamten Bundesgebiet die Sperrklausel erreichen. 1956 wurde zudem die Zahl der Wahlkreismandate auf drei erhöht, so daß z. Z. — mit Ausnahme von Minderheitenparteien — nur die Parteien berücksichtigt werden, die im gesamten Bundesgebiet mindestens fünf von Hundert der abgegebenen gültigen Zweitstimmen erhalten oder mindestens drei Wahlkreismandate errungen haben. Nicht zuletzt die Sperrklausel hat in Verbindung mit anderen Entwicklungen im Parteiensystem die dem Verhältniswahlsystem in aller Regel immanente Parteienzersplitterung verhindert[69]), da sich die Anzahl der kandidierenden Parteien verringerte, die Sperrklausel allein durch ihre Existenz der Gründung neuer Parteien entgegenwirkte und zudem die Konzentration im Wahlverhalten erheblich begünstigte. Allerdings hat sie auch eine recht hohe Zahl nicht verwerteter Stimmen bewirkt. So wurden bei der Wahl von 1953: 1 803 026 (6,5 v. H.), 1957: 2 105 041 (6,9 v. H.), 1961: 1 796 408 (5,7 v. H.), 1965: 1 186 449 (3,6 v. H.) und 1969: 1 801 699 (5,4 v. H.) Zweitstimmen nicht bei der Mandatsverteilung berücksichtigt (s. Tab. A 21).

---

[67]) Zur Auswirkung der Erst- und Zweitstimmenkonstruktion auf Wahlverhalten und Wahlentscheidung siehe unten die Analyse der Bundestagswahl von 1969, S. 233 ff.

[68]) Zu Begriff und Bedeutung von Sperrklauseln siehe die Begrifflichen Grundlagen, S. 56 ff.

[69]) Ähnlich auch Dolf Sternberger und Friedrich Erbe in: Erwin Faul, Hrsg., Wahlen und Wähler ..., a.a.O., passim.

Die *Sitzverteilung auf die Parteien* erfolgte bei den Wahlen von 1949 und 1953 ausschließlich auf Länderebene nach der Methode d'Hondt[70]). Die Anzahl der jedem Bundesland zustehenden Mandate war vorher festgelegt; sie ergab sich aus dem Bevölkerungsanteil (s. Tab. A 21; A 23). Seit der Wahlgesetzänderung von 1956 ist unter Beibehaltung der Landeslisten die Bundesrepublik zu einem einheitlichen Wahlgebiet zusammengefaßt worden. Verbindungen der Landeslisten sind zulässig und üblich. Die Sitzverteilung wird *in zwei Stufen jeweils nach der Methode d'Hondt* durchgeführt. Zunächst werden im ersten Ermittlungsverfahren (s. Tab. A 25) alle auf die Landeslisten der Par-

Tabelle VI: Überhangmandate bei den Bundestagswahlen von 1949—1969

Wahljahr	Gesamt zahl	Aufteilung auf die Bundesländer und Parteien				
		Baden	Bremen	Schleswig-Holstein	Hamburg	Saarland
1949	2	1 CDU	1 SPD	—	—	—
1953	3	—	—	2 CDU	1 DP	—
1957	3	—	—	3 CDU	—	—
1961	5	—	—	4 CDU	—	1 CDU
1965	—	—	—	—	—	—
1969	—	—	—	—	—	—

(Quelle: Statistik der Bundesrepublik Deutschland)

teien, die die Sperrklausel erreicht haben, entfallenden gültigen Zweitstimmen addiert. Aufgrund dieser Gesamtzahl wird dann nach der Methode d'Hondt die jeder Partei im Bundestag zustehende Mandatszahl ermittelt. Im zweiten Zuteilungsverfahren errechnet man die Zahl der den Landeslisten einer Partei zustehenden Mandate: die Stimmenzahlen der Landeslisten werden dabei solange nach der Methode d'Hondt dividiert, bis die im ersten Ermittlungsverfahren errechnete Gesamtmandatszahl einer Partei auf Bundesebene erreicht ist (s. Tab. A 25). Erst dann erfolgt die Sitzverteilung auf die einzelnen Kandidaten. *In Wahlkreisen errungene Mandate* werden den Parteien von der im Lande erreichten Mandatszahl subtrahiert. Die restlichen Mandate werden den nicht im Wahlkreis gewählten Listenkandidaten zuerkannt, die auf der starren Landesliste am besten plaziert sind. Über-

---

[70]) Zum Begriff siehe die Begrifflichen Grundlagen, S. 50.

steigt die Zahl der im Wahlkreis gewählten Bewerber einer Partei die Zahl der auf ihre Landesliste entfallenden Sitze, so bleiben ihr die sog. *Überhangmandate*[71]) erhalten. Ein proportionaler Ausgleich, wie er im Falle von Überhangmandaten bei den Landtagswahlen einiger Bundesländer (Baden-Württemberg, Berlin, Hessen, Niedersachsen, Nordrhein-Westfalen) durchgeführt wird, findet jedoch nicht statt.

Das Höchstzahlverfahren der Methode d'Hondt, die Überhangmandate und die Sperrklausel haben dazu geführt, daß die Mandatszahlen der Parteien nur äußerst selten dem prozentualen Stimmenanteil ent-

Darstellung VIII: Stimmen- und Mandatsanteil der Parteien bei den Bundestagswahlen von 1949—1969

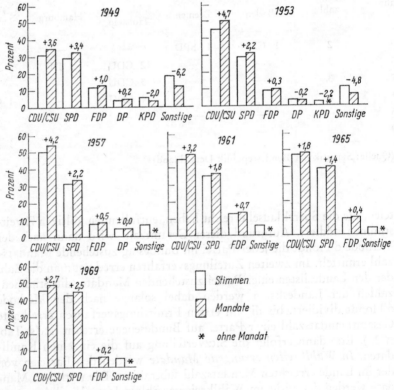

(Zu den exakten Zahlen siehe Tab. A 21)

---

[71]) Siehe ebenda, S. 56.

sprachen. Es ergaben sich bei allen sechs Bundestagswahlen jedoch nur geringfügige Differenzen zwischen Stimmen und Mandaten. Wie Darstellung VIII zeigt, war die CDU/CSU jeweils am meisten begünstigt. Bei den Wahlen von 1949 und 1953, als noch zehn bzw. sechs Parteien Mandate erhielten, erfolgte die Überrepräsentation der drei stimmstärksten Parteien, CDU/CSU, SPD und FDP, wesentlich aufgrund der Methode d'Hondt; seit der Wahl von 1957 beruht die Differenz von Stimmen und Mandaten hingegen in erster Linie auf der Wirkweise der Sperrklausel. Die Mandatszahl aller Parlamentsparteien — mit Ausnahme der DP — überstieg ihren prozentualen Stimmenanteil. Die Überrepräsentation erfolgt dabei jeweils prozentual zu den Stimmenanteilen der Parlamentsparteien und ist bei jeder Partei um so größer, je höher die Summe der Stimmenzahlen der Parteien ist, die die Sperrklausel nicht überspringen können.

Im Hinblick auf die Wahlbewerbung ist durch die personalisierte Verhältniswahl ein bemerkenswerter Kompromiß geschaffen worden. Die *Aufstellung der Kandidaten* erfolgt in zwei getrennten Verfahren[72]). Die Bewerber auf den Landeslisten werden von Landesdelegiertenkonferenzen nominiert. Die Nomination des *Wahlkreisbewerbers* wird hingegen in geheimer Abstimmung entweder von den Mitgliedern selbst oder von einer Delegiertenkonferenz des Wahlkreises durchgeführt. Der Landesvorstand besitzt zwar ein Vetorecht, das aber durch eine neuerliche Abstimmung aufgehoben werden kann.

Die Methoden der Kandidatenaufstellung werden in den Ländern sowie in den Parteien unterschiedlich gehandhabt[73]). Zudem hängt die Nomination selbst in sehr starkem Maße von den örtlichen Gegebenheiten ab, von der sozialen, wirtschaftlichen sowie konfessionellen Struktur des Wahlkreises wie der einzelnen Partei im Wahlkreis, von der Chance der Partei, das Direktmandat zu gewinnen, u. a. m. Im wesentlichen sind es jedoch vier Kriterien, die die Auswahl des Wahlkreisbewerbers bestimmen: das Prestige durch ein bereits innegehabtes Mandat, die Anziehungskraft auf neue Wählerschichten, die fachliche

---

[72]) Vgl. die Paragraphen 20 ff. des Wahlgesetzes im Quellenteil, S. 393 ff.

[73]) Zur Kandidatenaufstellung, zu der bisher trotz einiger Einzelstudien bedauerlicherweise noch keine mehrere Wahlen umfassende Analyse vorliegt, siehe etwa: Karlheinz Kaufmann/Helmut Kohl/Peter Molt, Kandidaturen zum Bundestag. Die Auswahl der Bundestagskandidaten in zwei Bundesländern, Köln und Berlin 1961; Heinz Josef Varain, Parteien und Verbände. Eine Studie über ihren Aufbau, ihre Verflechtung und ihr Wirken in Schleswig-Holstein 1945—1958, Köln und Opladen 1964; Heino Kaack, Wahlkreisgeographie und Kandidatenauslese, Köln und Opladen 1969 sowie die jüngst erschienene Studie von Bodo Zeuner, Kandidatenaufstellung zum Bundestag 1965, Den Haag 1970.

Qualifikation und die Funktion in der Parteiorganisation[74]). Der Einfluß der Bundes- und Landesvorstände auf die Auswahl der Wahlkreiskandidaten ist bei allen sechs Bundestagswahlen relativ gering gewesen. In der Regel machten die zentralen Parteigremien von ihrer Einspruchsmöglichkeit keinen Gebrauch; wo es doch geschah, sind sie in mehreren Fällen von den Wahlkreisdelegierten überstimmt worden. Dennoch können auch diese nicht losgelöst von den Interessen der Bundespartei handeln. Vor allem bei bekannten Bundespolitikern oder besonders einflußreichen Repräsentanten der verschiedenen innerparteilichen Interessengruppierungen wird deren Wunsch, in einem bestimmten Wahlkreis zu kandidieren, meist respektiert.

Für das Verhältnis von Wahlkreis- und Listenkandidaten gilt, daß den Wahlkreiskandidaten in der Regel auch aussichtsreiche Listenplätze eingeräumt werden. So hatten sich z. B. 1957 von den 123 Listenabgeordneten der SPD 105 gleichzeitig auch im Wahlkreis beworben; noch eindeutiger ist dieses Verhältnis bei der CDU/CSU: von den 270 Abgeordneten kandidierten nur 54 nicht im Wahlkreis. 1965 haben von den 248 Listenabgeordneten 197 gleichzeitig auch im Wahlkreis kandidiert. Daraus folgt, daß keine deutliche Trennungslinie zwischen den im Wahlkreis sowie den über die Landeslisten gewählten Abgeordneten gezogen werden kann; Listen- wie Wahlkreisabgeordnete fühlen sich in gleichem Maße dem Wahlkreis, in dem sie kandidierten, verpflichtet, ob sie über den Wahlkreis oder über die Landesliste gewählt wurden.

Die *Auswahl der Listenkandidaten* unterscheidet sich von Land zu Land und von Partei zu Partei. Hierbei ist vor allem zu berücksichtigen, daß die Chancen der Parteien, das Direktmandat zu gewinnen, in den Ländern recht unterschiedlich sind. So muß die Landesdelegiertenkonferenz der SPD in Hamburg versuchen, ihre Kandidaten gleichzeitig in den Wahlkreisen von den Wahlkreiskonferenzen nominieren zu lassen, da z. B. in Hamburg seit der Bundestagswahl von 1961 die SPD alle acht Wahlkreismandate erhielt. In Bayern hingegen, wo die Sozialdemokraten 1965 nur in acht der 43 Wahlkreise die relative Mehrheit der Erststimmen erreichen konnten, jedoch insgesamt 30 Mandate erzielten[75]), muß die Partei darauf bedacht sein, die Kandidaten, die sie unbedingt gewählt sehen möchte, auf der Landesliste abzusichern. Dies gilt in noch weitaus stärkerem Maße für die kleineren

---

[74]) Ähnlich Kaufmann/Kohl/Molt, a.a.O., S. 113.

[75]) Bei der Bundestagswahl von 1969 erzielten in Bayern von den insgesamt 84 Mandaten die CSU 49, die SPD 31 und die FDP vier Mandate; von den 44 Wahlkreismandaten fielen 34 an die CSU, zehn an die SPD, während die SPD 21, die CSU 15 und die FDP vier Listenmandate erhielten.

Parteien, die nur geringe Chancen haben, Direktmandate zu gewinnen, während die Abgeordneten der CDU/CSU bis zur letzten Bundestagswahl von 1969 in ihrer überwiegenden Mehrheit Wahlkreisabgeordnete waren.

Tabelle VII: Zahl der Wahlkreis- und Listenmandate von CDU/CSU, SPD und FDP bei den Bundestagswahlen von 1949—1969

Wahljahr	CDU/CSU			SPD			FDP		
	Wahl-kreis-mandate	Listen-	Ins-ge-samt	Wahl-kreis-mandate	Listen-	Ins-ge-samt	Wahl-kreis-mandate	Listen-	Ins-ge-samt
1949	115	24	139	95	35	131	12	40	52
1953	172	71	243	45	106	151	14	34	48
1957	194	76	270	46	123	169	1	40	41
1961	156	86	242	91	99	190	—	67	67
1965	154	91	245	94	108	202	—	49	49
1969	121	121	242	127	97	224	—	30	30

(Quelle: Statistik der Bundesrepublik Deutschland)

Bei der Zusammenstellung der Landeslisten werden in der Regel ähnliche Maßstäbe wie bei der Auswahl der Wahlkreiskandidaten berücksichtigt; jedoch treten regionale Gesichtspunkte, die innerparteiliche Struktur und die Stellung der Interessenverbände innerhalb der Parteien in den Vordergrund. Zudem sind die Parteien bemüht, altersmäßig einen gewissen Ausgleich zu erreichen, die Trennung von Stadt und Land zu verhindern sowie den Frauen eine gewisse Anzahl von Mandaten einzuräumen. Von den 36 weiblichen Abgeordneten des fünften Bundestages sind nur acht im Wahlkreis, 28 über die Landeslisten gewählt worden; im sechsten Bundestag sind von den insgesamt 33 weiblichen Mandatsträgern sogar nur sechs direkt im Wahlkreis gewählt worden[76]). Einige Bedeutung kommt auch der Fraktionsplanung zu[77]); Sachverständige, Fachleute und Experten der verschiedensten Berufe, Wissenschaftsbereiche, Wirtschaftssparten können von den Parteien auf einen günstigen Listenplatz gesetzt werden.

[76]) Siehe hierzu neuerdings die Studie von M. Fülles, Frauen in Parteien und Parlament, Köln 1969.

[77]) Vgl. hierzu — außer den schon genannten Untersuchungen — etwa auch die allerdings oftmals infolge der grundsätzlichen Ablehnung mehrheitsbildender Wahlsysteme in einzelnen Aspekten auch einseitige Studie von Thomas von der Vring, Reform oder Manipulation? Zur Diskussion eines neuen Wahlrechts, Frankfurt/M. 1968, S. 265 ff.

d) Das Wahlsystem und seine Bedeutung für das Parteiengefüge

Trotz des Wahlsystems, dessen Kern, die Proportionalwahl, in der Regel dem Entstehen eines Parteienpluralismus nicht entgegenwirkt, sind *Wahlverhalten und Parteiensystem* der Bundesrepublik (s. Darst. IX) von einem Konzentrationsprozeß bestimmt, der als „das deutsche Wahlwunder"[78]) bezeichnet wurde.

Zunächst ergab im Vergleich zu den Landtagswahlen von 1946 bis 1948 die Wahl zum ersten Bundestag von 1949 eine zunehmende Parteienzersplitterung, die sich nach der Aufhebung des Lizenzzwanges durch die „Alliierte Hohe Kommission" vom 14. Januar 1950[79]) bei den folgenden Landtagswahlen (s. Tab. A 27) noch wesentlich verstärkte. Es entstanden etwa 30 neue Parteien, die mindestens bei einer Landtagswahl Kandidaten nominierten[80]). Die Gefahr, daß sich erneut — wie im Kaiserreich und in der Weimarer Republik — ein vornehmlich an weltanschaulichen sowie sozialen und wirtschaftlichen Interessen orientiertes, heterogenes Vielparteiensystem herausbilden könnte, wurde vor allem durch die meist regional begrenzten Wahlerfolge der neugegründeten Parteien deutlich. So erreichte in Bayern die stark föderalistisch, teilweise sogar partikularistisch gesinnte „Bayern-Partei" (BP) bei der Bundestagswahl von 1949 20,9 v. H. der Stimmen und gewann elf der 47 Direktmandate Bayerns. Im norddeutschen Raum erhielt die DP in Bremen 18 v.H., in Niedersachsen 17,8 v. H., in Hamburg 13,1 v. H. und in Schleswig-Holstein 12,1 v. H. der Stimmen[81]).

Mit der Bundestagswahl von 1953 begann hingegen die Konzentration im Parteiensystem. Während bei der Wahl von 1949 von 15 Parteien, die Listen oder Einzelbewerber nominiert hatten, noch zehn Parteien und ein Wahlblockbewerber Mandate erreichten, erhielten 1953 von 17 Gruppierungen nur noch sechs, 1957 von 14 nur vier, 1961 von neun nur drei, 1965 von zehn nur drei, 1969 von elf nur drei Parteien Mandate (s. Tab. A 21 Darst. X). Die *Konzentration* zu einem wenn nicht Zweiparteien-, so doch „zweipoligen Parteiensystem" vollzog sich in zwei Phasen. Während zunächst eine Konzentration im Wahlverhalten der bürgerlichen Bevölkerungsschich-

---

[78]) So etwa in der von Chr.-Claus Baer und Erwin Faul herausgegebenen gleichnamigen Studie zur Bundestagswahl von 1953, Frankfurt/M. und Offenbach 1953 (Schriften der deutschen Wählergesellschaft, Heft 7).

[79]) Die Aufhebungsverordnung ist abgedruckt bei Ossip K. Flechtheim, Dokumente, a.a.O., Bd. I, S. 114.

[80]) Vgl. Heino Kaack, Die Parteien in der Verfassungswirklichkeit der Bundesrepublik, a.a.O., S. 46.

[81]) Vgl. den Statistischen Teil bei Erwin Faul, Hrsg., Wahlen und Wähler . . ., a.a.O., S 321 ff.

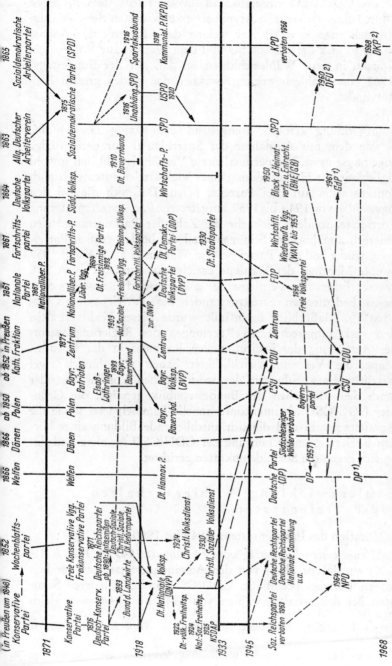

Anmerkung: [1] auf Länder- und Gemeindeebene nach der Bundestagswahl von 1961 teilweise als GdP, BHE/GB und DP [2] u. a. linkssozialistische und kommunistische Gruppen. Das Gründungsjahr der Sozialdemokratischen Arbeiterpartei ist hier fälschlich mit 1865 angegeben; richtig muß es heißen: 1869.
(Quelle: Nach Graphik in: Wahlen und Wähler in Westdeutschland, s. BiblAng., S. 116, überarbeitet und erweitert)

ten auf die CDU/CSU einsetzte und das Parteiensystem bis etwa 1960 „durch eine strukturelle Asymmetrie zuungunsten der Sozialdemokratie gekennzeichnet"[82]) war, gelang der SPD mit der Anpassung an die Politik der CDU/CSU und dem Wandel zur Volkspartei der Einbruch in neue Wählerschichten, so daß seit der Bundestagswahl 1961 eine Wählerbewegung zwischen den beiden großen Parteien stattfindet.

Diese Entwicklung erfolgte weitgehend *unabhängig vom Wahlsystem*, von dem mit Ausnahme der Sperrklausel nur geringfügige Wirkungen ausgingen. Die personalisierte Verhältniswahl ließ sowohl die Möglichkeit zur Herausbildung eines Vielparteiensystems als auch zur Konzentration auf drei Parteien offen. Daß sich die bei den Landtagswahlen von 1949 bis 1952 aufgetretene Parteienzersplitterung nicht fortsetzte, sondern vielmehr die Zahl der Parlamentsparteien kontinuierlich abnahm, der Stimmenanteil der beiden großen Parteien ständig wuchs und eine Partei bei den Wahlen von 1953 und 1957 die absolute Mehrheit der Mandate erzielen konnte (s. Tab. A 21), ist im wesentlichen das Verdienst der „Wählerschaft selbst gewesen, die diesen bedeutenden Strukturwandel des Parteiensystems bewirkt hat"[83]). Maßgeblich beeinflußt wurde dieses Wahlverhalten von den verfassungsrechtlichen Regelungen des Regierungssystems und der Ausfüllung des institutionellen Rahmens in der lebenden Verfassung; die Verfassungswirklichkeit haben vornehmlich zwei grundsätzliche Entscheidungen der westdeutschen Politik vor oder kurz nach dem Entstehen der Bundesrepublik geprägt: die Gründung der CDU/CSU als interkonfessionelle Sammelpartei sowie die erste Bundestagswahl und die sich anschließende Bildung einer bürgerlichen Regierung unter Führung der CDU/CSU — ohne und damit zugleich gegen die Sozialdemokraten gerichtet.

III. Wahlentwicklung, Wählerverhalten und Parteiensystem

a) Die Mutation des Parteiensystems 1949 bis 1960

Die *Wahl zum ersten Bundestag vom 14. August 1949* (s. Tab. A 21; Darst. X) wurde vor allem von den Auseinandersetzungen der beiden großen Parteien beeinflußt. CDU/CSU und SPD, deren Stimmenanteil bei den Landtagswahlen von 1946 bis 1948 etwa gleich

---

[82]) Werner Kaltefleiter, Wirtschaft und Politik in Deutschland ..., a.a.O., S. 146.

[83]) Dolf Sternberger, Die große Wahlreform. Zeugnisse einer Bemühung, Köln und Opladen 1964, S. 189.

Darstellung X: Stimmentwicklung der Parteien bei den Bundestagswahlen von 1949—1969

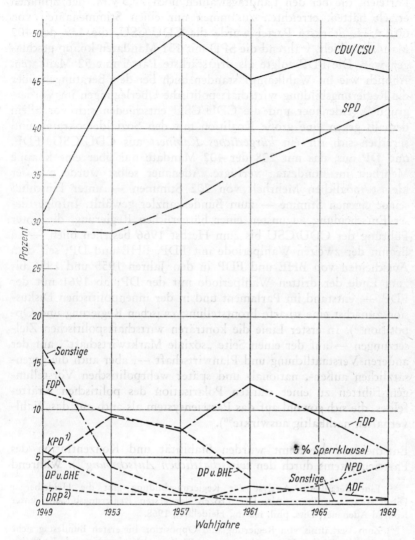

Anmerkung: ¹) KPD-Linie: nach 1957 DFU, 1969: ADF; ²) DRP-Linie: nach 1961 NPD.
(Zu den exakten Zahlen siehe Tab. A 21)

groß gewesen war (s. Tab. A 27), konnten beide hoffen, nach der Wahl als stimmstärkste Partei den Bundeskanzler zu stellen. Infolge der zunehmenden Parteienzersplitterung mußten jedoch beide erhebliche Stimmenverluste hinnehmen, die in erster Linie den regionalen

und wirtschaftlichen Interessenparteien zugute kamen. Beide großen
Parteien, die bei den Landtagswahlen noch 72,3 v.H. der Stimmen
erzielt hatten, erreichten zusammen nur einen Stimmenanteil von
60,2 v. H. Stärkste Partei wurde die CDU/CSU, die 139 der 402
Mandate erhielt, während die SPD mit 131 Mandaten knapp geschla-
gen war. Die FDP folgte als drittstärkste Partei mit 52 Mandaten.
Ähnlich wie im Wahlkampf standen auch bei den Beratungen über
die Regierungsbildung wirtschaftspolitische Überlegungen im Vordergrund[84]). Adenauer und die CDU/CSU entschieden sich vor allem
deshalb gegen eine große Koalition mit den Sozialdemokraten und
sprachen sich für ein *bürgerliches Kabinett* aus CDU/CSU, FDP,
und DP aus, das mit 208 der 402 Mandate nur über eine knappe
Mehrheit im Bundestag verfügte. Adenauer selbst wurde mit der
kleinst möglichen Mehrheit von 202 Stimmen — unter Einschluß
seiner eigenen Stimme — zum Bundeskanzler gewählt. Infolge dieser Entscheidung zugunsten einer bürgerlichen Regierung, die unter
Führung der CDU/CSU bis zum Herbst 1966 bestehen blieb — zu
Beginn der zweiten Wahlperiode mit FDP, BHE und DP; seit dem
Ausscheiden von BHE und FDP in den Jahren 1955 und 1956 bis
zum Ende der dritten Wahlperiode mit der DP; ab 1961 mit der
FDP —, entstand im Parlament und in der innenpolitischen Diskussion zunächst eine scharfe Frontstellung zwischen Regierung und Opposition[85]). In erster Linie die konträren wirtschaftspolitischen Zielsetzungen — auf der einen Seite „soziale Marktwirtschaft", auf der
anderen Verstaatlichung und Planwirtschaft —, aber auch die gegensätzlichen außen-, national- und später wehrpolitischen Vorstellungen führten zu einer starken Polarisation des politischen Kräfte-
feldes, die sich sowohl auf das Parteiensystem als auch auf das Wahlverhalten nachhaltig auswirkte[86]).

Entscheidend bestimmt wurden Stabilität und Konzentration des
Parteiensystems durch den *wirtschaftlichen Aufschwung*[87]). Während

---

[84]) Eine detaillierte Analyse der Regierungsbildung gibt die Heidelberger
Dissertation von Franz Alt, Der Prozeß der ersten Regierungsbildung unter
Konrad Adenauer, Diss. phil. masch., Heidelberg 1968.

[85]) Zum Verhältnis von Regierung und Opposition im ersten Bundestag siehe
etwa die empirische Untersuchung von Wolfgang Kralewski und Karlheinz
Neunreither, Oppositionelles Verhalten im ersten deutschen Bundestag 1949—
1953, Köln 1963.

[86]) So etwa auch Thomas von der Vring, Reform oder Manipulation ..., a.a.O.,
S. 62; vgl. ferner Friedrich Erbe (Rupert Breitling?), Vierzehn Jahre Wahlen
in Westdeutschland, in: Erwin Faul, Hrsg., Wahlen und Wähler ..., a.a.O.,
S. 95 ff.

[87]) Siehe hierzu insbesondere Werner Kaltefleiter, Wirtschaft und Politik in
Deutschland ..., a.a.O., S. 101 ff.

der Wähler nach der Währungsreform und zu Beginn der ersten Wahlperiode des Bundestages von einem dauerhaften Erfolg der „sozialen Marktwirtschaft" noch keineswegs überzeugt war und seine Vorbehalte gegen die regierenden Parteien bei den Landtagswahlen von 1949 bis 1952 (s. Tab. A 27) in einem Ansteigen der Stimmenzahlen der Interessenparteien zum Ausdruck brachte, wirkte das einsetzende „Wirtschaftswunder" diesem weitgehend interessenbezogenen Wahlverhalten entgegen.

Deutlich wird dies vor allem durch einen Vergleich des Stimmenanteils des *„Bundes der Heimatvertriebenen und Entrechteten"* (GB/BHE) bei den Bundes- und Landtagswahlen von 1950 bis 1957[88]. Als Interessenvertretung der Vertriebenen waren die Wahlerfolge des BHE in ganz entscheidendem Maße von der durch den Krieg bedingten wirtschaftlichen und sozialen Konfliktsituation dieser Bevölkerungsgruppe begünstigt. Bei den Landtagwahlen von 1950 bis 1952 (s. Tab. A 27) lag der Anteil der BHE-Wähler an der Gesamtzahl der Flüchtlinge bei etwa einem Drittel. In Schleswig-Holstein, dem Bundesland mit dem größten Prozentsatz von Vertriebenen, wählten jedoch über zwei Drittel aller Vertriebenen den BHE, da die überdurchschnittliche Arbeitslosigkeit der Integration dieser Bevölkerungsgruppe entgegenwirkte[89]. Mit dem wirtschaftlichen Aufschwung, der nach demoskopischen Umfragen seit Ende 1952 von der Bevölkerung perzipiert wurde, setzte bei der Bundestagswahl vom 6. September 1953 der Stimmenrückgang der kleineren Parteien ein (s. Tab. A 21; Darst. X). Auch der BHE, der 5,9 v.H. der Stimmen erreichte, verlor im Vergleich zu den Landtagswahlen bereits an Stimmen. Allerdings blieben die Verluste relativ gering, da sich die wirtschaftliche Situation der Vertriebenen nicht in demselben Ausmaß wie die der anderen Bevölkerungsgruppen verbesserte. Als die Flüchtlinge jedoch fast vollständig eingegliedert waren, konnte der BHE bei der Bundestagswahl von 1957 mit 4,6 v. H. der Stimmen die Sperrklausel nicht mehr überspringen (s. Tab. A 21). Nur in Schleswig-Holstein, Niedersachsen, Bayern und Hessen lag der Stimmenanteil des BHE über fünf von Hundert. In den stärker urbanisierten und industrialisierten Bundesländern Baden-Württemberg, Nordrhein-Westfalen und in den zwei Stadtstaaten Bremen

---

[88] Zum BHE vgl. neuerdings Franz Neumann, Der Block der Heimatvertriebenen und Entrechteten 1950—1960. Ein Beitrag zur Geschichte und Struktur eine politischen Interessenpartei. Meisenheim/Glan 1968.

[89] Zur Korrelation zwischen wirtschaftlicher und sozialer Lage der Vertriebenen und dem Stimmenanteil des BHE siehe ebenda, S. 285 ff. Zu ähnlichen Ergebnissen kommt auch Werner Kaltefleiter, Wirtschaft und Politik in Deutschland . . ., a.a.O., S. 124 ff.

und Hamburg hingegen wurde der BHE trotz eines erheblich gestiegenen Anteils der Vertriebenen an der Gesamtbevölkerung dieser Länder zu einer unbedeutenden Splitterpartei[90]).

Ähnlich dem BHE nahm die wirtschaftliche Stabilität auch den radikalen Parteien und den anderen wirtschaftlichen Interessenparteien, wie DRP, SRP, WAV und KPD, Existenz- und Einflußmöglichkeiten (s. Tab. A 21; Tab. A 27) und stärkte zugleich das Vertrauen der Bevölkerung in die Tätigkeit der Regierungsparteien und in das demokratisch-parlamentarische Regierungssystem.

Die CDU/CSU ermöglichte die Konzentration im Parteiensystem[91]). Ihre Zielsetzung ist bei christlicher Grundhaltung weitgehend an pragmatischen Gesichtspunkten orientiert. Das verhilft ihr dazu, für konservative wie liberale und fortschrittliche, sozial schwache wie wirtschaftlich starke, städtische wie ländliche Wählerschichten offen zu sein.

Polarisation im Parteiensystem und Wahlverhalten sind jedoch noch von einer Reihe weiterer Faktoren bestimmt worden: Durch Aufnahme in die Regierung verstanden es Adenauer und die CDU/CSU, die kleinen Parteien an sich zu binden und als der größere der Partner von sich abhängig zu machen[92]). Erleichtert wurde diese wesentlich durch die verfassungsmäßig starke Stellung des Bundeskanzlers, die es — im Gegensatz zu Weimar — kleinen, soziologisch gebundenen Parteien als Koalitionspartner fast unmöglich machte, ihre eigene politische Zielsetzung durchzusetzen. Erfolg oder Mißerfolg der Regierungspolitik wurden ausschließlich der großen Partei angerechnet. Die Koalitionspartner sah man vielfach nur noch als Anhängsel der CDU/CSU an. Zu dieser Beurteilung trugen auch die Wahlabsprachen bei[93]), die zwar die Sperrklausel zu umgehen halfen, beim Wähler aber den Eindruck erweckten, nicht für eine selbständige Partei, sondern vielmehr für eine Koalition unter Führung der CDU/CSU gestimmt zu haben. Zudem hatte die Sperrklausel, deren psychologische Wirkung darin besteht, daß die Stimmabgabe für eine

---

[90]) Vgl. Tabelle IX „Entwicklung der Vertriebenenanteile und der BHE-Wahlergebnisse bei den Bundes- und Landtagswahlen 1950—1965" bei Werner Kaltefleiter, ebenda, S. 127 f.

[91]) Zu Programmatik und innerparteilichen Strukturen der CDU siehe etwa Wolf Dieter Narr, CDU—SPD, a.a.O., passim; dort auch umfangreiche Literaturverweise.

[92]) Vgl. hierzu Friedrich Erbe, a.a.O., S. 51 ff., 95 ff.

[93]) Zu den Wahlabsprachen siehe ebenda; dort, S. 84 f., auch eine tabellarische Übersicht über die Absprachen zwischen der CDU/CSU und den kleinen bürgerlichen Parteien in den einzelnen Wahlkreisen bei den Bundestagswahlen von 1949 bis 1957.

kleinere Partei ohne Einfluß auf die Parlamentszusammensetzung bleiben kann, zur Folge, daß die Mehrzahl der Wähler dieser Parteien und — daran anschließend — auch ihre Mandats- und Funktionsträger zur CDU/CSU wechselten[94]).

Vor allem aber Adenauer selbst hat maßgeblich zur Polarisation im innenpolitischen Kräftefeld beigetragen. Durch seine Fähigkeit des Vereinfachens und durch alternativ gestellte Fragen beschränkte er die Entscheidung des Wählers weitgehend auf ein „Entweder — Oder". Die *Wahlen* erhielten so einen *stark plebiszitären Charakter*. Sie waren, solange Adenauer Bundeskanzler war, zugleich und in erster Linie immer ein Votum für oder gegen ihn, erst dann eine Entscheidung für seine Partei und deren Programm. Deutlich wurde dies insbesondere bei der Wahl von 1961 (s. Tab. A 21; Darst. X). Der Verlust der 1957 errungenen absoluten Mehrheit der Stimmen ging vor allem auf den Vertrauensschwund Adenauers in der Bevölkerung seit seiner vorübergehenden Kandidatur zum Bundespräsidenten und der zum Zeitpunkt der Wahl noch ungeklärten Nachfolgefrage zurück[95]). Der von Adenauer weitgehend zur plebiszitär-demokratischen „Kanzlerdemokratie" ausgedehnten Stellung des Bundeskanzlers mußten sich auch seine Nachfolger und die sozialdemokratische Opposition anpassen. Als personelle Alternative präsentierte die SPD bei den Wahlen von 1961 und 1965 mit Willy Brandt einen Kanzlerkandidaten. Die CDU/CSU stellte bei der Wahl von 1965 Persönlichkeit und Verdienste Ludwigs Erhardts in den Vordergrund ihres Wahlkampfes; ihr Wahlsieg über die SPD beruhte dabei wesentlich auf der erheblich größeren Popularität ihrer „Wahllokomotive" Erhardt[96]).

---

[94]) Siehe als ein Beispiel die Zusammenstellung der Mandatsträger des BHE von Franz Neumann, a.a.O., im Anhang, S. 486 ff, wo deutlich wird, daß die Abgeordneten des BHE meist der Partei beitraten, mit der sie Koalitionen eingegangen waren. So traten die BHE-Abgeordneten in Hessen in erster Linie zur SPD über; auf Bundesebene und in den meisten anderen Bundesländern erfolgte hingegen aufgrund der andersartigen Koalitionsverhältnisse der Übertritt zur CDU/CSU.

[95]) Siehe hierzu insbesondere die auf Umfragen basierende Untersuchung von Max Kaase, Wechsel von Parteipräferenzen. Eine Analyse am Beispiel der Bundestagswahl 1961, Meisenheim/Glan 1967, passim.

[96]) So etwa auch Werner Kaltefleiter, Macht ohne Konsens? Eine Analyse der Bundestagswahl vom 19. September 1965, in: Verfassung und Verfassungswirklichkeit, Jg. 1966, S. 14 ff. Kaltefleiter führt dabei auch den Mißerfolg der Meinungsumfragen während des Wahlkampfes, die beständig ein „Kopf-an-Kopf-Rennen" zwischen CDU/CSU und SPD vorausgesagt hatten, auf die „Kanzlerwahlentscheidung" zurück, da es in den Meinungsumfragen versäumt

Die Veränderungen im Parteiensystem bei den Bundes- und Landtagswahlen bis etwa 1960 betrafen — wie Tabelle VIII zeigt — fast ausschließlich die CDU/CSU und die anderen bürgerlichen Parteien. Bei den Landtagswahlen nahm die Konzentration auf die CDU/CSU gegenüber der vorausgegangenen Bundestagswahl ab; der Stimmenanteil der kleineren Parteien erhöhte sich geringfügig[97]). Dies ging im wesentlichen auf den weniger plebiszitären Charakter der Landtags-

Tabelle VIII: Stimmenanteil der Parteigruppierungen bei den Bundes- und Landtagswahlen von 1949 bis 1960

	BTW 1949	LTW 49—52	BTW 1953	LTW 53—56	BTW 1957	LTW 57—60
CDU/CSU	31,0	29,1 − 1,9	45,2 + 14,2 / + 16,1	36,7 +7,6/ −8,5	50,2 + 5,0 / + 13,5	42,6 +6,1/ −7,6
bürgerliche Parteien (ohne CDU/CSU)	34,1	36,1 + 2,0	23,8 − 10,3 / − 12,3	27,5 −8,6/ +3,7	18,0 − 5,8/ − 9,5	20,2 −7,3/ +2,2
SPD und KPD	34,9	34,8 − 0,1	31,0 − 3,9 / − 3,8	35,8 +1,0/ +4,8	31,8*) + 0,8 / − 4,0	37,2*) +1,4/ +5,4

Anmerkung: *) ohne KPD.
(s. Tab. A 21; Tab. A 27)

wahlen und die vom Wähler allgemein erkannte unterschiedliche *Bedeutung* von Bundes- und Landespolitik, *von Bundes- und Landtagswahlen* zurück. Zudem standen bei Landtagswahlen neben der Bundespolitik auch regionale Probleme im Vordergrund, so daß sich die in einzelnen Bundesländern recht starken regionalen Parteien — der BHE in Schleswig-Holstein, die DP in Niedersachsen und in den Stadtstaaten, das Zentrum in Nordrhein-Westfalen, die BP und WAV in Bayern — auf Länderebene erheblich besser behaupten konnten[98]). Der Stimmenrückgang der CDU/CSU bei Landtagswahlen veränderte aber die grundsätzliche Tendenz zur Konzentration nicht; die Unionsparteien erzielten im Vergleich zu den früheren Landtagswahlen jeweils einen beträchtlich höheren Stimmenanteil.

Auch die bei Landtagswahlen größeren Stimmenanteile der SPD beruhten nicht auf einer Wählerbewegung zwischen den beiden großen Parteien; sie lagen vielmehr — wie die in der Regel fast *konstanten*

---

wurde, die alternativ-plebiszitäre Kanzler-Frage Erhard—Brandt zu stellen und fast ausschließlich auf die Parteipräferenz der Befragten abgehoben wurde.

[97]) Zum Verhältnis von Bundes- und Landtagswahlen vgl. Friedrich Erbe, a.a.O., S. 30 f.

[98]) Vgl. den Statistischen Teil bei Erwin Faul, Hrsg., Wahlen und Wähler ..., a.a.O., S. 321 ff.

Darstellung XI: Entwicklung der Wahlberechtigung und der Wahlbeteiligung bei den Bundestagswahlen von 1949—1969

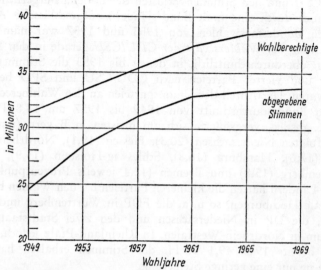

(Zu den exakten Zahlen siehe Tab. A 21)

absoluten sozialdemokratischen Stimmenzahlen bei Bundes- und Landtagswahlen zeigen — in der meist niedrigeren *Wahlbeteiligung* begründet, die nur in wenigen Ausnahmefällen mehr als 80 v. H. betrug[99]). Bei den Bundestagswahlen jedoch sank nicht zuletzt infolge der höheren Wahlbeteiligung der Stimmenanteil der SPD. Die CDU/CSU hingegen profitierte in starkem Maße von der Zunahme der Wahlbeteiligung. Im Vergleich zur Bundestagswahl von 1949 stieg die Wahlbeteiligung bei den Wahlen von 1953 und 1957 um etwa vier bzw. zweieinhalb Millionen von 78,5 v. H. auf 85,5 v. H. bzw. 87,8 v. H. an; allerdings erweiterte sich auch der Wahlkörper von etwa 31 Millionen auf 33 bzw. 35,5 Millionen Wahlberechtigte.

---

[99]) Mittlerweile ist bei den letzten Wahlen hier ein Wandel eingetreten. Die höhere Wahlbeteiligung bei Bundestagswahlen begünstigt nicht mehr einseitig die CDU/CSU. Vielmehr dürfte jetzt bei Landtagswahlen nach der Wahl von 1969 genau der entgegengesetzte Effekt eintreten. Dies beruht auf dem großen Einfluß der Bundespolitik auf die Wahlentscheidung bei Landtagswahlen. Insbesondere die Landtagswahl in Nordrhein-Westfalen im Jahre 1966 hat gezeigt, daß die Opposition im Bund — unabhängig von den Regierungsverhältnissen in den Ländern — deutlich von einer etwaigen negativen Einschätzung der Regierungspartei durch die Wählerschaft profitiert. Hinzukommt, daß viele potentielle Wähler der Regierungspartei in Bonn aus der Überlegung heraus, daß „ihre" Partei ja regiere, sich entweder nicht an der Landtagswahl beteiligen oder aber als Korrektiv die auf Bundesebene in Opposition stehende Partei wählen.

Deutlich wird die Korrelation zwischen den Wahlerfolgen der CDU/CSU und den Stimmenverlusten der übrigen bürgerlichen Parteien auch durch eine nach Bundesländern aufgeschlüsselte Analyse. Bei den Bundestagswahlen von 1953 und 1957 war nämlich die Ausweitung der *Wählerschaft der CDU/CSU* gerade in den Bundesländern überdurchschnittlich, in denen bis 1953 die Stimmenzahlen dritter und vierter Parteien nach CDU/CSU und SPD besonders hoch waren. Der Anteil der Unionsparteien an den Wahlberechtigten, der im Bundesdurchschnitt von 1949 bis 1957 um 18,8 Prozentpunkte anstieg, vergrößerte sich am meisten in Bayern (um 25,2); dann folgten Niedersachsen (20,3), Hessen (19,1), Nordrhein-Westfalen (17,6), Hamburg (16,8), Schleswig-Holstein (15,9), Baden-Württemberg (15,8) und Bremen (12,4 jeweils Prozentpunkte). In diesen Ländern hatten die kleineren Parteien bei den Wahlen bis 1953 regionale Hochburgen, so u. a. die FDP in Württemberg und Nordhessen, die DP in Niedersachsen und den zwei Stadtstaaten, das Zentrum in Nordrhein-Westfalen. In Rheinland-Pfalz jedoch, wo die CDU bereits 1949 49,1 v. H. der Stimmen erhalten hatte, erreichte sie nur eine geringe Steigerung.

Auch in den Wahlkreisen vollzog sich eine ähnliche Entwicklung. Während die CDU/CSU bei der Wahl von 1957 in den Wahlkreisen, in denen sie nur unterdurchschnittliche Ergebnisse erzielt hatte, erhebliche Stimmengewinne erreichte, mußte sie in einigen Hochburgen Stimmenverluste hinnehmen[100]).

Zudem bestätigt eine soziologische Analyse, daß die CDU/CSU ihre Wahlerfolge wesentlich auf Kosten der übrigen bürgerlichen Parteien erzielte. An der Wählerbewegung zur CDU/CSU waren zwar alle Berufskreise beteiligt, doch erreichten die Unionsparteien überdurchschnittliche Stimmengewinne vor allem bei den Selbständigen, Landwirten sowie Beamten und Angestellten, in den Bevölkerungsschichten also, die bereits 1949 in ihrer überwiegenden Mehrheit bürgerliche Parteien gewählt hatten[101]). Von besonderer Bedeutung war aber zugleich das Eindringen der CDU/CSU in die Arbeiterschaft. Obwohl der Prozentsatz von CDU/CSU-Wählern an Arbeitern, Beamten und Angestellten geringer war als in den beiden anderen Berufsgruppen, beruhten die Wahlerfolge der CDU/CSU in erster Linie auf den

---

[100]) Vgl. die graphischen Darstellungen bei Erwin Faul, Hrsg., Wahlen und Wähler . . ., a.a.O., S. 310 ff.

[101]) Siehe hierzu insbesondere den Beitrag von Erwin Faul, Soziologie der Westdeutschen Wählerschaft, ebenda, S. 135 ff.; vgl. zur Bundestagswahl von 1953 auch Wolfgang Hirsch-Weber und Klaus Schütz, Wähler und Gewählte. Eine Untersuchung der Bundestagswahlen von 1953, Berlin/Frankfurt/M. 1957, S. 241 ff.

Stimmengewinnen in diesen Bevölkerungsschichten, die unter Einschluß der Familienangehörigen noch 1953 etwa drei Viertel der Gesamtbevölkerung ausmachten. So gehörten bei der Wahl von 1953 etwa 68 v. H. der gesamten CDU/CSU-Wähler der Arbeitnehmerschaft an[102]).

Als einzige der kleineren Parteien behaupteten sich bei allen Wahlen die *Freien Demokraten*[103]), deren Wählerschaft weder auf regional noch auf interessenpolitisch orientierte Bevölkerungsgruppen beschränkt ist. Doch auch die FDP war während der fünfziger Jahre von der Wählerbewegung zur CDU/CSU stark betroffen. Hatte sie bei der Wahl von 1949 noch 11,9 v. H. der Stimmen erhalten und in zwölf Wahlkreisen ihrer liberalen Hochburgen Württemberg und Hessen mit relativer Stimmenmehrheit die Wahlkreismandate gewonnen, so erzielte sie bei den Wahlen von 1953 und 1957 nur noch einen Stimmentanteil von 9,5 v. H. bzw. 7,7 v. H. (s. Tab. A 21; Darst. X). Nach dem weitgehenden Abschluß der Konzentration auf die CDU/CSU blieb die FDP als *„dritte Kraft"* neben Unionsparteien und Sozialdemokraten bestehen. Nicht zuletzt diese von ihr selbst stets betonte Stellung zwischen den beiden großen Parteien hat zu dem relativ stabilen Stimmenanteil der FDP beigetragen. Ihr Hauptziel sah sie darin, die absolute Mandatsmehrheit einer Partei zu verhindern, um als notwendiger Koalitionspartner an der Regierungsverantwortung beteiligt zu sein[104]). Besonders erfolgreich war diese Konzeption bei der Bundestagswahl von 1961. Ihre Stimmengewinne auf Kosten der CDU/CSU waren wesentlich eine Folge des fast ausschließlich gegen Adenauer geführten Wahlkampfes[105]).

---

[102]) Nach Erwin Faul, ebenda, S. 209 ff.

[103]) Zur Entwicklung der FDP vgl. u. a. I. M. Gutscher, Die Entwicklung der FDP von ihren Anfängen bis 1961, Meisenheim/Glan 1967; H. Bertsch, Die FDP und der deutsche Liberalismus 1789 bis 1963, Berlin 1963; E. Sußmann, Liberale in der Verantwortung. Vorgeschichte und Entwicklung der Freien Demokratischen Partei, Hamburg 1964.

[104]) Deutlich wird dies vor allem auch aus den Wahlkampfzielen und Parolen der FDP bei den Wahlen von 1961 und 1965. So lautete der Slogan 1961: „Mit der CDU, ohne Adenauer", 1965: „Wer Ludwig Erhard will, wählt FDP". Vgl. die Analyse von Werner Kaltefleiter, Macht ohne Konsens?, a.a.O., passim.

[105]) Zur Wählerbewegung zwischen CDU/CSU und FDP siehe Tabelle IX, S. 215; vgl. hierzu vor allem Max Kaase, Wechsel von Parteipräferenzen ..., a.a.O., passim.

b) Der Weg zur großen Koalition 1960—1969

Mit der Konzentration im Parteiensystem verbunden war gleichzeitig eine weitgehende *parteipolitische Angleichung*. Diese ging primär von den Wahlergebnissen der Jahre 1953 und 1957 aus. Aufgrund der Tatsache, daß die Wählerschaft der Sozialdemokraten vorwiegend auf die Arbeitnehmer beschränkt blieb[106]), verlor die SPD 1953 0,4 v. H. der Stimmen, und 1957 stieg ihr Stimmenanteil nur um 3,0 v. H. an (s. Tab. VIII; Tab. A 21). Die SPD konnte deshalb ein wirkliches Gegengewicht zur CDU/CSU nur darstellen und eine reelle Chance zur Regierungsübernahme nur dann haben, wenn es ihr gelänge, in bürgerliche Wählerschichten einzudringen. Dazu mußte sie jedoch die aus dem 19. Jahrhundert überkommenen marxistisch-sozialistischen Grundlagen, die den wirtschaftlichen und sozialen Strukturen der Bundesrepublik kaum mehr entsprachen, über Bord werfen[107]).

Mit dem *„Godesberger Programm"*[108]) — dem ersten Grundsatzprogramm seit 1925 — überwand die SPD den alten Widerspruch von Theorie und Praxis, da sie sich von der einseitigen ökonomischen Analyse der Gesellschaft abwandte und zu einem „demokratischen Sozialismus" bekannte, der — im Gegensatz zur Marx'schen Lehre — keine dogmatische Lehrmeinung darstellen soll. Wenn jedoch der angestrebte *Wandel zur Volkspartei* in der Bevölkerung glaubwürdig sein sollte, mußten mit der Abkehr von den theoretischen Prinzipien gleichzeitig auch die Neuorientierung der politischen Vorstellungen sowie ein allen sichtbarer Wechsel in der Parteiführung einhergehen. Vor allem ihre durch die Erfolge der Adenauerschen Politik in starkem Maße unrealistisch gewordene außen-, wehr- und wirtschaftspolitische Ausrichtung unterzog die SPD einer Neuformulierung. Auf außenpolitischem Gebiet erkannte sie die Integration der Bundesrepublik in die westliche Welt und die Mitgliedschaft in der Nato an und stimmte in der Innenpolitik der „sozialen Marktwirtschaft"

---

[106]) Siehe die wahlsoziologischen Abschnitte bei Wolfgang Hirsch-Weber/ Klaus Schütz, a.a.O., passim, und Erwin Faul, Hrsg., Wahlen und Wähler ..., a.a.O., passim.

[107]) Zum Wandel der SPD nach den Wahlniederlagen von 1953 und 1957 und dem Godesberger Programm siehe die Darstellung von Wolf Dieter Narr, a.a.O., S. 194 ff.; dort auch weiterführende Literaturverweise. Ein äußerst kritische, mit persönlichem Engagement geschriebene Analyse der Sozialdemokratie nach dem Zweiten Weltkrieg gibt Theo Pirker, Die SPD nach Hitler. Die Geschichte der Sozialdemokratischen Partei Deutschlands 1945—1964, München 1965.

[108]) Das Godesberger Programm ist abgedruckt bei Wilhelm Mommsen, a.a.O., S. 680 ff.

grundsätzlich zu. Diese Angleichung an die von der CDU/CSU geführte Regierungspolitik wurde zudem durch weitgehende personelle Umgruppierungen in der Parteiführung unterstrichen, in der mit Willy Brandt, Carlo Schmidt, Herbert Wehner und Fritz Erler sowie einigen sozialdemokratischen Ministerpräsidenten der Länder vornehmlich pragmatisch orientierte und teilweise in der Regierungsarbeit erfahrene Politiker in den Vordergrund rückten.

Seit dem Godesberger Programm stieg mit dem Wandel der Sozialdemokraten zur Volkspartei der Stimmenanteil der SPD erheblich. Mit diesen Stimmengewinnen — die SPD erzielte bei den Bundestagswahlen von 1961 und 1965 36,2 v. H. bzw. 39,3 v. H. (s. Tab. A 21; Darst. X) — begann der *Abbau der strukturellen Asymmetrie im Parteiensystem* der Bundesrepublik, eine Entwicklung, die in der letzten Bundestagswahl vom 28. September 1969 ohne Zweifel ihren bisherigen Höhepunkt erreicht haben dürfte. Der neuerliche Stimmenzuwachs von 3,4 v. H. auf einen Zweitstimmenanteil von 42,7 v. H. bot den Sozialdemokraten zum ersten Mal seit dem Bestehen der

Tabelle IX: Konsistenz und Fluktuation bei den Wahlen von 1961 und 1965 (in Prozent)

Wahlentscheidung 1957 bzw. 1961	CDU/CSU		SPD		FDP	
	1961	1965	1961	1965	1961	1965
CDU/CSU	39,3[1])	39,9	2,8	3,5	4,4	1,2
	86,8[2])	84,0	7,7	8,9	34,3	12,6
SPD	0,8	1,4	29,8	30,2	1,2	0,6
	1,8	2,9	82,4	76,9	9,3	6,3
FDP	0,7	0,9	0,4	0,8	5,2	7,0
	1,6	1,9	1,1	2,0	40,7	73,6
andere Parteien	1,1	0,4	0,5	0,8	0,8	—
	2,4	0,9	1,3	2,0	6,5	—
Nichtwahl	1,6	0,7	1,1	0,6	0,7	0,7
	3,5	1,4	3,0	1,5	5,7	7,3
Nicht wahlberechtigt	1,8	4,3	1,6	3,4	0,5	0,02
	3,9	8,9	4,5	8,7	3,5	0,2
Insgesamt	45,3	47,6	36,2	39,3	12,8	9,5
	100,0	100,0	100,0	100,0	100,0	100,0

Anmerkung: [1]) Bezogen auf die Gesamtzahl der abgegebenen gültigen Zweitstimmen; [2]) bezogen auf die Stimmenzahl der jeweiligen Partei.
(Quelle: Zusammengestellt nach: Kaase, s. BiblAng., S. 91; Bundesgeschäftsstelle der CDU, Die Bundestagswahl 1965, Bonn 1966, S. 124 ff.)

Bundesrepublik die — dann auch wahrgenommene — Möglichkeit der Regierungsbildung unter ihrer Führung — und damit zugleich ohne und gegen die CDU/CSU gerichtet.

Vorrangiges Kennzeichen wie Grundlage dieser Wahlentwicklung ist die seit der Bundestagswahl von 1961 zunehmende Wählerbewegung zwischen CDU/CSU und SPD[109]). Die sich seither vollziehende Angleichung im Stimmenanteil der beiden großen Parteien ist zweifellos auf die stärkere Neigung der Wähler, von einer dieser beiden Parteien zur anderen zu wechseln, zurückzuführen. Indes, dieser kontinuierliche Entwicklungsprozeß allein reicht — trotz seiner Bedeutung — zur Erklärung der Veränderungen im Wahlverhalten nicht aus. Die Bundestagswahl von 1969 ist in ihrer Ausgangssituation, insbesondere aber in ihrem Ergebnis (s. u.) in einer Vielzahl von Faktoren von den beiden vorangegangenen Wahlen der sechziger Jahre grundsätzlich unterschieden.

Darstellung XII: Stimmabgabe in Stadt und Land bei den Bundestagswahlen von 1953—1965

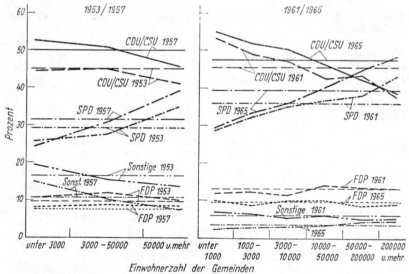

(Quelle: Statistik der Bundesrepublik Deutschland)

---

[109]) Vgl. Tabelle IX; zur Wählerbewegung siehe insbesondere für die Wahl von 1961 Max Kaase, Wechsel von Parteipräferenzen ..., a.a.O., passim.

[110]) Ähnlich in seiner Analyse der Bundestagswahl von 1969 auch Max Kaase, Determinanten des Wahlverhaltens bei der Bundestagswahl 1969, in: PVS Bd. 11 (1970), S. 4 ff., hier S. 60 ff.

Wie die Untersuchungen über *Wahlverhalten und Wählerbewegung* ergeben haben, sind die Bundestagswahlen von 1961 und 1965 dadurch gekennzeichnet, daß sich die *Ausgangsposition von CDU/CSU und SPD* noch keineswegs angeglichen hatte[110]). Zwar verringerte sich als Folge der verstärkten Wählerfluktuation der Abstand zwischen den beiden großen Parteien (von 16,4 v. H. bzw. 18,4 v. H. [1953 und 1957] auf 9,1 v. H. bzw. 8,3 v. H. [1961 und 1965]; s. Tab. A 21), doch gelang es der SPD nur in sehr begrenztem Umfang, in neue Wählerschichten einzudringen. Die SPD erzielte überdurchschnittliche Ergebnisse — wie Darstellung XII ausweist — vor allem in Gemeinden mit mehr als 10 000 Einwohnern, während die CDU/CSU weiterhin in den kleineren Gemeinden ihre größten Stimmenanteile erzielte. Weitgehend unverändert blieb bei den Bundestagswahlen von 1961 und 1965 auch das Wahlverhalten der Frauen. Nach wie vor wählte die Mehrzahl der Frauen, die bei der Wahl von 1965 54,3 v. H. der etwa 38,5 Millionen Wahlberechtigten stellten

Darstellung XIII: Stimmabgabe von Männern und Frauen bei den Bundestagswahlen von 1953—1965

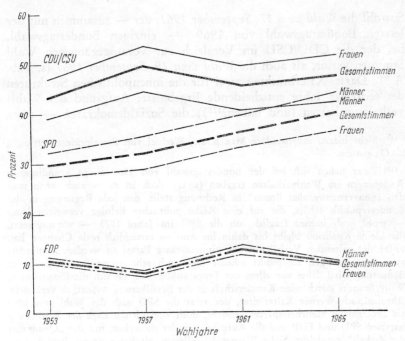

Anmerkung: Ohne die Stimmen der Briefwähler; 1953 ohne Bayern, Rheinland-Pfalz und Saarland; 1957 ohne Saarland.

(Quelle: Statistik der Bundesrepublik Deutschland)

und 53,8 v. H. aller gültigen Zweitstimmen abgaben, die Unionsparteien. Der Frauenüberschuß und die stärkere Neigung der Frauen
zur CDU/CSU verhinderten 1965, als sich erstmals mehr Männer
für die SPD entschieden, daß die Sozialdemokraten stimmstärkste
Partei wurden. Beide Tatsachen, sowohl das Wahlverhalten von
Stadt und Land als auch das von Männern und Frauen, zeigen deutlich auf, daß es der SPD bei beiden Wahlen noch nicht gelungen war,
ihre unterdurchschnittlichen Ergebnisse auch nur annähernd dem
Bundesdurchschnitt anzugleichen. Vielmehr erreichten die Sozialdemokraten gerade dort, wo sie bereits überdurchschnittliche Stimmenanteile erzielt hatten, erneut den größten Stimmenzuwachs.

Dies wird auch durch eine soziologische Analyse der Wählerbewegung
bestätigt. Am größten war der Anteil an den CDU/CSU-SPD-
Wechslern bei den Arbeitern und Angestellten, in den Bevölkerungsschichten also, die bereits vor 1960 den Hauptanteil der sozialdemokratischen Wähler ausmachten, während bei den Selbständigen, Beamten und Landwirten nur eine geringe Wählerbewegung von der
CDU/CSU zur SPD stattfand.[111]).

Sowohl die *Wahl vom 17. September 1961,* der — zusammen mit der
letzten Bundestagswahl von 1969 — einzigen Bundestagswahl,
bei der die CDU/CSU im Vergleich zur vorausgegangenen Wahl
Stimmen verlor, als auch die *Wahl vom 19. September 1965* (s. Tab.
A 21; Darst. X) erbrachten zwei für die innenpolitischen Strukturen
der sechziger Jahre entscheidende Ergebnisse: Aufgrund des Wahlverhaltens hatten (und haben?[112])) die Sozialdemokraten — trotz

---

[111]) Siehe hierzu insbesondere Max Kaase, Wechsel von Parteipräferenzen . . .,
a.a.O., passim.

[112]) Zwar haben sich bei der Bundestagswahl von 1969 einige grundlegende
Änderungen im Wahlverhalten ergeben (s. u.), doch ist es — auch wenn man
den „gouvernementalen Bonus" in Rechnung stellt, den jede Regierung in der
Bundesrepublik erhält, die auf eine Reihe politischer Erfolge verweisen kann
— wohl noch immer fraglich, ob die SPD im Jahre 1973 — vorausgesetzt,
die kleine Koalition bleibt bis dahin im Amt — tatsächlich reale Chancen hat,
unter der geltenden Verhältniswahl stimmstärkste Partei zu werden. Zumindest
zum gegenwärtigen Zeitpunkt scheint dies noch sehr ungewiß. Entscheidende
Bedeutung wird dabei vor allem der Frage zukommen, ob sich die Einschätzung
Willy Brandts durch seine Kanzlerschaft in der Bevölkerung wesentlich verändert.
Ähnlich auch Werner Kaltefleiter, der zwar die SPD nach der Wahl von 1969
als „potentielle Mehrheitspartei" ansieht, doch zugleich die Lage der Koalitionsparteien SPD und FDP und die Aufgabe, vor der sie stehen, mit der „Quadratur
des Zirkels" vergleicht. Siehe Werner Kaltefleiter mit Peter Arend, Paul Keven-
hörster, Rüdiger Zülch, Im Wechselspiel der Koalitionen. Eine Analyse der
Bundestagswahl 1969, Verfassung und Verfassungswirklichkeit 1970, Teil 1, S.
165 ff.

des Wandels zur Volkspartei — unter der geltenden personalisierten Verhältniswahl nur eine äußerst geringe Chance, stimmstärkste Partei zu werden[113]). Beide Wahlen ermöglichten somit noch kein alternierendes Regierungssystem mit wechselnden Stimmen- und Mandatsmehrheiten der beiden großen Parteien. Die Stimmengewinne der SPD verhinderten aber auch die absolute Mandatsmehrheit der CDU/CSU und ließen deshalb erneut die dem Proporzsystem in aller Regel immanenten Koalitionsregierungen notwendig werden.

Nach der Bundestagswahl von 1961 wurde — zunächst noch unter Adenauer, aber mit Erhard als designiertem Nachfolger (Bundeskanzler von November 1963 bis November 1966) — eine *Koalitionsregierung aus CDU/CSU und FDP* gebildet, die auch nach der Wahl von 1965 erneuert wurde. Dennoch fanden im Herbst 1961 und nach der „Spiegel-Affäre" im Herbst 1962 auch Regierungsverhandlungen zwischen Unionsparteien und Sozialdemokraten statt[114]), die beide Seiten aber im wesentlichen nur aus taktischen Überlegungen führten, die CDU/CSU mit dem Ziel, Druck auf die FDP auszuüben, die SPD in der Absicht, sich in der Öffentlichkeit „erstmalig als mögliche(r) Teilhaber an der Regierungsgewalt und langfristig als alternative Regierung"[115]) darzustellen. Die Bereitschaft zur Bildung einer großen Koalition wuchs jedoch vor allem innerhalb der CDU/CSU, da die FDP ihre Position als „Zünglein an der Waage" ausnützte und versuchte, ihren Einfluß in der Regierung über das ihr aufgrund ihres Stimmen- und Mandatsanteils zustehende Maß hinaus auszudehnen. Die CDU/CSU-FDP-Koalition erwies sich somit keineswegs als homogen; Koalitionsgespräche, Rücktrittsdrohungen und Rücktritte der FDP-Minister (so im Herbst 1962 und 1966) erschwerten die Regierungstätigkeit erheblich. Zudem verloren die Koalitions-

---

[113]) Vgl. hierzu die Simulationen auf der Basis des Bundestagswahlergebnisses von 1961, die die nur geringen Chancen der SPD deutlich aufgezeigt haben. Siehe Rudolf Wildenmann/Werner Kaltefleiter/Uwe Schleth, Auswirkungen von Wahlsystemen auf das Regierungs- und Parteiensystem der Bundesrepublik, in: Erwin K. Scheuch/Rudolf Wildenmann, Hrsg., Zur Soziologie der Wahl, Köln und Opladen 1965, S. 74 ff. Zur wissenschaftlichen Diskussion, die sich daran anschloß, siehe auch Hartmut Jäckel, Die Auswirkungen einer Wahlreform. Methodische Bemerkungen zur Analyse von Wahlsystemen und Wahlergebnissen, in: PVS Bd. 7 (1966), S. 533 ff.; Ders., „Swing" und „Bias" als Mittel der Analyse und Prognose von Mehrheitswahlergebnissen, in: PVS Bd. 9 (1968), S. 197 ff.

[114]) Vgl. etwa Rudolf Wildenmann/Erwin K. Scheuch, Der Wahlkampf 1961 im Rückblick, in: Zur Soziologie der Wahl, a.a.O.

[115]) Ebenda, S. 68.

Tabelle X: Ergebnisse der Landtagswahlen 1967—1968 (nach der Bildung der
großen Koalition)

Wahl in:	Schleswig-Holstein (23. 4. 1967)			Rheinland-Pfalz (23. 4. 1967)		
Wahlberechtigte	1 695 789			2 394 692		
Wahlbeteiligung in % der Wahlberechtigten	73,5			78,3		
	Stimmen			Stimmen		
	absolut	in %	1962 in %	absolut	in %	1963 in %
CDU	566 815	46,0	45,0	862 782	46,7	44,4
SPD	486 168	39,4	39,2	679 895	36,8	40,7
FDP	72 578	5,9	7,9	153 320	8,3	10,1
NPD	72 059	5,8	—	127 743	6,9	—
DFU	11 526	0,9	1,2	22 891	1,3	1,3
Sonstige	23 650	2,0	4,4	—	—	3,5
Insgesamt	1 232 796	100,0	100,0	1 846 721	100,0	100,0

Wahl in:	Niedersachsen (4. 6. 1967)			Bremen (1. 10. 1967)		
Wahlberechtigte	4 757 313			533 604		
Wahlbeteiligung in % der Wahlberechtigten	75,9			77,0		
	Stimmen			Stimmen		
	absolut	in %	1963 in %	absolut	in %	1963 in %
CDU	1 490 729	41,7	37,7	119 696	29,5	28,9
SPD	1 538 488	43,1	44,9	186 687	46,0	54,7
FDP	245 275	6,9	8,8	42 720	10,5	8,4
NPD	249 061	7,0	—	35 878	8,8	—
DFU	29 304	0,8	0,6	17 222	4,3	2,7
Sonstige	17 895	0,5	8,0	3 595	0,9	5,3
Insgesamt	3 570 752	100,0	100,0	405 798	100,0	100,0

Wahl in:	Baden-Württemberg (28. 4. 1968)		
Wahlberechtigte	5 625 654		
Wahlbeteiligung in % der Wahlberechtigten	70,6		
	Stimmen		
	absolut	in %	1964 in %
CDU	1 718 167	44,2	46,2
SPD	1 124 558	29,0	37,3
FDP	560 093	14,4	13,1
NPD	381 393	9,8	
DFU/DL	88 181	2,3	1,3
Sonstige	11 785	0,3	2,1
Insgesamt	3 884 177	100,0	100,0

(Quelle: nach AdG, Jg. 1967/68)

parteien bei den Landtagswahlen seit 1965 an Stimmen, während der Stimmenanteil der SPD weiter stieg[116]).

Regierungskrise und *Bildung der großen Koalition* aus CDU/CSU und SPD — unter Führung von Kurt-Georg Kiesinger und Willy Brandt — erfolgten 1966 wesentlich aufgrund der wirtschaftlichen Rezession[117]), doch ließen auch eine Reihe von Gesetzgebungswerken, die teilweise einer verfassungsändernden Zweidrittelmehrheit im Bundestag bedürfen — Notstandsverfassung, Finanzreform, Strafrechtsreform u. a. m. — eine große Koalition notwendig erscheinen. Vor allem aber setzte sich die Regierung das — dann nicht realisierbare — Ziel, durch die Einführung eines mehrheitsbildenden Wahlsystems in der Zukunft regierungsfähige Mehrheiten bereits durch die Wahl selbst zu ermöglichen[118]).

c) Wahlergebnis und Wählerverhalten 1969

Die große Koalition, so umstritten sie auch gewesen sein mag und so offenkundig die Gefahren eines solchen Regierungsbündnisses für die Funktionsfähigkeit des parlamentarischen Systems sind[119]), hat die innenpolitischen Konstellationen, vor allem das *Strukturbild des deutschen Parteiensystems* entscheidend verändert. Zumindest hierin liegt, ohne die Erfolge oder Versäumnisse im einzelnen beurteilen zu wollen, ihre Bedeutung wie ihre besondere Leistung[120]). Die Sozialdemokraten, seit 1949 in die Opposition verbannt und in allen nachfolgenden Bundestagswahlen den Unionsparteien stets eindeutig unterlegen, gelangten über die große Koalition erstmalig in die Regierungsverantwortung. Damit aber fand jener Entwicklungsprozeß

---

[116]) Zur Landtagswahl in Nordrhein-Westfalen siehe insbesondere die Analyse von Erwin K. Scheuch, Zur Irrelevanz des Wählerwillens, Eine Untersuchung der Landtagswahl in Nordrhein-Westfalen und ihre politischen Konsequenzen, in: Verfassung und Verfassungswirklichkeit 1966, S. 63 ff.

[117]) Zur Bildung der großen Koalition siehe u. a. Bernhard Vogel, Der Weg zur großen Koalition, in: Der Politologe, 8 (1967).

[118]) Siehe hierzu den Abschnitt über die Wahlreformdiskussion während der großen Koalition, S. 243 ff.

[119]) Zu möglichen Auswirkungen großer Koalitionen auf das politische System siehe insbesondere Gerhard Lehmbruch, Proporzdemokratie, Tübingen 1967.

[120]) Das Urteil Werner Kaltefleiters, daß die große Koalition ihre Aufgabe nicht erfüllt habe, da es ihr nicht gelang, die Wahlreform durchzusetzen, ist sicherlich überspitzt. Zweifellos stellt die gescheiterte Wahlreform ein maßgebliches Kriterium für die Beurteilung dar, doch hat gerade die Wahl von 1969 gezeigt, daß die durch die große Koalition veränderte Struktur des Parteiensystems erhebliche Konsequenzen im Wahlverhalten bewirkt hat. Vgl. Werner Kaltefleiter u. a., Im Wechselspiel der Koalitionen ..., a.a.O., S. 12.

seinen Abschuß, der sich seit der ersten Bundestagswahl im Jahre 1949 kontinuierlich vollzogen hatte: die Integration und Konzentration der Wählerschaft auf zwei große Parteien sowie die Herausbildung eines „zweipoligen Parteiensystems" mit konstanter Rollenverteilung, mit der CDU/CSU als führender Regierungspartei, meist in Koalition mit zunächst mehreren, dann nur noch einem kleineren Partner, der FDP, und der SPD als Oppositionspartei.

Die *veränderte Rollenverteilung von Regierung und Opposition*, deren vielfältigen Konsequenzen für die Innenpolitik im allgemeinen wie für die innerparteilichen Strukturen im besonderen hier nicht näher nachgegangen werden kann[121]), bot den Sozialdemokraten die Möglichkeit, dem Wähler ihre Regierungsfähigkeit sichtbar zu machen; zudem konnte die SPD zum ersten Mal einen Wahlkampf aus der Regierung heraus führen und auf inzwischen profilierte und bekannte Minister hinweisen. Damit aber verloren die Unionsparteien zugleich den von ihnen stets erhobenen Anspruch, die allein führende politische Kraft in der Bundesrepublik zu sein; von den Sozialdemokraten wurde endgültig das ihnen seit Beginn der fünfziger Jahre anhaftende Odium einer unzuverlässigen, „neinsagenden" Oppositionspartei genommen, die zur Übernahme der Regierungsführung ungeeignet sei. In diese Richtung zielende Versuche der CDU/CSU während des Wahlkampfes 1969 mußten ohne große Wirkung bleiben[122]). Ob für den eingetretenen Wandel im Selbstverständnis beider großen Parteien wie in ihrer Bewertung durch die Wählerschaft die Regierungsbeteiligung der SPD in der großen Koalition, Herbert Wehners so heftig umstrittene Strategie[123]), eine unabdingbare Voraussetzung gewesen ist, mag dahingestellt bleiben. Die große Koalition hat jedoch zweifellos entscheidend dazu beigetragen, daß sich die Distanz

[121]) Zu den Wirkungen auf die Parteien siehe ebenda, passim, mit zahlreichen Literaturverweisen.

[122]) Ähnlich Peter Haungs, Wahlkampf und Wählerverhalten 1969, in: Zeitschrift für Parlamentsfragen, 1. Jg. (1970), S. 90 ff. Insbesondere auf außenpolitischem Gebiet versuchte die CDU/CSU mit dem Vorwurf des „Illusionismus" gegen die Politik Außenminister Brandts, die SPD als unzuverlässig darzustellen. Vgl. auch Werner Kaltefleiter u. a., Im Wechselspiel der Koalitionen ..., a.a.O., S. 62 ff.

[123]) Noch auf dem Nürnberger Parteitag des SPD im März 1968 war der Eintritt in die große Koalition heftig umstritten; der Antrag der Gegner auf die vom Parteivorstand gewünschte nachträgliche Billigung der Regierungsbeteiligung zu verzichten, wurde nur mit 147 gegen 143 Stimmen verworfen; der Antrag des Parteivorstandes selbst wurde daran anschließend mit 173 gegen 129 Stimmen angenommen. Siehe die Protokolle des Nürnberger Parteitages, herausgegeben vom Bundesvorstand, Bad Godesberg 1968, S. 251 ff.

der beiden Parteien im Wählerprofil erheblich verringerte. Die während dieser Zeit durchgeführten Umfragen bestätigen dies eindeutig und weisen eine wesentlich positivere Einschätzung der Parteianhänger von CDU/CSU und SPD für die jeweils andere Partei aus. „Die große Koalition schuf die psychologischen Voraussetzungen für die Wählerbewegungen von der CDU/CSU zur SPD"[124]).

Der Bruch der kleinen Koalition ermöglichte zudem die *Standortveränderung der FDP* im Parteiensystem. In der Opposition konnte sie sich erstmals aus ihrer engen (Koalitions-)Bindung an die CDU/CSU lösen und gab ihre selbstgewählte Rolle des „liberalen Korrektivs" der CDU/CSU auf. Begünstigt durch weitgehende personelle Umgruppierungen in der Parteiführung, in der sich mit Walter Scheel, Hans Dietrich Genscher u. a. die Gegner einer einseitigen Festlegung der Partei durchsetzten, und verbunden mit einer deutlichen Neuorientierung in der Programmatik, sah die FDP ihre neue Position im Parteiensystem darin, nach beiden Seiten hin koalitionsfähig zu sein. Unterstrichen wurde dies insbesondere durch die Wahl Gustav Heinemanns, des sozialdemokratischen Kandidaten, bei der *Wahl des Bundespräsidenten* am 5. März 1969[125]), vor allem aber durch die kurz vor der Bundestagswahl geäußerte Absicht der FDP-Führung, eine Koalition mit der SPD einzugehen, falls dies im Bundestag zahlenmäßig möglich sein sollte.

Wahlkampf wie Wahlentscheidung standen somit unter dem Signum der großen Koalition und der durch sie bedingten Strukturveränderungen des Parteiensystems. Erst die Bundestagswahl von 1969 und ihre Analyse machen jedoch deutlich, in welchem Ausmaß die innenpolitischen Konstellationen einer tatsächlichen Veränderung unterlagen, d. h. in welchem Grade sie das politische Bewußtsein der Wählerschaft bestimmt und einen Wandel des Wahlverhaltens bewirkt haben.

---

[124]) Hans D. Klingemann/Franz U. Pappi, Die Wählerbewegungen bei der Bundestagswahl vom 28. September 1969, in: PVS Bd. 11 (1970), S. 111 ff., hier S. 130.

[125]) In der Bundesversammlung gehörten von den insgesamt 1036 Mitgliedern 482 der CDU/CSU, 449 der SPD, 83 der FDP und 22 der NPD an. Der dritte Wahlgang erbrachte folgendes Ergebnis: Gustav Heinemann 512; Gerhard Schröder 506; ungültig fünf Stimmen; 13 Mitglieder fehlten bei der Wahl infolge Erkrankung. Auf die Bedeutung der Wahl G. Heinemanns durch die FDP für das Wahlverhalten derjenigen Wähler, die früher diese Partei gewählt haben, weisen insbesondere Hans D. Klingemann/Franz U. Pappi, a.a.O., S. 128, zurecht nachdrücklich hin.

Das Gesamtergebnis der *Bundestagswahl vom 28. September 1969*
(s. Tab. A. 21; Darst. X) steht dennoch in einer Reihe von Faktoren
auch in der Kontinuität der vorangegangenen Wahlen[126]). So hat die
große Koalition keineswegs ein weitgehendes Desinteresse der Wählerschaft an den politischen Zeitereignissen zur Folge gehabt und eine
verstärkte Wahlenthaltung bewirkt. Vor allem der fast ausschließlich gegeneinander ausgetragene Wahlkampf der beiden Koalitionspartner hat dazu beigetragen, daß die Wahlbeteiligung von 86,7 v. H.
der Wahlberechtigten konstant und damit — im europäischen Vergleich — weiterhin relativ hoch geblieben ist. Auch die während und
nach der wirtschaftlichen Rezession bei den Landtagswahlen aufgetretene Tendenz einer beginnenden Desintegration des Parteiensystems,
insbesondere die teilweise erheblichen Verluste der SPD auf der einen
und die Stimmen- und Mandatserfolge der rechtsradikalen NPD auf
der anderen Seite (s. Tab. X), setzte sich bei der Bundestagswahl
nicht fort. Den kleinen Parteien und Splittergruppen gelang es
wiederum nicht, größere Stimmengewinne zu erzielen. Der Gesamtstimmenanteil aller acht Parteien[127]), die die Sperrklausel nicht zu
überspringen vermochten, betrug nur 5,4 v. H. der Zweitstimmen.
Vielmehr verstärkte sich — wie bei den vorangegangenen Bundestagswahlen auch — die *Konzentration auf die beiden großen Parteien.* Sozialdemokraten und Unionsparteien verfügen jetzt — trotz
des geringen Stimmenrückganges der CDU/CSU von 47,6 v. H. auf
46,1 v. H. — zusammen über 88,2 v. H. der Zweitstimmen, wobei
insbesondere die Stimmengewinne der SPD von 3,4 v. H., aber auch
die erheblichen Stimmeneinbußen der FDP, die mit 5,8 v. H. nur
etwa 61 v. H. ihrer Stimmen von 1965 behaupten konnte, zu dieser
Entwicklung beitrugen. Der Abstand der beiden großen Parteien

---

[126]) Zur Bundestagswahl von 1969 liegen mittlerweile eine Reihe von Unter-
suchungen vor; siehe außer den schon genannten Analysen von Max Kaase,
Determinanten im Wahlverhalten . . ., a.a.O.,; Hans D. Klingemann/Franz U.
Pappi, a.a.O.; Peter Haungs, Wahlkampf und Wählerverhalten 1969, a.a.O.,
Werner Kaltefleiter u. a., Im Wechselspiel der Koalitionen . . ., a.a.O., auch
Dieter Nohlen/Rainer-Olaf Schultze, Die Bundestagswahl 1969 in wahlstatistischer
Perspektive. Materialien zur Diskussion des Wahlergebnisses, in: Aus Politik und
Zeitgeschichte, Beilage zur Wochenzeitung Das Parlament, B 51/52 (1969), S.
15 ff. Leider fehlen bisher noch die vom Statistischen Bundesamt im Textheft
veröffentlichten und ausgewerteten Repräsentativauszählungen.

[127]) Insgesamt beteiligten sich elf Parteien mit Landeslisten an der Wahl; in
allen Bundesländern kandidieren nur CDU/CSU, SPD, FDP, ADF und NPD;
die Europa Partei (EP) hatte neun, die Freisoziale Union (FSU) und die Gesamtdeutsche Partei (GdP) je sechs, das Zentrum zwei sowie die Bayernpartei und
die Unabhängige Arbeiterpartei (UAP) je eine Landesliste aufgestellt. Siehe:
Die Wahlbewerber für die Wahl zum 6. Deutschen Bundestag 1969, herausgegeben vom Statistischen Bundesamt, Stuttgart/Mainz 1969.

verringerte sich erneut: die Stimmendifferenz ging von maximal 18,4 v. H. im Jahre 1957 auf 3,4 v. H. bei der letzten Bundestagswahl zurück.

Obwohl dieser Angleichungsprozeß auf Bundesebene das entscheidende Element in der Wahlentwicklung ausmacht, liefert er doch kein zureichendes Bild des Parteienspektrums in der Bundesrepublik; er verdeckt vielmehr die Tatsache, daß die Parteistärken regional ganz erheblich differieren. Die *wahlgeographische Analyse* zeigt zunächst deutliche Unterschiede in den Stimmenanteilen der Parteien auf, die in einigen Bundesländern einen Abstand zwischen den beiden großen Parteien von rund 20 v. H. erreicht haben. Als Folge ihres allgemeinen Stimmenrückgangs verringerte sich zwar in allen Ländern ihr Vorsprung vor der SPD, doch verfügt die CDU/CSU weiterhin in

Tabelle XI: Die Abstände zwischen CDU/CSU und SPD in den Bundesländern bei den Bundestagswahlen von 1961—1969 (in Prozent der Zweitstimmen)

a) Bundesländer, in denen die SPD stimmstärkste Partei ist				b) Bundesländer, in denen die CDU/CSU stimmstärkste Partei ist			
	1961	1965	1969		1961	1965	1969
Hamburg	15,0	10,7	20,6	Bayern	24,8	22,5	19,8
Bremen	22,7	14,5	19,7	Baden-			
Hessen	7,9	7,9	9,8	Württemberg	13,2	16,9	14,1
Nordrhein-				Rheinland-			
Westfalen	—	—	3,2	Pfalz	15,3	12,6	7,7
				Saarland	15,5	7,0	6,3
				Schleswig-			
				Holstein	5,4	9,4	2,5
				Niedersachsen	0,3	6,0	1,4
				Nordrhein-			
				Westfalen	10,3	4,5	—

(Quelle: Zusammengestellt nach Statistik der Bundesrepublik Deutschland)

Baden-Württemberg und Bayern über starke regionale Hochburgen, da hier die SPD nur geringe Stimmengewinne erzielte. In den Bundesländern mit sozialdemokratischer Stimmenmehrheit trat hingegen genau die entgegengesetzte Entwicklung ein; der Stimmenzuwachs der SPD vergrößerte die Abstände zwischen den beiden Parteien teilweise erheblich und führte so zu einer Verfestigung der regionalen Hochburgen. Dies gilt insbesondere für die Stadtstaaten Hamburg und Bremen, in denen die SPD schon immer starke Mehrheiten besaß und dennoch erneut überdurchschnittliche Gewinne erreichte[128]). Klas-

---

[128]) Vgl. Tabelle IV „Zweitstimmenanteil der Parteien in den Bundesländern bei den Wahlen von 1961—1969" bei Dieter Nohlen/Rainer-Olaf Schultze, a.a.O., S. 21.

sifiziert man die Bundesländer — wie in Tabelle XII — nach der
Höhe des Stimmenanteils der beiden großen Parteien, so wird
zudem ein *unterschiedliches Wahlverhalten von Nord- und Süddeutschland* mit dem Main als Trennungslinie sichtbar[129]), wobei die
SPD über ihrem Bundesdurchschnitt liegende Stimmenanteile in den
Ländern nördlich des Mains, die CDU/CSU hingegen im Süden
Deutschlands erzielte. Allerdings bleibt die CDU in Niedersachsen
und — trotz ihrer deutlichen Verluste — auch in Schleswig-Holstein
stimmstärkste Partei vor der SPD; die Abstände zwischen beiden
Parteien haben sich jedoch in diesen Ländern relativ stark angeglichen.

Tabelle XII: Zweitstimmenanteil von SPD und CDU/CSU in den Bundesländern
bei der Wahl von 1969

Länder	SPD		Länder	CDU/CSU	
Hamburg	54,6	(+6,3*)	Bayern	54,4	(—1,2)
Bremen	52,0	(+3,5)	Baden-		
Hessen	48,2	(+2,5)	Württemberg	50,7	(+0,8)
Nordrhein-			Rheinland-		
Westfalen	46,8	(+4,2)	Pfalz	47,8	(—1,5)
Niedersachsen	43,8	(+4,0)	Saarland	46,2	(—0,6)
Schleswig-			Schleswig-		
Holstein	43,6	(+4,8)	Holstein	46,1	(—2,1)
Rheinland-			Niedersachsen	45,2	(—0,6)
Pfalz	40,1	(+3,4)	Nordrhein-		
Saarland	39,9	(+0,1)	Westfalen	43,6	(—3,5)
Baden-			Hessen	38,4	(+0,6)
Württemberg	36,6	(+3,6)	Hamburg	34,0	(—3,6)
Bayern	34,6	(+1,5)	Bremen	32,3	(—1,7)

Anmerkung: *) Zu- bzw. Abnahme im Vergleich zur Bundestagswahl von 1965
in Klammern angegeben.
(Quelle: Zusammengestellt nach Statistik der Bundesrepublik Deutschland)

Ähnlich ausgeprägt wie in einigen Bundesländern ist die *Hoch-
burgenbildung* auch *auf Wahlkreisebene*. Bei der Bundestagswahl von
1969 fand in 35 Wahlkreisen ein Wechsel des Mandats zwischen
CDU/CSU und SPD statt; die SPD gewann 34 Wahlkreise hinzu
und verlor nur einen an die CDU[130]), wodurch die Sozialdemokraten
erstmals bei einer Bundestagswahl mehr Direktmandate erzielen
konnten als die Unionsparteien (127 zu 121; s. Tab. VII). Dieser

---

[129]) Siehe etwa auch Werner Kaltefleiter u. a., Im Wechselspiel der Koalitionen ..., a.a.O., S. 162 ff.

[130]) Den Wahlkreis 167 (Ludwigsburg), in dem Karl Mommer nicht mehr
kandidierte, verlor die SPD an die Kandidatin der CDU, Annemarie Griesinger.

recht erhebliche Mandatswechsel[131]) hat jedoch keineswegs zum Abbau der Hochburgen geführt, vielmehr bewirkten die Stimmengewinne der SPD eine weitere geringe Zunahme[132]). Insgesamt sind nach dieser Wahl etwa 170 der 248 Wahlkreise als sogenannte „sichere" Wahlkreise anzusehen, da hier die stimmstärkste Partei über einen Vorsprung von mehr als zehn Prozent verfügt. Diese Entwicklung beruht zum einen darauf, daß die CDU/CSU auch bei der Wahl von 1969 in der überwiegenden Zahl ihrer Wahlkreise, vornehmlich in Bayern und Baden-Württemberg, bei nur unterdurchschnittlichem Stimmenzuwachs der SPD übergroße Stimmenmehrheiten erreichte, während es zum anderen der SPD zugleich gelang, ihren Vorsprung auch in den bereits bei früheren Wahlen gewonnenen Wahlkreisen erheblich auszubauen. Die SPD verfügt dadurch nunmehr über annähernd so viele „sichere" Wahlkreise wie die CDU/CSU.

Die Wahlentwicklung in den Bundesländern wie auch in den Wahlkreisen vermittelt bereits ein erstes, grobes Bild über die *Stimmenfluktuation und* die *Wechselwählerschaft.* Der geringe Stimmenzuwachs der CDU/CSU in Baden-Württemberg und Hessen sowie die nur minimalen Verluste in Niedersachsen korrelieren mit überschnittlichen Stimmeneinbußen der FDP in diesen Ländern, die zudem seit jeher ihre relativen Hochburgen waren. Der CDU gelang es somit, einen Teil ihrer Stimmenverluste durch Gewinne von der FDP aufzufangen. Die vor allem von der SPD aus partei- und koalitionstaktischen Erwägungen heraus vertretene These, daß der konservative Teil der FDP-Wählerschaft die programmatische Standortveränderung der Partei zum Anlaß nahm, um zur CDU/CSU zu wechseln[133]), erfährt hierdurch zweifellos ihre erste Bestätigung. Dem entspricht auch die Tatsache, daß die Unionsparteien gerade in den Bundesländern ihre größten prozentualen Verluste erlitten, in denen die FDP nur unterdurchschnittlich verlor, während die Sozialdemokraten in diesen Ländern, insbesondere in Hamburg und Nordrhein-Westfalen, wo sie erstmals bei einer Bundestagswahl die CDU aus ihrer führenden Position verdrängen konnten, eine erhebliche Stim-

---

[131]) Bei der Wahl von 1965 fand demgegenüber nur in 25 Wahlkreisen ein Wechsel zwischen CDU/CSU und SPD statt.

[132]) Siehe hierzu die tabellarischen Übersichten bei Dieter Nohlen/Rainer-Olaf Schultze, a.a.O., S. 36 ff.

[133]) So während der Wahlnacht in ihren ersten Stellungnahmen zum Wahlergebnis insbesondere Karl Schiller und Herbert Wehner; H. Wehner etwa sprach davon, daß sich die FDP jetzt gesundgeschrumpft habe. Vgl. die Dokumentation der Regierungsbildung von Udo Bermbach, Stationen der Regierungsbildung 1969, in: Zs. für Parlamentsfragen, 1. Jg. (1970), S. 5 ff.

menzunahme erreichten. Diese *Parallelität zwischen Verlusten der CDU/CSU und Gewinnen der SPD* wird auf Wahlkreisebene verstärkt sichtbar[134]). Die Wahlkreise mit maximalen Stimmeneinbußen der CDU sind meist identisch mit den Wahlkreisen, in denen die SPD ihre größten prozentualen Stimmengewinne erzielen konnte. Hinzukommt, daß in diesen Wahlkreisen, die fast ausschließlich in Nordrhein-Westfalen liegen und stark urbanisierte Gebiete umfassen, die FDP bereits bei den vorangegangenen Bundestagswahlen relativ geringe Stimmenanteile erhalten hatte und bei dieser Wahl nur unterdurchschnittliche Verluste hinnehmen mußte, d. h. die Entwicklung zum Zweiparteiensystem besonders stark vorangeschritten war[135]). Ihren größten Stimmenrückgang erlitt die FDP hingegen in Wahlkreisen, in denen sie bei früheren Wahlen ihre besten Ergebnisse erzielt hatte, wobei maximale Verluste der FDP in der Regel — trotz des generell rückläufigen Stimmenanteils — mit erheblichen Zunahmen der CDU/CSU einhergehen.

Die hier deutlich gewordenen Tendenzen der Wahlentwicklung beruhen dabei vor allem auf einem starken Gegensatz im *Wahlverhalten von Stadt und Land,* der zwar seit jeher existiert hat, wobei sich die Wählerschaft der Unionsparteien in ihrer Mehrheit aus ländlichen Wählerschichten zusammensetzte und innerhalb der sozialdemokratischen Wählerschaft ein Übergewicht städtischer Wähler bestand (s. Darst. XII), der sich aber seit der Bundestagswahl von 1961 kontinuierlich verstärkt und mittlerweile in erheblichem Ausmaß verfestigt hat. Die CDU/CSU ist gegenwärtig nur noch in 14 der 90 großstädtischen Wahlkreise mit mehr als 100 000 Einwohnern stimmstärkste Partei, während sie 1957 noch in 62 dieser Wahlkreise das Mandat gewinnen konnte[136]). Die SPD erzielte in allen Gebieten einen Stimmenzuwachs, doch erreichte sie überdurchschnittliche Gewinne erneut in stark urbanisierten Regionen. Eine genauere Analyse, die in diese grobe Unterscheidung als weiteren Bestimmungsfaktor die Konfessionszugehörigkeit miteinbezieht[137]), bestätigt dies inso-

---

[134]) Vgl. Dieter Nohlen/Rainer-Olaf Schultze, a.a.O., S. 32 ff.

[135]) Ähnlich Werner Kaltefleiter u. a., Im Wechselspiel der Koalitionen ..., a.a.O., S. 154 ff.

[136]) Siehe Tabelle XV bei Dieter Nohlen/Rainer-Olaf Schultze, a.a.O., S. 35, in der alle Wahlkreise angeführt werden, die Städte mit mehr als 100 000 Einwohnern umschließen.

[137]) Nach Hans D. Klingemann/Franz U. Pappi, a.a.O., S. 116 ff. Die Einteilung der vier Gruppen wurde dabei nach folgenden Kriterien vorgenommen: alle Wahlkreise mit einer Bevölkerungsdichte von mehr als 400 Einwohnern pro km² wurden als Städte betrachtet; den beiden katholischen Gruppen wurden die Wahlkreise dann zugerechnet, wenn der Anteil der Bevölkerung (Volkszählung 1961) größer war als der der Protestanten.

fern, als die CDU/CSU ihre besten Ergebnisse unverändert in katholisch ländlichen, die SPD hingegen in protestantisch städtischen Gebieten erzielte, während beide Parteien — gemessen an ihrem Gesamtstimmenanteil auf Bundesebene — im jeweils anderen Gebiet
weiterhin deutlich unterrepräsentiert sind[138]). Erhebliche Veränderungen im Vergleich zu früheren Bundestagswahlen ergaben sich
jedoch in den beiden anderen Wahlkreistypen: so verdrängten die
Sozialdemokraten (mit 47,3 v. H. gegenüber 42,5 v. H. im Jahre
1965) in den katholischen Städten die Unionsparteien (42,0 v. H.
gegenüber 46,1 v. H.) aus ihrer führenden Position, woraus man eine
weitere Abnahme der kirchlichen Bindung und damit auch einen
erneut verringerten Einfluß religiöser Motivationen auf die Wahlentscheidung wird schließen können[139]). In protestantischen Landgebieten konnte die SPD zudem mit der CDU/CSU im Stimmenanteil in etwa gleichziehen[140]). Vor allem ihr doch recht starker und
zunächst auch überraschender Stimmenzuwachs in Schleswig-Holstein
und Niedersachsen wird so verständlich. In diesen Gebieten wie insbesondere auch in den katholischen Städten wurde dies durch eine
direkte Wählerbewegung von der CDU/CSU hin zur SPD bewirkt.
Die Unionsparteien hingegen profitierten in allen Gebieten von den
Verlusten der Freien Demokraten, wobei in ländlich-kleinstädtischen
Regionen, protestantischen wie katholischen, die Wählerfluktuation
so stark gewesen ist, daß die CDU/CSU ihre Verluste nicht nur weitgehend kompensieren konnte (so in Niedersachsen, in gewissem Umfang auch in Rheinland-Pfalz und Schleswig-Holstein), sondern sich
ihr Stimmenanteil sogar noch geringfügig erhöhte (so in Baden-
Württemberg und Hessen). In protestantischen Stadtgebieten wird
ferner eine Wählerbewegung von der FDP zur SPD sichtbar, während keine generelle Korrelation zwischen den beiden großen Parteien

---

[138]) Die CDU/CSU erzielte bei ihrem Gesamtstimmenanteil von 46,1 v. H.
in katholischen Landgebieten 58,6 v. H., in protestantischen Städten 37,1 v. H.
der Zweitstimmen; die SPD bei 42,7 v. H. Gesamtstimmenanteil in protestantischen Städten 51,2 v. H., in katholischen Landgebieten 31,9 v. H. Siehe
Hans D. Klingemann/Franz U. Pappi, a.a.O., S. 116.

[139]) Zur Bedeutung der kirchlichen Bindung für das Wahlverhalten siehe ins-
besondere die Untersuchung von Erhard Blankenburg, Kirchliche Bindung und
Wahlverhalten. Die sozialen Faktoren bei der Wahlentscheidung Nordrhein-
Westfalens 1961 bis 1966, Olten/Freiburg i. Br. 1967.

[140]) In protestantischen Landgebieten blieb der Stimmenanteil der CDU/CSU
mit 43,7 v. H. gegenüber 1965 konstant, die SPD verbesserte sich von 40,2 v. H.
auf 43,5 v. H. Vgl. Hans D. Klingemann/Franz U. Pappi, a.a.O., S. 116 ff.

besteht[141]), da die CDU/CSU — trotz durchschnittlicher Gewinne der SPD — ihren Stimmenanteil der Bundestagswahl von 1965 behaupten konnte[142]). Dieses Wahlverhalten wie die Zunahme der SPD in protestantischen Landgebieten stehen der grundsätzlichen Wahlentwicklung zwar tendentiell entgegen, doch bleibt der verfestigte Gegensatz von Stadt und Land ein wesentliches Merkmal gerade auch dieser Bundestagswahl: „die SPD ist noch urbaner, die CDU/CSU ist noch ruraler geworden"[143]).

Obwohl während des Wahlkampfes bis kurz vor dem Wahltag die Umfragen eine unverhältnismäßig große Zahl unentschlossener Wähler auswiesen[144]) und man somit einen erheblich verstärkten Parteiwechsel vermuten durfte, war die tatsächliche Stimmenfluktuation mit etwa elf von Hundert nur unwesentlich höher als bei den Wahlen von 1961 und 1965[145]). Im Vergleich zu diesen Wahlen veränderte sich jedoch die *Richtung der Parteiwechsel* grundlegend. Zwar fand auch bei den vorangegangenen Wahlen eine — seit 1961 zunehmende — Stimmenfluktuation zwischen den beiden großen Parteien statt, doch das entscheidende Charakteristikum dieser Wahlen stellte die Wählerbewegung zwischen der CDU/CSU und FDP dar, wobei der Wechsel vor allem zur FDP hin erfolgte (s. Tab. IX). Entsprechend ihrem Selbstverständnis und ihrer Stellung im Parteiensystem, wurden die Freien Demokraten so zum Auffangbecken unzufriedener CDU/CSU-Wähler. Dieser Zugang, der 1961 etwa 31 v. H. der gesamten Wechselwählerschaft ausmachte, blieb bei der Bundestagswahl von 1969 fast völlig aus; nur noch sechs von Hundert aller Parteiwechsler gingen von der CDU/CSU zur FDP. Hingegen verstärkte sich die Abwanderung zur CDU/CSU erheblich[146]). Der markanteste Unterschied besteht jedoch in dem Anstieg der *Wählerbewegung von der CDU/CSU zur SPD*, die sich gegenüber 1965

---

[141]) Zumindest in den beiden Stadtstaaten Hamburg und Bremen muß jedoch auch eine starke Wählerbewegung von der CDU zur SPD erfolgt sein; die überstarken Gewinne der SPD bzw. Verluste der CDU im Vergleich zur Wahl von 1965 sind anders kaum zu erklären.

[142]) Vgl. Hans D. Klingemann/Franz U. Pappi, a.a.O., S. 116 ff.

[143]) Max Kaase, Determinanten im Wahlverhalten ..., a.a.O., S. 76.

[144]) Ähnlich Peter Haungs, Wahlkampf und Wählerverhalten 1969, a.a.O., S. 101 f.

[145]) Nach Hans D. Klingemann/Franz U. Pappi, a.a.O., Tabelle 6, S. 122.

[146]) Der in Tabelle XIII mit acht Prozent angegebene Wechsel von der FDP zur CDU/CSU dürfte tatsächlich erheblich größer gewesen sein, da die FDP insbesondere von der Meinungsänderung vieler unentschlossener Wähler kurz vor der Wahl nachteilig betroffen gewesen ist. Ähnlich Peter Haungs, Wahlkampf und Wählerverhalten 1969, a.a.O., S. 102.

verdoppelte; der Anteil der Wechsler zur CDU/CSU war jedoch
stark rückläufig. Diese auf Umfragen beruhenden Ergebnisse der
Wählerfluktuation — wie sie in Tabelle XIII zusammengestellt
sind — bestätigen somit die deutlichen Veränderungen in der Struktur der Wählerschaften von Sozialdemokraten und Freien Demokraten. Unzufriedene CDU/CSU-Wähler wechselten bei dieser Bundestagswahl direkt zur SPD, während die FDP diejenigen ihrer
Wähler weitgehend an die CDU/CSU verlor, die bei den Wahlen
von 1961 und 1965 in der FDP einen „Korrekturfaktor für Füh-
rungsentscheidungen der CDU/CSU gesehen haben und sich „eigentlich" doch als CDU/CSU-Wähler definierten"[147]).

Tabelle XIII: Wechselwählerschaft und Wählerbewegungen bei den Bundestagswahlen 1957—1969

Von	Zur	1957/61	1961/65	1965/69
CDU/CSU	SPD	21	21	40
SPD	CDU/CSU	8	21	12
CDU/CSU	FDP	33	21	6
FDP	CDU/CSU	6	7	8
SPD	FDP	8	6	8
FDP	SPD	3	9	12
Sonstige		21	15	14
N		154	135	129
		= 10 %	= 10 %	= 11 %

(Quelle: Klingemann/Pappi, Tabelle 7, a.a.O., S. 122)

Deutlich unterschieden von früheren Bundestagswahlen war dabei
in sozialstruktureller Hinsicht vor allem das *Wahlverhalten der Angestellten und Beamten*. In diesen beiden Berufsgruppen konnte die
SPD ihren Anteil erheblich steigern: wählten 1965 nur 28 v. H. der
Angestellten und 27 v. H. der Beamten sozialdemokratisch, so entschieden sich 1969 45 v. H. bzw. 38 v. H. der Angehörigen dieser
Berufsgruppen für die SPD[148]). Von den Gewinnen der SPD war
vornehmlich die CDU/CSU betroffen, die zudem auch bei den Landwirten deutliche Stimmeneinbußen hinnehmen mußte. Ein Großteil
der NPD-Wählerschaft dürfte sich zweifellos aus dieser Berufsschicht
rekrutieren. Behaupten konnte die CDU/CSU hingegen ihren Anteil
bei den Selbständigen des nichtlandwirtschaftlichen Bereiches; sie
profitierte dabei von den starken Verlusten der FDP insbesondere in

---

[147]) Hans D. Klingemann/Franz U. Pappi, a.a.O., S. 128.

[148]) Vgl. ebenda, S. 123 ff.

dieser Berufsschicht, die stets einen Hauptbestandteil ihrer Wähler-schaft bildete. Obwohl die Wählerbewegungen Einfluß und Gewicht der einzelnen Berufsgruppen verschoben haben, ist dennoch die Grundstruktur der Parteianhängerschaften erhalten geblieben: unter den SPD-Wählern stellen noch immer die Facharbeiter die größte Gruppe; in der CDU/CSU-Wählerschaft dominieren weiterhin die Selbständigen und hier vor allem die Landwirte; trotz des erheblichen Stimmenrückgangs ist die FDP unverändert die Partei mit dem größten Anteil an Selbständigen.

Maßgeblichen Anteil an der Wählerbewegung zur SPD hatten bei der Bundestagswahl von 1969 auch die Frauen; allerdings blieb die Grundtendenz im *Wahlverhalten von Männern und Frauen* unver-ändert: auch weiterhin entschieden sich erheblich mehr Frauen für die CDU/CSU; bei SPD, FDP und insbesondere der NPD ist dagegen noch immer ein deutliches Übergewicht männlicher Wähler vorhan-den[149]). Dennoch ergab sich auch hier ein Wandel im Vergleich zu den vorangegangenen Wahlen, bei denen die Sozialdemokraten stets mehr Männer- als Frauenstimmen hinzugewannen, es ihnen somit

Tabelle XIV: Stimmenanteil von SPD und CDU/CSU bei Männern und Frauen in den Bundesländern bei der Wahl von 1969

Länder	Männer		Frauen	
	SPD	CDU/CSU	SPD	CDU/CSU
Schleswig-Holstein	46,3 (+3,5*)	41,4 (—2,3)	41,7 (+5,3)	50,3 (—1,3)
Hamburg	56,9 (+6,6)	29,1 (—4,6)	54,6 (+9,9)	36,4 (—5,0)
Niedersachsen	45,0 (+0,8)	40,6 (—0,4)	41,7 (+3,6)	49,4 (+0,5)
Bremen	53,7 (+1,8)	29,0 (—1,3)	50,1 (+3,6)	37,0 (—0,4)
Nordrhein-Westfalen	50,9 (+2,4)	37,4 (—3,2)	44,5 (+5,5)	48,0 (—3,7)
Hessen	50,9 (+2,7)	33,5 (—0,7)	47,2 (+4,4)	42,1 (+0,3)
Rheinland-Pfalz	43,9 (+2,7)	41,2 (—2,1)	37,7 (+4,9)	52,6 (—2,2)
Baden-Württemberg	40,3 (+2,8)	44,2 (+0,3)	33,5 (+3,7)	56,4 (+0,1)
Bayern	37,0 (—0,9)	48,9 (—1,1)	31,9 (+1,6)	59,6 (±0)
Saarland	42,6 (—0,7)	39,9 (—2,3)	37,3 (+3,3)	48,3 (—1,3)

Anmerkung: *) Zu- bzw. Abnahme im Vergleich zur Bundestagswahl von 1965 in Klammern angegeben. In den Zahlen sind die Briefwahlergebnisse nicht ent-halten.

(Quelle: Zusammengestellt nach den Statistischen Berichten der einzelnen Statisti-schen Landesämter)

---

[149]) Siehe die auf den Repräsentativauszählungen der Statistischen Landesämter basierende Tabelle 28 „Wahlverhalten nach Alter und Geschlecht in acht Bundes-ländern" bei Max Kaase, Determinanten im Wahlverhalten ..., a.a.O., S. 108.

nicht gelang, ihren unterdurchschnittlichen Stimmenanteil bei den Frauen auch nur geringfügig ihrem Ergebnis bei den Männern anzugleichen[150]). Für die Bundestagswahl von 1969 zeigen die Repräsentativauszählungen in den einzelnen Bundesländern hingegen ein anderes Bild. Mit Ausnahme Hamburgs und Schleswig-Holsteins lag die Zuwachsrate der SPD bei den Männern unter ihrem durchschnittlichen Gesamtergebnis von 3,4 v. H. auf Bundesebene; in Bayern und im Saarland verringerte sich der Stimmenanteil bei den Männern gegenüber 1965 sogar geringfügig. Erstmals erzielte die SPD in allen Bundesländern bei den Frauen höhere Stimmengewinne als bei den Männern, wodurch die Differenz zwischen Männer- und Frauenanteil deutlich zurückgegangen ist. Zumindest in der Wählerschaft der Sozialdemokraten hat sich somit ein starker Angleichungsprozeß vollzogen[151]), wobei der ausgeprägte Frauenüberschuß in der Bundesrepublik ein in etwa *ausgewogenes Verhältnis von Männern und Frauen in der Gesamtwählerschaft der SPD* herbeigeführt haben dürfte[152]). Dennoch besteht nach wie vor eine erheblich stärkere Neigung der Frauen zur CDU/CSU; gemeinsam mit dem Frauenüberschuß bewirkte sie auch bei dieser Bundestagswahl — wie bereits 1965 —, daß die CDU/CSU stimmstärkste Partei blieb.

Ein weiteres spezifisches Merkmal der Bundestagswahl von 1969 sind die beträchtlichen Differenzen in der *Stimmabgabe von Erst- und Zweitstimmen* (s. Tab. A 24). Von dieser durch das Wahlsystem geschaffenen Möglichkeit wurde bei den vorangegangenen Wahlen nur relativ wenig Gebrauch gemacht[153]). So gaben bei den Wahlen von

---

[150]) Vgl. Darstellung XIII, S. 217, die auf die Repräsentativauszählungen des Statistischen Bundesamtes (s. BiblAng.) zurückgeht. Danach konnte die SPD bei den Männern ihren Stimmenanteil von 1953: 32,5 v. H.; 1957: um 2,8; 1961: um 4,4; 1965: um 4,3 auf 44,0 v. H. erhöhen; bei den Frauen hingegen nur von 1953: 27,6 v. H.; 1957: um 1,3; 1961: um 3,0; 1965: um 3,3 auf 36,2 v. H. steigern.

[151]) Bei der CDU/CSU hingegen hat bei der Wahl von 1969 — wie aus Tabelle XIV eindeutig hervorgeht — erneut kein Angleichungsprozeß im Wahlverhalten von Männern und Frauen stattgefunden. Die Differenz ist im Bundesdurchschnitt eher noch größer geworden.

[152]) Auf Bundesebene liegt zum gegenwärtigen Zeitpunkt die Repräsentativstatistik noch nicht vor; bei der Wahl von 1965 waren von 100 SPD-Wählern 51,2 Männer und 48,8 Frauen. In Hamburg war jedoch bereits bei den Wahlen von 1961 und 1965 aufgrund des Frauenüberschusses in der SPD-Wählerschaft ein Vorsprung der Frauen vorhanden. So waren von 100 SPD-Wählern 1961: 53,1; 1965: 52,7; 1969: 55,3 v. H. Frauen. Dennoch bleibt natürlich die Unterrepräsentation der SPD bei den Frauen weiter bestehen.

[153]) Zum Begriff des „Splitting" im Zweistimmensystem siehe die Begrifflichen Grundlagen, S. 65.

1961 und 1965 93,7 v. H. bzw. 91,4 v. H. der Wähler Erst- und Zweitstimme einheitlich ab[154]), d. h. sie wählten mit der Erststimme den Wahlkreisbewerber derjenigen Partei, für die sie sich auch mit der Zweitstimme entschieden. Wie die Repräsentativauszählungen ergeben haben, sind es vor allem die Wähler kleinerer Parteien, insbesondere die der FDP, die mit der Erststimme den Wahlkreiskandidaten einer der beiden großen Parteien wählten, während die Wähler von CDU/CSU und SPD in erheblich geringerem Maße ihre Stimme aufspalteten[155]). Von 100 FDP-Wählern unterstützten 1961 nur 86 und 1965 sogar nur 70 den Wahlkreisbewerber ihrer Partei. Hiervon profitierten bei diesen Wahlen — entsprechend der Struktur der FDP-Wählerschaft, vor allem aber aufgrund der einseitigen Festlegung der FDP auf eine Koalition mit der CDU/CSU — vornehmlich die Wahlkreisbewerber der Unionsparteien, und zwar 1957 im Verhältnis von 2 : 1, 1961 von 2,6 : 1 und 1965 von 3 : 1 gegenüber den Sozialdemokraten[156]).

Bei der Bundestagswahl von 1969 haben sich diese Tendenzen im Wahlverhalten nicht fortgesetzt; sowohl im Ausmaß als auch in der Richtung der unterschiedlichen Stimmabgabe von Erst- und Zweitstimmen sind erhebliche Veränderungen eingetreten. Bereits aus den Differenzen bei den absoluten Stimmenzahlen wird deutlich sichtbar, daß die FDP-Wähler erneut in großem Umfang ihre Stimme aufgespalten haben (s. Tab. A 24). Aber auch die Wähler der beiden großen Parteien haben zahlreicher als bisher diese Möglichkeit des Wahlsystems ausgeschöpft[157]). Durch die Zusammenarbeit in der großen Koalition verstärkte sich zweifellos die Bereitschaft ihrer Parteianhänger, mit der Erststimme den Wahlkreisbewerber des jeweiligen Partners zu unterstützen. Im Vergleich zur Wahl von 1965 verdoppelte sich ihr Anteil; wählten 1965 nur jeweils drei von Hun-

---

[154]) Die Zahlen sind den Repräsentativauszählungen des Statistischen Bundesamtes entnommen (s. BiblAng.). Bei den Wahlen von 1953 und 1957 war der Anteil der Wähler, die Erst- und Zweitstimme unterschiedlich abgaben, höher. So betrug er z. B. 1957 10,7 v. H. Die Wahlen von 1953 und 1957 können jedoch nur bedingt zum Vergleich herangezogen werden, da die CDU/CSU in zahlreichen Wahlkreisen mit den kleinen Parteien Wahlabsprachen eingegangen war und auf die Nominierung eines Wahlkreiskandidaten verzichtete.

[155]) Bei den Wahlen von 1965 gaben von 100 CDU/CSU-Wählern 93,3 von 100 SPD-Wählern sogar 94,7 Erst- und Zweitstimmen einheitlich ab.

[156]) Nach Hartmut Jäckel, Die Auswirkungen einer Wahlrechtsreform. Methodische Bemerkungen zur Analyse von Wahlsystemen und Wahlergebnissen, a.a.O., S. 537 ff.

[157]) Siehe hierzu etwa die Analyse der Stimmabgabe von Erst- und Zweitstimmen auf Wahlkreisebene bei Dieter Nohlen/Rainer-Olaf Schultze, a.a.O., S. 30 ff.

dert der CDU/CSU- und SPD-Wähler den Kandidaten der anderen Partei, so waren es bei der Wahl von 1969 acht von Hundert der CDU/CSU- und sieben von Hundert der SPD-Wähler[158]). Die veränderten innenpolitischen Konstellationen vor der Wahl spiegeln sich jedoch am deutlichsten in der unterschiedlichen Stimmabgabe der FDP-Wähler wider. Insgesamt dürften nur etwa 60 v. H. von ihnen Erst- und Zweitstimme einheitlich abgegeben, etwa 40 v. H. mit der Erststimme den Wahlkreiskandidaten einer anderen Partei gewählt haben[159]). Diejenigen FDP-Wähler, die ihre Stimme aufspalteten, unterstützten dabei mehrheitlich die Wahlkreisbewerber der SPD[160]). Im Vergleich zu früheren Wahlen trat somit die genau entgegengesetzte Entwicklung ein; in der Parteianhängerschaft der FDP haben CDU/CSU und SPD ihre Position vertauscht. Zumindest die FDP-Wähler, die ihre Erststimme einem Kandidaten der SPD gaben, dürften die Standortveränderung der Parteiführung nachvollzogen haben[161]).

Diese Tendenzen im Wählerverhalten dürfen jedoch nicht überbewertet werden. Auch weiterhin entscheidet sich die überwiegende Mehrzahl der Wähler, vor allem die der beiden großen Parteien, bei Erst- und Zweitstimme gleich. Die *Stimmabgabe für den Wahlkreiskandidaten* bleibt weithin *identisch mit der Parteipräferenz* des Wählers. Dies wird auch dadurch bestätigt, daß die Erststimmenmehrheit in den Wahlkreisen nur in seltenen Fällen von der Zweitstimmenmehrheit abweicht. Ein Kandidat erreichte die Erststimmenmehrheit, obwohl seine Partei nach Zweitstimmen unterlag, bei den Wahlen von 1953 in 32, 1957: 13, 1961: sechs, 1965: neun und 1969 acht Wahlkreisen[162]). Zwar können bei der Wahlentscheidung mit der Erststimme andere, auch personale, Motivationen hinzutreten, doch bleibt die Parteipräferenz der ausschlaggebende Orientierungspunkt für das Wahlverhalten. Auch die unterschiedliche Stimmabgabe der Wähler kleinerer Parteien steht dem nicht grundsätzlich entgegen.

---

[158]) Vgl. Hans D. Klingemann/Franz U. Pappi, a.a.O., Tabelle 13, S. 131.

[159]) In den hier zugrunde gelegten Analysen weichen die Angaben über die unterschiedliche Stimmabgabe der FDP-Wähler etwas ab. So geben Hans D. Klingemann/Franz U. Pappi, a.a.O., S. 131, an, daß 57 v. H. der FDP-Wähler ihre Stimme aufspalteten; die Umfragen des Allensbacher Instituts für Demoskopie ergaben 52 v. H. Diese Zahlen dürften jedoch etwas zu hoch sein. Die Angaben bei Max Kaase, Determinanten im Wahlverhalten ..., a.a.O., S. 49, die auf den Repräsentativauszählungen der Statistischen Landesämter beruhen, dürften dem tatsächlichen Ausmaß der unterschiedlichen Stimmabgabe der FDP-Wähler zweifellos eher entsprechen. Da die Repräsentativergebnisse auf Bundesebene noch fehlen, sind noch keine genauen Angaben möglich.

[160]) Siehe die Tabelle bei Max Kaase, ebenda.   [161]) Vgl. ebenda.

[162]) Davon 1953 15mal und 1957 fünfmal als Folge von Wahlabsprachen.

Gerade das Verhalten der FDP-Wähler zeigt, daß die Entscheidung zugunsten des einen oder anderen Wahlkreisbewerbers in erster Linie auf der Überlegung beruht, für welche Partei dieser kandidiert. Von einer Personalentscheidung kann bei der Erststimme daher nur sehr bedingt gesprochen werden.

Die Veränderungen bei der *Abgabe von Erst- und Zweitstimmen* sind aber andererseits auch ein deutliches *Symptom für den Wandel im Wahlverhalten* bei der Bundestagswahl von 1969. Wie aus den Umfragen über die Zweit- und Drittpräferenzen der Parteianhänger[163]) geht auch aus dem verstärkten Ausmaß der unterschiedlichen Stimmabgabe eine zu früheren Wahlen erheblich *verringerte Distanz der Parteien im Wählerprofil* hervor. Die Beurteilung der Parteien durch die Wählerschaft ist von einer größeren psychologischen Nähe gekennzeichnet[164]). Obwohl sich der Anteil der Wechselwähler an der Gesamtwählerschaft nur unwesentlich erhöhte (s. o.), hat sich doch das Wählerreservoir der Parteien, insbesondere bei den Sozialdemokraten, vergrößert; die Parteien sind erneut wählbarer geworden. Das veränderte Wahlverhalten der Beamten und Angestellten, zweier Wählergruppen, in denen ein höherer Informationsgrad und ein überdurchschnittliches politisches Interesse bestehen, läßt zugleich vermuten, daß der Einfluß der Determinanten des Wählerverhaltens, die außerhalb des eigentlich Politischen liegen, weiter zurückgegangen und die Wahlentscheidung in stärkerem Umfang als bisher von vornehmlich politischen Faktoren bestimmt gewesen ist[165]). Die von früheren Wahlen grundsätzlich unterschiedene Richtung der Erststimmenabgabe der FDP-Wähler weist zudem auf eine erheblich geänderte Einschätzung der beiden großen Parteien durch die FDP-Wählerschaft hin, eine Tendenz, die auch durch die Zunahme der Wählerbewegung zwischen SPD und FDP unterstrichen wird[166]).

Die *Bundestagswahl vom 28. September 1969* (s. Tab. A 21) ließ mit ihrem Stimmen- und Mandatsergebnis mehrere Koalitionsmöglichkeiten offen, die Fortsetzung der großen Koalition ebenso wie eine kleine Koalition unter Führung von SPD oder CDU/CSU. Bereits während des Wahlkampfes gaben jedoch sowohl SPD als auch FDP deutlich zu erkennen, bei entsprechenden Mandatsverhältnis-

---

[163]) Vgl. Werner Kaltefleiter u. a., Im Wechselspiel der Koalitionen ..., a.a.O., S. 137 ff.; Max Kaase, Determinanten im Wahlverhalten ..., a.a.O., passim.

[164]) Damit ist zweifellos auch eine Abnahme der Parteiidentifikation in der Bundesrepublik verbunden. Siehe dazu im einzelnen Max Kaase, ebenda, S. 53 ff.

[165]) Ähnlich Peter Haungs, Wahlkampf und Wählerverhalten 1969, a.a.O., S. 105 f.

[166]) Siehe Tabelle XIII, S. 231.

sen im Bundestag, eventuell auch gegen die stärkste Fraktion und mit nur einer knappen Mehrheit, gemeinsam die Regierung zu bilden[167]). Die Koalitionsverhandlungen fanden dann auch weitgehend unter Ausschluß der Unionsparteien statt; nur 17 Tage nach der Wahl — die geringste Dauer aller Koalitionsverhandlungen seit 1949 — war die *Bildung der kleinen* sozial-liberalen *Koalition aus SPD und FDP* abgeschlossen[168]). Es erfolgte damit eine Regierungsbildung, die dem veränderten Wahlverhalten in etwa entspricht, zumindest die Mehrzahl der FDP-Wähler dürfte der kleinen Koalition zugestimmt haben. Ob sich allerdings dieses Wahlverhalten stabilisiert, scheint eine noch kaum zu beantwortende Frage. Zu viele Unwägbarkeiten prägen die gegenwärtigen innenpolitischen Konstellationen, die insbesondere von der Ungewißheit über die weitere Entwicklung der FDP bestimmt werden. *Die Chancen der FDP* müssen, zumal nach den bisher abgehaltenen Landtagswahlen und ihrem Ausscheiden aus dem saarländischen und niedersächsischen Landtag, eher skeptisch beurteilt werden[169]). Zwar erreichte die FDP bei der Landtagswahl in Hessen am 8. November 1970 mit 10,1 v. H. der Stimmen ein kaum erwartetes Ergebnis, doch bleibt auch weiterhin ungewiß, ob sie den Tiefpunkt ihrer durch Abspaltungen und Parteiaustritte gekennzeichneten innerparteilichen Krise überwunden hat, und sich die in Hessen eingetretene Stabilisierung im Stimmenanteil bei den kommenden Landtagswahlen fortsetzen wird.

Die SPD erzielte bei der Bundestagswahl von 1969 mit 42,7 v. H. der Zweitstimmen den größten Stimmenanteil in ihrer Geschichte. Dennoch gelang es ihr wiederum nicht, die CDU/CSU aus ihrer führenden Position als stimmstärkste Partei in der Bundesrepublik abzulösen. Die Chance der Sozialdemokraten — vorausgesetzt die kleine Koalition bleibt bis zur nächsten Wahl im Jahre 1973 im Amt — Mehrheitspartei zu werden, war jedoch noch nie so groß wie nach dieser Wahl und der sich anschliessenden Regierungsbildung. Ob dies tatsächlich eintritt, dürfte in starkem Maße davon abhängen, inwieweit es Willy Brandt als Bundeskanzler gelingt, sich so zu profilieren, daß sich die bisher recht negative Einschätzung seiner Person in der Bevölkerung wesentlich verändert. Gerade auch die Wahl von 1969 hat erneut den *plebiszitären Charakter der Wahlen* in der Bundesrepublik deutlich gemacht. Die nur relativ geringen

---

[167]) Zum Wahlkampf siehe insbesondere Werner Kaltefleiter u. a., Im Wechsel spiel der Koalitionen . . ., a.a.O., passim.

[168]) Der Prozeß der Koalitionsverhandlungen ist in Form der Dokumentation dargestellt von Udo Bermbach, Stationen der Regierungsbildung, a.a.O., S. 5 ff.

[169]) Zu den Landtagswahlen — auch der bayerischen vom 22. November 1970 — siehe Tabelle XV auf der folgenden Seite.

Tabelle XV: Ergebnisse der Landtagswahlen 1970 (nach Bildung der kleinen Koalition)

Wahl in:	Hamburg (22. 3. 70)	Niedersachsen (14. 6. 70)
Wahlberechtigte	1 381 316	5 085 057
Wahlbeteiligung	1 014 677	3 897 893
in %/o der Wahlberechtigten	73,5	76,7

	Stimmen absolut	in %/o	Man-date	Stimmen 1966 in %/o	Stimmen absolut	in %/o	Man-date	Stimmen 1967 in %/o
CDU	329 323	32,8	41	30,0	1 769 713	45,7	74	41,7
SPD	554 451	55,3	70	59,0	1 790 058	46,2	75	43,1
FDP	70 874	7,1	9	6,8	169 308	4,4	—	6,9
NPD	27 311	2,7	—	3,9	124 607	3,2	—	7,0
DKP (DFU)	17 228	1,7	—	—	15 085	0,4	—	0,8
Sonstige	3 896	0,4	—	0,3	1 976	0,1	—	0,5
Insgesamt	1 003 083	100,0	120	100,0	3 870 747	100,0	149	100,0

Wahl in:	Nordrhein-Westfalen (14. 6. 70)	Saarland (14. 6. 70)
Wahlberechtigte	11 875 180	783 808
Wahlbeteiligung	8 741 163	653 606
in %/o der Wahlberechtigten	73,6	83,4

	Stimmen absolut	in %/o	Man-date	Stimmen 1966 in %/o	Stimmen absolut	in %/o	Man-date	Stimmen 1965 in %/o
CDU	4 018 611	46,3	95	42,8	308 089	47,9	27	42,7
SPD	3 996 581	46,1	94	49,5	262 478	40,8	23	40,7
FDP	478 367	5,5	11	7,4	28 163	4,4	—	8,3
NPD	93 968	1,1	—	—	22 016	3,4	—	—
DKP (DFU)	77 003	0,9	—	—	17 344	2,7	—	3,1
Sonstige	11 373	0,1	—	0,3	5 768	0,8	—	5,2
Insgesamt	8 675 903	100,0	200	100,0	643 858	100,0	50	100,0

Wahl in:	Hessen (8. 11. 70)	Bayern (22. 11. 70)
Wahlberechtigte	3 835 995	7 226 550
Wahlbeteiligung	3 171 605	5 788 017
in %/o der Wahlberechtigten	82,7	80,1

	Stimmen absolut	in %/o	Man-date	Stimmen 1966 in %/o	Stimmen absolut	in %/o	Man-date	Stimmen 1966 in %/o
CDU/CSU	1 248 470	39,7	46	26,4	6 339 694*)	56,4	124	48,2
SPD	1 442 003	45,9	53	51,0	3 741 401	33,3	70	35,8
FDP	316 261	10,1	11	10,4	623 223	5,5	10	5,1
NPD	94 538	3,0	—	7,9	325 975	2,9	—	7,4
DKP	36 692	1,2	—	—	39 879	0,4	—	—
Sonstige	3 675	0,1	—	4,3	165 050	1,5	—	3,5
Insgesamt	3 141 639	100,0	120	100,0	11 235 222*)	100,0	204	100,0

Anmerkung: *) in Bayern verfügt jeder Wähler über zwei Stimmen, die auch beide zur Mandatsermittlung herangezogen werden.
(Quelle: AdG, Jg. 1970; Auskunft des Hessischen und Bayerischen Statistischen Landesamtes)

Stimmenverluste der CDU/CSU sind zweifellos vornehmlich auf die positive Beurteilung Kurt Georg Kiesingers als Bundeskanzler der großen Koalition zurückzuführen[170]). So sind und bleiben Bundestagswahlen in erster Linie Kanzlerwahlen.

IV. Wahlreformbestrebungen

a) Lehr'scher Gesetzentwurf und Grabensystem

Das Wahlsystem der Bundesrepublik ist in seinen Grundstrukturen bis heute unverändert geblieben. Auch die Modifikationen der Wahlgesetze von 1953 und 1956 (siehe oben S. 189 ff.) berührten den Kern des Wahlsystems, die Umsetzung der Wählerstimmen in Mandate, nicht. Indes, seit der — schon damals kontroversen und heftig umstrittenen — Entscheidung des Parlamentarischen Rates[171]) für die personalisierte Verhältniswahl wird die Forderung nach einem der parlamentarischen Regierung konformen Wahlsystem erhoben[172]).

Die effektiven Reformbestrebungen zur Änderung des Wahlsystems der fünfziger Jahre sind jedoch mehr durch Versuche gekennzeichnet gewesen, die personalisierte Verhältniswahl durch andere „Mischsysteme" zu ersetzen, in denen die Elemente der relativen Mehrheitswahl stärker hervortreten sollten[173]).

Den ersten Versuch in dieser Richtung bildete der nach dem damaligen Innenminister benannte *Lehr'sche Gesetzentwurf von 1953*[174]). Ziel der Regierungsvorlage war es, der seit der Bundestagswahl von 1949 aufgetretenen Parteienzersplitterung entgegenzuwirken. Der Entwurf begünstigte zwar die Mehrheitsbildung, stellte in seiner Gesamtheit jedoch die Verbindung von höchst komplizierten und undurch-

---

[170]) Zum plebiszitären Charakter der Bundestagswahlen und zu dem maßgeblichen Einfluß der Person des Bundeskanzlers bzw. des Kanzlerkandidaten für die Wahlentscheidung siehe Werner Kaltefleiter u. a., Im Wechselspiel der Koalitionen . . ., a.a.O., S. 137 ff.

[171]) Siehe oben, S. 187 ff.

[172]) Zur Wahlsystemdiskussion in der Bundesrepublik liegt eine umfangreiche Spezialliteratur vor, siehe die BiblAng.

[173]) Allerdings brachten Abgeordnete der CDU/CSU bei den Beratungen zu den Wahlgesetzen von 1953 (Drucksache, I. Wahlperiode, Nr. 3636) und 1956 (Drucksache, II. Wahlperiode, Nr. 1494) Anträge auf Einführung der relativen Mehrheitswahl im Bundestag ein. Beide Anträge hatten aber aufgrund der politischen Konstellationen keine Chance auf Realisierung; der Antrag des Jahres 1955 war nicht einmal von der CDU/CSU-Fraktion autorisiert. Vgl. Thomas von der Vring, Reform oder Manipulation?, a.a.O., S. 77.

[174]) Text siehe Quellenteil Nr. 12, S. 409 ff.

sichtigen, in starkem Maße verfassungswidrigen Einzelbestimmungen dar[175]). Wie zur Wahl des ersten Bundestages sollten 242 Abgeordnete in Einerwahlkreisen mit relativer Mehrheit direkt gewählt werden. Weitere 242 Abgeordnete sollten zudem über Bundeslisten nach Verhältniswahl der Methode d'Hondt bestellt werden. Während bei der Wahl von 1949 für die Ermittlung der Mandatszahl einer Partei ihr Stimmenanteil auf den Landeslisten herangezogen wurde, sollte nach der Regierungsvorlage von 1953 keine Verrechnung zwischen Listen- und Wahlkreismandaten mehr erfolgen. Trotz dieser Trennung beider Systeme hatte der Wähler nur eine Stimme, durch die er mit der Stimmabgabe für den Wahlkreiskandidaten einer Partei zugleich auch deren Bundesliste wählen sollte. Formal entsprach dies der Regelung von 1949, stellte aber aufgrund der jetzt „doppelten Wahl" nach zwei verschiedenen Wahlsystemen eine äußerst problematische Verbindung dar, da dem Wähler weitgehend die Möglichkeit genommen wurde, den beiden Wahlsystemen durch unterschiedliche Stimmabgabe Rechnung zu tragen.

Verfassungspolitisch bedenklich war die Hilfsstimmenkonstruktion, mit der der vergebliche Versuch unternommen wurde, „eine Stichwahl auf dem Papier vorwegzunehmen"[176]). Entsprechend Paragraph acht der Regierungsvorlage kann der Wähler „neben dem Bewerber, den er in erster Linie wählen will (Hauptstimme), einen anderen Bewerber benennen, der die Stimme erhalten soll, falls er mehr Hauptstimmen auf sich vereinigt als der erstbenannte Bewerber (Hilfsstimme). Die Hilfsstimme bleibt außer Betracht, soweit sie sich zum Nachteil des Bewerbers auswirken würde, für den die Hauptstimme abgegeben ist"[177]). Im Wahlkreis ist dann gewählt, wer die relative Mehrheit von Haupt- und Hilfsstimmen erhalten hat. Zugrunde lag dieser Konstruktion in erster Linie die Absicht, auch den Wählern von kleineren Parteien die Möglichkeit zu geben, unter Beibehaltung ihrer grundsätzlichen Entscheidung mit der Hauptstimme durch die Hilfsstimme die Wahl des Wahlkreiskandidaten mit zu beeinflussen. Die Bestimmungen wiesen jedoch einen schwerwiegenden logischen Fehler auf: die Hilfsstimmen stehen nämlich nur den Wählern kleinerer Parteien zu, da die Hilfsstimmen derjenigen Wähler, die für eine der beiden großen Parteien gestimmt haben, den Kandidaten einer dieser Parteien benachteiligen und somit nicht berücksichtigt werden könnten. Damit aber wäre der Gleichheitsgrundsatz der Wahl nicht mehr gewährleistet gewesen[178]). Zudem hätte diese Rege-

---

[175]) So auch Dolf Sternberger, Die große Wahlreform, a.a.O., S. 100 ff.

[176]) Ebenda, S. 98.   [177]) Siehe Quellenteil Nr. 12, S. 409.

[178]) Vgl. etwa Dolf Sternberger, Die große Wahlreform, a.a.O., S. 103.

lung, wenn sie in Kraft getreten wäre, aufgrund der innenpolitischen Situation eine starke Bevorzugung der CDU/CSU zur Folge haben können. Die Koalitionspartner der CDU/CSU hätten ihre Wähler auffordern können, mit der Hilfsstimme den Wahlkreiskandidaten der Unionsparteien zu wählen. Mit diesen Hilfsstimmen wäre so leicht eine relative Mehrheit sozialdemokratischer Hauptstimmen im Wahlkreis in eine Minderheit verwandelt worden, da die SPD in aller Regel erheblich weniger verwertbare Hilfsstimmen hätte erreichen können[179]).

Um die Koalitionspartner der CDU/CSU für diesen Entwurf zu gewinnen, enthielt er die Möglichkeit der Listenverbindung. Diese Bestimmung bedeutete nichts anderes, als daß der mehrheitsbildende Effekt des ganzen Systems — die Trennung von Mehrheits- und Proportionalwahl — wieder verlorenging: innerhalb der miteinander verbundenen Koalitionsparteien sollte diese Regelung keine Gültigkeit besitzen. Vielmehr sah Paragraph zehn der Vorlage vor, daß — wie nach dem Wahlgesetz von 1949 — bei der Mandatszuteilung auf die Parteien einer Listenverbindung so viele Höchstzahlen einer Partei von der Sitzverteilung ausgenommen werden, wie ihr Wahlkreismandate zugefallen sind. Diese unterschiedlichen Bestimmungen für Parteien, die Listenverbindungen eingehen, und solche, die sich allein dem Wähler stellen, verletzten ganz eindeutig die Chancengleichheit der Parteien.

Aufgrund dieser Mängel fand sich im Bundestag für die Regierungsvorlage keine Mehrheit; SPD und FDP erreichten, daß die Bundesregierung den Entwurf zurückzog. Mit geringen Änderungen — z. B. der Verschärfung der Sperrklausel (s. o.) — wurde die personalisierte Verhältniswahl beibehalten.

Da das Wahlgesetz von 1953 nur für eine Wahl gültig sein sollte, mußte sich auch der zweite Bundestag mit der Beratung eines neuen, jetzt möglichst „endgültigen" Wahlgesetzes befassen. Aus diesem Grunde berief der Bundesinnenminister bereits im Jahre 1954 eine im wesentlichen aus Politikwissenschaftlern und Staatsrechtlern zusammengesetzte Kommission, die die staatsrechtlichen, politischen und soziologischen Grundlagen eines deutschen Wahlrechts ausarbeiten sollte. Die „Wahlrechtskommission" legte einen umfassenden Bericht vor[180]), ohne sich allerdings für ein bestimmtes Wahlsystem zu

---

[179]) Siehe hierzu Thomas von der Vring, Reform oder Manipulation?, a.a.O., S. 65 ff.; dort auch eine hypothetische Umrechnung des Stimmen- und Mandatsergebnisses der Wahl von 1949 auf der Grundlage des Lehr'schen Gesetzentwurfes.

[180]) Grundlagen eines deutschen Wahlrechts. Bericht der vom Bundesministerium des Innern eingesetzten Wahlrechtskommission, Bonn 1955.

entscheiden. Verworfen wurde nur die reine Verhältniswahl Weimarer Prägung; empfohlen wurde hingegen dem Bundestag die Beibehaltung oder Modifizierung der geltenden personalisierten Verhältniswahl oder aber die Einführung der relativen oder auch absoluten Mehrheitswahl in Einerwahlkreisen.

Die von den Parteien im Bundestag eingebrachten Gesetzesanträge entsprachen weitgehend der Stellungnahme der Wahlrechtskommission zum Wahlsystem[181]). Die SPD-Fraktion entschied sich wieder für die personalisierte Verhältniswahl, während Abgeordnete der CDU/CSU erneut die relative Mehrheitswahl forderten. Als dieser Antrag vom Wahlrechtsausschuß mit Mehrheit abgelehnt wurde, waren CDU/CSU und DP um ein Wahlsystem bemüht, das die Mehrheitsbildung fördern und in dem deshalb die Elemente der Mehrheitwahl überwiegen sollten. Als Vorbild diente ihrem Gesetzentwurf die bereits 1953 angestrebte Trennung. Jeder Wähler sollte — wie zur Wahl des zweiten Bundestages — über eine Erst- und Zweitstimme verfügen; 60 Prozent der Abgeordneten sollten mit der Erststimme nach relativer Mehrheitswahl in Einerwahlkreisen, 40 Prozent mit der Zweitstimme nach Proportionalwahl über Landeslisten bestellt werden[182]). Dieses *„Grabensystem"* — so benannt, weil zwischen Wahlkreis- und Listenmandaten kein proportionaler Ausgleich stattfinden sollte — trug im Jahre 1956 in entscheidendem Maße zur Koalitionskrise zwischen CDU/CSU und FDP bei. Die Freien Demokraten, die von der getrennten Anwendung beider Wahlsysteme zusammen mit den übrigen kleineren Parteien nachteilig betroffen gewesen wären, schieden — trotz einer bereits erfolgten Einigung mit der CDU/CSU — nicht zuletzt aufgrund der Wahlsystemfrage aus der Regierung aus. Sie gingen zudem in Nordrhein-Westfalen eine Koalition mit den Sozialdemokraten ein, die die Zusammensetzung des Bundesrates entscheidend veränderte. Bei der absoluten Mandatsmehrheit der CDU/CSU im Bundestag (s. Tab. A 21) hätte die Verabschiedung des Wahlgesetzentwurfes nur über den Bundesrat verhindert werden können. Infolge dieser veränderten innenpolitischen Situation hielt auch das dritte, bisher letzte und noch heute gültige Wahlgesetz der Bundesrepublik (s. oben, S. 189 ff.) an der personalisierten Verhältnis-

---

181) Zu den einzelnen Gesetzesentwürfen der Parteien siehe die Bundestagsdrucksachen: II. Wahlperiode Nr. 1272 (SPD-Antrag), Nr. 1444 (FDP-Antrag), Nr. 1494 (Antrag einiger CDU/CSU-Abgeordneter), Nr. 2206 (Grabensystem, CDU/CSU/DP-Antrag).
182) Zu den Beratungen des Wahlgesetzes von 1956, insbesondere zu dem von der CDU/CSU und DP vorgeschlagenen Grabensystem, siehe etwa Dolf Sternberger, Die große Wahlreform, a.a.O., S. 145 ff.; vgl. auch Thomas von der Vring, Reform oder Manipulation?, a.a.O., S. 76 ff.

wahl fest. Es modifizierte gegenüber den Wahlgesetzen von 1949 und 1953 lediglich die Mandatszuteilung und die Sperrklausel.

b) Wahlreform und große Koalition

Mit der Konzentration im Wahlverhalten und im Parteiensystem, die bei der Bundestagswahl von 1957 nicht nur — wie 1953 — die absolute Mandats-, sondern auch die absolute Stimmenmehrheit der CDU/CSU bewirkte (s. Tab. A 21), sank der Einfluß des Wahlsystems auf die Mehrheits- und Regierungsbildung. Dies hatte zur Folge, daß eine Änderung des Wahlsystems kaum noch erwogen wurde. Als jedoch nach den Bundestagswahlen von 1961 und 1965 (s. Tab. A 21) keine Partei die absolute Mandatsmehrheit erzielen konnte und somit erneut Koalitionsregierungen notwendig wurden, setzten die Diskussionen um das Wahlsystem wieder ein. Die Koalitionsverhandlungen zwischen CDU/CSU und SPD nach der Spiegel-Affäre vom Herbst 1962 wurden von den Unionsprteien nicht zuletzt aus der Überlegung heraus geführt, daß über die große Koalition die Möglichkeit gegeben sei, die relative Mehrheitswahl verfassungsrechtlich zu institutionalisieren[183]). Aufgrund der Stimmengewinne der SPD seit ihrem Wandel zur Volkspartei und der Annäherung des Stimmenanteils der beiden großen Parteien bei der Bundestagswahl von 1961 nahm die Bereitschaft zur Ablösung des Proporzsystems innerhalb der Sozialdemokratie zu. Indes, es gelang den Befürwortern der relativen Mehrheitswahl (u. a. Wehner, Erler, H. Schmidt, C. Schmid), die zugleich auch für die Regierungsbeteiligung eintraten, im Herbst 1962 noch nicht, die traditionelle Abneigung der SPD gegenüber der Mehrheitswahl und der Zusammenarbeit mit der CDU/CSU in der Regierung zu überwinden.

Die *große Koalition* aus CDU/CSU und SPD kam erst im Herbst 1966 (s. o.) zustande. Bei den Beratungen um die Regierungsbildung stand erneut die Wahlsystemfrage im Vordergrund. In der *Regierungserklärung* vom 13. Dezember 1966 hieß es dazu: „Die stärkste Absicherung gegen einen möglichen Mißbrauch der Macht ist der feste Wille der Partner der großen Koalition, diese nur auf Zeit, also bis zum Ende dieser Legislaturperiode, fortzuführen. Während dieser Zusammenarbeit soll nach Auffassung der Bundesregierung ein neues Wahlrecht grundgesetzlich verankert werden, das für künftige Wahlen zum Deutschen Bundestag nach 1969 klare Mehrheiten ermöglicht. Dadurch wird ein institutioneller Zwang zur Beendigung

---

[183]) Siehe hierzu etwa Paul Lücke, Ist Bonn doch Weimar? Der Kampf um das Mehrheitswahlrecht, Frankfurt/M./Berlin 1968, S. 34 ff.

17 de Gruyter Wahlen

der großen Koalition und eine institutionelle Abwehr der Notwendigkeit zur Bildung von Koalitionen überhaupt geschaffen. Die Möglichkeit für ein Übergangswahlrecht für die Bundestagswahl 1969 wird von der Bundesregierung geprüft"[184]).

Die *Chance* einer grundsätzlichen und *fundamentalen Wahlsystemreform* bestand somit während der großen Koalition wohl *zum ersten Mal seit 1949*, ja eigentlich in der Geschichte des allgemeinen Wahlrechts in Deutschland überhaupt. Sie wurde nicht genutzt. Vor allem, weil die Diskussion zu oberflächlich und zu vordergründig einsetzte, weil sie mit zu vielen persönlichen Gefühlen und Ressentiments geführt wurde[185]). Weil es auch der Wissenschaft nicht gelang, den Politikern einige wenige brauchbare, d. h. rechtlich wie politisch realisierbare Alternativvorschläge rechtzeitig anzubieten. Schließlich, weil in den Reihen der Parteien, die die Reform hätten beschließen können, die Unsicherheit über die unmittelbaren Auswirkungen bzw. die unmittelbaren unliebsamen Veränderungen den großen Nutzen, den langfristig die Reform bedeutet hätte, überwogen. Die ablehnende Haltung der Sozialdemokraten[186]) war dabei nicht zuletzt eine Folge der teilweise erheblichen Stimmeneinbußen bei den Landtagswahlen seit Herbst 1966 (s. Tab. X). Dieser Abwärtstrend ließ sie — bestärkt durch Computer-Simulationen[187]) — befürchten, daß sie

---

[184]) Regierungserklärung Kurt Georg Kiesingers vom 13. 12. 1966, zit. nach Verhandlungen des Deutschen Bundestages, Stenographische Berichte, 5. Wahlperiode, 80. Sitzung, S. 2657 A.

[185]) Die Reden Thomas Dehlers zur Regierungserklärung der großen Koalition und Wolfgang Mischnicks auf der Tagung Wahlrecht und Wahlgerechtigkeit, die von der katholischen Akademie Freiburg am 1./2. 7. 1967 in Mannheim veranstaltet wurde, seien als Beispiele genannt.

[186]) Zur Haltung der SPD während der großen Koalition siehe etwa die beiden, allerdings von einer gegensätzlichen Position ausgehenden Analysen von Wilhelm Hennis, als Befürworter eines mehrheitsbildenden Wahlsystems, und Thomas von der Vring, als Gegner einer Wahlsystemänderung; Thomas von der Vring, Reform oder Manipulation?, a.a.O., S. 104 ff.; Wilhelm Hennis, Große Koalition ohne Ende?, München 1968, S. 40 ff.

[187]) Insbesondere die von dem der SPD nahestehenden Infas-Institut, Bad Godesberg, durchgeführten Simulationen, die stets für die SPD ungünstige Mandatsergebnisse erbrachten, dürften die Meinungsbildung innerhalb der SPD stark bestimmt haben. Siehe Infas Report. Für die Presse, 15. 1. 1968 (203/1584); Wählerstimmen und Mandate. Ergebnisse einer Wahlrechtsstudie, hektographiert, März 1968 (207/1668); Wählerstimmen und Mandate. Dreier- und Viererwahlkreise. Ergebnisse einer Wahlrechtsstudie, hektographiert, Juli 1968 (207/1904). Zur Kritik an den Untersuchungen des Infas-Institutes vgl. etwa Wilhelm Hennis, a.a.O., S. 58 ff.; Werner Kaltefleiter, Zur Chancengleichheit der Parteien in der Bundesrepublik, in: Verfassung und Verfassungswirklichkeit 1968, S. 214 ff.

bei den nächsten Wahlen unter einem mehrheitsbildenden Wahlsystem einen geringeren Mandatsanteil erhalten würden als unter der geltenden personalisierten Verhältniswahl und daß sie nicht einmal mehr die Chance einer Regierungsbeteiligung hätten.

Ließ sich bereits während und innerhalb beider Partner der großen Koalition keine Mehrheit für die verfassungsrechtliche Institutionalisierung eines mehrheitsbildenden Wahlsystems erreichen, so ist dies nach der *Bundestagswahl vom 28. September 1969* (s. o.) und der sich anschließenden Regierungsbildung zumindest gegenwärtig und für den Zeitraum, in dem die Regierung von einer kleinen Koalition — welche es auch sein mag — gestellt wird, vollends unmöglich geworden. Die *Wahlreform scheiterte* somit praktisch *am Wahlergebnis* selbst.

Auch die während der großen Koalition entwickelten, zumeist funktional bestimmten und mittels mathematisch-soziologischer Analysen auf ihre Vor- und Nachteile hin untersuchten *Wahlsystemvorschläge* sind mit der Bildung der kleinen Koalition fast zwangsläufig in den Hintergrund der öffentlichen Diskussion getreten. Das Ziel dieser — im folgenden kurz dargestellten — Vorschläge war es, regierungsfähige Mehrheiten durch die Wahl selbst zu ermöglichen, um so dem Zwang zu Koalitionsregierungen zu entgehen. Eine gewisse Rolle spielte zudem die Überlegung, daß man über die Änderung des Wahlsystems der rechtsgerichteten „Nationaldemokratischen Partei Deutschlands" (NPD) den — unter dem geltenden Proporzsystem möglichen, durch das Wahlergebnis aber verhinderten — Einzug in den Bundestag hätte verwehren können.

Zur Diskussion standen dabei im einzelnen neben den „klassischen" Systemen der Mehrheitswahl, der *relativen Mehrheitswahl in Einerwahlkreisen* (Empfehlung der Wahlrechtskommission der CDU/CSU[188]), Vorschlag eines vom Bundesinnenminister erneut eingesetzten Beirats für Fragen der Wahlrechtsreform[189]), der absoluten Mehrheitswahl mit Stichwahl im zweiten Wahlgang und der Romanischen

---

[188]) Vgl. Paul Lücke, a.a.O., S. 164 ff. Allerdings gab und gibt es auch in der CDU/CSU eine Reihe von Politikern, die einer Änderung des Wahlsystems ablehnend gegenüberstehen. Siehe etwa die Diskussionsbeiträge von Dietrich Rollmann, dem wohl exponiertesten Gegner einer Wahlreform in der CDU, Die Zukunft der CDU, Hamburg 1968; Ders., „Vieles gegen das Mehrheitswahlrecht. Es trennt Stadt und Land" in: Sonntagsblatt, Hamburg, 4. Dezember 1966; Ders., „Das geltende Wahlrecht sichert die Stabilität" in: Industriekurier, Düsseldorf, 1. April 1967; Ders., „Warum das Wahlrecht ändern?" in: Christ und Welt, 3. März 1967.

Mehrheitswahl[190]) in erster Linie eine Reihe von Systemen, die Gestaltungselemente der Mehrheitswahl wie der Proportionalwahl enthalten.

Erstens: die *relative Mehrheitswahl mit Ergänzungsliste nach Mehrheitswahl*[191]). In 400 (500) Einerwahlkreisen sollen bei einer Stimme je Wähler 400 (500) Abgeordnete mit relativer Stimmenmehrheit gewählt werden. Außer den Wahlkreismandaten sollen zusätzlich 125 Mandate über eine Ergänzungsliste auf Bundes- oder Landesebene vergeben werden, damit den Parteien — ähnlich wie unter der geltenden personalisierten Verhältniswahl — in gewissem Umfang die Möglichkeit zur Fraktionsplanung, zur Berücksichtigung innerparteilicher Interessengruppen, zum Hochburgenausgleich usw. bleibt. Da die Mandatszuteilung der Ergänzungsliste proportional zu den bereits gewonnenen Mandaten erfolgt, ist dieses Wahlsystem praktisch „reine Mehrheitswahl".

Zweitens: die *relative Mehrheitswahl* in Einerwahlkreisen *mit Ergänzungsliste* (125 Mandate) *nach Verhältniswahl*. Die Mandatszuteilung soll hier nicht proportional nach den gewonnenen Mandaten, sondern proportional nach den erzielten Stimmenanteilen der Parteien erfolgen. Im Gegensatz zum vorstehenden Wahlsystemvorschlag können kleine Parteien, über die Liste Mandate erreichen; indes, der mehrheitsbildende Effekt des Wahlsystems bleibt in aller Regel dann erhalten, wenn über die Liste nicht mehr als 20 v. H. der Gesamtmandate vergeben werden. Bei den von den Autoren auf der Grundlage des Bundestagswahlergebnisses von 1961 durchgeführten Simulationen[192]) erreichte nur in zwei von 45 Fällen keine Partei die absolute Mandatsmehrheit.

Drittens: die „*Harmonisierende Mehrheitswahl*"[193]). Ihr zufolge wird das Wahlgebiet — wie unter dem geltenden Wahlsystem — in halb so viele Wahlkreise eingeteilt, wie Abgeordnete zu wählen sind. In den Einerwahlkreisen ist nach relativer Mehrheit gewählt, wer die meisten Stimmen auf sich vereinigt hat. Jede Partei oder Parteiver-

---

[189]) Vgl. Zur Neugestaltung des Bundeswahlrechts. Bericht des vom Bundesminister des Innern eingesetzten Beirats für Fragen der Wahlrechtsreform, Bonn 1968.

[190]) Zu den Begriffen siehe die Begrifflichen Grundlagen, S. 28, 43.

[191]) Die hier unter eins und zwei aufgeführten Vorschläge der relativen Mehrheitswahl mit Ergänzungsliste gehen zurück auf Rudolf Wildenmann/Werner Kaltefleiter/Uwe Schleth; vgl. Zur Soziologie der Wahl, a.a.O., S. 74 ff.

[192]) Siehe die Tabellen ebenda, S. 81 ff.

[193]) Die „Harmonisierende Mehrheitswahl" wurde von der Jungen Union des Rheinlandes zur Diskussion gestellt.

bindung erhält zudem für jedes gewonnene Wahlkreismandat zusätzlich ein Listenmandat. Die jeder Partei zustehenden Listenmandate werden auf die Landeslisten der Parteien in der Weise verrechnet, daß in bezug auf die Gesamtzahl der einer Partei zustehenden Mandate ein gleiches Verhältnis von Stimmen und Mandaten in den Ländern erreicht wird. Das Harmonisierende Mehrheitswahlrecht ermöglicht zweifellos die Mehrheitsbildung im Parlament durch eine Partei; es hat aber zugleich — wie D. Nohlen gezeigt hat[194]) — eine äußerst problematische Nebenwirkung: aufgrund des proportionalen Mandatsausgleiches zwischen den Landeslisten der Parteien würde in einigen Bundesländern die im Gesamtwahlgebiet siegreiche, im Lande aber unterlegene Partei mehr Mandate zugesprochen erhalten als die im Lande siegreiche Partei.

Viertens: das von F. A. Hermens und H. Unkelbach vorgeschlagene „Kubische Wahlsystem"[195]). Die einzige, aber entscheidende Änderung gegenüber dem geltenden Wahlsystem besteht darin, daß der Mandatsberechnung nicht die Stimmenzahlen der Parteien, sondern deren dritte Potenz zugrunde gelegt wird. Unter Anwendung der Kubusregel (s. S. 57 f.) bei der Umsetzung von Stimmen in Mandate wird ein Ergebnis erreicht, das etwa dem Mandatsverhältnis der Parteien gleichkommt, wenn nach relativer Mehrheitswahl gewählt würde. Funktional-mechanische Gesichtspunkte liegen auch dem weiteren hier vorgebrachten Vorschlag zugrunde, übergroße Mehrheiten der stimmstärksten Partei durch eine Maximalbegrenzung bei 55 bis 60 v.H. der Mandate zu verhindern, um der unterlegenen Partei die verfassungsändernde Sperrminorität zu sichern.

Fünftens: „Verhältniswahl" in kleinen Wahlkreisen[196]), in Vierer- oder Dreierwahlkreisen. In einem solchen Vierer- oder Dreierwahlsystem erfolgt die Mandatsverteilung auf Wahlkreisebene nach der Methode d'Hondt ohne proportionalen Ausgleich auf Bundes- oder Landesebene; beide Systeme bevorzugen große Parteien und erschweren kleinen Parteien den Einzug ins Parlament, sofern diese nicht über

---

[194]) Siehe Dieter Nohlen, Das Harmonisierende Mehrheitswahlrecht. Eine Kritik am Vorschlag der Jungen Union Rheinland, in: Der Wähler NF Nr. 3 (1967), S. 7 ff.

[195]) Vgl. Ferdinand A. Hermens/Helmut Unkelbach, Die Wissenschaft und das Wahlrecht, in: PVS Bd. 8 (1967), S. 2 ff.

[196]) Das Viererwahlkreissystem wurde ebenfalls von Rudolf Wildenmann/Werner Kaltefleiter/Uwe Schleth zur Diskussion gestellt; siehe Zur Soziologie der Wahl, a.a.O., S. 74 ff. Zum Dreierwahlsystem siehe insbesondere Ernst G. Wrage, Verhältniswahl in Dreierwahlkreisen, in: Der Wähler NF Nr. 15 (1968), S. 2 ff., sowie den Bericht der Wahlrechtskommission der SPD, herausgegeben vom Vorstand, Bonn, Juni 1968.

regionale Hochburgen, d. h. bei Wahl in Viererwahlkreisen über mindestens 15 v. H., bei Wahl in Dreierwahlkreisen über mindestens
20 v. H. der Stimmen verfügen. Beide Systeme unterscheiden sich
jedoch, in dem entscheidenden Punkt des mehrheitsbildenden Effek-
tes[197]). Bei zwei im Stimmenanteil etwa gleich großen Parteien, aber
auch bei einem Dreiparteiensystem, in welchem zwei etwa gleich
starke kleinere Parteien einer größeren gegenüberstehen, hätte das
Viererwahlkreissystem zur Folge, daß in den meisten Wahlkreisen
entweder jede der beiden großen Parteien zwei Mandate oder die
beiden kleineren Parteien je eins und die große Partei zwei Mandate
zugesprochen erhielten. Nur in wenigen Hochburgen würde sich eine
drei zu eins Mandatsverteilung ergeben. Während das Viererwahlkreissystem somit nur in seltenen Fällen die Mehrheitsbildung im
Parlament durch eine Partei ermöglicht — wenn dies der Fall sein
sollte, dürfte die Mehrheit zudem aller Voraussicht nach nur wenige
Mandate ausmachen —, ist bei der Wahl in Dreierwahlkreisen die
Mehrheitsbildung durch eine Partei die Regel. In der Mehrzahl der
Wahlkreise dürfte beim Dreierwahlkreissystem — mit Ausnahme von
wenigen extremen Hochburgen — das Ergebnis zwei zu eins lauten,
da die zweitstärkste Partei bereits dann ein Mandat erhält, wenn sie
mehr als ein Drittel der Stimmen der stimmstärksten Partei auf sich
vereinigen kann. Die Verfechter des Dreierwahlsystems, das vor
allem bei den Sozialdemokraten Anklang fand, heben gegenüber der
relativen Mehrheitswahl in Einerwahlkreisen folgende Vorzüge hervor: Aufrechterhaltung des Wettkampfes zwischen zwei Parteien
auch in den Hochburgen, wodurch die „Verödung" bestimmter Regionen verhindert wird; Sicherung der verfassungsändernden Sperrminorität für die unterlegene Partei; Entscheidung der Wahl in den
„empfindlichen" Wahlkreisen. Als Nachteil ist andererseits im Vor-
gleich zur relativen Mehrheitswahl die Chance des Machtwechsels
geringer[198]).

Das Dreierwahlsystem verfügt gegenüber der relativen Mehrheitswahl in Einerwahlkreisen noch über einen weiteren, in der Diskussion kaum beachteten Vorzug: bei entsprechender Konstruktion
der wahlsystematischen Gestaltungselemente vermag es den bekla-
genswert geringen *Wählereinfluß auf die Kandidatenauswahl* zu beseitigen. Es würde dem Wähler die Auswahl von Bewerbern innerhalb seiner Parteipräferenz ermöglichen, was zwei Folgen hätte: Eine

---

[197]) Ähnlich Ernst G. Wrage, a.a.O., passim.

[198]) Zum Verhältnis von Stimmen und Mandaten bei relativer Mehrheitswahl
in Einerwahlkreisen und zur Bedeutung der Kubusregel siehe die Begrifflichen
Grundlagen, S. 57 ff.

stärkere Personalisierung der Wahl und eine intensivere Verbindung von Mandatsträger und Wähler. Das ausschlaggebende Element stellt hierbei die *Form der Liste* dar. Von ihrer Gestaltung hängen Einflußmöglichkeit und Einflußnahme des Wählers ab. In der Praxis können dabei alle denkbaren Varianten der Liste mit dem Dreierwahlsystem verbunden werden: von der ausgereiften Form des (listenlosen) „single transferable vote"[199]), über die freie Liste (mit der Möglichkeit des Panaschierens und Kumulierens) bis hin zur lose gebundenen Liste (und der mit ihr gegebenen Möglichkeit der Namens- und Präferenzstimmgebung[200]). Welche der verschiedenen Listenformen in der Bundesrepublik am ehesten geeignet erscheint, mag dahin gestellt bleiben; nur sollte bei einer Revision des bestehenden Wahlsystems die starre Liste beseitigt werden, die dem Wähler ausschließlich eine Auswahl unter den Parteien, nicht aber eine Auswahl unter den Kandidaten dieser Parteien erlaubt. Zudem muß bei der Ausgestaltung der Listenform sichergestellt sein, daß der Wählereinfluß tatsächlich verstärkt wird, die wahlsystematische Konstruktion von Liste und Stimmgebungsverfahren übersichtlich und verständlich und damit vom Wähler leicht zu handhaben ist und daß schließlich die Auswahlmöglichkeit nicht nur — wie etwa im devolutiven System Belgiens[201]) — formal gegeben ist, sondern auch faktisch die Mandatsvergabe innerhalb der Parteilisten mitprägt.

In der Diskussion um die Wahlreform spielt die *Rechtsprechung des Bundesverfassungsgerichts* zu Wahlfragen eine nicht unerhebliche Rolle. Die Gegner eines mehrheitsbildenden Wahlsystems führen in aller Regel verfassungsrechtliche Bedenken an, da das Bundesverfassungsgericht in seinen Entscheidungen von der inneren Folgerichtigkeit eines Wahlsystems ausgeht und etwa innerhalb der Verhältniswahl eine Sperrklausel von mehr als fünf Prozent mit der verfassungsrechtlich gesicherten Chancengleichheit der Parteien für unvereinbar und demnach für verfassungswidrig erklärt hat[202]). Dieser Argumentation ist insoweit zuzustimmen, als Sperrklauseln, die ein allgemein anerkanntes Maß — die Fünf-Prozent-Sperrklausel dürfte ein solcher Grenzwert sein — überschreiten, tatsächlich mit dem pro-

---

[199]) Zur Anwendung und Auswirkung des „single transferable vote" vgl. den Beitrag Irland (von Dieter Nohlen) im Handbuch Die Wahl der Parlamente und anderer Staatsorgane, a.a.O., S. 651 ff.

[200]) Zu den verschiedenen Listenformen und Stimmgebungsverfahren siehe die Begrifflichen Grundlagen, S. 42 ff.

[201]) Vgl. den Beitrag Belgien (von Dieter Nohlen und Heidemarie Opiela) im Handbuch Die Wahl der Parlamente und anderer Staatsorgane, a.a.O., S. 89 f.

[202]) Vgl. die BVerfG Entsch. 1, 209/256; 3, 383 ff.; 4, 1/40/143/380; 5, 85; 6, 94.

portionalen Repräsentationsprinzip nicht zu vereinbaren sind. Es
muß hier jedoch sogleich hinzugefügt werden — und diese Akzentu-
ierung ist für die Frage der Verfassungskonformität mehrheitsbildender Wahlsysteme entscheidend —, daß die Sperrklauselbestim-
mung eben ausschließlich für Verhältniswahlsysteme gilt, d. h. für
solche Wahlsysteme, die der dem proportionalen Repräsentationsprinzip zugrundeliegenden Zielvorstellung entsprechen[203]).

Für die *verfassungsrechtliche Beurteilung mehrheitsbildender Wahl-
systeme* wird damit die Frage der Zuordnung solcher Systeme zu
Mehrheitswahl oder Verhältniswahl relevant. Zu dieser wichtigen
Frage liefert die bisherige Rechtsprechungspraxis des Bundesverfas-
sungsgerichts keine geeigneten Maßstäbe[204]). So herrscht weitgehend
Unsicherheit über die Einordnung mehrheitsbildender Wahlsysteme.
Sie beruht dabei im wesentlichen darauf, daß mehrheitsbildende
Wahlsysteme Gestaltungselemente verbinden, die nach den herkömmlichen Vorstellungen teilweise der Mehrheitswahl, teilweise der Verhältniswahl zugerechnet werden. Dies drückt sich dann auch in der
Terminologie aus: das Dreierwahlsystem wird meist als „Verhältniswahl in kleinen Wahlkreisen" bezeichnet[205]), obwohl es über eine
starke mehrheitsbildende Wirkung verfügt[206]). Die Verwendung
des Begriffs „Verhältniswahl" verleitet damit zu dem Schluß, bei der
Dreierwahl handele es sich um ein System der Verhältniswahl oder
um ein System, das wahltheoretisch zwischen den beiden Wahlsy-
stemgrundtypen liege[207]). Tatsächlich kommen weder die wissenschaftliche Literatur noch die vier zum Dreierwahlsystem erstellten juri-
stischen Gutachten[208]) der begrifflich-systematischen Frage auf den
Grund und folglich nicht zu geeigneten Kriterien. Solange wie dies

---

[203]) Zu diesem Fragenkomplex siehe die Begrifflichen Grundlagen, S. 27 ff.

[204]) So etwa auch Jochen Frowein in seinem Gutachten zum Dreierwahlsystem,
passim, insbesondere S. 11 ff.

[205]) Dieser Terminus wird in der Literatur durchgängig verwandt, obwohl er
für die Auswirkungen dieses Systems wenig charakteristisch ist. So u. a. auch von
Ernst G. Wrage, a.a.O.

[206]) So bereits Rudolf Wildenmann/Werner Kaltefleiter/Uwe Schleth, in: Zur
Soziologie der Wahl, a.a.O., S. 74 ff., hier S. 107.

[207]) Vgl. ebenda. Ähnlich auch Jochen Frowein, a.a.O., S. 2 und 11.

[208]) Zu den vier von Horst Ehmke, Jochen Frowein, Roman Herzog und Ingo
von Münch erstellten Gutachten siehe Lutz Franke, in: Der Wähler NF Nr. 20/21
(1968), S. 4 ff.

[209]) Während Horst Ehmke, Jochen Frowein, Roman Herzog die Dreierwahl
als mit dem Grundgesetz vereinbar ansehen, kommt Ingo von Münch zu dem
Ergebnis, daß dieses Wahlsystem eine modifizierte Form der Verhältniswahl und
somit infolge der hohen Sperrklausel grundgesetzwidrig sei. Vgl. Lutz Franke,
ebenda.

nicht erreicht wird, muß die Frage der Zuordnung mehrheitsbildender Wahlsysteme zu den Grundtypen offen und damit zugleich unterschiedlich beantwortbar bleiben[209]).

Eindeutige und äußerst hilfreiche Maßstäbe liefern hingegen die wahlsystematischen Überlegungen von D. Nohlen[210]). Wendet man die hier vorgeschlagene grundsätzliche *Unterscheidung zwischen Entscheidungsmaßstab und Repräsentationsmodell eines Wahlsystems* an und nimmt man — daraus abgeleitet — die Beurteilung der Wahlsysteme nach dem ihnen jeweils zugrundeliegenden Repräsentationsmodell vor, so ergibt sich für unseren Zusammenhang: Mehrheitsbildende Wahlsysteme sind — von ihren Auswirkungen auf die Stimmen-Mandatsrelation her beurteilt — ganz sicher nicht dem proportionalen Repräsentationsprinzip zuzurechnen, auch wenn — wie im Falle der Dreierwahl — die Verrechnung der Mandate im Wahlkreis nach dem Entscheidungsmaßstab der Verhältniswahl erfolgt. Sie zielen vielmehr auf eine natürliche Disproportion von Stimmen und Mandaten, in der Absicht, klare parlamentarische Mehrheiten herbeizuführen. Sie entsprechen somit zweifellos der zweiten Repräsentationsvorstellung und sind als Mehrheitswahl anzusehen. Wird aber — entsprechend diesen Überlegungen — das Dreierwahlsystem der Mehrheitswahl zugeordnet, so verlieren verfassungsrechtliche Bedenken, die von der Sperrklausel-Wirkung dieses Systems ausgehen, jegliche Grundlage[211]).

Die *Bundestagswahl vom 28. September 1969* hat mit ihrem Stimmen- und Mandatsergebnis zum ersten Mal seit Gründung der Bundesrepublik die *Chance des Machtwechsels* offen gelassen. In der sich anschließenden Regierungsbildung wurde er dann auch tatsächlich vollzogen und damit erstmalig seit 1949 eine, wenn nicht d i e entscheidende Bedingung der parlamentarisch-pluralistischen Demokratie überhaupt erfüllt. Wie wenig die personalisierte Verhältniswahl dennoch den Funktionsbedingungen des parlamentarischen Regierungssystems entspricht, hat aber gerade auch diese Bundestagswahl aufgezeigt. Die Hochrechnungen der beiden bundesdeutschen Fernseh-

---

[210]) Siehe hierzu die Begrifflichen Grundlagen, S. 29 ff.; vgl. ferner Dieter Nohlen, Wahlsystematische Grundlagen künftiger Wahl-Rechtsprechung, in: Der Wähler NF N. 22 (1969), S. 2 ff.

[211]) Innerhalb von Mehrheitswahlsystemen, deren Ziel die Disproportion von Stimmen und Mandaten geradezu ist, Sperrklausel-Wirkungen als verfassungsrechtlich bedenklich anzunehmen, ist völlig systemfremd. Etwas anderes ist es, in Mehrheitswahlsystemen die sog. faktischen Sperrklauseln zu untersuchen. Ihnen kommt im Hinblick auf die politischen Auswirkungen von Wahlsystemen große Bedeutung zu. Verfassungsrechtlich sind sie jedoch ohne Belang.

anstalten in der Wahlnacht gingen, was die Mandatsverteilung im Bundestag anlangt, von zwei Annahmen aus: entweder überspringt die NPD die Sperrklausel und zieht in den Bundestag ein, oder sie scheitert an der Fünf-Prozent-Hürde und bleibt somit von der Mandatsverteilung ausgeschlossen. Die der Formulierung dieser zwei Annahmen zugrundeliegende Unsicherheit über das Abschneiden der NPD hat deutlich gemacht, welche Bedeutung kleinen Parteien im gegenwärtig gültigen Wahlsystem zukommen kann. Es stellte sich heraus, daß die NPD bzw. die Zahl der ihr zufallenden Wählerstimmen darüber entschied, welche Koalitionsmöglichkeiten und gegebenenfalls Koalitionsnotwendigkeiten sich ergaben. Hätte die NPD mehr als fünf Prozent der Stimmen gewonnen, so wäre den beiden großen Parteien, die sich im Wahlkampf gegen die Fortsetzung der großen Koalition ausgesprochen hatten, die Erneuerung des Regierungsbündnisses aufgezwungen worden. Die Gefahr einer stark eingeschränkten Funktionsfähigkeit des parlamentarischen Regierungssystems, die die Verhältniswahl stets in sich birgt, wurde drastisch offenbar. Daß dies bei den früheren Bundestagswahlen nie so deutlich zutage trat, lag nicht am Wahlsystem sondern an der — zumindest seit 1953 — bei allen Wahlen klaren Entscheidung der Wählerschaft. Die *Notwendigkeit einer Wahlreform* wurde somit durch die Hochrechnungen *erneut aufgewiesen:* nach wie vor gilt es, ein der parlamentarischen Regierung konformes, mehrheitsbildendes Wahlsystem in der Bundesrepbulik einzuführen.

E. DIE PARLAMENTSWAHLEN
IN DER DEUTSCHEN DEMOKRATISCHEN REPUBLIK

I. Nachkriegsentwicklung und Gründung der Deutschen Demokratischen Republik

a) Der Wiederaufbau des politischen Lebens in der Sowjetischen Besatzungszone

In der *Sowjetischen Besatzungszone* (SBZ) fanden nach dem Zweiten Weltkrieg Wahlen erst statt, als die Reorganisation der Verwaltung, die Ausbildung des Parteiensystems sowie die wirtschaftliche und soziale Umschichtung durch Sozialisierung und Bodenreform weit vorangeschritten waren[1]).

Zwischen den Westzonen und der sowjetischen Zone ergaben sich bereits zu Beginn des Wiederaufbaus des politischen Lebens gravierende Unterschiede. Im Gegensatz zu den Westalliierten schuf die „Sowjetische Militäradministration für Deutschland" (SMAD) schon im August 1945 einen weitgehend zentralistischen Verwaltungsaufbau, an dessen Spitze die 16 „Deutschen Zentralverwaltungen" standen (seit Juni 1947 teilweise zusammengefaßt in der „Deutschen Wirtschaftskommission" [DWK]). Diese Institutionen waren zunächst Hilfsorgane der sowjetischen Besatzungspolitik, entwickelten sich aber schon bald zum Vorläufer einer Zentralregierung[2]), die nach den Gemeinde-, Kreis- und Landtagswahlen vom Herbst 1946 ihre entscheidenden Koordinierungs- und Planungskompetenzen behielt.

Auch bei den Neu- und Wiedergründungen und dem organisatorischen Aufbau der Parteien verlief die Entwicklung durch die Bildung zentraler Parteigremien und der erst dann erfolgenden Gliederung in Unterorganisationen von oben nach unten[3]). Zudem veranlaßte die

---

[1]) Zur Reorganisation des politischen Lebens und der Umwandlung der gesellschaftlichen und politischen Strukturen siehe etwa J. Peter Nettl, Die Deutsche Sowjetzone bis heute, Frankfurt 1953; Richard Lukas, Zehn Jahre Sowjetische Besatzungszone, Mainz/Wiesbaden/Düsseldorf 1955; Hermann Weber, Von der SBZ zur DDR. 1945—1968, Hannover 1968; von kommunistischer Seite Stefan Doernberg, Kurze Geschichte der DDR, 3. Aufl., Berlin (Ost), 1968, sowie Derselbe, Die Geburt eines neuen Deutschland 1945—1949. Die antifaschistisch-demokratische Umwälzung und die Entstehung der DDR, Berlin 1959.

[2]) So auch Joachim Türke, Demokratischer Zentralismus und kommunale Selbstverwaltung in der sowjetischen Besatzungszone Deutschlands, Göttingen 1960, S. 3 ff. Siehe im übrigen J. Peter Nettl, a. a. O., S. 81 ff. und Richard Lukas, a. a. O., S. 21.

[3]) Vgl. Dolf Sternberger, Block und Koalition ..., a. a. O., passim. Am stärksten gilt dies zweifellos für die KPD. Siehe etwa die Darstellung bei Wolfgang Leonhard, Die Revolution entläßt ihre Kinder, Köln/Berlin 1955, S. 334 ff.

sowjetische Militäradministration die vier Lizenzparteien, KPD, SPD, CDU und LDP, sich zum *„Block der antifaschistisch-demokratischen Parteien"* zusammenzuschließen. Diese Einheitsfront, die in allen nach dem Zweiten Weltkrieg von sowjetischen Truppen besetzten Staaten gebildet wurde, determinierte in ganz entscheidendem Maße die Struktur des Parteiensystems.

Das *Prinzip der Blockpolitik*[4]) beruhte auf der Einstimmigkeit der Beschlüsse aller im Block zusammengeschlossenen Parteien. Es schloß damit nicht nur das Wechselspiel von Regierung und Opposition aus, sondern erschwerte die eigenständige und unabhängige Politik der einzelnen Blockmitglieder und verhinderte zudem auch innerhalb der Parteienkoalition fast jegliche Opposition.

Vorläufer des Blocksystems in der Sowjetzone waren die bereits kurz nach der Besetzung entstandenen und von der SMAD geförderten „antifaschistischen Ausschüsse", denen schon bald auf lokaler Ebene die Verwaltungsfunktionen übertragen wurden. Ebenso wie die Gemeindeorgane waren auch die Bezirks-, Länder- und Zonenverwaltungen zunächst meist paritätisch zusammengesetzt. Vor der Vereinigung von SPD und KPD stellte jede der vier Parteien in aller Regel ein Viertel der jeweiligen Ausschuß- und Regierungsmitglieder[5]). Die Schlüsselpositionen — auf Länderebene: das Innen-, Wirtschafts-, Volksbildungs- und vielfach auch das Justizministerium — waren dabei in fast allen dieser ungewählten Exekutivorgane von Kommunisten besetzt, so daß diese bereits im Sommer und Herbst 1945 mit Hilfe der Blockpolitik über die entscheidenden Machtbasen verfügten.

Die Bestrebungen, durch Fusion von SPD und KPD eine *einheitliche Arbeiterpartei* zu gründen, gingen auf die Erfahrungen in der Endphase der Weimarer Republik sowie den gemeinsamen Kampf in der Widerstandsbewegung zurück. Nach der Besetzung bildeten sich in allen vier Besatzungszonen auf lokaler Ebene gemeinsame Ausschüsse; vereinzelt wurde bereits im Sommer 1945 die Vereinigung zur „Sozialistischen Einheitspartei" vollzogen[6]). Während die Sozialdemokraten in der sowjetischen Zone — im Gegensatz zu den Entscheidungen der Delegiertenkonferenzen in den Westzonen (s. o.) — für die Zusammenarbeit und die organisatorische Fusion beider Partei-

---

[4]) Zu Funktion und Bedeutung des Blocksystems siehe unten, S. 273 ff.

[5]) Hierzu und zu den politischen und personellen Konsequenzen des Blocksystems vgl. u. a. Dolf Sternberger, Block und Koalition . . ., a. a. O., S. 63 ff.

[6]) So etwa im Juli 1945 in Köthen (Bezirk Halle). Zu den Bestrebungen, eine Arbeiterpartei zu schaffen, vgl. Albrecht Kaden, a. a. O., passim; ferner aus kommunistischer Sicht Günther Benser, Vereint sind wir unbesiegbar. Wie die SED entstand, Berlin (Ost) 1961.

en eintraten, sprachen sich die Kommunisten — gemäß den sowjetischen Weisungen — gegen einen sofortigen Zusammenschluß aus[7]). Die Voraussetzungen, die SPD ideologisch und organisatorisch dem Führungsanspruch der Kommunisten unterzuordnen, waren im Sommer 1945 noch nicht gegeben. Die Kommunisten änderten ihre Haltung jedoch, als sie in Österreich und Ungarn[8]) deutliche Wahlniederlagen erlitten und auch in Deutschland aufgrund der allgemeinen Sympathie der sozialistischen Wähler für die SPD ein für sie negativer Wahlausgang zu erwarten war[9]). Die KPD drängte jetzt auf eine schnelle Fusion und forderte vor allem auch ein gemeinsames Wahlprogramm mit gemeinsamen Kandidatenlisten. Der Widerstand der Sozialdemokraten, die die endgültige Entscheidung über den Zusammenschluß einem Reichsparteitag überlassen wollten[10]), wurde durch das Eingreifen der SMAD mit Redeverboten, Abberufungen von Parteifunktionären und Verhaftungen gebrochen. Die *Zwangsvereinigung* von SPD und KPD *zur „Sozialistischen Einheitspartei Deutschlands"* (SED) auf dem Gründungsparteitag vom 19. bis 22. April 1946 erbrachte den Kommunisten trotz der geringeren Mitgliederzahl der KPD die paritätische Besetzung aller Positionen[11]). Sie garantierte zudem auch die paritätische Auswahl der Kandidaten für die gemeinsame Liste bei den für Herbst 1946 vorgesehenen Wahlen.

b) Landtags- und Gemeindewahlen 1946

Die am 28. Juni 1946 von der SMAD veröffentlichte *Wahlordnung*[12]), die von den Länder- und Provinzialregierungen in ihren grundlegen-

---

[7]) Ähnlich Hermann Weber, Von der SBZ zur DDR, a. a. O., S. 29. Vgl. auch Carola Stern, Die SED. Ein Handbuch über Aufbau, Organisation und Funktion des Parteiapparates, Köln 1954, S. 161 ff. Zur Haltung der KPD vgl. auch die Dokumente Nr. 171—173 in: Hermann Weber, Hrsg., Der deutsche Kommunismus. Dokumente, Köln/Berlin 1963, S. 551 ff.

[8]) Zu den Wahlniederlagen der Kommunistischen Parteien in Österreich und Ungarn siehe die Beiträge von Karl-Martin Grass und Gerhard Bachmann in: Die Wahl der Parlamente und anderer Staatsorgane, a.a.O., S. 948 bzw. 1387 f.

[9]) Siehe hierzu etwa auch die Schilderung bei Wolfgang Leonhard, a. a. O., S. 423 ff.

[10]) Zu dieser Haltung der SPD vgl. Albrecht Kaden, a. a. O., S. 205 ff. Dort auch eine Darstellung der sogenannten „Sechziger Konferenz" vom 21. und 22. Dezember 1945 in Berlin, auf der sich auch Otto Grotewohl gegen einen Zusammenschluß ohne Zustimmung eines Reichsparteitages aussprach und insbesondere gemeinsame Wahllisten ablehnte, ehe nicht durch Wahlen die tatsächlichen Stärkeverhältnisse beider Parteien festgestellt seien.

[11]) Vgl. die Zusammenstellungen bei Carola Stern, a. a. O., passim.

[12]) Die Wahlordnungen wurden zwar für alle Länder einzeln erlassen, stimmten aber — von geringfügigen Abweichungen abgesehen — weitgehend überein; zugrundegelegt sind hier die beiden Wahlordnungen für die Provinz Sachsen vom 3. Juli (für die Gemeindewahlen) und 14. September 1946 (für die Landtagswahlen); vgl. die BiblAng.

den Bestimmungen sowohl für die Gemeinde- als auch die Kreis- und
Landtagswahlen übernommen wurde, sah mit dem 20. Oktober 1946
nur für die Kreis- und Landtagswahlen einen einheitlichen Wahltermin
vor. Die Gemeindewahlen hingegen fanden im Land Sachsen am
1. September, in Thüringen und in der Provinz Sachsen am 8. September sowie in Mecklenburg und in der Provinz Brandenburg am
15. September statt. Die SMAD und die SED hatten diese Termine
in der Hoffnung gewählt, daß die Wahlen in Sachsen — der traditionellen Hochburg der sozialistischen Parteien im Kaiserreich und
in der Weimarer Republik[13]) — die nachfolgenden Wahlen zugunsten
der SED beeinflussen würden[14]).

Aktiv wahlberechtigt waren alle deutschen Staatsangehörigen
(Männer und Frauen) über 21 Jahre, die die bürgerlichen und politischen Ehrenrechte besaßen. Ausgeschlossen vom Wahlrecht waren:
1) alle aufgrund des Gesetzes Nr. 10 des Alliierten Kontrollrats[15])
angeklagten oder bereits verurteilten Kriegsverbrecher; 2) alle Mitglieder der NSDAP und deren Gliederungen vom Ortsgruppenleiter bzw.
den entsprechenden Organisationsgraden aufwärts; 3) „sonstige Ak-
tivisten des Faschismus und Kriegsinteressenten, deren Namen der
Gemeindebehörde auf Vorschlag der antifaschistisch-demokratischen
Parteien der Gemeinden durch den Block der antifaschistisch-demokratischen Parteien namhaft gemacht werden"[16]). Das *passive Wahlrecht* besaß jeder Wahlberechtigte, der das 23. Lebensjahr vollendet
hatte und nicht Mitglied der NSDAP oder einer ihrer Gliederungen
gewesen war. Die Abgeordneten aller drei Repräsentationen wurden
in allgemeiner, gleicher und geheimer Wahl unmittelbar bestellt; die
Gemeindeparlamente für eine zweijährige, die Kreis- und Landtage für
eine dreijährige Wahlperiode. Weder 1948 noch 1949 fanden jedoch
Neuwahlen statt; die Wahltermine wurden vielmehr bis zur endgültigen Gleichschaltung um ein bzw. zwei Jahre verschoben.

Die Mitgliederzahl der Landtage betrug 1946 im Land Sachsen
120, in der Provinz Sachsen 110, im Land Thüringen und in der
Provinz Brandenburg je 100 sowie im Land Mecklenburg 90 Abgeordnete. Gewählt wurde nach *Verhältniswahl starrer Liste.* Listenverbindungen waren zulässig. Die Mandatszuteilung auf die Parteien
wurde bei der Wahl aller drei Repräsentationskörperschaften nach der

---

[13]) Vgl. Anmerkung D/24.

[14]) So auch Wolfgang Leonhard, a. a. O., S. 446.

[15]) Das Kontrollratsgesetz ist abgedruckt u. a. bei Günter Albrecht, Hrsg., Dokumente zur Staatsgründung der Deutschen Demokratischen Republik, 2 Bde.,
Berlin (Ost) 1959, hier Bd. 1, S. 245 ff.

[16]) Paragraph 3 beider Wahlordnungen.

Methode d'Hondt[17]) durchgeführt. Sollte bei der Landtagswahl das Land jedoch in Wahlkreise eingeteilt werden (z. B. in der Provinz Sachsen), erfolgte die Stimmenverrechnung nach dem Wahlzahlverfahren. Die Zahl der Mandate pro Wahlkreis ergab sich dann aus dem Verhältnis der im Wahlkreis abgegebenen gültigen Stimmen zu den insgesamt abgegebenen gültigen Stimmen des Landes. Jede Partei erhielt auf Wahlkreisebene soviel Mandate wie die Wahlzahl — ermittelt durch Division aller im Land abgegebenen gültigen Stimmen durch die Gesamtzahl der Mandate — in ihrer Stimmenzahl enthalten war. Die Reststimmen wurden den Landeswahlvorschlägen zugerechnet und im zweiten Zuteilungsverfahren auf Landesebene nach der Methode d'Hondt vergeben.

Gemäß Paragraph 28 der Gemeindewahlordnung[18]) konnten neben den drei lizenzierten Parteien, SED, CDU und LDP, auch die antifaschistisch-demokratischen Organisationen mit *selbständigen Wahlvorschlägen* an den Wahlen teilnehmen. Diesen Massenorganisationen, die weitgehend auf Initiative und unter Führung der Kommunisten entstanden, hatte die SED die Aufgabe zugedacht, den beiden anderen Parteien möglichst viele Stimmen zu entziehen[19]). Das „System" der Massenorganisationen war jedoch im Herbst 1946 noch sehr bruchstückhaft; in allen fünf Ländern hatten für die Gemeindewahlen nur die „Vereinigung der gegenseitigen Bauernhilfe" (VdgB) und der „Demokratische Frauenbund" (DFD) Kandidatenlisten nominiert. Die Massenorganisationen bildeten für die CDU und LDP nur eine geringe Konkurrenz.

Erheblich stärker benachteiligt hingegen waren die beiden Parteien durch die Bestimmung der Wahlordnung, die vorschrieb, daß die Wahlvorschläge von den vertretungsberechtigten Organen der Ortsgruppen der Parteien unterzeichnet sein mußten[20]). Die örtlichen Dienststellen der sowjetischen Behörden verhinderten auf diese Weise durch Verzögerung oder Ablehnung der Registrierungs- oder Lizenzierungsanträge in etwa der Hälfte der Gemeinden, in denen Ortsgruppen von CDU und LDP bestanden, die Teilnahme der beiden bürgerlichen Parteien. Von den über 4 200 CDU-Ortsgruppen konn-

---

[17]) Zu den Verrechnungsverfahren siehe die Begrifflichen Grundlagen, S. 49 ff.

[18]) Paragraph 28 der Gemeindewahlordnung entspricht Paragraph 36 der Landeswahlordnung.

[19]) Vgl. Wolfgang Leonhard, a. a. O., S. 444 ff. Dort auch eine eingehende Schilderung der Landtags- und Gemeindewahlen, wie sie sich der SED-Führung darstellten.

[20]) Zu den Wahlbehinderungen siehe: Wahlen in der Sowjetzone. Dokumente und Materialien, hrsg. vom Bundesministerium für Gesamtdeutsche Fragen, Bonn 1956, S. 9 ff.

ten nur 2 082, von den über 2 200 LDP-Ortsgruppen nur 1 121 Wahlvorschläge einreichen[21]). Zudem waren beide Parteien im Wahlkampf
starken Behinderungen durch die sowjetischen Behörden ausgesetzt,
während die SED tatkräftig unterstützt wurde.

Die *Gemeindewahlen* ergaben deshalb auf Länderebene in allen
fünf Ländern für die SED die absolute Mehrheit der abgegebenen
gültigen Stimmen (s. Tab. A 28). Die Durchschnittszahlen spiegelten
jedoch die Einzelergebnisse nur verzerrt wider; vor allem in den
größeren Städten erhielten CDU und LDP vielfach die Mehrheit der
Stimmen[22]), was sich aber infolge des Blocksystems nur geringfügig
auf die personelle Zusammensetzung der Gemeindeverwaltungen auswirkte.

Das Wahlergebnis der Gemeindewahlen entsprach keineswegs den
Vorstellungen der SED und der Besatzungsmacht[23]). Im Wahlkampf
für die *Kreis- und Landtagswahlen* vom 20. Oktober 1946 waren die
beiden bürgerlichen Parteien deshalb erneut stärksten Behinderungen
ausgesetzt. Rede- und Versammlungsverbote und Verhaftungen von
CDU- und LDP-Kandidaten, denen ihre angebliche „faschistische"
Vergangenheit vorgeworfen wurde, erschwerten den Wahlkampf der
bürgerlichen Parteien und sollten zudem auf die Bevölkerung psychologischen Druck ausüben. Wie bei den Gemeindewahlen waren auch
jetzt wieder weder CDU noch LDP in allen Gebieten zugelassen;
die CDU konnte in 15, die LDP sogar in 31 der über 70 Landkreise
keine Kandidatenlisten nominieren.[24]). Die beiden Parteien erzielten
jedoch im Vergleich zu den Kommunalwahlen in allen fünf Ländern
erhebliche Stimmengewinne, während die SED ihre Stimmenzahl
nur im Land Sachsen und in Thüringen geringfügig erhöhen konnte
(s. Tab. A 29). Der *Stimmenanteil der SED* sank aber auch in diesen beiden Ländern aufgrund der höheren Wahlbeteiligung und des
starken Rückgangs der ungültigen Stimmen unter 50 v. H. ab. In
Brandenburg und in der Provinz Sachsen verloren die Kommunisten
sogar die absolute Mehrheit der Mandate; in Mecklenburg, Thüringen und Sachsen erreichten sie diese nur mit Hilfe der Abgeordneten

---

[21]) Diese Zahlen ebenda, S. 10.

[22]) Vgl. die statistischen Angaben bei Hans Schütze, „Volksdemokratie" in
Mitteldeutschland, Hannover 1960, S. 37 ff. CDU und LDP zusammen erzielten
mehr Stimmen als SED und Massenorganisationen u. a. in den Städten Dresden
(158 168 zu 153 772), Leipzig (196 557 zu 187 533), Halle (78 664 zu 55 828), Er-
furt (69 094 zu 34 925), Zwickau (41 041 zu 30 201), Weimar (26 431 zu 12 475
Stimmen).

[23]) Ähnlich Hermann Weber, Von der SBZ zur DDR, a. a. O., S. 33.

[24]) Diese Zahlen nach Hans Schütze, a. a. O., S. 40.

der Massenorganisationen, die meist zugleich auch Mitglieder der SED waren[25]).

c) Volkskongreßbewegung und Staatsgründung

Das Wahlergebnis veranlaßte die SED, die *Gleichschaltung* in der gesamten Sowjetzone auf allen staatlichen Bereichen in verstärktem Maße voranzutreiben. Bei der Bestellung der Länderregierungen diente diesem Ziel vor allem die Blockpolitik, durch die es gelang, eine Koalition der beiden nicht kommunistischen Parteien zu verhindern. In allen fünf Ländern erfolgte die Regierungsbildung auf der Grundlage des Blocksystems[26]); die Verteilung der Ministerposten ergab sich dabei in der Regel aus den Fraktionsstärken. Die SED besetzte in vier der fünf Länder den Posten des Ministerpräsidenten; bei Stimmengleichheit im Kabinett gab deshalb meist die Stimme des Ministerpräsidenten den Ausschlag zugunsten der SED.

Die Kommunisten versuchten zudem, die politisch relevanten Entscheidungen den gewählten Repräsentationskörperschaften zu entziehen und von ihnen kontrollierten außer- oder pseudoparlamentarischen Gremien zu übertragen. Aus diesem Grunde beriefen sie zum 6./7. Dezember 1947 den *„Deutschen Volkskongreß für Einheit und gerechten Frieden“* ein[27]); die Notwendigkeit eines solchen Kongresses wurde von der SED vor allem mit der Viermächte-Außenministerkonferenz in London (25. November bis 15. Dezember 1947) motiviert, an der eine vom Volkskongreß entsandte „gesamtdeutsche“ Delegation beratend teilnehmen sollte[28]). Die Delegierten wurden von allen Parteien, Gewerkschaften, Massenorganisationen, Betrieben usw. bestellt, waren jedoch keineswegs in irgendeiner Form „demokratisch“ gewählt. Von den 2 215 Mitgliedern des ersten Volkskongresses kamen nur 664 aus den drei Westzonen[29]).

---

[25]) Von den bei allen fünf Landtagswahlen insgesamt gewählten 16 Abgeordneten gehörten 12 zugleich der SED an, so daß die SED in allen Landtagen über die Mehrheit der Mandate verfügte. Vgl. Wolfgang Leonhard, a. a. O., S. 449.

[26]) Siehe hierzu die Zusammenstellungen der Landesregierungen bei J. Peter Nettl, a. a. O., S. 48 ff.; vgl. auch Dolf Sternberger, Block und Koalition ..., a. a. O., S. 64 f.

[27]) Zur Volkskongreßbewegung vgl. aus kommunistischer Sicht G. N. Goroschkowa, Die deutsche Volkskongreßbewegung für Einheit und gerechten Frieden, Berlin (Ost) 1963; Wilhelm Koenen, Die historische Bedeutung der Volkskongreßbewegung für Einheit und gerechten Frieden, in: Beiträge zur Zeitgeschichte, Bd. 1 (1958) S. 1 ff. Siehe auch Richard Lukas, a. a. O., S. 20 ff.

[28]) Vgl. den Aufruf des Parteivorstandes der SED vom 26. November 1947, abgedruckt in: Dokumente der Sozialistischen Einheitspartei Deutschlands, Hrsg. vom Zentralkomitee der Sozialistischen Einheitspartei Deutschlands, 10 Bde., Berlin (Ost) 1948—1967, hier Bd. 1, S. 260 f.

[29]) Die Zahlen nach Richard Lukas, a. a. O., S. 25.

Tabelle XVI: Zusammensetzung des ersten Volkskongresses[30])

Mitglieder			Mitglieder
LDP	253	SED/KPD	893
CDU	219	Massenorganisationen	373
SPD	91	Parteilose	386

In welchem Ausmaß der Volkskongreß von der SED beherrscht wurde, zeigten zum einen die einstimmige Billigung einer Entschließung zur „Deutschland-Frage", die im Wortlaut mit den Äußerungen des sowjetischen Außenministers Molotow auf der Londoner Konferenz übereinstimmte, sowie zum zweiten der Beschluß, die Volkskongreßbewegung zu einer dauernden Einrichtung zu machen.

Mit dem Beginn der Volkskongreßbewegung verstärkten sich zugleich auch die Bestrebungen der SED und der SMAD — der weiterhin einzig und allein ausschlaggebenden politischen Macht — zur Gleichschaltung aller nichtkommunistischen Kräfte. Dies traf in erster Linie die beiden bürgerlichen Parteien, die durch mannigfaltigen direkten und indirekten Druck auf allen Organisationsstufen an der Ausübung ihrer Tätigkeit gehindert wurden[31]). Dabei wurden vor allem die Persönlichkeiten innerhalb der zentralen Parteigremien, die in irgendeiner Form an den einseitig auf die Schaffung einer kommunistischen Diktatur ausgerichteten Maßnahmen Kritik geübt hatten, aufgrund von meist haltlosen Anschuldigungen aus ihren Ämtern entfernt und durch der sowjetischen Militäradministration genehme Personen ersetzt. Nicht das Vertrauen der eigenen Parteimitglieder, sondern vielmehr das der Besatzungsmacht entschied über die personelle Zusammensetzung der Parteigremien. Sowohl die CDU — unter Vorsitz von Otto Nuschke — als auch die LDP — nach dem Tode von Wilhelm Külz (April 1948) unter Führung von Kastner und Diekmann — gerieten in völlige Abhängigkeit von der SED.

Dem *zweiten Volkskongreß*, der am 18. März 1948 — dem säkularen Gedenktag der Märzrevolution — zusammentrat, gehörten 1 938 Delegierte (1 100 aus der SBZ, 500 aus den Westzonen, der Rest

---

[30]) Die Angaben sind in den verschiedenen Quellen unterschiedlich; zusammengestellt nach Hans Schütze, a. a. O., S. 47.

[31]) Zur Entwicklung der beiden bürgerlichen Parteien während der Phase der Blockpolitik und der sich anschließenden Gleichschaltung siehe etwa u. a. Norbert Mattedi, Gründung und Entwicklung der Parteien in der Sowjetischen Besatzungszone Deutschlands, Bonn/Berlin 1966 und Ekkehart Krippendorf, Die Liberal-Demokratische Partei Deutschlands in der Sowjetischen Besatzungszone 1945—1948, Düsseldorf o. J. Bei letzterem am Beispiel der LDP eine zusammenfassende Charakterisierung der Unterwanderungspraktiken der SED, S. 9 f.

aus Berlin) an[32]). Die Teilnehmer aus der sowjetischen Zone, insbesondere die Mitglieder von CDU und LDP, waren durch „fortschrittlichere Elemente" ersetzt worden.

Der zweite Volkskongreß schuf die endgültigen Voraussetzungen zur Bildung eines von den drei Westzonen separierten, vom Grundprinzip des „demokratischen Zentralismus" (s. u.) geprägten Staates, indem er aus seiner Mitte einen aus 400 Mitgliedern bestehenden „Deutschen Volksrat" bestellte[33]). Diese nicht aus allgemeinen Wahlen hervorgegangene parlamentarische Körperschaft wurde zwischen den Tagungen des Volkskongresses sowohl zum exekutiven als auch zum legislativen Organ. Der Volksrat selbst bildete ein Präsidium, das wiederum für die laufenden Geschäfte ein ständiges Sekretariat ernannte, und setzte zudem eine Reihe von Fachausschüssen ein. Diesen jeweils etwa 30 Mitglieder zählenden Ausschüssen für Verfassung, Wirtschaft, Kultur, Sozialpolitik, Friedensvertrag und Justiz fiel die Aufgabe zu, die Vorbereitungen zur Konstituierung der „Deutschen Demokratischen Republik" zu treffen.

Am 19. März 1949 stimmte der Volksrat auf seiner sechsten Sitzung der vom Verfassungsausschuß unter Leitung von Otto Grotewohl ausgearbeiteten Verfassungsvorlage zu. Sie war im wesentlichen an dem bereits am 14. November 1946 vom Zentralkomitee der SED gebilligten Entwurf orientiert[34]), enthielt aber eine Reihe von Abänderungen, die vor allem den angestrebten zentralistischen durch einen teilweise föderativen Staatsaufbau ersetzten und den Bürgern die persönlichen Grundrechte garantierten[35]). Der Volksrat beschloß zudem die Verfassungsvorlage, die für ganz Deutschland Gültigkeit haben sollte, dem noch zu wählenden dritten Volkskongreß zur endgültigen Beschlußfassung vorzulegen. Vordergründig motiviert wurde das mit der bevorstehenden Verabschiedung des Grundgesetzes in den Westzonen, die zu einer Notstandssituation geführt habe, in der der Volksrat selbst die Verantwortung nicht mehr allein tragen könne und nur eine durch Wahl vom Volk bestellte parlamentarische Körperschaft berechtigt sei, endgültige verfassungsrechtliche Entscheidungen zu fällen[36]). Dies richtete sich vor allem gegen die nicht durch Referendum, sondern nur indirekt durch die Landtage der Westzonen vor-

---

[32]) Vgl. Hans Schütze, a. a. O., S. 50.

[33]) Siehe hierzu Richard Lukas, a. a. O., S. 26 ff.

[34]) Der Verfassungsentwurf der SED vom 14. November 1946 ist abgedruckt in: Dokumente der Sozialistischen Einheitspartei ..., a. a. O., Bd. 1, S. 114 ff.

[35]) So auch Werner Schulz, Die Verfassung der „Deutschen Demokratischen Republik". Entstehung, Inhalt und Entwicklung, Frankfurt/M./Herrenalb 1959, S. 21 f.

[36]) So in dem auf der 6. Sitzung des Volksrates am 19. März 1949 verabschiedeten „Aufruf an das deutsche Volk"; vgl. Richard Lukas, a. a. O., S. 28.

gesehene Ratifizierung des Grundgesetzes. Zudem sollte die Wahl dem Herrschaftssystem der SED den Anschein demokratischer Legitimation verleihen.

Bei der *Wahl zum dritten Volkskongreß* vom 15. und 16. Mai 1949, mit der gleichzeitig eine Volksabstimmung über die deutsche Einheit verbunden war[37]), hatte der Wähler — im Gegensatz zu den Wahlen von 1946 — nicht die Möglichkeit, sich für separate Kandidatenlisten zu entscheiden; er konnte den *gemeinsamen Wahlvorschlag* des antifaschistisch-demokratischen Blocks nur in toto mit ja oder nein annehmen oder ablehnen. Die Zusammensetzung der Einheitsliste und damit zugleich die Verteilung der Mandate auf die Parteien und Massenorganisationen war somit bereits im vorhinein festgelegt.

Tabelle XVII: Zusammensetzung des dritten Volkskongresses

Parteien*)	Abgeordnete	Parteien*)	Abgeordnete
SED	450	DFD	50
CDU	225	VNN	50
LDP	225	KB	50
NDPD	75		
DBD	75	landwirtschaftliche Genossenschaften	100
FDJ	50		
FDGB	50	Parteilose	50
VdgB	50	SPD (Ost-Berlin)	25
Insgesamt			1 525

Anmerkung: *) Die genauen Bezeichnungen der neugegründeten Parteien und Massenorganisationen s. S. 266 f.
(Quelle: Schluz, s. BiblAng., S. 23)

Außer den 1 525 Mitgliedern aus der Sowjetzone und Ost-Berlin gehörten dem dritten Volkskongreß noch 616 Delegierte aus den Westzonen an, die unter direkter oder indirekter Einwirkung der westdeutschen KPD bestimmt, jedoch in keiner Weise gewählt worden waren[38]).

In der sowjetischen Zone und in Ost-Berlin selbst waren sowohl die Volksabstimmung als auch die Wahl zum Volkskongreß von *massiven Manipulationen und Fälschungen* begleitet[39]), da schon am ersten

---

[37]) Die Volksabstimmung war gekoppelt mit der Wahl zum III. Volkskongreß, ihr lag die folgende mit ja oder nein zu beantwortende Aussage zugrunde: „Ich bin für die deutsche Einheit und einen gerechten Frieden".

[38]) Vgl. Werner Schulz, Die Verfassung ..., a. a. O., S. 23. Nach Stefan Doernberg, a. a. O., S. 151, gehörten nur 528 westdeutsche Delegierte dem III. Volkskongreß an.

[39]) Zu den Wahlfälschungen siehe Wahlen in der Sowjetzone ..., a. a. O., S. 18 ff.

Wahltag deutlich wurde, daß das Wahlergebnis keineswegs den Vorstellungen der SED entsprechen und möglicherweise die Zahl der Ja-Stimmen in einigen Gebieten geringer als die der ungültigen und Nein-Stimmen sein würde. Die Stadt- und Kreisverwaltungen sowie die Wahlkommissionen in den Wahllokalen wurden deshalb in der Regel von den kommunistischen Innenministern der Länder angewiesen, die Stimmauszählung nochmals durchzuführen; alle Stimmzettel, auf denen nicht ausdrücklich der Kreis für die Nein-Stimme angekreuzt war, sollten dabei als Ja-Stimmen gewertet werden. Als Ja-Stimme galten somit auch alle weißen und die Stimmzettel, die vollständig durchgestrichen oder beschrieben waren. Ungültig waren nur die Stimmen, die solche Bemerkungen enthielten, die „dem Grundgedanken für Einheit und gerechten Frieden"[40]) widersprachen oder aber „eine demokratisch-feindliche Gesinnung erkennen"[41])ließen. Das so manipulierte Wahlergebnis wies dennoch 33,9 v. H. Nein-Stimmen aus; für die Einheitsliste wurden 66,1 v. H. der abgegebenen gültigen Stimmen errechnet. 6,6 v. H. der Stimmen waren ungültig (s. Tab. A 30).

Der dritte Volkskongreß, der am 29. Mai 1949 zusammentrat, bestellte aus seiner Mitte erneut einen diesmal 330 Mitglieder zählenden Volksrat, dem nach dem schon mehrmals angewandten Verteilerschlüssel 90 Abgeordnete der SED, je 45 der CDU und LDP, je 15 der NDPD und des DBD, sowie 120 Abgeordnete der Massenorganisationen angehörten[42]). Der Volkskongreß billigte zudem mit einer Gegenstimme die bereits verabschiedete Verfassung, wartete mit der Konstituierung der staatlichen Organe jedoch solange, bis in den Westzonen das Grundgesetz in Kraft getreten war.

Am 7. Oktober 1949 konstituierte sich der deutsche Volksrat zur „Provisorischen Volkskammer"[43]), bestimmte als Termin für die Wahlen zur ersten ordentlichen Volkskammer, zu den Land- und Kreistagen und den Gemeindeparlamenten den 15. Oktober 1950 — der SED wurde so zur endgültigen Konsolidierung ihres totalitären Herrschaftssystems ein weiteres Jahr Zeit gelassen — und setzte zudem am gleichen Tage die nach Artikel eins für ganz Deutschland geltende Verfassung der Deutschen Demokratischen Republik in

---

[40]) Verfügung des Innenminsters Siewert von Sachsen-Anhalt, ebenda, S. 21.

[41]) Verfügung des mecklenburgischen Innenministers, ebenda, S. 20.

[42]) Die Zahlen nach Stefan Doernberg, a. a. O., S. 691. Von den 120 Abgeordneten der Massenorganisationen gehörten 30 dem FDGB, je 10 der FDJ, dem DFD, der VVN und dem Kulturbund sowie je 5 dem VdgB, den bäuerlichen Genossenschaften und der SPD-Berlin an. Nach Doernberg waren die restlichen 35 Mitglieder ohne Bindung an eine Partei oder Massenorganisation.

[43]) Siehe Richard Lukas, a. a. O., S. 30 f.

Kraft. Am 10. Oktober bildeten die fünf Landtage als zweite Kammer eine aus 34 Mitgliedern bestehende Länderkammer; gemeinsam mit der Volkskammer wählte sie am folgenden Tag Wilhelm Pieck zum ersten Präsidenten. Nach der Regierungsbildung am 12. Oktober 1949 waren alle zentralen staatlichen Organe konstituiert.

II. Das Verfassungs- und Institutionensystem

Die erste *Verfassung der Deutschen Demokratischen Republik*[44]) war nicht an der Stalin'schen Verfassung von 1936 orientiert, sondern vielmehr in einer Reihe von Bestimmungen der Weimarer Verfassung von 1919 nachgebildet[45]). Sie berücksichtigte demnach demokratisch-parlamentarische Verfassungsprinzipien und enthielt einen Grundrechtskatalog, der die staatlichen Organe an die verfassungsmäßigen Grundsätze band. Die bürgerlichen Rechte waren jedoch insofern eingeschränkt, als „Boykotthetze gegen demokratische Einrichtungen und Organisationen, Mordhetze gegen demokratische Politiker, Bekundungen von Glaubens-, Rassen-, Völkerhaß, militaristische Propaganda sowie Kriegshetze und alle sonstigen Handlungen, die sich gegen die Gleichberechtigung richten"[46]), Verbrechen im Sinne des Strafgesetzbuches waren.

Auch im institutionellen Bereich bestand eine weitgehende verfassungsrechtliche Übereinstimmung mit dem bürgerlich-demokratischen Verfassungs- und Institutionensystem[47]). Artikel drei der Verfassung ging vom Prinzip der Volkssouveränität aus, die durch die Ausübung des aktiven und passiven Wahlrechts, die Möglichkeit des Volksbegehrens und Volksentscheids und das Petitionsrecht realisiert war. Allerdings wich die Verfassung vom Prinzip der Gewaltenteilung und der damit verbundenen Kontrolle der verschiedenen Staatsorgane untereinander ab. Höchstes Organ der Republik war die *Volkskammer*, deren Mitglieder auf die Dauer von vier Jahren auf der Grundlage des allgemeinen, gleichen und unmittelbaren Wahlrechts in geheimer Abstimmung gewählt wurden. In die Zuständigkeit der Volkskammer gehörten nach Artikel 63 der Verfassung die Gesetzgebung mit Gesetzesinitiative, die Beschlußfassung über den

---

[44]) Die Verfassung ist in zahlreichen Publikationen abgedruckt, siehe die BiblAng.

[45]) So auch Dietrich Müller-Römer, Ulbrichts Grundgesetz. Die Sozialistische Verfassung der DDR, Köln 1968, S. 11 f. Für die einzelnen Verfassungsartikel vgl. Siegfried Mampel, Die Verfassung der Sowjetischen Besatzungszone Deutschlands. Text und Kommentar, Frankfurt/M./Berlin 1962.

[46]) Artikel 6 der Verfassung von 1949.

[47]) Ähnlich auch Siegfried Mampel, Die Volksdemokratische Ordnung in Mitteldeutschland. Texte zur verfassungsrechtlichen Situation mit einer Einleitung, 3. Aufl., Frankfurt/M./Berlin 1967, S. 41.

Staatshaushalt und den Wirtschaftsplan, die Wahl der Mitglieder des obersten Gerichtshofes — die Gerichte wurden auf allen Ebenen von der jeweiligen Volksvertretung gewählt — sowie gemeinsam mit der Länderkammer die Wahl des Präsidenten. Wählbar zum *Präsidenten der Republik*, der nur repräsentative Funktionen ausübte, war für eine vierjährige Amtsperiode — Wiederwahl war unbeschränkt zulässig — jeder Bürger, der das 35. Lebensjahr vollendet hatte. Nach dem Tode Wilhelm Piecks (7. September 1960) wurde das Präsidentenamt durch den kollektiven *Staatsrat* ersetzt[48]). Dieser wird von der Volkskammer auf die Dauer von vier Jahren gewählt und ist ihr verantwortlich. Er besteht aus dem Vorsitzenden (seit 1960 Walter Ulbricht, gleichzeitig Erster Sekretär der SED), sechs Stellvertretern, 16 Mitgliedern und dem Sekretär. Der Staatsrat vertritt die Republik völkerrechtlich, erläßt Beschlüsse mit Gesetzeskraft, gibt allgemein verbindliche Auslegungen der Gesetze und bestimmt die Grundlagen der Regierungspolitik. Zu seinen weiteren Aufgaben gehören die Kontrolle der örtlichen Volksvertretungen und der Verwaltung sowie die Ratifizierung und Verkündigung internationaler Verträge. Zur Abberufung des Staatsrates ist ein Volkskammerbeschluß von zwei Drittel Mehrheit erforderlich[49]).

Die entscheidende *Funktion des Parlamentes* bestand zudem in der Wahl, Kontrolle und Entsetzung der Regierung. Die Regierung — gebildet aus Ministerpräsident und Fachministern — war der Volkskammer verantwortlich und konnte von dieser durch konstruktives Mißtrauensvotum gestürzt werden. Nach der Verfassungsnorm war ein parlamentarisches Regierungssystem ebenso angelegt wie ein Mehrparteiensystem; allerdings trug die Verfassung auch den Prinzipien des Blocksystems Rechnung. Die stärkste Fraktion der Volkskammer (in der Verfassungswirklichkeit also die SED) benannte den Ministerpräsidenten und alle Fraktionen des Parlamentes, die über mehr als 40 Abgeordnete verfügten, sollten proportional zu ihren Fraktionsstärken in der Regierung vertreten sein; sie mußten dieser aber nicht zwangsweise angehören, so daß das Blocksystem nicht verfassungsrechtlich verankert war[50]).

---

[48]) Vgl. hierzu, wie auch zum gesamten Verfassungssystem, insbesondere auch zum Verhältnis von Verfassungsnorm und -praxis, Ernst Richert, Macht ohne Mandat. Der Staatsapparat in der Sowjetischen Besatzungszone Deutschlands, 2. Aufl., Köln und Opladen 1963; zur Position des Staatsrates S. 65 ff.

[49]) Vgl. die Artikel 66 bis 77 der Verfassung von 1968; abgedruckt u. a. in dem offiziösen Verfassungskommentar, hrsg. von Klaus Sorgenicht, Wolfgang Weichelt, Tord Riemann, Hans-Joachim Semler, Verfassung der Deutschen Demokratischen Republik. Dokumente, Kommentar, 2 Bde., Berlin (Ost) 1969.

[50]) Vgl. Artikel 91 ff. der Verfassung von 1949.

Gemäß dem Prinzip der Volkssouveränität räumte die Verfassung —
trotz des föderativen Gliederungsprinzips — den Ländern und deren Institutionen nur geringe Rechte ein, so daß es sich keinesfalls
um einen föderalistischen Staatsaufbau handelte. Außer den in Artikel 112 der Verfassung festgelegten gesamtstaatlichen Bereichen,
die ausschließlich in die Kompetenz der zentralen Staatsorgane fielen, konnten diese Organe zudem auch auf allen anderen Sachge-
bieten gesetzgeberisch tätig werden und einheitliche Gesetze erlassen.
Das Gesetzgebungsrecht ging nur dann auf die Länder über, wenn die
Organe der Republik davon keinen Gebrauch machten. Die Verfassung
schuf jedoch ein Zweikammersystem. Die *Länderkammer* bestand aus
Vertretern der einzelnen Länder, die von den Landtagen aus ihren
Reihen proportional zu den Fraktionsstärken der Parteien und Massenorganisationen bestellt wurden; auf je 500 000 Einwohner entfiel ein Abgeordneter. Die Länderkammer besaß das Recht auf Gesetzesinitiative und konnte Einspruch gegen von der Volkskammer
verabschiedete Gesetze erheben, die aber nach einem neuerlichen Beschluß der Volkskammer Rechtskraft erlangten.

Verfassungsrecht und *Verfassungswirklichkeit* entsprachen sich indes seit der Konstituierung der DDR weder im persönlichen Bereich des einzelnen Staatsbürgers — die Grundrechte waren faktisch ohne Bedeutung oder wurden zumindest einseitig zugunsten der SED interpretiert[51]) — noch im institutionellen. Entscheidend
bestimmt wurde die materielle Verfassung — seit der Angleichung
des Verfassungsrechts durch die Totalrevision der Verfassung vom
6. April 1968 auch die formelle Verfassung — durch die Existenz
einer marxistisch-leninistischen Partei und ihre historische Aufgabe
im Sinne des Marxismus-Leninismus. Da nach der Leninschen Staatstheorie die Arbeiterklasse und innerhalb der Arbeiterklasse die
kommunistische Partei aufgrund ihres „geschichtlichen Wissens" allein
und besser wissen, was zum Aufbau des Sozialismus notwendig und
nützlich ist, spielen diese in Staat und Gesellschaft die führende
Rolle[52]). Konkret bedeutete dies, daß sich alle staatlichen Organe und
privaten Organisationen unter die straffe Führung der SED unter-
ordnen mußten. Ihre Funktionen erstrecken sich im wesentlichen
nur darauf, die Politik der SED zu verdeutlichen und zu realisieren
sowie Bindeglied (Transmissionsriemen) zu sein zwischen Partei und

---

[51]) Zu Bedeutung und Inhalt der Grundrechte im sozialistischen Staat siehe etwa
Ernst-Wolfgang Böckenförde, Die Rechtsauffassung im kommunistischen Staat,
München 1967, S. 43 ff.

[52]) Vgl. Dieter Feddersen, Die Rolle der Volksvertretungen in der Deutschen
Demokratischen Republik, Hamburg 1965, S. 35 ff.; siehe auch Werner Schulz,
Die Verfassung ..., a. a. O., S. 31 ff.

Bevölkerung[53]). Diese Aufgabe erfüllt vor allem die am 4. Oktober 1949 als Nachfolgeorganisation des Blocks der antifaschistisch-demokratischen Parteien gegründete „*Nationale Front des demokratischen Deutschlands*"[54]). Mitglieder der Nationalen Front sind neben der SED die anderen beiden seit 1945 lizenzierten Parteien, CDU und LDPD und die im Jahre 1948 auf Initiative und unter Führung der SED als bürgerliche „Konkurrenzparteien" entstandene „Nationaldemokratische Partei Deutschlands" (NDPD) und „Demokratische Bauernpartei Deutschlands" (DBD). Der Nationalen Front gehören zudem die zahlreichen, alle gesellschaftlichen Bereiche erfassenden Massenorganisationen an. Es sind dies: als Staatseinheitsgewerkschaft der „Freie Deutsche Gewerkschaftsbund" (FDGB), als Staatsjugendverband die „Freie Deutsche Jugend" (FDJ), der „Demokratische Frauenbund Deutschlands" (DFD), die „Gesellschaft der Deutsch-Sowjetischen Freundschaft", die „Vereinigung der gegenseitigen Bauernhilfe" (VdgB), der „Deutsche Kulturbund", die „Vereinigung der Verfolgten des Naziregimes" (VVN), die „Gesellschaft für Sport und Technik" (GST).

Das Herrschaftssystem der Kommunisten beruhte im institutionellen Bereich — wie in den anderen sozialistischen Ländern auch — vor allem auf drei Prinzipien: der *Gewaltenvereinigung*, dem *demokratischen Zentralismus* und dem *Blocksystem*, die in ihrem Zusammenwirken und infolge der starken personellen Verzahnung von Partei- und Staatsämtern letztlich alle Macht in die Hände der zentralen Parteigremien der SED, in das Zentralkomitee, dessen Sekretariat und das Politbüro gelangen ließen[55]).

Durch eine Reihe von einfachen Gesetzen[56]) wurden Staatsaufbau und Verwaltung hierarchisch gegliedert (s. Darst. XIV). Durch das „Gesetz über die weitere Demokratisierung des Aufbaus und der Arbeitsweise der staatlichen Organe in den Ländern der DDR" vom 23. Juli 1952 wurden die verfassungsrechtlich verankerten föderativen Strukturen beseitigt. Die Länder beschlossen dabei in gleichlautenden Ge-

---

[53]) Siehe Günther Grosser, Das Bündnis der Parteien. Herausbildung und Rolle des Mehrparteiensystems in den europäischen sozialistischen Ländern, Berlin (Ost) 1967, dort S. 88 ff. eine Zusammenfassung der transmissionsartigen Funktionen der nicht kommunistischen Parteien. Vgl. Anmerkung E/76.

[54]) Zur Gründung der Nationalen Front siehe die Entschließung des Parteivorstandes der SED vom 3. Oktober 1949, abgedruckt in: Dokumente der Sozialistischen Einheitspartei . . ., a. a. O., Bd. 2, S. 351 ff.

[55]) Zu den innerparteilichen Herrschaftsstrukturen in der SED siehe vor allem Peter Christian Ludz, Parteielite im Wandel. Funktionsaufbau, Sozialstruktur und Ideologie der SED-Führung, Köln und Opladen 1968.

[56]) Siehe im einzelnen die BiblAng. Zur Hierarchisierung des Staatsaufbaus siehe Joachim Türke, a. a. O., S. 142 ff. und Dieter Feddersen, a. a. O., S. 162 ff.

Darstellung XIV: Der Staatsaufbau der Deutschen Demokratischen Republik (gegliedert nach dem Prinzip des demokratischen Zentralismus)

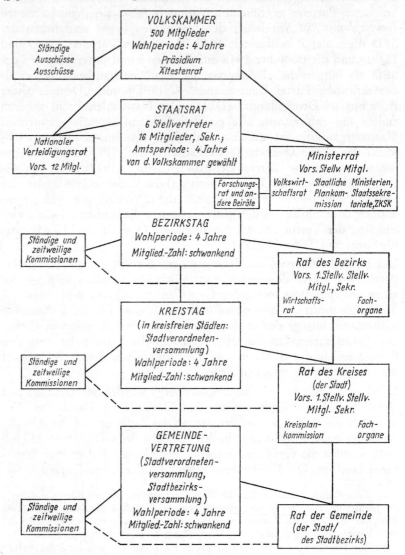

(Quelle: Zusammengestellt u. a. nach Jahrbuch der Deutschen Demokratischen Republik, Jahrgang 1961, S. 38)

setzen praktisch ihre eigene Auflösung und die Verwaltungsneugliederung in 14 Bezirke. Die Landtagsabgeordneten siedelten in die Bezirkstage über. Die Länderkammer blieb noch bis zum 8. Dezember 1958 weiter bestehen. Die Mitglieder der Länderkammer wurden daher 1954 und 1958 durch die Bezirkstage gewählt, wodurch deutlich werden sollte, daß die Bezirke als legitime Nachfolger der Länder angesehen wurden.

Bezirkstag, Kreistag und Gemeindevertretung als legislative Organe der verschiedenen Ebenen sowie Bezirksrat, Kreisrat und Gemeinderat als entsprechende exekutive Organe sind seither aufgrund des demokratischen Zentralismus, gemäß dem alle staatlichen Institutionen gewählt werden (demokratisches Prinzip), den auf höherer Ebene stehenden Körperschaften untergeordnet (zentralistisches Prinzip). Die absolute Gewalt der zentralen Staatsorgane ist zudem durch den entscheidenden Faktor des demokratischen Zentralismus, die „zweifache Verantwortlichkeit", garantiert, da legislative und exekutive Körperschaften von höheren gesetzgebenden Institutionen abhängig sind, gleichzeitig aber ein höheres ausführendes Staatsorgan gegenüber einer niederen Legislative weisungsberechtigt ist[57]).

Infolge der Gewaltenvereinigung und der hierarchischen Gliederung entstand eine Machtkonzentration, die systemtheoretisch die absolute Hoheit der Volkskammer bewirkte[58]), zugleich aber in der Praxis dem Parlament jeglichen Einfluß nahm. Faktisch ermöglichte dieser Staatsaufbau nämlich die absolute, von niemandem, auch von der Repräsentation selbst nicht kontrollierbare Herrschaft derjenigen Partei, die im Parlament die Mehrheit innehat.

Der Gewinn der Mehrheit in den Repräsentationskörperschaften und damit die Alleinherrschaft der kommunistischen Partei wurden in erster Linie durch das Blocksystem realisiert. Blocksystem und Blockpolitik wirkten dabei in zweifacher Hinsicht; sie determinierten zum einen die Struktur des Parteiensystems sowie das Verhältnis der Blockmitglieder untereinander und verhinderten zum zweiten, daß sich bei der Bestellung der Repräsentationen konkurrierende Parteien gegenüberstehen, wodurch zugleich die Wahl einen dem bürgerlich-demokratischen Wahlbegriff unterschiedlichen Charakter erhielt.

---

[57]) Zu Funktion und Wirkweise des demokratischen Zentralismus siehe von kommunistischer Seite etwa Rudi Rost, Der demokratische Zentralismus unseres Staates, Berlin (Ost) 1962. Vgl. auch Joachim Türke, a. a. O., passim und Alfons Galette, Der demokratische Zentralismus als Grundprinzip der sozialistischen Staatsmacht im kommunistisch regierten Teil Deutschlands, in: JbOstr. Bd. 1 (1960), S. 41 ff.

[58]) So zumindest vom Verfassungsrecht postuliert, nach dem die Volkskammer das „höchste Organ der Republik" bildet. Vgl. Artikel 1 der Verfassung von 1949. Zum Typ der Versammlungsregierung siehe im übrigen Karl Loewenstein, Verfassungslehre, 2. Aufl., Tübingen 1969, S. 75 ff.

III. Wahl und Wahlpraxis in der DDR

a) Wahlrecht und Wahlsystem

Auch in der DDR wurde bisher — ähnlich wie in den meisten sozialistischen Ländern — vor jeder Wahl zur Volkskammer ein neues Wahlgesetz erlassen[59]). Mit Ausnahme des Wahlgesetzes vom 31. Juli 1963, das Wahlsystem, Wahlkreiseinteilung und Mandatszahl modifizierte, gehen alle Wahlgesetze auf das erste vom 9. August 1950 zurück und haben formal und faktisch nur geringfügige Änderungen herbeigeführt.

Das *aktive Wahlrecht* besitzen seit 1950 alle Männer und Frauen deutscher Staatsangehörigkeit, die am Wahltag das 18. Lebensjahr vollendet und ihren ständigen Wohnsitz im Gebiet der DDR haben. Wählen kann aber nur derjenige, der in einer Wählerliste eingetragen ist oder einen Wahlschein besitzt. Vom aktiven Wahlrecht ausgeschlossen sind alle Bürger, die entmündigt sind, unter Vormundschaft stehen, an einem geistigen Gebrechen leiden oder nicht im Besitz der bürgerlichen Ehrenrechte sind. Außerdem kann durch Gerichtsbeschluß das Wahlrecht entzogen werden. Weitere Ausschließungsgründe vom aktiven Wahlrecht ergeben sich aus dem Paragraphen zwölf des „Staatsbürgerschaftsgesetzes der DDR" vom 20. Februar 1967, aufgrund dessen die Staatsbürgerschaft entzogen werden kann, wenn „sich der Bürger der Staatsbürgerschaft der DDR durch große Mißachtung der mit ihrer Verleihung übernommenen Verpflichtungen nicht würdig erweist"[60]). Als in der Ausübung des Wahlrechts behindert gelten Insassen von Heil- und Pflegeanstalten, Straf- und Untersuchungsgefangene und Inhaftierte. Bürger der DDR, die sich am Wahltag im Ausland aufhalten, können in den diplomatischen Vertretungen wählen. Briefwahl ist nicht möglich. Wählbar ist jeder Bürger nach Vollendung des 21. Lebensjahres, der aktiv wahlberechtigt ist. Inkompatibilitäten bestehen nur für die Mitglieder der Wahlkreiskommissionen.

Die *Zahl der Abgeordneten* war für die Wahl zur ersten ordentlichen Volkskammer durch die Verfassung auf 400 festgesetzt und wurde durch die Wahlgesetzänderung von 1963 auf 434 erweitert. Hinzu kamen seit 1954 noch 66 Berliner Abgeordnete, die aufgrund des besonderen Status von Berlin nicht direkt gewählt, sondern vom Magistrat Ost-Berlins delegiert wurden. Seit der Totalrevision

---

[59]) Zu den einzelnen Wahlgesetzen siehe die BiblAng. Das gegenwärtig gültige Wahlgesetz ist zusammen mit einem Auszug aus der Wahlordnung abgedruckt im Quellenteil Nr. 13, S. 413 ff.

[60]) Das Staatsbürgergesetz ist abgedruckt bei Siegfried Mampel, Die Volksdemokratische Ordnung in Mitteldeutschland . . ., a. a. O., S. 147.

der Verfassung im Jahre 1968 sollen jedoch auch die Berliner Abgeordneten unmittelbar bestellt werden[61]). Bei den Wahlen zu den Volksvertretungen aller Ebenen werden zudem sog. Nachfolgekandidaten gewählt. Bis 1958 war ihre Zahl auf 100 festgelegt. Seit 1963 beträgt die Zahl der Nachfolgekandidaten etwa zwischen einem Viertel und einem Drittel der zu wählenden Abgeordneten[62]).

Diese Kooptation geht zurück auf das Volkssouveränitätsprinzip. Es soll dem Wähler die Möglichkeit gegeben werden, Abgeordnete, die sein Vertrauen verloren haben, auch während der Wahlperiode abberufen und durch neue Abgeordnete ersetzen zu können. Die gesetzlichen Bestimmungen über das Ende der Amtszeit eines Abgeordneten sehen deshalb neben dem Ende der Wahlperiode oder dem Erlöschen des Mandats durch Tod des Mandatsträgers oder Verlust der Wählbarkeit die freiwillige Mandatsniederlegung und die *Abberufung* des Abgeordneten vor. Die freiwillige Mandatsniederlegung muß jedoch von der Volksvertretung genehmigt werden. Die Abberufung kann einmal vorgenommen werden durch die Volksvertretung selbst oder auf Antrag der Wähler oder der Parteien und Massenorganisationen bei einer hierzu von den regionalen Ausschüssen der „Nationalen Front" einberufenen Wählerversammlung[63]). Ein Antrag auf Abberufung kann gestellt werden, wenn ein Abgeordneter das Vertrauen seiner Wähler nicht rechtfertigt oder seine Pflicht mangelhaft erfüllt. Da über den Antrag die Volksvertretung entscheidet, in der der betreffende Abgeordnete sein Mandat innehat, bleibt der Einfluß des Wählers gering[64]). Diese Bestimmungen stärken in der Praxis vielmehr die zentralen Organe der Parlamente, das Präsidium der Volkskammer und die ständigen Ausschüsse der örtlichen Volksvertretungen. Unter dem Deckmantel der Volkssouveränität bewirken sie bei der personellen Verzahnung von Partei- und Staatsämtern eine nicht unerhebliche Abhängigkeit des einzelnen Abgeordneten von den zentralen Gremien der SED. Das in der Verfassung von 1949 garantierte freie Mandat des Abgeordneten wird dadurch faktisch aufgehoben. Während der ersten Wahlperiode z. B. verloren durch Beschluß der Volkskammer 44 Abgeordnete ihr Mandat[65]).

---

[61]) Vgl. Paragraph 7 des Wahlgesetzes von 1963 und Artikel 54 der Verfassung von 1968.

[62]) Siehe im einzelnen für die Wahl von 1967 die Aufstellung der Wahlkreisergebnisse im Handbuch der Volkskammer der Deutschen Demokratischen Republik, 5. Wahlperiode, hrsg. vom Präsidium der Volkskammer, Berlin (Ost) 1967, S. 76 ff.

[63]) Vgl. Paragraph 19 des Wahlgesetzes von 1963 im Quellenteil Nr. 13, S. 416.

[64]) Siehe hierzu Dieter Feddersen, a. a. O., S. 65 ff.

[65]) Nach Hermann Weber und Lothar Pertinax, Schein und Wirklichkeit in der DDR. 65 Fragen an die SED, Stuttgart 1958, S. 115.

Wahlrechtsgesetzgebung und *Wahlpraxis* in den sozialistischen Ländern decken sich in den Bestimmungen über Wahlperiode, Mitgliederzahl, Wahlkreiseinteilung, Wahlorganisation[66]) und in den Begriffen
des engeren Wahlrechts „allgemein", „unmittelbar" und „gleich" im
Hinblick auf den Zählwert der Stimme. Das Recht auf geheime Wahl
allerdings wird trotz der verfassungsrechtlichen Garantie schon durch
die massive Propagierung der offenen Stimmabgabe vor den Wahlen
in Frage gestellt. Die Inanspruchnahme des Wahlgeheimnisses sowie
Wahl- und Stimmenthaltung stehen im Widerspruch zum sozialistischen Wahlbegriff und werden als staatsfeindliche Haltung angesehen[67]).

Artikel 51 der Verfassung von 1949 bestimmte als *Wahlsystem* die
Verhältniswahl starrer Liste. Die Zuteilung der Mandate auf die
Wahlvorschläge sollte im gesamten Wahlgebiet „entsprechend dem
Verhältnis der auf die Wahlvorschläge entfallenden Zahl der Stim-
men"[68]) erfolgen. Ein bestimmtes Verrechnungsverfahren — für das
Proporzsystem an sich conditio sine qua non — sahen jedoch weder
das Wahlgesetz noch die Durchführungsverordnung vor, da die Ein-
heitsliste eine Verrechnung auf verschiedene Wahlvorschläge erübrigte.

Seit der *Wahlgesetzmodifikation von 1963* gilt — die SED folgte
hierin dem Vorbild anderer osteuropäischer Staaten[69]) — die absolute
Mehrheitswahl in Mehrmannwahlkreisen nach Listen. Erstmals angewandt wurde dieses Wahlsystem bei den Kreis- und Gemeindewahlen vom 10. Oktober 1965. Seither erfolgt die Wahlkreiseinteilung für jede Wahl durch den Staatsrat; sie soll die Verwaltungs-
gliederung in Bezirke und Kreise sowie die Bevölkerungszahl berücksichtigen. Bei den beiden letzten Wahlen von 1963 und 1967
war das Wahlgebiet in 67 Wahlkreise mit vier bis acht Abgeordneten
und ein bis vier Nachfolgekandidaten eingeteilt[70]). Die durchschnittliche Einwohnerzahl pro Wahlkreis betrug 1967 253 730, die durchschnittliche Zahl der Wahlberechtigten 173 134. Im größten Wahlkreis, Karl-Marx-Stadt (Chemnitz), lebten 302 418 Wahlberechtigte,
im kleinsten, Merseburg, hingegen nur 96 601. In jedem Wahlkreis
werden dabei mehr Kandidaten aufgestellt, als Mandate zu vergeben

---

[66]) Im einzelnen siehe die wahlgesetzlichen Bestimmungen im Quellenteil Nr. 13,
S. 413 ff.

[67]) Ähnlich Dieter Feddersen, a. a. O., S. 46. Vgl. auch Gerhard Riege, Die Rolle
der Wahlen in der DDR, Berlin (Ost) 1958, S. 23 ff.

[68]) Paragraph 46 des Wahlgesetzes von 1954; abgedruckt u. a. bei Günter Albrecht, Hrsg., Dokumente . . ., a. a. O., Bd. 1, S. 468 ff.

[69]) Vgl. insbesondere den Beitrag Polen (von Klaus Schrode) in Die Wahl der
Parlamente und anderer Staatsorgane, a. a. O., S. 995 ff.

[70]) Die Zahlen nach Handbuch der Volkskammer . . ., a. a. O., S. 76 ff.

sind. Der Wähler kann die ihm nicht genehmen Kandidaten streichen. Gewählt ist, wer mehr als 50 v. H. der gültigen Stimmen erhalten hat. „Erhält eine größere Zahl der Kandidaten mehr als 50 v. H. der gültigen Stimmen als Mandate im jeweiligen Wahlkreis vorhanden sind, entscheidet die Reihenfolge der Kandidaten auf dem Wahlvorschlag über die Besetzung der Abgeordnetenmandate und über die der Nachfolgekandidaten"[71]). Die vom Wähler vorgenommenen Streichungen haben auf die Wahl der Kandidaten also nur eine äußerst beschränkte Wirkung; die Summe der Streichungen auf den Stimmzetteln verändert die starre Liste erst dann, wenn ein Kandidat auf mehr als 50 v. H. der gültigen Stimmzettel ausgestrichen ist. Nachwahlen müssen stattfinden, wenn in einem Wahlkreis weniger Kandidaten, als Mandate zu besetzen sind, die erforderliche Stimmenmehrheit erreicht haben; dieser für die Konstruktion des Wahlsystems notwendigen Bestimmung kommt in der Wahlpraxis keine Bedeutung zu.

Das seit 1963 gültige Wahlsystem setzt für die *Wahlbewerbung* nur eine Kandidatenliste voraus. Verfassungs- und Wahlgesetzgebung ermöglichten jedoch formell die Kandidatur separater Wahlvorschläge. So bestimmten Artikel 13 der Verfassung von 1949 und die Wahlgesetze von 1950 und 1954: „Wahlvorschläge für die Volkskammer dürfen nur die Vereinigungen aufstellen, die nach ihrer Satzung die demokratische Gestaltung des staatlichen und gesellschaftlichen Lebens der gesamten Republik erstreben und deren Organisation das ganze Staatsgebiet umfaßt". Die Wahlgesetze gestatteten allerdings die Listenverbindung zu einer Einheitsliste[72]). Auch das Wahlgesetz von 1963[73]) erlaubt formell die Wahlbewerbung verschiedener Wahlvorschläge, diese müssen aber von den demokratischen Parteien und Massenorganisationen aufgestellt und können zu einem gemeinsamen Wahlvorschlag der „Nationalen Front des demokratischen Deutschland" vereinigt werden.

In der Praxis ist bisher bei den Wahlen zu allen Repräsentationskörperschaften seit der Gründung der DDR jeweils nur eine Einheitsliste der Nationalen Front aufgestellt worden. *Blocksystem und Einheitsliste* gehen zurück auf das Prinzip der Volkssouveränität. Nach der Theorie — u. a. entwickelt von Alfons Steiniger[74]) — soll mit

---

[71]) Paragraph 39 der Wahlordnung von 1963; vgl. Quellenteil Nr. 13, S. 423.

[72]) Vgl. auch die Paragraphen 26 bzw. 16 der Wahlgesetze von 1950 und 1954.

[73]) So Paragraph 16 des Wahlgesetzes von 1963.

[74]) Alfons Steiniger, Das Blocksystem. Beitrag zu einer demokratischen Verfassungslehre, Berlin (Ost) 1949. Siehe hierzu die kritische Analyse und Auseinandersetzung mit den Thesen Steinigers von Dolf Sternberger, Block und Koalition ..., a. a. O., S. 66 ff.; vgl. auch Dieter Feddersen, a. a. O., S. 31 ff.

dem Blocksystem der Antagonismus von Mehrheit und Minderheit überwunden werden und allen Parteien und politischen Gruppen die Möglichkeit gegeben werden, gemeinsam die Regierungspolitik auszuüben. Das Ziel des Blocksystems sei es somit, dem Ideal der Einstimmigkeit so nahe wie möglich zu kommen, um die Verschmelzung des Individualwillens im Gemeinschaftswillen zu erreichen[75]. Faktisch jedoch besteht die Aufgabe von Blocksystem und Einheitsliste darin, das Herrschaftssystem der kommunistischen Partei im institutionellen Bereich sicherzustellen[76]. Deutlich wird diese Wirkweise der Einheitsliste durch einen Vergleich der Mandatsverteilung nach den Landtagswahlen von 1946 und 1950, der aufzeigt, daß die SED die Mehrheit in den Landtagen im wesentlichen über die Einheitsliste erzielte.

Tabelle XVIII: Mandatsverteilung in den Landtagen nach den Wahlen von 1946 und 1950

Länder	1946 Mandate		1950 Mandate		Gesamt-mandate
	SED*)	CDU/LPD	SED**)	CDU/LDP	
Brandenburg	49	51	74	26	100
Mecklenburg	48	42	64	26	90
Thüringen	53	47	72	28	100
Sachsen	62	58	86	34	120
Sachsen-Anhalt	53	57	80	30	110
Insgesamt	265	255	376	144	520

Anmerkungen: *) SED und Massenorganisationen; **) SED, NDPD, DBD und Massenorganisationen.
(Quelle: Wahlen in der Sowjetzone, s. BiblAng., S. 34, vgl. Tab. A 29)

Der Einfluß der SED beschränkte sich jedoch nicht nur auf die Festlegung der Fraktionsstärken der Parteien und Massenorganisationen der Nationalen Front. Blocksystem und Einheitsliste gaben den Kommunisten zudem auch die Möglichkeit, die parteiinterne Kandidatenauswahl der anderen Mitglieder der Nationalen Front zu kontrollieren. Die Einheitsliste für Sachsen-Anhalt enthielt z. B. bei der

---

[75] Vgl. Alfons Steiniger, a. a. O., passim, insbesondere S. 20 ff.

[76] Ähnlich Dieter Feddersen, a. a. O., S. 159. Zu den weiteren Funktionen des Blocksystems, etwa der des Transmissionsriemens, der Transformation der Parteien und der Alibifunktion, daß formal ein Mehrparteiensystem weiter existiere, siehe Roderich Kulbach/ Helmut Weber, Parteien im Blocksystem der DDR. Aufbau und Funktionen der LDPD und NDPD, Köln 1969, S. 7 ff. Vgl. ferner aus kommunistischer Sicht Irene Köhler/Siegfried Wetzig, Über Wesen und Aufgaben der Blockpolitik in der DDR, in: Die Einheit 1961, S. 231 ff.; Manfred Gerlach, Bündnispolitik und Verfassungsrecht, in: Staat und Recht 1968, S. 1543 ff.

Landtagswahl von 1950 keinen einzigen bei der Wahl von 1946 gewählten Abgeordneten mehr; von den 100 Abgeordneten des brandenburgischen Landtags kandidierten 1950 nur noch neun, in Mecklenburg von 90 Abgeordneten nur noch zehn[77]).

b) Bedeutung und Funktionen der Wahl

Die Einheitsliste hat zwangsläufig zur Folge, daß die Zusammensetzung der Volksvertretungen, die Verteilung der Mandate auf die Parteien und Massenorganisationen sowie die soziale Gliederung der Parlamente im vorhinein festgelegt sind. Die Wahl dient zwar — wie im bürgerlich-demokratischen Verfassungs- und Institutionensystem auch — zur Legitimation des Herrschaftssystems, mehr jedoch zur Festigung der Arbeiter- und Bauernmacht und der volksdemokratischen Ordnung[78]); sie dient ferner gleichfalls zur Bestellung einer Repräsentation. Die Bestimmung von Machtträgern in der Regierung, die Auswahl zwischen verschiedenen konkurrierenden Wahlbewerbern oder gar eine Sachentscheidung über alternative politische Vorstellungen kann der Wähler mit seiner Stimmabgabe jedoch nicht treffen. Die Wahl bekommt somit in den sozialistischen Ländern nicht zuletzt aufgrund des Blocksystems und der Einheitsliste einen vom bürgerlich-demokratischen Wahlbegriff grundsätzlich verschiedenen Charakter[79]). Dies wirkt sich vor allem auch auf die Funktionen aus, die die Wahlen zwangsläufig erhalten und die ihr von kommunistischer Seite zugewiesen werden.

Dem eigentlichen *Wahlakt* kommt nur geringe *Bedeutung* zu[80]). Das Wahlergebnis (Wahlbeteiligung, ungültige Stimmen und Gegenstimmen) ist nur insofern von Interesse, als es die Einheit der gesamten Bevölkerung, ihre Übereinstimmung mit der Politik der SED und der Nationalen Front sowie ihren Willen zum Aufbau des Sozialismus zu dokumentieren hat[81]). Einen Gradmesser der öffentlichen Meinung stellt es jedoch infolge der weitgehend organisierten und öffentlichen Stimmabgabe nicht dar. Bei allen Wahlen zur Volkskammer lag die Wahlbeteiligung stets über 98 v. H., der Prozent-

---

[77]) Vgl. Hermann Weber, Von der SBZ zur DDR, a. a. O., S. 61.

[78]) Vor allem hierin wird von kommunistischer Seite eine entscheidende Funktion der Wahl gesehen. Vgl. etwa Eberhard Poppe, Der sozialistische Abgeordnete und sein Arbeitsstil, Berlin (Ost) 1959, S. 31 ff.; ähnlich auch Gerhard Riege, a. a. O., passim.

[79]) Zu Begriff und Funktion der bolschewistischen (sozialistischen) Wahl siehe im übrigen die theoretisch-analytischen Ausführungen in den Begrifflichen Grundlagen, S. 13 ff.; vgl. jetzt auch die Heidelberger Dissertation von Hermann-Otto Leng, Die allgemeine Wahl im bolschewistischen Staat. Diss. masch. Heidelberg 1970.

[80]) So auch Dieter Feddersen, a. a. O., S. 28.

[81]) Vgl. Eberhard Poppe, a. a. O., S. 33.

satz der für die Nationale Front abgegebenen gültigen Stimmen zwischen minimal 99,46 v. H. [1954] und maximal 99,95 v. H. [1963] (s. Tab. A 31). Die Stimmabgabe am Wahltag ist — auch nach kommunistischer Auffassung — im wesentlichen nur noch ein symbolischer Akt, der die Wahl beschließt[82]). Im Mittelpunkt der Wahl in den sozialistischen Ländern stehen Wahlvorbereitung, Wahlbewegung, Kandidatenauswahl, Nomination und Wahlkampf; ihnen kommt erheblich mehr Gewicht zu als der Wahlentscheidung selbst. „Wahlen zu den Vertretungskörperschaften im sozialistischen Staat sind immer Höhepunkte im Leben des werktätigen Volkes. Sie sind Anlaß, Rückschau auf den bisher zurückgelegten Weg zu halten, über die bisherigen Resultate der gemeinsamen schöpferischen Arbeit bei der Gestaltung des neuen Lebens in der sozialistischen Gesellschaft Rechenschaft abzulegen und zugleich den Blick nach vorn zu richten, um über die neuen Aufgaben, die gelöst werden müssen, Klarheit zu schaffen"[83]).

Die entscheidende *Funktion der sozialistischen Wahl* ist es, durch Agitation und Diskussion während der Wahlbewegung und des Wahlkampfes über zum Zeitpunkt der Wahl anstehende politische Fragen das Bewußtsein der Bevölkerung zu stärken und zu heben[84]) und dadurch zur „Festigung der politisch-moralischen Einheit der Bevölkerung"[85]) beizutragen. Diesem Ziel dienen neben den Versammlungen vor allem die massenhaft ausgeführten Selbstverpflichtungen des einzelnen wie der Betriebe und Organisationen, die vorzeitige Planerfüllung der Betriebsgruppen, die zusätzliche gesellschaftliche Aktivität der Jugendorganisationen u. a. m.[86]). Dieser vornehmlich sozio-ökonomischen Komponente innerhalb der Wahl, die als Nebenwirkung einen konkreten wirtschaftlichen Nutzeffekt hat, wird in letzter Zeit verstärkte Bedeutung beigemessen. In erster Linie als Wettbewerb durchgeführt, wird sie von kommunistischer Seite politisch im wesentlichen als Volksabstimmung interpretiert, die dokumentiere, „daß in der Deutschen Demokratischen Republik Staatsmacht und Volk eine unerschütterliche und sich immer mehr festigende Einheit bilden"[87]).

---

[82]) Siehe Oswald Unger, Die Rolle der Wahlen in der DDR für die weitere Festigung und Entwicklung der sozialistischen Staatsorgane und für die sozialistische Willensbildung der Werktätigen, in: Staat und Recht 1958, S. 960.

[83]) Otto Gotsche, Wahlen in der DDR, Schriftenreihe des Staatsrates der Deutschen Demokratischen Republik, Nr. 4/1963, S. 7.

[84]) Vgl. Oswald Unger, a. a. O., S. 960.

[85]) Präambel des Wahlgesetzes von 1963; vgl. Quellenteil Nr. 13, S. 413.

[86]) Vgl. etwa Ernst-Wolfgang Böckenförde, a. a. O., S. 59; siehe auch Eberhard Poppe, a. a. O., S. 41 f.

[87]) Otto Gotsche, a. a. O., S. 8.

Das Hauptgewicht der *Wahlbewegung* liegt jedoch auch weiterhin auf den Wählervertreter- und Wählerversammlungen, die — wie der gesamte Wahlkampf — von den Organen der Nationalen Front durchgeführt werden. Während des Wahlkampfes des Jahres 1954 z. B. — er dauerte vom 28. Juli bis zum 17. Oktober — fanden 491 121 Versammlungen statt, zu denen bei einer Gesamtbevölkerung von etwa 17 Millionen Einwohnern knapp 15 Millionen Teilnehmer erschienen; von diesen sprachen in den Diskussionen etwa zehn Prozent; es wurden etwa 52 000 Wünsche, Anregungen und Beschwerden vorgebracht[88]). Die Versammlungen werden vielfach in den Betrieben, Fabriken, landwirtschaftlichen Genossenschaften und Wohnbezirken abgehalten. Im Bezirk Frankfurt/Oder fanden 1954 beispielsweise nur 634 öffentliche Versammlungen, jedoch 777 Betriebs-, 3 443 Kleinst- sowie 2 208 Haus- und Hofversammlungen statt.

Die Wahlbewegung vollzieht sich in *zwei Phasen:* Sie setzt ein mit der *Rechenschaftslegung der Abgeordneten* und wird weitergeführt mit der *Kandidatenvorstellung* bzw. *-auswahl*[89]). Mit den Rechenschafts- wie den Vorstellungsversammlungen, die beide von der Wahlordnung gefordert werden[90]), wird das Ziel verfolgt, Diskussionen von Abgeordneten und Kandidaten mit dem Wähler herbeizuführen, damit sie ihm ihre bisherigen gesellschaftlichen Tätigkeiten und Zielsetzungen erläutern[91]); der Wähler soll seine eigenen Vorstellungen darlegen, damit der Abgeordnete sie dann bei seiner Arbeit berücksichtigen kann. Kritik von Seiten der Wähler wie Stellungnahmen der Abgeordneten und Kandidaten sind jedoch an die Grundlagen des Marxismus-Leninismus, die Erfordernisse des sozialistischen Gesellschaftssystems, die von den zentralen Gremien der SED aufgestellten Leitlinien und den Wahlaufruf des Nationalrates der Nationalen Front gebunden[92]). Die SED ist ferner bemüht, über diese Versammlungen eine engere Verbindung zwischen Wähler und Abgeordneten zu erreichen. Dem Wähler soll das Gefühl gegeben werden, er werde von „eigenen" Abgeordneten repräsentiert. Der Rechenschaftslegung der Abgeordneten kommt zudem dadurch gewisse Bedeutung zu, daß seit dem Wahlgesetz von 1963 bei jeder Wahl ein Drittel der bisherigen Abgeordneten durch neue ersetzt wer-

---

[88]) Vgl. Jahrbuch der DDR, 1. Jg., Berlin 1956, S. 94 f.; siehe auch Dieter Feddersen, a. a. O., S. 27.

[89]) Siehe hierzu insbesondere Hermann-Otto Leng, a. a. O., passim.

[90]) Vgl. Paragraph 27 der Wahlordnung von 1963 im Quellenteil Nr. 13, S. 422.

[91]) Vgl. Eberhard Poppe, a. a. O., S. 35 ff.; siehe auch Lucie Haupt, Wie übt das Volk in unserer Republik die Staatsmacht aus, Leipzig/Jena 1956, passim.

[92]) Vgl. als ein Beispiel den Wahlaufruf des Nationalrates der Nationalen Front vom 5. Mai 1967, abgedruckt im Handbuch der Volkskammer..., a. a. O., S. 69 ff.

den muß[93]). Während der fünften Wahlperiode (seit 1967) gehören von den 434 Abgeordneten 168 der Volkskammer zum ersten Mal an, sieben Abgeordnete traten als Nachfolgekandidaten im Laufe der vierten Wahlperiode ins Parlament ein, 259 Abgeordnete sind mindestens seit Beginn der vierten Wahlperiode im Jahre 1963 Mitglieder der Volkskammer[94]). Diese Bestimmung trägt ähnlich wie die über die Abberufung von Abgeordneten zur Kontrolle der SED über die einzelnen Abgeordneten bei; sie zeigt aber vor allem die untergeordnete Stellung des Parlamentes im politischen Entscheidungsprozeß auf.

Als besonders demokratisch wird von kommunistischer Seite die *Aufstellung und Prüfung der Kandidaten durch den Wähler* selbst hervorgehoben[95]). Nach Paragraph 27 der Wahlordnung von 1963 können die Wählervertreterkonferenzen bzw. in kleinen Orten die Wählerversammlungen, die von den Organen der Nationalen Front einberufen werden, zum Wahlvorschlag der Nationalen Front und zur Reihenfolge, in der die Kandidaten auf der effektiv starren Liste aufgeführt sind, Stellung nehmen und Beschluß fassen. Sie „sind berechtigt, vorzuschlagen, Kandidaten von dem Wahlvorschlag abzusetzen"[96]). Ein Ablehnungsrecht haben jedoch weder die Wählervertreter noch die Wähler; über die Absetzung von Kandidaten entscheiden vielmehr die jeweils zuständigen zentralen Wahlkommissionen, d. h. bei Volkskammerwahlen die Wahlkommission der Republik, bei Bezirkstagswahlen die Bezirkswahlkommission[97]). Von der kommunistischen Staatsrechtslehre wird dies keinesfalls als Beeinträchtigung der Rechte des Wählers angesehen, da die Wahlkommission wirklich vertrauensunwürdige Kandidaten, deren Abberufung gefordert worden ist, vom Wahlvorschlag streichen würde[98]). Zudem wird — als wenig stichhaltiges Argument — angeführt, es bestünde die Gefahr, daß mehr oder minder zufällige Gremien, die

---

[93]) Vgl. Paragraph 7 des Wahlgesetzes von 1963.

[94]) Diese Zahlen zusammengestellt nach Handbuch der Volkskammer ..., a. a. O., passim.

[95]) Vgl. etwa den Wahlaufruf der Nationalen Front für die Wahl von 1967, abgedruckt im Handbuch der Volkskammer ..., a. a. O., S. 73: „Sie (= eindeutige Festlegungen im Wahlsystem) sichern vor allem, daß die Bürger an dem entscheidenden Prozeß der Auswahl jedes Kandidaten unmittelbar durch ihre gewählten Wählervertreter teilnehmen. Gerade das bleibt in Westdeutschland im Dunkel der Konzernbüros und erfolgt im Dschungel der vom Kapital abhängigen Parteispitzen". Ähnlich auch die Zitatstelle bei Hermann Weber, Von der SBZ zur DDR, a. a. O., S. 217 f.

[96]) Paragraph 27 der Wahlordnung von 1963; vgl. Quellenteil Nr. 13, S. 422.

[97]) Zur Bestellung und Zusammensetzung der Wahlkommissionen siehe Paragraph 1 ff. der Wahlordnung.

[98]) Vgl. Eberhard Poppe, a. a. O., S. 40.

in bezug auf Größe und soziale Gliederung der Gesellschaftsstruktur nicht entsprechen, über die Kandidaten urteilen könnten. Das Entscheidungsrecht der Wahlkommissionen verhindere dies.

Während der Wahlbewegung zu den Kreis-, Stadt- und Gemeindewahlen im Jahre 1957 wurde bei einer Gesamtzahl von etwa 272 000 Kandidaten in 1 018 Fällen die Absetzung von den Wahlvorschlägen verlangt[99]). Eine detaillierte Analyse über die Parteizugehörigkeit der Kandidaten, die tatsächlich erfolgte Absetzung usw. ist nur sehr schwer möglich. Kandidaten der SED scheinen jedoch — wenn überhaupt — in wesentlich geringerem Umfang als Kandidaten der übrigen Mitglieder der Nationalen Front abberufen worden zu sein. Im allgemeinen jedoch bleibt die Möglichkeit des Wählers, Kandidaten abzulehnen und damit die Abberufung herbeizuführen, gering und ist zudem der — wenn auch eingeschränkten — Kontrolle der SED unterworfen[100]).

Obwohl die Kandidatenaufstellung formell erst mit den Wählervertreter- und Wählerversammlungen abgeschlossen ist, so unterliegt ebenso wie die Wahlbewegung auch die eigentliche Auswahl der Kandidaten und damit zugleich der Abgeordneten der Kontrolle der SED[101]). Die *Überwachung der Kandidatennomination* ergibt sich aus der führenden Rolle der Arbeiterklasse und der kommunistischen Partei in der Gesellschaft[102]). „Entsprechend dem Wesen der Diktatur der Arbeiterklasse und der damit verwirklichten Volksherrschaft bleibt die führende Rolle der Partei der Arbeiterklasse auch innerhalb des Nominierungsrechtes die Kernfrage, weil ohne sie eine dauerhafte Verwirklichung der Volksherrschaft undenkbar ist und es nur den tatsächlichen Verhältnissen entspricht, wenn sie in der politischen Struktur unserer Volksvertretungen zum Ausdruck kommt"[103]).

---

[99]) Vgl. Dieter Feddersen, a. a. O., S. 27.

[100]) Allerdings findet bei der Rechenschaftslegung und Kandidatenvorstellung tatsächlich eine Aussprache über Personen und Sachfragen statt, bei der im Rahmen der Gesellschaftsordnung und der durch den Wahlaufruf der Nationalen Front aufgezeigten Leitlinien für die politisch-programmatische Zielrichtung Kritik geübt und sachliche Vorschläge an die Partei und Kandidaten herangetragen werden können. Vgl. Ernst-Wolfgang Böckenförde, a. a. O., S. 59.

[101]) Siehe hierzu die Kritik von Vladimir Klokočka, einem der führenden Theoretiker des Prager Reformkurses, in seiner Schrift Demokratischer Sozialismus. Ein authentisches Modell, Hamburg 1968, passim. Vgl. auch den Beitrag Tschechoslowakei in Die Wahl der Parlamente und anderer Staatsorgane, a. a. O., S. 1313 ff.

[102]) Siehe dazu neuerdings, vor allem als Antwort auf den „pluralistischen Sozialismus" der Prager Reformpolitiker, Ernst Gottschling, Die Theorie von der „pluralistischen Demokratie" im heutigen Klassenkampf, in: Neue Justiz, Jg. 22 (1968), S. 614 f., wo die führende Rolle der kommunistischen Parteien erneut stark betont wird.

[103]) Eberhard Poppe, a. a. O., S. 38.

Die Einflußnahme der Kommunisten auf die Kandidatennomination der anderen Parteien der Nationalen Front ist in erster Linie über die von der SED beherrschten Sekretariate der Nationalen Front gegeben[104]). Die nur selten erfolgenden Abberufungen von Kandidaten lassen zudem vermuten, daß sich die Parteien in der Regel schon vor oder während der Auswahl ihrer Kandidaten die Zustimmung der SED einholen. Welches Gremium die Kandidatenauswahl der Mitglieder der Nationalen Front überwacht, kann jedoch nicht mit Sicherheit gesagt werden. Die Aufstellung der SED-Kandidaten und die der Massenorganisationen wird direkt von der zuständigen Kaderabteilung des Zentralkomitees der SED (bis 1958 die Abteilung „Leitende Organe" [LO]) gelenkt[105]).

Besonderer Wert wird bei der Kandidatenauswahl zudem auf die *soziale Zusammensetzung der Repräsentationskörperschaften* gelegt. Die Volksvertretungen sollen weitestgehend ein Spiegelbild der sozialen Gliederung der Gesellschaft sein. Nur über die „Abbildung"

Tabelle XIX: Soziale Herkunft der Volkskammerabgeordneten 1954—1970

	2. Wahlperiode (1954—1958)		3. Wahlperiode (1958—1963)		4. Wahlperiode (1963—1967)		5. Wahlperiode (seit 1967)	
Arbeiter	222*)	262**)	244	286	245	283	283	287
Bauern	39	43	31	36	48	52	41	44
Angestellte	63	78			57	70	56	71
Handwerker u.			} 85	99				
Gewerbetreibende	38	40			52	59	48	52
Intelligenz	38	43	36	41	21	23	27	34
Sonstiger Herkunft	—	—	4	4	11	13	11	12
Insgesamt	400	466	400	466	434	500	434	500

Anmerkung: *) Die Kolonnen jeweils ohne die Berliner Abgeordneten; **) die Kolonnen jeweils einschließlich der Berliner Abgeordneten.

(Quelle: Statistisches Jahrbuch der DDR, Jahrgang 1 ff., Berlin (Ost) 1956 ff.)

des Volkes in den Parlamenten — so argumentiert man von kommunistischer Seite — könnten das Prinzip der Volkssouveränität verwirklicht und die Identität der staatlichen Organe mit dem Volk hergestellt werden[106]). Da der Anteil der gesellschaftlichen Gruppen an Aufbau des Sozialismus zu berücksichtigen ist, bilden die Angehörigen der Arbeiterklasse — wie Tabelle XIX zeigt — die stärkste soziale Gruppe in der Volkskammer.

---

[104]) Vgl. Ernst Richert, a. a. O., S. 200 ff.
[105]) Ebenda.   [106]) Vgl. Lucie Haupt, a. a. O., S. 12 f.

Ähnliche Überlegungen und Maßstäbe bestimmen auch die *Altersstruktur der Volksvertretungen*. Vor allem in jüngster Zeit hat die steigende Bedeutung der jüngeren Generation im wirtschaftlichen Bereich auch zur stärkeren Repräsentation in der Volkskammer geführt. Eine gewisse Rolle mag jedoch auch die Tatsache spielen, daß die jüngere Bevölkerung, die nur wenig Vergleichsmöglichkeiten hat, zudem zum großen Teil bereits kommunistisch erzogen ist, dem sozialistischen Gesellschaftssystem und der Politik der SED gegenüber wenn auch nicht unkritisch, so doch wesentlich positiver eingestellt ist als die ältere Generation. Seit Beginn der fünften Wahlperiode ergibt sich folgende altersmäßige Gliederung der Volkskammer: 66 (12,2 v. H.) der 500 Abgeordneten (unter Einschluß der Berliner Abgeordneten) sind unter 30 Jahre, 164 (32,8 v. H.) zwischen 31 und 40 Jahre, 148 (29,6 v. H.) zwischen 41 und 50 Jahre, 78 (15,6 v. H.) zwischen 51 und 60 Jahre und nur 44 (8,8 v. H.) Abgeordnete über 60 Jahre alt[107].

Nach der Einheitsliste hatte die Volkskammer folgende Zusammensetzung:

Tabelle XX: Fraktionelle Gliederung der Volkskammer 1950—1970

Parteien	1. Wahlperiode (1950—1954)		2. u. 3. Wahlperiode (1954—1963)		4. u. 5. Wahlperiode (1963—1971)	
	absolut	in %	absolut	in %	absolut	in %
SED	110	25,0	117	25,00	127	25,4
LDPD	66	15,0	52	11,25	52	10,4
CDU	67	15,0	52	11,25	52	10,4
NDPD	35	7,5	52	11,25	52	10,4
DBD	33	7,5	52	11,25	52	10,4
FDGB	49	10,0	53	11,25	68	13,6
FDJ	25	5,0	29	6,25	40	8,0
DFD	20	3,7	29	6,25	35	7,0
VVN	19	3,7	—	—	—	—
Kulturbund	24	5,0	18	3,75	22	4,4
VdgB/Genossenschaften	12	2,6	12	2,50	—	—
SPD-Berlin	6	—	—	—	—	—
Insgesamt	466*)	100,0**)	466*)	100,00*)	500*)	100,0*)

Anmerkungen: *) Unter Einschluß der Berliner Abgeordneten; **) ohne die Berliner Abgeordneten.
(Quelle: Zusammengestellt nach Statistisches Jahrbuch der DDR, Jahrgänge 1, 4, 10, Handbuch der Volkskammer, 5. Wahlperiode, Richert, s. BiblAng., S. 201 f., Doernberg, s. BiblAng., S. 691 f.)

Die in Tabelle XX aufgeführten Mandatszahlen der Parteien und Massenorganisationen bieten jedoch nur ein verzerrtes Bild der

---

[107] Nach Handbuch der Volkskammer ..., a. a. O., S. 114 f.

Fraktionszusammensetzung der Volkskammer. Tatsächlich verfügt die SED stets über die absolute Mehrheit der Mandate. Sie erreicht die Mandatsmehrheit in erster Linie über die von ihr beherrschten und kontrollierten Massenorganisationen. Während der zweiten Wahlperiode waren von den 120 Abgeordneten der Massenorganisationen 108 zugleich Mitglieder der SED; nach den Wahlen von 1963 und 1967 gehörten von 144 Abgeordneten sogar 107 bzw. 128 der SED an. Bezieht man diese Abgeordneten mit ein, so verfügte die SED bei einer Gesamtmandatszahl der Volkskammer von 400 Abgeordneten 1954 über 208 Mandate, 1958 über 207 sowie 1963 und 1967 bei einer Gesamtmandatszahl von 434 Abgeordneten über 217 bzw. 238 Mandate[108]).

IV. Die Verfassungsrevision des Jahres 1968

Mit der durch Volksentscheid gebilligten *Verfassung der Deutschen Demokratischen Republik von 1968* ist das Verfassungsrecht der materiellen Verfassung angeglichen worden. Ähnlich wie nach der To-

Volksentscheid vom 6. April 1968

	absolut	in % der Stimm-berechtigten	in % der abgegebe-nen Stimmen
Stimmberechtigte	12 208 986		
Abgegebene Stimmen	11 970 889	98,05	
Stimmenthaltungen	238 097	1,95	
gültige Stimmen	11 946 536	97,84	99,79
Ja-Stimmen	11 536 803	94,49	96,37
Nein-Stimmen	409 733	3,35	3,42
ungültige Stimmen	24 353	0,21	0,21
Stimmenthaltungen, ungültige Stimmen, Nein-Stimmen	672 183	5,51	

(Quelle: Zusammengestellt nach AdG 1968, S. 13.848)

talrevision der Verfassung in der Tschechoslowakei (1960) und in Rumänien (1965) sind somit auch in der DDR die Grundstrukturen des kommunistischen Herrschaftssystems, die Gewaltenvereinigung, der demokratische Zentralismus und das Blocksystem, verfassungs-

---

[108]) Von den 1967 144 über die Einheitsliste gewählten Abgeordneten der Massenorganisationen gehörten 128 zugleich auch der SED an. Von den 60 Abgeordneten des FDGB waren 53, von den 35 Abgeordneten der FDJ 32, von den 30 Abgeordneten des DFD 27 und von den 19 Abgeordneten des Kulturbundes 16 zugleich Mitglieder der SED (Angaben ohne die Berliner Abgeordneten). Zusammengestellt nach den Handbüchern der Volkskammer 1. bis 5. Wahlperiode, a. a. O., passim; vgl. Hermann Weber, Von der SBZ zur DDR, a. a. O., S. 218.

rechtlich verankert[109]). Dies hat jedoch zu keinerlei grundsätzlichen Veränderungen im Staatsaufbau geführt; Funktionen und Einfluß der einzelnen Staatsorgane sowie ihr Verhältnis zueinander sind weitestgehend erhalten geblieben. Nach der Verfassungsnorm ist die Volkskammer weiterhin „das oberste staatliche Machtorgan der Deutschen Demokratischen Republik" und „entscheidet in ihren Plenarsitzungen über die Grundfragen der Staatspolitik"[110]). In der Verfassungspraxis indes ist alle politische Macht unverändert im Staatsrat konzentriert, der infolge der Gewaltenvereinigung und des demokratischen Zentralismus alle relevanten gesetzgebenden und ausführenden Funktionen ausübt.

Die *führende Rolle der SED* als marxistisch-leninistische Partei innerhalb des Staates, der Nationalen Front und innerhalb der Arbeiterklasse wird von der Verfassung anerkannt und ausdrücklich betont[111]). Gewährleistet wird die unumschränkte Herrschaft der SED durch die enge personelle Verzahnung von Partei- und Staatsämtern[112]); die Wahlen zu den Volksvertretungen sind auch weiterhin ausschließlich auf die Erhaltung und Sicherung der bestehenden Machtverhältnisse gerichtet. Im Gegensatz zu einigen anderen sozialistischen Ländern sind die innenpolitischen Strukturen nach wie vor von straffen stalinistisch-bürokratischen Regierungspraktiken geprägt. Dies geht nicht zuletzt auf die besondere Situation der DDR innerhalb der osteuropäischen wie vor allem der gesamteuropäischen politischen Konstellationen zurück, die die SED-Führung aus innen- und außenpolitischen Überlegungen heraus zu einer starken Anlehnung an die Politik der Sowjetunion zwingen. Größere außenpolitische Selbständigkeit — wie sie z. B. Rumänien praktiziert — oder innenpolitische Demokratisierungsprozesse — wie sie zeitweilig in Polen und Ungarn oder jüngst in der Tschechoslowakei stattfanden — bedrohen das Herrschaftssystem der kommunistischen Partei in der DDR in viel stärkerem Maße als in anderen sozialistischen Ländern. Aus diesem Grunde haben die verschiedenen staatlichen Institutionen sowie die Massenorganisationen und Parteien der Nationalen Front, die ebenso wie der Staatsaufbau entsprechend dem demokratischen Zentralismus hierarchisch gegliedert sind, nur äußerst geringe Eigenverantwortlichkeiten. Ihre Aufgaben bleiben auch heute noch im wesentlichen darauf beschränkt, die politischen und gesellschaftlichen Ziele der SED der Bevölkerung zu verdeutlichen, um auf diese Weise als Transmissionsriemen zum Aufbau des Sozialismus beizutragen.

---

[109]) Vgl. Artikel 47.   [110]) Vgl. Artikel 48.   [111]) So in Artikel 1.
[112]) Siehe Ernst Richert, a. a. O., S. 47.

III. STATISTISCHER TEIL

Tabelle A 1: Berufsständische Zusammensetzung der Deutschen Nationalversammlung von 1848

1. Geistige und freie Berufe	Abg.	2. Staats- und Gemeindediener	Abg.	3. Wirtschaftsstände	Abg.
Universitätsprofessoren	49	Offiziere	16	Landwirte	60
Lehrer	57	Diplomaten	3	Kaufleute	46
Geistliche	33	Richter, Staatsanwälte	157	Handwerker	4
Advokaten	66	Höhere Verwaltungsbeamte	118		
Ärzte	18	Bürgermeister	20		
Bibliothekare	5	Mittlere Beamte	11		
Verleger, Buchhändler	6				
Schriftsteller	43				
Insgesamt	277	Insgesamt	325	Insgesamt	110

Insgesamt	Abg.	Davon akademisch gebildet	Abg.
Geistige und freie Berufe	277	Geistige und freie Berufe	etwa 250
Staats- und Gemeindediener	325	Staats- und Gemeindediener	etwa 275
Wirtschaftsstände	110	Berufslose	etwa 25
Berufslose	118		
Insgesamt	830		etwa 550

(Quelle: Huber, VGe. Bd. 2, S. 610 f.)

Tabelle A 2: Fraktionsbildung in der Deutschen Nationalversammlung von 1848

Fraktion Café Milani	etwa 40 Mitglieder	(konservativ, teilweise auch konfessionell katholisch)
Fraktion Casino (rechtes Zentrum)	über 120 Mitglieder	(Großbürgertum, bürgerliche akademische Intelligenz)
Fraktionen Württemberger Hof, Landsberg, Westendhalle (linkes Zentrum)	je 30-40 Mitglieder	(Kleinbürgertum, fortschrittliche akademische Intelligenz)
Fraktionen Deutscher Hof, Nürnberger Hof (bestand nur zeitweilig), Donnersberg	über 40 Mitglieder 11 Mitglieder etwa 45 Mitglieder	(radikal-demokratisches und republikanisches Kleinbürgertum)

(Quelle: Schilfert, s. BiblAng., S. 118 ff.)

Tabelle A 3: Berufsständische Zusammensetzung der Preußischen National-versammlung von 1848

Großgrundbesitz		27 Mitglieder	Staatsbeamte	48	Mitglieder
Großbürgertum		10 „	freiberuflich	27	„
Intelligenz		220 „	Kleinbürgertum	129	„
beamtet	193	„	Beamte	44	„
Professoren	5	„	freiberuflich	85	„
Lehrer	21	„	Arbeiter	2	„
Geistliche	51	„	ohne Beruf	7	„
Richter	68	„			

(Quelle: Schilfert, s. BiblAng., S. 401)

Tabelle A 4: Die Wahlen zum Preußischen Abgeordnetenhaus von 1849—1866

		1849	in %	1855	in %	1858	in %
Zahl der	1.Abt.	153 803	(4,7)	146 028	(5,0)	149 612	(4,8)
Urwähler	2. Abt.	409 945	(12,6)	403 841	(13,9)	418 540	(13,4)
	3. Abt.	2 691 950	(82,7)	2 358 287	(81,8)	2 550 853	(81,8)
	Insgesamt	3 255 698	(100)	2 908 156	(100)	3 119 005	(100)
Abg.	1. Abt.	84 169	(55,4)	57 756	(39,6)	75 162	(50,2)
Stimmen	2. Abt.	183 226	(44,7)	109 895	(27,2)	155 329	(37,1)
	3. Abt.	770 529	(28,6)	299 302	(12,7)	472 522	(18,5)
	Insgesamt	1 037 924	(31,9)	466 953	(16,1)	703 013	(22,6)

		1861	in %	1862	in %	1863	in %	1866	in %
Zahl der	1. Abt.	159 200	(4,7)	160 570	(4,7)	158 173	(4,4)	152 808	(4,2)
Urwähler	2. Abt.	453 737	(13,5)	461 063	(13,3)	453 515	(12,8)	448 876	(12,3)
	3. Abt.	2 750 000	(84,8)	2 828 870	(81,9)	2 937 477	(82,5)	3 034 943	(83,5)
	Insgesamt	3 362 937	(100)	3 450 503	(100)	3 549 065	(100	3 636 627	(100)
Abg.	1. Abt.	88 443	(55,8)	97 832	(61,0)	90 790	(57,0)	92 242	(60,4)
Stimmen	2. Abt.	191 798	(42,4)	221 656	(48,0)	202 709	(44,0)	213 243	(47,5)
	3. Abt.	636 019	(23,0)	863 013	(30,5)	803 954	(27,3)	839 382	(27,6)
	Insgesamt	916 260	(27,2)	1 182 501	(34,3)	1 097 453	(30,9)	1 144 867	(30,6)
Zahl der	1. Abt.	21 399		22 219		22.273		23 121	
Wahl-	2. Abt.	22 758		23 746		23 711		24 254	
männer	3. Abt.	21 399		22 219		22 273		23 121	
	Insgesamt	65 556		68 184		68 257		70 496	
Steuer-leistung	1. Abt.	7- 12 496 Taler		9- 13 165 Taler		3- 13 165 Taler		4- 11 692 Taler	
in den	2. Abt.	2- 1 604 Taler		2- 1 604 Taler		2- 2 260 Taler		1- 2 322 Taler	
einzelnen Wahlbez.	3. Abt.	1- 505 Taler		1- 388 Taler		1- 340 Taler		1- 1 005 Taler	

(Quelle: Zs. d. königlich Preußischen Statistischen Büreaus, Jg. 1862, 1865, 1867; s. BiblAng.)

Tabelle A 5: Mandatsverteilung im Preußischen Abgeordnetenhaus von 1858—1919

	1858	1861	1862	1863
Konservative Fraktionen	47	—	—	—
Fraktion der Konservativen	—	14	11	35
Fraktion Vincke	151	—	—	—
Fraktion Mathis	44	—	—	—
Fraktion Grabow	—	91	—	—
Fraktion der Konstitutionellen	—	—	19	—
Linkes Zentrum	—	48	96	106
Fortschrittspartei	—	104	133	141
Katholische Fraktion	57	54	28	26
Polen	18	23	22	26
Bei keiner Fraktion	35	18	43	18

	1866	1867	1870	1873	1876	1879
Fraktion der Konservativen	119	125	114	30	41	110
Freikonservative	17	48	41	35	35	51
Altliberale	24	15	11	3	—	—
Linkes Zentrum	53	35	—	—	—	—
Nationalliberale	—	99	123	174	169	85
Fortschrittspartei	95	48	49	68	63	38
Sezessionisten	—	—	—	—	—	19*)
Zentrum	15	—	58	88	89	97
Polen	21	17	19	18	15	19
Bei keiner Fraktion	8	45	17	16	21	14

	1882	1885	1888	1893	1898	1903	1908	1913***)
Konservative Partei	122	133	129	144	144	143	152	148
Freikonservative Partei	57	62	64	65	58	59	60	54
Nationalliberale Partei	66	72	86	84	75	79	65	71
Deutsche Freisinnige Partei	53**)	40	29	—	—	—	—	—
Freisinnige Vereinigung	—	—	—	6	10	8	8	—
Freisinnige Volkspartei	—	—	—	14	26	24	28	—
Fortschrittliche Volkspartei	—	—	—	—	—	—	—	40
Zentrum	99	98	98	95	100	97	104	102
Sozialdemokraten	—	—	—	—	—	—	7	10
Polen	18	15	15	17	13	13	15	12
Bei keiner Fraktion	18	13	12	8	7	10	4	3

Anmerkungen:
*) Seit 1880 Abspaltung von den Nationalliberalen. **) Am Ende der Amtsperiode.
***) Stand am 1. Oktober 1913, unter Berücksichtigung der bereits erfolgten Veränderungen.
(Quelle: Gagel, s. BiblAng., S. 176 f.; Statistisches Jahrbuch für den preußischen Staat, Bd. 11, Berlin 1914, S. 632 ff.; Bd. 12, Berlin 1915, S. 632 ff.)

Tabelle A 6: Mandatsverteilung im konstituierenden und ordentlichen Reichstag des Norddeutschen Bundes nach den Wahlen vom 12. Februar und 31. August 1867

	Wahlen vom 12. 2. 1867		Wahlen vom 31. 8. 1867	
	Mandate	in %	Mandate	in %
Konservative Partei	59	19,8	64	21,5
Freikonservative Partei	39	13,2	34	11,6
Altliberale Partei	27	9,1	15	5,0
Nationalliberale Partei	80	26,9	78	26,2
Freie Vereinigung	14	4,7	13	4,4
Fortschrittspartei	19	6,4	29	9,8
Sozialdemokraten	1	0,3	3	1,0
Konstitutionelle Vereinigung	18	6,1	21	7,0
Polen	13	4,4	11	3,8
Dänen	2	0,7	1	0,3
Deutsche Volkspartei	—	—	4	1,4
Bei keiner Fraktion	25	8,4	24	8,0
Insgesamt	297	100	297	100

(Quelle: Huber, VGe. Bd. 3, S. 648; Dix, s. BiblAng., S. 21)

Tabelle A 7: Wahlkreiseinteilung im Deutschen Reich von 1871—1912

Länder	Wahl-kreise pro Land	Einwohner (1.12.1871)	Wahl-berechtigte (3.3.1871)	Einwohner (1.12.1900)	Wahl-berechtigte (16.6.1903)	Einwohner (1.12.1910)	Wahl-berechtigte (12.1.1912)
Preußen	236	24 653 897*)	4 744 831*)	34 472 509	7 641 896	40 165 219	8 890 149
Bayern	48	4 852 026*)	954 397*)	6 176 057	1 372 685	6 887 291	1 510 460
Sachsen	23	2 556 244	472 874	4 202 216	909 846	4 806 661	1 055 921
Württemberg	17	1 818 539	354 103	2 169 480	483 360	2 437 574	548 415
Baden	14	1 461 562	301 936	1 867 944	419 160	2 142 833	478 765
Hessen	9	852 894	170 388	1 119 893	259 512	1 282 051	293 069
Mecklenburg-Schwerin	6	557 897	115 615	607 770	144 817	639 958	150 256
Hamburg	3	338 974	73 738	768 349	192 937	1 014 664	261 177
Oldenburg	3	314 777*)	59 578*)	399 180	90 491	483 042	106 290
Braunschweig	3	311 764	60 191	464 333	104 741	494 339	112 216
Sachsen-Weimar	3	286 183	59 853	362 873	83 620	417 149	97 049
Sachsen-Anhalt	2	203 437	40 028	316 085	69 688	331 128	75 287
Sachsen-Meiningen	·2	187 957	38 868	250 731	54 128	278 762	60 344
Sachsen-Coburg-Gotha	2	174 339	34 841	229 550	51 846	257 177	58 432
Sachsen-Altenburg	1	142 122	29 684	194 914	43 605	216 128	47 529
Bremen	1	122 402	21 954	224 882	53 480	299 526	74 449
Lippe	1	111 135	21 403	138 952	30 902	150 937	34 648
Mecklenburg-Strelitz	1	96 982	19 619	102 602	23 461	106 442	24 588
Reuß jüngere Linie	1	89 032	17 219	139 210	30 603	152 752	34 193
Schwarzburg-Rudolfstadt	1	75 523	15 435	93 059	20 332	100 702	21 975
Schwarzburg-Sondershausen	1	67 191	14 394	80 898	18 273	89 917	20 576
Waldeck	1	56 224	9 520	57 918	12 321	61 707	13 661
Lübeck	1	52 158	10 256	96 775	22 427	116 599	26 932
Reuß ältere Linie	1	45 094	9 075	68 396	15 234	72 769	16 765
Schaumburg-Lippe	1	32 059	6 403	43 132	9 556	46 652	10 709
Elsaß-Lothringen	15	1 549 738	327 025**)	1 719 470	372 327	1 874 014	417 581
Insgesamt	397	41 010 150*)	7 656 203***)	56 367 178	12 531 248	64 925 993	14 441 436

Anmerkungen: *) ohne Militär in Frankreich; **) 1874; ***) ohne Elsaß-Lothringen.
(Quelle: Statistik des Deutschen Reiches, s. BiblAng.)

Tabelle A 8: Ergebnisse der Wahlen zum Reichstag des Deutschen Reiches nach Stimmen und Mandaten 1871—1912

Wahlen:	3. März 1871*)				10. Januar 1874			
Wahlberechtigte in Tausend	7 656,2				8 523,4			
in % der Bevölkerung	19,4				20,8			
Abgegebene Stimmen in Tausend	4 148,0				5 219,9			
in % der Wahlberechtigten	52,0				61,2			
	Stimmen		Mandate		Stimmen		Mandate	
	in Tausend	in %	abs.	in %	in Tausend	in %	abs.	in %
Deutsch-Konservative	549,7	13,3	57	14,4	360,0	7,0	22	5,5
Deutsche Reichspartei	346,9	8,4	37	9,3	375,5	7,2	33	8,3
Deutsche Reformpartei	—	—	—	—	—	—	—	—
Wirtsch. Vereinigung	—	—	—	—	—	—	—	—
Zentrum	700,4	17,0	61	15,4	1 446,0	27,9	91	22,9
Nationalliberale	1 176,6	28,5	125	31,5	1 542,5	29,7	155	39,0
Liberale Vereinigung	—	—	—	—	—	—	—	—
Fortschrittspartei	342,4	8,3	46	11,6	447,5	8,6	49	12,3
Freisinnige Partei	—	—	—	—	—	—	—	—
Freisinnige Volkspartei	—	—	—	—	—	—	—	—
Liberale Reichspartei	273,9	6,6	30	7,5	53,9	1,0	3	0,8
Deutsche Volkspartei	18,7	0,5	1	0,2	21,7	0,4	1	0,3
Sozialdemokraten	124,7	3,0	2	0,5	352,0	6,8	9	2,3
Bayerischer Bauernbund	—	—	—	—	—	—	—	—
Bund der Landwirte	—	—	—	—	—	—	—	—
Elsässer	—	—	—	—	234,5	4,5	15	3,8
Welfen	85,3	2,1	9	2,3	92,1	1,8	4	1,0
Polen	176,3	4,3	13	3,3	198,4	3,8	14	3,5
Dänen	18,2	0,4	1	0,2	19,9	0,4	1	0,3
Antisemiten	—	—	—	—	—	—	—	—
Sonstige	79,1	1,9	—	—	46,3	0,9	—	—

Wahlen:	28. Oktober 1884				21. Februar 1887			
Wahlberechtigte in Tausend	9 383,1				9 769,8			
in % der Bevölkerung	20,7				20,9			
Abgegebene Stimmen in Tausend	5 681,7				7 570,7			
in % der Wahlberechtigten	60,5				77,5			
	Stimmen		Mandate		Stimmen		Mandate	
	in Tausend	in %	abs.	in %	in Tausend	in %	abs.	in %
Deutsch-Konservative	861,1	15,2	78	19,6	1 147,2	15,2	80	20,2
Deutsche Reichspartei	387,7	6,9	28	7,1	736,4	9,8	41	10,3
Deutsche Reformpartei	—	—	—	—	—	—	—	—
Wirtsch. Vereinigung	—	—	—	—	—	—	—	—
Zentrum	1 282,0	22,6	99	24,9	1 516,2	20,1	98	24,7
Nationalliberale	997,0	17,6	51	12,8	1 678,0	22,2	99	24,9
Liberale Vereinigung	—	—	—	—	—	—	—	—
Fortschrittspartei	—	—	—	—	—	—	—	—
Freisinnige Partei	997,0	17,6	67	16,9	973,1	12,9	32	8,1
Freisinnige Volkspartei	—	—	—	—	—	—	—	—
Liberale Reichspartei	—	—	—	—	—	—	—	—
Deutsche Volkspartei	95,9	1,7	7	1,8	88,8	1,2	—	—
Sozialdemokraten	550,0	9,7	24	6,0	763,1	10,1	11	2,8
Bayerischer Bauernbund	—	—	—	—	—	—	—	—
Bund der Landwirte	—	—	—	—	—	—	—	—
Elsässer	165,6	2,9	15	3,8	233,7	3,1	15	3,8
Welfen	96,4	1,7	11	2,8	112,8	1,5	4	1,0
Polen	203,2	3,6	16	4,0	220,0	2,9	13	3,3
Dänen	14,4	0,3	1	0,3	12,4	0,2	1	0,2
Antisemiten	—	—	—	—	11,6	0,2	1	0,2
Sonstige	12,7	0,2	—	—	47,6	0,6	2	0,5

Anmerkung: *) alle Angaben für 1871 ohne Elsaß-Lothringen, das zum Zeitpunkt der Wahl noch nicht zum Deutschen Reich gehörte.

	10. Januar 1877				30. Juli 1878				27. Oktober 1881		
	8 943,0				9 128,3				9 088,8		
	20,9				21,4				20,1		
	5 422,6				5 780,9				5 118,4		
	61,6				63,4				56,3		
Stimmen		Mandate		Stimmen		Mandate		Stimmen		Mandate	
in Tausend	in %	abs.	in %	in Tausend	in %	abs.	in %	in Tausend	in %	abs.	in %
526,0	9,8	40	10,1	749,5	13,0	59	14,9	830,8	16,3	50	12,6
426,6	7;9	38	9,6	785,8	13,6	57	14,4	379,3	7,5	28	7,1
--	--	—	—	—	—	—	—	—	—	—	--
--	—	—	—	—	—	—	—	—	—	—	—
1 341,3	24,8	93	23,4	1 328,1	23,1	94	23,7	1 182,9	23,2	100	25,2
1 604,3	29,7	{ 128	32,2	1 486,8	25,8	{ 99	24,8	746,6	14,6	47˙	11,8
		{ 13	3,3			{ 10	2,5	429,2	8,4	46	11,6
417,8	7,8	35	8,8	385,1	6,7	26	6,5	649,3	12,8	60	.. 15,1
--	--	--	—	—	—	—	—	—	—	—	—
--	—	—	—	—	—	—	—	—	—	—	—
44,9	0,8	4	1,0	66,1	1,1	3	0,8	103,4	2,0	9	2,3
493,3	9,1	12	3,0	437,1	7,6	9	2,3	312,0	6,1	12	3,0
--	—	—	—	—	—	—	—	—	—	—	—
..								—	—	—	—
200,0	3,7	15	3,8	178,9	3,1	15	3,8	153,0	3,0	15	3,8
97,2	1,8	4	1,0	102,6	1,8	10	2,5	86,7	1,7	10	2,5
216,2	4,0	14	3,5	210,1	3,6	14	3,5	194,9	3,8	18	4,5
17,3	0,3	1	0,3	16,1	0,3	1	0,3	14,4	0,3	2	0,5
--				--				—	—	—	—
16,1	0,3	—	—	14,7	0,3	—	—	15,3	0,3	—	—

	20. Februar 1890				15. Juni 1893				16. Juni 1898		
	10 145,9				10 628,3				11 441,1		
	21,7				21,5				21,9		
	7 261,6				7 702,3				7 786,7		
	71,5				72,4				68,1		
Stimmen		Mandate		Stimmen		Mandate		Stimmen		Mandate	
in Tausend	in %	abs.	in %	in Tausend	in %	abs.	in %	in Tausend	in %	abs.	in %
895,1	12,4	73	18,4	1 038,3	13,5	72	18,0	859,2	11,1	56	14,0
482,3	6,7	20	5,0	438,4	5,7	28	7,1	343,6	4,5	23	5,8
--	--	—	—	—	—	—	—	—	—	—	-
--	—	—	—	—	—	—	—	—	—	—	—
1 342,1	18,6	106	26,7	1 468,5	19,1	96	24,1	1 455,1	18,8	102	25,8
1 177,8	16,3	42	10,6	997,0	13,0	53	13,3	971,3	12,5	46	11,6
--	--	—	—	—	—	—	—	—	—	—	—
1 159,9	16,0	66	16,6	258,5	3,4	13	3,3	195,7	2,5	12	3,0
--		—	—	666,4	8,6	24	6,1	558,3	7,2	29	7,3
				—	—	—	—	—	—	—	—
147,6	2,0	10	2,5	166,8	2,2	11	2,8	108,5	1,4	8	2,0
1 427,3	19,7	35	8,8	1 786,7	23,3	44	11,1	2 107,1	27,2	56	14,0
--	—	—	—	66,3	0,9	4	1,0	140,3	1,8	5	1,3
--				—	—	—	—	110,4	1,4	6	1,5
101,1	1,4	10	2,5	114,7	1,5	8	2,0	107,4	1,3	10	2,5
112,7	1,6	11	2,8	101,8	1,3	7	1,8	105,2	1,3	9	2,3
246,8	3,4	16	4,0	229,5	3,0	19	4,8	244,1	3,1	14	3,5
13,7	0,2	1	0,3	14,4	0,2	1	0,3	15,4	0,2	1	0,3
47,5	0,7	5	1,3	263,9	3,5	16	4,0	284,3	3,7	13	3,3
74,6	1,0	2	0,5	62,8	0,8	1	0,3	146,8	2,0	7	1,8

20 de Gruyter Wahlen

Fortsetzung Tabelle A 8:

Wahlen:	16. Juni 1903
Wahlberechtigte in Tausend	12 531,2
in % der Bevölkerung	22,2
Abgegebene Stimmen in Tausend	9 533,8
in % der Wahlberechtigten	76,1

	Stimmen		Mandate	
	in Tausend	in %	abs.	in %
Deutsch-Konservative	948,5	10,0	54	13,6
Deutsche Reichspartei	333,4	3,5	21	5,3
Deutsche Reformpartei	—	—	—	—
Wirtsch. Vereinigung	—	—	—	—
Zentrum	1 875,3	19,7	100	25,2
Nationalliberale	1 317,4	13,8	51	12,8
Liberale Vereinigung	—	—	—	—
Fortschrittspartei	—	—	—	—
Freisinnige Partei	243,2	2,6	9	2,3
Freisinnige Volkspartei	538,2	5,7	21	5,3
Liberale Reichspartei	—	—	—	—
Deutsche Volkspartei	91,2	1,0	6	1,5
Sozialdemokraten	3 010,8	31,7	81	20,3
Bayerischer Bauernbund	111,4	1,2	4	1,0
Bund der Landwirte	118,8	1,2	4	1,0
Elsässer	101,9	1,0	9	2,3
Welfen	94,3	0,9	6	1,5
Polen	347,8	3,7	16	4,0
Dänen	14,8	0,2	1	0,3
Antisemiten	244,5	2,6	11	2,8
Sonstige	97,5	1,2	3	0,8

(Quelle: Statistik des Deutschen Reiches, s. BiblAng.)

	25. Januar 1907			12. Januar 1912			
	13 352,9			14 441,4			
	22,0			22,2			
	11 303,5			12 260,6			
	84,7			84,2			
Stimmen in Tausend	in %	Mandate abs.	in %	Stimmen in Tausend	in %	Mandate abs.	in %
1 060,2	9,4	60	15,0	1 126,3	9,2	43	10,8
471,9	4,0	24	6,0	367,2	3,0	14	3,5
—	—	—	—	51,9	0,5	3	0,8
104,6	0,9	5	1,3	304,6	2,5	10	2,5
2 179,8	19,4	105	26,6	1 996,8	16,4	91	22,8
1 630,6	14,5	54	13,5	1 662,7	13,6	45	11,3
—	—	—	—	—	—	—	—
—	—	—	—	—	—	—	—
359,3	3,2	14	3,5				
736,0	6,5	28	7,0	1 497,0	12,2	42	10,6
—	—	—	—	Fortschrittliche Volkspartei			
138,6	1,2	7	1,8				
3 259,0	28,9	43	10,8	4 250,4	34,8	110	27,7
75,3	0,6	1	0,3	48,2	0,4	2	0,5
119,4	1,0	8	2,0	29,8	0,2	2	0,5
103,6	0,9	7	1,8	162,0	1,3	9	2,3
78,2	0,7	1	0,3	84,6	0,8	5	1,3
453,9	3,9	20	5,0	441,6	3,6	18	4,5
15,4	0,1	1	0,3	17,3	0,1	1	0,3
248,5	2,1	16	4,0	—	—	—	—
219,1	2,7	3	0,8	167,1	1,4	2	0,5

Tabelle A 9: Zählwert und Erfolgswert bei den Wahlen zum Reichstag 1871—1912

Wahljahr	Durchschnitt	Konservative	National-liberale	Zentrum	Fortschritt	Sozial-demokraten
	Insgesamt					
1871	10 000	9 600	9 300	11 500	7 400	62 000
1874	13 000	16 400	10 000	16 000	9 100	39 000
1877	13 500	13 150	11 500	14 000	12 000	41 000
1878	14 500	13 000	13 800	14 100	14 800	48 500
1881	12 300	16 600	16 200	11 800	10 800	26 000
1884	14 300	11 000	19 600	13 000	14 000	23 000
1887	19 000	14 300	17 000	15 500	30 400	69 400
1890	18 000	12 300	28 000	12 700	17 600	40 800
1893	16 000	14 400	18 800	15 300	27 700	40 600
1898	19 000	15 300	21 000	14 300	19 200	37 600
1903	24 000	17 600	25 800	18 800	25 600	37 200
1907	28 350	17 700	30 200	20 800	26 300	75 800
1912	30 750	28 500	37 000	29 900	35 600	38 600

(Quelle: Huber, VGe. Bd. 3, S. 875)

Tabelle A 10: Wahlkreiseinteilung, Einwohner, Wahlberechtigte, Wahlbeteiligung

Wahlkreise	Einwohner	Wahl-berechtigte	Wahlbeteiligung		Mandate
	8. 10. 1919	6. 6. 1920	absolut	in %	
1 Ostpreußen	2 229 290	1 255 802	989 310	78,8	11
2 Berlin	1 902 509	1 354 724	1 075 496	79,4	15
3 Potsdam II	1 487 582	1 087 856	851 412	78,3	12
4 Potsdam I	1 626 257	1 047 926	857 300	81,8	11
5 Frankfurt/Oder	1 558 993	956 108	764 963	80,0	9
6 Pommern	1 786 986	1 054 905	845 524	80,2	10
7 Breslau	1 801 612	1 095 622	887 914	81,0	10
8 Liegnitz	1 180 633	706 136	576 613	81,7	7
9 Oppeln	1 307 865	742 959	515 113	69,3	5
10 Magdeburg	1 576 766	991 867	830 178	83,7	10
11 Merseburg	1 340 084	827 311	691 400	83,6	10
12 Thüringen	2 096 959	1 291 212	1 062 793	82,3	13
13 Schleswig-Holstein	1 507 621	934 444	729 329	78,0	9
14 Weser-Ems	1 417 510	821 140	651 946	79,4	7
15 Osthannover	1 003 044	595 302	486 995	81,8	5
16 Südhannover-Braunschweig	1 814 664	1 154 956	985 436	85,3	13
17 Westfalen-Nord	2 198 390	1 198 372	1 010 063	84,3	13
18 Westfalen-Süd	2 548 276	1 422 231	1 177 166	82,3	16
19 Hessen-Nassau	2 306 121	1 419 932	1 139 894	80,3	16
20 Köln-Aachen	1 972 541	1 232 222	858 382	69,7	11
21 Koblenz-Trier	1 201 682	690 028	531 837	77,1	6
22 Düsseldorf-Ost	1 916 591	1 199 311	979 098	81,6	13
23 Düsseldorf-West	1 660 418	915 161	720 253	78,7	8
24 Oberbayern-Schwaben	2 418 380	1 418 077	1 129 798	79,7	16
25 Niederbayern-Oberpfalz	1 351 690	724 185	505 296	69,8	5
26 Franken	2 416 837	1 423 039	1 079 916	75,9	15
27 Pfalz	871 416	500 155	367 392	73,5	3
28 Dresden-Bautzen	1 734 444	1 120 081	881 373	78,7	12
29 Leipzig	1 156 388	739 416	638 066	86,3	7
30 Chemnitz-Zwickau	1 772 466	1 114 212	893 251	80,2	12
31 Württemberg	2 589 524	1 528 663	1 171 705	76,6	14
32 Baden	2 208 503	1 302 279	950 242	73,0	12
33 Hessen-Darmstadt	1 290 988	788 557	594 531	75,4	7
34 Hamburg	1 050 359	756 932	564 123	74,5	7
35 Mecklenburg	886 289	538 651	469 473	87,2	4
Insgesamt	59 189 678	35 949 774	28 463 581	79,2	354

(Quelle: Statistik des Deutschen Reiches, s. BiblAng.)

und Mandatszahl pro Wahlkreis im Deutschen Reich vom 1919—1932

Einwohner 16.6.1925·	Wahl-berechtigte 4.5.1924	Wahlbeteiligung absolut	in %	Mandate	Wahl-berechtigte 31.7.1932*)	Wahlbeteiligung absolut	in %	Mandate
2 256 349	1 307 110	1 040 367	79,6	12	1 441 506	1 145 303	79,5	15
1 966 173	1 451 214	1 103 274	76,0	11	1 425 917	1 149 723	80,6	16
1 605 804	1 138 445	881 255	77,4	8	1 381 679	1 131 166	81,9	15
1 752 082	1 130 531	892 288	78,9	10	1 495 435	1 271 548	85,0	18
1 625 010	1 016 153	829 880	81,7	8	1 119 890	943 493	84,2	12
1 878 781	1 122 838	907 989	80,9	11	1 301 555	1 073 858	82,5	14
1 897 172	1 166 501	959 220	82,2	10	1 313 024	1 136 363	86,5	16
1 235 156	747 724	617 549	82,6	5	864 184	732 382	86,6	8
1 379 278	779 386	462 620	59,4	5	894 563	703 237	78,6	9
1 645 559	1 047 938	887 321	84,7	11	1 156 666	1 027 305	88,8	14
1 412 694	868 464	730 217	84,1	9	996 435	849 573	85,3	11
2 228 262	1 376 271	1 124 377	81,7	13	1 583 114	1 354 974	85,6	18
1 566 859	989 586	764 391	77,2	9	1 141 392	1 001 060	87,7	14
1 500 582	873 289	667 548	76,4	6	1 043 711	880 982	84,4	12
1 053 622	637 383	512 018	80,3	4	742 036	625 756	84,3	7
1 919 165	1 220 468	1 024 364	83,9	13	1 392 986	1 247 710	89,6	18
2 349 694	1 293 418	1 087 694	84,1	13	1 686 643	1 449 158	85,9	21
2 721 367	1 602 062	1 311 806	81,9	16	1 712 936	1 498 735	87,5	21
2 426 309	1 533 987	1 221 697	79,6	17	1 760 446	1 491 980	84,8	20
2 123 412	1 322 525	927 202	70,1	12	1 541 691	1 243 865	80,7	18
1 252 632	715 498	557 731	78,0	5	855 567	697 644	81,5	9
2 064 131	1 312 713	993 595	75,1	11	1 494 997	1 273 101	85,2	18
1 801 988	1 016 083	781 265	76,9	10	1 240 080	1 059 645	85,4	14
2 544 163	1 504 255	972 944	64,3	13	1 791 450	1 429 539	79,8	20
1 385 031	776 787	454 394	58,5	4	863 813	638 507	73,9	8
2 518 645	1 521 988	1 116 265	73,3	14	1 735 877	1 488 458	85,7	21
931 755	527 552	379 146	71,9	3	637 381	555 917	87,2	7
1 854 181	1 202 773	975 920	81,1	12	1 356 861	1 172 801	86,4	16
1 307 312	839 901	706 350	84,1	7	937 105	841 812	89,8	11
1 830 827	1 137 865	928 063	81,6	12	1 323 135	1 179 813	89,2	16
2 652 075	1 588 597	1 237 485	77,9	15	1 836 387	1 415 849	77,1	19
2 312 462	1 402 059	952 292	67,9	12	1 619 114	1 283 202	79,3	17
1 347 279	836 367	619 943	74,1	6	979 018	853 616	87,2	12
1 152 523	804 119	630 438	78,4	7	908 358	765 059	84,2	9
912 285	563 133	450 472	80,0	4	654 264	548 947	83,9	6
62 410 619	38 374 983	29 709 380	77,4	338	44 211 216	37 162 081	84,1	500

Anmerkung: *) für 1932 liegt keine statistische Einwohnererhebung vor; die Einwohnerzahl 1932 deshalb wie 1925

Tabelle A 11: Ergebnisse der Wahlen im Deutschen Reich nach Stimmen und

Wahlen:	19. Januar 1919				6. Juni 1920		
Wahlberechtigte in Tausend	37 362,1				35 949,8		
in % der Bevölkerung	63,1				60,7		
Abgegebene Stimmen	30 524,8				28 463,6		
in % der Wahlberechtigten	83,0				79,2		
	Stimmen		Mandate		Stimmen		Mandate
	in Tausend	in %	abs.	in %	in Tausend	in %	
Nationalsozialistische deutsche Arbeiterpartei (NSDAP)	—	—	—	—	—	—	—
Deutsch Nationale Volkspartei (DNVP)	3 121,5	10,3	44	10,5	4 249,1	15,1	71
Konservative Volkspartei	—	—	—	—	—	—	—
Christlich-sozialer Volksdienst	—	—	—	—	—	—	—
Landbund	—	—	—	—	—	—	—
Landvolkpartei	—	—	—	—	—	—	—
Deutsche Bauernpartei	—	—	—	—	—	—	—
Volksrechtspartei	—	—	—	—	—	—	—
Deutsche Volkspartei (DVP)	1 345,6	4,4	19	4,5	3 919,4	13,9	65
Wirtschaftspartei	275,8	0,9	4	1,0	218,6	0,8	4
Deutsch Hannoversche Partei	77,3	0,2	1	0,2	319,1	1,1	5
Bayerische Volkspartei (BVP)	—	—	—	—	1 238,6	4,4	21
Zentrum (1919: CVP)	5 979,7	19,7	91	21,6	3 845,0	13,6	64
Deutsche Demokratische Partei (DDP; ab 1930: Deutsche Staatspartei)	5 641,8	18,5	75	17,8	2 333,7	8,3	39
Sozialdemokraten (SPD)	11 509,0	37,9	163*)	38,7	6 104,4	21,7	102
Unabhängige Sozialdemokraten (USPD)	2 317,3	7,6	22	5,2	5 046,8	17,9	84
Kommunistische Partei (KPD)	—	—	—	—	589,5	2,1	4
Sonstige	131,8	0,5	2	0,5	332,1	1,1	—
Insgesamt	30 400,3	100,0	421**)	100,0	28 196,3	100,0	459

Wahlen:	14. September 1930			31. Juli 1932		
Wahlberechtigte in Tausend	42 957,7			44 211,2		
in % der Bevölkerung	68,9			70,9		
Abgegebene Stimmen in Tausend	35 225,8			37 162,1		
in % der Wahlberechtigten	82,0			84,1		
	Stimmen		Mandate	Stimmen		Mandate
	in Tausend	in %		in Tausend	in %	
Nationalsozialistische deutsche Arbeiterpartei (NSDAP)	6 409,6	18,3	107	13 745,7	37,3	230
Deutsch Nationale Volkspartei (DNVP)	2 458,2	7,0	41	2 177,4	5,9	37
Konservative Volkspartei	290,6	0,8	4	—	—	—
Christlich-sozialer Volksdienst	870,1	2,5	14	364,5	1,0	3
Landbund	193,9	0,6	3	96,9	0,3	2
Landvolkpartei	1 108,7	3,2	19	90,6	0,2	1
Deutsche Bauernpartei	339,6	1,0	6	137,1	0,4	2
Volksrechtspartei	271,4	0,8	—	40,8	0,1	1
Deutsche Volkspartei (DVP)	1 578,2	4,5	30	436,0	1,2	7
Wirtschaftspartei	1 362,3	3,9	23	146,9	0,4	2
Deutsch Hannoversche Partei	144,3	0,4	3	46,9	0,1	—
Bayerische Volkspartei (BVP)	1 059,1	3,0	19	1 192,7	3,2	22
Zentrum	4 127,9	11,8	68	4 589,4	12,5	75
Deutsche Demokratische Partei (DDP; ab 1930: Deutsche Staatspartei)	1 322,4	3,8	20	371,8	1,0	4
Sozialdemokraten (SPD)	8 577,7	24,5	143	7 959,7	21,6	133
Unabhängige Sozialdemokraten (USPD)	11,9	—	—	—	—	—
Kommunistische Partei (KPD)	4 592,1	13,1	77	5 355,3	14,5	89
Sonstige	242,2	0,8	—	130,7	0,3	—
Insgesamt	34 970,9	100,0	577	36 882,4	100,0	608

Anmerkungen: *)Insgesamt 165 Mandate, da zwei Abgeordnete zusätzlich durch die Wahl des Ostheeres bestellt wurden;**) die Gesamtzahl erhöht sich somit auf 423.

Mandaten 1919—1933

	4. Mai 1924			7. Dezember 1924			20. Mai 1928	
	38 374,9			38 987,4			41 224,7	
	62,5			62,5			67,6	
	29 709,4			30 703,6			31 165,8	
	77,4			78,8			75,6	
Stimmen in Tausend	in %	Mandate	Stimmen in Tausend	in %	Mandate	Stimmen in Tausend	in %	Mandate
1 918,3	6,5	32	907,9	3,0	14	810,1	2,6	12
5 696,5	19,5	95	6 209,2	20,5	103	4 381,6	14,2	73
—	—	—	—	—	—	—	—	—
—	—	—	—	—	—	—	—	—
574,9	2,0	10	499,6	1,6	8	199,5	0,6	3
—	—	—	—	—	—	581,8	1,9	10
—	—	—	—	—	—	481,3	1,6	8
—	—	—	—	—	—	483,2	1,6	2
2 694,4	9,2	45	3 051,3	10,1	51	2 679,7	8,7	45
693,6	2,4	10	1 006,3	3,3	17	1 397,1	4,5	23
319,8	1,1	5	262,8	0,9	4	195,6	0,6	3
946,6	3,2	16	1 135,1	3,7	19	945,6	3,1	16
3 914,4	13,4	65	4 120,9	13,6	69	3 712,2	12,1	62
1 655,1	5,7	28	1 921,3	6,3	32	1 505,7	4,9	25
6 008,9	20,5	100	7 886,3	26,0	131	9 152,9	29,8	153
235,1	0,8	—	99,2	0,3	—	20,8	0,1	—
3 693,3	12,6	62	2 711,8	9,0	45	3 264,8	10,6	54
930,8	3,1	4	500,1	1,7	—	941,3	3,1	2
29 281,8	100,0	472	30 311,9	100,0	493	30 753,2	100,0	491

	6. November 1932			5. März 1933	
	44 374,1			44 664,8	
	71,1			71,2	
	35 758,3			39 658,3	
	80,6			88,8	
Stimmen in Tausend	in %	Mandate	Stimmen in Tausend in %		Mandate
11 737,0	33,1	196	17 277,3	43,9	288
2 959,1	8,3	52	3 136,9	8,0	52
—	—	—	—	—	—
403,7	1,2	5	383,9	1,0	4
105,2	0,3	2	83,8	0,2	1
46,4	0,1	—	—	—	—
149,0	0,4	3	114,1	0,3	2
46,2	0,1	—	—	—	—
660,9	1,9	11	432,2	1,1	2
110,3	0,3	1	—	—	—
63,9	0,2	1	47,7	0,1	—
1 095,4	3,1	20	1 073,6	2,7	18
4 230,5	11,9	70	4 425,0	11,2	74
336,4	1,0	2	334,3	0,9	5
7 247,9	20,4	121	7 181,3	18,3	120
—	—	—	—	—	—
5 980,2	16,9	100	4 847,9	12,3	81
298,5	0,8	—	5,0	—	—
35 470,8	100,0	584	39 343,3	100,0	647

(Quelle: Statistik des Deutschen Reiches, s. BiblAng.)

Tabelle A 12: Verteilung der Mandate auf die Parteien, sowie die durchschnittliche Stimmenzahl der Parteien pro Mandate und Mandatsverteilung nach der seit 1920 gültigen automatischen Methode bei der Wahl zur Weimarer Nationalversammlung vom 19. Januar 1919

	DNVP	DVP	Wirt-schafts-partei	Dt. Hann. Partei	CVP	DDP	SPD	USPD	Schl.-Holst. Bauern-verband	Braunschw. Landes-wahl-verband
Durchschnittliche Stimmenzahlen pro Mandat	70 942	70 823	68 781	63 681	65 716	75 224	70 607	105 331	57 913	56 858
Tatsächliche Mandatsverteilung (nach d'Hondt)	44	19	4	1	91	75	163	22	1	1
Mandatsverteilung nach d'Hondt ohne Listenverbindung	42	17	4	—	87	75	174	22	—	—
Mandatsverteilung nach der seit 1920 gültigen auto-matischen Methode	43	18	3	—	84	79	162	32	—	—

(Quelle: Milatz, s. BiblAng., S. 37; Statistik des Deutschen Reiches, s. BiblAng.)

Tabelle A 13: Verteilung der Mandate auf die Parteien durch die drei Ermittlungsverfahren bei der Wahl vom 4. Mai 1924 an Hand der von den Kreiswahlausschüssen und dem Reichswahlausschuß ermittelten Ergebnisse

ırtei	Gesamt-stimmen	Mandate im Wahl-kreis	Wahlkreis-verbands-stimmen	Man-date	Reichs-wahlvor-schlag	Man-date	unverwer-tete Rest-stimmen	Gesamt-mandate
SDAP	1 918 310	13	1 138 310	8	658 310	11	28 310	32
NVP	5 696 368	79	956 368	3	776 368	13	26 368	95
ndbund	574 938	7	154 938	1	94 938	2	4 938	10
VP	2 694 317	31	834 317	8	354 317	6	24 317	45
irtschaftspartei	693 606	3	513 606	2	393 606	5	93 606*)	10
ɛutsche Hannoversche Partei	319 792	4	79 792	—	79 792	1	19 792	5
⁄P	946 648	14	106 648	—	106 648	2	16 648	16
⁓ntrum	3 914 379	52	794 379	6	434 379	7	14 379	65
ɔP	1 655 049	9	1 115 049	13	335 049	6	5 049	28
ⅅ	6 008 713	84	968 713	9	428 713	7	8 713	100
⅏D	3 693 139	42	1 173 139	10	573 139	10	3 139	62
ɛutsche Soziale Partei	333 423	—	333 423	2	213 423	2	93 423*)	4
⅏PD	235 141	—	235 141	—	235 141	—	235 141**)	—
⁓nd der Geusen	59 222	—	59 222	—	59 222	—	59 222	—
⁓ristlich-Soziale ⁓lksgemeinschaft	124 451	—	124 451	—	124 451	—	124 451**)	—
ɛutsche Arbeitnehmerpartei	36 291	—	36 291	—	36 291	—	36 291	—
ɛiwirtschaftsbund	36 013	—	36 013	—	36 013	—	36 013	—
⁓euserbund	24 451	—	24 451	—	24 451	—	24 451	—
ɑtionale Freiheitspartei	62 071	—	62 071	—	62 071	—	62 071**)	—
⁓nderheitenparteien	119 736	—	119 736	—	119 736	—	119 736**)	—
publikanische Partei	45 722	—	45 722	—	45 722	—	45 722	—
⁓tei der Mieter	45 920	—	45 920	—	45 920	—	45 920	—
⁓zialistischer Bund	26 418	—	26 418	—	26 418	—	26 418	—
⁓nstige	17 068	—	17 068	—	17 068	—	17 068	—
⁓gesamt	29 281 186	338	9 001 186	62	5281 186	72	1 171 186	472

Anmerkungen:
*)gemäß WGArt. 32 können im 3. Ermittlungsverfahren nur soviele Mandate an eine Partei verteilt
werden, wie sie bereits erhalten hat.
**)gemäß WGArt. 32 können im 3. Ermittlungsverfahren nur die Parteien berücksichtigt werden, die be-
reits Mandate erhalten haben.
Quelle: zusammengestellt nach Statistik des Deutschen Reiches, s. BiblAng.)

Tabelle A 14: Zahl der sich bewerbenden und der Parteien, die Mandate erhielten oder nicht erhielten, sowie die nicht verwerteten Stimmen bei den Wahlen im Deutschen Reich von 1919—1933

Wahlen vom	sich bewerbende Parteien	Parteien, die keine Mandate erhielten	Stimmen, die auf die Parteien entfielen, die Mandate erhielten		Parteien, die Mandate erhielten	Stimmen, die auf Parteien entfielen, die keine Mandate erhielten		Reststimmen	Reststimmen und Stimmen der Parteien, die kein Mandat erhielten	Parteien unter Fraktionsstärke (15) und deren Mandatszahl insgesamt	
			absolut	in %		absolut	in %				
19. Jan. 1919	19	10	30 383 285*)	99,9	9	17 059	0,0	1 133 567**)	1 150 626	4	7
6. Juni 1920	24	10	27 864 261	98,9	14	332 071	1,1	474 261***)	806 332	3	13
4. Mai 1924	29	12	28 448 682	97,2	17	832 504	2,8	338 682	1 171 186	4	29
7. Dez. 1924	27	11	29 686 840	98,0	16	597 554	2,0	256 252	853 806	3	26
20. Mai 1928	35	15	29 906 199	97,2	20	832 563	2,8	716 199	1 548 762	7	40
14. Sept. 1930	32	15	34 464 641	98,3	17	493 165	1,7	136 315	548 040****)	5	30
31. Juli 1932	42	14	36 713 407	99,6	28	168 947	0,4	412 822	523 503****)	8	22
6. Nov. 1932	36	13	35 199 193	99,3	23	271 595	0,7	316 410	481 588****)	7	25
5. März 1933	15	11	39 290 526	99,9	4	52 776	0,0	610 525	663 301	5	14

Anmerkungen:

Gegeneinander auszutauschen sind die Titel der Zahlenkolumnen: „Parteien, die keine Mandate erhielten" und „Parteien, die Mandate erhielten".

*) Die Zahlen dieser Tabelle an Hand der von den Kreiswahlausschüssen und dem Reichswahlausschuß ermittelten Ergebnissen.

**) Mandatsverteilung nach der Methode d'Hondt; als Reststimmen aufgeführt: die Stimmen der Parteien, die in den Wahlkreisen bereits bei der Division durch eins nicht verwertet wurden.

***) Mandatsverteilung seit 1920 nach der automatischen Methode.

****) Die Abweichungen gegenüber der Summe, gebildet aus den Stimmen der Parteien, die keine Mandate erhalten haben und den Reststimmen, ergeben sich dadurch, daß sich die meisten Splitterparteien den großen Parteien für das dritte Ermittlungsverfahren angeschlossen haben, ohne jedoch ein Mandat erhalten zu können.

(Quelle: Zusammengestellt nach Statistik des Deutschen Reiches, s. BiblAng.)

Tabelle A 15: Entwicklung der Interessenparteien bei den Wahlen im Deutschen Reich von 1919—1933

Wahlen vom	sich bewerbende Interessen- parteien	davon erhielten Mandate	Stimmen		Mandats- zahl	NSDAP*)		
			absolut	in %		Stimmen		Man- date
19. Jan. 1919	6	2	353 050	1,2	5 von 421	–	–	–
6. Juni 1920	6	3	626 504	2,1	9 von 459	–	–	–
4. Mai 1924	8	3	1 588 337	5,5	25 von 472	1 918 329	6,5	32
7. Dez. 1924	11	3	1 768 738	5,8	29 von 493	907 915	3,0	14
20. Mai 1928	17	7	3 466 215	10,8	51 von 491	810 127	2,6	12
14. Sept. 1930	14	6	4 037 680	11,6	68 von 577	6 409 610	18,3	107
31. Juli 1932	19	6	894 782	2,4	11 von 608	13 745 680	37,3	230
6. Nov. 1932	16	5	832 187	2,4	12 von 584	11 737 021	33,1	196
5. März 1933	3	3	581 886	1,5	7 von 647	17 277 328	43,9	288

Anmerkung: *) Im Vergleich zur Entwicklung der Interessenparteien werden die Stimmen- und Mandatszahlen der NSDAP angegeben; zur Interpretation s. HistT/S. 269 ff.

Der Seitenverweis bezieht sich auf das Handbuch *Die Wahl der Parlamente und anderer Staatsorgane*, a.a.O.; in dieser Ausgabe die entsprechende Stelle S. 168 f.

(Quelle: Statistik des Deutschen Reiches, s. BiblAng.)

Tabelle A 16: Die Wahlen des Reichspräsidenten von 1925 und 1932

Wahl vom 29. März/26. April 1925
I. Wahlgang

Wahlberechtigte	39 226 138
Abgegebene gültige Stimmen	26 866 106
in % der Wahlberechtigten	68,5

| Kandidaten | Stimmen | |
	absolut	in %
Ludendorff (Völkisch)	285 793	1,1
Dr. Jarres (DNVP und DVP)	10 416 658	38,8
Dr. Marx (Zentrum)	3 887 734	14,5
Dr. Held (BVP)	1 007 450	3,7
Dr. Hellpach (DDP)	1 568 398	5,8
Braun (SPD)	7 802 497	29,0
Thälmann (KPD)	1 871 815	7,0
Sonstige	25 761	

II. Wahlgang

Wahlberechtigte	39 414 316
Abgegebene gültige Stimmen	30 351 813
in % der Wahlberechtigten	77,0

| Kandidaten | Stimmen | |
	absolut	in %
v. Hindenburg (Kandidat der Rechten)	14 655 641	48,5
Dr. Marx (Kandidat der Mitte und der SPD)	13 751 605	45,2
Thälmann (KPD)	1 931 151	6,3
Sonstige	13 416	

Wahl vom 13. März/10. April 1932
I. Wahlgang

Wahlberechtigte	43 949 681
Abgegebene gültige Stimmen	37 648 317
in % der Wahlberechtigten	85,6

| Kandidaten | Stimmen | |
	absolut	in %
Hitler (NSDAP)	11 339 446	30,1
Duesterberg (Stahlhelm)	2 557 729	6,8
v. Hindenburg (Kandidat der Mitte und der SPD)	18 651 497	49,6
Thälmann (KPD)	4 938 341	13,2
Winter (Inflations-Geschädigte)	111 423	0,3
Sonstige	4 881	

II. Wahlgang

Wahlberechtigte	44 063 958
Abgegebene gültige Stimmen	36 490 761
in % der Wahlberechtigten	82,9

| Kandidaten | Stimmen | |
	absolut	in %
Hitler (NSDAP)	13 418 547	36,8
v. Hindenburg (Kandidat der Mitte und der SPD)	19 359 983	53,0
Thälmann (KPD)	3 706 759	10,2
Sonstige	5 472	

(Quelle: Huber, Dokumente, s. BiblAng., Bd. 3, S. 157 f.)

Tabelle A 17: Die Zusammensetzung des Reichsrates der Weimarer Republik

Länder	Stimmen	Länder	Stimmen
1. Preußen:		9. Mecklenburg-Schwerin	1
13 (14) Regierungsvertreter,		10. Oldenburg	1
13 Provinzialvertreter	26 (27)	11. Braunschweig	1
2. Bayern	11	12. Anhalt	1
3. Sachsen	7	13. Bremen	1
4. Württemberg	4	14. Lippe	1
5. Baden	3	15. Lübeck	1
6. Thüringen	2	16. Mecklenburg-Strelitz	1
7. Hessen	2	17. Schaumburg-Lippe	1
8. Hamburg	2	18. Waldeck	(1)
Insgesamt		(1919 – 1926)	67
		(1926 – 1928)	68
		(1928 – 1933)	66

(Quelle: Huber, Dokumente, s. BiblAng., Bd. 3, S. 163)

Tabelle A 18: Die Reichstagswahlen im Deutschen Reich von 1933—1938

Wahlen vom	Wahl-berechtigte	abgegebene Stimmen		für NSDAP		ungültige und Gegenstimmen		Mandate
		absolut	in %	absolut	in %	absolut	in %	
12. November 1933	45 178 701	43 053 473	95,3	39 655 224	92,1	3 398 249	7,9	661
29. März 1936	45 455 217	45 002 702	99,0	44 462 458	98,8	540 244	1,2	741
10. April 1938	49 493 028*)	49 279 104	99,5	48 751 587	99,0	527 517	1,0	813
4. Dezember 1938	2 532 863**)	2 497 604	98,9	2 464 681	98,6	32 923	1,4	41***)

*)Zahlen unter Einschluß Österreichs
**) Ergänzungswahlen im Sudetengebiet
***)Gesamt mandatszahl des Reichstages beträgt somit 854 Abgeordnete
(Quelle: Statistik des Deutschen Reiches s. BiblAng.; AdG jeweiliger Jahrgang)

Tabelle A 19: Die Volksabstimmungen im Deutschen Reich von 1933—1938

	12. November 1933		19. August 1934		10. April 1938 im Deutschen Reich		10. April 1938 in Österreich	
	absolut	in %	absolut	in %	absolut	in %	absolut	in %
Stimmberechtigte	45 178 701		45 552 059		45 073 303		4 474 138	
abgegebene Stimmen	43 492 735	96,3	43 568 886	95,6	44 872 702	99,5	4 460 778	99,7
gültige Stimmen	42 735 059	98,3	42 695 218	98,0	44 808 096	99,8	4 455 015	99,8
ungültige Stimmen	757 676	1,7	873 668	2,0	69 606	0,2	5 763	0,2
Ja-Stimmen	40 633 852	95,1	38 394 848	89,9	44 362 667	99,0	4 443 208	99,7
Nein-Stimmen	2 101 207	4,9	4 300 370	10,1	440 429	1,0	11 807	0,3

(Quelle: Statistik des Deutschen Reiches s. BiblAng.; AdG jeweiliger Jahrgang)

Tabelle A 20: Wahlkreiseinteilung, Wahlberechtigte, Wahlbeteiligung bei den Wahlen zum Deutschen Bundestag von 1949, 1957, 1965 und 1969

Land	14. August 1949			
	Wahl-kreise	Wahl-berechtigte	Wahlbeteiligung	
			absolut	in %
Baden	7	813 924	570 239	70,1
Baden-Württemberg	—	—	—	—
Bayern	47	5 984 175	4 851 576	81,1
Bremen	3	379 839	310 980	81,9
Hamburg	8	1 141 214	926 435	81,2
Hessen	22	2 906 239	2 247 390	77,3
Niedersachsen	34	4 425 610	3 439 964	77,7
Nordrhein-Westfalen	66	8 681 794	6 909 719	79,6
Rheinland-Pfalz	15	1 900 797	1 513 756	79,6
Saarland	—	—	—	—
Schleswig-Holstein	14	1 731 022	1 431 020	82,7
Württemberg-Baden	20	2 517 274	1 825 339	72,5
Württemberg-Hohenzollern	6	725 732	469 196	64,7
Insgesamt	242	31 207 620	24 495 614	78,5

Land	28. September 1969			
	Wahl-kreise	Wahl-berechtigte	Wahlbeteiligung	
			absolut	in %
Baden	—	—	—	—
Baden-Württemberg	36	5 510 280	4 690 427	85,1
Bayern	44	6 851 646	5 837 724	85,2
Bremen	3	524 110	452 373	86,3
Hamburg	8	1 341 494	1 174 981	87,6
Hessen	22	3 573 336	3 151 868	88,2
Niedersachsen	30	4 760 938	4 164 690	87,5
Nordrhein-Westfalen	73	11 259 648	9 827 911	87,3
Rheinland-Pfalz	16	2 410 176	2 097 308	87,0
Saarland	5	734 096	653 882	89,1
Schleswig-Holstein	11	1 711 511	1 471 960	86,0
Württemberg-Baden	—	—	—	—
Württemberg-Hohenzollern	—	—	—	—
Insgesamt	248	38 677 325	33 523 064	86,7

(Quelle: Statistik der Bundesrepublik Deutschland, s. BiblAng.)

15. September 1957				19. September 1965			
Wahl-kreise	Wahl-berechtigte	Wahlbeteiligung		Wahl-kreise	Wahl-berechtigte	Wahlbeteiligung	
		absolut	in %			absolut	in %
–	–	–	–	–	–	–	–
33	4 860 309	4 097 575	84,3	36	5 425 126	4 598 715	84,8
47	6 240 499	5 470 347	87,7	44	6 752 276	5 803 004	85,9
3	467 250	414 498	88,7	3	529 730	452 799	86,1
8	1 328 657	1 185 178	89,2	8	1 392 994	1 202 934	86,4
22	3 214 856	2 863 092	89,1	22	3 516 041	3 073 037	87,4
34	4 438 885	3 950 248	89,0	30	4 748 325	4 145 849	87,3
66	10 407 006	9 148 928	88,0	73	11 322 627	9 920 068	87,6
15	2 237 023	1 976 225	88,3	16	2 403 771	2 114 311	88,0
5	659 971	589 578	89,3	5	736 239	656 496	89,2
14	1 548 961	1 367 225	88,3	11	1 687 266	1 448 994	85,9
–	–	–	–	–	–	–	–
–	–	–	–	–	–	–	–
247	35 403 417	31 072 894	87,8	248	38 510 395	33 416 207	86,8

Tabelle A 21: Ergebnisse der Wahlen zum Deutschen Bundestag 1949—1965 nach Stimmen und Mandaten

Wahlen:	14. August 1949	6. September 1953
Wahlberechtigte	31 207 620	33 202 287
in % der Bevölkerung	68,4	67,5
Abgegebene Stimmen	24 495 614	28 479 550 **)
in % der Wahlberechtigten	78,5	85,8
Ungültige Stimmen	763 216	928 278
in % der abgegebenen Stimmen	3,1	3,3

	Stimmen absolut	in %	Mandate absolut	in %	Stimmen absolut	in %	Mandate absolut	in %
Christlich Demokratische Union/ Christlich Soziale Union (CDU/CSU)	7 359 084	31,0	139	34,6	12 443 981	45,2	243	49,9
Sozialdemokraten (SPD)	6 934 975	29,2	131	32,6	7 944 943	28,8	151	31,0
Freie Demokratische Partei/ Deutsche Volkspartei (FDP/DVP)	2 829 920	11,9	52	12,9	2 629 163	9,5	48	9,8
Deutsche Partei (DP)	939 934	4,0	17	4,2	896 128	3,3	15	3,1
Gesamtdeutscher Block BHE	—	—	—	—	1 616 953	5,9	27	5,7
Gesamtdeutsche Partei (GdP)	—	—	—	—	—	—	—	—
Zentrum	727 505	3,1	10	2,5	217 078	0,8	3***)	0,5
Bayernpartei (BP)	986 478	4,2	17	4,2	465 641	1,7	—	—
Kommunistische Partei (KPD)	1 361 706	5,7	15	3,7	607 860	2,2	—	—
Deutsche Friedensunion (DFU)	—	—	—	—	—	—	—	—
Deutsche Reichspartei (DRP)	429 031	1,8	5	1,2	295 739	1,1	—	—
Nationaldemokratische Partei (NPD)	—	—	—	—	—	—	—	—
Wirtschaftliche Aufbauvereinigung	681 888	2,9	12	3,0	—	—	—	—
Sonstige	1 481 877	6,2	4	1,1	433 786	1,5	—	—
Insgesamt	23 732 398	100,0	402*)	100,0	27 551 272	100,0	487	100,0

Anmerkungen:

*)Sitzverteilung bei allen Wahlen ohne die Berliner Abgeordneten (s. Tab. A 22)

**)die Zahlen beziehen sich für alle Wahlen von 1953—1965 auf die Zweitstimmen

***)darunter ein Abgeordneter der CDU, der über die Landesliste des Zentrums gewählt worden ist

	15. September 1957				17. September 1961				19. September 1965		
	35 403 417****)				37 440 715				38 510 395		
	68,5				69,0				67,5		
	31 072 894				32 849 624				33 416 207		
	87,8				87,7				86,8		
	1 167 466				1 298 723				795 765		
	3,8				4,0				2,4		
Stimmen absolut	in %	Mandate absolut	in %	Stimmen absolut	in %	Mandate absolut	in %	Stimmen absolut	in %	Mandate absolut	in %
5 008 399	50,2	270	54,4	14 298 372	45,3	242	48,5	15 524 068	47,6	245	49,4
9 495 571	31,8	169	34,0	11 427 355	36,2	190	38,0	12 813 186	39,3	202	40,7
2 307 135	7,7	41	8,2	4 028 766	12,8	67	13,5	3 096 739	9,5	49	9,9
1 007 282	3,4	17	3,4	—	—	—	—	—	—	—	—
1 374 066	4,6	—	—	—	—	—	—	—	—	—	—
—	—	—	—	870 756	2,8	—	—	—	—	—	—
86 112	0,3	—	—	—	—	—	—	—	—	—	—
186 210	0,5	—	—	—	—	—	—	—	—	—	—
—	—	—	—	—	—	—	—	—	—	—	—
—	—	—	—	609 918	1,9	—	—	434 182	1,3	—	—
308 564	1,0	—	—	262 977	0,8	—	—	—	—	—	—
—	—	—	—	—	—	—	—	664 193	2,0	—	—
—	—	—	—	—	—	—	—	—	—	—	—
150 089	0,5	—	—	52 757	0,2	—	—	88 074	0,3	—	—
9 905 428	100,0	497	100,0	31 550 901	100,0	499	100,0	32 620 442	100,0	496	100,0

****) die Zahlen für alle Wahlen seit 1957 einschließlich des Saarlandes

Fortsetzung Tabelle A 21:

Wahlen:	28. September 1969
Wahlberechtigte	38 677 325
in % der Bevölkerung	66,9
Abgegebene Stimmen	33 523 064
in % der Wahlberechtigten	86,7
Ungültige Stimmen	557 040
in % der abgegebenen Stimmen	1,7

	Stimmen		Mandate	
	absolut	in %	absolut	in %
Christlich Demokratische Union/ Christlich Soziale Union (CDU/CSU)	15 195 187	46,1	242	48,8
Sozialdemokratische Partei (SPD)	14 065 716	42,7	224	45,2
Freie Demokratische Partei/ Deutsche Volkspartei (FDP/DVP)	1 903 422	5,8	30	6,0
Gesamtdeutsche Partei (GdP)	45 401	0,1	—	—
Zentrum	15 933	0,0	—	—
Bayernpartei (BP)	49 694	0,2	—	—
Aktion Demokratischer Fortschritt (ADF)	197 331	0,6	—	—
Nationaldemokratische Partei (NPD)	1 422 010	4,3	—	—
Sonstige	71 330	0,2	—	—
Insgesamt	32 966 024	100,0	496	100,0

(Quelle: Statistik der Bundesrepublik Deutschland, s. BiblAng.)

Tabelle A 22: Parteizugehörigkeit der Berliner Abgeordneten im Bundestag von 1949—1969

	1949	1953	1957	1961	1965	1969
CDU	5	6	7	9	6	8
SPD	9	11	12	13	15	13
FDP (LDP)	5	5	2	—	1	1
Freie deutsche Volkspartei (FDV)	—	—	1	—	—	—
Insgesamt	19 Sitze	22 Sitze	22 Sitze	22 Sitze	22 Sitze	22 Sitze

(Quelle: Statistik der Bundesrepublik Deutschland, s. BiblAng.)

Tabelle A 23: Verteilung der Mandate auf die Bundesländer bei den Bundestagswahlen von 1949 und 1953

	Bevölkerung in Tausend (31. 12. 1949)	Sitze	in %	Bevölkerung in Tausend (30. 9. 1953)	Sitze	in %
Baden	1 276,1	11	2,7	—	—	—
Baden-Württemberg	—	—	—	6 818,3	67	13,8
Bayern	9 157,9	78	19,5	9 168,0	91	18,8
Bremen	544,0	4	1,0	604,8	6	1,2
Hamburg	1 558,4	13	3,2	1 715,0	17	3,5
Hessen	4 279,9	36	9,0	4 468,0	44	9,1
Niedersachsen	6 790,4	58	14,5	6 617,4	66	13,7
Nordrhein-Westfalen	12 988,3	109	27,3	14 177,8	138	28,5
Rheinland-Pfalz	2 907,8	25	6,3	3 216,3	31	6,4
Schleswig-Holstein	2 649,1	23	5,8	2 362,1	24	5,0
Württemberg-Baden	3 825,5	33	8,2	—	—	—
Württemberg-Hohenzollern	1 123,9	10	2,5	—	—	—
Insgesamt	47 193,6	400	100,0	49 147,7	484	100,0

(Quelle: Statistik der Bundesrepublik Deutschland, s. BiblAng.)

Tabelle A 24: Ergebnisse der Bundestagswahlen von 1961—1969 nach Erst- und Zweitstimmen

Wahlen	17. September 1961				19. September 1965				28. September 1969			
Abgegebene Stimmen	32 849 624				33 416 207				33 523 064			
	Erststimmen absolut	in %	Zweitstimmen absolut	in %	Erststimmen absolut	in %	Zweitstimmen absolut	in %	Erststimmen absolut	in %	Zweitstimmen absolut	in %
Gültige Stimmen	32 004 466	97,3	31 550 901	96,0	32 437 049	97,1	32 620 442	97,6	32 713 518	97,3	32 966 024	98,3
Ungültige Stimmen	845 158	2,7	1 298 723	4,0	979 158	2,9	795 765	2,4	809 546	2,7	557 040	1,7
CDU/CSU	14 727 737	46,0	14 298 372	45,3	15 835 967	48,8	15 524 068	47,6	15 231 324	46,6	15 195 187	46,1
SPD	11 672 057	36,5	11 427 355	36,2	12 998 474	40,1	12 813 186	39,3	14 402 374	44,0	14 065 716	42,7
FDP	3 866 269	12,1	4 028 766	12,8	2 562 294	7,9	3 096 739	9,5	1 554 651	4,8	1 903 422	5,8
GdP	859 290	2,7	870 756	2,8	—	—	—	—	—	—	45 401	0,1
Zentrum	—	—	—	—	—	—	—	—	—	—	15 933	0,0
BP	—	—	—	—	—	—	—	—	54 940	0,2	49 694	0,2
DFU	587 488	1,8	609 918	1,9	386 900	1,2	434 182	1,3	—	—	—	—
ADF	—	—	—	—	—	—	—	—	209 180	0,6	197 331	0,6
DRP	242 649	0,8	262 977	0,8	—	—	—	—	—	—	—	—
NPD	—	—	—	—	587 216	1,8	664 193	2,0	1 189 375	3,6	1 422 010	4,3
Sonstige	48 976	0,1	52 757	0,2	66 198	0,2	88 074	0,3	71 674	0,2	71 330	0,2
Insgesamt	32 004 466	100,0	31 550 901	100,0	32 437 049	100,0	32 620 442	100,0	32 713 518	100,0	32 966 024	100,0

(Quelle: Statistik der Bundesrepublik Deutschland, s. BiblAng.)

Tabelle A 25: Die Verteilung der Mandate auf die Parteien (1. Zuteilungsverfahren) und innerhalb der Parteien (hier nur die SPD) auf die Landeslisten (2. Zuteilungsverfahren), jeweils nach der Methode d'Hondt, bei der Bundestagswahl von 1965

Erstes Zuteilungsverfahren

	SPD			CDU			CSU			FDP	
Teiler	Höchst-zahl	Sitz-folge	Teiler	Höchst-zahl	Sitz-folge	Teiler	Höchst-zahl	Sitz-folge	Teiler	Höchst-zahl	Sitz-folge
1	12 813 186	1	1	12 387 562	2	1	3 136 506	8	1	3 096 739	10
2	6 406 593	3	2	6 193 781	4	2	1 568 253	18	2	1 548 369	20
⋮	⋮	⋮	⋮	⋮	⋮	⋮	⋮	⋮	⋮	⋮	⋮
201	63 747	492	195	63 525	493	48	65 343	480	48	64 515	486
202	63 431	494	196	63 201	495	49	64 010	490	49	63 198	496
203	63 119	497*)	197	62 881	498*)	50	62 730	500*)			
204	62 809	499*)	198	62 563	501*)						

Zweites Zuteilungsverfahren

	Schleswig-Holstein			Hamburg			Niedersachsen			Bremen	
Teiler	Höchst-zahl	Sitz-folge	Teiler	Höchst-zahl	Sitz-folge	Teiler	Höchst-zahl	Sitz-folge	Teiler	Höchst-zahl	Sitz-folge
1	549 901	19	1	572 859	18	1	1 614 540	4	1	215 487	55
2	274 950	41	2	286 429	39	2	807 270	11	2	107 443	114
⋮	⋮	⋮	⋮	⋮	⋮	⋮	⋮	⋮	⋮	⋮	⋮
8	68 737	182	9	63 651	197	26	62 097	202	3	71 829	174

	Nordrhein-Westfalen			Hessen			Rheinland-Pfalz			Baden-Württemberg	
Teiler	Höchst-zahl	Sitz-folge	Teiler	Höchst-zahl	Sitz-folge	Teiler	Höchst-zahl	Sitz-folge	Teiler	Höchst-zahl	Sitz-folge
1	4 149 910	1	1	1 366 010	7	1	754 175	12	1	1 470 040	5
2	2 074 955	2	2	683 007	15	2	377 087	29	2	735 020	13
⋮	⋮	⋮	⋮	⋮	⋮	⋮	⋮	⋮	⋮	⋮	⋮
66	62 877	198	21	65 048	191	12	62 847	199	23	63 914	195

	Bayern			Saarland		Nachfolgende 5 Höchstzahlen in den Ländern*)			
Teiler	Höchst-zahl	Sitz-folge	Teiler	Höchst-zahl	Sitz-folge		Teiler	Höchst-zahl	Sitz-folge
1	1 869 467	3	1	250 797	47	Hessen	22	62 091	203
2	934 733	9	2	125 398	97	Nordrhein-Westfalen	67	61 938	204
⋮	⋮	⋮	⋮	⋮	⋮	Baden-Württemberg	24	61 251	205
						Schleswig-Holstein	9	61 100	206
30	62 315	201	4	62 699	200	Nordrhein-Westfalen	68	61 028	207

Anmerkung: *) Die nicht mehr zum Zug gekommenen Höchstzahlen
(Quelle: Statistik der Bundesrepublik Deutschland, s. BiblAng.)

Tabelle A 26: Ergebnisse der Wahlen zur Stadtverordnetenversammlung von Groß-Berlin und zum Abgeordnetenhaus von West-Berlin 1946—1967 nach Stimmen und Mandaten

	20. Oktober 1946*)			5. Dezember 1948**		
Wahlberechtigte	2 307 122			1 580 575		
Abgegebene Stimmen	2 128 677			1 369 492		
in % der Wahlberechtigten	92,3			86,3		

	Stimmen absolut	in %	Mandate	Stimmen absolut	in %	Mandate
Sozialdemokraten (SPD)	1 015 609	48,7	63	858 461	64,5	76***)
Christlich Demokratische Union (CDU)	462 425	22,2	29	258 664	19,4	26
Liberaldemokratische Partei (LDP)	194 722	9,3	12	214 145	16,1	17
Freie Demokratische Partei/Demokratische Volkspartei (FDP/DVP)	—	—	—	—	—	—
Gesamtdeutscher Block BHE	—	—	—	—	—	—
Deutsche Partei (DP)	—	—	—	—	—	—
Gesamtdeutsche Partei (GdP)	—	—	—	—	—	—
Sozialistische Einheitspartei (SED)	412 582	19,8	26	—	—	—
Sonstige	—	—	—	—	—	—
Insgesamt	2 085 338	100,0	130	1 331 270	100,0	130

Anmerkungen:
 *) Wahl in Groß-Berlin
 **) Wahl nur in West-Berlin
 ***) Unter Einschluß der für den Ostsektor übernommenen Mandate (SPD: 16, CDU: 7, LDP: 3, SED: 11)

	17. Februar 1963			12. März 1967		
Wahlberechtigte	1 748 588			1 720 688		
Abgegebene Stimmen	1 572 027			1 482 608		
in % der Wahlberechtigten	89,9			86,2		

	Stimmen absolut	in %	Mandate	Stimmen absolut	in %	Mandate
Sozialdemokraten (SPD)	962 197	61,9	89	829 955	56,9	81
Christlich Demokratische Union (CDU)	448 459	28,8	41	480 192	32,9	47
Liberaldemokratische Partei (LDP)	—	—	—	—	—	—
Freie Demokratische Partei/Demokratische Volkspartei (FDP/DVP)	123 382	7,9	10	104 014	7,1	9
Gesamtdeutscher Block BHE	—	—	—	—	—	—
Deutsche Partei (DP)	—	—	—	—	—	—
Gesamtdeutsche Partei (GdP)	—	—	—	—	—	—
Sozialistische Einheitspartei (SED)	20 929	1,4	—	29 934	2,0	—
Sonstige	—	—	—	15 540	1,1	—
Insgesamt	1 554 967	100,0	140	1 459 635	100,0	137

(Quelle: Berliner Statistik, Sonderheft 17, Berlin 1952; Statistische Berichte des Statistischen Bundesamtes Wiesbaden 1957; Statistik des Statistischen Bundesamtes, Die Wahl zum fünften Deutschen Bundestag 1965, Heft 1, Stuttgart 1964; AdG 1967, S. 13041)

3. Dezember 1950			5. Dezember 1954			7. Dezember 1958		
1 664 221			1 694 896			1 757 842		
1 504 580			1 555 511			1 632 540		
90,4			91,8			92,9		
Stimmen		Mandate	Stimmen		Mandate	Stimmen		Mandate
absolut	in %		absolut	in %		absolut	in %	
654 211	44,7	61	684 906	44,6	64	850 127	52,6	78
361 150	24,7	34	467 117	30,4	44	609 097	37,7	55
—	—	—	—	—	—	—	—	—
337 589	23,0	32	197 204	12,8	19	61 119	3,8	—
31 918	2,2	—	39 236	2,6	—	—	—	—
53 810	3,7	—	75 321	4,9	—	—	—	—
—	—	—	—	—	—	53 912	3,3	—
—	—	—	41 375	2,7	—	31 572	1,9	—
25 892	1,7	—	30 734	2,0	—	10 681	0,7	—
464 470	100,0	127	1 535 893	100,0	127	1 616 508	100,0	133

Tabelle A 27: Ergebnisse der Landtags- und Bundestagswahlen von 1946—1965 (in Prozent)

	LTW 1946-1948	BTW 1949	LTW 1949 1952	BTW 1953	LTW 1953-1956	BTW 1957	LTW 1957-1960	BTW 1961	LTW 1961-1965	BTW 1965
CDU/CSU	35,5	31,0	29,1	45,2	36,7	50,2	42,6	45,3	43,4	47,6
SPD	36,8	29,2	31,3	28,8	33,0	31,8	37,2	36,2	41,3	39,3
FDP/DVP	9,5	11,9	11,8	9,5	11,0	7,7	7,7	12,8	8,2	9,5
DP	2,6	4,0	2,1	3,3	1,7	3,4	2,7	—	0,4	—
GB/BHE	—	—	7,5	5,9	7,5	4,6	5,1	—	—	—
GdP	—	—	—	—	—	—	—	2,8	2,7	—
Zentrum	3,4	3,1	2,3	0,8	1,0	0,3	0,3	0,3	0,3	—
BP	—	4,2	6,0	1,7	4,3	0,5	2,4	—	1,5	—
KPD	9,6	5,7	3,5	2,2	2,8	—	—	—	—	—
DFU	—	—	—	—	—	—	—	1,9	1,4	1,3
DRP	0,3	1,8	0,8	1,1	0,5	1,0	1,2	0,8	0,4	—
NPD	—	—	—	—	—	—	—	—	—	2,0
WAV	1,3	2,9	0,9	—	—	—	—	—	—	—
Sonstige	1,0	6,2	4,7	1,5	1,5	0,5	0,8	0,2	0,4	0,3
Insgesamt	100	100	100	100	100	100	100	100	100	100

(Quelle: s. Tab. A 21 ; Kaltefleiter, s. BiblAng., S. 102)

Tabelle A 28: Die Gemeindewahlen in der Sowjetischen Besatzungszone vom 1. bis 15. September 1946

	Brandenburg	Mecklenburg	Thüringen	Sachsen	Provinz Sachsen
Wahlberechtigte	1 620 192	1 159 162	1 775 475	3 547 575	
Abgg. gültige Stimmen	1 368 867	1 073 868	1 489 861	2 996 364	2 089 151
in % der abgeg. Stimmen	n. b.	90,7	92,0	90,2	84,4
ungültige Stimmen	n. b.	100 544	135 014	325 978	385 824
in % der abgeg. Stimmen	n. b.	9,3	8,0	9,8	15,6

	Stimmen absolut	in %	Stimmen absolut	in %	Stimmen absolut	in %	Stimmen absolut	in %	Stimmen absolut	in %
SED	820 600	59,9	677 177	69,6	752 396	50,5	1 608 851	53,7	1 234 120	59,1
CDU	259 038	18,9	162 730	16,7	270 882	18,2	655 147	21,9	325 109	15,5
LDP	236 287	17,3	102 540	10,5	383 046	25,7	671 271	22,4	487 889	23,4
Sonstige (Massen-organisationen)	52 942	3,9	30 877	3,2	83 537	5,6	61 065	2,0	42 033	2,0

(Quelle: Statistisches Jahrbuch der DDR, 1. Jahrgang, Berlin 1956, S. 87; Schachtner, s. BiblAng., S. 77; AdG 1946/47)

Tabelle A 29: Die Wahl zum III. Volkskongreß vom 14. und 16. Mai 1949 vom 20. Oktober 1946

	Brandenburg		Mecklenburg		Thüringen		Sachsen		Provinz Sachsen	
Wahlberechtigte	1 655 980		1 301 703		1 911 682		3 803 416		2 695 416	
Abgeg. gültige Stimmen	1 458 574		1 107 303		1 657 196*)		3 251 839		2 323 601	
in % der abgeg. Stimmen	96,2		94,4		95,5		93,5		94,2	
ungültige Stimmen	57 413		65 628		78 001		166 269		144 363	
in % der abgeg. Stimmen	3,8		5,6		4,5		6,5		5,8	

	Stimmen absolut	in %	Mandate	Stimmen absolut	in %	Mandate	Stimmen absolut	in %	Mandate	Stimmen absolut	in %	Mandate	Stimmen absolut	in %	Mandate
SED	634 786	43,9	44	547 663	49,5	45	816 864	49,3	50	1 595 281	49,1	59	1 063 889	45,8	51
CDU	422 206	30,6	31	377 808	34,1	31	313 824	18,9	19	756 740	23,3	28	507 397	21,8	24
LDP	298 311	20,6	20	138 572	12,5	11	471 415	28,5	28	806 163	24,8	30	695 685	29,9	33
Sonstige (Massenorganisationen)	83 271	4,9	5	43 260	3,9	3	55 093	3,3	3	93 655	2,8	3	56 630	2,5	2

Anmerkungen: *) Die Zahlen divergieren in den verschiedenen Quellen (Quelle: Statistisches Jahrbuch der DDR, 1. Jahrgang, Berlin 1956, S. 87; Schachtner, s. BiblAng. S. 77, AdG 1946/47; Schütze, s. BiblAng., S. 40)

Tabelle A 30: Die Wahl zum III. Volkskongreß vom 14. und 16. Mai 1949

Wahlberechtigte	13 533 071	
Abgegebene Stimmen	12 887 234	95,2 %
Gültige Stimmen	12 024 221	93,4 %
ungültige Stimmen	863 013	6,6 %
Ja-Stimmen (für die Einheitsliste des „Blocks der antifaschistisch-demokratischen Parteien")	7 943 949	66,1 %
Nein-Stimmen	4 080 272	33,9 %

(Quelle: Schachtner, s. BiblAng., S. 78; Schulz, s. BiblAng., S. 23)

Tabelle A 31: Die Wahlen zur Volkskammer der Deutschen Demokratischen Republik von 1950 bis 1967

Wahlen vom	Wahlberechtigte	abgegebene Stimmen		für „Nationale Front"		Gegenstimmen		ungültige u. Gegenstimmen
		absolut	in %	absolut	in %	absolut	in %	
19. Okt. 1950	12 325 186	12 139 932	98,53	12 088 745	99,72	35 544	0,28	51 187
17. Okt. 1954	12 085 380	11 892 849	98,51	11 892 877	99,46	n. b.	n. b.	63 972
16. Nov. 1958	11 848 602	11 707 715	98,90	n. b.	99,87	n. b.	0,13	n. b.
20. Okt. 1963	11 621 158	11 533 859	99,25	n. b.	99,95	n. b.	0,05	n. b.
2. Juli 1967	11 341 729	11 208 816	98,82	11 197 265	99,93	8 005	0,07	10 751

(Quelle: Statistisches Jahrbuch der DDR, 1. Jahrgang, Berlin 1956; 4. Jahrgang (1959); 10. Jahrgang (1965); AdG jeweiliger Jahrgang; Schachtner, s. BiblAng. S. 78)

IV. QUELLENTEIL

Nr. 1. Die preußische Städteordnung vom 19. November 1808

(Ordnung für sämmtliche Städte der Preußischen Monarchie mit dazu gehöriger Instruktion, Behufs der Geschäftsführung der Stadt-Verordneten bei ihren ordnungsgemässen Versammlungen*); Auszug; Quelle: Preußische Gesetzessammlung 1806—1810, S. 324 ff.)

Tit. III.

Von den Bürgern und dem Bürgerrechte

§. 14. Ein Bürger oder Mitglied einer Stadtgemeine ist der, welcher in einer Stadt das Bürgerrecht besitzt.

§. 15. Das Bürgerrecht besteht in der Befugniß, städtische Gewerbe zu treiben und Grundstücke im städtischen Polizeibezirk der Stadt zu besitzen. Wenn der Bürger stimmfähig ist, erhält er zugleich das Recht, an der Wahl der Stadtverordneten Theil zu nehmen, zu öffentlichen Stadtämtern wahlfähig zu seyn, und in deren Besitze die damit verbundene Theilnahme an der öffentlichen Verwaltung, nebst Ehrenrechten zu genießen.

§. 16. In jeder Stadt giebt es künftig nur ein Bürgerrecht. Der Unterschied zwischen Groß- und Kleinbürgern und jede ähnliche Abtheilung der Bürger in mehrere Ordnungen wird daher hierdurch völlig aufgehoben.

§. 17. Das Bürgerrecht darf Niemanden versagt werden, welcher in der Stadt, worin er solches zu erlangen wünscht, sich häuslich niedergelassen hat und von unbescholtenem Wandel ist. Wenn er bisher an einem andern Orte gewohnt hat, muß er seine Aufführung, und wie er sich bis dahin ehrlich genährt hat, durch Zeugnisse der dasigen Ortsbehörde nachweisen.

§. 18. Auch unverheirathete Personen weiblichen Geschlechts können, wenn sie diese Eigenschaften besitzen, zum Bürgerrecht gelangen.

§. 19. Stand, Geburt, Religion und überhaupt persönliche Verhältnisse machen bei Gewinnung des Bürgerrechts keinen Unterschied. Auch hergebrachte Vorzüge der Bürgerkinder und besondere Arten von Verpflichtungen der Unverheiratheten etc. hören völlig auf, Kantonnisten, Soldaten, Minderjährigen und Juden kann das Bürgerrecht aber nur unter den vorschriftsmäßigen Bedingungen zugestanden werden. Dieselben, imgleichen die Menonisten, sind auch nach Erlangung desselben in Absicht des Erwerbes von Grundstücken und des Betriebes von Gewerben den Einschränkungen noch unterworfen, welche durch Landesgesetze und Ortsverfassungen bestimmt sind.

Anmerkung: * Zur Interpretation siehe S. 67 f.

§. 20. Jeder, der wegen eines Verbrechens das Bürgerrecht verlieren würde, wenn er dasselbe schon besäße, imgleichen jeder, der wegen eines Verbrechens zur Festung oder zum Zuchthause auf drei Jahre oder zu einer härtern Strafe verurtheilt ist und diese Strafe erlitten, oder noch zu erleiden hat, kann das Bürgerrecht nicht erlangen.

§. 21. Wer schon zu einer Kriminaluntersuchung gezogen, aber zu einer geringern Strafe verurtheilt, oder nur vorläufig losgesprochen ist, den muß auf den Antrag der Stadtverordneten das Bürgerrecht versagt werden.

§. 22. Auch im Konkurs befangene, wegen Verbrechen in Kriminaluntersuchung begriffene und unter Kuratel gesetzte Personen, sind bis zu Ende des Konkurses, der Untersuchung und der Kuratel, unfähig das Bürgerrecht zu gewinnen.

§. 23. Wer bis jetzt zum Bürgerthum gehörige städtische Gewerbe betreiben, oder Grundstücke in einer Stadt erworben haben sollte, ohne das Bürgerrecht besessen zu haben, muß letzteres sogleich nach Publikation dieser Ordnung nachsuchen und erlangen, oder beziehungsweise das betriebene städtische Gewerbe niederlegen und das erworbene Grundstück veräußern.

§. 24. Das Bürgerrecht wird in allen Städten, sie mögen bisher mittelbare oder unmittelbare Städte genannt worden seyn, imgleichen bei allen Bürgern, ohne Unterschied, ob sie Deutsche, namentlich: Pfälzer, Franzosen oder von anderer Nation sind, vom Magistrat des Orts ertheilt. Es fällt daher die Annahme von Bürgern durch andere Behörden, z. B. durch den akademischen Senat, ganz weg. Der Magistrat hat jedesmal, vor Ertheilung des Bürgerrechts, das Gutachten der Stadtverordneten darüber einzuziehen, ist aber nur im Fall des §. 21., und wenn gesetzliche Einwendungen gemacht werden, daran gebunden.

§. 25. Jeder, der Bürger werden will, ist verbunden, dem Magistrat den Bürgereid zu leisten und muß sich darin verpflichten, diese Ordnung aufrecht zu erhalten und das Beste der Stadt nach seinen Kräften zu befördern.

§. 26. Einem jeden Bürger liegt die Verpflichtung ob, zu den städtischen Bedürfnissen aus seinem Vermögen und mit seinen Kräften die nöthigen Beiträge zu leisten und überhaupt alle städtische Lasten verhältnißmäßig zu tragen.

§. 27. Er ist schuldig, öffentliche Stadtämter, sobald er dazu berufen wird, zu übernehmen und sich den Aufträgen zu unterziehen, die ihm zum Besten des Gemeinwesens der Stadt gemacht werden. . . .

Tit. VI.
Von den Stadtverordneten
Abschnitt I.
Von der Wahl und dem Wechsel derselben

§. 69. Die Vertretung der Stadtgemeine oder Bürgerschaft durch Stadtverordnete ist nothwendig, weil jene aus zu vielen Mitgliedern besteht, als daß ihre Stimmen über öffentliche Angelegenheiten, jedesmal einzeln vernommen werden könnten.

Deshalb soll in jeder Stadt, nach deren Größe, der Wichtigkeit der Gewerbe und dem Umfange der Angelegenheiten des Gemeinwesens, eine angemessene Repräsentation der Bürgerschaft bestellt werden und künftig bestehen.

§. 70. In kleinen Städten werden 24 bis 36, in mittlern 36 bis 60, und in großen 60 bis 102 geeigenschaftete Mitglieder der Stadtgemeine dazu erwählt.

Innerhalb dieser Grenzen hat jeder Magistrat, mit Zuziehung der jetzigen Bürgerschaftsvorsteher, nach dem Bedürfniß des Orts, Behufs der ersten Wahl, die zu bestellende Anzahl zu bestimmen.

§. 71. Damit aber durch Todesfälle, langwierige Krankheiten und lange Geschäftsreisen, die Anzahl der Stadtverordneten nicht, während des Zeitraums, für welchen sie bestellt sind, vermindert werden möge; so werden jedesmal bei der Wahl der Stadtverordneten, eben so viele Stellvertreter derselben erwählt, als der dritte Theil der neuerwählten Stadtverordneten ausmacht.

§. 72. Die Wahl der Stadtverordneten und Stellvertreter derselben wird in den verschiedenen Bezirken der Stadt bewirkt. Die Zahl der im Ganzen zu wählenden Subjekte muß daher auf die Wahlbezirke, nach Verhältniß der darin vorhandenen stimmfähigen Bürger, vertheilt werden.

§. 73. Die Wahl der Stadtverordneten nach Ordnungen, Zünften und Korporationen in den Bürgerschaften, wird dagegen hierdurch völlig aufgehoben. Es nehmen an den Wahlen alle stimmfähigen Bürger Antheil und es wirkt jeder lediglich als Mitglied der Stadtgemeine ohne alle Beziehung auf Zünfte, Stand, Korporation und Sekte.

§. 74. Das Stimmrecht zur Wahl der Stadtverordneten und Stellvertreter, steht zwar in der Regel jedem Bürger zu; jedoch sind als Ausnahmen, folgende davon ausgeschlossen:

a) Diejenigen, welche nach den §§. 20. und 22. im III. Titel unfähig seyn würden, das Bürgerrecht zu erlangen, wenn sie solches nicht schon besäßen,

b) Magistratsmitglieder, während der Dauer ihres Amts,

c) Bürger weiblichen Geschlechts,

d) Unangesessene Bürger — in großen Städten, deren reines Einkommen noch nicht 200 Rthlr. — und in mittlern und kleinen Städten, deren reines Einkommen noch nicht 150 Rthlr. jährlich beträgt, und

e) Personen, welchen als Strafe das Stimmrecht entzogen ist.

§. 75. Außerdem können Bürger, welche einer von den §. 21. im III. Titel bestimmten Vorwürfen trifft, nur mit Einwilligung der Stadtverordnetenversammlung und bis dahin, daß letztere nach dieser Ordnung organisirt worden, auf keinen Fall eine Stimme bei besagten Wahlen abgeben.

§. 76. Ob unangesessene Bürger das §. 74. unter dem Buchstaben d bestimmte reine Einkommen besitzen, soll von den Stadtverordneten geprüft und bestimmt werden. In der Regel genügt die Wissenschaft der prüfenden Stadtverordneten, daß der Bürger das geordnete reine Einkommen wirklich besitze.

Behufs der ersten Stadtverordnetenwahl geschiehet die Prüfung und Bestimmung vom Magistrat, mit Zuziehung der jetzigen Bürgerschaftsvorsteher.

§. 77. Wer einmal als stimmfähig angenommen ist und einer Wahl mit beigewohnt hat, kann nur nach sorgfältiger Prüfung und gewissenhafter Überzeugung der Stadtverordneten, durch deren Beschluß deshalb, weil sein jähriges Einkommen zu geringe sey, davon wieder ausgeschlossen werden.

§. 78. Eben so kann jeder Bürger, welcher aus diesem Grunde bis dahin nicht stimmfähig war, zum Stimmrecht gelangen, sobald die Stadtverordnetenversammlung sich überzeugt, daß sein Einkommen von dem vorgeschriebenen Belange sey.

§. 79. Der Magistrat hat von der ganzen Stadt, und zwar von jedem Bezirk derselben besonders, eine zuverlässige Bürgerrolle zu führen.

In dieser Bürgerrolle ist in einer besondern Kolonne zu vermerken: ob der Bürger stimmfähig sey oder nicht?

§. 80. Die Versammlung der Stadtverordneten hat jährlich vor der neuen Wahl die Bürgerrollen in Beziehung auf Stimmfähigkeit zu untersuchen, diejenigen, welche das erforderliche reine Einkommen erst erlangt haben, in Zugang zu bringen, und diejenigen, deren Vermögen so abgenommen hat, daß sie das vorschriftsmäßige reine Einkommen nicht mehr besitzen, auszustreichen.

§. 81. Jeder stimmfähige Bürger ist verbunden, in der Wahlversammlung des Bezirks, in dessen Bürgerrolle er eingetragen steht, in Person zu erscheinen oder sich mit gesetzlichen Gründen beim Bezirksvorsteher zu entschuldigen. Er kann weder in einem andern Bezirk, noch durch einen Bevollmächtigten das Wahlrecht ausüben. In sofern er seinen Wohnort im Laufe des letzten Jahres in einem andern Bezirk verlegt hat, muß er sich beim Magistrat erkundigen, ob er auch gehörig in die Rolle des Bezirks, worin er wohnt, übertragen ist.

§. 82. Bei jeder Wahlversammlung werden diejenigen, welche sich eingefunden haben, mit der Bürgerrolle des Bezirks verglichen. Sollte aus Irthum Jemand erschienen seyn, der nicht zu dem Wahlbezirk gehört, oder nicht stimmfähig ist, so wird er deshalb bedeutet, und muß sich entfernen.

§. 83. Die etwa ausgebliebenen stimmfähigen Bürger werden durch die Beschlüsse der anwesenden verbunden. Sollte Jemand so wenig Bürgersinn besitzen, daß er, ohne sich auf eine gesetzliche Art entschuldigt zu haben, wiederholentlich nicht erschiene, so sollen die Stadtverordneten befugt seyn, ihn durch ihren Beschluß des Stimmrechts und der Theilnahme an der öffentlichen Verwaltung für verlustig zu erklären, oder auf gewisse Zeit davon auszuschließen.

§. 84. Wahlfähig ist jeder Bürger, der ein Stimmrecht hat, außerdem aber Niemand.
Nur in dem Bezirk, wo der stimmfähige Bürger verzeichnet ist, darf er gewählt werden. In diesem kann solches geschehen, er mag bei der Wahlversammlung anwesend seyn oder nicht.

§. 85. Von den in jedem Bezirk zu erwählenden Stadtverordneten und Stellvertretern müssen wenigstens zwei Drittel mit Häusern in der Stadt angesessen seyn.

§. 86. Die Stadtverordneten sowohl, als auch die Stellvertreter, werden auf drei Jahre und zwar bei der ersten Wahl mit der vollen Anzahl, bei den folgenden Wahlen aber jedesmal mit einem Drittel derselben gewählt. Dagegen scheidet jährlich ein Drittel aus und dieses Drittel wird am Ende des ersten und zweiten Jahres durchs Loos, hiernächst aber jederzeit durch das Dienstalter bestimmt. Im zweiten Jahr kann aber nur unter denen gelooset werden, welche schon zwei Jahre Stadtverordnete gewesen sind, und dasselbe gilt von den Stellvertretern.

§. 87. In jedem Jahre versammeln sich die stimmfähigen Gemeindeglieder der Stadt in einem für jeden Ort ein für allemal zu bestimmenden Monat zur Wahl der Stadtverordneten. Sie nimmt allemal nach vorhergegangener gottesdienstlichen Handlung ihren Anfang.

§. 88. Der Magistrat bestimmt Tag, Stunde und Ort der Versammlung und deputirt für jeden Bezirk einen Kommissarius aus seiner Mitte oder den Bezirksvorsteher. Dieser Kommissarius hat den Vorsitz, jedoch nur in den hierin ausdrücklich bestimmten Fällen eine Stimme bei der Wahlversammlung.

§. 89. Die Einladung geschieht wenigstens 14 Tage vor dem Wahltage und zwar in solchen Städten, wo Zeitungen und Intelligenzblätter erscheinen, durch zweimaliges Einrücken in diese öffentliche Blätter und durch Anschläge an den Kirchthüren und andern dazu schicklichen Orten.
In andern Städten soll solche gleichmäßig durch Anschläge und zweimal von den Kanzeln bewirkt werden.

§. 90. Das Wahlgeschäft beginnt in der Art, daß der Magistrats-Kommissarius die §§. 79. bis 104. in diesem Abschnitt, laut und deutlich vorlieset und hiernächst bekannt macht, wie viele Personen überhaupt zu wählen sind und wie viele Hausbesitzer darunter mindestens begriffen seyn müssen.

§. 91. Sodann schreiten die Versammeleten zur Wahl eines Wahlaufsehers und dreier Beisitzer aus ihrer Mitte.
Der Bezirksvorsteher schlägt zu diesem Posten die Personen vor und die

anwesenden stimmfähigen Bürger beschließen darüber durch Stimmenmehrheit.

Wenn die Stimmen gleich sind, giebt die Stimme des Kommissarius den Ausschlag.

Die Stimmen werden bei diesem Geschäft auf dem kürzesten Wege, durch Aufhebung der Hände, abgegeben.

§. 92. Dem Wahlaufseher und den Beisitzern liegt es ob, auf den ordnungsmäßigen Gang der Wahl der Stadtverordneten und Stellvertreter derselben zu achten und die dabei vorkommenden speziellen Geschäfte zu besorgen. Von den Beisitzern führt der eine das Wahlprotokoll und der zweite die Kandidatenliste. Der dritte bewirkt den Umlauf des Gefäßes zur Einsammlung der Stimmen und der Wahlaufseher eröffnet dieses Gefäß.

§. 93. Jedem stimmfähigen Bürger steht es frei, Einen Kandidaten laut vorzuschlagen und kurz zu bemerken, was zu seiner Empfehlung dient. Dieser wird in der Liste der Wahlkandidaten verzeichnet. Werden Nichtwahlfähige vorgeschlagen, so protestirt der Magistrats-Kommissarius, mit Anzeige des Grundes, gegen den Vorschlag. Außerdem hat er aber kein Recht, gegen den Vorschlag etwas einzuwenden.

§. 94. Über die Wahlkandidaten werden die Stimmen der Reihe nach gesammelt.

Jedes Mitglied erhält ein weißes und ein schwarzes Zeichen, wovon jenes f ü r , und dieses w i d e r den Kandidaten gilt. Es geht alsdann ein verdecktes Gefäß herum, in welches von Jedem eins dieser Zeichen geworfen wird. Das zweite Zeichen muß jedes Mitglied in ein anderes verdecktes Gefäß zurücklegen.

§. 95. Das erstere Gefäß, worin die Stimmen gesammelt worden, wird vor der Versammlung vom Wahlaufseher geöffnet, und die Wahl für richtig erklärt, wenn so viele Zeichen von beiderlei Farben zusammen vorgefunden werden, als Wähler gegenwärtig sind. Wer die Stimmenmehrheit wider sich hat, wird auf der Kandidatenliste gelöscht. Wer sie für sich hat, wird mit der Anzahl der ihm günstigen Stimmen in die Kandidatenliste bemerkt. Sind die Stimmen gleich, so entscheidet die Stimme des Kommissarius.

§. 96. Ist über sämmtliche verzeichnete Kandidaten gestimmt, so vergleicht man die Anzahl derer, die die Stimmenmehrheit für sich haben, mit der Anzahl der von dem betreffenden Bezirk zu wählenden Stadtverordneten und Stellvertreter derselben und untersucht, wie viele von jenen Hausbesitzer sind.

§. 97. Sind die nöthigen Subjekte noch nicht vorhanden oder darunter weniger Hausbesitzer begriffen, als erfordert worden; so können zur Ergänzung der Fehlenden und zur fernerweiten Stimmensammlung, Kandidaten sich selbst melden, oder andere Mitglieder neue Vorschläge machen.

Die hiernächst noch fehlenden müssen der Wahlaufseher und dessen Beisitzer nach der Reihe vorschlagen.

§. 98. Von diesen mit der Stimmenmehrheit verzeichneten Kandidaten werden diejenigen, welche die meisten Stimmen für sich haben, Stadtverordnete und die übrigen, Stellvertreter derselben. Sind mehrere Kandidaten mit der Stimmenmehrheit vermerkt, als Subjekte zu wählen; so scheiden diejenigen aus, welche die wenigsten Stimmen für sich haben.

§. 99. Findet sich aber, daß bei diesem Verfahren die erforderliche Anzahl von Hausbesitzern unter den Stadtverordneten nicht begriffen seyn würde; so werden zuerst so viele Hausbesitzer als nöthig sind, nach der Rangordnung, welche ihnen die Anzahl der Stimmen giebt, und hiernächst nur so viele, als außerdem erfordert werden, von den übrigen mit der Stimmenmehrheit verzeichneten Kandidaten zu Stadtverordneten bestimmt und angezeigt.

§. 100. Eben so wird es bei Ernennung der Stellvertreter derselben gehalten.
Indessen genügt es hierbei schon, wenn so viele Hausbesitzer, als zu Stadtverordneten und Stellvertretern derselben zusammen nöthig sind, sich überhaupt in beiden Klassen befinden.

§. 101. Wenn mehrere mit der Stimmenmehrheit verzeichnete Kandidaten, gleich viele Stimmen für sich haben; so hat, wenn es darauf ankommt, wer von ihnen Stadtverordneter oder Stellvertreter derselben werden, oder für diese Wahl ausscheiden soll, allezeit der im Bezirk mit einem Grundstücke angesessene Bürger, vor dem unangesessenen den Vorzug. Läßt sich hiernach die Sache nicht entscheiden, so muß solches durchs Loos geschehen.

§. 102. Das Wahlprotokoll soll die Zahl der anwesenden Mitglieder enthalten und mit einer namentlichen Liste der fehlenden, imgleichen mit den öffentlichen Blättern und Attesten der Pfarrer begleitet seyn, wodurch die Einladung zu der Wahlversammlung geschehen ist.

§. 103. Die erwählten Stadtverordneten und Stellvertreter müssen sämmtlich im Wahlprotokolle mit ihrem Karakter, Gewerbe, Vor- und Familiennamen, imgleichen mit der Bemerkung verzeichnet werden, ob sie Hausbesitzer sind oder nicht.

§. 104. Sodann folgt die Erklärung, daß solchen durch diese Wahl, diejenigen Rechte und Verbindlichkeiten beigelegt würden, welche den Stadtverordneten und Stellvertretern derselben nach den bestehenden Gesetzen zukommen.

§. 105. Hiernächst wird das Wahlprotokoll der Wahlversammlung von dem Wahlaufseher laut vorgelesen und von dem Magistrats-Kommissarius dem Bezirksvorsteher, insofern dieser nicht zugleich Magistrats-Kommissarius ist, dem Wahlaufseher, den dreien Beisitzern und Sechs andern Mitgliedern der Versammlung, die nicht zu den erwählten Stadtverordneten und Stellvertretern gehören, unterschrieben.

§. 106. Das Wahlprotokoll wird nach beendigtem Geschäfte von dem Magistrats-Kommissarius sofort dem Magistrat übergeben.

§. 107. Der Magistrat läßt jedes Wahlprotokoll, so wie es eingeht, von der Stadtverordneten-Versammlung prüfen, bestätigt sodann die Wahl, insofern sich dagegen nichts Wesentliches zu erinnern findet, und fertigt auf den Grund der Wahlprotokolle, eine von ihm beglaubigte Nachweisung von sämmtlichen solchergestalt erwählten Stadtverordneten und Stellvertretern, der Stadtverordneten-Versammlung zu. Bei der ersten Wahl geschiehet die Prüfung vom Magistrat mit den jetzigen Bürgerschafts-Vorstehern. . . .

Nr. 2. Das Wahlrecht in der Paulskirche

(Auszug aus der Debatte um das Wahlgesetz in der Frankfurter National-versammlung vom 15. Februar bis 2. März 1849; Quelle: Stenographische Berichte über die Verhandlungen der deutschen constituierenden National-versammlung zu Frankfurt am Main, hrsg. von Franz Wigard, 2. Aufl. 1848/49, Bd. 7, S. 5203 ff. Die hier abgedruckten Auszüge können und sollen nur einen Eindruck vermitteln von der detaillierten Beratung des Wahlgesetzes. Die Auswahl, die in mancher Hinsicht zweifellos problematisch ist, ergab sich aus der während der Beratungen deutlich zu Tage getretenen Polarisierung in der Frage des allgemeinen oder beschränkten Wahlrechts. Stellvertretend für die Haltung der gemäßigt „Liberalen", die eine Beschränkung des Wahlrechts anstrebten, steht dabei der Bericht von Georg Waitz, den er als Berichterstatter des Verfassungsausschusses am 16. Februar 1849 (170. Sitzung, S. 5220 ff.) erstattete. Ihm gegenübergestellt sind als Entgegnung der „Demokraten", den Befürwortern des allgemeinen Wahlrechts, Auszüge aus den sich anschließenden Ausführungen von Carl Vogt (171. Sitzung, 17. Februar 1849, S. 5254 ff.) und Ziegert (170. Sitzung, 16. Februar 1849, 5233 ff.). Die beiden folgenden Auszüge von Bruno Hildebrand und Franz Wigard (beide in der 178. Sitzung, 1. März 1849, S. 5511 ff. bzw. 5500 ff.) beziehen sich auf die Frage der direkten oder indirekten Wahl sowie die öffentliche oder geheime Stimmabgabe. Sie wurden gehalten nach der Durchsetzung des allgemeinen Wahl-

rechts und stellen eine Entgegnung der Demokraten auf den Versuch der
Liberalen dar, die für die Liberalen möglicherweise nachteiligen Auswirkungen des allgemeinen Wahlrechts durch die indirekte Wahl und
öffentliche Stimmabgabe in etwa auszugleichen. (Zur Interpretation siehe
historische Darstellung, S. 82 ff.)

Georg Waitz*), als Berichterstatter des Verfassungsausschusses: Nächst der
Verfassung selbst wird kein Theil der Reichsgesetzgebung eine größere
Wichtigkeit haben, als das Wahlgesetz. Es ist seinem ganzen Wesen nach
von den Verfassungs-Arbeiten nicht zu trennen; die Hauptbestimmungen,
welche es enthält und im Einzelnen ausführt, werden regelmäßig den Ver-
fassungsurkunden einverleibt; es ist selbst und nicht ohne Wahrheit gesagt
worden, die ganze Verfassung beruhe auf diesem Grunde, ihr Wesen und
Charakter werde vor Allem hierdurch bestimmt. Denn wenn es bei aller
Staatsordnung hauptsächlich darauf ankommt, daß sie dem wahren Bewußtsein des Volkes entspricht und daß sie diesem in den Formen der Verfassung Ausdruck verleiht, so muß es von der größten Bedeutung sein, daß
namentlich diejenigen Gewalten des Staates, welche bestimmt sind unmittelbar die Gesammtheit des Volkes zu vertreten, in angemessener Weise gebildet werden. Die constitutionelle Verfassung hat die Aufgabe zu lösen, daß
nicht bloß die verschiedenen Organe des Staates unter sich in Einklang
stehen, sondern daß auch in ihnen der wahre Wille des Volks zur Anerkennung, zur Herrschaft gelangt. ...

Wenn durch die Bewegungen des letzten Jahres Vieles in den politischen
Ordnungen erschüttert und umgestaltet worden ist, so gewiß am Meisten
Alles, was auf die Vertretung des Volkes Bezug hat. Während dieselbe
früher in manchen Ländern, die sich im Allgemeinen zur constitutionellen
Staats-Verfassung bekannten, auf den alten Unterscheidungen der Stände
beruhte, indem entweder der Gegensatz zweier Versammlungen hierdurch
begründet, oder die eine hiernach zusammengesetzt wurde; während überall die Theilnahme an den Wahlen bedeutenden Beschränkungen unterlag
und vieler Orten außerdem keine unmittelbare Betheiligung der Berechtigten an der Ernennung ihrer Vertreter stattfand: wurde jetzt auf einmal
das allgemeine Stimmrecht als die Grundlage aller Wahlordnung proclamirt, und damit zum Theil auch der Uebergang zu directen Wahlen unmittelbar verbunden.... In Folge der von dem Vorparlament gefaßten
Beschlüsse wurde von der Bundesversammlung am 7. April 1848 die Anordnung getroffen, daß die Wahlen zur künftigen Nationalversammlung
ohne Census und ohne Beschränkung der Wählbarkeit stattfinden sollen,
daß dagegen den Regierungen der Einzelstaaten die Einrichtung der Wahl

---

Anmerkung: *) Georg Waitz, 1813—1886, Professor der Geschichte in Kiel und
Göttingen, Mitglied der dem liberalen, rechten Zentrum zugehörigen „Casino"-
Fraktion der Nationalversammlung.

zu überlassen sei. Der letzte Umstand hat dazu geführt, daß wesentliche Verschiedenheiten bei den Wahlen in den einzelnen Territorien Platz gegriffen haben. Wenn auch überall von Census und ähnlichen Beschränkungen keine Rede war, so war doch eine Ungleichmäßigkeit schon dadurch bedingt, ob für die Wähler der Begriff der Selbstständigkeit aufgestellt, und wie weit derselbe ausgedehnt wurde. . . .

Die Vergegenwärtigung solcher Verhältnisse*), welche für eine erste Versammlung dieser Art hingenommen werden mußten, welche aber offenbar nicht dauernd oder regelmäßig werden durften, mußte den Ausschuß bewegen, von vorn herein den Gedanken aufzugeben, daß auch für die Zukunft irgend eine wesentliche Bestimmung bei den Wahlen den Einzelstaaten überlassen werden könne. . . . Der Ausschuß hat sich nach ausführlicher und gründlicher Erwägung aller Verhältnisse mit überwiegender Mehrheit für directe Wahlen entschieden. Aber er hat es nur gethan im Zusammenhang und unter Voraussetzung der anderen Bestimmungen, welche von ihm vorgeschlagen werden. Gewiß hat die Wahl des Abgeordneten unmittelbar durch die zur Wahl Berechtigten an und für sich vor jedem anderen Verfahren große Vorzüge. Nur auf diesem Wege kann in unzweifelhafter Weise das Vertrauen des Volks Denjenigen bezeichnen, der als sein Vertreter in der Versammlung des Volkshauses erscheinen soll; nur in dieser Weise ist es möglich, daß die Idee der Repräsentation, welche der constitutionellen wie der rein demokratischen Staatsverfassung unentbehrlich ist, wenigstens annährend zur Verwirklichung komme. Wo die Mehrheit aller zur Wahl berechtigten Volksgenossen in einem District einem Manne ihre Stimmen zugetragen haben, da wird ein unmittelbares Verhältniß zwischen dem Gewählten und den Wählern bestehen, da wird, soweit es in solchen Dingen möglich ist, eine Gewähr gegeben, daß die in dem bestimmten District vorherrschende Ansicht den geeigneten Repräsentanten gefunden hat. . . . Das Interesse und die Theilnahme der Wähler sind nothwendig größer, wenn Jeder unmittelbar und sofort zu dem endlichen Ausgang der Wahl beitragen kann, während die Ernennung einer Mittelsperson in vielen Fällen und namentlich in ruhigeren Zeiten als ein Act von untergeordneter Bedeutung erscheint, dem sich Viele mit gleichgiltigem Sinne entziehen. Wenn aber in Augenblicken starker politischer Spannung die Betheiligung an der Ernennung der Wahlmänner eine größere wird, so nimmt die indirecte Wahl leicht einen Charakter an, daß sie der directen wenigstens nahe kommt, indem der einzelne Wahlmann nur unter der Bedingung und gewissermaßen zu dem Behufe sein Mandat empfängt, um einem bestimmten Candidaten seine Stimme zu geben; ein Verfahren, welches alle Nachtheile und Gefahren der unmittelbaren Wahl mit sich führt, ohne irgendwie die Vortheile, welche diese eigen hat, zu gewähren. Denn von allem Anderen abgesehen, wird solchergestalt doch nur zufällig die wirkliche Majorität der

---

Anmerkung: *) Gemeint sind hier die unterschiedlichen wahlrechtlichen Regelungen der Einzelstaaten für die Wahl zur Paulskirche; vgl. die historische Darstellung, S. 76 ff.

Urwähler den Ausschlag geben, da ihre Zahl sehr ungleichartig bei den ersten Wahlen vertheilt sein kann. Darf aber auch angenommen werden, daß die gewählten Mittelspersonen regelmäßig nicht einer solchen äußersten Beschränkung unterworfen sind, so wird doch der Gegensatz verschiedener politischer Parteien sofort bei ihrer Ernennung zum Vorschein kommen; er wird sich in ihnen gewissermaßen verkörpern, und später in dem kleineren Collegium mit besonderer Heftigkeit hervortreten. Sind aber Einzelne oder Mehrere von ihnen in ihrer Entscheidung zweifelhaft, so bieten sie der Einwirkung von Außen, der Bearbeitung, der Bestechung einen viel geeigneteren Spielraum, als es von der Gesammtheit oder einem größeren Theile der Wähler gesagt werden kann. In Zeiten großer Aufregung oder starken Druckes von Oben wird es an Einschüchterung nicht fehlen, welche den minder Entschlossenen leicht bestimmen kann, auch gegen die eigentliche Ueberzeugung seine Stimme abzugeben. Solche Einwirkungen brauchen nicht einmal unmittelbar bei den Einzelnen versucht zu werden; die Erfahrung lehrt, daß schon die Furcht vor einem Nachtheil dieser oder jener Art schwache Gemüther zu bestimmen vermag. Bei directer Wahl dagegen wird die Zahl Derer, welche zusammenstehen, immer eine größere sein, und sie hat in sich einen Halt gegen Einflüsse der einen oder andern Art. Es ist auch zu erwägen, daß die Wahlmänner sehr häufig aus der Klasse der Halbgebildeten genommen werden, welche sich eines gewissen Ansehens in ihrer nähern Umgebung erfreuen, deren Auffassung politischer Dinge aber und deren dadurch bedingte Abstimmung gewiß sehr oft am Wenigsten als der Ausdruck der wahren Volksmeinung angesehen werden können.

Unter anderen Verhältnissen aber treten bei den indirecten Wahlen auch andere Nachteile ein. Die kleineren Bezirke, aus denen die Wahlmänner hervorgehen, sind verbunden, aus ihrer Mitte eben diejenigen zu nehmen, welchen die Hauptwahl überlassen werden soll; daß dieß häufig, wenigstens einem großen Theile nach, keine hervorragenden Persönlichkeiten oder politischen Charaktere sind, ist schon angeführt worden, und liegt wohl in der Natur der Sache. Treten sie zur Wahl zusammen, ohne daß derselben schon vorher die bestimmte Richtung angewiesen worden ist, so kann es nicht ausbleiben, daß ihr Augenmerk zunächst auf Männer der nächsten Umgebung, vielleicht aus ihrer eigenen Mitte, gerichtet wird. Es hat dieß wohl den Vortheil, daß oftmals Abgeordnete ernannt werden, welche mit den besonderen Verhältnissen der Provinz, des Kreises, vertraut und die eigenthümlichen Interessen derselben zu vertreten geeignet sind. Wenn dieß aber auf den Landtagen der Einzelstaaten von besonderer Wichtigkeit sein mag, so tritt ein solches Verdienst auf dem allgemeinen Reichstag Deutschlands in den Hintergrund zurück, wo es darauf ankommen muß, namentlich Männer von weiterem politischen Blick und erprobtem Charakter zu versammeln. Eine Vereinigung auch von bedeutenden provinziellen Reputationen würde noch keine Versammlung bilden, wie sie der Mittelpunkt des deutschen Staatslebens erfordert. ... Directe Wahlen müssen fast mit Nothwendigkeit dahin führen, daß nur solche Candidaten auftreten oder doch berücksichtigt werden, welche eine mehr hervorragende Stellung im politischen Leben einnehmen, oder deren Name in einem größeren Theile des Vaterlandes mit Auszeichnung genannt wird. Wenn bei den Wahlen zur constituirenden Versammlung ein erfreulicher Anfang dazu gemacht worden ist, so wird der Fortgang des staatlichen Lebens in Deutschland dazu weitere Aufforderung geben. Es steht zu erwarten, daß ohne besondere Rücksicht auf die Ansässigkeit in dem einzelnen District die sich gegenüberstehenden Parteien ihre Anhänger und ihre Vertreter zur Wahl stellen werden. Wie die Zustände sich in England, Frankreich, Belgien gestaltet haben, so werden sie mehr und mehr auch bei uns Platz greifen müssen....

Unter allen politischen Behauptungen und Formeln zugleich die planste und umfassendste ist die von der allgemeinen Gleichheit der Menschen. ...

Wenn Geschlecht und Alter auch heut zu Tage noch allgemein für nothwendige Gründe der Unterscheidung gelten, so zweifelten bis vor Kurzem wenige, daß Stand und Beruf, Besitz und Vermögen eben sowohl begründete Verschiedenheiten bedingten, daß namentlich die Theilnahme am politischen Leben nicht jedem Erdgebornen in gleichem Umfang zustehen könne. Niemand wird läugnen, daß viel Willkür und ungerechte Beschränkung sich unter diesen Formen verbarg, daß die Unterscheidungen, die man im Leben machte, häufig einen zufälligen und mechanischen Charakter an sich trugen. Die Grundsätze aber, auf denen sie beruhten, waren doch tief in der Natur menschlicher Dinge begründet, und wie viel auch im Lauf der Zeiten daran gerüttelt und davon verwischt werden mag, sie ganz zu vernichten wird keiner Zeit gelingen. Den Besitzenden und Besitzlosen, den selbstständig Wirkenden und den Gehülfen oder Diener wird man nie vollständig gleichstellen, man wird sie für die Verhältnisse des öffentlichen Lebens eben so wenig gleich behandeln können, wie im Hause, wo sie zusammenwohnen, in der Gemeinde, wo sie nebeneinander stehen, wo aber Lasten und Pflichten verschieden sind. Das politische Recht ist mit nichten als ein solches zu betrachten, welches der Person unmittelbar und eigenthümlich anhaftet; es ist nicht die individuelle Freiheit, welche in demselben Befriedigung und Schutz erhalten soll; sondern das Beste der Gesammtheit muß bestimmen, wer geeignet ist als der Träger dieses Rechts zu erscheinen und es zum Frommen der Gesammtheit zur Ausübung zu bringen. Die Mehrheit des Verfassungsausschusses war darin einig, daß bei directer Wahl eine Beschränkung des allgemeinen Stimmrechts nothwendig sei. Keine Staatsordnung, möge sie sein welche sie wolle, monarchisch oder republikanisch, wird bestehen oder doch zu irgend welcher Stätigkeit gelangen können, wenn die Entscheidung aller politischen Fragen in die Hände der großen Masse, die sich nur zu oft willenlos leiten läßt und launenhaft Tag um Tag dem einen oder andern Führer folgt, gelegt wird. ...

Der Ausschuß war aber nicht geneigt, die neue Ordnung der Dinge auf jene früher beliebten Unterscheidungen zurückzuführen. Abgesehen davon, daß von einer Wahl nach Ständen, die nicht mehr existiren, die Rede nicht sein kann, scheint es nicht wohl möglich, auf die Verschiedenheiten

des Berufs und der Interessen, so wichtig dieselben auch sein mögen, die
Bildung einer Volkskammer, namentlich für den Bundesstaat, zu gründen. Eher hätte auf Steuer, beziehungsweise Einkommen, Rücksicht genommen werden können. Nicht bloß das Beispiel der angeführten Staaten, auch
die Natur der Verhältnisse scheint einer solchen Auffassung das Wort zu
reden: wer zu den Lasten des Staats beiträgt, wird wenigstens vorzugswei-
se als berufen erscheinen, auch die Rechte, welche derselbe gewährt, zu
theilen; eine Volksvertretung, als deren wichtigstes Recht fast die Bewilligung der Steuern und die Aufsicht über die Verwendung derselben
angesehen werden muß, kann wohl mit Grund zunächst und hauptsächlich auf diejenigen Classen der Staatsangehörigen zurückgeführt werden,
welche die Mittel zur Erfüllung der Staatszwecke darbieten. Doch wurde
der Gedanke, auf eine solche Bestimmung einzugehen, bald wieder aufge-
geben. ... Die ungemeine Verschiedenheit der Steuersysteme in den deutschen Einzelstaaten läßt es fast als unmöglich erscheinen, irgend eine durch-
greifende Bestimmung hierauf zu gründen. ... Der Forderung des allgemeinen Stimmrechts hat sich die Beschränkung, welche in dem Begriff der
Selbstständigkeit enthalten ist, auf deutschem Boden an vielen Orten sogleich entgegengestellt. Das vor allem scheint dem deutschen Sinne auch in
der Zeit der ersten unruhigen Bewegung widerstrebt zu haben, daß der ab-
hängige, in allen seinen Lebensverhältnissen auf eine andere Persönlichkeit
hingewiesene dem selbstständigen, für sich stehenden und für sich thätigen
Mann, gleichgestellt werde. In den meisten Wahlgesetzen der neuern Zeit
ist eine Bestimmung hierüber aufgenommen worden, auch in solchen, welche
für die Berufung der constituirenden Nationalversammlung erlassen worden sind. Die Auslegung des Wortes „selbstständig" ist aber eine sehr ver-
schiedenartige gewesen: bald kleinere, bald größere Classen der Einwohner sind darunter verstanden worden. ... Statt die ganze Auffassung zu
verwerfen, scheint es nur darauf anzukommen, den Begriff der Selbstständigkeit festzustellen und seinen Umfang möglichst genau zu bestimmen.
Der Verfassungsausschuß hat geglaubt, bei diesem Wahlgesetz eben einen
Versuch zur Lösung dieser Aufgabe machen zu müssen. ...

Es versteht sich von selbst, daß wer unter Vormundschaft oder Curatel
sich befindet, oder über den der Concurs verhängt worden, und ebenso, wer
der öffentlichen Armenunterstützung anheimgefallen ist, das wichtigste politische Recht nicht ausüben darf. ... Viel erheblicher sind die folgenden Positionen, welche tief in die Lebensverhältnisse eingreifen und diejenigen
auszuscheiden suchen, welche nach allgemeinem Ermessen den Einzelnen
seiner vollen Selbstständigkeit berauben und mit einer gewissen Nothwendigkeit einem fremden Einflusse unterwerfen ... Daß zunächst die Dienstboten, die sich einem Anderen zu bestimmten festen Dienstleistungen verdun-
gen haben und dabei regelmäßig in ein enges persönliches Verhältniß
zu der Dienstherrschaft und ihrem Hauswesen getreten sind, der vollen
Selbstständigkeit ermangeln, dürfte am wenigsten bestritten werden. Die
loseren Verhältnisse, welche hie und da bestehen, können nicht als Maßstab für den ganzen Stand dienen; und selbst wo keine unmittelbare Be-

stimmung des Dienenden durch den Herrn angenommen werden kann, ist
es klar, daß dieser die mannigfachsten Mittel leicht zur Hand hat, um
denselben nach seinem Willen zu lenken oder ihn einen Widerspruch ent-
gelten zu lassen. . . . Handwerksgehülfen und Fabrikarbeiter werden weiter
zu den unselbstständigen Leuten gezählt. . . .

Sie arbeiten ausschließlich für fremde Rechnung, regelmäßig ohne eigenen
Haushalt, oftmals dem Hauswesen des Meisters unmittelbar verbunden.
Jener eigenthümliche Zug trotziger Freiheit, der sich in dem Leben der
Handwerksgesellen kundgibt, findet sich hauptsächlich während der Wan-
derjahre, wo schon die Bestimmungen des Gesetzes über den festen Wohn-
sitz ihre Theilnahme an den Wahlen nicht zulassen. Wenn sie später in die
Heimath zurückgekehrt ausnahmsweise nicht aus dem Gesellenstande tre-
treten, so kommen sie gerade in Verhältnisse, wo ihre Stellung einem festen
Dienste sehr ähnlich wird. Der verheirathete, mit kleinem Haushalt versehene Handwerksgehülfe ist von dem Herren, den er gefunden, von den
Beziehungen, in denen er einmal steht, und die er nicht leicht zu wechseln
im Stande ist, in hohem Maaße dependent. Hiermit hat die Lage der Fabrikarbeiter große Aehnlichkeit. Allerdings befinden sich diese zahlreiche
und bedeutende Classe der Staatsangehörigen an verschiedenen Orten
und unter verschiedenen Verhältnissen auch in einer verschiedenen Lage.
Selbst der Ausdruck scheint vielleicht etwas ungleichartige Bestandtheile
zusammenzufassen. Doch wurde er als die allgemein verständliche Bezeichnung jeder Umschreibung vorgezogen. . . . Die eigentlichen Arbeiter, mögen
sie auf Tagelohn oder Wochenlohn angenommen oder ausnahmsweise stück-
weise bezahlt werden, mögen sie, was seltener ist, ganz oder theilweise die
Wohnung und Kost von den Fabrikherren empfangen, oder, wie es regelmäßig der Fall ist, auf eigene Hand mit eigenem Haushalt leben, stehen
fast jederzeit in unmittelbarer Abhängigkeit von demjenigen, für den sie
arbeiten. Sie sind regelmäßig lange Jahre, ja oft ihre ganze Lebenszeit hin-
durch, an eine und dieselbe Fabrikanlage gebunden; ein Wechsel in diesen
Verhältnissen ist ihnen erschwert, bei eigenem Hausstand oft fast unmöglich gemacht. Gerade die bedeutende Zahl, die gewöhnlich einem und demselben Etablissement angehört und unter sich in einer gewissen Verbindung
steht, macht sie, wenn sie zu den Wahlen zugelassen werden, zu einem einflußreichen, aber nach mehreren Seiten hin gefährlichen Element. Es ist vor-
gekommen und es wird vorkommen, daß sie in aufgeregten Zeiten, in der
Aussicht auf sociale Reformen, der lockenden Stimme der Freiheit folgen
und Mann für Mann in einem Sinne stimmen, der dieser zu dienen beabsichtigt. Aber das Gewöhnliche ist es nicht und kann es nicht sein. Kein Einfluß, mag er noch so verführerisch klingen, kann auf die Länge mit dem
des Herrn concurriren; die zahlreichen Fabrikarbeiter sind in der Regel
doch nur eben so viele Stimmen in der Hand des reichen Besitzers, der sie
beschäftigt. . . .

Die Tagelöhner endlich nehmen in den Verhältnissen des städtischen Ge-
schäftslebens, und namentlich des Landbaues, eine ähnliche Stellung ein,
wie die Fabrikarbeiter in dem großen Gewerbebetrieb. Sie sind mitunter auf

längere Zeit an einen und denselben Dienstherrn gebunden, mitunter allerdings auf den Erwerb durch verschiedene Beschäftigung angewiesen. Die Letzteren werden in den Städten sich einer gewissen Ungebundenheit erfreuen, die sich aber, bei den beschränkten Lebensverhältnissen, in denen sie stehen, meistens nur dahin äußert, daß sie demjenigen anheim fallen, der sie für den Augenblick unterhält und bezahlt. ... Nicht Jeder, welcher einmal einen Tag für Andere arbeitet, wird nach der allgemeinen Auffassung für einen Tagelöhner gelten. Wer aber seinen regelmäßigen Unterhalt dadurch findet, kann sich auch dem Einfluß derer nicht wohl entziehen, welche ihm denselben geben. ...

Wenn jetzt mit Hilfe dieser Classen die Staatsordnung bis zu den äußersten Grenzen des demokratischen Princips geführt werden soll, so dürfte der nicht ausbleibende Rückschlag nach kurzer Frist gerade in ihnen dieselbe Unterstützung finden. Im günstigsten Falle würde das Streben der politischen Parteien sich wesentlich darauf richten, wer diese Classen am besten und festesten an sich zu knüpfen vermöge; und die kurzen Erfahrungen des letzten Jahres dürften vielleicht gelehrt haben, zu welchen Umtrieben und Erschütterungen dieß den Anlaß gibt. Es ist gesagt worden, daß die Ausschließung dieser Bevölkerung sie in einen gefährlichen Gegensatz zu der übrigen Gesellschaft setze, daß man nicht auf diese Weise ein zahlreiches politisches Proletariat schaffen möge, daß es vielmehr darauf ankomme, den sogenannten vierten Stand, als deren Kern eben diese Arbeiter zu betrachten seien, in die staatliche Ordnung aufzunehmen. ... Es hieße der socialen Reform, mit welcher die Zeit sich trägt, wesentlich vorgreifen, wenn jeder sonstigen Veränderung in den bestehenden Verhältnissen die Ertheilung des höchsten politischen Rechtes vorangehen sollte. Soll die junge Freiheit feste Wurzeln schlagen und soll ein gesundes Staatsleben auf den neu gelegten Grundlagen erwachsen, so sind hier regelnde Bestimmungen nothwendig zu treffen. ...

Es ist von mehreren Seiten wohl geltend gemacht worden, daß die Abhängigkeit und Unselbstständigkeit der Menschen, namentlich in politischen Dingen, sich keineswegs ausschließlich in den hier bezeichneten Kreisen finde, daß sie sich vielmehr, nur in verschiedenartiger Erscheinung, fast durch alle Schichten der Gesellschaft hindurchziehe; der Besitzende sei von seinem Besitz, der Beamte von seinem Amte nicht weniger abhängig, als der Arbeiter von seiner Arbeit. Doch liegt es auf der Hand, daß solche Verhältnisse nicht gleichgestellt werden können; es ist gewiß, daß die innere Unabhängigkeit zu prüfen Niemand im Stande ist, und daß es nur darauf ankommen kann, zu untersuchen, ob die einfachsten und äußeren Bedingungen derselben vorhanden sind. Diese aber sind es, welche den hier ausgeschlossenen Classen abgehen. ... Eigener Haushalt und Gemeindebürgerrecht, wie Einige vorschlagen, konnten nicht ausreichen, da sie bei Fabrikarbeitern und Tagelöhnern die Regel sind und die stattfindende Dependenz von den bestimmten Verhältnissen, in denen sie stehen, oft nur vermehren. Grundbesitz ist allerdings die natürliche Basis einer gewissen Unabhängigkeit; doch ist bei demselben immer schon eine nähere Bestimmung nöthig, da er namentlich auf dem Lande in so kleinen Parcellen vorkommt, daß kein besonderes Gewicht darauf gelegt werden kann. Auch würde eine Hervorhebung des Grundbesitzes an dieser Stelle und ein gänzliches Absehen davon in allen anderen Verhältnissen als eine nicht zu rechtfertigende Inconsequenz erscheinen. Gegen die Berücksichtigung der Steuerleistung oder des Einkommens endlich sprachen hier dieselben Gründe, welche im Allgemeinen angeführt worden sind; ein kleines Vermögen in der Sparcasse oder was der Art sonst vorgeschlagen werden mag, ist viel zu zufällig, als daß darauf etwas gebaut werden könnte. Hat die aufgestellte Unterscheidung einen Grund, so liegt er in der ganzen Lebensstellung der bezeichneten Classen. Ist ihre Unselbstständigkeit in politischen Dingen im Allgemeinen anerkannt und deßhalb ihre Ausschließung von dem wichtigen Rechte der Wahl geboten, so kann auch keine Ausnahme wegen einzelner Verschiedenheiten gemacht werden. Das allgemeine Interesse muß jede Rücksicht auf den Einzelnen überwiegen. ...

Ein anderer Kreis nothwendiger Ausschließungen wird mit dem Worte „bescholten" bezeichnet. Nur wer unbescholten, im Besitz der vollen bürgerlichen und staatsbürgerlichen Rechte ist, darf zu der Wahl zugelassen werden. Auch hier ist es aber nicht ohne Schwierigkeit, die rechte Bestimmung zu treffen, jeden auszuschließen, der wirklich zu entfernen ist, ohne zugleich andere zu treffen, die nicht gemeint sein können. Der Ausschuß hat geglaubt am sichersten den Weg zu gehen, daß nicht bloß die schwankende öffentliche Meinung zum Maßstab genommen, sondern jedesmal ein rechtskräftiges gerichtliches Urtheil als Grund der Bescholtenheit gefordert werde. ... Daß der Verlust der staatsbürgerlichen Rechte sich auch auf das wichtige Recht der Wahl erstreckt, versteht sich wohl von selbst. Wo aber einem Verurtheilten später die Wiedereinsetzung in seine Rechte zu Theil geworden ist, soll sich dieß auch auf das Wahlrecht beziehen. ...

Eine weitere sehr wesentliche Begrenzung des Wahlrechts ist noch (in) § 1, der die nöthigen Qualificationen des Wählers im allgemeinen zusammenfaßt, gegeben. Ein Alter von 25 Jahren wird erfordert. Auf den Vorschlag, statt dessen die Volljährigkeit zu nehmen, konnte nicht eingegangen werden, da es durchaus nöthig schien, hier wie überall in dem Gesetz eine für ganz Deutschland gleichmäßige Bestimmung zu treffen, während der Termin der Mündigkeit ja nach den Landesrechten auf die verschiedenartigste Weise bestimmt ist. ... Der Vorschlag, das Wahlrecht der im activen Dienste stehenden Soldaten überhaupt quiesciren zu lassen, fand den Beifall des Ausschusses nicht; wohl aber wurde die angenommene Altersbestimmung auch durch die Rücksicht hierauf empfohlen. Die älteren Krieger, welche regelmäßig der Landwehr angehören, wollte man nicht an der Ausübung ihres Wahlrechts hindern, ebenso wenig aber war man geneigt, den enggeschlossenen Reihen der im gewöhnlichen Dienste stehenden Soldaten ein so bedeutendes Gewicht bei dem Ausfall der Wahlen einzuräumen, wie bei der Annahme einer anderen Altersbestimmung ihnen nothwendig zufallen müßte. Wo aber auch diese besonderen Gründe nicht erheblich schienen, gab die allgemeine Betrachtung den Ausschlag, daß eine gewisse Reife zur Aus-

übung des politischen Ehrenrechts gehöre. Man kann kaum annehmen, daß
diese vor dem 25sten Jahre erreicht sein wird. Um aber das dem 25jährigen
selbstständigen unbescholtenen Deutschen im Allgemeinen zustehende Wahlrecht in dem bestimmten Falle wirklich auszuüben, muß der Einzelne da,
wo er dazu schreiten will, seinen festen Wohnsitz haben. ... Die zuletzt
angeführte Bestimmung macht zugleich den einzigen Unterschied, der zwischen dem Recht der Wahl und der Wählbarkeit obwaltet. Es schien durchaus unpassend und wurde von keiner Seite beantragt, von den Gewählten
noch besondere Qualificationen zu fordern. Wer die Eigenschaften besitzt,
um an dem einen Rechte Theil zu nehmen, den soll auch das Vertrauen des
Volkes zur Versammlung seiner Vertreter absenden können. So lange man
auch einer solchen Auffassung der Sache widerstrebt hat, jetzt dürfte sie
sich ziemlich allgemeine Geltung verschafft haben. Und wenn bei indirecten
Wahlen noch die Gefahr war, daß auf diese Weise mitunter wirklich un-
fähige Abgeordnete die Plätze in dem Volkshause einnehmen konnten, so
ist diese, wie oben dargelegt worden, bei directen Wahlen als ungleich geringer zu betrachten. Auch einen Unterschied in der Bestimmung des Alters
zu machen, fand die Mehrheit nicht zweckmäßig, während eine Minderheit
allerdings das 30ste Lebensjahr als Termin für die Wählbarkeit vorgeschlagen hat. Man fand, daß für beide Rechte am zweckmäßigsten die gleiche Bestimmung festgehalten werde, daß auch mit dem zurückgelegten 25sten Jahr
die nöthige Bildung und Reife erwartet werden dürfe, und daß die damit
verbundene Frische und Lebhaftigkeit des Geistes in einer großen mannigfach zusammengesetzten Versammlung sogar ein Vorzug sei. ...

Das Wahlverfahren ist in diesem Gesetz nur in seinen Hauptpunkten bestimmt, das Einzelne der Anordnung der Einzelstaaten überlassen. Als der
wichtigste Punkt von allen ist die Oeffentlichkeit der Wahlhandlung und
die damit verbundene mündliche Abstimmung zu betrachten. Mit der Einführung der directen Wahl scheint dieß nothwendig geboten. Nur hierin
liegt eine Garantie, daß jenes Wahlverfahren seinen rechten Zweck erreicht: eine offene Betheiligung des ganzen berechtigten Volks an der wichtigen Entscheidung der Wahlen, und was damit verbunden ist, eine Gewöhnung der Nation an ein wahres öffentliches Leben. Es ist dagegen
geltend gemacht worden, daß die Selbstständigkeit der Abstimmung dadurch
vielfach gefährdet, Rücksichten mannigfacher Art zum Opfer gebracht werde. Allein eben darum sind die, welche von vorne herein für unselbstständig
gelten, ausgeschlossen worden; wer nun das Ehrenrecht der Wahl empfängt, der muß so angesehen werden, daß man ihm zutrauen kann, er
werde seine Stimme nach bester Ueberzeugung geben. Die geheime Wahl
bietet den Anlaß zu Intriguen und Mißbräuchen jeder Art. Bestechung und
Betrug können im Dunkeln ungescheuter ihr Spiel treiben. ... Soll das Leben der Nation einen selbstständigen und kräftigen Charakter erlangen, so
müssen alle Acte von politischer Bedeutung dem Winde der öffentlichen
Meinung ausgesetzt sein. Eben diese bietet gegen ungehörige Einflüsse von
der einen oder andern Seite ein Gegengewicht dar, das nicht gering ange-
schlagen werden darf. Statt der Corruption Vorschub zu leisten, wie man

befürchtet hat, scheint diese Anordnung durchaus geeignet, ihr von vorne herein entgegen zu treten. Eben bei und in der öffentlichen Abstimmung wird sich die vorherrschende Ansicht eines Districts am besten ausspre-chen können; hier wird der Gegensatz und Kampf der Parteien zum offensten und reinsten Ausdruck kommen, während bei geheimem Scrutini-um Verzettelungen der Stimmen und andere Folgen particular Inter-essen sich nur zu häufig geltend machen. Der Ausschuß hat sich deßhalb mit überwiegender Majorität für die mündliche Abgabe der Stimmen und gegen alle Stimmzettel entschieden. ...

Wenn aber in den einzelnen Bezirken die Stimmen abgegeben worden sind, so ist aus der Gesammtheit derselben das Resultat der Wahl zu ziehen. Nur wenn die absolute Majorität aller abgegebenen Stimmen auf einen Candidaten gefallen ist, hat die Wahl ihr Ziel erreicht. Nicht ohne Be-denken hat der Ausschuß sich zu dieser Bestimmung entschlossen; doch schien sie am Ende Allen nothwendig, und kein Gegenantrag ist erhoben worden. ... Wenn die directe Wahl die Folge hat, welche oben in Aussicht gestellt worden sind, so darf erwartet werden, daß es in jedem District einzelne hervorragende Candidaten sein werden, zwischen denen die Ent-scheidung schwankt, und daß man in einiger Zeit wenigstens aller Orten lernen wird, eine unnütze Zersplitterung der Stimmen zu vermeiden. Um aber für alle Fälle die Wahlversuche nicht ins Unendliche fortdauern zu lassen, ist die Vorschrift beigefügt worden, daß die dritte Abstimmung sich auf die zwei Candidaten beschränken soll, welche das Mal vorher die mei-sten Stimmen hatten. Würden hier dennoch andere Namen genannt, so wären sie als ungültig nicht zu beachten und bei der Gesammtzahl nicht in Rechnung zu bringen. ...

Was in diesen Abschnitten zusammengestellt ist, schien für den Zweck eines Wahlgesetzes für Deutschland unter den jetzigen Verhältnissen zu genügen. Wenn das Reich nicht die Leitung und Ausführung der Wahlen unmittel-bar in die Hand nehmen sollte — was in keiner Weise passend erschien —, so mußte das Weitere den Regierungen der Einzelstaaten überlassen blei-ben: sie haben die Wahldirectoren und die sonst erforderlichen Beamten zu ernennen, das Wahlverfahren auf der hier gegebenen Grundlage genauer zu regeln und ebenso die Wahlkreise und Wahlbezirke zu normiren. ... Es ist selbstverständlich, daß es der Reichsgesetzgebung freistehen wird, jeder Zeit Abänderungen und Ergänzungen in den hier angenommenen Punkten eintreten zu lassen, und daß sie befugt sein muß, auch dasjenige der Reichsgewalt zu überweisen, was hier den Regierungen der Einzelstaa-ten anheimgestellt worden ist. Der Ausschuß ist der Ansicht, daß dies Gesetz überhaupt und mehr als manches andere nach einer vielleicht nicht langen Zeit der Revision bedürfen wird. Es ist klar, daß die Grundsätze, auf denen es beruht, sich erst erproben müssen. Wenn man hoffen darf, daß im Laufe der Zeit sich die Vorzüge der directen Wahl nur immer mehr herausstellen werden, so läßt sich dagegen noch keineswegs absehen, welche Grundsätze in Beziehung auf die Ausübung des Wahlrechts die Oberhand behalten werden. Es ist schon oben mit aller Bestimmtheit darauf hingewiesen worden, daß die hier gegebene Feststellung des Begriffes der Selbstständigkeit nur ein Versuch sei, über dessen Ausfall sich nicht im Voraus mit Sicherheit wird urtheilen lassen; und es ist wohl denkbar, daß es gelingt, im Laufe der Zeit andere Grundlagen für die Ausübung des Wahlrechts zu finden. . . . Die hier aufgestellten Grundsätze sollen, in so weit sie die Zustimmung der Versammlung erhalten, für die nächste Zukunft und so lange gelten, bis ein anderes besseres an die Stelle gesetzt worden ist. Der Ausschuß will gern erwarten, daß eine nicht zu ferne Zukunft sichere Wege zur Erreichung des vorgesteckten Zieles, der Bildung einer wahren Volksvertretung, zeigen wird. Bis dieß aber geschehen ist, muß das Gesetz, welches erlassen wird, das volle, durch keine Nebenbezeichnung geschwächte Ansehen haben, welches vor Allem in einer so wichtigen Frage erfordert wird. Und der Ausschuß ist der Ueberzeugung, daß, wenn die Versammlung auf die hier gemachten Vorschläge eingeht, das Verfassungswerk einen Abschluß erhält, der demselben eine nicht bloß vorübergehende Dauer sichert. Die Ausführung kann sich ändern; die Grundlagen werden, wenn nicht Alles täuscht, dieselben bleiben.

Carl Vogt*): In gewisser Beziehung habe ich mich über den Entwurf des Wahlgesetzes, welchen uns der Ausschuß in seiner Majorität vorgelegt hat, gefreut. Endlich wird durch diesen Entwurf einmal klar und offen die Lüge aufgedeckt, welche sich unter dem sogenannten Constitutionalismus und unter dem Herrschen durch Majoritäten, wie man es uns anpreist, bisher zu verstecken suchte. Dieses Wahlgesetz zeigt uns endlich einmal unumwunden, daß unsere Constitutionellen nicht mit der Majorität des Volkes, sondern mit einem Extract der Minorität des Volkes regieren wollen; es zeigt uns, daß jene Redensarten von der Herrschaft der Majorität, die man durchführen wolle, die Unwahrheit sagten und daß die Behauptung, das Princip des constitutionellen Systems sei die Herrschaft der Majorität, wirklich eine Lüge, eine officielle Lüge ist; denn, meine Herren, was ist denn dieses jetzige constitutionelle Regierungssystem, dieses Regierungssystem, welches nach einem solchen Wahlgesetz eingeführt werden soll, was ist es Anders, als das legislative Regieren mit einer Vertretung der Minorität und das factische Regieren mit der bewaffneten Minorität über die unbewaffnete Majorität? Meine Herren, Regieren durch Minoritäten! Das ist das ganze Geheimniß dieses doctrinären Constitutionalismus, welches in dem vorgelegten Wahlgesetze vergraben liegt. Man will die Mehrheit des Volkes ausschließen, weil es unvernünftig genug ist, höhere politische Zwecke nicht sich aneignen zu können, und weil es vernünftig genug ist, einzusehen, daß der Korporalstock nicht besser thut, als der Beamtenstock!

Anmerkung: *) Carl Vogt, 1817—1895, Professor der Zoologie in Gießen, Mitglied der demokratischen, gemäßigt linken Fraktion „Deutscher Hof" der Nationalversammlung.

Und wenn man dieses gethan hat, wenn man die große Mehrzahl des Volkes ausgeschlossen hat von der Wahlberechtigung, dann will man hernach mit dem Resultate dieser Minoritätswahl wieder die bewaffnete Minorität nach Gefallen lenken und commandiren, und durch den Säbel die politischen Zwecke der Selbstsucht erreichen, die man durch die Vernunft des Volkes, das man schmäht, nicht erreichen kann. ... Ich glaube, meine Herren, den Zweck des Staates darin zu finden, daß der Staat alle Rechte der Bürger gleichmäßig und gerecht erhält, und daß er jedem Bürger gleichmäßige Rechte gibt; ich glaube, daß es besser sei, ein Staat ginge zu Grunde, der die gleichmäßigen Rechte aller Bürger vernichten muß, um dauern zu können. Ich hätte nicht geglaubt, daß man die Dauer um jeden Preis als Staatszweck bezeichnen könne. Ein Einzelner kann etwas aufgeben, um zur Dauer des Staates beizutragen, das ist wahr; allein wenn man sagt, daß ganze Classen der Bevölkerung ihre Rechte aufgeben sollen, um die Dauer des Staates zu erzielen, dann, meine Herren, spricht man geradezu im Princip für die Sclaverei! Denn auch die Sclavenstaaten Nordamerikas, die man erwähnt hat, sagen: es ist nothwendig zu unserer Existenz, zu der Dauer unserer Staaten, daß wir Sclaven haben, und weil uns die Dauer des Staates mehr ist, als das Recht der Bürger, so haben und behalten wir Sklaven. Das meine Herren, ist die Consequenz Eurer Theorie über den Staat; sie macht Sclaven in Deutschland. ...

Man hat uns gesagt, es sollen nur diejenigen zu wählen berechtigt sein, die auch unbeirrt und unbeeinflußt wählen können. Es gibt in jeder Stellung, mag es nun die höchste oder die niedrigste im Staate sein, Einflüsse, unter welche sich gewisse Individuen beugen, und andere nicht. Es gibt in jedem Stande, meine Herren, eine mehr oder minder große Anzahl Schwacher, die sich influenziren lassen, und eine andere Zahl, die bei allen Einflüssen, mögen sie kommen, woher sie wollen, und mögen sie mit Folgen drohen, welche sie auch seien, unbeirrt ihren Weg weiter wandeln. Wenn Sie aber sagen: es solle Niemand wählen, auf den ein Einfluß geübt werden könne, so frage ich Sie, ob auf denjenigen mehr Einfluß geübt werden kann, der durch seine Händearbeit sich ernährt und in derselben seine Beschäftigung findet, oder auf einen Andern, dessen Thätigkeit in geistigen Kreisen von Höhergestellten abhängig in einer anderen Stellung ist? Meine Herren! Glauben Sie wirklich, die Beamten in den Staaten, glauben Sie, die hier vielfach gerühmten Professoren seien freier als die Arbeiter? wahrhaftig nicht. Gehen Sie hin und sehen Sie auf die Universitäten, die unter dem Einflusse der Regierungen stehen, sehen Sie, ob Sie da so vielen freien Geist finden, als in den Fabriken, die Ihren Behauptungen zufolge, unter dem Einflusse der Fabrikherren stehen! Schauen Sie sich um und dann sagen Sie mir, wer der unabhängigste, der freieste ist, der Fabrikarbeiter oder der Professor? Der erste ist es! ...

Meine Herren, man hat es gesagt, es müßte in jeder Bewegung vor den Massen die Intelligenz hergehen. Dieser Intelligenz müsse man vertrauen, es sei 1813 die Befreiung gelungen, weil die Intelligenz vor den Massen vorausgegangen sei, von der Masse, die nachfolgte und wirklich die Bajonette und die Kolben führte, von dieser sprach man nicht! Es ist wahr, meine Herren, es gehört Intelligenz dazu, um die Masse zu führen; aber es gehört auch die Masse dazu, um die Intelligenz heranzubilden und der Intelligenz die Kraft zum Vorschreiten zu geben. Wenn Sie die Masse nicht hinter sich haben, können Sie mit all Ihrer Intelligenz und Weisheit sitzen und tagen und reden und sprechen, und es wird nichts geschehen. Davon machen Sie jetzt täglich Erfahrungen. Die Massen müssen Sie haben, denn in ihnen ist die Kraft, und wenn Sie sie nicht zu sich heranziehen, wenn Sie sie abstoßen, wie Sie in Ihrem Wahlgesetze thun, so wird alle Ihre Intelligenz nichts fruchten. Meine Herren! Man hat uns gesagt, es sei im Jahre 1813 die Befreiung des Volkes gelungen, weil man Vertrauen in diese Intelligenz und in die Führer gehabt habe. Ja, dies Vertrauen hatte man, und es ward schändlich betrogen! Was folgte dann auf diese Jahre 1813 und 1815, wo man vertraute? Folgten da nicht die Jahre von 1817 bis 1830, wo das Mißtrauen wachsen mußte, weil es gesäet wurde von oben herab, und zwar von denjenigen Intelligenzen, welchen man vorher vertraut hatte! . . .

Meine Herren! Man hat uns hier vielfach auf die französischen Zustände und die Entwickelung derselben in dem letzten Jahre hingewiesen. Es ist ein ehrenvoller Beruf der französischen Nation, voranzugehen in Experimenten, vor welchen andere Völker zurückschrecken, um an diesen Experimenten zu Grunde zu gehen, während andere Völker den Nutzen derselben sich aneignen. So haben wir, meine Herren, zum großen Theile in Deutschland den Nutzen der großen Revolution von 1789 gezogen, während das französische Volk hauptsächlich den Schaden davon behielt. So wird es auch in der jetzigen Revolution vielleicht gehen. Allein, meine Herren, gerade in derselben Weise, wie man jetzt spricht gegen den vierten Stand, so sprach man bei dem Beginne der französischen Revolution gegen den dritten Stand, der jetzt nicht nur in Deutschland herrscht und dem auch einst die Herrschaft entrungen werden wird. Gerade in ähnlicher Weise sagten damals die Adeligen, es beginne die Berechtigung im Staate erst da, wo auch der Adel beginne, sie gingen fast soweit wie ein jetziger k. k. Feldmarschall, der den Menschen erst an dem Barone anfangen läßt. Die Berechtigten aus dem Adel und der Geistlichkeit sagten im Anfange der französischen Revolution zur Bourgeoisie: „Ihr habt keine Berechtigung; Ihr seid unsittlich; Ihr seid Alle miteinander unfähig; Ihr habt keinen Begriff vom Staate, keine Einsicht in die politischen Verhältnisse! Kümmert Euch um Eure Zuckerdüten und um Eure Kaffeesäcke und laßt uns regieren; dann wird es gut stehen im Staate." Ganz so, meine Herren, spricht jetzt die Bourgeoisie zum vierten Stande, zur arbeitenden Classe: „Ihr seid ungesittet; Ihr seid Alle nichts nutz; Ihr wißt Alle miteinander nichts; Ihr habt keine Einsicht in die politischen Verhältnisse; kümmert Euch um das, was ihr alle Tage zu thun habt und laßt uns regieren." Die Revolution brach aus, weil man damals die Ohren verstopfte gegen das Verlangen der Bourgeoisie, und diese zeigte sich, wie sie stets gewesen ist, feige und grausam. Aber selbst vor jener blutigen Revolution hielt der Adel seine Privilegien nicht so fest, als sie die Bourgeoisie jetzt hält; der Adel hatte noch höhere

Regungen im Herzen und gab seine Privilegien zum Theil in Frankreich
preis, als es noch Zeit war sie preiszugeben. Das Wenige aber, was er hielt,
brachte ihm den Untergang. Aehnlich wird es auch in unserer Zeitgeschichte
geschehen. Meine Herren, täuschen Sie sich darüber nicht, es hat immer
Leute gegeben, die stolz sagten: „Das Bestehende ist vernünftig, weil wir in
dem Bestehenden gut existiren, und weil wir die einzigen vernünftigen
Köpfe sind, die Einsicht haben." Aber es ist auch manchmal begegnet, daß
man diese vernünftigen Köpfe vom Rumpfe trennte, weil die allgemeine
Unvernunft, über welche sie sich übermüthig erhoben, diese exclusive Vernunft nicht anerkennen wollte. Meine Herren! Man hat uns, von der Linken, hier vorgeworfen, wir hätten den Volkswillen kritisirt und damit gezeigt, daß wir ihn nicht anerkannten. Es ist ein Unterschied darin, sich
einer Majorität zu unterwerfen, mag sie eine vernünftige oder unvernünf-
tige sein, und die Berechtigung ihrer Herrschaft anzuerkennen, oder sie zu
kritisiren... Wie will man denn eine Aenderung der bestehenden Zustände, wenn allemal das Bestehende gut und vernünftig ist, und wenn
man nicht mit den Waffen der Kritik dagegen soll ankämpfen dürfen?
Nein, wahrlich, die Vernunft, die etwas Individuelles ist, kann ankämpfen
gegen Alles, was geschieht. Sie unterwirft sich materiell der gesetzgebenden
Majorität, aber sie kämpft dagegen an, bis sie selbst materiell auch den Sieg
errungen hat. Das ist das große Geheimniß der Politik, die Triebfeder des
Fortschrittes. Wenn dieß nicht wäre, wenn man deßhalb, weil man Etwas
will, auch allemal die Resultate des Gewollten als höchst vernünftig anerkennen sollte, dann, meine Herren, wären alle Staatsformen ewig, dann
könnte es gar keine Aenderung geben, dann wäre nur ein reiner Absolutismus möglich, gegen dessen Staatsformen man kein Wort wagen dürfte, ohne
einen Proceß wegen Erregung zum Mißvergnügen an den Hals zu bekommen. Ein solcher Staat scheint freilich das Ideal gewisser Leute. ...

Meine Herren, wenn Sie sagen, wir hätten das Resultat des allgemeinen
Stimmrechts in Frankreich unvernünftig gefunden, nun ja, gut, es mag unvernünftig gewesen sein; wir verwerfen deßhalb das Recht selbst nicht als
unvernünftig. Durch solche Resultate und durch die praktische Erfahrung
wird das Volk zur Vernunft geführt, mehr als durch Sie und Ihre Belehrung.
Diese Resultate des allgemeinen Stimmrechts, sie können für einige Zeit ein
Resultat haben, das man nicht wünschen kann; allein diese Resultate müssen nach und nach gut werden, denn die politische Vernunft kommt in das
Volk hinein. Man führt uns immer England und wieder England und
abermals England an. Wenn Sie aber mit richtigem Blick die englischen
Zustände ansehen, so werden Sie finden, daß es faul ist an der Wurzel und
daß es gezwungen sein wird, baldigst dieses allgemeine Stimmrecht einzuführen, um sich vor dem Ruin zu retten, den ihm der Census und die Bevorzugung der Classen im Innern schafft. ... So, meine Herren, werden Sie
sich vergebens auf Beispiele anderer Länder berufen; vergebens mit Ihren
Systemen, nach denen Sie die Welt modeln wollen, dem Verlangen der
Zeit sich widersetzen. Dieser Constitutionalismus, von dem ich am Anfang
sprach, mag mir auch das Wort zum Schlusse leihen; er stellt erst sein Sy-

stem auf und sagt: „Das meine ist das beglückende System; die Majorität soll mir helfen, dieses System durchzuführen." Wenn aber die Majorität dieses System nicht will, dann sagt er: „Ich, vermöge meiner höheren Einsicht und Vernunft, bin doch der Berechtigte; du, Majorität des Volkes, bist nicht berechtigt, weil du die Vortrefflichkeit des Systems nicht einsiehst und es zurückstößt!" So macht man denn das System und sucht die Majorität hineinzuquetschen und zu drängen, hoffend, daß sie sich darin wohl befinde. Man verfährt so, statt, daß man das Volk im großen Ganzen nähme und das System seinem Willen anzupassen suchte. Weil die Stimme des Volks in seiner Majorität gegen das System ist, deßhalb will man die Majorität nicht zulassen und deßhalb verwirft man das allgemeine Stimmrecht. Das ist, meine Herren, der Schlüssel zum Räthsel, das Sie uns in Ihrem Reichswahlgesetz aufzutischen versucht haben.

Ziegert, Minden: Meine allgemeinen Bemerkungen erstrecken sich nicht auf den ganzen Wahlgesetzentwurf, sondern nur auf die darin enthaltenen Beschränkungen des activen Wahlrechts. Die große politische Aufgabe, welche im Reichswahlgesetze liegt, ist von dem Verfassungsausschuß dahin gelöst, daß er sich für directe Wahlen entschieden, gleichzeitig aber auch mehrere Classen der bürgerlichen Gesellschaft, namentlich die Dienstboten, Handwerksgehülfen, Fabrikarbeiter und Tagelöhner von dem activen Wahlrechte ausgeschlossen hat. Kann man nun mit dem System der directen Wahlen nur vollkommen einverstanden sein, weil die künstliche Form der mittelbaren Wahl durch Wahlmänner der Natur und Wesenheit einer echten Volksrepräsentation widerstreitet, und den wirklichen Gesammtwillen der Nation nicht gehörig zur Erscheinung bringt, so muß man es auf der andern Seite tief beklagen, daß von dem Ausschusse die angedeutete Beschränkung im activen Wahlrecht dieser Versammlung nur hat vorgeschlagen werden können. Wie? Sind wir denn hier noch in der Paulskirche, wo das Vorparlament den Beschluß gefaßt hat, daß jeder großjährige Staatsangehörige ohne Census, ohne Rücksicht auf Confession und ohne Rücksicht auf einen bestimmten Stand wahlberechtigt sein solle; wo wir erst noch vor Kurzem bei der zweiten Lesung der Grundrechte die großen Grundsätze der Gerechtigkeit und Humanität proclamirt haben: „Alle Standesvorrechte sind abgeschafft", „Vor dem Gesetze gilt kein Unterschied der Stände", „Die Deutschen sind gleich vor dem Gesetze", wo wir die politische Gleichberechtigung als die Grundlage des künftigen Staatslebens anerkannt haben? Und in derselben Paulskirche sollen wir jetzt diese Grundsätze verleugnen, und mehr als die Hälfte der Deutschen aus der Gemeinschaft der Berechtigten hinausstoßen? ...

Meine Herren, ich will Ihnen darthun, daß Sie, wenn Sie die Bestimmungen des vorliegenden Gesetzentwurfs adoptiren und einem großen Theile der Deutschen das politische Wahlrecht zur Reichsversammlung entziehen, daß Sie dadurch eine große Ungerechtigkeit begehen, daß Sie ferner einen großen Theil der Nation unter die Vormundschaft einer Aristokratie stellen, und daß Sie endlich auch einen verderblichen politischen Fehlgriff thun.

Die Theilnahme des Volkes an der Gesetzgebung, die Bewilligung der Steuern ist anerkanntermaßen erster constitutioneller Grundsatz. Ist es nun nicht eine Ungerechtigkeit, wenn einem großen Theile der Nation das Recht entzogen wird, durch gewählte Repräsentanten an der Gesetzgebung Theil zu nehmen, und die Steuern zu bewilligen? Ist es nicht eine Ungerechtigkeit, wenn diese Ausgeschlossenen Gesetzen unterworfen werden sollen, an deren Abfassung sie sich nicht betheiligt haben, und wenn sie zu Steuern verpflichtet werden, die sie nicht bewilligt haben? In der früheren Zeit, wo das politische Recht weniger in Betracht kam, konnte man die active Berechtigung zur Wahl an die zufällige Lebenslage, an den Besitz, an den Stand, an einen Census knüpfen; da konnte man bestimmte Classen der Gesellschaft, welche in der Regel nicht angesessen sind und rücksichtlich ihres Erwerbes von Anderen abhängen, von dem Wahlrecht ausschließen. Ich meine aber, es ist jetzt eine Zeit des Rechts und der politischen Gerechtigkeit hereingebrochen, und es kommt der Mensch nicht mehr wie früher in seinen Qualitäten, mit seinem Neben- und Beiwerk, um mich so auszudrücken, er kommt jetzt als Rechtssubject in Betracht. Es ist der privatrechtliche Begriff des Menschenthums auch in das politische Gebiet hineingedrungen. . . .

Die Ausschließung bestimmter Classen von der Wahlberechtigung ist aber nicht bloß ein Act der Willkür und Ungerechtigkeit, sondern es liegt auch darin ein Angriff auf die kaum errungene bürgerliche Freiheit. Kaum ist der alte Vormundschaftsstaat beseitigt und die Selbstregierung und Selbstbestimmung der Staatsbürger als der Grundgedanke des modernen Rechtsstaates anerkannt, und schon ist man wieder im Begriff, einen großen Bestandtheil der Nation unter eine neue Vormundschaft zu stellen, unter die drückendste von allen, unter die einer willkürlich geschaffenen Geldaristokratie. Bevorrechtete Stände, nichts mehr und nichts weniger als Bürger, sollen durch ausschließliche Theilnahme an der Gesetzgebung über das Wohl und Wehe von Mitbürgern entscheiden, über den Beutel von Mitbürgern verfügen, die die Sehnsucht in sich tragen, die das Recht und die Kraft haben, auf eignen Füßen zu stehen! Der geschickte Fabrikarbeiter, der mit seinem Kunstproduct das Waarenlager des Fabrikherrn schmückt, der tüchtige Handarbeiter und Taglöhner, der das Feld seines Grundherrn bestellt, der kluge Heuerling in Westphalen, der am Webstuhle sitzt und bei schmaler Kost die feine Leinwand webt, sie sollen nicht das Recht haben, Männer ihres Vertrauens zu wählen, die ihre Interessen wahrnehmen, es sollen diese arbeitenden Classen unter die Vormundschaft von Anderen gestellt werden, von denen sie nicht beschützt, von denen sie in der Regel ausgebeutet werden. Dazu können Sie gewiß von dieser (linken) Seite, noch auch von dieser (rechten) Seite nicht Ja sagen, es müßten denn wirklich unsere Herzen aufhören, für das Recht und das Wohl der arbeitenden Classen zu schlagen! Und glauben Sie denn, daß durch ein solches Bevormundungssystem in den unteren Classen der Sinn und die Liebe für das Gesetz, daß hierdurch eine tüchtige politische und sittliche Bildung erweckt, und daß dadurch der in vielen Beziehungen bereits gebrochene Friede in der Gesellschaft wieder hergestellt werde? Nimmermehr! Denn Sie wissen nur zu gut, daß man nur die Gesetze liebt, ehrt und achtet, die man sich selbst gegeben hat, daß nur durch Betheiligung an politischen Angelegenheiten wahres Selbstbewußtsein geweckt und politische Bildung gefördert wird, und daß der gestörte Friede in der Gesellschaft nicht durch Hervorrufung eines neuen Kampfes mit bevorrechteten Classen angebahnt wird...

Da aber von den Gegnern des allgemeinen Stimmrechts auf die politischen Gründe das Hauptgewicht gelegt wird, so erlauben Sie mir, daß ich in wenigen Worten darauf eingehe. Man verweist auf England, Nordamerika und Belgien, wo das Stimmrecht von dem Besitze oder von einem Census abhängig sei; man beruft sich auf die Lehren der Geschichte, welche darthun sollen, wie alle Völker, deren Staatsleben Bestand und Bedeutung hatte, das allgemeine Wahlrecht nie zum Gesetze erhoben haben. Meine Herren! ich erkenne die Geschichte, sofern sie von der Entwickelung des menschlichen Geistes Zeugniß ablegt und darthut, unter welchen Formen und Kämpfen die Menschheit zur Freiheit vorgeschritten ist, als eine große Lehrmeisterin in politischen Dingen an. Ich bestreite aber, daß es statthaft ist, bestimmte historische Zustände aus Erscheinungen, die nur das Product einer dagewesenen Geistesentwickelung sind, willkürlich aus der Geschichte herauszuziehen und als Basis neuer Zustände unbedingt gelten zu lassen für eine neue Zeit, die ihr eigenes Recht hat und ihren eigenen Entwickelungsprozeß macht. Ich bestreite auch, daß man bestimmte positive historisch entstandene Einrichtungen aus andern Ländern als Material zur Construction deutscher Verhältnisse unbedingt herübernehmen darf. Eben so wenig wie die Aristokratie Englands in unsere deutschen Zustände herüberverpflanzt werden kann, eben so wenig kann das englische Wahlrecht, welches sich historisch im Kampfe mit der Aristokratie entwickelt hat, auf unsere deutschen Zustände Anwendung finden. Und erinnern Sie sich denn nicht der politischen Kämpfe in Frankreich und Rom, die geführt worden sind um die politische Gleichberechtigung? Denken Sie nicht an die Chartistenbewegungen, an die jetzt von Cobden angeregte neue Reformbewegung in England, welche nur das allgemeine Stimmrecht zum Endziel haben? Wollen Sie, meine Herren, diese Kämpfe in unser noch zitterndes Vaterland herübertragen, wo die Lage eine ganz andere ist, wo es sich nicht um die Bewilligung des Wahlrechts, sondern um die Entziehung einer bereits fast überall bestehenden allgemeinen Wahlfreiheit handelt? Ich bin überhaupt der Ansicht, daß die Geschichte überall auf die Emancipation des Menschen, auf die Verwirklichung der wahren Demokratie hinausläuft und daß unser durch seinen Enwickelungsgang dazu vorbereitetes Vaterland dazu berufen ist, die Stätte der wahren Demokratie zu werden. Es ist vor kurzer Zeit mit Recht gesagt worden, daß eine neue Weihe über den Menschen gekommen ist, und daß nicht, wie früher, der Besitz, das Grundstück, der Stand, die Steuerquote, die der Mensch zahlt, in Betracht kommt, sondern der Mensch gilt in seiner abstracten sittlichen Berechtigung ohne Rücksicht auf seine Qualität, auf Bei- und Zuthat, welche früher die politische

Berechtigung des Menschen ausmachte. Und wir, die von der Nation ernannten Gesetzgeber, sollten diese Zeit verkennen und das wichtigste politische Recht an den Besitz, an eine Zufälligkeit knüpfen, statt an den Menschen, an das heilige und geweihte Ebenbild Gottes? Das hieße die deutsche Revolution von 1848 verleugnen, das wäre ein Verrath an unseren
Committenten, die uns in unbeschränkter Wahl hierher entsandt haben!
Aber, wendet man ferner ein, die politische Unreife des Volkes, die Be-
stechlichkeit! Meine Herren! Kommen Sie uns nicht mit der Behauptung der
politischen Unreife, welche auf den früheren Satz des alten Polizeistaates
vom beschränkten Unterthanenverstande hinausläuft. Ich meine die sogenannten unteren Classen, welche die Bewegungen des vorigen Jahres mit
durchgemacht haben, die zur Verbesserung der jetzigen Zustände mit Hand
angelegt und auch in dieser Zeit ebenso den Lockungen der Demagogen als
den Verführungen der Reaction Widerstand geleistet haben, welche in dem
Versammlungsrecht, in der freien Presse, im freien Gemeindewesen und in
der Oeffentlichkeit des Staatslebens die Mittel zur weiteren Ausbildung besitzen, sind nicht mehr politisch unreif zu nennen. Ich bin auch der Meinung,
daß der Ausfall der Wahlen in den einzelnen Ländern und selbst hieher
zur Nationalversammlung kein Zeugniß von der politischen Unreife dieser
Classen abgelegt hat. ...
Also, meine Herren, weg mit den politischen Bedenken gegen das von der
Gerechtigkeit verlangte allgemeine Wahlrecht, und schließlich noch das Auge
gerichtet auf die sociale Seite der Frage! Sie können nicht leugnen, daß die
Bewegung unserer Zeit nicht bloß eine politische, sondern auch eine sociale
ist, und zwar in doppelter Richtung, einmal, indem die Besitzlosen und min-
der Begüterten mehr oder weniger gegen die Herrschaft des Besitzes und
des Kapitals im Kampfe stehen, und sodann dadurch, daß die arbeitenden
Klassen an der Verbesserung ihrer Lage sich organisch betheiligen wollen.
Statten Sie jetzt, wo von uns zur Verbesserung der Lage der arbeitenden
Classen noch nichts geschehen ist, den Besitz und das Kapital mit einer be-
vorzugten politischen Berechtigung aus und schließen Sie auf der anderen
Seite die arbeitende Classe von der Möglichkeit aus, Männer ihres Vertrauens in die Reichsversammlung zu wählen, so wird der ohnehin gestörte Friede in der Gesellschaft dadurch nicht wieder hergestellt, es wird der Kampf
dadurch nur noch vermehrt. Es scheint mir daher zur friedlichen Lösung der
socialen Frage das allgemeine Stimmrecht eine Nothwendigkeit zu sein, weil
nur durch eine Betheiligung aller Volksclassen an der Gesetzgebung, an der
Steuerverwilligung und Verwendung der Staatsgelder, sowie an der inneren
und äußeren Politik die sociale Lage, so weit durch Staatseinrichtungen und
Organisationen die materiellen Zustände überhaupt verbessert werden können, gelöst wird. ... Ich bin am Schluß, meine Herren, und bitte Sie, nach
Ihrer Weisheit und Gerechtigkeit in dieser wichtigen Frage zu entscheiden.
Soll in Zukunft die Volksvertretung am Reichstage neben dem Einflusse
der Staatsregierungen, neben dem Staatenhaus und neben dem Reichsrathe
eine Wahrheit werden, und sollen wir nicht den Einzelregierungen in der
Beschränkung des Wahlrechts ein schlimmes Beispiel geben, das gewiß gern
befolgt wird, so entscheiden Sie sich für das allgemeine Stimmrecht!

Bruno H. Hildebrand*): Der Bericht des Verfassungsausschusses hat sowohl die theoretischen als die praktischen Gründe für das directe Wahlverfahren so klar entwickelt, daß ich sie hier nicht wiederholen, sondern nur ergänzen und gegen die gemachten Einwürfe vertheidigen will. ... Man hat Ihnen gesagt, daß man zwar im Princip für directe Wahlen sei, aber nur dann, wenn das Wahlrecht beschränkt werde, wenn nicht jeder unbescholtene Deutsche das Recht habe, an der Wahl Theil zu nehmen, jetzt aber, nachdem ein unbeschränktes Wahlrecht gewährt sei, müßten indirecte Wahlen eingeführt werden. Meine Herren! Ich sage: gerade umgekehrt, aber weil das Wahlrecht unbeschränkt ist, gerade deßhalb müssen umsomehr directe Wahlen eingeführt werden. Ich werde diesen Satz beweisen. Zunächst ist ganz klar: je ausgedehnter das Wahlrecht ist, desto mehr ist es nothwendig, politische Bildung in der Masse des Volkes zu verbreiten, desto mehr ist es nothwendig, in Jedem die Liebe zum Gemeinwesen zu wecken und groß zu ziehen. Nun sind aber gerade, wie alle Erfahrungen lehren, die directen Wahlen die mächtigsten politischen Erziehungsmittel des Volkes. Während indirecte Wahlen das Interesse am Staate abstumpften, weil sie Jedem nur eine entferntere und vermittelte Theilnahme gestatten, kettet das directe Wahlverfahren die Herzen der Bürger immermehr an den Staat und vermindert die selbstsüchtige Gleichgültigkeit gegen das Gesammtwohl. Diejenigen, meine Herren, welche in England die directen Wahlen aus Erfahrung kennen, werden wohl wissen, welche unendliche politische Bildungskraft in dem directen Verfahren liegt. Dort treten die größten Staatsmänner des Landes, die Minister, mitten in der Straße auf die Tribüne, in Parteien gespalten, vor das Volk, machen die Gegensätze ihrer politischen Ueberzeugungen dem Volke klar, legen ihre Ansichten, ihre Charaktere der öffentlichen Meinung zur Prüfung vor, unterwerfen sich dem Beifall und dem Mißfallen der Menge, und das Volk bildet gleichsam eine politische Jury und hält Gericht über die Helden des Vaterlandes. Meine Herren, da wird Meinung und Gegenmeinung im Volke erwogen; da wird in Jedem, auch dem Niedrigsten, politischer Zweifel und politisches Nachdenken geweckt; da erlangt ein Jeder Einsicht in die großen Fragen des Tages, da lernt er über seinen Staat denken und seinen Staat lieben. Aber, meine Herren, das ist nicht der einzige Grund, warum gerade bei der allgemeinen Betheiligung an der Wahl directe Wahlen nothwendiger sind. Ein anderer folgt aus dem Satze: je ausgedehnter das Wahlrecht, desto mehr muß man die Wahl gegen Bestechung sichern. Denn wo ist Bestechung möglicher und leichter, als bei indirecten Wahlen? Es ist leicht einen Wahlmann zu bestechen; es ist leicht, zehn und mehr Wähler zu bestechen; aber, meine Herren, Tausende von Wählern können niemals bestochen werden, namentlich wenn die Stimmabgabe eine geheime ist. Sie haben Wahlbezirke von 100,000 Seelen festgesetzt; hiernach sind in jedem Wahlbezirke gegen 20,000 Wähler. Um sich eine Majorität bei den Wahlen zu sichern, müßten also über 10,000 Wähler bestochen werden, das geht über die menschlichen

---

Anmerkung: *) Bruno H. Hildebrand, 1812—1878, Nationalökonom und Statistiker, Professor der Staatswissenschaften in Jena, Breslau und Marburg.

Kräfte. Man hat ferner gesagt, ... daß bei directen Wahlen und unbeschränktem Wahlrecht keine persönliche Berührung, kein unmittelbares persönliches Verhältniß zwischen Wählern und Abgeordneten stattfinden könne. Aber zunächst halte ich dieses persönliche Verhältniß durchaus nicht für nothwendig. Es ist nur ein Verhältniß zur Gesinnung des Gewählten, zum Charakter desselben nothwendig, es muß eine geistige Verbindung zwischen Wähler und Gewähltem stattfinden, und, meine Herren, seitdem wir eine freie Presse und ein öffentliches Leben haben, wird diese Verbindung auch ohne persönliche Berührung leicht hergestellt. Ein jeder irgendwie hervorragender Mensch wird jetzt bald ein öffentlicher Charakter werden, dessen Gesinnungen und Handlungen allgemein bekannt sind, und es wird der öffentlichen Meinung nicht schwer werden, über vorgeschlagene Wahlcandidaten ein richtiges Urtheil zu fällen und eine richtige Entscheidung zu treffen, auch wenn sie nicht persönlich von Angesicht zu Angesicht gekannt sind. Aber ich leugne auch, daß eine solche persönliche Berührung unmöglich gemacht sei. Wir haben in Kurhessen directe Wahlen zu diesem Parlamente gehabt, und trotzdem, daß sie bisher bei uns ganz unbekannt waren, haben wir doch erlebt, daß ein persönliches Verhältniß zwischen Wählern und Gewählten stattfand, und daß zwischen beiden Theilen ein Verkehr entstand, der noch fortbesteht. Wir haben die einfache Thatsache erlebt, daß sich in dem Wahlbezirke zwei Wahlcomités bildeten, welche Candidaten vorschlugen, und daß diese Candidaten in drei, vier Volksversammlungen an verschiedenen Orten des Bezirks ihre Ansichten darlegen mußten. Trotzdem, daß unser Land eine sehr dünne Bevölkerung hat, und die Wahlbezirke daher sehr groß sind, oft neun Meilen im Durchmesser haben, trotzdem ist die Sache vortrefflich gegangen, und eine persönliche Berührung war, wie ich aus meiner eigenen Erfahrung mittheilen kann, durchaus nicht behindert. Ferner hat Herr *Reichensperger**) geltend gemacht: „die directen Wahlen brächten nothwendig Minoritätswahlen hervor, dann müsse entweder zwei-, dreimal gewählt werden, oder es werde die öffentliche Meinung nicht sichtbar." Meine Herren! Dieser Einwand ist ein fingirter und eingebildeter, er ist nicht aus der Praxis genommen; es kommen diese Minoritätswahlen weder in England vor, noch haben wir sie in Kurhessen erlebt. Wir haben, so viel ich mich erinnere, lauter Majoritätswahlen gehabt, nicht ein einzigesmal mußte die Wahl wiederholt werden, außer in den Fällen, wo Candidaten in zwei Wahlbezirken gewählt worden waren. Das ist die Erfahrung, und es liegt auch auf der Hand, daß wenn sich Parteien und Wahlcomités bilden, sich die Wähler des ganzen Bezirkes sehr leicht verständigen. Endlich, meine Herren, noch eine Erwägung. Die Länder, die ich vorhin angeführt habe, England und Amerika, sind zufällig auch die Länder, in welchen das Wahlrecht am weitesten aus-

---

*) August Reichensperger, 1808—1895, Jurist und Landgerichtsrat in Köln und Trier, später Kammerpräsident des Landgerichts in Köln; führendes Mitglied des politischen Katholizismus; in der Nationalversammlung Vizepräsident des katholischen Klubs, Mitglied zunächst der dem rechten Zentrum zugehörigen Kasino-Fraktion, später der Fraktion „Pariser Hof".

gedehnt und am wenigsten beschränkt war; denn in England ist seit der Reformbill das Wahlrecht bekanntlich weder an Besitz noch an Steuern gebunden, sondern es ist Jeder wahlberechtigt, der eine Pachtung von zehn Pfund Rente inne hat. ... Wenn Sie nun diese Erfahrungen in England mit den amerikanischen zusammenhalten und beide mit den Erfahrungen auf dem Continent vergleichen, wo bisher ein beschränkteres Wahlrecht existirte, und Sie sehen als Resultat: in jenen Ländern, wo directe Wahl und ein ausgedehntes Wahlrecht herrschte, da ist die politische Bildung am weitesten fortgeschritten, und hier, wo indirecte und beschränkte Wahlen herrschten, da ist sie am meisten zurückgeblieben, nun dann, denke ich, kann kein Zweifel sein, wofür man sich zu entscheiden hat. Meine Herren, stimmen Sie für directe Wahlen, nicht bloß, obgleich Sie ein ausgedehntes Wahlrecht gewährt haben, sondern auch, weil Sie es gewährt haben.

Franz Wigard*): ... Allerdings, hat die Minorität stets das Princip der Oeffentlichkeit und das der Freiheit und Selbstständigkeit der Staatsbürger im ganzen Umfange verfochten, aber diese Grundsätze führen uns zu einer anderen Schlußfolgerung, als zu derjenigen, welche man daraus zu ziehen vorhin sich bemühte, indem man mit großer Geschicklichkeit die Oeffentlichkeit der Sache mit der Oeffentlichkeit der Person, die Selbstständigkeit des Urtheils mit der Selbstständigkeit der persönlichen Stellung von äußeren Einwirkungen vermengte, und gerade hier eine absolute Freiheit mit Außerachtlassung aller positiven Lebensverhältnisse hinstellte. Die Minorität, meine Herren, will die Freiheit des Staatsbürgers in vollem Maße gewahrt wissen, das ist eines unserer Principien, aber indem wir mit Herrn Waitz die Freiheit des Staatsbürgers und sein selbstständiges Urtheil unbeirrt von dem Geschrei des Marktes, bei seiner Stimmabgabe gewahrt wissen wollen, müssen wir, müssen auch Sie, wenn Sie dieß aufrichtig wollen, für die geheime Stimmabgabe sich erklären. Herr Waitz sagt mit Recht, daß er dem gesunden Urtheile des Volkes soviel zugestehe, daß es das Rechte zu finden wissen werde. Ja, meine Herren, an dem gesunden Urtheile des Volkes habe ich nie gezweifelt, es wird stets sich da zeigen, wo man es eben unbeirrt von äußeren Einwirkungen zur Geltung kommen läßt, und wo man den schlichten Werkmann nicht der Gefahr aussetzt, für sein gesundes Urtheil den Unterhalt für die Seinigen auf das Spiel zu setzen. Es ist ein eigenthümlicher Widerspruch, zuerst ganze Classen von Staatsbürgern von der Wahlberechtigung deßhalb ausschließen zu wollen, weil sie angeblich nicht selbstständig seien, ohne dabei leugnen zu können, daß auch andere Classen der Staatsbürger unselbstständige Charactere genug unter sich zählen, und jetzt, nachdem die Versammlung diese Classen für wahlberechtigt erklärt hat, dessenungeachtet noch beharrlich die öffentliche Stimmabgabe zu verlangen. Meines Bedünkens müßten diese Herren von ihrem Stand-

---

*) Franz Wigard, 1807—1885, zunächst Stenograph, dann (seit 1858) Dr. med.; Vorsitzender der Redactions-Commission der Nationalversammlung, Herausgeber der Stenographischen Berichte.

punkte aus sagen: Da Ihr die Stände wahlberechtigt erklärt habt, die wir
nicht für selbstständig ansehen, so müßt Ihr nun auch von der, von uns vorgeschlagenen Oeffentlichkeit des Stimmabgebens absehen und die geheime
Stimmabgabe annehmen. . . .

Jeder Geschäftsmann ist mehr oder minder abhängig von Anderen, und
Niemand ist so unabhängig, daß er bei Abstimmungen, welche die Person
betreffen, aller und jeder Rücksicht ledig wäre. Zwar hat man auch heute
Schleswig-Holstein als dasjenige Musterland vorgeführt, wo die öffentliche
Stimmabgabe die Selbstständigkeit des Charakters ausgebildet hätte. Indessen muß ich gegen diese Behauptung, daß die Selbstständigkeit des Charakters sich durch die Oeffentlichkeit der Stimmabgabe in Schleswig-Holstein so außerordentlich herausgebildet habe, noch so lange erhebliche
Zweifel haben, als uns Mittheilungen sowohl in den Zeitungen als privatim
von dort zukommen, welche dahin lauten, daß in Schleswig-Holstein
nicht das Volk seinen Willen zur Geltung bringen kann, sondern nur
eine gewisse Partei, ein Bruchtheil des Volkes, die Aristokratie nämlich
und ein Theil der Bourgeoisie; diese Bruchtheile des Volkes sollen es sein,
welche dort das Regiment führen, und deren Wille maßgebend auch für die
Wahlen sein soll. Darin unterscheidet sich aber eben das Streben der linken
Seite dieses Hauses von der anderen Seite, daß jene in der Volksstimme,
in dem Volkswillen nicht den Willen eines Bruchtheiles des Volkes, sondern
des ganzen Volkes anerkennt, daß sie diesen Volkswillen nicht durch die
zahllosen Kanäle der Influenzirung getrübt sehen will. Sie können, meine
Herren, mit einer Phrase der Moral, daß die Wähler lauter selbstständige
Charaktere sein sollen, die Thatsache nicht wegleugnen, daß dieß eben nicht
immer der Fall ist, und daß daher der Praktiker darauf zu sehen habe,
den äußeren Einfluß möglichst zu verringern. Bei der Berathung über das
allgemeine Stimmrecht ist meines Erachtens schlagend genug nachgewiesen worden, daß es sich bei der Selbstständigkeitsfrage nicht etwa bloß um
Dienstboten, Taglöhner, Fabrikarbeiter oder Handwerksgesellen handle,
nein, wir haben die Sache nicht so einseitig aufgefaßt, wie dieß von der
Majorität des Ausschusses geschehen ist. . . . Ich habe damals im Ausschusse
ausdrücklich erklärt, wenn man die Dienstboten, Taglöhner, Handwerksgesellen und Fabrikarbeiter deßhalb, weil sie nach der Ansicht mehrerer Mitglieder des Ausschusses unselbstständig seien, vom allgemeinen Wahlrechte
ausschließen wolle, so müsse man consequenterweise auch weiter gehen und
ebenso die Beamten ausschließen; aber auch das reiche nicht aus, man müsse
auch noch einen großen Theil der Geschäftsleute, namentlich des kleineren
Gewerbstandes ausschließen, man müsse die Hofdiener, das Militär u. s. w.
ausschließen, und wenn man dieß nicht könne, so müsse man diese Ausschließung nicht auf Stände ausdehnen, sondern überhaupt auf die Unselbstständigkeit des Charakters, man müsse dann von Jedem die Beweise
fordern, daß er ein selbstständiger Charakter sei, und wenn er den Beweis
nicht liefern könne, so müsse er ein Examen darüber bestehen, ob er einen
selbstständigen Charakter besitze. . . .

Man hat nun die Nachtheile hervorgehoben, die auch mit der geheimen
Stimmabgabe verbunden sind, und gesagt, daß da dem Wähler der
Wahlzettel in die Hand gedrückt und daß dadurch ebenso gut Einfluß auf
das Wahlrecht ausgeübt werde. Dieß zugegeben, frage ich, ob der Wähler
in diesem Fall sein gesundes Urtheil nicht sich bewahren, ob er sich nicht die
Freiheit erhalten könne, trotzdem seinen eigenen Stimmzettel einzulegen,
wenn ihm jener nicht zusagt, und ob man bei einem Verfahren die Mittel
der Bestechung anwenden wird, das keine Garantie bietet für die aufgewendeten Kosten der Bestechung? Etwas anderes ist es aber mit der öffentlichen Stimmabgabe, welche von dem Bestechenden, von dem, der auf den
Wähler Einfluß übt, controlirt werden kann. Die öffentliche Stimmabgabe
existirt aber auch nirgends, als in England und Schweden, und kein anderes
Land hat sie adoptirt, obgleich sie in England schon lange besteht, und
seit dieses Bestehens viele Verfassungen ins Leben getreten sind. Es wird
uns häufig England zum Muster aufgestellt; aber, meine Herren, die englischen Zustände möchte ich nun und nimmermehr nach Deutschland ver-
pflanzen. Es ist eine eigenthümliche Geschicklichkeit, uns gerade solche Einrichtungen Englands anzuempfehlen, die schlecht sind, und welche dort nur
noch deßhalb sich erhalten haben, weil der Engländer an seiner historischen
Staatsverfassung nur mit großer Bedächtigkeit ändert, um nicht die auf sie
basirte Freiheit zu gefährden; aber verhehlen wir es uns nicht, auch die englischen Zustände sind faul geworden durch und durch; auch sie bedürfen
einer gründlichen Regeneration, und das öffentliche Stimmabgeben trägt
nicht den geringsten Theil an den traurigen socialen Zuständen, welche
dort im Lande der gerühmten Freiheit den Staat an den Rand des Ver-
derbens führen, wenn nicht bald wirksame Mittel ergriffen werden. ...
Fragen wir aber doch auch näher, wer es denn eigentlich ist, der das öffentliche Stimmrecht in England aufrecht erhält? Die Aristokratie ist es, welche
dort das öffentliche Stimmrecht aufrecht zu erhalten sucht; denn sie weiß,
daß das öffentliche Stimmrecht allein auch sie wieder hält. Darum hält
sie so fest daran; um ihrer Existenz willen kämpft sie gegen die geheime
Stimmabgabe, welche ihr das Mittel der Bestechung entzieht...

Es hat der Abgeordnete *Beseler**) gesagt, es sei dieses Wahlrecht als ein Beruf zu betrachten, wobei man nicht darauf sehen könne, ob die Ausübung
dieses Berufes dem Einzelnen bequem sei oder nicht, sondern man müsse
auf die Sache, man müsse darauf sehen, was dem Vaterlande nütze. Meine
Herren! Das Wahlrecht ist kein Beruf, sondern ein Recht; Beruf und Recht
sind zwei verschiedene Begriffe. Wäre das Wahlrecht ein Beruf, so müßte
ich ihn erfüllen und müßte abstimmen, während ich mich meines Wahlrechtes enthalten kann, weil es eben kein Beruf ist. Aber das ist allerdings
richtig, daß man bei Ausübung des Wahlrechtes darauf zu sehen habe, was
dem Vaterlande Nutzen verschaffe. Welcher Nutzen soll denn nun für das

---

*) Wilhelm Hartwig Beseler, 1806—1884, Jurist und Anwalt in Schleswig, seit
1861 Kurator der Universität Bonn; 1844—1848 Mitglied der schleswigschen
Standesversammlung; Mitglied der dem rechten Zentrum zugehörigen „Casino"-
Fraktion der Nationalversammlung.

Vaterland aus dem Wahlrecht hervorgehen? Ich weiß keinen anderen
Zweck, keine andere Absicht den Wahlen beizulegen, als daß bei denselben
der Wille des ganzen Volkes sich kund gebe, und daß aus der Wahlurne
derjenige hervorgehe, von dem man behaupten kann, daß er den Willen
der Mehrheit des Volkes wirklich repräsentire. Unterliegt nun, wie ich
früher dargelegt, die öffentliche Stimmabgabe den Einflüssen verschieden-
ster Art, der Bestechung, der Rücksichtnahme, der Bedrohung u. s. w., so
daß nimmermehr behauptet werden kann, daß auf diesem Wege das wahre Urtheil zu Tage kommt, und der Wille der Mehrheit des Volkes sich
geltend machen kann, soll aber in Zukunft die Regierung des Vaterlandes
nicht mehr, wie bisher nur auf die Minorität des Volkes, sondern wahrhaft
auf die Majorität desselben sich stützen, so erheischt auch der wahre Vortheil des Vaterlandes die geheime Stimmabgabe. Wie stand es aber bisher
in Deutschland, meine Herren, wo man zwar mit Ausnahme des glück-
lichen Schleswig-Holstein in keinem deutschen Lande öffentliche Stimmabgabe, aber dafür hohen Census hatte? Regierten bisher in Deutschland
nicht überall Minoritätsministerien? Und nachdem jetzt in allen den deutschen Ländern, welche ein Wahlgesetz nach dem März vorigen Jahres erlangt haben, das allgemeine Stimmrecht, wenn auch mit Modificationen,
mehr oder weniger zum Gesetz erhoben worden ist, und die Kammern darum ein wahrer Ausdruck der Majorität des Volkes sind, wie können sich
diese Minoritätsministerien nur noch erhalten? Weil sie Minoritätsministerien sind, worauf stützen sie sich? etwa auf das Volk? Nein, meine Herren,
auf die Bajonette müssen sie sich stützen und auf den materiellen Einfluß.
Das sind die Stützen der Minoritätsministerien gegen die Mehrheit der Kammern und gegen die Mehrheit des Volkes. Wollen Sie dieser bewaffneten
Minorität durch öffentliche Abstimmung noch eine fernere, wieder eine neue
Waffe in die Hände geben, etwa zum Ersatz dafür, daß sie den hohen
Census verloren hat? Wollen Sie diesem materiellen Einflusse der Minorität auch künftig das Uebergewicht einräumen, und die Majorität des Vol-
kes der Minorität unterwürfig machen? Wenn Sie das wollen, dann mögen
Sie diese öffentlichen Stimmabgaben annehmen. ... Ich gebe Ihnen darum
den Vorwurf zurück, und wie ich glaube, mit größerem Recht. Sie wollen
die Oeffentlichkeit nur da, wo sie Ihnen paßt, und sehen dabei von dem
Unterschiede ab, welcher zwischen der Oeffentlichkeit in der Sache und der
in persönlichen Angelegenheiten besteht ... Hören wir die ungeheuren
Nachtheile und Schadenseiten einer solchen Einrichtung schildern, so glaube
ich, kann man keinen Augenblick zweifelhaft sein, wofür man sich zu entscheiden hat im Sinn der Selbstständigkeit und der Freiheit unseres Volkes.
Darum schließe ich auch mit denselben Worten, wie Herr v. Raumer geschlossen hat, aber in einem anderen Sinne: lassen Sie hier keine Charak-
terlosigkeiten, keine Schwäche eintreten, schaffen Sie kein Mittel, charakter-
los oder schwach zu machen, schaffen Sie darum keine Corruption!

Nr. 3. Das Reichswahlgesetz von 1849

(Reichsgesetz über die Wahlen der Abgeordneten zum Volkshause*); Quelle:
Reichsgesetzblatt 1849, S. 79 ff.)

Artikel I.

§ 1. Wähler ist jeder unbescholtene Deutsche, welcher das fünfundzwanzigste Lebensjahr zurückgelegt hat.

§ 2. Von der Berechtigung zum Wählen sind ausgeschlossen:

1. Personen, welche unter Vormundschaft oder Curatel stehen;

2. Personen, über deren Vermögen Concurs- oder Fallitzustand gerichtlich
eröffnet worden ist, und zwar während der Dauer dieses Concurs- oder
Fallitverfahrens;

3. Personen, welche eine Armenunterstützung aus öffentlichen oder Ge-
meindemitteln beziehen oder im letzten der Wahl vorhergegangenen Jahre
bezogen haben.

§ 3. Als bescholten, also von der Berechtigung zum Wählen ausgeschlos-
sen sollen angesehen werden:
Personen, denen durch rechtskräftiges Erkenntniß nach den Gesetzen des
Einzelstaates, wo das Urtheil erging, entweder unmittelbar oder mittelbar
der Vollgenuß der staatsbürgerlichen Rechte entzogen ist, sofern sie in diese
Rechte nicht wieder eingesetzt worden sind.

§ 4. Des Rechts zu wählen soll, unbeschadet der sonst verwirkten Strafen,
für eine Zeit von vier bis zwölf Jahren durch strafgerichtliches Erkenntniß
verlustig erklärt werden, wer bei den Wahlen Stimmen erkauft, seine Stimme verkauft, oder mehr als einmal bei der für einen und denselben
Zweck bestimmten Wahl seine Stimme abgegeben, oder zur Einwirkung auf
die Wahl überhaupt gesetzlich unzulässige Mittel angewendet hat.

Artikel II.

§ 5. Wählbar zum Abgeordneten des Volkshauses ist jeder wahlberechtigte Deutsche, welcher das fünfundzwanzigste Lebensjahr zurückgelegt,
und seit mindestens drei Jahren einem deutschen Staate angehört hat.
Erstandene oder durch Begnadigung erlassene Strafe wegen politischer Verbrechen schließt von der Wahl in das Volkshaus nicht aus.

§ 6. Personen, die ein öffentliches Amt bekleiden, bedürfen zum Eintritt
in das Volkshaus keines Urlaubs.

Artikel III.

§ 7. In jedem Einzelstaate sind Wahlkreise von je 100 000 Seelen der
nach der letzten Volkszählung vorhandenen Bevölkerung zu bilden.

Anmerkung: *) Zur Interpretation siehe S. 85.

§ 8. Ergibt sich in einem Einzelstaate bei der Bildung der Wahlkreise ein Ueberschuß von wenigstens 50 000 Seelen, so ist hierfür ein besonderer Wahlkreis zu bilden.

Ein Ueberschuß von weniger als 50 000 Seelen ist unter die anderen Wahlkreise des Einzelstaates verhältnißmäßig zu vertheilen.

§ 9. Kleinere Staaten mit einer Bevölkerung von wenigstens 50 000 Seelen bilden einen Wahlkreis.

Diesen soll die Stadt Lübeck gleichgestellt werden.

Diejenigen Staaten, welche keine Bevölkerung von 50 000 Seelen haben, werden mit andern Staaten nach Maßgabe der Reichswahlmatrikel (Anlage A) zur Bildung von Wahlkreisen zusammengelegt.

§ 10. Die Wahlkreise werden zum Zweck des Stimmenabgebens in kleinere Bezirke eingetheilt.

Artikel IV.

§ 11. Wer das Wahlrecht in einem Wahlbezirke ausüben will, muß in demselben zur Zeit der Wahl seinen festen Wohnsitz haben. Jeder darf nur an einem Orte wählen.

Der Standort der Soldaten und Militärpersonen gilt als Wohnsitz und berechtigt zur Wahl, wenn derselbe seit drei Monaten nicht gewechselt worden ist. In den Staaten, wo Landwehr besteht, tritt für diese dahin eine Ausnahme ein, daß Landwehrpflichtige, welche sich zur Zeit der Wahlen unter den Fahnen befinden, an dem Orte ihres Aufenthalts für ihren Heimathbezirk wählen. Die näheren Anordnungen zur Ausführung dieser Bestimmung bleiben den Regierungen der Einzelstaaten überlassen.

§ 12. In jedem Bezirke sind zum Zweck der Wahlen Listen anzulegen, in welche die zum Wählen Berechtigten nach Zu- und Vornamen, Alter, Gewerbe und Wohnort eingetragen werden. Diese Listen sind spätestens vier Wochen vor dem zur ordentlichen Wahl bestimmten Tage zu Jedermanns Einsicht auszulegen und dies öffentlich bekannt zu machen.

Einsprachen gegen die Listen sind binnen acht Tagen nach öffentlicher Bekanntmachung bei der Behörde, welche die Bekanntmachung erlassen hat, anzubringen und innerhalb der nächsten vierzehn Tage zu erledigen, worauf die Listen geschlossen werden. Nur diejenigen sind zur Theilnahme an der Wahl berechtigt, welche in die Listen aufgenommen sind.

Artikel V.

§ 13. Die Wahlhandlung ist öffentlich. Bei derselben sind Gemeindemitglieder zuzuziehen, welche kein Staats- oder Gemeinde-Amt bekleiden.

Das Wahlrecht wird in Person durch Stimmzettel ohne Unterschrift ausgeübt.

§ 14. Die Wahl ist direct. Sie erfolgt durch absolute Stimmenmehrheit aller in einem Wahlkreis abgegebenen Stimmen.

Stellt bei einer Wahl eine absolute Stimmenmehrheit sich nicht heraus, so ist eine zweite Wahlhandlung vorzunehmen. Wird auch bei dieser eine absolute Stimmenmehrheit nicht erreicht, so ist zum dritten Mal nur unter den zwei Candidaten zu wählen, welche in der zweiten Wahlhandlung die meisten Stimmen erhalten haben.

Bei Stimmengleichheit entscheidet das Loos.

§ 15. Stellvertreter der Abgeordneten sind nicht zu wählen.

§ 16. Die Wahlen sind im Umfang des ganzen Reichs an einem und demselben Tage vorzunehmen, den die Reichsregierung bestimmt.
Die Wahlen, welche später erforderlich werden, sind von den Regierungen der Einzelstaaten auszuschreiben.

§ 17. Die Wahlkreise und Wahlbezirke, die Wahldirectoren und das Wahlverfahren, in so weit dieses nicht durch das gegenwärtige Gesetz festgestellt worden ist, oder durch Anordnung der Reichsgewalt noch festgestellt werden wird, werden von den Regierungen der Einzelstaaten bestimmt.

Anlage A.
Reichswahlmatrikel

Zum Zweck der Wahlen der Abgeordneten zum Volkshaus werden zusammengelegt:

1. Liechtenstein mit Oesterreich.
2. Hessen-Homburg v. d. Höhe mit dem Großherzogtum Hessen; — das hessen-homburgische Oberamt Meisenheim auf dem linken Rheinufer mit Rheinbayern.
3. Schaumburg-Lippe mit Hessen-Cassel.
4. Hohenzollern-Hechingen mit Hohenzollern-Sigmaringen.
5. Reuß ältere Linie mit Reuß jüngerer Linie.
6. Anhalt-Cöthen mit Anhalt-Bernburg.
7. Lauenburg mit Schleswig-Holstein.
8. Der auf der linken Rheinseite gelegene Theil des Großherzogtums Oldenburg mit Rheinpreußen.
9. Pyrmont mit Preußen.

Nr. 4. *Das preußische Dreiklassenwahlrecht*

(Verordnung betreffend die Ausführung der Wahl der Abgeordneten der Zweiten Kammer vom 30. Mai 1849*); Quelle: Preußische Gesetzessammlung 1849, S. 205 ff.)

Wir Friedrich Wilhelm, von Gottes Gnaden, König von Preußen verordnen in Ausführung der Artikel 67 bis 74 und auf Grund des Artikels 105 der Verfassungsurkunde, auf Antrag Unseres Staatsministeriums, daß statt des Wahlgesetzes für die Abgeordneten der zweiten Kammer vom 6. Dezember 1848 die nachfolgenden näheren Bestimmungen zur Anwendung zu bringen sind:

Anmerkung: *) Zur Interpretation siehe S. 85 ff.

§ 1. Die Abgeordneten der zweiten Kammer werden von Wahlmännern in Wahlbezirken, die Wahlmänner von den Urwählern in Urwahlbezirken gewählt.

§ 2. Die Zahl der in jedem Regierungsbezirke zu wählenden Abgeordneten weist das anliegende Verzeichnis nach.

§ 3. Die Bildung der Wahlbezirke ist nach Maßgabe der durch die letzten allgemeinen Zählungen ermittelten Bevölkerung von den Regierungen dergestalt zu bewirken, daß von jedem Wahlkörper mindestens zwei Abgeordnete zu wählen sind. Kreise, die zu verschiedenen Regierungsbezirken gehören, können ausnahmsweise durch den Oberpräsidenten zu einem Wahlbezirk vereinigt werden, wenn es nach der Lage und den sonstigen Verhältnissen der ersteren nöthig erscheint.

§ 4. Auf jede Vollzahl von 250 Seelen ist ein Wahlmann zu wählen.

§ 5. Gemeinden von weniger als 750 Seelen, so wie nicht zu einer Gemeinde gehörende bewohnte Besitzungen, werden von dem Landrathe mit einer oder mehreren benachbarten Gemeinden zu einem Urwahlbezirke vereinigt.

§ 6. Gemeinden von 1750 oder mehr als 1750 Seelen werden von der Gemeinde-Verwaltungsbehörde in mehrere Urwahlbezirke getheilt. Diese sind so einzurichten, daß höchstens 6 Wahlmänner darin zu wählen sind.

§ 7. Die Urwahlbezirke müssen, so weit es thunlich ist, so gebildet werden, daß die Zahl der in einem jeden derselben zu wählenden Wahlmänner durch drei theilbar ist.

§ 8. Jeder selbständige Preuße, welcher das 24. Lebensjahr vollendet, und nicht den Vollbesitz der bürgerlichen Rechte in Folge rechtskräftigen richterlichen Erkenntnisses verloren hat, ist in der Gemeinde, worin er seit sechs Monaten seinen Wohnsitz oder Aufenthalt hat, stimmberechtigter Urwähler, sofern er nicht aus öffentlichen Mitteln Armenunterstützung erhält.

§ 9. Die Militairpersonen des stehenden Heeres und die Stamm-Mannschaften der Landwehr wählen an ihrem Standorte, ohne Rücksicht darauf, wie lange sie sich an demselben vor der Wahl aufgehalten haben. Sie bilden, wenn sie in der Zahl von 750 Mann oder darüber zusammenstehen, einen oder mehrere besondere Wahlbezirke. Landwehrpflichtige, welche zur Zeit der Wahlen zum Dienste einberufen sind, wählen an dem Orte ihres Aufenthaltes für ihren Heimathsbezirk.

§ 10. Die Urwähler werden nach Maßgabe der von ihnen zu entrichtenden direkten Staatssteuern (Klassensteuer, Grundsteuer, Gewerbesteuer) in drei Abtheilungen getheilt, und zwar in der Art, daß auf jede Abtheilung ein Drittheil der Gesammtsumme der Steuerbeträge aller Urwähler fällt.

Diese Gesammtsumme wird berechnet:

a) gemeindeweise, falls die Gemeinde einen Urwahlbezirk für sich bildet, oder in mehrere Urwahlbezirke getheilt ist (§ 6);

b) bezirksweise, falls der Urwahlbezirk aus mehreren Gemeinden zusammengesetzt ist (§ 5).

§ 11. Wo keine Klassensteuer erhoben wird, tritt für dieselbe zunächst die etwa in Gemäßheit der Verordnung vom 4. April 1848, anstatt der indirekten, eingeführte direkte Staatssteuer ein.

Wo weder Klassensteuer, noch klassifizirte Steuer auf Grund der Verordnung vom 4. April 1848 erhoben wird, tritt an Stelle der Klassensteuer die in der Gemeinde zur Hebung kommende, direkte Kommunalsteuer.

Wo auch eine solche ausnahmsweise nicht besteht, muß von der Gemeindeverwaltung nach den Grundsätzen der Klassensteuer-Veranlagung eine ungefähre Einschätzung bewirkt und der Betrag ausgeworfen werden, welchen jeder Urwähler danach als Klassensteuer zu zahlen haben würde.

Wird die Gewerbesteuer von einer Handelsgesellschaft entrichtet, so ist die Steuer, behufs Bestimmung, in welche Abtheilung die Gesellschafter gehören, zu gleichen Theilen auf dieselben zu repartiren.

§ 12. Die erste Abtheilung besteht aus denjenigen Urwählern, auf welche die höchsten Steuerbeträge bis zum Belaufe eines Drittheils der Gesammtsteuer (§ 10) fallen.

Die zweite Abtheilung besteht aus denjenigen Urwählern, auf welche die nächst niedrigeren Steuerbeträge bis zur Gränze des zweiten Drittheils fallen.

Die dritte Abtheilung besteht aus den am niedrigsten besteuerten Urwählern, auf welche das dritte Drittheil fällt. In diese Abtheilung gehören auch diejenigen Urwähler, welche keine Steuer zahlen.

§ 13. So lange der Grundsatz wegen Aufhebung der Abgabenbefreiung in Bezug auf die Klassensteuer und direkte Kommunalsteuer noch nicht durchgeführt ist, sind die zur Zeit noch befreiten Urwähler in diejenige Abtheilung aufzunehmen, welcher sie angehören würden, wenn die Befreiungen bereits aufgehoben wären.

§ 14. Jede Abtheilung wählt ein Drittheil der zu wählenden Wahlmänner. Ist die Zahl der in einem Urwahlbezirke zu wählenden Wahlmänner nicht durch 3 theilbar, so ist, wenn nur 1 Wahlmann übrig bleibt, dieser von der zweiten Abtheilung zu wählen. Bleiben 2 Wahlmänner übrig, so wählt die erste Abtheilung den einen und die dritte Abtheilung den anderen.

§ 15. In jeder Gemeinde ist sofort ein Verzeichniß der stimmberechtigten Urwähler (Urwählerliste) aufzustellen, in welchem bei jedem einzelnen Namen der Steuerbetrag angegeben wird, den der Urwähler in der Gemeinde oder in dem aus mehreren Gemeinden zusammengesetzten Urwahlbezirk zu entrichten hat. Dies Verzeichniß ist öffentlich auszulegen, und daß dieses geschehen, in ortsüblicher Weise bekannt zu machen.

Wer die Aufstellung für unrichtig oder unvollständig hält, kann dies innerhalb dreier Tage nach der Bekanntmachung bei der Ortsbehörde oder dem von derselben dazu ernannten Kommissar oder der dazu niedergesetzten Kommission schriftlich anzeigen oder zu Protokoll geben.

Die Entscheidung darüber steht in den Städten der Gemeinde-Verwaltungsbehörde, auf dem Lande dem Landrathe zu.

In Gemeinden, die in mehrere Urwahlbezirke getheilt sind, erfolgt die Aufstellung der Urwählerlisten nach den einzelnen Bezirken.

§ 16. Die Abtheilungen (§ 12) werden Seitens derselben Behörden festgestellt, welche die Urwahlbezirke abgrenzen (§§ 5, 6).

Eben diese Behörden haben für jeden Urwahlbezirk das Lokal, in welchem die auf den Bezirk bezügliche Abtheilungsliste öffentlich auszulegen, und die Wahl der Wahlmänner abzuhalten ist, zu bestimmen und den Wahlvorsteher, der die Wahl zu leiten hat, so wie einen Stellvertreter desselben für Verhinderungsfälle zu ernennen.

In Bezug auf die Berichtigung der Abtheilungslisten kommen die Vorschriften des § 15 gleichmäßig zur Anwendung.

§ 17. Der Tag der Wahl ist von dem Minister des Innern festzusetzen.

§ 18. Die Wahlmänner werden in jeder Abtheilung aus der Zahl der stimmberechtigten Urwähler des Urwahlbezirks ohne Rücksicht auf die Abtheilung gewählt.

Mit Ausnahme des Falles der Auflösung der Kammer, sind die Wahlen der Wahlmänner für die ganze Legislaturperiode dergestalt gültig, daß bei einer erforderlich werdenden Ersatzwahl eines Abgeordneten nur an Stelle der inzwischen durch Tod, Wegziehen aus dem Urwahlbezirk, oder auf sonstige Weise ausgeschiedenen Wahlmänner neue zu wählen sind.

§ 19. Die Urwähler sind zur Wahl durch ortsübliche Bekanntmachung zu berufen.

§ 20. Der Wahlvorsteher ernennt aus der Zahl der Urwähler des Wahlbezirks einen Protokollführer, so wie 3 bis 6 Beisitzer, welche mit ihm den Wahlvorstand bilden, und verpflichtet sie mittelst Handschlags an Eidesstatt.

§ 21. Die Wahlen erfolgen abtheilungsweise durch Stimmgebung zu Protokoll, nach absoluter Mehrheit und nach den Vorschriften des Reglements (§ 32).

§ 22. In der Wahlversammlung dürfen weder Diskussionen stattfinden, noch Beschlüsse gefaßt werden.

Wahlstimmen, unter Protest oder Vorbehalt abgegeben, sind ungültig.

§ 23. Ergiebt sich bei der ersten Abstimmung keine absolute Stimmenmehrheit, so findet die engere Wahl statt.

§ 24. Der gewählte Wahlmann muß sich über die Annahme der Wahl erklären. Eine Annahme unter Protest oder Vorbehalt gilt als Ablehnung, und zieht eine Ersatzwahl nach sich.

§ 25. Das Protokoll wird von dem Wahlvorstand (§ 20) unterzeichnet und sofort dem Wahlkommissar (§ 26) für die Wahl der Abgeordneten eingereicht.

§ 26. Die Regierung ernennt den Wahlkommissar für jeden Wahlbezirk zur Wahl der Abgeordneten (und bestimmt den Wahlort).

§ 27. Der Wahlkommissar beruft die Wahlmänner mittelst schriftlicher Einladung zur Wahl der Abgeordneten. Er hat die Verhandlungen über die Urwahlen nach den Vorschriften dieser Verordnung zu prüfen, und wenn er einzelne Wahlakte für ungültig erachten sollte, der Versammlung der Wahlmänner seine Bedenken zur endgültigen Entscheidung vorzutragen. Nach Ausschließung derjenigen Wahlmänner, deren Wahl für ungültig erkannt ist, schreitet die Versammlung sofort zu dem eigentlichen Wahlgeschäfte.

Außer der vorgedachten Erörterung und Entscheidung über die etwa gegen einzelne Wahlakte erhobenen Bedenken dürfen in der Versammlung keine Diskussionen stattfinden, noch Beschlüsse gefaßt werden.

§ 28. Der Tag der Wahl der Abgeordneten ist von dem Minister des Innern festzusetzen.

§ 29. Zum Abgeordneten ist jeder Preuße wählbar, der das dreißigste Lebensjahr vollendet, den Vollbesitz der bürgerlichen Rechte, in Folge rechtskräftigen richterlichen Erkenntnisses, nicht verloren hat, und bereits ein Jahr lang dem preußischen Staatsverbande angehört.

§ 30. Die Wahlen der Abgeordneten erfolgen durch Stimmgebung zu Protokoll.

Der Protokollführer und die Beisitzer werden von den Wahlmännern auf den Vorschlag des Wahlkommissarius gewählt und bilden mit diesem den Wahlvorstand. Die Wahlen erfolgen nach absoluter Stimmenmehrheit. Wahlstimmen unter Protest oder Vorbehalt abgegeben, sind ungültig.

Ergibt sich bei der ersten Abstimmung keine absolute Mehrheit, so wird zu einer engeren Wahl geschritten.

§ 31. Der gewählte Abgeordnete muß sich über die Annahme oder Ablehnung der auf ihn gefallenen Wahl gegen den Wahlkommissarius erklären. Eine Annahme-Erklärung unter Protest oder Vorbehalt gilt als Ablehnung und hat eine neue Wahl zur Folge.

§ 32. Die zur Ausführung dieser Verordnung erforderlichen näheren Bestimmungen hat Unser Staatsministerium in einem zu erlassenden Reglement zu treffen.

Nr. 5. Das Wahlrecht im Kaiserreich

(Wahlgesetz für den Reichstag des Norddeutschen Bundes vom 31. Mai 1869*), zugleich Grundlage des Wahlrechts im Kaiserreich; Quelle: Bundesgesetzblatt 1869, S. 145 ff.)

§ 1. Wähler für den Reichstag des Norddeutschen Bundes ist jeder Norddeutsche, welcher das fünfundzwanzigste Lebensjahr zurückgelegt hat, in dem Bundesstaate, wo er seinen Wohnsitz hat.

§ 2. Für Personen des Soldatenstandes des Heeres und der Marine ruht die Berechtigung zum Wählen solange, als dieselben sich bei der Fahne befinden.

§ 3. Von der Berechtigung zum Wählen sind ausgeschlossen:

1) Personen, welche unter Vormundschaft oder Kuratel stehen;

2) Personen, über deren Vermögen Konkurs- oder Fallitzustand gerichtlich eröffnet worden ist und zwar während der Dauer dieses Konkurs- oder Fallit-Verfahrens;

3) Personen, welche eine Armenunterstützung aus öffentlichen oder Gemeinde-Mitteln beziehen oder im letzten der Wahl vorhergegangenen Jahre bezogen haben;

4) Personen, denen in Folge rechtskräftigen Erkenntnisses der Vollgenuß der staatsbürgerlichen Rechte entzogen ist, für die Zeit der Entziehung, sofern sie nicht in diese Rechte wieder eingesetzt sind.

Ist der Vollgenuß der staatsbürgerlichen Rechte wegen politischer Vergehen oder Verbrechen entzogen, so tritt die Berechtigung zum Wählen wieder ein, sobald die außerdem erkannte Strafe vollstreckt, oder durch Begnadigung erlassen ist.

§ 4. Wählbar zum Abgeordneten ist im ganzen Bundesgebiete jeder Norddeutsche, welcher das fünfundzwanzigste Lebensjahr zurückgelegt und einem zum Bunde gehörigen Staate seit mindestens einem Jahre angehört hat, sofern er nicht durch die Bestimmungen in dem § 3 von der Berechtigung zum Wählen ausgeschlossen ist.

§ 5. In jedem Bundesstaate wird auf durchschnittlich 100 000 Seelen derjenigen Bevölkerungszahl, welche den Wahlen zum verfassunggebenden Reichstage zugrunde gelegen hat, Ein Abgeordneter gewählt. Ein Überschuß von mindestens 50 000 Seelen der Gesamtbevölkerung eines Bundesstaates wird vollen 100 000 Seelen gleich gerechnet. In einem Bundesstaate, dessen Bevölkerung 100 000 Seelen nicht erreicht, wird Ein Abgeordneter gewählt.

Demnach beträgt die Zahl der Abgeordneten 297 und kommen auf Preußen 235, Sachsen 23, Hessen 3, Mecklenburg-Schwerin 6, Sachsen-Weimar 3, Mecklenburg-Strelitz 1, Oldenburg 3, Braunschweig 3, Sachsen-Meiningen 2, Sachsen-Altenburg 1, Sachsen-Koburg-Gotha 2, Anhalt 2, Schwarz-

---

Anmerkung: *) Zur Interpretation siehe S. 98 ff.

burg-Rudolstadt 1, Schwarzburg-Sondershausen 1, Waldeck 1, Reuß ältere
Linie 1, Reuß jüngere Linie 1, Schaumburg-Lippe 1, Lippe 1, Lauenburg 1,
Lübeck 1, Bremen 1, Hamburg 3*).

Eine Vermehrung der Zahl der Abgeordneten in Folge der steigenden
Bevölkerung wird durch das Gesetz bestimmt.

§ 6. Jeder Abgeordnete wird in einem besonderen Wahlkreise gewählt.
Jeder Wahlkreis wird zum Zwecke der Stimmabgabe in kleinere Bezirke
getheilt, welche möglichst mit den Ortsgemeinden zusammenfallen sollen,
sofern nicht bei volkreichen Ortsgemeinden eine Unterabtheilung erforderlich wird.

Mit Ausschluß der Exklaven müssen die Wahlkreise, sowie die Wahlbezirke
räumlich abgegrenzt und thunlichst abgerundet sein.

Ein Bundesgesetz wird die Abgrenzung der Wahlkreise bestimmen. Bis dahin sind die gegenwärtigen Wahlkreise beizubehalten, mit Ausnahme derjenigen, welche zur Zeit nicht örtlich abgegrenzt und zu einem räumlich
zusammenhängenden Bezirke abgerundet sind. Diese müssen zum Zwecke
der nächsten allgemeinen Wahlen gemäß der Vorschrift des dritten Absatzes
gebildet werden.

§ 7. Wer das Wahlrecht in einem Wahlbezirke ausüben will, muß in
demselben, oder, im Falle eine Gemeinde in mehrere Wahlbezirke getheilt
ist, in einem derselben zur Zeit der Wahl seinen Wohnsitz haben.

Jeder darf nur an Einem Orte wählen.

§ 8. In jedem Bezirke sind zum Zwecke der Wahlen Listen anzulegen,
in welche die zum Wählen Berechtigten nach Zu- und Vornamen, Alter,
Gewerbe und Wohnort eingetragen werden.

Diese Listen sind spätestens vier Wochen vor dem zur Wahl bestimmten
Tage zu Jedermanns Einsicht auszulegen, und ist dies zuvor unter Hin-
weisung auf die Einsprachefrist öffentlich bekannt zu machen. Einsprachen gegen die Listen sind binnen acht Tagen nach Beginn der Auslegung
bei der Behörde, welche die Bekanntmachung erlassen hat, anzubringen und
innerhalb der nächsten vierzehn Tage zu erledigen, worauf die Listen geschlossen werden. Nur diejenigen sind zur Theilnahme an der Wahl berechtigt, welche in die Listen aufgenommen sind.

Bei einzelnen Neuwahlen, welche innerhalb Eines Jahres nach der letzten
allgemeinen Wahl stattfinden, bedarf es einer neuen Aufstellung und Auslegung der Wahlliste nicht.

---

*) Durch Artikel 20 der Reichsverfassung von 1871 auf die süddeutschen Staaten
erweitert: Die Zahl der Abgeordneten betrug für Bayern 48, für Württemberg 17,
für Baden 14, für Hessen südlich des Mains sechs Abgeordnete, wodurch sich die
Gesamtmandatszahl des Reichstages zunächst auf 382 erhöhte. Durch das Gesetz
„betreffend die Einführung der Verfassung in Elsaß-Lothringen" vom 25. Juni
1873 kamen weitere 15 Abgeordnete hinzu, womit die Gesamtzahl der Abgeordneten seit der Reichstagswahl von 1874 397 betrug.

§ 9. Die Wahlhandlung, sowie die Ermittelung des Wahlergebnisses, sind öffentlich.

Die Funktion der Vorsteher, Beisitzer und Protokollführer bei der Wahlhandlung in den Wahlbezirken und der Beisitzer bei der Ermittelung des Wahlergebnisses in den Wahlkreisen ist ein unentgeltliches Ehrenamt und kann nur von Personen ausgeübt werden, welche kein unmittelbares Staatsamt bekleiden.

§ 10. Das Wahlrecht wird in Person durch verdeckte, in eine Wahlurne niederzulegende Stimmzettel ohne Unterschrift ausgeübt.

Die Stimmzettel müssen von weißem Papier und dürfen mit keinem äußeren Kennzeichen versehen sein.

§ 11. Die Stimmzettel sind außerhalb des Wahllokals mit dem Namen des Kandidaten, welchem der Wähler seine Stimme geben will, handschriftlich oder im Wege der Vervielfältigung zu versehen.

§ 12. Die Wahl ist direkt. Sie erfolgt durch absolute Stimmenmehrheit aller in einem Wahlkreise abgegebenen Stimmen. Stellt bei einer Wahl eine absolute Stimmenmehrheit sich nicht heraus, so ist nur unter den zwei Kandidaten zu wählen, welche die meisten Stimmen erhalten haben.

Bei Stimmengleichheit entscheidet das Loos.

§ 13. Über die Gültigkeit oder Ungültigkeit der Wahlzettel entscheidet mit Vorbehalt der Prüfung des Reichstages allein der Vorstand des Wahlbezirkes nach Stimmenmehrheit seiner Mitglieder.

Die ungültigen Stimmzettel sind zum Zwecke der Prüfung durch den Reichstag dem Wahlprotokoll beizufügen. Die gültig befundenen bewahrt der Vorsteher der Wahlhandlung in dem Wahlbezirke so lange versiegelt, bis der Reichstag die Wahl definitiv gültig erklärt hat.

§ 14. Die allgemeinen Wahlen sind im ganzen Bundesgebiete an dem von dem Bundespräsidium bestimmten Tage vorzunehmen.

§ 15. Der Bundesrath ordnet das Wahlverfahren, soweit dasselbe nicht durch das gegenwärtige Gesetz festgestellt worden ist, durch ein einheitliches, für das ganze Bundesgebiet gültiges **Wahlreglement**.

Dasselbe kann nur unter Zustimmung des Reichstages abgeändert werden.

§ 16. Die Kosten für die Druckformulare zu den Wahlprotokollen und für die Ermittelung des Wahlergebnisses in den Wahlkreisen werden von den Bundesstaaten, alle übrigen Kosten des Wahlverfahrens werden von den Gemeinden getragen.

§ 17. Die Wahlberechtigten haben das Recht, zum Betrieb der den Reichstag betreffenden Wahlangelegenheiten Vereine zu bilden und in geschlossenen Räumen unbewaffnet öffentliche Versammlungen zu veranstalten.

Die Bestimmungen der Landesgesetze über die Anzeige der Versammlungen und Vereine, sowie über die Überwachungen derselben, bleiben unberührt.

§ 18. Das gegenwärtige Gesetz tritt bei der ersten nach dessen Verkündigung stattfindenden Neuwahl des Reichstages in Kraft. Von dem nämlichen Zeitpunkte an verlieren alle bisherigen Wahlgesetze für den Reichstag nebst den dazu erlassenen Ausführungsgesetzen, Verordnungen und Reglements ihre Gültigkeit.

Nr. 6. Die Einführung der Verhältniswahl in großen Wahlkreisen im Kaiserreich

(Gesetz über die Zusammensetzung des Reichstages und die Verhältniswahl in großen Reichstagswahlkreisen vom 24. August 1918*); Quelle: Reichsgesetzblatt 1918/II, S. 1079)

§ 1. Die Zahl der Mitglieder des Reichstags wird auf 441 erhöht.

§ 2. Die Stadtgebiete von Berlin, Breslau, Frankfurt a. M., München und Dresden sowie das Hamburgische Staatsgebiet bilden je einen Wahlkreis.

§ 3. Zu je einem Wahlkreis werden vereinigt:
  1. die Wahlkreise Cöln 1 und 2 sowie der zur Stadt Cöln gehörende Teil des Wahlkreises Cöln 6 (Wahlkreis Cöln),
  2. der Wahlkreis Düsseldorf 4 mit dem zur Stadt Düsseldorf gehörenden Teile des Wahlkreises Düsseldorf 12 (Wahlkreis Düsseldorf),
  3. der Wahlkreis Düsseldorf 2 mit dem zur Stadt Elberfeld gehörenden Teile des Wahlkreises Düsseldorf 1 (Wahlkreis Elberfeld),
  4. der Wahlkreis Düsseldorf 5 mit dem zur Stadt Essen a. d.Ruhr gehörenden Teile des Wahlkreises Düsseldorf 6 (Wahlkreis Essen),
  5. der Wahlkreis Düsseldorf 6 mit dem zur Stadt Oberhausen gehörenden Teile des Wahlkreises Düsseldorf 5 (Wahlkreis Duisburg),
  6. der Wahlkreis Hannover 8 mit dem zur Stadt Linden gehörenden Teile des Wahlkreises Hannover 9 (Wahlkreis Hannover),
  7. die Wahlkreise Sachsen 12 und 13 (Wahlkreis Leipzig),
  8. der Wahlkreis Württemberg 1 mit dem zur Stadt Stuttgart gehörenden Teile des Wahlkreises Württemberg 2 (Wahlkreis Stuttgart).

§ 4. Für die nach den §§ 2 und 3 gebildeten Wahlkreise sowie die Wahlkreise:

Potsdam 6 (Wahlkreis Niederbarnim), Potsdam 10 (Wahlkreis Teltow), Oppeln 5 (Wahlkreis Königshütte), Oppeln 6 (Wahlkreis Hindenburg), Schleswig-Holstein 7 (Wahlkreis Kiel), Münster 3 (Wahlkreis Recklinghausen), Arnsberg 5 (Wahlkreis Bochum), Arnsberg 6 (Wahlkreis Dortmund), Mittelfranken 1 (Wahlkreis Nürnberg), Sachsen 16 (Wahlkreis Chemnitz), Baden 11 (Wahlkreis Mannheim) und Bremen (Wahlkreis Bremen) treten an

---

Anmerkung: *) Zur Interpretation siehe S. 135.

die Stelle des § 6 Abs. 1 und der §§ 11 und 12 des Wahlgesetzes für den Deutschen Reichstag vom 31. Mai 1869*) die Vorschriften der folgenden §§ 5, 7 bis 15.

§ 5. Im Wahlkreis Berlin werden 10, im Wahlkreis Teltow 7, im Wahlkreis Hamburg 5, in den Wahlkreisen Bochum und Leipzig je 4, in den Wahlkreisen Cöln, Breslau, Duisburg, Dortmund, Essen, Niederbarnim, München und Dresden je 3 und in den übrigen in §§ 2 bis 4 genannten Wahlkreisen je 2 Abgeordnete nach den Grundsätzen der Verhältniswahl gewählt.

§ 6. Beträgt die Zahl der auf einen Wahlkreis entfallenden reichsdeutschen Einwohner nach den beiden letzten allgemeinen Volkszählungen mehr als 300 000, so tritt bei der nächsten allgemeinen Wahl für jede weiteren angefangenen 200 000 reichsdeutschen Einwohner je ein neuer Abgeordneter hinzu.

Die Abgeordneten dieser Wahlkreise sind nach den Grundsätzen der Verhältniswahl zu wählen.

§ 7. Bei dem Wahlkommissar sind spätestens am 21. Tage vor dem Wahltag Wahlvorschläge einzureichen. Die Wahlvorschläge müssen von mindestens 50 im Wahlkreis zur Ausübung der Wahl berechtigten Personen unterzeichnet sein. Sie dürfen höchstens zwei Namen mehr enthalten, als Abgeordnete im Wahlkreis zu wählen sind.

Von jedem vorgeschlagenen Bewerber ist eine Erklärung über seine Zustimmung zur Aufnahme in den Wahlvorschlag anzuschließen.

In demselben Wahlkreis darf ein Bewerber nur einmal vorgeschlagen werden.

§ 8. Mehrere Wahlvorschläge können miteinander verbunden werden. Die Verbindung muß von den Unterzeichnern der betreffenden Wahlvorschläge oder ihren Bevollmächtigten übereinstimmend spätestens am 7. Tage vor dem Wahltag beim Wahlkommissar schriftlich erklärt werden.

Verbundene Wahlvorschläge können nur gemeinschaftlich zurückgenommen werden. Die verbundenen Wahlvorschläge gelten den anderen Wahlvorschlägen gegenüber als ein Wahlvorschlag.

§ 9. Für die Prüfung der Wahlvorschläge und ihrer Verbindung wird für jeden Wahlkreis ein Wahlausschuß gebildet, der aus dem Wahlkommissar als Vorsitzendem und vier Beisitzern besteht. Auf die Beisitzer findet § 9 Abs. 2 des Wahlgesetzes vom 31. Mai 1869 Anwendung.

Der Wahlausschuß faßt seine Beschlüsse mit Stimmenmehrheit.

Nach der öffentlichen Bekanntgabe der zugelassenen Wahlvorschläge können diese nicht mehr zurückgenommen und ihre Verbindung kann nicht mehr aufgehoben werden.

Anmerkung: *) Siehe Quelle Nr. 5, S. 355 ff.

§ 10. Die Stimmzettel sind außerhalb des Wahlraums mit dem Namen der Bewerber, denen der Wähler seine Stimme geben will, handschriftlich oder im Wege der Vervielfältigung zu versehen.

Die Namen auf den einzelnen Stimmzetteln dürfen nur einem der öffentlich bekanntgegebenen Wahlvorschläge entnommen sein.

§ 11. Behufs Ermittlung des Wahlergebnisses ist festzustellen, wieviel gültige Stimmen abgegeben und wieviele hiervon auf jeden Wahlvorschlag und auf die verbundenen Wahlvorschläge gemeinschaftlich entfallen sind.

§ 12. Die Abgeordnetensitze werden auf die Wahlvorschläge nach dem Verhältnis der ihnen nach § 11 zustehenden Stimmen verteilt. Zu dem Zwecke werden diese Stimmenzahlen nacheinander durch 1, 2, 3, 4 usw. geteilt und von den sich hierbei ergebenden Teilzahlen so viele Höchstzahlen der Größe nach ausgesondert, als Abgeordnete zu wählen sind. Jeder Wahlvorschlag erhält so viele Abgeordnetensitze, als auf ihn Höchstzahlen entfallen. Wenn die an letzter Stelle stehende Höchstzahl auf mehrere Wahlvorschläge zugleich entfällt, entscheidet das Los.

Verbundene Wahlvorschläge werden hierbei mit der Gesamtzahl der ihnen nach § 11 zustehenden Stimmen als ein Wahlvorschlag in Rechnung gestellt. Die ihnen zukommenden Abgeordnetensitze werden auf die einzelnen Wahlvorschläge nach Abs. 1 verteilt.

Wenn ein Wahlvorschlag oder eine Gruppe verbundener Wahlvorschläge weniger Bewerber enthält, als auf sie Höchstzahlen entfallen, so gehen die überschüssigen Sitze auf die Höchstzahlen der anderen Wahlvorschläge über.

§ 13. Für die Verteilung der einem Wahlvorschlage zugeteilten Abgeordnetensitze unter die einzelnen Bewerber ist die Reihenfolge der Benennungen auf den Wahlvorschlägen maßgebend.

§ 14. Den Wahlvorständen und den Wahlkommissaren können für die Prüfung der Abstimmung und die Ermittlung des Wahlergebnisses Beamte als Hilfsarbeiter beigegeben werden.

Die Hilfsarbeiter nehmen an der Beschlußfassung nicht teil.

§ 15. Wenn ein Abgeordneter die Wahl ablehnt oder nachträglich aus dem Reichstag ausscheidet, tritt an seine Stelle ohne die Vornahme einer Ersatzwahl der Bewerber, der demselben Wahlvorschlag, oder wenn dieser erschöpft ist, einem mit ihm verbundenen Wahlvorschlag angehört und nach dem Grundsatz des § 13 hinter dem Abgeordneten an erster Stelle berufen erscheint.

Ist ein solcher Bewerber nicht vorhanden, so bleibt der Abgeordnetensitz für den Rest der Legislaturperiode unbesetzt.

§ 16. Die noch erforderlichen Einzelvorschriften und Ausführungsbestimmungen über die Beschaffenheit und Prüfung der Wahlvorschläge, die Prüfung der Stimmzettel, die Ermittlung des Wahlergebnisses und die Bestimmung von Ersatzmännern erläßt der Bundesrat in einer Wahlordnung.

Die Wahlordnung sowie jede Änderung derselben bedarf der Zustimmung des Reichstags.

§ 17. Dieses Gesetz tritt mit Ausnahme des § 16 erst mit Ablauf der gegenwärtigen Legislaturperiode in Kraft.

Nr. 9. Die Wahlverordnung für die Wahl zur Weimarer Nationalversammlung

(Verordnung über die Wahlen zur verfassunggebenden deutschen Nationalversammlung [Reichswahlgesetz] vom 30. November 1918*); Quelle: Reichsgesetzblatt 1918, S. 1345 ff.)

Für die Wahlen zur verfassunggebenden deutschen Nationalversammlung wird folgendes angeordnet:

§ 1 Die Mitglieder der verfassunggebenden deutschen Nationalversammlung werden in allgemeinen, unmittelbaren und geheimen Wahlen nach den Grundsätzen der Verhältniswahl gewählt.
Jeder Wähler hat eine Stimme.

§ 2 Wahlberechtigt sind alle deutschen Männer und Frauen, die am Wahltag das 20. Lebensjahr vollendet haben.

§ 3 Die Personen des Soldatenstandes sind berechtigt, an der Wahl teilzunehmen. Die Teilnahme an politischen Vereinen und Versammlungen ist ihnen gestattet.

§ 4 Ausgeschlossen vom Wahlrecht ist,
  1. wer entmündigt ist oder unter vorläufiger Vormundschaft steht,
  2. wer infolge eines rechtskräftigen Urteils der bürgerlichen Ehrenrechte ermangelt.

§ 5 Wählbar sind alle Wahlberechtigten, die am Wahltag seit mindestens einem Jahre Deutsche sind.

§ 6 Die Wahlkreiseinteilung und die Zahl der Abgeordneten, die in den einzelnen Wahlkreisen zu wählen sind, ergeben sich aus der Anlage.
Sie beruht auf dem Grundsatz, daß auf durchschnittlich 150 000 Einwohner nach der Volkszählung vom 1. Dezember 1910 ein Abgeordneter entfällt und dort, wo Landes- oder Verwaltungsbezirksgrenzen bei der Wahlkreiseinteilung berücksichtigt werden müssen, ein Überschuß von mindestens 75 000 Einwohnern vollen 150 000 gleichgerechnet wird.

§ 7 Jeder Wahlkreis wird in Stimmbezirke geteilt, die möglichst mit dem Gemeinden zusammenfallen. Große Gemeinden können in mehrere Stimmbezirke zerlegt, kleine mit benachbarten zu einem Stimmbezirke vereinigt werden.

Anmerkung: *) Zur Interpretation siehe S. 139 f.

§ 8 Für jeden Wahlkreis wird ein Wahlkommissar, für jeden Stimmbezirk ein Wahlvorsteher und ein Stellvertreter für ihn von der nach der Wahlordnung (§ 22) zuständigen Behörde ernannt.
Der Wahlvorsteher ernennt aus den Wahlberechtigten des Stimmbezirkes drei bis sechs Beisitzer und einen Schriftführer.
Wahlvorsteher, Beisitzer und Schriftführer bilden den Wahlvorstand.

§ 9 Für jeden Stimmbezirk wird eine Wählerliste angelegt, in welche die dort wohnhaften Wahlberechtigten eingetragen werden.
Die Wählerlisten sind spätestens vier Wochen vor dem Wahltag auf die Dauer von acht Tagen zu jedermanns Einsicht auszulegen. Ort und Zeit werden vorher unter Hinweis auf die Einspruchsfrist öffentlich bekanntgegeben.
Einsprüche gegen die Wählerlisten sind bis zum Ablauf der Auslegungsfrist bei der Gemeindeverwaltungsbehörde anzubringen und innerhalb der nächsten vierzehn Tage zu erledigen. Hierauf werden die Listen geschlossen.
Über die nachträgliche Aufnahme von Angehörigen des Heeres und der Marine, die im Januar oder Februar 1919 aus dem Felde heimkehren, ergeht eine besondere Verordnung.
Für den Fall, daß sich am Wahltag noch größere geschlossene Truppenverbände außerhalb des Reichs befinden, bleibt der Erlaß einer besonderen Verordnung vorbehalten, wonach die Angehörigen dieser Truppenverbände nach ihrer Rückkehr, gegebenenfalls zugleich mit den Kriegsgefangenen, die erst nach dem Wahltag zurückkehren, in einer besonderen Nachwahl Abgeordnete zur verfassunggebenden deutschen Nationalversammlung wählen.

§ 10 Das Wahlrecht kann nur in dem Stimmbezirk ausgeübt werden, wo der Wahlberechtigte in die Wählerliste eingetragen ist.
Jeder darf nur an einem Orte wählen.

§ 11 Beim Wahlkommissar sind spätestens am 21. Tage vor dem Wahltag Wahlvorschläge einzureichen.
Die Wahlvorschläge müssen von mindestens 100 im Wahlkreis zur Ausübung der Wahl berechtigten Personen unterzeichnet sein. Sie dürfen nicht mehr Namen enthalten, als Abgeordnete im Wahlkreis zu wählen sind.
Von jedem vorgeschlagenen Bewerber ist eine Erklärung über seine Zustimmung zur Aufnahme in den Wahlvorschlag anzuschließen.
In demselben Wahlkreis darf ein Bewerber nur einmal vorgeschlagen werden.

§ 12 Mehrere Wahlvorschläge können miteinander verbunden werden.
Die Verbindung muß von den Unterzeichnern der betreffenden Wahlvorschläge oder ihren Bevollmächtigten übereinstimmend spätestens am 7. Tage vor dem Wahltag beim Wahlkommissar schriftlich erklärt werden.
Verbundene Wahlvorschläge können nur gemeinschaftlich zurückgenommen werden.

Die verbundenen Wahlvorschläge gelten den andern Wahlvorschlägen gegenüber als ein Wahlvorschlag.

§ 13 Für die Prüfung der Wahlvorschläge und ihrer Verbindung wird für jeden Wahlkreis ein Wahlausschuß gebildet, der aus dem Wahlkommissar als Vorsitzenden und vier Beisitzern besteht.

Der Wahlausschuß faßt seine Beschlüsse mit Stimmenmehrheit.

Nach der öffentlichen Bekanntgabe der zugelassenen Wahlvorschläge können diese nicht mehr zurückgenommen und ihre Verbindung kann nicht mehr aufgehoben werden.

§ 14 Die Stimmzettel sind außerhalb des Wahlraums mit den Namen der Bewerber, denen der Wähler seine Stimme geben will, handschriftlich oder im Wege der Vervielfältigung zu versehen.

Die Namen auf den einzelnen Stimmzetteln dürfen nur einem einzigen der öffentlich bekanntgegebenen Wahlvorschläge entnommen sein.

§ 15 Die Wahlhandlung und die Ermittlung des Wahlergebnisses sind öffentlich.

§ 16 Gewählt wird mit verdeckten Stimmzetteln. Abwesende können sich weder vertreten lassen, noch sonst an der Wahl teilnehmen.

§ 17 Über die Gültigkeit der Stimmzettel entscheidet vorbehaltlich der Nachprüfung im Wahlprüfungsverfahren der Wahlvorstand mit Stimmenmehrheit. Bei Stimmengleichheit gibt der Wahlvorsteher den Ausschlag. Die ungültigen Stimmzettel sind dem Wahlprotokoll beizufügen. Die gültigen verwahrt der Wahlvorsteher so lange versiegelt, bis die Wahl für gültig erklärt worden ist.

§ 18 Behufs Ermittlung des Wahlergebnisses ist vom Wahlausschusse (§ 13 Abs. 1) festzustellen, wieviel gültige Stimmen abgegeben und wie viele hiervon auf jeden Wahlvorschlag und auf die verbundenen Wahlvorschläge gemeinschaftlich entfallen sind.

§ 19 Die Abgeordnetensitze werden auf die Wahlvorschläge nach dem Verhältnis der ihnen nach § 18 zustehenden Stimmen verteilt. Die Berechnungsweise wird in der Wahlordnung (§ 22) geregelt*).

§ 20 Für die Verteilung der einem Wahlvorschlage zugeteilten Abgeordnetensitze unter die einzelnen Bewerber ist die Reihenfolge der Benennungen auf den Wahlvorschlägen maßgebend.

§ 21 Wenn ein Abgeordneter die Wahl ablehnt oder nachträglich aus der verfassunggebenden deutschen Nationalversammlung ausscheidet, tritt an seine Stelle ohne die Vornahme einer Ersatzwahl der Bewerber, der demselben Wahlvorschlag oder, wenn dieser erschöpft ist, einem mit ihm ver-

---

Anmerkung: *) Die Wahlordnung bestimmte als Verrechnungsverfahren die Methode d'Hondt.

bundenen Wahlvorschlag angehört und nach dem Grundsatz des § 20 hinter dem Abgeordneten an erster Stelle berufen erscheint.

Ist ein solcher Bewerber nicht vorhanden, so bleibt der Abgeordnetensitz unbesetzt.

§ 22 Das Wahlverfahren wird auf der Grundlage der gegenwärtigen Verordnung durch eine besondere Wahlordnung näher geregelt, die der Staatssekretär des Innern erläßt.

§ 23 Die Kosten für die Vordrucke zu den Wahlprotokollen und für die Ermittlung des Wahlergebnisses in den Wahlkreisen werden von den Bundesstaaten, alle übrigen Kosten des Wahlverfahrens von den Gemeinden getragen.

§ 24 Die Wahlen zur verfassunggebenden deutschen Nationalversammlung finden Sonntag, den 16. Februar 1919 statt*).

§ 25 Beschließt die deutsche Nationalversammlung, daß Deutsch-Österreich seinem Wunsche entsprechend in das Deutsch Reich aufgenommen wird, so treten die deutsch-österreichischen Abgeordneten ihr als gleichberechtigte Mitglieder bei.

Voraussetzung für den Beitritt ist, daß die Abgeordneten auf Grund allgemeiner, gleicher, unmittelbarer und geheimer Wahlen unter Beteiligung auch der Frauen nach den Grundsätzen der Verhältniswahl gewählt werden. Die Zahl der Abgeordneten wird auf der Grundlage bestimmt, daß durchschnittlich auf 150 000 Seelen ein Abgeordneter entfällt. Der Wahltag braucht mit dem deutschen Wahltag nicht zusammenzufallen.

§ 26 Diese Verordnung hat Gesetzeskraft und tritt mit ihrer Verkündung in Kraft.

Nr. 8. *Das Wahlsystem in der Weimarer Nationalversammlung*

(Auszug aus den Verhandlungen der Verfassunggebenden Deutschen Nationalversammlung**), Bd. 336, Anlage zu den stenographischen Berichten, S. 241 ff.)

Hugo Preuß (Reichsinnenminister): ... Die Wahlpflicht ist absichtlich hier nicht ausgesprochen worden. Obgleich der Gedanke, daß die Wahlberechtigung als öffentliches Recht zugleich eine Pflicht ist, ein ganz gesunder ist, ist die Verwirklichung des Zwanges doch in praxi höchst unbefriedigend. Durch Strafbestimmungen politischen Geist und Sinn wachrufen zu wollen, ist ein aussichtsloses Unternehmen. Wer bei unentschuldigtem Ausbleiben nur durch eine Ordnungsstrafe, die von der Verwaltungsbehörde festgesetzt werden soll, auf sein höchstes Bürgerrecht und seine höchste Bürgerpflicht aufmerksam gemacht wird, soll wegbleiben und sich damit

---

*) Der Wahltag wurde durch Beschluß des Reichskongresses der Arbeiter- und Soldatenräte vom 19. Dezember 1918 mit 400 gegen etwa 50 Stimmen auf den 19. Januar 1919 vorverlegt.

**): Zur Interpretation siehe S. 145 ff.

selbst entrechten. Die Bedeutung der Wahl diesen Leuten zum Bewußtsein zu bringen, ist nicht Sache des Strafrechts, sondern der politischen Volkserziehung. ...

Der Herr Abgeordnete *Dr. Cohn**) will die Bestimmung über das Wahlalter mit 20 Jahren in die Verfassung hineinbringen. Dann könnten Sie ebensogut das ganze Wahlgesetz in die Verfassung aufnehmen, die Altersgrenze für aktives und passives Wahlrecht, die näheren Modalitäten der Wahl, wie die näheren Bestimmungen über die Methode des Proportionalwahlrechts. Dies gehört in das ausführende Wahlgesetz. Ich glaube, daß alle diese Bestimmungen nicht den Erschwerungen einer Verfassungsänderung ausgesetzt werden sollten. Es kann sich immerhin im Laufe der Zeit eine Abänderung als nötig erweisen. Der Herr Abgeordnete Dr. Cohn hat den praktischen Weisheitssatz gebraucht, das Eisen zu schmieden, solange es heiß ist. Vielleicht wird es im Laufe der Zeit noch heißer — das können Sie nicht wissen —, vielleicht kühlt sich auch ab. In anderer Stimmung ließe es sich vielleicht besser erwägen, welche Bestimmungen dazu nützlich sind. Es ist mindestens ein Herausgreifen einer Einzelbestimmung des Wahlgesetzes, das Wahlalter in die Verfassung hineinzubringen. ...

Friedrich Naumann**): Über die verschiedenen Varietäten des Proporzes wird in der Unterkommission noch zu sprechen sein. Art. 41 enthält nun die Worte „nach den Grundsätzen der Verhältniswahl"; unsere Partei muß sich die Stellung zu diesem Passus bis zur zweiten Lesung vorbehalten. Gegen die Verhältniswahl bestehen immerhin gewisse Bedenken, wenn sie auch unzweifelhaft das äußerlich gerechteste Wahlsystem ist. Zunächst tritt das Gewicht der Wähler in der Provinz allzusehr zurück gegen das der Wähler in den großen Zentren. Dann aber muß man auch an die politischen Folgen denken, die jede Art des Wahlrechts auf die politischen Verhältnisse ausübt. Die Folge des Verhältniswahlsystems ist die Unmöglichkeit des parlamentarischen Regierungssystems; parlamentarisches System und Proporz schließen sich gegenseitig aus. England, das Urbild des parlamentarischen Systems, beruht auf dem Zweiparteiensystem. Dort ist ein Wechsel in der Regierung nur zwischen den beiden sich gegenüberstehenden Parteien möglich. Man sagt nun häufig, das Zweiparteiensystem beruhe auf dem englischen Nationalcharakter. Dies ist jedoch nicht richtig. Der englische Nationalcharakter ist in dieser Beziehung nicht anders als der deutsche. Das Zweiparteiensystem beruht auf dem englischen Wahlrecht, dort entscheidet der erste Wahlgang. Hierdurch schwindet die Möglichkeit, daß sich zwischen die großen Parteien Gruppen einschieben. In Amerika gilt das gleiche Wahlrecht, auch dort haben Sie zwei Parteien. Wollen wir also darauf hinaus, uns nach dem englischen Zweipartensystem zu regieren, so müssen wir das englische Wahlrecht annehmen, müssen wir uns gegen die Verhältniswahl aussprechen. Daß auch die Stellung des Präsidenten sehr wesentlich von der Frage des Wahlsystems beeinflußt wird, ergibt sich daraus, daß sie ganz verschieden ist, je nachdem

Anmerkung: *) Oskar Cohn, Mitglied der USPD-Fraktion.
**) Friedrich Naumann, Mitglied der DDP-Fraktion.

es seine Aufgabe ist, aus verschiedenen parlamentarischen Gruppen Koalitionen zusammenzubringen oder nicht.

Hugo Preuß: Ich möchte die Ausführungen des Herrn D. *Naumann* nicht unwidersprochen lassen. Gewiß hat das Wahlsystem in England mancherlei zur Befestigung des Zweiparteiensystems und damit des Parlamentarismus beigetragen. Aber wir haben in Deutschland zum Reichstag noch nie Proportionalwahlen gehabt, und doch waren unsere Parteien immer zahlreich wie der Sand am Meer und sind bei der ersten Proportionalwahl eher etwas weniger zahlreich geworden. Die Sache liegt an etwas anderem: Ein Parlament ohne ausschlaggebende Macht muß zur Parteienzersplitterung führen, ein Parlament mit politischer Verantwortlichkeit muß wenigstens in die Richtung des Zweiparteiensystems führen. Es brauchen nicht immer zwei ausgesprochene Parteien zu sein, es können auch Koalitionen sein. Es wird natürlich noch Rückschläge geben. Aber wenn sich überhaupt eine politische Macht des Parlaments hält, wird sie zu solcher Konsolidierung führen, mit oder ohne Proportionalsystem. Es verhält sich mit dem Proportionalwahlsystem ähnlich wie mit dem allgemeinen, gleichen und geheimen Wahlrecht. Nachdem dieses einmal eingeführt ist, ist es ein Ding der Unmöglichkeit, es wieder zurückzuschrauben. Auch vom Proportionalwahlsystem zu einer einfachen Mehrheitswahl zurückzugehen, ist eine politische Unmöglichkeit. Der Satz „nach den Grundsätzen der Verhältniswahl" muß stehen bleiben, gleichviel wie man theoretisch über das Proportionalwahlsystem denken mag. Sache der weiteren Ausführungen wird es sein, das verhältnismäßig beste System der Proportionalwahl herauszufinden.

Keil*): Die Ausführungen des Abgeordneten D. *Naumann* waren sehr interessant, aber politisch bedenklich. Was auch das Ergebnis der Beratungen des Unterausschusses über das Wahlsystem sein mag, die Verhältniswahl wird nicht wieder verschwinden. Sie gilt ebenso wie das Frauenwahlrecht und die Altersgrenze als Errungenschaft der Revolution. Wir müssen uns hüten, auch nur den Gedanken aufkommen zu lassen, als ob diese Errungenschaften irgendwie angetastet werden könnten. Das würde politisch gerade jetzt von den weittragendsten Folgen sein. Ich teile im übrigen die Ansicht des Herrn Reichsministers über die Beziehungen des Proporzes zum Parlamentarismus. Ich hoffe aber, daß es bei der Prüfung der verschiedenen Systeme der Verhältniswahl gelingen wird, eine Technik zu finden, die die Vorteile der Bezirkswahlen mit denen der Verhältniswahl vereinigt. Aus politischen Gründen muß auch die Altersgrenze von 20 Jahren in der Verfassung festgelegt werden. Die Ansicht des Herrn Reichsministers, daß dies eine Einzelheit und im Wahlgesetz zu regeln sei, trifft nicht zu. Art. 41 Abs. 2 enthält ja schon eine Reihe von Bestimmungen, daß nämlich die Wahl allgemein, gleich, unmittelbar und geheim sein soll. Von gleicher fundamentaler Bedeutung ist die Altersgrenze. Ein Verzicht auf Fixierung derselben würde den Verdacht aufkommen lassen, daß Änderungen beab-

---

Anmerkung: *) Wilhelm Keil, Mitglied der SPD-Fraktion.

sichtigt sind. Wir beabsichtigen aber nicht, die Altersgrenze zu ändern. In das Reichswahlgesetz werden wir sie unter allen Umständen hineinschreiben; also können wir es auch gleich jetzt bei der Verfassung tun. Die Ablehnung des Antrags, nachdem er einmal gestellt ist, würde sehr gefährlich wirken. Wie gefährlich, das beweisen die Ereignisse in Württemberg, dort hatte der Ausschuß für das Gemeindewahlrecht zunächst das Alter von 21 Jahren eingesetzt. Darüber entstand im ganzen Lande eine derartige Erregung, daß der Beschluß wieder umgestoßen werden mußte. Ich würde es nicht für klug halten, wenn wir uns einer solchen Situation aussetzen wollten. Wir kommen um die 20 Jahre nicht herum, also ist es klüger, sie gleich in die Verfassung hineinzuschreiben.

Friedrich Naumann: Mit meinen Bemerkungen über das beste Wahlsystem habe ich in keiner Weise den Gedanken des allgemeinen, gleichen, unmittelbaren und geheimen Wahlrechts angetastet. Ich habe nicht der Verringerung der politischen Rechte des Volkes das Wort geredet. Meine Ansicht ist aber, daß der Proporz — für kleinere Verhältnisse sehr geeignet — zur Feststellung der politischen Führerschaft im großen ungeeignet ist. Die Frage, die ich stelle, ist: Wie kann der Wähler sein Wahlrecht am besten verwerten? Diese Frage zu erörtern, scheue ich nicht.

Der Herr Abgeordnete *Schultz* hat von einer theoretischen Erörterung gesprochen. Die Frage ist nicht theoretisch, sondern äußerst praktisch wegen ihres Zusammenhangs mit den Problemen der Regierungsbildung. Gegenüber den Ausführungen des Herrn Reichsministers *Preuß* verweise ich auf die Verhältnisse in Frankreich, die ich aus eigener Anschauung kenne; nirgends fluktuieren die Parteien so, wie dort. Der Grund der Erscheinung liegt im Wahlrecht. Die Sache spielt sich so ab, daß der erste Wahlgang völlig bedeutungslos ist, sozusagen ein Probeschießen; erst im zweiten Wahlgang treten oft die eigentlichen Kandidaten auf, die ihre Haltung je nach den Ergebnissen des ersten Wahlgangs einrichten. Hierdurch kommen die vielen Unentschiedenen, Wankelmütigen in das Parlament. Die Folge ist das Regierungssystem der wechselnden Gruppen.

Nr. 9. Das Wahlgesetz der Weimarer Republik

(Reichswahlgesetz vom 27. April 1920 in der Fassung vom 13. März 1924*); Quelle: Reichsgesetzblatt 1924/I, S. 159 ff.)

I. Wahlrecht und Wählbarkeit

§ 1 Reichstagswähler ist, wer am Wahltag Reichsangehöriger und zwanzig Jahre alt ist. Jeder Wähler hat eine Stimme.

§ 2 Ausgeschlossen vom Wahlrecht ist:
1. wer entmündigt ist oder unter vorläufiger Vormundschaft oder wegen geistigen Gebrechens unter Pflegschaft steht;

**) Zur Interpretation siehe S. 145 ff.

2. wer rechtskräftig durch Richterspruch die bürgerlichen Ehrenrechte verloren hat. Die Ausübung des Wahlrechts ruht für die Soldaten während der Dauer der Zugehörigkeit zur Wehrmacht.

Behindert in der Ausübung ihres Wahlrechts sind Personen, die wegen Geisteskrankheit oder Geistesschwäche in einer Heil- oder Pflegeanstalt untergebracht sind, ferner Straf- und Untersuchungsgefangene sowie Personen, die infolge gerichtlicher oder polizeilicher Anordnung in Verwahrung gehalten werden. Ausgenommen sind Personen, die sich aus politischen Gründen in Schutzhaft befinden.

§ 3 Wählen kann nur, wer in eine Wählerliste oder Wahlkartei eingetragen ist oder einen Wahlschein hat.

§ 4 Wählbar ist jeder Wahlberechtigte, der am Wahltag fünfundzwanzig Jahre alt und seit mindestens einem Jahre Reichsangehöriger ist.

§ 5 Ein Abgeordneter verliert seinen Sitz
1. durch Verzicht,
2. durch nachträglichen Verlust des Wahlrechts,
3. durch strafgerichtliche Aberkennung der Rechte aus öffentlichen Wahlen,
4. durch Ungültigerklärung der Wahl oder sonstiges Ausscheiden beim Wahlprüfungsverfahren,
5. durch nachträgliche Änderung des Wahlergebnisses.
Der Verzicht ist dem Reichstagspräsidenten zu erklären; er kann nicht widerrufen werden.

II. Wahlvorbereitung

§ 6 Der Reichspräsident bestimmt den Tag der Hauptwahl (Wahltag).

§ 7 Die Wahlkreiseinteilung und die Bildung von Wahlkreisverbänden regelt die Anlage.

§ 8 Zur Vorprüfung und Feststellung der Wahlergebnisse im ganzen Reichsgebiet ernennt der Reichsminister des Innern einen Reichswahlleiter und einen Stellvertreter.

§ 9 Für die Stimmabgabe wird jeder Wahlkreis in Wahlbezirke geteilt, die möglichst mit den Gemeinden zusammenfallen. Große Gemeinden können in mehrere Wahlbezirke zerlegt, kleine Gemeinden oder Teile von Gemeinden mit benachbarten Gemeinden oder Gemeindeteilen zu einem Wahlbezirke vereinigt werden.

§ 10 Für jeden Wahlbezirk wird ein Wahlvorsteher und ein Stellvertreter ernannt. Der Wahlvorsteher beruft aus den Wählern seines Wahlbezirkes drei bis sechs Beisitzer und aus den Wählern seines oder eines anderen Wahlbezirkes einen Schriftführer. Der Wahlvorsteher, sein Stellvertreter, die Beisitzer und der Schriftführer bilden den Wahlvorstand.

§ 11 In jedem Wahlbezirke wird für die dort wohnhaften Wähler eine Wählerliste oder Wahlkartei geführt.

Wahlberechtigte Staatsbeamte, Arbeiter in Staatsbetrieben, die ihren Wohnsitz im Ausland nahe der Reichsgrenze haben, und wahlberechtigte Angehörige ihres Hausstandes werden auf Antrag in die Wählerliste oder Wahlkartei einer benachbarten deutschen Gemeinde eingetragen.

§ 12 Einen Wahlschein erhält auf Antrag

I. ein Wähler, der in eine Wählerliste oder Wahlkartei eingetragen ist,

1. wenn er sich am Wahltag während der Wahlzeit aus zwingenden Gründen außerhalb seines Wahlbezirkes aufhält;

2. wenn er nach Ablauf der Einspruchsfrist (§ 13) seine Wohnung in einen anderen Wahlbezirk verlegt;

3. wenn er infolge eines körperlichen Leidens oder Gebrechens in seiner Bewegungsfreiheit behindert ist und durch den Wahlschein die Möglichkeit erhält, einen für ihn günstiger gelegenen Wahlraum aufzusuchen.

II. ein Wähler, der in eine Wählerliste oder Wahlkartei nicht eingetragen oder darin gestrichen ist,

1. wenn er nachweist, daß er ohne sein Verschulden die Einspruchsfrist (§ 13) versäumt hat;

2. wenn er wegen Ruhens des Wahlrechts nicht eingetragen oder gestrichen war, der Grund hierfür aber nach Ablauf der Einspruchsfrist weggefallen ist;

3. wenn er Auslandsdeutscher war und seinen Wohnort nach Ablauf der Einspruchsfrist in das Inland verlegt hat.

§ 13 Die Wählerlisten oder Wahlkarteien werden zur allgemeinen Einsicht öffentlich ausgelegt. Die Gemeindebehörde gibt Ort und Zeit öffentlich bekannt und weist darauf hin, innerhalb welcher Frist und bei welcher Stelle Einspruch gegen die Wählerliste oder Wahlkartei erhoben werden kann.

§ 14 Der Wähler kann nur in dem Wahlbezirke wählen, in dessen Wählerliste oder Wahlkartei er eingetragen ist. Inhaber von Wahlscheinen können in jedem beliebigen Wahlbezirke wählen.

§ 15 Für jeden Wahlkreis werden ein Kreiswahlleiter und ein Stellvertreter ernannt.

Beim Kreiswahlleiter sind spätestens am siebzehnten Tage vor dem Wahltag die Kreiswahlvorschläge einzureichen.

Die Kreiswahlvorschläge müssen von mindestens fünfhundert Wählern des Wahlkreises unterzeichnet sein. An Stelle von fünfhundert Wählern genügen zwanzig, wenn diese glaubhaft machen, daß mindestens fünfhundert Wähler Anhänger des Kreiswahlvorschlages oder eines anderen sind, mit dem sich der Wahlvorschlag verbinden oder der sich dem gleichen Reichswahlvorschlag anschließen will.

Die Namen der Bewerber müssen in erkennbarer Reihenfolge aufgeführt sein. In den Wahlvorschlag darf nur aufgenommen werden, wer seine Zustimmung dazu erklärt hat. Die Erklärung muß spätestens am siebzehnten Tage vor dem Wahltag dem Kreiswahlleiter eingereicht sein; andernfalls wird der Bewerber gestrichen.

In dem einzelnen Wahlkreis darf ein Bewerber nur einmal vorgeschlagen werden.

§ 16 Für jeden Wahlkreisverband werden ein Verbandswahlleiter und ein Stellvertreter ernannt.

Innerhalb eines Wahlkreisverbandes können mehrere Kreiswahlvorschläge miteinander verbunden werden. Die Verbindung ist nur wirksam, wenn diese Kreiswahlvorschläge dem gleichen oder keinem Reichswahlvorschlag angeschlossen werden.

Die Verbindung muß von den auf den Kreiswahlvorschlägen bezeichneten Vertrauenspersonen oder deren Stellvertretern übereinstimmend, spätestens am zwölften Tage vor dem Wahltag dem Leiter des Wahlkreisverbandes schriftlich erklärt werden (Verbindungserklärung).

§ 17 Beim Reichswahlleiter können, und zwar spätestens am vierzehnten Tage vor der Wahl, Reichswahlvorschläge eingereicht werden. Sie müssen von mindestens zwanzig Wählern unterzeichnet sein. Die Namen der Bewerber müssen in erkennbarer Reihenfolge aufgeführt sein.

In den Wahlvorschlag darf nur aufgenommen werden, wer seine Zustimmung dazu erklärt hat. Die Erklärung muß spätestens am vierzehnten Tage vor dem Wahltag beim Reichswahlleiter eingegangen sein, andernfalls wird der Bewerber gestrichen.

Ein Bewerber darf nur in einem Reichswahlvorschlage benannt werden. Die Benennung in einem Reichswahlvorschlage schließt die Benennung in einem Kreiswahlvorschlage nicht aus, wenn die Erklärung nach § 19 sich auf diesen Reichswahlvorschlag bezieht.

§ 18 In jedem Kreis- und Reichswahlvorschlage muß ein Vertrauensmann und ein Stellvertreter bezeichnet werden, die zur Abgabe von Erklärungen gegenüber dem Kreiswahlleiter und dem Wahlausschusse (§ 21), bei Reichswahlvorschlägen gegenüber dem Reichswahlleiter und dem Reichswahlausschusse (§ 23) bevollmächtigt sind. Fehlt diese Bezeichnung, so gilt der erste Unterzeichner als Vertrauensmann, der zweite als sein Stellvertreter.

Erklärt mehr als die Hälfte der Unterzeichner eines Wahlvorschlages schriftlich, daß der Vertrauensmann oder sein Stellvertreter durch einen andern ersetzt werden soll, so tritt dieser an die Stelle des früheren Vertrauensmannes, sobald die Erklärung dem Wahlleiter zugeht.

§ 19 Für die Kreiswahlvorschläge kann von den Vertrauenspersonen oder ihren Stellvertretern erklärt werden, daß ihre Reststimmen einem Reichswahlvorschlage zuzurechnen sind (Anschlußerklärung). Die Erklärung muß spätestens am achten Tage vor dem Wahltag beim Kreiswahlleiter eingereicht sein. Sonst scheiden die Reststimmen des Wahlkreises beim Zuteilungsverfahren für das Reich aus.

§ 20 Eine telegraphische Erklärung gilt als schriftliche Erklärung im Sinne des § 15 Abs. 2, 4, § 16 Abs. 3, § 17 Abs. 1, 2, § 19, wenn sie durch eine spätestens am zweiten Tage nach Ablauf der Frist eingegangene schriftliche Erklärung bestätigt wird. Bei Abgabe dieser Erklärung ist Stellvertretung in den Fällen des § 15 Abs. 4 und § 17 Abs. 2 zulässig, wenn der Bewerber nachweislich verhindert ist, die schriftliche Erklärung rechtzeitig einzusenden.

§ 21 Zur Prüfung der Kreiswahlvorschläge wird für jeden Wahlkreis ein Wahlausschuß gebildet, der aus dem Kreiswahlleiter als Vorsitzenden und vier bis acht Beisitzern besteht, die dieser aus den Wählern beruft. Der Wahlausschuß setzt die Kreiswahlvorschläge fest; er beschließt mit Stimmenmehrheit.

Die Wahlvorschläge können nach ihrer Festsetzung nicht mehr geändert oder zurückgenommen werden.

§ 22 Zur Prüfung der Verbindungserklärungen wird im Bedarfsfalle für jeden Wahlkreisverband ein Verbandswahlausschuß gebildet, der aus dem Verbandswahlleiter als Vorsitzenden und vier Beisitzern besteht, die dieser aus den Wählern beruft. Der Verbandswahlausschuß beschließt mit Stimmenmehrheit.

Der Verbandswahlleiter teilt die Verbindungserklärungen so, wie sie zugelassen sind, den Kreiswahlleitern der beteiligten Wahlkreise mit.

§ 23 Zur Prüfung der Reichswahlvorschläge wird ein Reichswahlausschuß gebildet, der aus dem Reichswahlleiter als Vorsitzenden und sechs Beisitzern besteht, die dieser aus den Wählern beruft. Der Reichswahlausschuß beschließt mit Stimmenmehrheit.

Der Reichswahlleiter veröffentlicht die Reichswahlvorschläge so, wie sie zugelassen sind in fortlaufender Nummernfolge. Die Veröffentlichung soll spätestens am elften Tage vor dem Wahltag erfolgen. Nach der Veröffentlichung können die Reichswahlvorschläge nicht mehr geändert oder zurückgenommen werden; doch kann der Reichswahlausschuß auf einem Reichswahlvorschlage nach seiner Veröffentlichung Bewerber streichen, die als Bewerber in einem Kreiswahlvorschlage benannt sind, der einem anderen Reichswahlvorschlage angeschlossen ist. Der Reichswahlleiter veröffentlicht die Streichung.

§ 24 Der Kreiswahlleiter gibt spätestens am vierten Tage vor der Wahl die Kreiswahlvorschläge samt Verbindungserklärungen sowie die Reichswahlvorschläge, denen sich Wahlvorschläge aus dem Wahlkreis angeschlossen haben, in der zugelassenen Form öffentlich bekannt.

§ 25 Die Stimmzettel werden durch die Landesregierungen für jeden Wahlkreis amtlich hergestellt in der Weise, daß die Stimmzettel alle zugelassenen Kreiswahlvorschläge unter Angabe der Partei unter Hinzufügung der Namen je der ersten vier Bewerber enthalten. Die Stimmabgabe erfolgt derart, daß der Wähler durch ein auf den Stimmzettel gesetztes Kreuz oder auf andere Weise kenntlich macht, welchem Kreiswahlvorschlag er seine Stimme geben will.

III. Wahlhandlung und Ermittlung des Wahlergebnisses

§ 26 Wahlhandlung und Ermittlung des Wahlergebnisses sind öffentlich.

§ 27 Gewählt wird mit Stimmzetteln in amtlich gestempelten Umschlägen. Abwesende können sich weder vertreten lassen noch sonst an der Wahl teilnehmen.

§ 28 Über die Gültigkeit der Stimme entscheidet der Wahlvorstand mit Stimmenmehrheit. Bei Stimmengleichheit gibt der Wahlvorsteher den Ausschlag. Nachprüfung im Wahlprüfungsverfahren bleibt vorbehalten.

§ 29 Zur Ermittlung des Wahlergebnisses stellt der Wahlausschuß fest, wieviel gültige Stimmen abgegeben sind und wieviel davon auf jeden Kreiswahlvorschlag entfallen.

§ 30 Jedem Kreiswahlvorschlage werden so viel Abgeordnetensitze zugewiesen, daß je einer auf 60 000 für ihn abgegebene Stimmen kommt. Stimmen, deren Zahl für die Zuteilung eines oder eines weiteren Abgeordnetensitzes an einen Kreiswahlvorschlag nicht ausreicht (Reststimmen), werden dem Reichswahlausschusse zur Verwertung überwiesen.

§ 31 Der Reichswahlausschuß zählt zunächst die in den Wahlkreisverbänden auf die verbundenen Kreiswahlvorschläge gefallenen Reststimmen zusammen. Auf je 60 000 in dieser Weise gewonnener Reststimmen entfällt ein weiterer Abgeordnetensitz. Diese Sitze werden den Kreiswahlvorschlägen nach der Zahl ihrer Reststimmen zugeteilt. Hierbei bleiben jedoch die Reststimmen unberücksichtigt, wenn nicht wenigstens auf einen der verbundenen Kreiswahlvorschläge 30 000 Stimmen abgegeben sind. Bei gleicher Zahl von Reststimmen auf mehreren Kreiswahlvorschlägen entscheidet über die Reihenfolge das Los.

Die bei der Verrechnung der Reststimmen in den Wahlkreisverbänden nicht verbrauchten oder nicht berücksichtigten Reststimmen werden ihrem Reichswahlvorschlag überwiesen.

§ 32 Sodann zählt der Reichswahlausschuß die in allen Wahlkreisen oder Wahlkreisverbänden auf die Reichswahlvorschläge gefallenen Reststimmen zusammen und teilt jedem Reichswahlvorschlag auf je 60 000 Reststimmen einen Abgeordnetensitz zu. Ein Rest von mehr als 30 000 Stimmen wird vollen 60 000 gleichgerechnet. Einem Reichswahlvorschlage kann höchstens die gleiche Zahl der Abgeordnetensitze zugeteilt werden, die auf die ihm angeschlossenen Kreiswahlvorschläge entfallen sind.

§ 33 Die Abgeordnetensitze werden auf die Bewerber nach ihrer Reihenfolge in den Wahlvorschlägen verteilt.

§ 34 Wenn ein Kreiswahlvorschlag weniger Bewerber enthält, als Abgeordnetensitze auf ihn entfallen, so gehen die übrigen Sitze im Falle der Verbindung auf die verbundenen Kreiswahlvorschläge, wenn auch diese erschöpft sind sowie in den übrigen Fällen auf den zugehörigen Reichswahlvorschlag über. § 31 Abs. 2 Satz 3 gilt sinngemäß. Enthält ein Reichswahlvorschlag weniger Bewerber, als Abgeordnetensitze auf ihn entfallen, so bleiben die übrigen Sitze unbesetzt.

§ 35 Wenn ein zum Abgeordneten Berufener die Wahl ablehnt oder ein Abgeordneter ausscheidet, so stellt der Reichswahlausschuß fest, wer an seiner Stelle berufen ist. Die Feststellung kann durch den Reichswahlleiter allein erfolgen, wenn Zweifel über den zu berufenden Ersatzmann nicht bestehen.
Auch dabei wird nach § 33, 34 verfahren.

§ 36 Wird im Wahlprüfungsverfahren die Wahl eines ganzen Wahlkreises für ungültig erklärt, so verteilt der Reichswahlausschuß auf Grund des Ergebnisses einer nochmaligen Wahl (Nachwahl) von neuem die gesamten Reststimmen.

Ergibt sich dabei, daß auf verbundene Kreiswahlvorschläge oder einen Reichswahlvorschlag mehr Sitze als bisher fallen, so wird die entsprechende Zahl neuer Abgeordnetensitze nach § 33 besetzt. Fallen auf verbundene Kreiswahlvorschläge oder einen Reichswahlvorschlag weniger Sitze als bisher, so erklärt der Reichswahlausschuß die entsprechende Zahl von Abgeordnetensitzen für erledigt. Für das Ausscheiden gelten dieselben Grundsätze wie für das Eintreten von Ersatzmännern; doch scheiden die zuletzt eingetretenen Abgeordneten zuerst aus.

§ 37 Ist lediglich in einzelnen Wahlbezirken die Wahlhandlung nicht ordnungsmäßig vorgenommen worden, so kann das Wahlprüfungsgericht dort die Wiederholung der Wahl beschließen (Wiederholungswahl). Der Reichsminister des Innern hat den Beschluß alsbald auszuführen.
Ist die Verhinderung der ordnungsmäßigen Wahlhandlung in einzelnen Wahlbezirken zweifelsfrei festgestellt, so kann schon vor der Entscheidung des Wahlprüfungsgerichts der Reichsminister des Innern auf Antrag des Kreiswahlausschusses und mit Zustimmung des Reichswahlausschusses dort die Wiederholung der Wahl anordnen (Wiederholungswahl). Die Anordnung des Reichsministers unterliegt im Wahlprüfungsverfahren der Nachprüfung durch das Wahlprüfungsgericht.
Die Wiederholungswahl darf nicht später als sechs Monate nach der Hauptwahl stattfinden.
Bei der Wiederholungswahl wird nach denselben Kreiswahlvorschlägen und auf Grund derselben Wahllisten oder Wahlkarteien wie bei der Hauptwahl gewählt.
Auf Grund der Wiederholungswahl wird das Wahlergebnis für den ganzen Wahlkreis oder Wahlkreisverband neu wie bei der Hauptwahl ermittelt (§§ 29 bis 32 und 36).

IV. Gemeinsame und Schlußbestimmungen

§ 38 Jeder Wähler hat die Pflicht zur Übernahme der ehrenamtlichen Tätigkeit eines Wahlvorstehers, Stellvertreters des Wahlvorstehers, Beisitzers oder Schriftführers im Wahlvorstand, eines Beisitzers des Kreiswahlausschusses, des Verbandswahlausschusses oder des Reichswahlausschusses.

§ 39 Die Berufung zu einem der Wahlehrenämter dürfen ablehnen

1. die Mitglieder der Reichsregierung und der Landesregierungen;
2. die Mitglieder des Reichstags, des Reichsrats, des Reichswirtschaftsrats und der Volksvertretungen der Länder sowie des preußischen Staatsrats;
3. die Reichs-, Landes- und Gemeindebeamten, die amtlich mit dem Vollzuge des Reichswahlgesetzes oder mit der Aufrechterhaltung der öffentlichen Ruhe und Sicherheit betraut sind;
4. Wähler, die als Bewerber auf einem Kreiswahlvorschlag oder einem Reichswahlvorschlage benannt sind;
5. Wähler, die das sechzigste Lebensjahr vollendet haben;
6. Wählerinnen, die glaubhaft machen, daß ihnen die Fürsorge für ihre Familie die Ausübung des Amtes in besonderem Maße erschwert;
7. Wähler, die glaubhaft machen, daß sie aus dringenden beruflichen Gründen oder durch Krankheit oder durch Gebrechen verhindert sind, das Amt ordnungsmäßig zu führen;
8. Wähler, die sich am Wahltag aus zwingenden Gründen außerhalb ihres Wohnorts aufhalten.

§ 40 Wähler, welche die Übernahme eines Wahlehrenamtes ohne gesetzlichen Grund ablehnen, können von der für die Bestellung des Wahlvorstehers (Kreiswahlleiters, Verbandswahlleiters, Reichswahlleiters) zuständigen Behörde in eine Ordnungsstrafe bis zum Betrage von fünfzigtausend Mark genommen werden.

§ 41 Das Reich erstattet den Ländern die bei den Landesbehörden und den Wahlleitern entstandenen Kosten der Reichstagswahl.

Werden mit der Reichstagswahl Landeswahlen oder Abstimmungen auf Grund der Landesgesetze verbunden, so erstattet das Reich den Ländern von den bei den Landesbehörden und den Wahlleitern entstandenen Kosten die ausschließlich für die Reichstagswahl gemachten Aufwendungen voll, die für die verbundenen Reichs- und Landeswahlen und -abstimmungen gemeinsam aufgewendeten Kosten aber nur zu einem der Zahl der verbundenen Wahlen und Abstimmungen entsprechenden Bruchteil.

§ 42 Das Reich vergütet den Gemeinden zum Ersatze der Kosten der Reichstagswahl für jeden Wahlberechtigten einen festen, nach Gemeindegrößen abgestuften Betrag, der so berechnet wird, daß mit ihm durchschnittlich vier Fünftel der den Gemeinden entstandenen Kosten gedeckt werden. Der Betrag wird für jede Wahl vom Reichsminister des Innern mit Zustimmung des Reichsrats festgesetzt.

Werden mit der Reichstagswahl Landeswahlen, Abstimmungen auf Grund der Landesgesetze oder Wahlen zu kommunalen Vertretungskörpern verbunden, so vergütet das Reich den Gemeinden nur einen der Zahl der verbundenen Wahlen und Abstimmungen entsprechenden Bruchteil des Einheitssatzes.

§ 43 Als verbunden im Sinne des § 41 Abs. 2 und des § 42 Abs. 2 gelten Wahlen oder Abstimmungen, die am gleichen Tage oder kurz nacheinander abgehalten werden, sofern für sie die Wahl- und Abstimmungsvorbereitungen im wesentlichen gemeinsam getroffen werden und besonders nur eine einmalige Anlegung und Auslegung der Wählerlisten (Stimmlisten) oder Wahlkarteien (Stimmkarteien) stattfindet.

§ 44 Der Reichsminister des Innern erläßt mit Zustimmung des Reichsrats die Bestimmungen zur Ausführung des Gesetzes.
Die Ausführungsbestimmungen können die Ausübung des Wahlrechts durch Seeleute in deutschen Häfen sowie die Abstimmungen in Kranken- und Pflegeanstalten anderweitig regeln.

Nr. 10. Parlamentarischer Rat und Wahlsystem

(Auszug aus der Debatte um das Wahlgesetz zum ersten Bundestag im Hauptausschuß und Plenum des Parlamentarischen Rates; Quelle: Stenographische Berichte der Verhandlungen des Parlamentarischen Rates, Bonn, ohne Jahr; Verhandlungen des Hauptausschusses, Bonn 1948/49.)

Carl Schröter*): Das Wahlsystem ist für den Aufbau einer arbeitsfähigen Demokratie von entscheidender Bedeutung. Darüber waren sich alle Parteien im Wahlrechtsausschuß einig. Die erste deutsche Demokratie ist von innen heraus zerbrochen. Die darauf folgende Diktatur mußte erst von außen zerbrochen werden, nachdem furchtbares Leid über die ganze Welt gebracht worden war. Wir waren uns infolgedessen im Ausschuß darüber klar, daß es die Aufgabe der jetzt lebenden Generation ist, den Versuch zu machen, eine Demokratie aufzubauen, die wirklich imstande ist, allen Krisen standzuhalten. Das war nach unserer Auffassung um so notwendiger nach der Entwicklung, die wir in den Jahren 1919 bis 1933 erlebt haben. ...
Es war uns also im liberalen Deutschland nicht gelungen, eine arbeitsfähige, gesunde Demokratie auf die Beine zu stellen. Wenn wir nun einmal die übrigen kontinentaleuropäischen Staaten betrachten, so will mir scheinen, daß auch dort eigentlich nur die Unstabilität der politischen Verhältnisse stabil gewesen ist. Wenn ich zum Beispiel an Frankreich denke, das in den 70 Jahren der Dritten Republik mehr als 100 verschiedene Regierungen gehabt hat, so ist das ebenfalls ein Beweis für meine Behauptung. Auf der anderen Seite haben wir in den angelsächsischen Nationen eine stabile Demokratie. Dort haben wir nicht den ewigen Wechsel der Regierungen.

Anmerkung: *) Carl Schröter, Mitglied der CDU/CSU-Fraktion, im Hauptausschuß am 22. Februar 1949, S. 688 ff.

Wenn wir uns einmal die Frage vorlegen, wie das kommt, dann will es mir scheinen, als wenn für die Stabilität oder Unstabilität der verschiedenen Regierungsformen das Wahlrecht mitverantwortlich ist.

Wir haben in Deutschland und in den kontinentaleuropäischen Staaten das Verhältniswahlrecht gehabt, in den angelsächsischen Nationen haben wir das Mehrheitswahlrecht. Was ist das eigentliche Kennzeichen des Verhältniswahlrechts? Es ist doch wohl so, daß das Verhältniswahlrecht im allgemeinen auch die letzte Stimme verwerten und berücksichtigen will und daß infolgedessen eine Übereinstimmung zwischen der Zahl der Kandidaten und der Zahl der abgegebenen Stimmen vorhanden sein soll, so daß gleichsam, sagen wir einmal, das Parlament der Spiegel der politischen Schattierungen in einem Volke oder Staate sein soll. Auf der anderen Seite bringt das Mehrheitswahlrecht nach den Erfahrungen klare Verantwortung, klare Entscheidungen, politische Stabilität.

Das ist der Grund gewesen, warum meine politischen Freunde und ich uns von vornherein in den Ausschußverhandlungen für das Mehrheitswahlrecht eingesetzt haben. Das ist der Grund gewesen, warum wir, nachdem unser Mehrheitswahlrechtsantrag abgelehnt worden war, zu einem Kompromiß entschlossen waren*). Als auch dieser Antrag abgelehnt wurde und nachdem wir uns, . . ., bei dem letzten Kompromißvorschlag geschlossen der Stimme enthalten hatten, . . ., haben wir uns entschlossen, zu unserem ursprünglichen Antrag zurückzukehren.

Was veranlaßt uns, zu diesem Mehrheitswahlrecht zurückzukommen? Wir haben die Absicht, uns gegen das Auftreten der kleinen und kleinsten Parteien zur Wehr zu setzen. Wir tun das auf Grund der Erfahrungen, die wir im liberalen Deutschland gemacht haben. Man könnte viele Ursachen für das Versagen der Demokratie im liberalen Deutschland anführen. Mit ein Grund ist ganz bestimmt das Vorhandensein der kleinen und der kleinsten Parteien gewesen. Was war denn die Folge des Auftretens der kleinen Parteien? Sie waren zu wiederholten Malen das Zünglein an der Waage. Man konnte nicht auf sie verzichten, sie waren notwendig für die Bildung einer Koalition, und die Folge davon war, daß sich eine gewisse politische Unstabilität ergab. Soll ich auch davon sprechen, daß diese kleinen Parteien meines Erachtens mit verantwortlich sind für die häßliche und brutale Art, in der damals der politische Kampf geführt wurde? Ich glaube, man könnte doch mit Allgemeingültigkeit den Satz aufstellen, daß der politische Kampf um so niederträchtiger und häßlicher geführt wird, je mehr Parteien vorhanden sind und daß dieser Kampf um so zersetzender ist, je winziger, je kleiner diese Parteien sind. . . .

Dann das Vorhandensein vieler Parteien! Die Folge des Verhältniswahlrechts war das Vielparteiensystem. Aus diesem ergab sich der Zwang zur Bildung von Koalitionsregierungen. Was führt man nun zugunsten der Koalitionsregierungen an? Zugunsten der Koalitionsregierung führt man

---

Anmerkung: *) Zu dem hier angesprochenen Kompromißvorschlag der CDU/CSU siehe die historische Darstellung, S. 188.

auf der einen Seite an, daß die Verantwortung gemeinsam getragen wird und daß der politische Kampf auf diese Weise entschärft wird. ... Ich weiß nicht, ob die Erfahrungen, die wir nach 1945 gemacht haben, wirklich den Beweis erbringen, daß der politische Kampf unter Parteien, die einer Koalitionsregierung angehört haben, nicht mehr so leidenschaftlich und hemmungslos ist.

Aber der eigentliche Nachteil der Koalitionsregierungen ist doch wohl der, daß die Koalitionsregierungen schon den Keim der Zersetzung in sich tragen. Kommt man nicht zu einer Vereinbarung, kommt es nicht zu einer Übereinstimmung, kommt man nicht zu einem Kompromiß, dann besteht im Zeichen des Verhältniswahlrechts zu jeder Zeit die Möglichkeit eines Auseinanderfallens der Koalition. Aber das scheint mir nicht das Entscheidende zu sein. Es findet vielmehr durch die Koalitionsregierung eine gewisse Schwächung des demokratischen Gedankens statt. Keine Partei ist innerhalb der Koalitionsregierung imstande, ihr eigenes Programm durchzuführen. Sie ist fortgesetzt zu Kompromissen gezwungen. Nun kann — ich gebe das zu — stellenweise einmal ein Kompromiß eine Ideallösung darstellen. Aber im Zeichen des Verhältniswahlrechts muß das Kompromiß einfach zum Grundsatz erhoben werden. Und das Kompromiß zum Grundsatz der Politik zu erheben, scheint mir auf jeden Fall falsch zu sein. Fortgesetzt sind die Parteien gezwungen, vor die Wähler hinzutreten, sich zu entschuldigen und zu sagen, daß sie mit Rücksicht auf die Koalitionspartner nicht imstande seien, ihr Programm durchzuführen. Das ist auf jeden Fall eine Verschleierung der Verantwortung.

Zu der Schwächung des demokratischen Gedankens kommt auch noch ein gewisser Verschleiß der Demokratie und des demokratischen Gedankens. Wie war es denn im liberalen Deutschland? Alle Parteien, gerechnet von der Sozialdemokratischen Partei über die Demokratische Partei, die Deutsche Volkspartei und die Deutschnationale Volkspartei, waren einmal Mitglieder einer Koalitionsregierung. Sie haben sich verbraucht, sie haben sich abgenutzt, und infolgedessen war es letzten Endes so, daß alle Parteien, die einer Koalitionsregierung angehört hatten, einfach vom deutschen Volk als unzulänglich angesehen wurden. Daher ergab sich aus dieser Erkenntnis schließlich die Auffassung und die Sehnsucht innerhalb des Volkes nach einer starken Gruppe oder, wie wir es erlebt haben, nach einem starken Manne. So ist letzten Endes doch wohl dieses Verhältniswahlsystem, der Zwang zu einer Koalitionsregierung, die Abnutzung der Parteien mit ein Grund gewesen für die Machtergreifung des Nationalsozialismus. ...

Das stärkste Argument, das immer von den Gegnern des Mehrheitswahlrechts angeführt wird, ist die Behauptung, lediglich das Verhältniswahlrecht sei durch die Verwertung und Berücksichtigung auch der letzten Stimme gerecht, während das Mehrheitswahlrecht unbedingt eine Ungerechtigkeit bedeute. Ich bin der Meinung, daß das Mehrheitswahlrecht, ich will einmal sagen, der Ausschluß der kleinen und kleinsten Parteien, durchaus keine wesentliche Abweichung von dem Wahlergebnis, durchaus keine Verfälschung des Wahlergebnisses bedeutet. Ja, ich bin der Meinung, daß der

Volkswille dadurch erst viel mehr, viel prägnanter zum Ausdruck kommt und die Arbeitsfähigkeit des Parlaments und die Bildung einer arbeitsfähigen Regierung erleichtert wird. Ich habe vorhin schon gesagt, daß die kleinen und kleinsten Parteien sehr häufig das Zünglein an der Waage gebildet haben. Haben nicht dadurch die kleinen und die kleinsten Parteien weit über den Rahmen ihrer Mandate hinaus eine Bedeutung bekommen? Ist es nicht viel mehr eine Ungerechtigkeit, daß die kleinen und kleinsten Parteien eine weit über ihren Rahmen hinausgehende Bedeutung gefunden haben?

Ich bin der Meinung — ich weiß, das Wort ist mir damals im Wahlrechtsausschuß übelgenommen worden —: Höher als alle formale Gerechtigkeit steht heute die Notwendigkeit für die jetzt lebende Generation, den Beweis zu erbringen, daß sie imstande ist, endlich eine arbeitsfähige und funktionierende Demokratie aufzubauen. Ich glaube auch, die angebliche arithmetische Ungerechtigkeit des Mehrheitswahlrechts ist in Wirklichkeit sein stärkster Vorzug. Demokratie ist doch wirklich kein Spiel mit Zahlen, sondern letzten Endes eine Persönlichkeitsauslese. Was ist denn Zweck und Aufgabe der Wahl? Den durch das Wahlergebnis zum Ausdruck gekommenen Willen der Wähler zu verwirklichen, nicht aber, ich will einmal sagen — indem ich an die Wirtschaftspartei im Preußischen Landtag und im Deutschen Reichstag denke — die Rednertribüne eines Parlaments dazu zu benutzen, die ausgefallensten Ideen zu propagieren und zu vertreten. Ich glaube, wenn eine Volksabstimmung darüber stattfinden würde, ob man kleinere und kleinste Parteien im Parlament vertreten sehen will, dann würde diese Abstimmung negativ ausfallen. . . .

Weiterhin wird immer gesagt: Wenn wir zu einem Mehrheitswahlrecht kommen, so bedeutet das, daß schließlich eine Mehrheit, die, gemessen an der Gesamtzahl, in Wirklichkeit eine Minderheit ist, an die Macht kommen würde. Ist es aber nicht so, daß doch diese Minderheit auf demokratischem Wege, durch eine aktive Entscheidung der Wählerschaft den Auftrag bekommen hat? Wenn eben eine Partei im Zeichen des Mehrheitswahlrechts in der Mehrzahl der Einmannwahlkreise die Mehrheit bekommen hat und wenn die Wählerschaft auf diese Weise dieser Partei ihr Vertrauen erklärt hat, dann hat sie den Auftrag bekommen, für eine bestimmte Zeitspanne die Regierungsgeschäfte zu führen, mit allem Risiko. Verliert sie das Vertrauen, so erscheint sie bei der nächsten Wahl nicht wieder. Sie übernimmt die Verantwortung für jede von ihr veranlaßte Maßnahme. Sie haftet für diese Maßnahme mit ihrer gesamten politischen Stellung. Hat nicht jede politische Partei diese Chance? Bedeutet das eine Ungerechtigkeit? Ich vermag darin keine Ungerechtigkeit zu sehen. . . .

Es wird nun so häufig gesagt: Wie ist es dann aber zu verantworten, daß die zweitstärkste Partei, die vielleicht eben so groß ist wie die Partei, die an die Regierung gekommen ist, nun nicht zum Zuge kommt? Lassen Sie mich dazu grundsätzlich etwas sagen. Ich bin der Auffassung, daß für jede Partei eine Atempause einmal ganz gut ist. Diese Atempause könnte dazu führen, daß man seine Organisation überprüft, daß man seinen gesamten

Apparat überholt, daß man sein Parteiprogramm überholt, kurz, daß man die Vorbereitungen trifft, die für den Tag — der ganz sicher einmal kommt — der Regierungsübernahme erforderlich sind. Denn es ist doch wohl ein Fundamentalsatz der Demokratie, daß der Opposition stets die Stimmen zuwachsen.

Das sind in der Hauptsache die Gründe, die uns dazu bringen, für das Mehrheitswahlrecht einzutreten. Wir haben uns aus den Gründen, die ich vorhin genannt habe, veranlaßt gefühlt, noch einmal zu beantragen, das Mehrheitswahlrecht einzuführen. Wir sind der Meinung, regulär wäre es gut, wenn man zunächst, bevor man wählt, dem deutschen Volk dieses Wahlrecht unterbreitete. Wir zweifeln keinen Moment daran, daß eine überwiegende Mehrheit des deutschen Volkes sich für ein Mehrheitswahlrecht aussprechen würde. Das ist mit der Grund, warum wir Ihnen noch einmal unseren Antrag auf Einführung des Mehrheitswahlrechts unterbreitet haben.

Helene Wessel*): Es scheint mir doch notwendig zu sein, zu den Ausführungen des Herrn Kollegen *Schröter* einige grundsätzliche Gegenargumente geltend zu machen, von denen man bei der Beurteilung des Wahlrechts ausgehen muß. Im demokratischen Staat ist das Parlament an Stelle des Volkes, das ja gewöhnlich nur im Wahlakt unmittelbar zur Geltung kommt, oberstes Organ der staatlichen Willensbildung. Man sollte also bei der Frage des Wahlrechts davon ausgehen, daß das Parlament eine echte Repräsentation des Volkes sein muß und nur dann als solche gelten kann, wenn sich das Volk in seiner Ganzheit darin verkörpert und seinen Willen in diesem Parlament zur Geltung kommen sieht. . . .

Wer will nun behaupten, daß das relative Mehrheitswahlrecht, das hier vertreten worden ist, und das, wie man es klar ausgesprochen hat, zwangsläufig zum Zweiparteiensystem in Deutschland führen soll, die Struktur unseres Volkes widerspiegelt? Wir werden erleben, daß durch ein solches Wahlsystem viele wertvolle und echte politische Bestrebungen bei uns heimatlos werden, weil sie sich in der einen oder anderen Partei in ihren Grundsatzanschauungen nicht entsprechend vertreten fühlen. Wir würden weiterhin erleben, daß weite Kreise nicht zur Wahl gehen würden und daß das Interesse an der Demokratie und an ihren parlamentarischen Einrichtungen wahrscheinlich noch geringer werden würde.

Gestatten Sie mir noch einen Hinweis auf das englische Wahlrecht, das hier auch erwähnt worden ist. Es wirkt in dieser prägnanten Form immer etwas suggestiv; aber es wird dabei einfach auf deutsche Verhältnisse übertragen. Das englische Volk lebt in ganz anderen, geschichtlich herangereiften politischen Verhältnissen und Vorstellungen als das deutsche Volk.

Anmerkung: *) Helene Wessel, Mitglied der Zentrums-Fraktion, im Hauptausschuß am 22. Februar 1949, 52. Sitzung, S. 691 ff.

Die Angelsachsen haben das Zweiparteiensystem doch nicht deshalb, weil sie das Mehrheitswahlrecht haben, sondern weil sie aus geschichtlichen Entwicklungen heraus zum Zweiparteiensystem gekommen sind. Es erscheint mir noch sehr fraglich, ob nicht das relative Mehrheitswahlrecht bei uns geradezu zu einer Zersplitterung führen würde. Länder mit Mehrheitswahlrecht haben meist ein sehr bunt zusammengesetztes Parlament gehabt, mit Ausnahme von England und Amerika. Es ist doch auch so gewesen, daß der Reichstag vor 1914 mindestens soviel Parteien gehabt hat wie der soviel geschmähte Parlamentarismus der Weimarer Zeit.

Was würden wir mit dem Mehrheitswahlrecht wahrscheinlich erleben? Wir würden erleben, daß bezirklich massierte Parteien hereinkommen und ihr Mandat wahrscheinlich viel billiger bekommen als die großen Parteien. Wenn darüber hinaus . . ., in einer für meine Begriffe übertriebenen Form das Persönlichkeitswahlrecht vertreten wird, bekommen wir wahrscheinlich nicht die Leute, von denen man immer sagt, daß sie die Persönlichkeiten sind. Wenn ich feststelle, wer das Persönlichkeitswahlrecht vertritt, sind es meist nicht die Kreise, die den Mut haben, sich von unten an in das parteipolitische Leben hineinzustellen, die den Mut haben, auch unten in der praktischen Parteiarbeit zu stehen, sondern die glauben, von der Persönlichkeitswertung allein die Demokratie in Deutschland bestimmen zu können. Ich glaube, wir geben uns zu großen Hoffnungen hin, wenn wir meinen, mit einem relativen Mehrheitssystem die parteipolitischen Verhältnisse in Deutschland so grundsätzlich ändern zu können, daß wir zum Zweiparteiensystem der Angelsachsen kommen.

Es ist weiterhin eine Hoffnung, die sich nicht erfüllen wird, daß wir in Deutschland von den Koalitionen loskommen und eine Regierungspartei erhalten. Auch bei einem relativen Mehrheitswahlrecht wird tatsächlich nicht das Zweiparteiensystem erreicht. Kommen wir aber nicht von den Koalitionen los, dann ist demgegenüber einmal die Frage aufzuwerfen, ob nicht auch mit dem Verhältniswahlrecht manches preisgegeben wird, was als gut angesehen werden kann. . . . Ich glaube, die Erfahrungen werden uns zeigen, daß auch bei dem Mehrheitswahlrecht sehr stark persönliche und lokale Interessen ein Rolle spielen werden. Es wird nicht der faire Jurist oder Staatsrechtslehrer, der mit wirtschaftlichen Kenntnissen versehene tüchtige Sachbearbeiter, der verantwortungsbewußte Politiker allein kommen, sondern häufig auch derjenige, der dem Volke nach dem Munde redet, der unten irgendwie verankert ist und vielleicht auch noch die entsprechenden Geldmittel für eine großzügige Propaganda mitzubringen bereit ist. Fragen wir uns einmal ganz ehrlich, ob wir die Zusammensetzung dieses Parlamentarischen Rates mit seinen Sachkennern und mit seinen Politikern so beim relativen Mehrheitswahlrecht haben würden, wo jedes der Ratsmitglieder sich in einem Wahlkreis sein Mandat hätte erobern müssen. Wahrscheinlich würden wir hier nicht einmal die vier Frauen haben, sondern wahrscheinlich würden hier im Parlamentarischen Rat und später auch im Bundesparlament so gut wie gar keine Frauen sitzen. Wir werden den Frauen verfassungsgemäß das passive Wahlrecht zuerkennen. Wir haben uns hier sehr emphatisch für die politische, staatsbürgerliche und sonstige Gleichberechtigung der Frau eingesetzt. Aber unter den zu wählenden 400 Abgeordneten würde meinem Empfinden nach ein sehr geringer Prozentsatz Frauen, vielleicht gar keine Frauen sein.

Selbst wenn man zugibt, daß das Mehrheitswahlrecht für politische Persönlichkeiten einen starken Anreiz enthält — ich gebe das durchaus zu —, so ist damit noch lange nicht — und das übersieht man vollkommen — die Wahl der echten Charaktere, der besten Bewerber und derjenigen, die eine größere Unabhängigkeit von dem sogenannten Parteiapparat haben, wie man es draußen so schön sagt, gewährleistet. Wir sollten uns keiner Täuschung darüber hingeben, daß im Zeitalter der Masse auch der handfeste Demagoge, die laute Persönlichkeit leider durchaus große Erfolgsaussichten im Wahlkampf hat, größere — das wissen Sie genau so wie ich — als der feiner strukturierte Mensch. Auch hier, glaube ich, wird es immer die Frau sein, die am meisten darunter zu leiden hat.

In der gleichen Situation — gestatten Sie mir, auch das in diesem Zusammenhang einmal zu sagen — sehe ich die Vertriebenen, für die es besonders schwer sein wird, in einem Einzelwahlkreis durchzukommen. Die Vertriebenen stellen aber neben unseren Frauen einen erheblichen Anteil der Wähler. Gewiß können die Vertriebenen nicht, wie es ursprünglich in einem Vorschlag der CDU vorgesehen war, vorab eine Anzahl von Kandidaten ins Bundesparlament bekommen. Aber man sollte zum mindesten auch beim Wahlrecht darauf Rücksicht nehmen, daß ihre Interessen in einem solchen Wahlsystem zur Geltung kommen.

So scheint mir vom Standpunkt eines echten demokratischen Volkswillens der vorliegende Vorschlag, wie er in den Beratungen des Wahlrechtsausschusses zustande gekommen ist, doch noch die gerechteste Zusammensetzung des Bundesparlaments zu gewährleisten. Gemessen an den Nachteilen und Gefahren eines reinen Mehrheitswahlrechts scheinen uns die Schwächen eines Verhältniswahlrechts doch immer noch wesentlich geringer zu sein. Die guten Demokraten, die so mit Begeisterung das Mehrheitswahlrecht vertreten, übersehen dabei eines: Nichts — und darin unterscheide ich mich sehr wesentlich von Ihrer Behauptung, Herr Kollege Dr. Schröter— würde Hitler einfacher zur Macht verholfen haben als 1932 das relative Mehrheitswahlrecht. Hitler hätte überhaupt nicht mehr ein Ermächtigungsgesetz gebraucht, wenn er damals die Chance des relativen Mehrheitswahlrechts gehabt hätte. . . . Es stimmt auch nicht — um das einmal zu sagen —, daß die Weimarer Republik an den kleinen Parteien gescheitert ist, sondern Hitler wurde erst hoffähig gemacht und kam wirklich zur Macht, nachdem die beiden großen Parteien, die Deutschnationale Volkspartei und die Deutsche Volkspartei, mit ihm die Harzburger Front gebildet hatten.

Worauf es uns ankommt, ist, ein Parlament zu schaffen und auch eine Mehrheit in diesem Parlament zu bekommen, die eine stabile Grundlage gibt, auf der anderen Seite, wie es dargelegt worden ist, eine Opposition zu haben, die ihre Aufgabe erfüllen muß und auch erfüllen wird. Aber darin unterscheiden wir uns: Wir glauben nicht, daß das Zweiparteiensystem, also ein solches Mehrheits- und Oppositionssystem, wie es hier vertreten worden ist, für Deutschland die Grundlage sein kann. Ein solches System ist nur dann erträglich und dann demokratisch zu rechtfertigen, wenn bei ihm das entsprechende Ablösungsprinzip auch tatsächlich funktioniert. Dafür scheinen uns die unentbehrlichen soziologischen und auch weltanschaulichen Voraussetzungen zu fehlen. ... Wir haben aber doch gerade hier bei den Debatten im Parlamentarischen Rat erlebt, daß keine der bestehenden Parteien bei uns in Deutschland weltanschauungsfrei ist. Das scheint mir die erste und wichtigste Notwendigkeit zu sein, wenn wir überhaupt zum Zweiparteiensystem kommen sollen.

Wir sollten die Weimarer Zeit nicht nur immer herabsetzen, sondern wir könnten aus der Weimarer Zeit auch manches lernen. Eines ist zum Beispiel dies: Es ist die Preußenkoalition gewesen, die auch in ihren Koalitionsbildungen bis 1933 eine durchaus tragfähige Mehrheit gehabt hat. Preußen ist gerade derjenige Staat gewesen, der sich am längsten einer Entwicklung, wie sie in anderen Ländern schon da war, entgegengestellt hat.

Glauben Sie doch nicht, daß diese Demokratie an den Splitterparteien scheitern wird! Wenn sie nämlich daran scheitern würde, dann ist sie nicht viel wert! Es kommt darauf an, zu sehen, daß eine Demokratie nur von dem wirklichen Vertrauen und von der wirklichen Freiheit gebildet werden kann, die man jedem Staatsbürger zuerkennen sollte. Die Krise des Parlamentarismus oder der „müden Demokratie" kann nach unserem Dafürhalten weniger durch eine Änderung des Wahlrechts, sondern, wie ich es bereits in einer Plenarsitzung gesagt habe, nur durch eine Hebung der Abgeordnetenqualität gemeistert werden. Aber die Verfechter des Mehrheitswahlrechts können selber nicht sagen, daß das parlamentarische Niveau bei einem Mehrheitswahlrecht unter allen Umständen ein anderes sein wird als bei einem Verhältniswahlrecht. Wir glauben daher, daß vielmehr das kombinierte Wahlrecht, wie es uns hier vorliegt, das auch auf Bundes- und Landesliste Rücksicht nimmt, wo Frauen, Vertriebene, vor allen Dingen auch die für ein Parlament so notwendigen Sachbearbeiter untergebracht werden können, am allerbesten den Wünschen und Notwendigkeiten entsprechen wird.

Lassen Sie mich zum Schluß noch folgendes sagen. Es ist nicht ganz unverdächtig, wenn gerade Vertreter einer großen Partei sich für das Mehrheitswahlrecht einsetzen. Man hat auch ganz offen und ehrlich gesagt, was man damit beabsichtigt. Man beabsichtigt damit, die kleinen und kleinsten Parteien auszuschalten. Meine Herren, wer gibt Ihnen denn die Garantie, daß nur zwei große bestehende Parteien a priori diejenigen Parteien sein können, die dem politischen Willen des deutschen Volkes entsprechen? Wenn Sie sich einmal vor Augen halten, wie nach 1945 die Parteien gegründet, wie sie lizenziert, gleichsam aus der Retorte gemacht worden sind, können Sie doch nicht glauben, daß die heute bestehenden Parteien, in welcher Form sie auch da sein mögen, schließlich der Weisheit letzten Schluß darstellen. ... Darum wollen wir uns hier in diesen Auseinandersetzungen ganz ehrlich klarmachen: Es geht bei diesem Wahlrecht so oder so um die

Vertretung einer Machtposition. Wenn man diese Machtposition damit vertreten will, daß man von einer Persönlichkeitswahl ausgeht, so halte ich das nicht für richtig. Dann soll man die Dinge auch ehrlich darstellen und sagen: Wir wollen mit der Sperrklausel erreichen, daß keine neuen Parteibildungen in Deutschland mehr möglich sind. Wir stabilisieren mit einer solchen Sperrklausel ... einen Parteimonopolismus, der einer wahren und echten Demokratie und einer wahren Freiheit des Staatsbürgers nicht würdig ist. Sie können diese Sperrklausel mit Mehrheit annehmen. Aber Sie müssen es sich dann auch gefallen lassen, daß man Sie als Nutznießer eines undemokratischen Systems bezeichnet. ...

Theodor Heuß*): Der Herr Kollege *Schmid* hat gemeint, wir sollten nicht so viel theoretisieren. Wir haben es aber jetzt schon erlebt, daß fleißig theoretisiert wird. Ich will es jedoch nicht übertreiben. Ich glaube, wir sind alle, wenn wir dieses Gespräch führen, in der Gefahr, daß die Öffentlichkeit dazu hingejagt wird, das Wahlrecht isoliert zu betrachten und zu glauben, daß vom Wahlrecht aus, dessen Bedeutung ich damit nicht heruntersetzen will, sich die Politik, sich das Schicksal eines Volkes konstruieren läßt. Das ist ein vollkommenes Mißverständnis — verzeihen Sie, wenn ich das so scharf sage — derer, die den Zersetzungsvorgang der kontinentalen Demokratie betrachten und sagen: In Frankreich seit 70 Jahren 100 Kabinette. Frankreich hat den größten Teil dieses 70jährigen Zeitraums mit Mehrheitswahlen zugebracht. Es ist in der Schweiz, es ist in Schweden das Proportionalwahlrecht eingeführt worden, ohne daß der Zersetzungsvorgang sich dort gezeigt hat, soweit ich das beobachten kann. Die Schweiz hat das ungeheure Experiment fertiggebracht, diesen letzten Weltkrieg mit diesem System ganz gut zu überstehen.

Es ist, glaube ich, eines der törichtesten Argumente, wenn man auf die englische und amerikanische Situation hinweist und damit zum Ausdruck bringt: Wären wir nur so gescheit wie die Engländer und Amerikaner, dann würden auch wir mit den Sorgen der Demokratie fertig werden. Die amerikanischen Politiker haben nicht alle eindeutig dieselbe Auffassung; die englischen haben sie ganz gewiß nicht. Wir sehen in England eine große Bewegung für das Proportionalwahlrecht, und zwar nicht erst jetzt, sondern seit Beginn des Jahrhunderts. Aber da sie eine konservative Nation sind, lassen sie sich damit Zeit, und sie werden vermutlich nicht dorthin kommen. Sie sind jedoch zu dem Mehrheitssystem gar nicht aus politischer Klugheit gekommen, sondern weil um das Haus Oranien und um das Haus Stuart gekämpft wurde, ebenso wie die Amerikaner zu dem Zweiparteiensystem gekommen sind, weil die einen für die Stärkung der Einzelstaaten und die anderen für die Stärkung des Bundes gewesen sind.

Anmerkung: *) Mitglied der FDP-Fraktion, im Hauptausschuß am 22. Februar 1949, 52. Sitzung, S. 695 ff.

Dieser Blick auf die Seiten der Geschichte soll uns zeigen, daß alle diese Vergleiche einen vollkommen unverbindlichen Charakter für uns haben. Denn wir stehen in der deutschen Geschichte — es wurde schon darauf hingewiesen —, ob man sie schmäht oder hinnimmt oder tadelt. Das Vielparteiensystem als Schicksal ist nicht 1919 erfunden worden, sondern — darauf ist hingewiesen worden — das war im Bismarckschen und wilhelminischen Reich auch so, und die Struktur der Parlamente hat sich im Grunde nicht sehr viel geändert, wenn man nicht sagen will, daß in der späteren Vertretung, entweder in den Sondergruppen oder in den einzelnen Parteien, etwas mehr Interessenvertreter, Syndizi, Funktionäre waren, an sich vielleicht ganz wichtige und notwenige, aber für unser gegenwärtiges Wahlrecht vollkommen gleichgültige Figuren.

Wir sind in der Diskussion, ob Mehrheits- oder Proporzsystem, von zwei Gedanken her bewegt, einmal von dem Gedanken, .., des gerechten Spiegels der politischen Volksströmungen und zum andern davon, daß man den Staat vom besseren Funktionieren aus, das heißt vom elementaren Festhalten an der Machtfunktion des Staates betrachtet. Von dieser Seite her hat, theoretisch gesehen, unzweifelhaft das Mehrheitssystem das für sich, daß es die klaren Machtverhältnisse schafft. . . .

Für die deutsche Situation darf noch gesagt werden, daß die Entwicklung des Mehrheitssystems sich in Ländern vollzogen hat, die eine andere Strukturierung des öffentlichen Lebens hinsichtlich der Stellung des Beamtentums besaßen. Sie sind ohne das Beamtentum, wie wir es kennen, großgeworden, in Amerika bis in die Zeit von Karl Schurz, so daß das Beutesystem das Schicksal des Beamten für eine Wahlperiode bestimmt hat; dann war es vorbei. Wenn Sie die Situation, die Herr *Schröter* uns beschrieben hat, nun mit der deutschen Tradition des Staates, mit der Gewöhnung oder doch zu besorgenden Gewöhnung der deutschen Parteien zusammenrechnen, haben Sie bei der klaren Mehrheitsentscheidung folgendes Ergebnis. Die Partei, die die Macht hat, weiß, daß sie sie morgen im parlamentarischen Spiel wieder verlieren kann. Sie wird in dieser Zeit durch ihre Partei das Kabinett zusammensetzen und die Beamten ernennen. Das ist ihr legitimes Recht. Sie schafft sich einen Beamtenapparat, wie sie ihn haben will. Dann stürzt sie, und dann ist die exekutive Kraft der deutschen Beamtentradition vorhanden, und das Auseinanderfallen zwischen der Exekutive in der mittleren und unteren Schicht und der Legislative und Regierung, wie wir sie ideal konstruieren, ist absolut institutionell in das deutsche System hineingegeben. Das ist die große Sorge, die ich gegenüber dieser eindeutigen und einseitigen Propaganda für das Mehrheitssystem habe.

Es ist zum guten Glück nicht sehr viel von dem Persönlichkeitssystem und ähnlichen Dingen geredet worden. . . . Es ist zum Schwindel gemacht worden, dem heute sehr viele Intellektuelle zum Opfer fallen in der Meinung, daß jemand, wenn er in einer Partei großgeworden ist und einen Anspruch erhebt, Kandidat zu werden, oder seine Freunde das haben wollen, damit nur ein Instrument in der Hand irgendeiner abenteuerlichen, gefährlichen Parteiapparatur ist, von der man im Mehrheitssystem gar nichts weiß. In England müssen die Leute, die gewählt werden, vorher ihrem Parteichef ihr Rücktrittsgesuch in die Hand geben. Sie sind viel mehr in der Hand der Partei als durchschnittlich der deutsche Abgeordnete. Sie haben dort eine viel stärkere Zentralisierung des spezifisch Parteimäßigen, als es bei uns vorhanden ist. Aber der Boß eines Churchill hat eine viel größere Schule als bei uns der Fraktionssekretär. Wir leiden in der öffentlichen Auseinandersetzung darunter, daß bei dieser eindeutig auf die sogenannte Persönlichkeit abgestellten Propaganda verkannt wird, daß der Persönlichkeitscharakter als solcher — eine sehr freibleibende Bezeichnung — noch nicht die Legitimierung für die politische Arbeit im Sinne einer parlamentarischen Verantwortung in sich schließt. Wenn ich, da ich schon zu den älteren gehöre, meine Erinnerung in die Zeit vor 1914, obwohl ich da nur am Rande aktiv war, und in die Wahlkämpfe von 1903 und 1907, die ich schon einigermaßen bewußt miterlebt habe, zurückgehen lasse, so weiß ich nur, daß diejenigen Figuren, die damals in Deutschland etwas bedeuteten: Bassermann, Naumann und später Stresemann, alle die Opfer von Lokalgrößen geworden sind, weil auf einmal die Persönlichkeit der in seinem Wahlkreise angesehene Biedermann ist, den man kennt, von dem man weiß, daß er bieder und brav zu Hause ist. Für das Risiko, nun den Mann, also die Persönlichkeit herauszustellen, ist gerade in der deutschen Situation das, was wir an Erfahrungen hinter uns haben, eine sehr warnende Angelegenheit.

Mir scheint, daß der Versuch, der uns nunmehr vom Wahlrechtsausschuß nach dem Leidensweg seiner Beratungen vorgelegt wird, immerhin einen brauchbaren Versuch darstellt. Es ist zunächst nur ein Wahlrecht, das für das Zustandekommen der ersten Volksvertretung gelten wird. Die Leute, die dann im Volkstag sitzen, können sich mit diesen Fragen in einem eigenen Wahlrechtsausschuß auf lange Zeit hin beschäftigen. Es ist zum mindesten jetzt das Experiment gemacht, das ich sehr bejahe, nämlich daß Wahlkreise von halbwegs übersehbarer Größe geschaffen werden sollen. Ich begrüße das auch deswegen, weil damit den jüngeren Menschen eine Chance gegeben wird, sich einen Wahlkreis zu erobern und sich vorzunehmen: In diesem Wahlkreis will ich einmal für diese oder jene Gruppe kandidieren. Daraus entspringt dann ein echtes und legitimes Vertrauensverhältnis, und dort entsteht dann auch die politische Persönlichkeit, die nicht in Feuilletons und nicht in Diskussionen gefunden wird, sondern in der Herstellung der Beziehung zwischen dem Volk und demjenigen, der Volksvertreter werden will und vielleicht einmal sein wird.

Ob die kleinen Parteien vernichtet werden sollen oder nicht, ob Millionen von Menschen in politischem Sinne heimatlos werden sollen oder nicht, kann man sentimental betrachten. Man kann es bedauern oder man kann sagen: Die Politik muß mit den großen Figuren und mit den großen Kräften rechnen, daß es für das Wort „fairness" im Deutschen kein entsprechendes Wort gibt — eine Tragik unserer deutschen Situation. Die großen Parteien, sich gegenüberstehend, werden dann vielleicht nach den kleinen Gruppen rufen, nicht um Mehrheitsentscheidungen von ihnen zu beziehen, sondern um die Atmosphäre der Verständigung mit zu schaffen. Vielleicht ist es gut, daß, ehe das Experiment des Kampfes der beiden Großen miteinander gemacht wird, dieses Zwischenspiel, das uns der Wahlrechtsausschuß anbietet, einmal durchexerziert wird. Dann werden auch die Nächsten sich noch Gedanken machen können, wie der deutsche Volkswille nun nicht bloß in der sentimentalen Art gesehen oder in einer arithmetischen Spiegelung aufgenommen wird, sondern auch darüber, wie man zu einem gut funktionierenden System kommt. Man soll sich keine Illusionen machen: Diese Generation wird noch nicht zum echten politischen Entscheidungsspiel gerufen sein.

Carlo Schmid*): ...Ich werde keine Erklärung darüber abgeben, welches Wahlsystem schlechthin für das beste gehalten werden soll. Wir haben nämlich hier ein Gesetz zu schaffen, das nicht für Jahrzehnte die Wahlen in der Bundesrepublik Deutschland regieren soll, sondern das ein einziges Mal zur Anwendung kommen soll, nämlich in einem ganz bestimmten historischen Zeitpunkt, dem ganz bestimmte Aufgaben gestellt sind. Es wird diesen Sommer zur Anwendung kommen und dann nicht mehr. Ich will darum lediglich erklären, welche Gründe uns zu unserer Stellungnahme zu diesem einen Gesetz bewegt haben.

Alle Wahlsysteme haben ihre eigentümlichen Vorzüge und alle haben ihre eigentümlichen Nachteile. Und was ihre eigentümlichen Vorzüge anbetrifft, so haben diese ihnen zugeordnete spezifische Nachteile. Das Verhältnis, in dem diese Vorzüge zu den Nachteilen stehen, ist nicht von Ewigkeitsgesichtspunkten her zu bestimmen, sondern jeweils nur von einer bestimmten geschichtlichen Situation aus und auf bestimmte geschichtliche Aufgaben hin, deren Bewältigung durch dieses Wahlrecht zu leisten ist. Die Qualität eines Wahlrechtssystems, diese sehr relative Qualität wird durch das bestimmt, was es in einer bestimmten Situation zu leisten vermag, in einer Situation, die durch bestimmte Möglichkeiten und durch spezifische Aufgaben determiniert ist. Dabei ist entscheidend, welches Wahlrecht „hier und jetzt" mehr an Vorzügen als an Nachteilen zur Auswirkung zu bringen vermag. Und was die Vorzüge anbetrifft, so ist zu überlegen, ob die jeweilige Zeit imstande ist, den Preis zu bezahlen, den diese Vorzüge fordern; denn alles auf dieser Welt kostet seinen Preis.

Man spricht viel von den Vorzügen des Mehrheitswahlrechts. Es ist gar keine Frage, daß dieses Wahlrecht auch außerordentliche politische Vorzüge für sich buchen kann. Ich sehe sie zwar nicht dort, wo man sie im allgemeinen sehen zu müssen glaubt. Ich weiß auch nicht, ob wir, wenn wir wirklich zu dem Mehrheitswahlrecht kommen wollen, Herr Kollege *von Brentano***), das Sie preisen, nicht noch einen Schritt weiter gehen müßten und

---

Anmerkung: *) Carlo Schmid, Mitglied der SPD-Fraktion, zugleich Vorsitzender des Hauptausschusses, im Plenum des Parlamentarischen Rates, am 24. Februar 1949, 8. Sitzung, S. 130 f.
**) Bezug genommen ist hier auf die Rede Heinrich von Brentanos im Plenum des Parlamentarischen Rates am 24. Februar 1949, S. 129 f.

folgerichtig nur Kandidaten auftreten lassen sollten, die nicht eine Parteibezeichnung hinter ihrem Namen haben. Wenn das Resultat, das Sie wollen, erzielt werden soll, dann dürfte man nur die „Free Lances", wie die
Engländer sagen, die „Freien Lanzen" zum Turnier antreten lassen, nicht
aber Leute, die schließlich doch nur Sprecher einer Partei sind und nicht
gewählt werden, weil sie nun Meier, Müller oder Schulze heißen, sondern
weil hinter ihrem Namen „CDU", „SPD" oder sonst eine Hieroglyphe
steht. Denn hier wählt der Wähler wirklich nicht eine Person, sondern eine
Partei, die ihm durch den Namen ihres Sprechers bestenfalls ein wenig
sympathischer geworden sein mag, als sie es vor der Aufstellung der Kandidatenliste schon gewesen zu sein schien.

Die Vorzüge des Mehrheitswahlrechts sehe ich in erster Linie darin, daß es
klare Machtverhältnisse schafft, wenigstens in den meisten Fällen; denn
beim richtigen Mehrheitswahlrecht geht es nicht um Erfolg oder Mißerfolg,
sondern um Sieg oder Niederlage. . . .

Der zweite Vorzug ist, daß das Mehrheitswahlrecht die Krisen sichtbarer
macht, die vielleicht unter der Decke der geordneten Mechanik eines „pays
légal" verdeckt schwelen, und daß es auch die Chancen sichtbarer macht,
die, vielleicht noch nicht klar erkannt, in einer politischen Bewegung stecken
mögen. Das reine Mehrheitswahlrecht wirkt so, als ob man einem Organismus einen Fieberschock versetzte, der latente Krankheiten zu einem brutalen
Ausbruch bringt. Das ist unter Umständen eine gute Sache. Die Wahlresul-
tate im Mehrheitswahlrecht geben dann ein Bild wie die scharfen Zacken
einer Fieberkurve, an der man ablesen kann, was in dem Patienten noch an
Krankheitskeimen und an Regenerationskräften stecken mag. Aber die
Voraussetzung für die Indikation eines solchen Verfahrens ist, daß der
Organismus diesen Fieberschock aushalten kann. Was nützte uns eine solche
Therapie, wenn sie, in einer bestimmten Situation angewandt, den Patien-
ten umbringt?

Und darum handelt es sich gerade. Kann der deutsche politische Organismus heute eine solche Krise, ein solches Hineingeworfenwerden in die brutale Entscheidung über Sein oder Nichtsein aushalten? Ich glaube nicht, daß
er es heute kann. Denn unser Volkskörper, unser politischer Körper ist zu
schwach dazu; er ist zu geschwächt, er kann ja kaum noch kleine, leichte
Erschütterungen seines Gefüges aushalten. Die Grenzlinie ist fast überall
schon erreicht. Uns fehlt doch noch völlig selbst der Anfang einer soliden
staatlichen Armatur, und unserem Volke fehlt darüber hinaus noch die
Möglichkeit und — machen wir uns doch keine Illusionen! — sogar das
Verlangen danach, sich klar und eindeutig der Situation, in der es steht und
mit der es fertig werden muß, bewußt zu werden. In solchen Zuständen
kann man, wenn man nicht tödliche Gefahren laufen will, es mit einem
Wahlrecht nach dem reinen Mehrheitssystem nicht versuchen. Wir brauchen heute ein anderes System. Wir brauchen ein Wahlrecht, das die la-
tenten Krisen nicht zum brutalen Ausbruch bringt. Wir brauchen ein Wahl-

recht, das dem politischen und sozialen Organismus, für den wir verantwortlich sind, keine Belastungsproben auferlegt, die es noch nicht zu leisten vermag. Wir brauchen ein Wahlrecht, das die Risiken auf mehr und auf breitere Schultern verlagert.

Dann möchte ich noch auf einen Gesichtspunkt hinweisen. Wir sind in unserm Lande nicht allein. Wir haben die hoheitliche Gewalt, die unser Parlament ausüben wird, mit den Besatzungsmächten zu teilen. Sie werden uns das Maß vormessen, in dem es sich wird bewegen können. Wenn wir ein Wahlrecht bekommen, das — wenn es einen Sinn haben soll — auf ein Zweiparteiensystem hinauslaufen muß: welche der beiden Parteien wird dann die Besatzungspartei sein? Ich bitte Sie, sich das einmal zu überlegen. Wir leben in Deutschland, *Herr von Brentano!*

Aus all diesen Gründen glauben wir, daß für dieses eine Wahlgesetz ein Proportionalsystem das bessere leistet und darum richtiger ist als ein Mehrheitswahlrecht. Wenn wir ein Stück weiter sein werden, *Herr von Brentano*, können wir wieder miteinander reden.

Nr. 11. Das gegenwärtig gültige Bundeswahlgesetz

(Bundeswahlgesetz vom 7. Mai 1956, zuletzt geändert am 6. Juni 1969*); Quelle: Bundesgesetzblatt 1956/I, S. 383 ff. und Recht und Organisation der Parlamente, hrsg. von der Interparlamentarischen Arbeitsgemeinschaft, 2 Bände, Bielefeld 1958, lose Blattsammlung mit Ergänzungslieferungen)

Erster Abschnitt. Wahlsystem

§ 1. Zusammensetzung des Bundestages und Wahlrechtsgrundsätze.
(1) Der Bundestag besteht vorbehaltlich der sich aus diesem Gesetz ergebenden Abweichungen aus 518 Abgeordneten. Sie werden in allgemeiner, unmittelbarer, freier, gleicher und geheimer Wahl von den wahlberechtigten Deutschen nach den Grundsätzen einer mit der Personenwahl verbundenen Verhältniswahl gewählt.

(2) Von den Abgeordneten werden 259 nach Kreiswahlvorschlägen in den Wahlkreisen und die übrigen nach Landeswahlvorschlägen (Landeslisten) gewählt.

§ 2. Gliederung des Wahlgebietes. (1) Wahlgebiet ist der Geltungsbereich dieses Gesetzes.

(2) Die Einteilung des Wahlgebietes in Wahlkreise ergibt sich aus der Anlage zu diesem Gesetz.

(3) Jeder Wahlkreis wird für die Stimmabgabe in Wahlbezirke eingeteilt.

§ 3. Wahlkreiseinteilung. (1) Der Bundespräsident ernennt eine ständige Wahlkreiskommission. Sie besteht aus dem Präsidenten des Statistischen

---

Anmerkung: *) Zur Interpretation siehe S. 189 ff.

Bundesamtes, einem Richter des Bundesverwaltungsgerichts und fünf weiteren Mitgliedern.

(2) Die Kommission hat die Aufgabe, die Veränderung der Bevölkerungszahlen im Wahlgebiet zu beobachten und im Laufe des ersten Jahres nach Zusammentritt des Bundestages der Bundesregierung einen Bericht mit Vorschlägen über Änderungen der Wahlkreiseinteilung zu erstatten. Die Bundesregierung leitet den Bericht unverzüglich dem Bundestag zu und veröffentlicht ihn im Bundesanzeiger.

(3) Jeder Wahlkreis muß ein zusammenhängendes Ganzes bilden. Ländergrenzen müssen, Stadt- und Landkreisgrenzen sollen nach Möglichkeit bei der Einteilung der Wahlkreise eingehalten werden. Die Abweichung von der durchschnittlichen Bevölkerungszahl der Wahlkreise soll nicht mehr als $33^{1}/_{3}$ vom Hundert nach oben und unten betragen.

(4) Werden Landesgrenzen nach dem Gesetz über das Verfahren bei Änderungen des Gebietsbestandes der Länder nach Artikel 29 Abs. 7 des Grundgesetzes vom 16. März 1965 geändert, so ändern sich entsprechend auch die Grenzen der betroffenen Wahlkreise. Werden im aufnehmenden Land zwei oder mehrere Wahlkreise berührt oder wird eine Exklave eines Landes gebildet, so bestimmt sich die Wahlkreiszugehörigkeit des neuen Landesteiles nach der Wahlkreiszugehörigkeit der Gemeinde, des Gemeindebezirks oder des gemeindefreien Gebietes, denen er zugeschlagen wird.

§ 4. Stimmen. Jeder Wähler hat zwei Stimmen, eine Erststimme für die Wahl eines Wahlkreisabgeordneten, eine Zweitstimme für die Wahl einer Landesliste.

§ 5. Wahl in den Wahlkreisen. In jedem Wahlkreis wird ein Abgeordneter gewählt. Gewählt ist der Bewerber, der die meisten Stimmen auf sich vereinigt. Bei Stimmengleichheit entscheidet das vom Kreiswahlleiter zu ziehende Los.

§ 6. Wahl nach Landeslisten. (1) Für die Verteilung der nach Landeslisten zu besetzenden Sitze werden die für jede Landesliste abgegebenen Zweitstimmen zusammengezählt. Nicht berücksichtigt werden dabei die Zweitstimmen derjenigen Wähler, die ihre Erststimme für einen im Wahlkreis erfolgreichen Bewerber abgegeben haben, der gemäß § 21 Abs. 3 oder von einer Partei, für die in dem betreffenden Lande keine Landesliste zugelassen ist, vorgeschlagen ist. Von der Gesamtzahl der Abgeordneten (§ 1 Abs. 1) wird die Zahl der erfolgreichen Wahlkreisbewerber abgezogen, die in Satz 2 genannt oder von einer nach Absatz 4 nicht zu berücksichtigenden Partei vorgeschlagen sind. Die verbleibenden Sitze werden auf die Landeslisten im Verhältnis der Summen ihrer nach Satz 1 und 2 zu berücksichtigenden Zweitstimmen im Höchstzahlverfahren d'Hondt verteilt. Über die Zuteilung des letzten Sitzes entscheidet bei gleichen Höchstzahlen das vom Bundeswahlleiter zu ziehende Los.

(2) Von der für jede Landesliste so ermittelten Abgeordnetenzahl wird die Zahl der von der Partei in den Wahlkreisen des Landes errungenen Sitze

abgerechnet. Die restlichen Sitze werden aus der Landesliste in der dort festgelegten Reihenfolge besetzt. Bewerber, die in einem Wahlkreis gewählt sind, bleiben auf der Landesliste unberücksichtigt. Entfallen auf eine Landesliste mehr Sitze als Bewerber benannt sind, so bleiben diese Sitze unbesetzt.

(3) In den Wahlkreisen errungene Sitze verbleiben einer Partei auch dann, wenn sie die nach Absatz 1 ermittelte Zahl übersteigen. In einem solchen Falle erhöht sich die Gesamtzahl der Sitze (§ 1 Abs. 1) um die Unterschiedszahl; eine erneute Berechnung nach Absatz 1 findet nicht statt.

(4) Bei Verteilung der Sitze auf die Landeslisten werden nur Parteien berücksichtigt, die mindestens 5 vom Hundert der im Wahlgebiet abgegebenen gültigen Zweitstimmen erhalten oder in mindestens drei Wahlkreisen einen Sitz errungen haben. Satz 1 findet auf die von Parteien nationaler Minderheiten eingereichten Listen keine Anwendung.

§ 7. Listenverbindung. (1) Mehrere Landeslisten derselben Partei können miteinander verbunden werden.

(2) Verbundene Listen gelten bei der Sitzverteilung im Verhältnis zu den übrigen Listen als eine Liste.

(3) Die auf eine Listenverbindung entfallenden Sitze werden auf die beteiligten Landeslisten im Verhältnis ihrer Zweitstimmen im Höchstzahlverfahren d'Hondt verteilt. § 6 Abs. 2 und 3 gilt entsprechend.

Zweiter Abschnitt. Wahlorgane

§ 8. Gliederung der Wahlorgane. (1) Wahlorgane sind der Bundeswahlleiter und der Bundeswahlausschuß für das Wahlgebiet, ein Landeswahlleiter und ein Landeswahlausschuß für jedes Land, ein Kreiswahlleiter und ein Kreiswahlausschuß für jeden Wahlkreis, ein Wahlvorsteher und ein Wahlvorstand für jeden Wahlbezirk und ein Wahlvorsteher und ein Wahlvorstand für jeden Wahlkreis zur Feststellung des Briefwahlergebnisses.

(2) Für mehrere benachbarte Wahlkreise kann ein gemeinsamer Kreiswahlleiter bestellt und ein gemeinsamer Kreiswahlausschuß gebildet werden. Zur Feststellung des Briefwahlergebnisses können für einen Wahlkreis mehrere Wahlvorsteher und Wahlvorstände eingesetzt werden.

§ 9. Bildung der Wahlorgane. (1) Der Bundeswahlleiter und sein Stellvertreter werden vom Bundesminister des Innern, die Landeswahlleiter, Kreiswahlleiter und Wahlvorsteher sowie ihre Stellvertreter von der Landesregierung oder der von ihr bestimmten Stelle ernannt.

(2) Die Wahlausschüsse bestehen aus dem Wahlleiter als Vorsitzendem und sechs von ihm berufenen Wahlberechtigten als Beisitzern. Die Wahlvorstände bestehen aus dem Wahlvorsteher als Vorsitzendem und drei bis acht von ihm berufenen Wahlberechtigten als Beisitzern; die Landesregierung oder die von ihr bestimmte Stelle kann anordnen, daß die Gemeindebehörde die Beisitzer im Einvernehmen mit dem Wahlvorsteher beruft. Bei

Berufung der Beisitzer sind die in dem jeweiligen Bezirk vertretenen Parteien nach Möglichkeit zu berücksichtigen.

(3) Wahlbewerber und Vertrauensmänner für Wahlvorschläge dürfen nicht zu Mitgliedern eines Wahlorgans bestellt werden.

§ 10. Tätigkeit der Wahlausschüsse und Wahlvorstände. Die Wahlausschüsse und Wahlvorstände verhandeln und entscheiden in öffentlicher Sitzung. Bei den Abstimmungen entscheidet Stimmenmehrheit; bei Stimmengleichheit gibt die Stimme des Vorsitzenden den Ausschlag.

§ 11. Ehrenämter. (1) Die Beisitzer der Wahlausschüsse und die Mitglieder der Wahlvorstände üben ihre Tätigkeit ehrenamtlich aus. Zur Übernahme dieses Ehrenamtes ist jeder Wahlberechtigte verpflichtet. Das Ehrenamt darf nur aus wichtigem Grunde abgelehnt werden.

(2) Wer ohne wichtigen Grund ein Ehrenamt ablehnt oder sich ohne genügende Entschuldigung den Pflichten eines solchen entzieht, handelt ordnungswidrig. Die Ordnungswidrigkeit kann mit einer Geldbuße geahndet werden.

Dritter Abschnitt. Wahlrecht und Wählbarkeit*)

§ 12. Wahlrecht. (1) Wahlberechtigt sind alle Deutschen im Sinne des Artikels 116 Abs. 1 des Grundgesetzes, die am Wahltage

1. das 21. Lebensjahr vollendet haben,
2. seit mindestens drei Monaten ihren Wohnsitz oder dauernden Aufenthalt im Wahlgebiet haben und
3. nicht nach § 13 vom Wahlrecht ausgeschlossen sind.

(2) Wahlberechtigt sind bei Vorliegen der sonstigen Voraussetzungen auch Beamte, Soldaten, Angestellte und Arbeiter im öffentlichen Dienst, die auf Anordnung ihres Dienstherrn ihren Wohnsitz oder dauernden Aufenthalt im Ausland genommen haben, sowie die Angehörigen ihres Hausstandes.

§ 13. Ausschluß vom Wahlrecht. Ausgeschlossen vom Wahlrecht ist,

1. wer entmündigt ist oder unter vorläufiger Vormundschaft oder wegen geistigen Gebrechens unter Pflegschaft steht,
2. wer infolge Richterspruchs das Wahlrecht nicht besitzt.

§ 14. Ruhen des Wahlrechts. Das Wahlrecht ruht für Personen,

1. die wegen Geisteskrankheit oder Geistesschwäche in einer Heil- oder Pflegeanstalt untergebracht sind,

---

Anmerkung: *) Mittlerweile wurde das Wahlalter durch Grundgesetzänderung vom 31. Juli 1970 (BGBl. 1970/I, S. 1165 gesenkt. Für das aktive Wahlrecht muß § 12 Satz 1 Abs. 1 lauten: „das 18. Lebensjahr vollendet haben" ...
Für die Wählbarkeit muß § 16 Satz 1 Abs. 2 lauten: „das Alter erreicht, mit dem die Volljährigkeit einsetzt" ... (21 Jahre). Allerdings wurde das Wahlgesetz bisher noch nicht entsprechend abgeändert.

2. die auf Grund Richterspruchs zum Vollzug einer mit Freiheitsentziehung verbundenen Maßregel der Sicherung und Besserung untergebracht sind.

§ 15. Ausübung des Wahlrechts. (1) Wählen kann nur, wer in ein Wählerverzeichnis eingetragen ist oder einen Wahlschein hat.

(2) Wer im Wählerverzeichnis eingetragen ist, kann nur in dem Wahlbezirk wählen, in dessen Wählerverzeichnis er geführt wird.

(3) Wer einen Wahlschein hat, kann an der Wahl des Wahlkreises, in dem der Wahlschein ausgestellt ist,

a) durch Stimmabgabe in einem beliebigen Wahlbezirk dieses Wahlkreises oder b) durch Briefwahl teilnehmen.

(4) Jeder Wahlberechtigte kann sein Wahlrecht nur einmal und nur persönlich ausüben.

§ 16. Wählbarkeit. (1) Wählbar ist, wer am Wahltage

1. seit mindestens einem Jahr Deutscher im Sinne des Artikels 116 Abs. 1 des Grundgesetzes ist und

2. das 25. Lebensjahr vollendet hat*).

(2) Nicht wählbar ist,

1. wer nach § 13 vom Wahlrecht ausgeschlossen ist,

2. wessen Wahlrecht nach § 14 ruht,

3. wer infolge Richterspruchs die Wählbarkeit oder die Fähigkeit zur Bekleidung öffentlicher Ämter nicht besitzt oder

4. wer, ohne die deutsche Staatsangehörigkeit zu besitzen, Deutscher im Sinne des Artikels 116 Abs. 1 des Grundgesetzes ist und diese Rechtsstellung durch Ausschlagung der deutschen Staatsangehörigkeit nach dem Gesetz zur Regelung von Fragen der Staatsangehörigkeit vom 22. Februar 1955 erlangt hat.

Vierter Abschnitt. Vorbereitung zur Wahl

§ 17. Wahltag. Der Bundespräsident bestimmt den Tag der Hauptwahl (Wahltag). Wahltag muß ein Sonntag oder gesetzlicher Feiertag sein.

§ 18. Wählerverzeichnis und Wahlschein. (1) Die Gemeindebehörden führen für jeden Wahlbezirk ein Verzeichnis der Wahlberechtigten. Das Wählerverzeichnis wird vom einundzwanzigsten bis vierzehnten Tage vor der Wahl zur allgemeinen Einsicht öffentlich ausgelegt.

(2) Ein Wahlberechtigter, der verhindert ist, in dem Wahlbezirk zu wählen, in dessen Wählerverzeichnis er eingetragen ist, oder der aus einem von ihm nicht zu vertretenden Grunde in das Wählerverzeichnis nicht aufgenommen worden ist, erhält auf Antrag einen Wahlschein.

§ 19. Wahlvorschlagsrecht. (1) Wahlvorschläge können von Parteien und nach Maßgabe des § 21 von Wahlberechtigten eingereicht werden.

(2) Parteien, die im Bundestag oder einem Landtag seit deren letzter Wahl nicht auf Grund eigener Wahlvorschläge ununterbrochen mit mindestens

---

Anmerkung: *) Siehe die Anmerkung auf der vorstehenden Seite.

fünf Abgeordneten vertreten waren, können als solche einen Wahlvorschlag nur einreichen, wenn sie spätestens am siebenundvierzigsten Tage vor der Wahl dem Bundeswahlleiter ihre Beteiligung an der Wahl angezeigt haben und der Bundeswahlausschuß ihre Parteieigenschaft festgestellt hat.

(3) Der Bundeswahlausschuß stellt spätestens am siebenunddreißigsten Tage vor der Wahl für alle Wahlorgane verbindlich fest,

1. welche Parteien im Bundestag oder in einem Landtag seit deren letzter Wahl auf Grund eigener Wahlvorschläge ununterbrochen mit mindestens fünf Abgeordneten vertreten waren,

2. welche Vereinigungen, die nach Absatz 2 ihre Beteiligung angezeigt haben, für die Wahl als Parteien anzuerkennen sind.

(4) Eine Partei kann in jedem Wahlkreis nur einen Kreiswahlvorschlag und in jedem Land nur eine Landesliste einreichen.

§ 20. Einreichung der Wahlvorschläge. Kreiswahlvorschläge sind dem Kreiswahlleiter, Landeslisten dem Landeswahlleiter spätestens am vierunddreißigsten Tage vor der Wahl bis 18 Uhr schriftlich einzureichen.

§ 21. Inhalt und Form der Kreiswahlvorschläge. (1) Der Kreiswahlvorschlag darf nur den Namen eines Bewerbers enthalten. Jeder Bewerber kann nur in einem Wahlkreis und hier nur in einem Kreiswahlvorschlag benannt werden. Als Bewerber kann nur vorgeschlagen werden, wer seine Zustimmung dazu schriftlich erteilt hat; die Zustimmung ist unwiderruflich.

(2) Kreiswahlvorschläge von Parteien müssen von dem satzungsmäßig zuständigen Landesvorstand, Kreiswahlvorschläge der in § 19 Abs. 2 genannten Parteien außerdem von mindestens 200 Wahlberechtigten des Wahlkreises persönlich und handschriftlich unterzeichnet sein. Das Erfordernis von 200 Unterschriften gilt nicht für Kreiswahlvorschläge von Parteien nationaler Minderheiten.

(3) Andere Kreiswahlvorschläge müssen von mindestens 200 Wahlberechtigten des Wahlkreises persönlich und handschriftlich unterzeichnet sein.

(4) Kreiswahlvorschläge von Parteien müssen den Namen der einreichenden Partei, andere Kreiswahlvorschläge ein Kennwort enthalten.

§ 22. Aufstellung von Parteibewerbern. (1) Als Bewerber einer Partei kann in einem Kreiswahlvorschlag nur benannt werden, wer in einer Versammlung der wahlberechtigten Mitglieder der Partei im Wahlkreis oder in einer Versammlung der von den wahlberechtigten Mitgliedern der Partei im Wahlkreis aus ihrer Mitte gewählten Vertreter in geheimer Abstimmung hierzu gewählt worden ist.

(2) Vertreterversammlung kann auch eine nach der Satzung allgemein für bevorstehende Wahlen von den wahlberechtigten Mitgliedern der Partei im Wahlkreis bestellte Versammlung sein, wenn sie nicht früher als ein Jahr vor dem Wahltage gewählt worden ist.

(3) In Großstädten, die mehrere Wahlkreise umfassen, können die Bewerber für diese Wahlkreise in einer gemeinsamen Mitglieder- oder Vertreterversammlung gewählt werden.

(4) Der Landesvorstand oder eine andere in der Parteisatzung hierfür vorgesehene Stelle kann gegen den Beschluß einer Mitglieder- oder Vertreterversammlung Einspruch erheben. Auf einen solchen Einspruch ist die Abstimmung zu wiederholen. Ihr Ergebnis ist endgültig.

(5) Das Nähere über die Wahl der Vertreter für die Vertreterversammlung, über die Einberufung und Beschlußfähigkeit der Mitglieder- oder Vertreterversammlung sowie über das Verfahren für die Wahl des Bewerbers regeln die Parteien durch ihre Satzungen.

(6) Eine Abschrift der Niederschrift über die Wahl des Bewerbers mit Angaben über Ort und Zeit der Versammlung, die Form der Einladung und über die Zahl der erschienenen Mitglieder ist mit dem Kreiswahlvorschlag einzureichen. Hierbei haben der Leiter der Versammlung und zwei von dieser bestimmte Teilnehmer gegenüber dem Kreiswahlleiter eidesstattlich zu versichern, daß die Aufstellung der Bewerber in geheimer Abstimmung erfolgt ist.

§ 23. Vertrauensmänner. (1) In jedem Wahlkreisvorschlag sollen ein Vertrauensmann und ein Stellvertreter bezeichnet werden. Fehlt diese Bezeichnung, so gilt der erste Unterzeichner als Vertrauensmann, der zweite als sein Stellvertreter.

(2) Soweit in diesem Gesetz nichts anderes bestimmt ist, sind nur der Vertrauensmann und sein Stellvertreter, jeder für sich, berechtigt, verbindliche Erklärungen zum Kreiswahlvorschlag abzugeben und entgegenzunehmen.

(3) Der Vertrauensmann und sein Stellvertreter können durch schriftliche Erklärung der Mehrheit der Unterzeichner des Kreiswahlvorschlages an den Kreiswahlleiter abberufen und durch andere ersetzt werden.

§ 24. Zurücknahme von Kreiswahlvorschlägen. Ein Kreiswahlvorschlag kann durch gemeinsame schriftliche Erklärung des Vertrauensmannes und seines Stellvertreters zurückgenommen werden, solange nicht über seine Zulassung entschieden ist. Ein von mindestens 200 Wahlberechtigten unterzeichneter Kreiswahlvorschlag kann auch von der Mehrheit der Unterzeichner durch eine von ihnen persönlich und handschriftlich vollzogene Erklärung zurückgenommen werden.

§ 25. Änderung von Kreiswahlvorschlägen. Ein Kreiswahlvorschlag kann nach Ablauf der Einreichungsfrist nur durch gemeinsame schriftliche Erklärung des Vertrauensmannes und seines Stellvertreters und nur dann geändert werden, wenn der Bewerber stirbt oder die Wählbarkeit verliert. Das Verfahren nach § 22 braucht nicht eingehalten zu werden. Nach der Entscheidung über die Zulassung eines Kreiswahlvorschlages (§ 27 Abs. 1 Satz 1) ist jede Änderung ausgeschlossen.

§ 26. Beseitigung von Mängeln. (1) Der Kreiswahlleiter hat die Kreiswahlvorschläge unverzüglich nach Eingang zu prüfen. Stellt er bei einem Kreiswahlvorschlag Mängel fest, so benachrichtigt er sofort den Vertrauensmann und fordert ihn auf, behebbare Mängel rechtzeitig zu beseitigen.

(2) Nach Ablauf der Einreichungsfrist können nur noch Mängel an sich gültiger Wahlvorschläge behoben werden. Ein gültiger Wahlvorschlag liegt nicht vor, wenn

1. die Form und Frist des § 20 nicht gewahrt ist,

2. die erforderlichen gültigen Unterschriften fehlen,

3. bei einem Parteiwahlvorschlag die Parteibezeichnung fehlt, die nach § 19 Abs. 2 erforderliche Feststellung der Parteieigenschaft abgelehnt ist oder die Nachweise des § 22 nicht erbracht sind,

4. der Bewerber mangelhaft bezeichnet ist, so daß seine Person nicht feststeht, oder

5. die Zustimmungserklärung des Bewerbers fehlt.

(3) Nach der Entscheidung über die Zulassung eines Kreiswahlvorschlages (§ 27 Abs. 1 Satz 1) ist jede Mängelbeseitigung ausgeschlossen.

(4) Gegen Verfügungen des Kreiswahlleiters im Mängelbeseitigungsverfahren kann der Vertrauensmann den Kreiswahlausschuß anrufen.

§ 27. Zulassung der Kreiswahlvorschläge. (1) Der Kreiswahlausschuß entscheidet am dreißigsten Tage vor der Wahl über die Zulassung der Kreiswahlvorschläge. Er hat Kreiswahlvorschläge zurückzuweisen, wenn sie

1. verspätet eingereicht sind oder

2. den Anforderungen nicht entsprechen, die durch dieses Gesetz und die Bundeswahlordnung aufgestellt sind, es sei denn, daß in diesen Vorschriften etwas anderes bestimmt ist.

(2) Weist der Kreiswahlausschuß einen Kreiswahlvorschlag zurück, so kann binnen drei Tagen nach Verkündung in der Sitzung des Kreiswahlausschusses Beschwerde an den Landeswahlausschuß eingelegt werden. Beschwerdeberechtigt sind der Vertrauensmann des Kreiswahlvorschlages, der Bundeswahlleiter und der Kreiswahlleiter. Der Bundeswahlleiter und der Kreiswahlleiter können auch gegen eine Entscheidung, durch die ein Kreiswahlvorschlag zugelassen wird, Beschwerde erheben. In der Beschwerdeverhandlung sind die erschienenen Beteiligten zu hören. Die Entscheidung über die Beschwerde muß spätestens am vierundzwanzigsten Tage vor der Wahl getroffen werden.

(3) Der Kreiswahlleiter macht die zugelassenen Kreiswahlvorschläge spätestens am zwanzigsten Tage vor der Wahl öffentlich bekannt.

§ 28. Landeslisten. (1) Landeslisten können nur von Parteien eingereicht werden. Sie müssen von dem satzungsmäßig zuständigen Landesvorstand, bei den in § 19 Abs. 2 genannten Parteien außerdem von 1 vom Tausend der Wahlberechtigten des Landes bei der letzten Bundestagswahl, jedoch höchstens 2000 Wahlberechtigten, persönlich und handschriftlich unterzeichnet sein. Das Erfordernis zusätzlicher Unterschriften gilt nicht für Landeslisten von Parteien nationaler Minderheiten.

(2) Landeslisten müssen den Namen der einreichenden Partei enthalten.

(3) Die Namen der Bewerber müssen in erkennbarer Reihenfolge aufgeführt sein. Fehlt die erkennbare Reihenfolge, so gilt die alphabetische Rei-

henfolge der Familiennamen und bei gleichen Familiennamen die der Rufnamen.

(4) Ein Bewerber kann nur in einem Land und hier nur in einer Landesliste vorgeschlagen werden. In einer Landesliste kann nur benannt werden, wer seine Zustimmung dazu schriftlich erklärt hat; die Zustimmung ist unwiderruflich.

(5) § 22, Abs. 1, 2, 5 und 6 sowie die §§ 23 bis 26 gelten entsprechend.

§ 29. Zulassung der Landeslisten. (1) Der Landeswahlausschuß entscheidet am dreißigsten Tage vor der Wahl über die Zulassung der Landeslisten. Er hat Landeslisten zurückzuweisen, wenn sie

1. verspätet eingereicht sind oder

2. den Anforderungen nicht entsprechen, die durch dieses Gesetz und die Bundeswahlordnung aufgestellt sind, es sei denn, daß in diesen Vorschriften etwas anderes bestimmt ist.

Sind die Anforderungen nur hinsichtlich einzelner Bewerber nicht erfüllt, so werden ihre Namen aus der Landesliste gestrichen.

(2) Weist der Landeswahlausschuß eine Landesliste ganz oder teilweise zurück, so kann binnen drei Tagen nach Verkündung in der Sitzung des Landeswahlausschusses Beschwerde an den Bundeswahlausschuß eingelegt werden. Beschwerdeberechtigt sind der Vertrauensmann der Landesliste und der Landeswahlleiter. Der Landeswahlleiter kann auch gegen eine Entscheidung, durch die eine Landesliste zugelassen wird, Beschwerde erheben. In der Beschwerdeverhandlung sind die erschienenen Beteiligten zu hören. Die Entscheidung über die Beschwerde muß spätestens am vierundzwanzigsten Tage vor der Wahl getroffen werden.

(3) Der Landeswahlleiter macht die zugelassenen Landeslisten spätestens am zwanzigsten Tage vor der Wahl öffentlich bekannt.

§ 30. Verbindung von Landeslisten. (1) Die Verbindung von Landeslisten muß dem Bundeswahlleiter von den Vertrauensmännern der beteiligten Landeslisten übereinstimmend spätestens am zwanzigsten Tage vor der Wahl bis 18 Uhr schriftlich erklärt werden.

(2) Der Bundeswahlausschuß entscheidet spätestens am sechzehnten Tage vor der Wahl über die Zulassung der Listenverbindungen. § 29 Abs. 1 Satz 2 gilt entsprechend.

(3) Der Bundeswahlleiter macht die zugelassenen Listenverbindungen spätestens am fünfzehnten Tage vor der Wahl öffentlich bekannt.

§ 31. Stimmzettel. (1) Die Stimmzettel, die zugehörigen Umschläge und die Wahlbriefumschläge (§ 36 Abs. 1) werden amtlich hergestellt.

(2) Der Stimmzettel enthält

1. für die Wahl in den Wahlkreisen die Namen der Bewerber der zugelassenen Kreiswahlvorschläge unter Angabe der Partei oder des Kennworts,

2. für die Wahl nach Landeslisten die Bezeichnung der Partei und die Namen der ersten fünf Bewerber der zugelassenen Landeslisten.

(3) Die Reihenfolge der Landeslisten von Parteien, die im letzten Bundestag vertreten waren, richtet sich nach der Zahl der Zweitstimmen, die sie bei der letzten Bundestagswahl im Land erreicht haben. Die übrigen Landeslisten schließen sich in alphabetischer Reihenfolge der Namen der Parteien an. Die Reihenfolge der Kreiswahlvorschläge richtet sich nach der Reihenfolge der entsprechenden Landeslisten. Sonstige Kreiswahlvorschläge schließen sich in alphabetischer Reihenfolge der Namen der Parteien oder der Kennwörter an.

Fünfter Abschnitt. Wahlhandlung

§ 32. Öffentlichkeit der Wahl. Die Wahlhandlung ist öffentlich. Der Wahlvorstand kann Personen, die die Ordnung und Ruhe stören, aus dem Wahlraum verweisen.

§ 33. Unzulässige Wahlpropaganda. In dem Gebäude, in dem sich der Wahlraum befindet, ist jede Beeinflussung der Wähler durch Wort, Ton, Schrift oder Bild verboten.

§ 34. Wahrung des Wahlgeheimnisses. (1) Es sind Vorkehrungen dafür zu treffen, daß der Wähler den Stimmzettel unbeobachtet kennzeichnen und in den Umschlag legen kann. Für die Aufnahme der Umschläge sind Wahlurnen zu verwenden, die die Wahrung des Wahlgeheimnisses sicherstellen. (2) Ein Wähler, der des Lesens unkundig oder durch körperliches Gebrechen behindert ist, den Stimmzettel zu kennzeichnen oder in den Umschlag zu legen und diesen dem Wahlvorsteher zu übergeben, kann sich der Hilfe einer Vertrauensperson bedienen.

§ 35. Stimmabgabe. (1) Gewählt wird mit amtlichen Stimmzetteln in amtlichen Umschlägen.

(2) Der Wähler gibt

1. seine Erststimme in der Weise ab, daß er durch ein auf den Stimmzettel gesetztes Kreuz oder auf andere Weise eindeutig kenntlich macht, welchem Bewerber sie gelten soll,

2. seine Zweitstimme in der Weise ab, daß er durch ein auf den Stimmzettel gesetztes Kreuz oder auf andere Weise eindeutig kenntlich macht, welcher Landesliste sie gelten soll.

(3) Der Bundesminister des Innern kann zulassen, daß anstelle von Stimmzetteln amtlich zugelassene Stimmenzählgeräte verwendet werden.

§ 36. Briefwahl. (1) Bei der Briefwahl hat der Wähler dem Kreiswahlleiter des Wahlkreises, in dem der Wahlschein ausgestellt worden ist, im verschlossenen Wahlbriefumschlag

a) seinen Wahlschein,

b) in einem besonderen verschlossenen Umschlag seinen Stimmzettel so rechtzeitig zu übersenden, daß der Wahlbrief spätestens am Wahltage bis 18 Uhr eingeht.

(2) Auf dem Wahlschein hat der Wähler eidesstattlich zu versichern, daß er den Stimmzettel persönlich gekennzeichnet hat.

(3) Wahlbriefe werden von der Deutschen Bundespost gebührenfrei befördert, wenn sie ihr in amtlichen Wahlbriefumschlägen übergeben werden.

Sechster Abschnitt. Feststellung des Wahlergebnisses

§ 37. Feststellung des Wahlergebnisses im Wahlbezirk. Nach Beendigung der Wahlhandlung stellt der Wahlvorstand fest, wieviel Stimmen im Wahlbezirk auf die einzelnen Kreiswahlvorschläge und Landeslisten abgegeben worden sind.

§ 38. Feststellung des Briefwahlergebnisses. Der für die Briefwahl eingesetzte Wahlvorstand stellt fest, wieviel durch Briefwahl abgegebene Stimmen auf die einzelnen Kreiswahlvorschläge und Landeslisten entfallen.

§ 39. Ungültige Stimmen, Auslegungsregeln. (1) Ungültig sind Stimmzettel,

1. die nicht in einem amtlichen Umschlag abgegeben worden sind,

2. die als nicht amtlich erkennbar sind.

(2) Ungültig sind Stimmen

1. die den Willen des Wählers nicht zweifelsfrei erkennen lassen,

2. die einen Zusatz oder einen Vorbehalt enthalten.

(3) Ist der Umschlag leer, so gelten beide Stimmen als ungültig. Enthält der Stimmzettel keine oder nur eine Stimmabgabe, so gelten die nicht abgegebenen Stimmen als ungültig.

(4) Mehrere in einem Umschlag enthaltene Stimmzettel gelten als ein Stimmzettel, wenn sie gleich lauten oder nur einer von ihnen gekennzeichnet ist; sonst zählen sie als ungültiger Stimmzettel.

(5) Bei Briefwahl ist die Stimmabgabe außerdem ungültig, wenn

1. der Wahlbrief nicht rechtzeitig eingegangen ist,

2. dem Stimmzettel kein oder kein mit der vorgeschriebenen eidesstattlichen Versicherung versehener Wahlschein beigefügt ist.

§ 40. Entscheidung des Wahlvorstandes. Der Wahlvorstand entscheidet über die Gültigkeit der abgegebenen Stimmen und über alle bei der Wahlhandlung und bei der Ermittlung des Wahlergebnisses sich ergebenden Anstände. Der Kreiswahlausschuß hat das Recht der Nachprüfung.

§ 41. Feststellung des Wahlergebnisses im Wahlkreis. (1) Der Kreiswahlausschuß stellt fest, wieviel Stimmen im Wahlkreis für die einzelnen Kreiswahlvorschläge und Landeslisten abgegeben worden sind und welcher Bewerber als Wahlkreisabgeordneter gewählt ist.

(2) Der Kreiswahlleiter benachrichtigt den gewählten Wahlkreisabgeordneten und fordert ihn auf, binnen einer Woche schriftlich zu erklären, ob er die Wahl annimmt.

§ 42. Feststellung des Ergebnisses der Landeslistenwahl. (1) Der Landeswahlausschuß stellt fest, wieviel Stimmen im Land für die einzelnen Landeslisten abgegeben worden sind.

(2) Der Bundeswahlausschuß stellt fest, wieviel Sitze auf die einzelnen Landeslisten entfallen und welche Bewerber gewählt sind.

(3) Der Landeswahlleiter benachrichtigt die Gewählten und fordert sie auf, binnen einer Woche schriftlich zu erklären, ob sie die Wahl annehmen.

Siebenter Abschnitt. Besondere Vorschriften für Nachwahlen und Wiederholungswahlen

§ 43. Nachwahl. (1) Ein Nachwahl findet statt,

1. wenn in einem Wahlkreis oder in einem Wahlbezirk die Wahl nicht durchgeführt worden ist,

2. wenn ein Wahlkreisbewerber nach der Zulassung des Kreiswahlvorschlages, aber noch vor der Wahl stirbt.

(2) Die Nachwahl soll spätestens drei Wochen nach dem Tage der Hauptwahl stattfinden. Den Tag der Nachwahl bestimmt der Landeswahlleiter.

(3) Die Nachwahl findet nach denselben Vorschriften und auf denselben Grundlagen wie die Hauptwahl statt.

§ 44. Wiederholungswahl. (1) Wird im Wahlprüfungsverfahren eine Wahl ganz oder teilweise für ungültig erklärt, so ist sie nach Maßgabe der Entscheidung zu wiederholen.

(2) Die Wiederholungswahl findet nach denselben Vorschriften, vorbehaltlich einer anderen Entscheidung im Wahlprüfungsverfahren nach denselben Wahlvorschlägen und, wenn seit der Hauptwahl noch nicht sechs Monate verflossen sind, auf Grund derselben Wählerverzeichnisse statt wie die Hauptwahl.

(3) Die Wiederholungswahl muß spätestens sechzig Tage nach Rechtskraft der Entscheidung stattfinden, durch die die Wahl für ungültig erklärt worden ist. Ist die Wahl nur teilweise für ungültig erklärt worden, so unterbleibt die Wiederholungswahl, wenn feststeht, daß innerhalb von sechs Monaten ein neuer Bundestag gewählt wird. Den Tag der Wiederholungswahl bestimmt der Landeswahlleiter, im Falle einer Wiederholungswahl für das ganze Wahlgebiet der Bundespräsident.

(4) Auf Grund der Wiederholungswahl wird das Wahlergebnis nach den Vorschriften des Sechsten Abschnitts neu festgestellt. § 41 Abs. 2 und § 42 Abs. 3 gelten entsprechend.

Achter Abschnitt. Erwerb und Verlust der Mitgliedschaft im Bundestag

§ 45. Erwerb der Mitgliedschaft im Bundestag. Ein gewählter Bewerber erwirbt die Mitgliedschaft im Bundestag mit dem Eingang der Annahmeerklärung beim zuständigen Wahlleiter, jedoch nicht vor Ablauf der Wahlperiode des letzten Bundestages und im Falle des § 44 Abs. 4 nicht vor Ausscheiden des nach dem ursprünglichen Wahlergebnis gewählten Abgeordneten. Gibt der Gewählte bis zum Ablauf der gesetzlichen Frist keine Erklärung ab, so gilt die Wahl zu diesem Zeitpunkt als angenommen. Eine Erklärung unter Vorbehalt gilt als Ablehnung. Eine Ablehnung kann nicht widerrufen werden.

§ 46. Verlust der Mitgliedschaft im Bundestag. (1) Ein Abgeordneter verliert seinen Sitz

1. bei Ungültigkeit seiner Wahl,
2. bei Neufeststellung des Wahlergebnisses,
3. bei Wegfall einer Voraussetzung seiner jederzeitigen Wählbarkeit,
4. bei Verzicht. Der Verzicht ist nur wirksam, wenn er dem Präsidenten des Bundestages, einem deutschen Notar, der seinen Sitz im Wahlgebiet hat, oder einem zur Vornahme von Beurkundungen ermächtigten Bediensteten bei einer deutschen Auslandsvertretung zur Niederschrift erklärt wird. Der Verzicht kann nicht widerrufen werden.

(2) Bei Ungültigkeit seiner Wahl im Wahlkreis bleibt der Abgeordnete Mitglied des Bundestages, wenn er zugleich auf einer Landesliste gewählt war, aber nach § 6 Abs. 2 Satz 3 unberücksichtigt geblieben ist.

§ 47. Entscheidung über den Verlust der Mitgliedschaft. (1) Über den Verlust der Mitgliedschaft nach § 46 Abs. 1 wird entschieden

1. im Falle der Nummer 1 im Wahlprüfungsverfahren,

2. im Falle der Nummer 3, wenn der Verlust der Wählbarkeit durch rechtskräftigen Richterspruch eingetreten ist, durch Beschluß des Vorstandes des Bundestages, im übrigen im Wahlprüfungsverfahren,

3. im Falle der Nummer 2 durch Beschluß des Vorstandes des Bundestages.

(2) Im Falle der Nummer 4 ist ein Beschluß des Vorstandes des Bundestages nicht erforderlich. Mit der Abgabe oder dem Eingang der Verzichterklärung bei dem Präsidenten des Bundestages ist die Mitgliedschaft erloschen.

(3) Der Abgeordnete scheidet aus dem Bundestag mit der Rechtskraft der Entscheidung im Wahlprüfungsverfahren, sonst mit dem Beschluß des Vorstandes des Bundestages aus.

§ 48. Berufung von Listennachfolgern und Ersatzwahlen. (1) Wenn ein gewählter Bewerber stirbt oder die Annahme der Wahl ablehnt oder wenn ein Abgeordneter stirbt oder sonst nachträglich aus dem Bundestag ausscheidet, so wird der Sitz aus der Landesliste derjenigen Partei besetzt, für die der Ausgeschiedene bei der Wahl aufgetreten ist. Bei der Nachfolge bleiben diejenigen Listenbewerber unberücksichtigt, die seit dem Zeitpunkt der Aufstellung der Landesliste aus dieser Partei ausgeschieden sind. Ist die Liste erschöpft, so bleibt der Sitz unbesetzt. Die Feststellung, wer als Listennachfolger eintritt, trifft der Landeswahlleiter. § 42 Abs. 3 und § 45 gelten entsprechend.

(2) Ist der Ausgeschiedene als Wahlkreisabgeordneter einer Wählergruppe oder einer Partei gewählt, für die im Land keine Landesliste zugelassen worden war, so findet Ersatzwahl im Wahlkreis statt. Die Ersatzwahl muß spätestens sechzig Tage nach dem Zeitpunkt des Ausscheidens stattfinden. Sie unterbleibt, wenn feststeht, daß innerhalb von sechs Monaten ein neuer Bundestag gewählt wird. Die Ersatzwahl wird nach den allgemeinen Vorschriften durchgeführt. Den Wahltag bestimmt der Landeswahlleiter. § 41 Abs. 2 und § 45 gelten entsprechend.

§ 49. Folgen eines Parteiverbots. (1) Wird eine Partei oder die Teilorganisation einer Partei durch das Bundesverfassungsgericht gemäß Artikel 21 des Grundgesetzes für verfassungswidrig erklärt, so verlieren die Abgeordneten, die dieser Partei oder Teilorganisation zur Zeit der Antragstellung oder der Verkündung des Urteils angehören, ihren Sitz und die nicht gewählten Bewerber ihre Anwartschaft als Listennachfolger.

(2) Den Verlust der Mitgliedschaft nach Absatz 1 stellt der Vorstand des Bundestages durch Beschluß fest. § 47 Abs. 2 gilt entsprechend.

(3) Soweit Abgeordnete, die nach Absatz 1 ihren Sitz verloren haben, in Wahlkreisen gewählt waren, wird die Wahl in diesen Wahlkreisen wiederholt. § 44 Abs. 2 bis 4 findet entsprechende Anwendung. Abgeordnete, die nach Absatz 1 ihren Sitz verloren haben, dürfen bei dieser Wiederholungswahl nicht als Bewerber auftreten.

(4) Soweit Abgeordnete, die nach Absatz 1 ihren Sitz verloren haben, nach einer Landesliste der für verfassungswidrig erklärten Partei oder Teilorganisation gewählt waren, bleiben die Sitze unbesetzt. Im übrigen gilt § 48 Abs. 1.

Neunter Abschnitt. Schlußbestimmungen

§ 49 a. (Änderung von Wahlkreisgrenzen). Wurden Grenzen einer kreisfreien Stadt, eines Landkreises, einer Gemeinde oder eines gemeindefreien Gebiets bis zum 1. Oktober 1968 geändert, ändern sich für die Wahl des Sechsten Deutschen Bundestages entsprechend auch die Grenzen der betroffenen Wahlkreise.

§ 50. Anfechtung. Entscheidungen und Maßnahmen, die sich unmittelbar auf das Wahlverfahren beziehen, können nur mit den in diesem Gesetz und in der Bundeswahlordnung vorgesehenen Rechtsbehelfen sowie im Wahlprüfungsverfahren angefochten werden.

§ 51 Wahlkosten. (1) Der Bund erstattet den Ländern zugleich für ihre Gemeinden (Gemeindeverbände) die durch die Wahl veranlaßten notwendigen Ausgaben durch einen festen, nach Gemeindegrößen abgestuften Betrag je Wahlberechtigten.

(2) Der feste Betrag wird vom Bundesminister des Innern mit Zustimmung des Bundesrates festgesetzt. Bei der Festsetzung werden laufende persönliche und sachliche Kosten und Kosten für Benutzung von Räumen und Einrichtungen der Länder und Gemeinden (Gemeindeverbände) nicht berücksichtigt.

§ 52. Wahlstatistik. (1) Das Ergebnis der Wahlen zum Deutschen Bundestag ist statistisch zu bearbeiten.

(2) In den vom Bundeswahlleiter im Einvernehmen mit den Landeswahlleitern und den Statistischen Landesämtern zu bestimmenden Wahlbezirken sind auch Statistiken über Geschlechts- und Altersgliederung der Wahlberechtigten und Wähler unter Berücksichtigung der Stimmabgabe für die einzelnen Wahlvorschläge zu erstellen. Die Trennung der Wahl nach Altersgruppen und Geschlechtern ist nur zulässig, wenn die Stimmabgabe der einzelnen Wähler dadurch nicht erkennbar wird.

§ 53. Bundeswahlordnung. (1) Der Bundesminister des Innern erläßt die zur Durchführung dieses Gesetzes erforderliche Bundeswahlordnung. Er trifft darin insbesondere Rechtsvorschriften über

die Bestellung der Wahlleiter und Wahlvorsteher, die Bildung der Wahlausschüsse und Wahlvorstände sowie über die Tätigkeit, Beschlußfähigkeit und das Verfahren der Wahlorgane,

die Berufung in ein Wahlehrenamt, über den Ersatz von Auslagen für Inhaber von Wahlehrenämtern und über das Bußgeldverfahren,

die Wahlzeit,

die Bildung der Wahlbezirke und ihre Bekanntmachung,

die Führung der Wählerverzeichnisse, ihre Auslegung, Berichtigung und ihren Abschluß, über den Einspruch und die Beschwerde gegen das Wählerverzeichnis sowie über die Benachrichtigung der Wahlberechtigten,

die einzelnen Voraussetzungen für die Erteilung von Wahlscheinen, deren Ausstellung, über den Einspruch und die Beschwerde gegen die Ablehnung von Wahlscheinen,

Einreichung, Inhalt und Form der Wahlvorschläge sowie der dazugehörigen Unterlagen, über ihre Prüfung, die Beseitigung von Mängeln sowie über ihre Zulassung und Bekanntgabe,

Form und Inhalt des Stimmzettels und über den Wahlumschlag,

Bereitstellung, Einrichtung und Bekanntmachung der Wahlräume sowie über Wahlschutzvorrichtungen und Wahlzellen,

die Stimmabgabe, auch soweit besondere Verhältnisse besondere Regelungen erfordern,

die Briefwahl,

die Wahl in Kranken- und Pflegeanstalten,

die Feststellung der Wahlergebnisse, ihre Weitermeldung und Bekanntgabe sowie die Benachrichtigung der Gewählten,

die Durchführung von Nachwahlen, Wiederholungswahlen und Ersatzwahlen sowie die Berufung von Listennachfolgern.

(2) Die Rechtsvorschriften bedürfen nicht der Zustimmung des Bundesrates.

§ 54. Übergangsregelung. Solange im Hinblick auf Artikel 2 des Vertrages über die Beziehungen zwischen der Bundesrepublik Deutschland und den Drei Mächten vom 23. Oktober 1954 in Verbindung mit dem Schreiben der drei Hohen Kommissare in der Fassung vom 23. Oktober 1954 der vollen

Anwendung dieses Gesetzes im Lande Berlin Hindernisse entgegenstehen, gilt folgende Regelung:

1. Die in § 1 Abs. 1 festgelegte Abgeordnetenzahl verringert sich auf 496, die Zahl der nach § 1 Abs. 2 nach Kreiswahlvorschlägen zu wählenden Abgeordneten auf 248.

2. Dazu treten 22 Abgeordnete des Landes Berlin nach Maßgabe folgender Bestimmungen:

a) Das Abgeordnetenhaus von Berlin wählt die Abgeordneten sowie eine ausreichende Anzahl von Ersatzmännern auf der Grundlage der Zusammensetzung des Abgeordnetenhauses zum Zeitpunkt der Wahl zum Deutschen Bundestag. Entsprechende Vorschläge machen die zu diesem Zeitpunkt im Abgeordnetenhaus vertretenen Fraktionen und Gruppen.

b) Die Gewählten erwerben die Mitgliedschaft im Bundestag mit der Annahmeerklärung gegenüber dem Präsidenten des Abgeordnetenhauses von Berlin. Dieser übermittelt das Ergebnis der Wahl unter Beifügung der Annahmeerklärungen unverzüglich dem Präsidenten des Bundestages.

c) Für die Wählbarkeit und den Verlust der Mitgliedschaft im Bundestag gelten im übrigen die Bestimmungen dieses Gesetzes entsprechend. Scheidet ein Mitglied aus, so rückt der nächste Ersatzmann nach. Er muß derselben Partei angehören wie der ausgeschiedene zur Zeit seiner Wahl.

§ 55. Geltung in Berlin. Dieses Gesetz gilt nach Maßgabe des § 13 Abs. 1 des Dritten Überleitungsgesetzes vom 4. Januar 1952 auch im Land Berlin. Rechtsverordnungen, die auf Grund dieses Gesetzes erlassen werden, gelten im Land Berlin nach § 14 des Dritten Überleitungsgesetzes.

§ 56. Ausdehnung des Geltungsbereiches dieses Gesetzes. Dieses Gesetz ist in anderen Teilen Deutschlands nach deren Beitritt gemäß Artikel 23 des Grundgesetzes in Kraft zu setzen. Der Zeitpunkt des Inkrafttretens und die Wahlkreiseinteilung werden durch Bundesgesetz bestimmt.

§ 57. Inkrafttreten. Dieses Gesetz tritt vierzehn Tage nach der Verkündung in Kraft. Es findet erstmals auf die Wahl des dritten Deutschen Bundestages Anwendung.

Auszüge* aus den Bundeswahlgesetzen von 1949 und 1953
(Quelle: Bundesgesetzblatt 1949, S. 21 ff. und 1953/I, S. 470 ff.)

a) Das Bundeswahlgesetz vom 15. Juni 1949

§ 8. (1) Der Bundestag besteht aus mindestens 400 Abgeordneten, die in den Ländern des Bundes nach folgendem Verfahren gewählt werden.

Es wählen die Länder:

Baden	11	Abgeordnete
Bayern (einschl. Lindau)	78	„

Anmerkung: *) Die hier abgedruckten Auszüge enthalten vornehmlich die wahlsystematischen Regelungen, die durch das Wahlgesetz von 1956 abgeändert wurden.

Bremen	4	Abgeordnete
Hamburg	13	"
Hessen	36	"
Niedersachsen	58	"
Nordrhein-Westfalen	109	"
Rheinland-Pfalz	25	"
Schleswig-Holstein	23	"
Württemberg-Baden	33	"
Württemberg-Hohenzollern	10	"

(2) Die Landesregierungen verteilen die ihren Ländern zugeteilten Sitze zwischen Wahlkreisen und Landesergänzungsvorschlägen im ungefähren Verhältnis von 60 zu 40.

§ 9. In jedem Wahlkreis wird ein Abgeordneter gewählt; gewählt ist der Bewerber, der die meisten Stimmen auf sich vereinigt.

§ 10. (1) Alle im Lande abgegebenen Stimmen jeder Partei werden zusammengezählt und aus diesen Summen nach dem Höchstzahlverfahren (d'Hondt) die jeder Partei zustehenden Mandate errechnet.

(2) Von der für jede Partei so ermittelten Abgeordnetenzahl wird die Zahl der in den Wahlkreisen von ihr errungenen Mandate abgerechnet. Die hiernach ihr zustehenden Sitze aus dem Landesergänzungsvorschlag werden in dessen Reihenfolge besetzt.

(3) In den Wahlkreisen errungene Mandate verbleiben der Partei auch dann, wenn sie die nach Absatz 1 ermittelte Zahl übersteigen. In einem solchen Fall erhöht sich die Gesamtzahl der für das Land vorgesehenen Abgeordnetensitze um die gleiche Zahl; die so erhöhte Gesamtzahl ist der Berechnung nach Absatz 1 zugrundezulegen.

(4) Parteien, deren Gesamtstimmenzahl weniger als fünf vom Hundert der gültigen Stimmen im Lande beträgt, werden bei der Errechnung und Zuteilung der Mandate nach Absatz 1—3 nicht berücksichtigt.

(5) Die Vorschrift in Absatz 4 findet keine Anwendung, sofern die Partei in einem Wahlkreis des Landes ein Mandat errungen hat.

§ 11. (1) Bei dem Kreiswahlleiter sind spätestens am 17. Tage vor dem Wahltag bis 18 Uhr während der Dienststunden Kreiswahlvorschläge schriftlich einzureichen; sie müssen von mindestens fünfhundert Wählern des Wahlkreises unterschrieben sein. Ist in einem Wahlvorschlag angegeben, daß der Bewerber für eine politische Partei auftritt, so genügt die Unterschrift der für den Wahlkreis zuständigen Landesleitung der Partei.

(2) Jeder Wahlvorschlag darf nur den Namen eines Bewerbers enthalten und dessen Namen, Vornamen, Geburtstag, Geburtsort, Beruf und Anschrift angeben; tritt der Bewerber für eine politische Partei auf, so ist deren Bezeichnung ebenfalls beizufügen.

(3) Jeder Bewerber hat seine Zustimmung schriftlich und gleichzeitig eine amtlich beglaubigte Bescheinigung vorzulegen, daß er die Wählbarkeitsvoraussetzungen erfüllt. Diese Unterlagen sind bis zu dem in Absatz 1 vorgeschriebenen Termin einzureichen.

(4) Namen, Vornamen, Beruf und Anschrift der Unterzeichner des Wahlvorschlages sind anzugeben.

§ 12. Jeder Bewerber kann nur auf einem Wahlvorschlag eines Wahlkreises genannt sein.

§ 13. Jeder Wähler hat eine Stimme. Die Stimmabgabe erfolgt durch Ankreuzen des Kreiswahlvorschlages, dem er seine Stimme geben will.

§ 14. (1) Beim Landeswahlleiter können bis 18 Uhr des 17. Tages vor dem Wahltag politische Parteien ihre Wahlvorschläge für die Landesergänzungsvorschläge einreichen. Die Zahl der Bewerber eines solchen Wahlvorschlages ist unbeschränkt. Auf Inhalt und Einreichung dieser Wahlvorschläge finden die Bestimmungen der §§ 11 und 12 entsprechende Anwendung; jedoch genügt für die Unterzeichnung des Wahlvorschlages die Unterschrift der obersten Parteileitung im Lande.

(2) Die Bewerber auf den Landesergänzungsvorschlägen können auch in den Kreiswahlvorschlägen der gleichen Partei in demselben Lande als Bewerber auftreten.

(3) Landesergänzungsvorschläge können nur von den im Lande im Landesmaßstab zugelassenen politischen Parteien eingereicht werden.

§ 15. Erklärt der Bewerber, daß er die Wahl nicht annimmt, stirbt ein Abgeordneter oder verliert er seinen Sitz (vgl. § 7), so findet, wenn er auf einem Kreiswahlvorschlag gewählt war, Nachwahl*) statt, im anderen Fall rückt der nachfolgende Bewerber des gleichen Landesergänzungsvorschlages nach.

§ 16. Die Verbindung von Wahlvorschlägen mehrerer Parteien ist unstatthaft.

§ 18. Wahlberechtigte können nur in dem Wahlbezirk abstimmen, in dessen Wählerlisten oder Wahlkarteien sie eingetragen sind. Inhaber von Wahlscheinen können in jedem beliebigen Wahlbezirk des Landes wählen.

b) Das Bundeswahlgesetz vom 8. Juli 1953

§ 6. Zahl der Abgeordneten und Wahlkreiseinteilung.

(1) Der Bundestag besteht aus mindestens 484 Abgeordneten, von denen 242 in Wahlkreisen und die übrigen nach Landeslisten gewählt werden. Es wählen die Länder:

Baden-Württemberg	67	Abgeordnete
Bayern	91	„
Bremen	6	„
Hamburg	17	„

Anmerkung: *) Die Nachwahlen wurden bereits durch Gesetzesänderung vom 8. Januar 1953 (BGBl. 1953/I, S. 2) aufgehoben. Auch bei Vakanz eines Wahlkreismandates erfolgte die Neubesetzung bereits über Nachrücken eines Listenbewerbers.

Hessen	44	Abgeordnete
Niedersachsen	66	„
Nordrhein-Westfalen	138	„
Rheinland-Pfalz	31	„
Schleswig-Holstein	24	„

(3) Dazu treten 22 Abgeordnete des Landes Berlin gemäß § 55.
(4) Die Wahl erfolgt nach der in der Anlage zu diesem Gesetz enthaltenen Wahlkreiseinteilung.

§ 7. Stimmen. Jeder Wähler hat zwei Stimmen, eine Erststimme für die Wahl im Wahlkreis, eine Zweitstimme für die Wahl nach Landeslisten.

§ 8. Wahl im Wahlkreis. In jedem Wahlkreis wird ein Abgeordneter gewählt. Gewählt ist der Bewerber, der die meisten Stimmen auf sich vereinigt. Bei Stimmengleichheit entscheidet das vom Kreiswahlleiter zu ziehende Los.

§ 9. Wahl nach Landeslisten. (1) Für jede Partei werden die im Lande für sie abgegebenen Zweitstimmen zusammengezählt. Dabei werden die Zweitstimmen derjenigen Wähler, die für einen im Wahlkreis erfolgreichen parteilosen Bewerber (§ 26 Abs. 2) gestimmt haben, nicht berücksichtigt. Von der Gesamtzahl der im Lande zu wählenden Abgeordneten wird die Zahl der von parteilosen Bewerbern in den Wahlkreisen errungenen Sitze abgezogen. Die verbleibenden Sitze werden auf die Parteien im Verhältnis der Summen ihrer nach Satz 1 und 2 zu berücksichtigenden Zweitstimmen im Höchstzahlverfahren d'Hondt verteilt. Über die Zuteilung des letzten Sitzes entscheidet bei gleicher Höchstzahl das vom Landeswahlleiter zu ziehende Los.
(2) Von der für jede Partei so ermittelten Abgeordnetenzahl wird die Zahl der in den Wahlkreisen von ihr errungenen Sitze abgerechnet. Die ihr hiernach noch zustehenden Sitze werden aus ihrer Landesliste in der dort festgelegten Reihenfolge besetzt. Bewerber, die in einem Wahlkreis gewählt sind, bleiben auf der Liste unberücksichtigt. Entfallen auf eine Landesliste mehr Sitze als Bewerber benannt sind, so bleiben diese Sitze unbesetzt.
(3) In den Wahlkreisen errungene Sitze verbleiben der Partei auch dann, wenn sie die nach Absatz 1 ermittelte Zahl übersteigen. In einem solchen Falle erhöht sich die Gesamtzahl der für das Land vorgesehenen Abgeordnetensitze um die Unterschiedszahl; eine erneute Berechnung nach Absatz 1 findet nicht statt.
(4) Bei Verteilung der Sitze auf die Landeslisten werden nur Parteien berücksichtigt, die mindestens 5 v. H. der im Bundesgebiet abgegebenen gültigen Zweitstimmen erhalten oder in mindestens einem Wahlkreis einen Sitz errungen haben.
(5) Die Vorschrift in Absatz 4 findet keine Anwendung auf die von nationalen Minderheiten eingereichten Listen.

§ 10. Verbindungsverbot für Wahlvorschläge. Die Verbindung von Wahlvorschlägen mehrerer Parteien ist unstatthaft.

§ 16. Wahlschein. (1) Ein Wahlberechtigter, der in das Wählerverzeichnis eingetragen ist, erhält auf Antrag einen Wahlschein,

1. wenn er sich am Wahltage während der Wahlzeit aus wichtigem Grunde außerhalb seines Wahlbezirks aufhält,

2. wenn er nach Ablauf der Einspruchsfrist seine Wohnung in einen anderen Wahlbezirk verlegt,

3. wenn er infolge eines körperlichen Leidens oder Gebrechens in seiner Bewegungsfreiheit behindert ist und durch den Wahlschein die Möglichkeit erhält, in einem für ihn günstiger gelegenen Raum zu wählen.

(2) Ein Wahlberechtigter, der nicht in das Wählerverzeichnis eingetragen oder darin gestrichen ist, erhält auf Antrag einen Wahlschein,

1. wenn er nach Ablauf der Einspruchsfrist das Wahlrecht durch den Wegfall eines Ausschlußgrundes erlangt hat,

2. wenn das Wahlrecht erst nach Abschluß des Wählerverzeichnisses im Einspruchsverfahren festgestellt wird.

§ 34. Landeslisten. (1) Landeslisten können nur von Parteien eingereicht werden, die nachweisen, daß sie einen nach demokratischen Grundsätzen gewählten Vorstand, eine schriftliche Satzung und ein Programm haben. Dieser Nachweis braucht von Parteien, die im Bundestag oder in der Volksvertretung eines Landes in der letzten Wahlperiode ununterbrochen mit mindestens fünf Abgeordneten oder als Fraktion vertreten waren, nicht erbracht zu werden.

(2) In eine Landesliste darf nur aufgenommen werden, wer seine Zustimmung dazu schriftlich erteilt hat.

(3) Landeslisten sind spätestens am siebzehnten Tage vor der Wahl bis achtzehn Uhr dem Landeswahlleiter schriftlich einzureichen.

(4) Landeslisten müssen von der Landesleitung der Partei und, wenn die Partei nicht im Bundestag oder in der Volksvertretung eines Landes in der letzten Wahlperiode ununterbrochen mit mindestens fünf Abgeordneten oder als Fraktion vertreten war, von 1 vom Tausend der Wahlberechtigten, jedoch mindestens 500 und höchstens 2500 Wahlberechtigten persönlich und handschriftlich unterzeichnet sein.

(5) Für die Landeslisten gelten die §§ 27 bis 31 entsprechend.

§ 35. Zulassung der Landeslisten. (1) Der Landeswahlausschuß entscheidet am zwölften Tage vor der Wahl über die Zulassung der Landeslisten. § 32 Abs. 1 Satz 2 gilt entsprechend. Sind die Anforderungen nur hinsichtlich einzelner Bewerber nicht erfüllt, so werden ihre Namen aus der Landesliste gestrichen.

(2) Der Landeswahlleiter hat die zugelassenen Landeslisten spätestens am neunten Tag vor der Wahl öffentlich bekanntzumachen.

§ 36. Stimmzettel. (1) Die Stimmzettel werden für jeden Wahlkreis amtlich hergestellt.

(2) Jeder Wähler erhält einen Stimmzettel.

(3) Jeder Stimmzettel enthält

1. für die Wahl in den Wahlkreisen die Namen der Bewerber der zugelassenen Wahlvorschläge unter Angabe der Partei oder des Kennwortes,

2. für die Wahl nach Landeslisten die Bezeichnung der Partei und die Namen der ersten fünf Bewerber der zugelassenen Landeslisten.

(4) Die Reihenfolge der Wahlvorschläge und der Landeslisten bestimmt sich nach § 33 Abs. 2.

§ 49. Nachwahlen. (1) Eine Nachwahl findet statt,

1. wenn in einem Wahlkreis oder in einem Wahlbezirk die Wahl nicht durchgeführt worden ist,

2. wenn ein Bewerber nach der Zulassung des Wahlvorschlages, aber noch vor der Wahl stirbt.

(2) Die Nachwahl muß spätestens drei Wochen nach dem Tage der ausgefallenen Wahl stattfinden. Den Tag der Nachwahl bestimmt der Landeswahlleiter.

(3) Die Nachwahl findet auf denselben Grundlagen und nach denselben Vorschriften wie die ausgefallene Wahl statt.

§ 50. Wiederholungswahl. (1) Wird im Wahlprüfungsverfahren die Wahl in einem Wahlkreis oder in einem Wahlbezirk für ungültig erklärt, so ist sie in dem in der Entscheidung bestimmten Umfange zu wiederholen.

(2) Bei der Wiederholungswahl wird vorbehaltlich einer anderen Entscheidung im Wahlprüfungsverfahren nach denselben Wahlvorschlägen und, wenn seit der Hauptwahl noch nicht sechs Monate verflossen sind, auf Grund derselben Wählerverzeichnisse gewählt wie bei der für ungültig erklärten Wahl.

(3) Die Wiederholungswahl muß spätestens sechzig Tage nach Rechtskraft der Entscheidung stattfinden, durch die die Wahl für ungültig erklärt worden ist. Sie unterbleibt, wenn feststeht, daß innerhalb von sechs Monaten ein neuer Bundestag gewählt wird. Den Tag der Wiederholungswahl bestimmt der Landeswahlleiter.

(4) Auf Grund der Wiederholungswahl wird das Wahlergebnis neu festgestellt.

§ 54. Einberufung von Listennachfolgern und Ersatzwahlen. (1) Wenn ein gewählter Bewerber stirbt oder die Annahme der Wahl ablehnt oder wenn ein Abgeordneter stirbt oder sonst aus dem Bundestag ausscheidet, so wird der Sitz nach der Landesliste derjenigen Partei besetzt, für die der Ausgeschiedene bei der Wahl aufgetreten ist; maßgebend ist die Landesliste für das Land, in dem der Ausgeschiedene gewählt worden ist. Ist der Ausgeschiedene bei der Wahl nicht als Bewerber für eine politische Partei aufgetreten, so findet Ersatzwahl statt.

(2) Die Ersatzwahl muß spätestens drei Monate nach dem Zeitpunkt stattfinden, in dem die Voraussetzung dafür eingetreten ist. Sie unterbleibt, wenn feststeht, daß innerhalb von drei Monaten ein neuer Bundestag ge-

wählt wird. Die Ersatzwahl wird nach den allgemeinen Vorschriften durchgeführt. Den Wahltag bestimmt der Landeswahlleiter.

(3) Die Feststellung, wer nach Absatz 1 als Listennachfolger eintritt, trifft der Landeswahlleiter. Die §§ 46 Abs. 2, 47 gelten entsprechend. Der Bundeswahlleiter macht bekannt, welcher Bewerber in den Bundestag eingetreten ist.

Nr. 12. Lehr'scher Gesetzentwurf von 1953

(Auszug aus dem Wahlgesetzentwurf der Bundesregierung vom 19. Februar 1953*); Quelle: Anlagen zu den stenographischen Berichten (Bundestag-Drucksachen) I. Wahlperiode, Nr. 4090.)

II. Wahlsystem

§ 6 Zahl der Abgeordneten und Wahlkreiseinteilung (1) Der Bundestag besteht aus 484 Abgeordneten, von denen 242 in Wahlkreisen und die übrigen nach Bundeslisten gewählt werden.

(2) Die Einteilung der Wahlkreise erfolgt durch Gesetz.

§ 7 Stimme Jeder Wähler hat eine Stimme. Sie gilt zugleich für die Wahl im Wahlkreis (§ 8) und für die Wahl nach Bundeslisten (§ 9).

§ 8 Wahl im Wahlkreis (1) In jedem Wahlkreis wird ein Abgeordneter gewählt.

(2) Der Wähler kann neben dem Bewerber, den er in erster Linie wählen will (Hauptstimme), einen anderen Bewerber benennen, der die Stimme erhalten soll, falls er mehr Hauptstimmen auf sich vereinigt als der erstbenannte Bewerber (Hilfsstimme). Die Hilfsstimme bleibt außer Betracht, soweit sie sich zum Nachteil des Bewerbers auswirken würde, für den die Hauptstimme abgegeben ist.

(3) Den Sitz im Wahlkreis erhält der Bewerber, für den die meisten Stimmen abgegeben sind; dabei werden die Hauptstimmen und die nach Absatz 2 zu berücksichtigenden Hilfsstimmen zusammengezählt. Bei Stimmengleichheit entscheidet das vom Wahlkreisleiter zu ziehende Los.

§ 9 Wahl nach Bundeslisten (1) Die Parteien sind berechtigt, Bundeslisten einzureichen. Die Bundeslisten stellen sich aus den von den Landesverbänden der Parteien aufgestellten Landeswahlvorschlägen zusammen. Der Bundesliste einer Partei sind die Hauptstimmen zuzurechnen, die auf die von ihr in den Wahlkreisen eingereichten und auf die ihr nach § 32 angeschlossenen Wahlvorschläge abgegeben worden sind.

(2) Die auf Bundeslisten entfallenden Sitze werden auf die einzelnen Parteien im Verhältnis der ihnen nach Absatz 1 Satz 3 zuzurechnenden Stimmen im Höchstzahlverfahren (d'Hondt) verteilt.

(3) Bei Verteilung der Sitze auf die Bundeslisten werden nur Parteien berücksichtigt, die mindestens in einem Wahlkreis einen Sitz errungen oder

---

Anmerkung: *) Zur Interpretation siehe S. 239 ff.

5 v. H. der im Bundesgebiet abgegebenen gültigen Hauptstimmen erhalten haben.

(4) Die einer Partei nach den Absätzen 2 und 3 zustehenden Sitze werden nach dem Verhältnis der ihr in jedem Lande zuzurechnenden Hauptstimmen auf die einzelnen von ihr aufgestellten Landeswahlvorschläge im Höchstzahlverfahren (d'Hondt) verteilt; dabei werden bei jedem Landeswahlvorschlag so viele Höchstzahlen von der Sitzverteilung ausgenommen, wie auf die angeschlossenen Wahlvorschläge in den Wahlkreisen des Landes Sitze entfallen sind.

(5) Die Sitze werden den Bewerbern nach ihrer Reihenfolge auf den Landeswahlvorschlägen zugewiesen. Scheidet ein Bewerber nach der Zulassung der Bundesliste aus, so tritt an seine Stelle der Ersatzmann. Entfallen auf einen Landeswahlvorschlag mehr Sitze als Bewerber benannt sind, so gehen die Sitze in der Reihenfolge der weiteren Höchstzahlen auf die übrigen Landeswahlvorschläge über. Ist die gesamte Bundesliste erschöpft, so bleiben die Sitze unbesetzt.

§ 10 Bundeslistenverbindung (1) Die Verbindung von Bundeslisten mehrerer Parteien ist statthaft. Verbundene Listen können mit anderen Listen und verbundenen Listen zu Gesamtverbindungen zusammengeschlossen werden.

(2) Nach Absatz 1 verbundene Listen gelten bei der Sitzverteilung im Verhältnis zu den übrigen als eine Liste.

(3) Die auf eine Gesamtverbindung entfallenden Sitze werden auf die beteiligten Parteien und Verbindungen im Verhältnis der ihnen nach § 9 Abs. 1 Satz 3 zuzurechnenden Stimmen im Höchstzahlverfahren (d'Hondt) verteilt. Dabei werden von den für jede Partei (Verbindung) ermittelten Höchstzahlen so viele von der Sitzverteilung ausgenommen, wie ihr in den Wahlkreisen des Bundesgebietes Sitze zugefallen sind. Die Verteilung der auf eine einfache Listenverbindung entfallenden Sitze auf die beteiligten Parteien erfolgt entsprechend. ...

Erläuterungen der Bundesregierung zum Gesetzentwurf:

... Die Bundesregierung hält das bisherige Wahlsystem, das mit einer unbedeutenden Abweichung (nämlich hinsichtlich der Mandate, die über die Zahl von 400 Abgeordneten hinausgehen) ein reines Verhältniswahlsystem ist, nicht für geeignet, eine gedeihliche Entwicklung unseres politischen Lebens für die Zukunft zu sichern. Das Proporzsystem der Weimarer Zeit hat zu einer verhängnisvollen Parteizersplitterung geführt. Die desintegrierende Wirkung eines Verhältniswahlsystems wird auch durch eine Sperrklausel, wie sie in § 10 Abs. 4 und 5 des bisherigen Wahlgesetzes enthalten ist, nicht wesentlich gehemmt.

Auf der anderen Seite glaubt die Bundesregierung aber auch nicht, ein reines Mehrheitswahlrecht befürworten zu können, da dieses zu eng mit dem Zweiparteienprinzip verbunden ist, das der gegenwärtigen deutschen Parteienstruktur nicht entspricht.

Der vorliegende Entwurf geht deshalb einen Mittelweg. Er vereinigt gleichzeitig den Grundsatz der Mehrheitswahl und der Verhältniswahl, jedoch unter Ablehnung der in Deutschland seit 1945 vielfach gebräuchlichen Mischsysteme, die die beiden Elemente Mehrheitswahl und Verhältniswahl allzusehr vermengen und so die Vorzüge der Mehrheitswahl vermissen lassen. Der Gesetzentwurf sieht vielmehr vor, daß die Hälfte des Bundestages in reiner Mehrheitswahl und die andere Hälfte in reiner Verhältniswahl gewählt wird. Die Trennung der beiden Systeme ist scharf durchgeführt. Verbunden werden sie nur dadurch, daß die Stimme des Wählers eine doppelte Funktion hat. Indem er einen Bewerber seines Wahlkreises wählt, gibt er seine Stimme zugleich der Bundesliste der Partei, für die dieser Bewerber auftritt. Der Erfolgswert seiner Stimme ist deshalb ein verschiedener. Das ist aber rechtlich unbedenklich, da bei der Mehrheitswahl naturgemäß, wie auch von der Rechtsprechung anerkannt ist, von einem gleichen Erfolgswert, wie er bei der Verhältniswahl grundsätzlich gefordert wird, nicht die Rede sein kann. Es würde keine wesentliche Änderung des Systems bedeuten, wenn man dem Wähler förmlich eine zweite Stimme geben würde. Davon ist aber abgesehen worden, weil damit keine wesentliche Verbesserung des Wahlsystems erzielt werden würde.

Bei der Wahl in den Wahlkreisen dürfte der besonderen Struktur des deutschen Parteiwesens am ehesten ein System entsprechen, das für den siegreichen Bewerber eine absolute Mehrheit der abgegebenen Stimmen erfordert. Denn bei der relativen Mehrheitswahl würden in Deutschland, insbesondere nach den Erfahrungen der Bundestagswahl von 1949, bereits Kandidaten zum Zuge kommen, die nur 20 bis 25 v. H. der Stimmen des Wahlkreises auf sich vereinigen. Das wäre keine legitime Repräsentation des Volkes. Andererseits bestanden Bedenken, auf die absolute Mehrheitswahl mit Stichwahl, wie sie für den Reichstag bis 1918 galt, zurückzugreifen, da der zweite Wahlgang eine unerwünschte Komplizierung des Systems ist. In dem Bestreben, ein Wahlsystem zu finden, das in der Wirkung der absoluten Mehrheitswahl gleich- oder möglichst nahekommt, ist in Anlehnung an das australische Wahlsystem, das ein mehrfaches Eventualvotum des Wählers vorsieht und damit zu einer absoluten Mehrheit für den Gewählten kommt, ein System gefunden worden, das weniger kompliziert und an die deutschen Parteiverhältnisse angepaßt ist. Es besteht darin, daß der Wähler neben einer Hauptstimme, die er dem eigentlichen Kandidaten seiner Wahl gibt, eine Hilfsstimme hat. Es ist keine zweite Stimme, sondern lediglich eine Eventualstimme, die erst dann in Funktion tritt, wenn die Hauptstimme erfolglos bleibt. Die Hilfsstimme wird nur wirksam für einen Bewerber, der mehr Hauptstimmen erhält als der vom Wähler mit seiner Hauptstimme benannte Bewerber. Wenn alle Wähler ihre Hilfsstimme einem Kandidaten geben, der mit seiner Hauptstimmenzahl an erster oder zweiter Stelle liegt, wird tatsächlich in jedem Fall eine absolute Mehrheit erreicht. Nur wenn in größerem Umfange auf die Abgabe der

Hilfsstimme verzichtet wird oder soweit die Hilfsstimme solchen Bewerbern gegeben wird, die an aussichtsloser Stelle stehen, wird eine absolute Mehrheit nicht immer erreicht. In jedem Fall wird im Durchschnitt eine so hohe Mehrheit für die Gewählten erzielt werden, daß der praktische Unterschied gegenüber einem vollen absoluten Mehrheitswahlsystem unbedeutend ist. Der Wähler ist in der Abgabe seiner Hilfsstimme an keine Parteiabreden oder -vorschläge gebunden, sondern völlig frei; er kann auch auf die Abgabe der Eventualstimme verzichten. Das Gleichheitsprinzip ist also völlig gewahrt. . . .

Zu § 8

Die Wahl in den Wahlkreisen ist systematisch eine relative Mehrheitswahl abgewandelt durch die Einführung einer Eventualstimme (Hilfsstimme). Jeder Wähler hat eine Stimme, die er jedoch auf einen anderen Bewerber verlagern kann, wenn dieser mehr Hauptstimmen auf sich vereinigt als der mit der Hauptstimme gewählte Bewerber.

Durch die Zusammenrechnung von Haupt- und Hilfsstimmen wird erreicht, daß derjenige Bewerber zum Siege kommt, der den größten Anhang in der Wählerschaft seines Wahlkreises besitzt. Das Wahlergebnis kann z. B. folgendes Aussehen haben:

	A	B	C	D	E
Hauptstimmen:	25 000	22 000	20 000	15 000	12 000
Hilfsstimmen:			+10 000 ◄(10 000 f.C)		(8 000 f.C)
			+ 8 000 ◄────────────┘		
				(4 000 f.B)	(3 000 f.B)
		+ 4 000 ◄─────────┘			
		+ 3 000 ◄──────────────────┘			
	25 000	29 000	38 000	15 000	12 000

Nach reinem relativen Mehrheitswahlrecht würde A mit 25 000 Stimmen gesiegt haben. Nach dem hier zugrunde gelegten System hingegen wird das Mandat von C errungen, da dieser neben seinen 20 000 Hauptstimmen noch 18 000 (also weit mehr als die übrigen Bewerber) Hilfsstimmen erhalten hat.

Da der Wille des Wählers darauf gerichtet ist, daß seine Stimme in erster Linie dem mit der Hauptstimme gewählten Bewerber zugute kommt, mußte der Fall ausgeschlossen werden, daß der Wähler etwa durch seine Hilfsstimme den mit der Hauptstimme gewählten Bewerber schlägt. Es kann z. B. folgendes Wahlergebnis vorliegen:

	A	B	C
Hauptstimmen:	25 000	20 000	10 000
Hilfsstimmen:		(4 000 f. A)	(6 000 f. B)
		+ 6 000 ◄──────┘	

Dann würde nach der Regel des Absatzes 3 Satz 1 A 25 000 + 4 000 = 29 000 Stimmen, B 26 000 Stimmen erhalten. A hätte also gerade mit den

Hilfsstimmen der Wähler seines Gegners B über diesen gesiegt. Das würde aber dem Willen der B-Wähler offensichtlich widersprechen. Daher muß in vorstehendem Beispiel die Übertragung der 4000 Hilfsstimmen von B auf A unterbleiben. Das Wahlergebnis ist dann:

A = 25 000, B = 26 000; B hat den Sitz errungen.

Nr. 13. Das Wahlrecht zur Volkskammer

(Gesetz über die Wahlen zu den Volksvertretungen der Deutschen Demokratischen Republik vom 31. Juli 1963 in der Fassung der Änderungsgesetze vom 13. September 1965 und 2. Mai 1967; Wahlordnung vom 31. Juli 1963 in der Fassung vom 2. Juli 1965 (Auszug); Quellen: DDR GBl. 1963/I, S. 97 ff.; 1965/I, S. 207, 143 ff.; 1967/I, S. 57).

a) Wahlgesetz

Die Volksvertretungen sind die wichtigsten Organe der Staatsmacht der Deutschen Demokratischen Republik. Sie leiten bewußt und planmäßig den umfassenden Aufbau des Sozialismus. Sie verwirklichen ihre Aufgaben durch die breiteste Einbeziehung aller Schichten der Bevölkerung in die staatliche Tätigkeit und durch die Förderung der schöpferischen Initiative der Werktätigen bei der Ausarbeitung und Durchführung der Volkswirtschaftspläne.

Die Wahlen zu den Volksvertretungen sind Höhepunkte im gesellschaftlichen Leben unserer Republik. Die Vorbereitung und Durchführung der Wahlen dient der Stärkung unseres Staates und der Festigung der politisch-moralischen Einheit der Bevölkerung.

Für die Wahlen zu den Volksvertretungen beschließt die Volkskammer folgendes Gesetz:

Allgemeine Bestimmungen

§ 1 Wahlgrundsätze

(1) In der Deutschen Demokratischen Republik wählt die Bevölkerung ihre Machtorgane, die Volkskammer und die örtlichen Volksvertretungen, in allgemeinen, gleichen, unmittelbaren und geheimen Wahlen auf die Dauer von 4 Jahren.

(2) Durch die Wahl entsendet die Bevölkerung ihre besten Vertreter, die sich durch hervorragende Taten, ihre Initiative und ihre Verbundenheit mit dem werktätigen Volk auszeichnen, als Abgeordnete in die Volksvertretungen.

(3) Die demokratische Durchführung der Wahlen wird durch den Staatsrat der Deutschen Demokratischen Republik gewährleistet.

§ 2

(1) Wahlberechtigt für die Wahlen zur Volkskammer sind alle Bürger der Deutschen Demokratischen Republik, die am Wahltag das 18. Lebensjahr vollendet haben.

(2) Wahlberechtigt für die Wahlen zu den Bezirks- und Kreistagen, Stadtverordnetenversammlungen, Stadtbezirksversammlungen und Gemeindevertretungen sind alle Bürger der Deutschen Demokratischen Republik und ihrer Hauptstadt Berlin, die am Wahltag das 18. Lebensjahr vollendet haben und ihren Wohnsitz in dem betreffenden Bezirk, dem Kreis, der Stadt, dem Stadtbezirk oder der Gemeinde haben.

§ 3

In die Volkskammer und in die örtlichen Volksvertretungen sind alle wahlberechtigten Bürger der Deutschen Demokratischen Republik und ihrer Hauptstadt Berlin, die am Wahltag das 21. Lebensjahr vollendet haben, wählbar.

§ 4

Nicht wahlberechtigt und nicht wählbar sind Personen, a) die entmündigt sind oder unter vorläufiger Vormundschaft oder wegen geistiger Gebrechen unter Pflegschaft stehen; b) denen rechtskräftig durch gerichtliche Entscheidung die staatsbürgerlichen Rechte entzogen sind.

§ 5

Das Wahlrecht ruht bei a) Personen, die wegen Geisteskrankheit oder Geistesschwäche in einer Heil- oder Pflegeanstalt oder auf Grund gerichtlicher Entscheidung in einem Heim für soziale Betreuung untergebracht sind; b) Straf- und Untersuchungsgefangenen und Personen, die vorläufig festgenommen sind.

§ 6 Festlegung des Wahltermins

Die Wahlen zur Volkskammer und zu den örtlichen Volksvertretungen werden vom Staatsrat der Deutschen Demokratischen Republik ausgeschrieben. Er legt den Wahltermin fest.

§ 7

(1) Für die Volkskammer werden 434 Abgeordnete gewählt.

(2) Die Hauptstadt der Deutschen Demokratischen Republik, Berlin, ist berechtigt, 66 Vertreter in die Volkskammer zu entsenden.

(3) Die örtlichen Volksvertretungen beschließen auf der Grundlage der Beschlüsse des Staatsrates die genaue Zahl der Abgeordneten der neu zu wählenden Volksvertretungen.

(4) Bei jeder Wahl zur Volkskammer und zu den örtlichen Volksvertretungen sind mindestens ein Drittel der bisherigen Abgeordneten durch neue Kandidaten zu ersetzen.

§ 8 Wahl von Nachfolgekandidaten

Für die Volkskammer und für die örtlichen Volksvertretungen werden
Nachfolgekandidaten gewählt.

§ 9 Wahlkreise

(1) Die Wahl der Abgeordneten der Volkskammer und der örtlichen Volksvertretungen erfolgt in Wahlkreisen.

(2) Der Staatsrat bestimmt unter Berücksichtigung der Bevölkerungszahl
die Wahlkreise und die Zahl der in den einzelnen Wahlkreisen zu wählenden Abgeordneten für die Wahlen zur Volkskammer.

(3) Die örtlichen Volksvertretungen bestimmen unter Berücksichtigung der
Bevölkerungszahl die Wahlkreise und die Zahl der in den einzelnen Wahl-
kreisen zu wählenden Abgeordneten für die Wahlen zu den örtlichen
Volksvertretungen.

Wahlkommissionen

§ 10

Zur Vorbereitung und Durchführung der Wahlen zur Volkskammer und
zu den örtlichen Volksvertretungen werden gebildet: a) die Wahlkommission der Deutschen Demokratischen Republik (Wahlkommission der Republik); b) eine Wahlkommission in jedem Bezirk, jedem Kreis, jeder Stadt,
jedem Stadtbezirk und jeder Gemeinde (Bezirks-, Kreis-, Stadt-, Stadtbe-
zirks- und Gemeindewahlkommission); c) eine Wahlkommission in jedem
Wahlkreis (Wahlkreiskommission).

§ 11 Bildung der Wahlkommissionen

Die Wahlkommission der Republik wird vom Staatsrat spätestens 2 Monate vor dem Wahltag gebildet. Sie berichtet ihm über die Erfüllung ihrer
Aufgaben.

§ 12

Der Staatsrat legt die Grundsätze für die Bildung der Wahlkommissionen
in den Bezirken, Kreisen, Städten, Stadtbezirken und Gemeinden sowie
für die Bildung der Wahlkreiskommissionen fest.

§ 13 Aufgaben der Wahlkommissionen

Die Wahlkommissionen der Republik, die Bezirks-, Kreis-, Stadt-, Stadt-
bezirks- und Gemeindewahlkommissionen leiten das gesamte Wahlgesche-
hen auf ihrem Territorium. Sie überwachen die Einhaltung der wahlrechtlichen Bestimmungen, leiten die Tätigkeit der unterstellten Wahlorgane an,
entscheiden über Beschwerden gegen die Handlungsweise unterstellter
Wahlkommissionen und von staatlichen Organen im Zusammenhang mit
der Wahl. Sie stellen das Wahlergebnis fest.

§ 14 Aufgaben der Wahlkreiskommissionen

Den Wahlkreiskommissionen obliegt insbesondere die Entgegennahme der Wahlvorschläge, die Entscheidung über die Zulassung der Kandidaten, ihre Vorstellung auf Wählerversammlungen und die Feststellung des Wahlergebnisses in ihrem Wahlkreis.

§ 15 Wahlvorstände

(1) Für jeden Wahlbezirk (Stimmbezirk) wird vom Rat der Stadt, des Stadtbezirkes bzw. der Gemeinde ein Wahlvorstand gebildet.
(2) Er leitet die Wahlhandlung und stellt das Ergebnis der Stimmabgabe fest.

§ 16 Wahlvorschläge

Die Wahlvorschläge für die Volkskammer, die Bezirkstage, die Kreistage, die Stadtverordnetenversammlungen, die Stadtbezirksversammlungen und die Gemeindevertretungen stellen die demokratischen Parteien und Massenorganisationen auf. Sie haben das Recht, ihre Vorschläge zu dem gemeinsamen Vorschlag der Nationalen Front des demokratischen Deutschland zu vereinigen.

Gültigkeit der Wahl

§ 17

Die neugewählten Volksvertretungen entscheiden über die Gültigkeit ihrer Wahl und prüfen das Recht der Mitgliedschaft.

§ 18

(1) Gegen die Gültigkeit der Wahl kann binnen 2 Wochen nach der Bekanntgabe des Wahlergebnisses vom Nationalrat der Nationalen Front des demokratischen Deutschland bzw. von den betreffenden Ausschüssen der Nationalen Front bei der jeweiligen Volksvertretung Einspruch eingelegt werden.

(2) Die Volksvertretung hat in ihrer nächsten Tagung über den Einspruch zu entscheiden.

(3) Wird die Wahl in einem Wahlkreis oder zu einer Volksvertretung für ungültig erklärt, so hat innerhalb von 3 Monaten in dem betreffenden Wahlkreis bzw. zu der betreffenden Volksvertretung eine Neuwahl stattzufinden.

§ 19 Abberufung von Abgeordneten

(1) Die Wähler haben das Recht, in von den zuständigen Ausschüssen der Nationalen Front des demokratischen Deutschland ordnungsgemäß einberufenen Wählerversammlungen die Abberufung von Abgeordneten der Volksvertretungen zu beantragen.

(2) Die zuständigen Volksvertretungen entscheiden in diesen Fällen über die weitere Mitgliedschaft. ...

b) Wahlordnung

Wahlkommissionen

§ 1 Arten der Wahlkommissionen

Zur Leitung der Durchführung der Wahlen zur Volkskammer und zu den örtlichen Volksvertretungen der Deutschen Demokratischen Republik werden folgende Wahlkommissionen gebildet:

a) Die Wahlkommission der Deutschen Demokratischen Republik (Wahlkommission der Republik); b) eine Wahlkommission in jedem Bezirk, jedem Kreis, jeder Stadt, jedem Stadtbezirk und jeder Gemeinde (Bezirks-, Kreis-, Stadt-, Stadtbezirks- und Gemeindewahlkommission); c) eine Wahlkommission in jedem Wahlkreis (Wahlkreiskommission).

§ 2 Bildung der Wahlkommission der Republik

(1) Die Wahlkommission der Republik besteht aus dem Vorsitzenden, seinem Stellvertreter, dem Sekretär und bis zu 35 weiteren Mitgliedern.

(2) Die Wahlkommission der Republik setzt sich aus Vertretern der in der Nationalen Front des demokratischen Deutschland vereinigten Parteien und Massenorganisationen sowie aus weiteren hervorragenden Vertretern der Arbeiterklasse, der Genossenschaftsbauern, der Intelligenz, der bewaffneten Kräfte und der übrigen werktätigen Schichten zusammen.

(3) Die Mitglieder der Wahlkommission der Republik werden in Tagungen der Parteien und Massenorganisationen und anderer gesellschaftlicher Organisationen sowie von Versammlungen in Betrieben, Genossenschaften, Institutionen und militärischen Verbänden vorgeschlagen und durch den Staatsrat der Deutschen Demokratischen Republik berufen.

§ 3 Aufgaben der Wahlkommission der Republik

(1) Die Wahlkommission der Republik leitet die Wahlen auf dem gesamten Territorium der Deutschen Demokratischen Republik. Sie gibt den Wahlkommissionen der Bezirke, Kreise, Städte, Stadtbezirke und Gemeinden sowie den Wahlkreiskommissionen Anleitung und überwacht die Einhaltung der wahlrechtlichen Bestimmungen bei den Wahlen zur Volkskammer und zu den örtlichen Volksvertretungen. Sie erläßt auf der Grundlage des Wahlgesetzes und der Wahlordnung Direktiven und veranlaßt die Herstellung notwendiger Vordrucke, um den reibungslosen Ablauf der Wahlen zu sichern.

(2) Bei den Wahlen zur Volkskammer hat die Wahlkommission der Republik insbesondere folgende Aufgaben:

a) Sie bereitet die Wahlen zur Volkskammer vor und leitet ihre Durchführung; b) sie leitet die Wahlkreiskommissionen für die Wahlen zur Volkskammer an und kontrolliert sie, c) sie entscheidet endgültig über Beschwerden gegen die Tätigkeit von Wahlkommissionen und von staatlichen Organen im Zusammenhang mit den Wahlen zur Volkskammer, d) sie fordert zur Einreichung von Wahlvorschlägen für die Wahlen zur Volkskammer auf, e) sie prüft die von den Wahlkreiskommissionen zugelassenen Wahlvorschläge auf die Einhaltung der gesetzlichen Bestimmungen, bestätigt sie und entscheidet endgültig über die Zurückweisung eines Wahlvorschlages für die Wahlen zur Volkskammer, f) sie läßt die Stimmzettel für die Wahlen zur Volkskammer herstellen, g) sie stellt das Wahlergebnis fest und veranlaßt seine Veröffentlichung, h) sie übergibt die Wahlunterlagen für die Wahlen zur Volkskammer an den Mandatsprüfungsausschuß der Volkskammer und benachrichtigt die gewählten Abgeordneten und Nachfolgekandidaten.

§ 4 Bildung der Bezirkswahlkommission

(1) In jedem Bezirk der Deutschen Demokratischen Republik wird eine Bezirkswahlkommission gebildet. Sie besteht aus dem Vorsitzenden, seinem Stellvertreter, dem Sekretär und bis zu 14 weiteren Mitgliedern.

(2) Die Bezirkswahlkommission setzt sich aus Vertretern der in der Nationalen Front des demokratischen Deutschland vereinigten Parteien und Massenorganisationen sowie aus weiteren hervorragenden Vertretern der Arbeiterklasse, der Genossenschaftsbauern, der Intelligenz, der bewaffneten Kräfte und der übrigen werktätigen Schichten zusammen.

(3) Die Mitglieder der Bezirkswahlkommission werden in Tagungen der Parteien und Massenorganisationen und anderer gesellschaftlicher Organisationen sowie von Versammlungen in Betrieben, Genossenschaften, Institutionen und militärischen Verbänden vorgeschlagen. Auf der Grundlage dieser Vorschläge bildet der Rat des Bezirkes die Bezirkswahlkommission.

§ 5 Aufgaben der Bezirkswahlkommission

(1) Die Bezirkswahlkommission leitet die Wahlen in ihrem Territorium. Sie ist verantwortlich für die Vorbereitung und Durchführung der Wahlen zum Bezirkstag. Sie gibt den Wahlkommissionen der Kreise, Städte, Stadtbezirke und Gemeinden sowie den Wahlkreiskommissionen Anleitung und überwacht die Einhaltung der wahlrechtlichen Bestimmungen bei den Wahlen zur Volkskammer und zu den örtlichen Volksvertretungen.

(2) Bei den Wahlen zum Bezirkstag hat die Bezirkswahlkommission insbesondere folgende Aufgaben: a) Sie bereitet die Wahlen zum Bezirkstag vor und leitet ihre Durchführung, b) sie leitet die Wahlkreiskommissionen für die Wahlen zum Bezirkstag an und kontrolliert ihre Tätigkeit, c) sie entscheidet endgültig über Beschwerden gegen die Tätigkeit von unterstellten Wahlkommissionen und von staatlichen Organen im Zusammenhang mit den Wahlen zum Bezirkstag, d) sie fordert zur Einreichung von Wahlvorschlägen für die Wahlen zum Bezirkstag auf, e) sie prüft die von den Wahlkreiskommissionen zugelassenen Wahlvorschläge auf die Einhaltung der gesetzlichen Bestimmungen, bestätigt sie und entscheidet endgültig über die Zurückweisung eines Wahlvorschlages für die Wahlen zum Bezirkstag, f) sie veranlaßt die Herstellung der Stimmzettel für die Wahlen zum Bezirkstag, g) sie stellt das Wahlergebnis fest, übergibt die Wahlunterlagen der Wahlen zum Bezirkstag an die Mandatsprüfungskommission des Bezirkstages und benachrichtigt die gewählten Abgeordneten und Nachfolgekandidaten.

§ 6 Bildung der Kreis-, Stadt-, Stadtbezirks- und Gemeindewahlkommissionen

(1) In jedem Kreis, jeder Stadt, jedem Stadtbezirk und jeder Gemeinde wird eine Wahlkommission gebildet. Die Kreis-, Stadt-, Stadtbezirks- und Gemeindewahlkommissionen bestehen aus dem Vorsitzenden, seinem Stellvertreter, dem Sekretär und 4 bis 12 weiteren Mitgliedern.

(2) Sie setzen sich aus Vertretern der in der Nationalen Front des demokratischen Deutschland vereinigten Parteien und Massenorganisationen sowie aus weiteren hervorragenden Vertretern der Arbeiterklasse, der Genossenschaftsbauern, der Intelligenz, der bewaffneten Kräfte und der übrigen werktätigen Schichten zusammen. Sie werden in Tagungen der Parteien und Massenorganisationen und anderer gesellschaftlicher Organisationen sowie von Versammlungen in Betrieben, Genossenschaften, Institutionen und militärischen Verbänden vorgeschlagen. Auf der Grundlage dieser Vorschläge bilden die zuständigen Räte die jeweiligen Wahlkommissionen.

§ 7 Aufgaben der Kreiswahlkommission

(1) Die Kreiswahlkommission leitet die Wahlen in ihrem Territorium. Sie ist verantwortlich für die Vorbereitung und Durchführung der Wahlen zum Kreistag. Sie gibt den Wahlkommissionen der Städte, Stadtbezirke und Gemeinden sowie den Wahlkreiskommissionen Anleitung und überwacht die Einhaltung der wahlrechtlichen Bestimmungen bei den Wahlen zur Volkskammer und zu den örtlichen Volksvertretungen.

(2) Bei den Wahlen zu den Kreistagen bzw. den Stadtverordnetenversammlungen der Stadtkreise hat sie insbesondere folgende Aufgaben: a) Sie bereitet die Wahlen zum Kreistag bzw. zur Stadtverordnetenversammlung vor und leitet ihre Durchführung, b) sie leitet die Wahlkreiskommissionen für die Wahlen zum Kreistag bzw. zur Stadtverordnetenversammlung an und kontrolliert ihre Tätigkeit, c) sie entscheidet endgültig über Beschwerden gegen die Tätigkeit von unterstellten Wahlkommissionen und von staatlichen Organen im Zusammenhang mit den Wahlen zum Kreistag bzw. zur Stadtverordnetenversammlung, d) sie fordert zur Einreichung von Wahlvorschlägen für die Wahlen zum Kreistag bzw. zur Stadtverordnetenversammlung auf, e) sie prüft die von den Wahlkreiskommissionen zugelassenen Wahlvorschläge auf die Einhaltung der gesetzlichen Bestimmungen, bestätigt sie und entscheidet endgültig über die Zurückweisung eines Wahlvorschlages für die Wahlen zum Kreistag bzw. zur Stadtverordnetenversammlung, f) sie veranlaßt die Herstellung der Stimmzettel für die Wahlen zum Kreistag bzw. zur Stadtverordnetenversammlung, g) sie stellt das Wahlergebnis fest, übergibt die Wahlunterlagen der Wahlen zum Kreistag bzw. zur Stadtverordnetenversammlung an die Mandatsprüfungskommission des Kreistages bzw. der Stadtverordnetenversammlung und benachrichtigt die gewählten Abgeordneten und Nachfolgekandidaten.

§ 8 Aufgaben der Stadt-, Stadtbezirks- und Gemeindewahlkommission

(1) Die Stadt-, Stadtbezirks- und Gemeindewahlkommissionen leiten die

Wahlen in ihrem Territorium. Sie sind verantwortlich für die Vorbereitung und Durchführung der Wahlen zur Stadtverordnetenversammlung, Stadtbezirksversammlung oder Gemeindevertretung. Sie überwachen die Einhaltung der wahlrechtlichen Bestimmungen für die Wahlen zur Volkskammer und zu den örtlichen Volksvertretungen.

(2) Bei den Wahlen zur Stadtverordnetenversammlung, Stadtbezirksversammlung bzw. der Gemeindevertretung haben sie insbesondere folgende Aufgaben:

a) Sie bereiten die Wahlen zur Stadtverordnetenversammlung, Stadtbezirksversammlung oder Gemeindevertretung vor und leiten ihre Durchführung, b) sie leiten die Wahlkreiskommissionen für die Wahlen zur Stadtverordnetenversammlung, Stadtbezirksversammlung oder Gemeindevertretung an und kontrollieren ihre Tätigkeit, c) sie entscheiden endgültig über Beschwerden gegen die Tätigkeit von Wahlkreiskommissionen, Wahlvorständen und staatlichen Organen im Zusammenhang mit den Wahlen zu der Stadtverordnetenversammlung, Stadtbezirksversammlung oder Gemeindevertretung, d) sie fordern zur Einreichung von Wahlvorschlägen für die Wahlen zur Stadtverordnetenversammlung, Stadtbezirksversammlung oder Gemeindevertretung auf, e) sie entscheiden über Beanstandungen der Wählerlisten gemäß § 20 Abs. 2, f) sie prüfen die von den Wahlkreiskommissionen zugelassenen Wahlvorschläge auf die Einhaltung der gesetzlichen Bestimmungen, bestätigen sie und entscheiden endgültig über die Zurückweisung eines Wahlvorschlages für die Wahlen zur Stadtverordnetenversammlung, Stadtbezirksversammlung oder Gemeindevertretung, g) sie veranlassen die Herstellung der Stimmzettel für die Wahlen zur Stadtverordnetenversammlung, Stadtbezirksversammlung oder Gemeindevertretung, h) sie stellen das Wahlergebnis fest, übergeben die Wahlunterlagen der Wahlen zur Stadtverordnetenversammlung, Stadtbezirksversammlung oder Gemeindevertretung an die Mandatsprüfungskommission der Stadtverordnetenversammlung, Stadtbezirksversammlung oder Gemeindevertretung und benachrichtigen die gewählten Abgeordneten und Nachfolgekandidaten.

§ 9 Bildung der Wahlkreiskommissionen

(1) Die Wahlkreiskommissionen werden gebildet:
a) in Wahlkreisen zur Wahl der Volkskammer und der Bezirkstage durch die Räte der Bezirke, b) in Wahlkreisen zur Wahl der Kreistage, der Stadtverordnetenversammlungen, der Stadtbezirksversammlungen oder der Gemeindevertretungen durch die Räte der Kreise, Städte, Stadtbezirke oder Gemeinden.

(2) Die Wahlkreiskommissionen bestehen aus dem Vorsitzenden, seinem Stellvertreter, dem Sekretär und 4 bis 14 weiteren Mitgliedern.

(3) Die Wahlkreiskommissionen setzen sich aus Vertretern der in der Nationalen Front des demokratischen Deutschland vereinigten Parteien und Massenorganisationen sowie aus weiteren hervorragenden Vertretern der Arbeiterklasse, der Genossenschaftsbauern, der Intelligenz, der bewaffneten

Kräfte und der übrigen werktätigen Schichten zusammen. Sie werden von den Ausschüssen der Nationalen Front des demokratischen Deutschland bzw. von den Parteien und Massenorganisationen vorgeschlagen.

(4) Die Wahlkreiskommission wird vom Vorsitzenden oder dessen Stellvertreter einberufen.

§ 10 Aufgaben der Wahlkreiskommission

(1) Der Wahlkreiskommission obliegen folgende Aufgaben:

a) Sie nimmt die Wahlvorschläge für die im Wahlkreis aufzustellenden Kandidaten entgegen und entscheidet über ihre Zulassung, b) sie unterstützt die von der Nationalen Front des demokratischen Deutschland organisierten Kandidatenvorstellungen und sichert, daß sich alle Kandidaten den Wählern vorstellen, c) sie entscheidet über Einsprüche, die gegen Maßnahmen der Wahlvorstände im Zusammenhang mit den Wahlen der Abgeordneten in ihrem Wahlkreis eingelegt werden, d) sie nimmt bei den Wahlen zur Volkskammer, zu den Bezirkstagen, den Kreistagen und den Stadtverordnetenversammlungen der Stadtkreise die Berichte der Wahlvorstände und die Berichte der Wahlkommissionen der Gemeinden, Städte, Stadtbezirke oder Kreise und bei den Wahlen zu den Stadtbezirksversammlungen, den Stadtverordnetenversammlungen der Städte und den Gemeindevertretungen die Berichte der Wahlvorstände über die Ergebnisse der Wahlen für die im Wahlkreis aufgestellten Wahlvorschläge entgegen und stellt das Wahlergebnis im Wahlkreis fest.

(2) Stimmen Wahlkreise mit den Grenzen der Bezirke, Kreise, Städte, Stadtbezirke oder Gemeinden überein, können die Aufgaben der Wahlkreiskommissionen durch die entsprechenden örtlichen Wahlkommissionen übernommen werden . . . .

Wahlvorschläge

§ 24 Einreichen der Wahlvorschläge

(1) Die Wahlkommission der Republik, die Bezirks-, Kreis-, Stadt-, Stadtbezirks- und Gemeindewahlkommissionen fordern spätestens am 35. Tage vor dem Wahltag durch öffentliche Bekanntmachung zur Einreichung von Wahlvorschlägen auf.

(2) Es können in jedem Wahlkreis mehr Kandidaten aufgestellt werden, als Abgeordnetenmandate zu besetzen sind.

§ 25

(1) Die Wahlvorschläge sind bei der Wahlkreiskommission des Wahlkreises, für den die Wahlvorschläge abgegeben werden, spätestens 24 Tage vor dem Wahltag einzureichen.

(2) In den Wahlvorschlägen ist für jeden Kandidaten anzugeben: Zu- und Vornamen, Geburtstag, Geburtsort, Beruf und Wohnung.

(3) Mit dem Wahlvorschlag sind einzureichen:

a) die schriftliche Zustimmung des Kandidaten zu seiner Kandidatur;
b) eine Bescheinigung des Vorsitzenden des Rates der Stadt, des Stadtbezirkes bzw. der Gemeinde über die Wählbarkeit des Kandidaten.

§ 26

(1) Ein Kandidat kann für die Wahl zu einer Volksvertretung der gleichen Stufe nur in einem Wahlkreis kandidieren.

(2) Die Kandidaten dürfen nicht der Wahlkreiskommission in dem Wahlkreis angehören, in dem sie kandidieren. Das gilt nicht im Falle der Anwendung des § 10 Abs. 2.

§ 27 Wählervertreterkonferenzen, Wählerversammlungen und Vorstellung der Kandidaten

(1) Die von der Nationalen Front des demokratischen Deutschland vorgeschlagenen Kandidaten werden auf Wählervertreterkonferenzen den Wählern ihres Wahlkreises vorgestellt.

(2) Die Wählervertreter sind auf Versammlungen der Werktätigen zu wählen.

(3) Die Wählervertreterkonferenzen bzw. in kleinen Orten die Wählerversammlungen nehmen zu den Kandidatenvorschlägen und der vorgeschlagenen Reihenfolge der Kandidaten auf dem Wahlvorschlag Stellung und fassen darüber Beschluß.

(4) Die Kandidaten sind verpflichtet, sich in ihrem Wahlkreis in Wählerversammlungen den Wählern vorzustellen, Auskunft über ihre bisherige gesellschaftliche Tätigkeit, ihre künftige Mitarbeit in der Volksvertretung und die Erfüllung der ihnen als Abgeordnete obliegenden Pflichten zu geben.

(5) Die Wählervertreter bzw. Wähler sind berechtigt, vorzuschlagen, Kandidaten von dem Wahlvorschlag abzusetzen.

(6) Im Falle der Absetzung von Kandidaten von dem Wahlvorschlag ist nach § 29 zu verfahren.

§ 28 Entscheidung über die Zulassung der Wahlvorschläge

(1) Über die Zulassung der Wahlvorschläge haben die Wahlkreiskommissionen spätestens am 20. Tage vor der Wahl in öffentlicher Sitzung zu entscheiden.

(2) Entspricht der Wahlvorschlag nicht den gesetzlichen Erfordernissen, so hat die zuständige Wahlkreiskommission zur Behebung des Mangels eine Frist bis spätestens 15 Tage vor der Wahl zu setzen, um nach Ablauf dieser Frist über die Zulassung des Wahlvorschlages zu entscheiden.

(3) Gegen den Beschluß der Wahlkreiskommission, einen Wahlvorschlag nicht zuzulassen, steht dem Nationalrat der Nationalen Front des demokratischen Deutschland bzw. dem betreffenden Ausschuß der Nationalen Front des demokratischen Deutschland der Einspruch an die Wahlkommission der Republik bzw. an die zuständige Bezirks-, Kreis-, Stadt-, Stadtbezirks- oder Gemeindewahlkommission zu. Deren Entscheidung ist endgültig.

(4) Dasselbe Einspruchsrecht ist auch für den Fall gegeben, daß die Erteilung der Bescheinigung über die Wählbarkeit durch den Vorsitzenden des Rates der Stadt, des Stadtbezirkes bzw. der Gemeinde verweigert wird.

§ 29 Ausscheiden eines Kandidaten.

(1) Wenn ein Kandidat vor der Wahl ausscheidet, ist der Nationalrat der Nationalen Front des demokratischen Deutschland bzw. der betreffende Ausschuß der Nationalen Front des demokratischen Deutschland berechtigt, bis spätestens 5 Tage vor dem Wahltag einen anderen Kandidaten zu benennen.

(2) Das Ausscheiden eines Kandidaten wird durch Beschluß der zuständigen Wahlkreiskommission festgestellt und von der Wahlkommission der Republik bzw. der zuständigen Bezirks-, Kreis-, Stadt-, Stadtbezirks- oder Gemeindewahlkommission bestätigt. In der gleichen Weise erfolgt auch die Entscheidung über die Aufnahme eines neuen Kandidaten in den Wahlvorschlag.

§ 30 Bestätigung und Bekanntmachung der Wahlvorschläge

(1) Die Wahlkreiskommission teilt ihre Entscheidung über die Zulassung des Wahlvorschlages ihres Wahlkreises gemäß § 28 Abs. 1 innerhalb von 3 Tagen und die Entscheidung gemäß § 28 Abs. 2 am folgenden Tage der für sie zuständigen Wahlkommission mit.

(2) Die Wahlkommission der Republik, die zuständige Bezirks-, Kreis-, Stadt-, Stadtbezirks- bzw. Gemeindewahlkommission bestätigt spätestens 12 Tage vor dem Wahltag die Wahlvorschläge für die Wahl zu der betreffenden Volksvertretung.

(3) Die Wahlvorschläge werden von der zuständigen Wahlkommission, spätestens am Tage nach ihrer Bestätigung, getrennt nach Wahlkreisen, öffentlich bekanntgemacht. . . .

§ 39

(1) Gewählt sind diejenigen Kandidaten, die die Mehrheit der gültigen Stimmen auf sich vereinigen.

(2) Erhält eine größere Zahl der Kandidaten mehr als 50 % der gültigen Stimmen als Mandate im jeweiligen Wahlkreis vorhanden sind, entscheidet die Reihenfolge der Kandidaten auf dem Wahlvorschlag über die Besetzung der Abgeordnetenmandate und über die Nachfolgekandidaten. . . .

§ 49 Neu- und Nachwahlen

(1) Wird die Wahl in einem Wahlkreis oder zu einer Volksvertretung für ungültig erklärt, so hat innerhalb von 3 Monaten in dem betreffenden Wahlkreis bzw. zu der betreffenden Volksvertretung eine Neuwahl stattzufinden.

(2) Erreichen in einem Wahlkreis weniger Kandidaten die erforderliche Stimmenmehrheit als Mandate für den Wahlkreis ausgeschrieben sind, muß in dem betreffenden Wahlkreis innerhalb von 3 Monaten eine Nachwahl stattfinden.

(3) Die Neuwahl bzw. die Nachwahl findet nach den Bestimmungen dieser Wahlordnung statt und wird für die Volkskammer und Bezirkstage vom Staatsrat der Deutschen Demokratischen Republik und für die örtlichen Volksvertretungen in den Kreisen, Städten, Stadtbezirken und Gemeinden von den übergeordneten Räten anberaumt.

(4) Es sind neue Wahlvorschläge einzureichen.

(5) Die Wahlvorstände, Wahlkommissionen, Wahlkreise und Wahlbezirke bleiben unverändert.

(6) Die Neuwahl bzw. die Nachwahl hat auf der Grundlage derselben Wählerlisten zu erfolgen. Sie sind jedoch vorher zu berichtigen und neu auszulegen.

§ 50 Nachrücken eines Nachfolgekandidaten

(1) Wird die Wahl eines Abgeordneten für ungültig erklärt, erlischt das Mandat oder scheidet er aus anderen Gründen aus, so tritt an seine Stelle ein Nachfolgekandidat.

(2) Das Nachrücken eines Nachfolgekandidaten wird durch Beschluß der Volksvertretung festgelegt. ...

V. BIBLIOGRAPHISCHER TEIL

1. Quellen

a) Verfassungsgesetzgebung:

Ordnung für sämtliche Städte der Preußischen Monarchie vom 19. November 1808, preußische Gesetzessammlung 1806—1810, S. 324; Deutsche Bundesakte vom 8. Juni 1815, Corpus Juris Confoederationis Germanicae, 101 ff.; Protokoll der Wiener Konferenzen vom 12. Juli 1834, in: *Klüber/Welcker:* Wichtige Urkunden für den Rechtszustand der deutschen Nation, 2. Aufl., 1845, S. 350 ff.

Verfassung des Deutschen Reiches vom 28. März 1849, Reichsgesetzblatt (RGBl.) 1849, S. 101 ff.; Verfassungsurkunde für den preußischen Staat vom 5. Dezember 1848, preußische Gesetzessammlung 1848, S. 375 ff.; Verfassungsurkunde für den preußischen Staat vom 31. Januar 1850, preußische Gesetzessammlung 1850, S. 17 ff.; Verfassung des Norddeutschen Bundes vom 16. April 1867, Bundesgesetzblatt (BGBl.) 1867, S. 2 ff.

Verfassung des Deutschen Reiches vom 16. April 1871, RGBl. 1871, S. 63 ff.; Abänderungen vom 19. März 1888, RGBl. 1888, S. 110 ff.; 28. Oktober 1918, RGBl. 1918, S. 1273; Gesetz betreffend die Einführung der Verfassung des Deutschen Reiches in Elsaß-Lothringen vom 25. Juni 1873, RGBl. 1873, S. 161; Aufruf des Rates der Volksbeauftragten an das deutsche Volk vom 12. November 1918, RGBl. 1918, S. 1303; Gesetz über die vorläufige Reichsgewalt vom 10. Februar 1919, RGBl. 1919, S. 169.

Verfassung des Deutschen Reiches vom 11. August 1919, RGBl. 1919, S. 1383 ff.; Abänderungen vom 27. Oktober 1922, RGBl. 1922/I, S. 801; 15. Dezember 1923, RGBl. 1923/I, S. 1185; Gesetz über die Vertretung der Länder im Reichsrat vom 24. März 1921, RGBl. 1921, S. 440; Notverordnungen zum Schutz von Volk und Staat und gegen Verrat am deutschen Volk und hochverräterische Umtriebe (beide) vom 28. Februar 1933, RGBl. 1933/I, S. 83; Gesetz zur Behebung der Not von Volk und Staat (Ermächtigungsgesetz) vom 24. März 1933, RGBl. 1933/I, S. 141; Gesetz gegen die Neubildung von Parteien vom 14. Juli 1933, RGBl. 1933/I, S. 479; Gesetz über den Neubau des Reiches vom 30. Januar 1934, RGBl. 1934/I, S. 75, Gesetz über die Aufhebung des Reichsrates vom 14. Februar 1934, RGBl. 1934/I, S. 89; Gesetz über das Staatsoberhaupt des Deutschen Reiches vom 1. August 1934, RGBl. 1934/I, S. 747.

Grundgesetz für die Bundesrepublik Deutschland vom 23. Mai 1949, BGBl. 1949, S. 1 ff.

Verfassung der Deutschen Demokratischen Republik vom 7. Oktober 1949, Gesetzblatt der Deutschen Demokratischen Republik (DDR GBl.) 1949, S. 4 ff.; Abänderungen vom 26. September 1955, DDR GBl. 1955, S. 653; 11. Dezember 1958, DDR GBl. 1958, S. 865; 12. September 1960, DDR GBl. 1960/I, S. 505; Gesetz über die weitere Demokratisierung des

Aufbaus und der Arbeitsweise der staatlichen Organe in den Ländern der DDR vom 23. Juli 1952, DDR GBl. 1952, S. 621 ff.; Gesetz über die örtlichen Organe der Staatsmacht vom 17. Januar 1957, DDR GBl. 1957, S. 565 ff.; Gesetz über die Auflösung der Länderkammer der DDR vom 8. Dezember 1958, DDR GBl. 1958/I, S. 867; Erlaß des Staatsrates der DDR zu den Ordnungen über die Aufgaben und Arbeitsweise der örtlichen Volksvertretungen vom 28. Juni 1961, DDR GBl. 1961/I, S. 52 ff.; Gesetz über die Staatsbürgerschaft der DDR vom 20. Februar 1967, DDR GBl. 1967/I, S. 3 ff.

Verfassung der Deutschen Demokratischen Republik vom 6. April 1968; DDR GBl. 1968/I, S. 199 ff.

Zu den Verfassungen der deutschen Bundesstaaten und Länder s. Tabellen G I — G VI.

b) Wahlgesetzgebung:

Wahlgesetzliche Bestimmungen des Frankfurter Vorparlamentes vom 31. März bis 4. April 1848, in: Stenogr. Ber. über die Verhandlungen der deutschen konstituierenden Nationalversammlung zu Frankfurt a. M., hrsg. v. F. Wigard, 2. Aufl. 1848, Bd. 1, S. 172 ff.; Beschlüsse des Deutschen Bundestages über die Wahl der deutschen Nationalversammlung vom 30. März und 7. April 1848, in: Protokolle der Bundesversammlung 1848, 26. Sitzung § 209 und 29. Sitzung § 238; Wahlgesetz für die Wahl zum Volkshaus vom 12. April 1849, RGBl. 1849, S. 79 ff.; Wahlgesetz für die zur Vereinbarung der preußischen Staatsverfassung zu berufende Versammlung vom 8. April 1848 (gleichzeitig Wahlgesetz für die Wahl zur Frankfurter Nationalversammlung in Preußen), preußische Gesetzessammlung 1848, S. 89 ff.; Wahlgesetze für die Wahl der 1. und 2. Kammer in Preußen vom 5. und 6. Dezember 1848, preußische Gesetzessammlung 1848, S. 375 ff.; Verordnung betreffend die Ausführung der Wahl der Abgeordneten der 2. Kammer vom 30. Mai 1849 (Dreiklassenwahlrecht), preußische Gesetzessammlung 1849, S. 205 ff.; Verordnung wegen der Bildung der 1. Kammer vom 12. Oktober 1854, preußische Gesetzessammlung 1854, S. 541 ff.

Wahlgesetz für den konstituierenden Reichstag des Norddeutschen Bundes vom 15. Oktober 1866, für Preußen, preußische Gesetzessammlung 1866, S. 623 ff.; Wahlgesetz für den Reichstag des Norddeutschen Bundes vom 31. Mai 1869, BGBl. 1869, S. 145 ff.

Wahlreglement vom 28. Mai 1870, BGBl. 1870, S. 275 ff., Abänderungen vom 27. Februar 1871, RGBl. 1871, S. 35 ff., vom 24. Januar 1872, RGBl. 1872, S. 38 ff., vom 20. Juni 1873, RGBl. 1873, S. 144 f., vom 1. Dezember 1873, RGBl. 1873, S. 374 ff., vom 25. Dezember 1876, RGBl. 1876, S. 275, vom 16. Mai 1891, RGBl. 1891, S. 111, vom 29. April 1903, RGBl. 1903, S. 202, vom 18. Februar 1906, RGBl. 1906, S. 317, vom 22. Juli 1913, RGBl. 1913, S. 597.

Gesetz über die Zusammensetzung des Reichstages und die Verhältniswahl in großen Wahlkreisen vom 24. August 1918, RGBl. 1918, S. 1079.

Verordnung über die Wahlen zur verfassunggebenden deutschen Nationalversammlung vom 30. November 1918, RGBl. 1918, S. 1345 ff.; Wahlordnung vom 30. November 1918, RGBl. 1918, S. 1352 ff.; Abänderung vom
19. Dezember 1918, RGBl. 1918, S. 1441 ff.

Reichswahlgesetz vom 27. April 1920, RGBl. 1920, S. 627 ff.; Neufassung
vom 6. März 1924, RGBl. 1924/I, S. 159 ff.; Abänderung vom 13. März
1924, RGBl. 1924/I, S. 173; Reichswahlordnung vom 1. Mai 1920, RGBl.
1920/I, S. 173; Reichsstimmordnung vom 14. März 1924, RGBl. 1924/I,
S. 173 und 646; Abänderungen vom 3. November 1924, RGBl. 1924/I,
S. 726; 17. März 1925, RGBl. 1925/I, S. 21; 14. Mai 1926, RGBl. 1926/I,
S. 224; 5. Dezember 1929, RGBl. 1929/I, S. 208; 4. Juli 1930, RGBl.
1930/I, S. 353; 19. Oktober 1933, RGBl. 1933/I, S. 746; 13. März 1936,
RGBl. 1936/I, S. 164.

Gesetz über die Volksabstimmung vom 14. Juli 1933, RGBl. 1933/I, S. 479;
Wahlgesetzänderung vom 3. Juli 1934, RGBl. 1934/I, S. 350; Gesetz über
die Vertretung des Saarlandes vom 30. Januar 1935, RGBl. 1935/I, S. 68;
Wahlgesetzänderung vom 7. März 1936, RGBl. 1936/I, S. 133; Wahlgesetzänderung vom 18. März 1938, RGBl. 1938/I, S. 258.

Wahlgesetz für den Deutschen Bundestag vom 15. Juni 1949, BGBl. 1949/I,
S. 21 ff.; Wahlgesetz vom 8. Juli 1953, BGBl. 1953/I, S. 470 ff.; Wahlgesetz vom 7. Mai 1956, BGBl. 1956/I, S. 383 ff.; Abänderungen vom
23. Dezember 1956, BGBl. 1956/I, S. 1011; vom 14. Februar 1964, BGBl.
1964/I, S. 61 ff.; vom 8. April 1965, BGBl. 1965/I, S. 65; vom 24. Mai 1968,
BGBl. 1968/I, S. 503; vom 6. Juni 1969, BGBl. 1969/I, S. 473; Wahlprüfungsgesetz vom 12. März 1951, BGBl. 1951/I, S. 166. Gesetz über die
Wahl des Bundespräsidenten durch die Bundesversammlung vom 25. April
1959, BGBl. 1959/I, S. 230.

Wahlordnung für die Gemeinde-, Kreis- und Landtagswahlen vom Herbst
1946, veröffentlicht von der Sowjetischen Militäradministration für Deutschland (SMAD) am 28. Juni 1946, im Wortlaut von Länder- und Provinzialregierungen übernommen, so für die Provinz Sachsen: Wahlordnung für die
Gemeindewahlen vom 3. Juli 1946, Verordnungsblatt (VOBl.) für die Provinz Sachsen, 2. Jg. 1946, S. 277 ff.; Durchführungsverordnungen vom
18. Juli und 31. August 1946, VOBl. für die Provinz Sachsen, 2. Jg. 1946,
S. 329/S. 377; Wahlordnung für die Landtags- und Kreistagswahlen vom
14. September 1946, VOBl. für die Provinz Sachsen, 2. Jg. 1946, S. 412 ff.;
Durchführungsverordnungen vom 28. September 1946, VOBl. für die Provinz Sachsen, 2. Jg. 1946, S. 427 f.

Wahlgesetz für die Volkskammer vom 9. August 1950, DDR GBl. 1950/II,
S. 743 ff.; Wahlgesetz vom 4. August 1954, DDR GBl. 1954/II, S. 667 ff.;
Wahlgesetz vom 24. Dezember 1958, DDR GBl. 1958/I, S. 677 ff.; Wahlgesetz zu den Volksvertretungen der Deutschen Demokratischen Republik
vom 31. Juli 1963, DDR GBl. 1963/I, S. 97 ff.; Abänderung vom 13. September 1965, DDR GBl. 1965/I, S. 207; vom 2. Mai 1967, DDR GBl. 1967/I,
S. 57; Wahlordnungen vom 16. August 1950, DDR GBl. 1950/II, S. 749 ff.;

vom 6. August 1954, DDR GBl. 1954/II, S. 677 ff.; vom 31. Juli 1963, DDR GBl. 1963/I, S. 99 ff.; vom 2. Juli 1965, DDR GBl. 1965/I, S. 143 f.; Wahlkreiseinteilung vom 31. Juli 1963, DDR GBl. 1963/I, S. 107 ff.; vom 2. Mai 1967, DDR GBl. 1967/I, S. 60.
Zu den Wahlgesetzen der deutschen Bundesstaaten und Länder s. Tabellen G I — G VI.

c) Wahlstatistik:

I. Kaiserreich (1871—1912):
Für die Wahlen 1871, 1874, 1877 und 1881 in: Statistik des Deutschen Reiches, Erste Reihe, Bd. 8 (S. II/73), Bd. 14 (S. V/1), Bd. 37 (S. VI/1/40/76), Bd. 53 (S. III/1); *für die Wahlen 1884, 1887 und 1890* in: Monatshefte zur Statistik des Deutschen Reiches, Jg. 1885 (S. I/105), Jg. 1887 (S. IV/1), Jg. 1890 (S. IV/23); *für die Wahlen 1893, 1898, 1903 und 1907* in: Vierteljahreshefte zur Statistik des Deutschen Reiches, Jg. 1893 (S. IV/1), Jg. 1898 Ergänzungsheft III, Jg. 1899 Ergänzungsheft I, Jg. 1900 (S. IV/235), Jg. 1903 (S. II/226/S. III/41) Ergänzungsheft IV, Jg. 1904 Ergänzungsheft I, Jg. 1905 (S. IV/102), Jg. 1907 (S. I/92), Jg. 1907 Ergänzungshefte I, III und IV, Jg. 1911 (S. II/218); *für die Wahl 1912* in: Statistik des Deutschen Reiches, Bd. 205 (3 Hefte). *Für die Wahlen zum Preußischen Abgeordnetenhaus* in: Zeitschrift des königlich preußischen Statistischen Bureaus Bd. 2 (1862), S. 77 ff.; Bd. 5 (1865), S. 41 ff.; Bd. 7 (1867), S. 236 ff.; 23. Ergänzungsheft zur Zeitschrift des königlich preußischen statistischen Landesamtes, Berlin 1903; 30. Ergänzungsheft, Berlin 1909; 33. Ergänzungsheft, Berlin 1916.

II. Weimarer Republik und Drittes Reich (1919—1938):
Für die Wahl 1919 in: Vierteljahreshefte zur Statistik des Deutschen Reiches, Jg. 1919 Ergänzungsheft I; *für die Wahl 1920* in: Statistik des Deutschen Reiches, Bd. 291 (1922); *für die Wahlen 1924/I und 1924/II* in: Statistik des Deutschen Reiches, Bd. 315 (1928); *für die Wahl 1928* in: Statistik des Deutschen Reiches, Bd. 372 (1930); *für die Wahl 1930* in: Statistik des Deutschen Reiches, Bd. 382 (1932); *für die Wahlen 1932/I, 1932/II und 1933/I* in: Statistik des Deutschen Reiches, Bd. 434 (1935); *für die Wahlen 1933/II, Volksabstimmungen 1933 und 1934* in: Statistik des Deutschen Reiches, Bd. 449 (1935); *für die Wahl 1936* in: Statistik des Deutschen Reiches, Bd. 497 (1937); *für die Wahl und Volksabstimmung 1938* in: AdG, Jg. 1938, 3835.

III. Bundesrepublik (1949—1965):
Für die Wahlen 1949, 1953 und 1957 in: Statistik der Bundesrepublik Deutschland, Bd. 10 (1952), Bd. 100, 2 Hefte (1954), Bd. 200, 4 Hefte (1957—1961); *für die Wahl 1961* in: Statistik der Bundesrepublik Deutschland, Fachserie A, Bevölkerung und Kultur, Reihe 8, 4 Hefte (1962—1964); *für die Wahl 1965* in: Statistik der Bundesrepublik Deutschland, Fachserie A, Bevölkerung und Kultur, Reihe 8, 9 Hefte (1964—1967); *für die Wahl*

von 1969 in: Statistik der Bundesrepublik Deutschland, Fachserie A, Bevölkerung und Kultur, Reihe 8, bisher erschienen Heft 1 — 6.

2. Quellenpublikationen:

Mit den *Dokumenten zur deutschen Verfassungsgeschichte,* hrsg. von E. R. Huber liegt jetzt für den Zeitraum von 1803 bis 1933 eine allgemein zugängliche Quellenedition vor, die die Verfassungs- und Wahlgesetzgebung weitgehend erfaßt; die folgenden Angaben verweisen deshalb in aller Regel nur auf diese Publikation. Die Wahlgesetze sind im übrigen im vorstehenden Quellenteil weitgehend vollständig abgedruckt.

E. R. Huber, Hrsg.: Dokumente zur deutschen Verfassungsgeschichte, Bd. 1: Deutsche Verfassungsdokumente 1803—1850, Stuttgart 1961 (im folgenden abgekürzt: Dok. I); Bd. 2: Deutsche Verfassungsdokumente 1851—1918, Stuttgart 1964 (Dok. II); Bd. 3: Dokumente der Novemberrevolution und der Weimarer Republik 1918—1933, Stuttgart/Berlin/Köln/Mainz 1966 (Dok. III); dort auch jeweils ein Fundstellenverzeichnis mit weiterführenden Angaben über Quellensammlungen.

Preußische Städteordnung vom 19. November 1808, in: *Stier-Somlo, F., Hrsg.:* Handbuch des kommunalen Verfassungsrechts in Preußen, systematisch für Wissenschaft und Praxis dargestellt, 2. Aufl., Mannheim/Berlin 1928; ferner auch: Die preußische Städteordnung von 1808, Textausgabe mit einer Einführung von *A. Krebsbach, Hrsg.,* Stuttgart 1957; Deutsche Bundesakte vom 8. Juni 1815, in: Dok. I, S. 75 ff.; Wiener Schlußakte vom 15. Mai 1820, in: Dok. I, S. 81 ff.; Wiener Konferenzen von 1834, in: Dok. I. S. 123 ff.; Verfassung des Deutschen Reiches vom 28. März 1849, in: Dok. I, S. 304 ff.; Preußische Verfassung vom 5. Dezember 1848, in: Dok. I, S. 385 ff.; Preußische Verfassung vom 31. Januar 1850, in: Dok. I, S. 401 ff.; Verfassung des Norddeutschen Bundes, in: Dok. II, S. 227 ff.

Verfassung des Deutschen Reiches vom 16. April 1871, in: Dok. II, S. 289 ff.; Gesetz betreffend die Einführung der Verfassung des Deutschen Reiches in Elsaß-Lothringen, in: Dok. II, S. 347.

Aufruf des Rates der Volksbeauftragten an das deutsche Volk vom 12. November 1918, in: Dok. III, S. 6; Gesetz über die vorläufige Reichsgewalt vom 10. Februar 1919, in: Dok. III, S. 69; Verfassung des Deutschen Reiches vom 11. August 1919, in: Dok. III, S. 129 ff.; Notverordnung zum Schutz von Volk und Staat vom 28. Februar 1933, in: Dok. III, S. 602; Gesetz zur Behebung der Not von Volk und Staat (Ermächtigungsgesetz) vom 24. März 1933, in: Dok. III, S. 604; die Notverordnung und das Ermächtigungsgesetz u. a. auch in: *Hofer, W.,Hrsg.:* Der Nationalsozialismus, Dokumente 1933—1945, Fischer-Bücherei Nr. 172, Frankfurt/M. 1957, S. 53 bzw. S. 57; Gesetz gegen die Neubildung von Parteien vom 14. Juli 1933, ebenda, S. 61; Gesetz über den Neubau des Reiches vom 30. Januar 1934, ebenda, S. 63; Gesetz über die Aufhebung des Reichsrates vom 14. Februar 1934, ebenda, S. 64; Gesetz über das Staatsoberhaupt des Deutschen Reiches vom 1. August 1934, ebenda, S. 70.

Grundgesetz für die Bundesrepublik Deutschland vom 23. Mai 1949 u. a. in: *Sartorius:* Verfassung und Verfassungsgesetze der Bundesrepublik, 30. Aufl., München 1968, lose Blattsammlung mit Ergänzungslieferungen, enthält u. a.: Grundgesetz, Reichsverfassung von 1871, Weimarer Reichsverfassung, Gesetz über die Wahl des Bundespräsidenten, Bundeswahlgesetz, Bundeswahlordnung, Wahlprüfungsgesetz, Geschäftsordnungen des Bundestages und des Bundesrates, das Parteiengesetz vom 24. Juli 1967.

Grundgesetz und andere Verfassungsgesetze auch in: *Burhenne, W.:* Grundgesetz der Bundesrepublik Deutschland mit den Verfassungen der Länder, Bielefeld 1962, lose Blattsammlung mit Ergänzungslieferungen; *Lechner, H./Hüllshoff, K.:* Parlament und Regierung, Textsammlung, 2. Aufl., München 1958; *Füßlein, R. W.:* Deutsche Verfassungen. Grundgesetz und deutsche Landesverfassungen mit Änderungen und Nachträgen, 3. Aufl., Berlin/Frankfurt/M. 1961; *Mayer-Tasch,* S. 38 ff.

Verfassung der Deutschen Demokratischen Republik vom 7. Oktober 1949 u. a. in: *Albrecht, G., Hrsg.:* Dokumente zur Staatsordnung der Deutschen Demokratischen Republik, Berlin (Ost) 1959; *Hochbaum, H. U., Hrsg.:* Staats- und verwaltungsrechtliche Gesetze der Deutschen Demokratischen Republik, Berlin (Ost) 1958; *Draht, M.:* Verfassungsrecht und Verfassungswirklichkeit in der Sowjetischen Besatzungszone, 4. Aufl., Bonn 1956; *Maurach, R./Rosenthal, W.:* Die Verfassung der Deutschen Demokratischen Republik, München 1959; *Schulz, W.:* Die Verfassung der „Deutschen Demokratischen Republik", Entstehung, Inhalt, Entwicklung (Sonderband des Instituts für Ostrecht/München), Frankfurt/M./Herrenalb 1959; *Mampel, S.:* Die volksdemokratische Ordnung in Mitteldeutschland, Texte zur verfassungsrechtlichen Situation mit einer Einleitung des Verf., 3. Aufl., Frankfurt/M./Berlin 1967. Gesetz über die weitere Demokratisierung des Aufbaus und der Arbeitsweise der staatlichen Organe in den Ländern der DDR vom 23. Juli 1952, in: Mampel. a. a. O., S. 113; Gesetz über die örtlichen Organe der Staatsmacht vom 17. Januar 1957, ebenda, S. 131; Gesetz über die Staatsbürgerschaft der DDR vom 20. Februar 1967, ebenda, S. 174. Verfassung der Deutschen Demokratischen Republik vom 6. April 1968, in: *Müller-Römer, D., Hrsg.:* Ulbrichts Grundgesetz, die sozialistische Verfassung der DDR, Köln 1968.

Beschlüsse des Frankfurter Vorparlamentes vom 31. März und 1.—4. April 1848 sowie die Beschlüsse des Bundestages über die Wahl der deutschen Nationalversammlung vom 30. März und 7. April 1848, in: Dok. I, S. 269 ff.; Wahlgesetz für die Wahl zum Volkshause vom 12. April 1849, Dok. III, S. 324 ff.; Wahlgesetz für die zur Vereinbarung der preußischen Staatsverfassung zu berufende Versammlung vom 8. April 1848, in: *Schilfert, G.:* Sieg und Niederlage des demokratischen Wahlrechts in der deutschen Revolution 1848/49, Berlin (Ost) 1952, S. 345 f.; Wahlgesetze für die Wahl der 1. und 2. Kammer in Preußen vom 5. und 6. Dezember 1848, in: Dok. I, S. 395 f.; Verordnung betreffend die Ausführung der Wahl der Abgeordneten der 2. Kammer vom 30. Mai 1849 (Dreiklassenwahlrecht), in: Dok. I, S. 398 ff.; Verordnung wegen der Bildung der 1. Kammer vom 12. Oktober 1854, in: Dok. I, S. 418 ff.; Wahlgesetz für den konstituierenden Reichstag des Norddeutschen Bundes vom 15. Oktober 1866, in: Dok. II, S. 225 f.

Wahlgesetz für den Reichstag des Norddeutschen Bundes vom 31. Mai 1869 (zugleich Wahlgesetz für das Kaiserreich), in: Dok. II, S. 243 ff.; Gesetz über die Zusammensetzung des Reichstags und die Verhältniswahl in großen Wahlkreisen vom 24. August 1918, in: Dok. II, S. 479 ff.

Reichswahlgesetz vom 27. April 1920, in zahlreichen Handbüchern und Kommentaren zum deutschen Staatsrecht (s. u.), u. a. auch in: *Triepel, H., Hrsg.*: Quellensammlung zum deutschen Staatsrecht, 4. Aufl., Tübingen 1926; *Ruthenberg, O., Hrsg.*: Verfassungsgesetze des deutschen Reiches und der deutschen Länder nach dem Stande vom 1. Februar 1926, Berlin/Frankfurt/M. 1926; leider nicht in Dok. III; neuerdings auch in: *Milatz, A.*: Wähler und Wahlen (s. u.), S. 41 ff.; Gesetz über die Wahl des Reichspräsidenten, ebenda, S. 51 ff.

Bundeswahlgesetze von 1949, 1953 und 1956 mit den Abänderungen in zahlreichen Handbüchern und Kommentaren zum Verfassungs- und Staatsrecht der Bundesrepublik, u. a. auch in: *Feneberg, H.*: Bundeswahlgesetz, Kommentar, 4. Aufl., München 1961; *Ellwein, Th.*: Das Regierungssystem ... (s. u.), 2. Aufl., S. 566 ff.; Recht und Organisation der Parlamente, hrsg. v. *Interparlaméntarische Arbeitsgemeinschaft*, 2 Bde., Bielefeld 1958, lose Blattsammlung mit Ergänzungslieferungen, enthält u. a. die Verfassungen, Wahlgesetze, Wahlordnungen und Geschäftsordnungen der Parlamente des Bundes und der Länder; sowie vor allem grundlegend: *Seifert, K. H.: Das Bundeswahlgesetz*, Bundeswahlordnung und wahlrechtliche Nebengesetze Berlin/Frankfurt/M. 1957, Ergänzungsheft 1961, 2. völlig neubearbeitete Auflage, Berlin/Frankfurt/M. 1965.

Die Wahlgesetze für die Volkskammer von 1950, 1954 und 1958, die nur geringfügig voneinander abweichen, u. a. in: *Albrecht, G., Hrsg.*: Dokumente zur Staatsordnung ..., a. a. O.; *Hochbaum, H. U., Hrsg.*: Staats- und verwaltungsrechtliche Gesetze ..., a. a. O.; Wahlgesetz zu den Volksvertretungen der DDR von 1963 mit seinen Abänderungen von 1965 und 1967, in: *Mampel, S:* Die volksdemokratische Ordnung ..., a. a. O., S. 115 ff.; *Handbuch der Volkskammer, 5. Wahlperiode* (s. u.), S. 17 ff.; dort auch Wahlordnung, Wahlkreiseinteilung und Geschäftsordnung der Volkskammer; die Geschäftsordnung auch in: *Mampel, S.: Die volksdemokratische Ordnung ...*, a. a. O., S. 119 ff.

Weitere Quelleneditionen*):

Menzel, E./Groh, F./Hecker, H.: Bibliographie der deutschen Verfassungstexte seit 1806, Verfassungsregister 1: Deutschland, 1954.

*) Weitere Angaben über Quelleneditionen zum Staats- und Verfassungsrecht bei *Huber, Dokumente* ... im Fundstellenverzeichnis der 3 Bde. sowie zur allgemeinen Geschichte in den Handbüchern zur deutschen Geschichte (BiblAng. s. u.).

Klüber, J. L./Welker, Th.: Wichtige Urkunden für den Rechtszustand der deutschen Nation, 2. Aufl., 1845; *Wigard, F.:* Stenogr. Ber. über die Verhandlungen der deutschen konstituirenden Nationalversammlung zu Frankfurt a. M., 9 Bde., 1848/49; *Bleich, E.:* Verhandlungen der Versammlung zur Vereinbarung der preußischen Verfassung, 2 Bde., 1848/49; *Zachariä, H. A.:* Die deutschen Verfassungsgesetze der Gegenwart (1855) mit Fortsetzungen von 1858 und 1862; *Bergsträsser, L.:* Die Verfassung des Deutschen Reiches von 1849 mit Vorentwürfen, Gegenvorschlägen und Modifikationen bis zum Erfurter Vorparlament, 1913.

Stoerk, F./Rauchhaupt, W. v.: Handbuch der deutschen Verfassungen, 2. Aufl., 1913; *Binding, K.:* Die deutschen Staatsgrundgesetze in diplomatisch getreuem Abdruck, 10 Teile, 1893/1915; *Altmann, W.:* Ausgewählte Urkunden zur deutschen Verfassungsgeschichte seit 1806, 2 Teile, 1898.

Rauchhaupt, W. v.: Handbuch der Deutschen Wahlordnungen und Geschäftsordnungen, 1916.

Matthias, E./Morsey, R.: Der Interfraktionelle Ausschuß 1917/18, 2 Bde., 1959; *Kolb, E.:* Quellen zur Geschichte der Rätebewegung in Deutschland 1918/19, Bd. 1, 1968.

Stier-Somlo, F.: Deutsches Reichs- und Landesstaatsrecht, 1924; *Triepel, H.:* Quellensammlung zum deutschen Reichsstaatsrecht, 4. Aufl., 1926.

Jellinek, W.: Die deutschen Landtagswahlgesetze, 1926.

Salomon, F.: Die deutschen Parteiprogramme, 1. Aufl., Leipzig/Berlin 1907; 5. Aufl., hrsg. v. W. Mommsen und G. Franz, Leipzig/Berlin 1931; *Mommsen, W.:* Deutsche Parteiprogramme, 1. Aufl., München 1960, 2. Aufl., München 1964; *Treue, W.:* Deutsche Parteiprogramme 1861—1961, 3. Aufl., Göttingen 1961; *Flechtheim, O. K.:* Dokumente zur parteipolitischen Entwicklung in Deutschland seit 1945, 8 Bde., Berlin 1962 ff.; *Matthias, E./Pihardt, E.:* Die Reichstagsfraktion der deutschen Sozialdemokratie 1898—1918, 2 Teile, Düsseldorf 1966; *Weber, H.:* Der deutsche Kommunismus. Dokumente, Köln 1963.

Parlamentshandbücher des Reichstages und des Bundestages für jede Legislaturperiode seit 1871, hrsg. vom Präsidium des Reichs- bzw. Bundestages; *Handbuch der Volkskammer* der Deutschen Demokratischen Republik, 2.—5. Wahlperiode, hrsg. vom Präsidium der Volkskammer, Berlin (Ost) 1957—1967.

3. Auswahl aus dem Schrifttum*):

Pol.Gesch.:

Handbücher: *Gebhardt, B.:* Handbuch der deutschen Geschichte, neu hrsg. v. H. Grundmann, 4 Bde., 8. Aufl., Stuttgart 1954—1960 (Neuaufl. im Erscheinen begriffen); *Rassow, P., Hrsg.:* Deutsche Geschichte im Überblick, 2. Aufl., Stuttgart 1962; Handbuch der deutschen Geschichte. Begründet *v. O. Brandt,* fortgeführt v. *A. O. Meyer,* neu hrsg. v. *L. Just,* 5 Bde., Darmstadt/Konstanz 1954 ff. (dort auch jeweils weiterführende Literaturangaben).

Vor 1918

Schnabel, F.: Deutsche Geschichte im 19. Jahrhundert, 4 Bde., 2. und 3. Aufl., Freiburg 1951—1954.

Mann, G.: Deutsche Geschichte des 19. und 20. Jahrhunderts, Frankfurt 1958.

Naumann, F.: Demokratie und Kaisertum. Ein Handbuch für innere Politik, 3. und 4. Aufl. Berlin 1904.

Meinecke, F.: Weltbürgertum und Nationalstaat, 7. Aufl., München 1928.

Ders.: Das Zeitalter der deutschen Erhebung, Neudruck der 6. Aufl., Göttingen 1958.

Conze, W.: Staat und Gesellschaft in der frührevolutionären Epoche Deutschlands, in: HZ 186 (1958), S. 1 ff.

Ders., Hrsg.: Staat und Gesellschaft im deutschen Vormärz 1815—1848, Stuttgart 1962.

Koselleck, R.: Staat und Gesellschaft in Preußen 1815—1848, Köln/Berlin 1966.

Ders.: Preußen zwischen Reform und Revolution. Allgemeines Landrecht, Verwaltung und soziale Bewegung von 1791 bis 1848, Stuttgart 1967.

Valentin, V.: Geschichte der deutschen Revolution 1848/1849, 2 Bde., Berlin 1930, Neudruck, Köln-Berlin 1970.

Stadelmann, R.: Soziale und politische Geschichte der Revolution von 1848, München 1948.

Droz, J.: Les révolutions allemandes de 1848, Paris 1957.

Schieder, Th.: Staat und Gesellschaft im Wandel unserer Zeit, München 1958.

Böhme, H., Hrsg.: Probleme der Reichsgründerzeit 1848—1879, Köln / Berlin 1968 (dort S. 481 ff. auch weiterführende Literaturangaben).

Hartung, F.: Deutsche Geschichte 1871 bis 1919, 6. Aufl., Stuttgart 1952.

1918—1933

Rosenberg, A.: Die Entstehung der deutschen Republik 1871—1918, Berlin 1928; Neudruck *hrsg. v. K. Kersten* unter dem Titel: Entstehung der Weimarer Republik, 1961.

Ders.: Geschichte der Deutschen Republik, Karlsbad 1935; Neudruck *hrsg. v. K. Kersten* unter dem Titel: Geschichte der Weimarer Republik, Frankfurt/M. 1961.

Ryder, A. J.: The German Revolution of 1918. A Study of Socialism in War and Revolt, Cambridge 1967.

Eyck, E.: Geschichte der Weimarer Republik, 2 Bde., Zürich / Stuttgart 1954/1956.

Heiber, H.: Die Republik von Weimar (dtv-Weltgeschichte des 20. Jahrhun-

---

*) Die folgende Auswahlbibliographie beschränkt sich in den Abschnitten zur allgemeinen Geschichte, zur Verfassungs- und Parteiengeschichte sowie zum Parlamentarismus vorwiegend auf die Angabe von Handbüchern, übergreifenden Gesamtdarstellungen, Aufsatzsammlungen und einigen Spezialarbeiten; sie kann zwangsläufig keine Vollständigkeit anstreben. Weiterführende Literaturangaben in den angeführten Handbüchern (insbesondere bei *Gebhard, Handbuch der deutschen Geschichte*), bei *Huber, Deutsche Verfassungsgeschichte seit 1789* sowie in den gekennzeichneten Werken; die Angaben zu Wahlrecht, Wahlsystem und Wahlsoziologie sind etwas weiter gefaßt, erheben jedoch ebenfalls keinen Anspruch auf Vollständigkeit.

derts, Bd. 3), 1. Aufl., München 1966, 4. Aufl. München 1969.

Eschenburg, Th.: Die improvisierte Demokratie. Gesammelte Aufsätze zur Weimarer Republik, München 1963.

Hermens, F. A. / Schieder, Th., Hrsg.: Staat, Wirtschaft, Politik in der Weimarer Republik, Festschrift für H. Brüning, Berlin 1967.

Sontheimer, K.: Antidemokratisches Denken in der Weimarer Republik. Die politischen Ideen des deutschen Nationalismus zwischen 1918 und 1933, München 1962, Neuauflage, München 1968.

Schulz, G.: Zwischen Demokratie und Diktatur. Verfassungspolitik und Reichsreform in der Weimarer Republik, Bd. 1: Die Periode der Konsolidierung und der Revision des Bismarckschen Reichsaufbaus 1919—1930, Berlin 1963.

Bracher, K. D.: Die Auflösung der Weimarer Republik, 4. Aufl., Villingen 1964 (grundlegend).

Conze, W.: Brünings Politik unter dem Druck der großen Krise, in: HZ 199 (1964), S. 529 ff.

Conze, W. / Raupach, H., Hrsg.: Die Staats- und Wirtschaftskrise des Deutschen Reiches 1929—1933, Stuttgart 1967.

Bracher, K. D. / Sauer, W. / Schulz, G., Hrsg.: Die nationalsozialistische Machtergreifung. Studien zur Errichtung des totalitären Herrschaftssystems in Deutschland 1933/34, 2. Aufl., Köln u. Opladen 1962 (dort auch weiterführende Literaturangaben).

Jasper, G., Hrsg.: Von Weimar zu Hitler 1930—1933, Köln/Berlin 1968 (dort S. 507 ff. auch weiterführende Literaturangaben).

Schneider, H.: Das Ermächtigungsgesetz vom 24. März 1933, in: VjHZ Bd. 1 (1953), S. 197 ff.

Bracher, K. D.: Deutschland zwischen Demokratie und Diktatur. Beiträge zur neueren Politik und Geschichte, Bern / München / Wien 1964.

Ders.: Die deutsche Diktatur. Entstehung — Struktur — Folgen des Nationalsozialismus, Köln/Berlin 1969.

Broszat, M.: Der Staat Hitlers (dtv-Weltgeschichte des 20. Jahrhunderts, Bd. 9), München 1969.

Bundesrepublik Deutschland

Ebsworth, R.: Restoring Democracy in Germany, London 1960.

Golay, J. F.: The Founding of the Federal Republic of Germany, 2. Aufl., Chicago 1965.

Merkl, P. H.: The Origin of the West German Republic, New York 1963; dtsch.: Die Entstehung der Bundesrepublik Deutschland, Stuttgart 1965.

Vogelsang, T.: Das geteilte Deutschland (dtv-Weltgeschichte des 20. Jahrhunderts, Bd. 11), 1. Aufl., München 1966, 3. Aufl. München 1969.

Pollock, J. K., Hrsg.: German Democracy at Work, New York 1955.

Allemann, F. R.: Bonn ist nicht Weimar, Köln / Berlin 1956.

Hiscocks, R.: Democracy in Western Germany, 3. Aufl., London 1963.

Heidenheimer, A. J.: The Governments of Germany, New York 1961.

Eschenburg, Th.: Staat und Gesellschaft in Deutschland, 6. Aufl., Stuttgart 1963.

Grosser, A.: Die Bonner Demokratie, Düsseldorf 1960.

Dahrendorf, R.: Gesellschaft und Demokratie in Deutschland, München 1965.

Deutsche Demokratische Republik

Duhnke, H.: Stalinismus in Deutschland. Die Geschichte der Sowjetischen Besatzungszone, Berlin (West) 1955.

Lukas, R.: Zehn Jahre sowjetische Besatzungszone, Düsseldorf 1955.

Friedrich, C. J. / Kissinger, H.: The Soviet Zone of Germany, New Haven 1956.

Schütze, H.: „Volksdemokratie" in Mitteldeutschland, 2. Aufl., Hannover 1964.

Richert, E.: Das zweite Deutschland. Ein Staat, der nicht sein darf, Gütersloh 1964 (auch: Fischer Bücherei, Bd. 722).

Frank, H.: Zwanzig Jahre Zone. Kleine Geschichte der DDR, München 1965.

Dubs, R.: Freiheitliche Demokratie und totalitäre Diktatur. Eine Gegenüberstellung am Beispiel der Schweiz und der Sowjetzone Deutschlands (DDR), Frauenfeld 1966.

Weber, H.: Von der SBZ zur DDR, 2 Bde., Hannover 1966/67.

Doernberg, St.: Kurze Geschichte der DDR, 3. Aufl., Berlin (Ost) 1968.

Deuerlein, E., Hrsg.: DDR. Geschichte und Bestandsaufnahme, dtv. Dokumente Bd. 347, München 1966.

Goroschkowa, G. N.: Die deutsche Volkskongreßbewegung für Einheit und gerechten Frieden, Berlin (Ost) 1963.

Koenen, W.: Die historische Bedeutung der Volkskongreßbewegung für Einheit und gerechten Frieden, in: Beiträge zur Zeitgeschichte Bd. 1 (1958), S. 1 ff.

VR/VGesch.

Huber, E. R.: Deutsche Verfassungsgeschichte seit 1789, Bd. 1: Reform und Restauration 1789 bis 1830, 2. Aufl., Stuttgart / Berlin / Köln / Mainz 1967; Bd. 2: Der Kampf um Einheit und Freiheit 1830 bis 1850, 2. Aufl., Stuttgart/ Berlin/Köln/Mainz 1968; Bd. 3: Bismarck und das Reich, Stuttgart 1963; Bd. 4: Struktur und Krisen des Kaiserreiches, Stuttgart/Berlin/Köln/Mainz 1969 (dort auch jeweils weiterführende Literaturangaben).

Hartung, F.: Deutsche Verfassungsgeschichte vom 15. Jahrhundert bis zur Gegenwart, 8. Aufl., Stuttgart 1964.

Forsthoff, E.: Deutsche Verfassungsgeschichte der Neuzeit, 2. Aufl., Stuttgart 1961.

Vor 1918

Bach, A.: Umriß einer Staatsverfassung für Deutschland, Wiesbaden 1848.

Meyer, G.: Grundzüge des Norddeutschen Bundesrechtes, Leipzig 1868.

Laband, P.: Das Staatsrecht des Deutschen Reiches, 4 Bde., 5. Aufl., Tübingen 1911—1914.

Hatschek, J.: Das Parlamentsrecht des Deutschen Reiches, Berlin 1915.

Meyer, G. / Anschütz, G.: Lehrbuch des deutschen Staatsrechts, 3 Bde., 7. Aufl., München / Leipzig 1914—1919.

Anschütz, G. / Berolzheimer, F. / Jellinek, G. u. a.: Handbuch der Politik, 6 Bde., 3. Aufl., Berlin / Leipzig 1920.

1918—1933

Anschütz, G.: Die Verfassung des Deutschen Reiches vom 11. August 1919. Kommentar, 14. Aufl., Berlin 1933, Neudruck Darmstadt 1960.

Smend, R.: Verfassung und Verfassungsrecht, München 1928.

Poetzsch-Heffter, F.: Handkommentar der Reichsverfassung, 3. Aufl., Berlin 1928.

Jellinek, W.: Verfassung und Verwaltung des Reiches und der Länder. Teubners Handbuch der Staats- und Wirtschaftskunde, Bd. 2, Leipzig 1925.

Anschütz, G. / Thoma, R.: Handbuch des Deutschen Staatsrechts, 2 Bde., Tübingen 1929—1932.

Hatschek, J.: Deutsches und Preußisches Staatsrecht, 2 Bde., 2. Aufl., *hrsg. v. P. Kurtzig,* Berlin 1930.

Illing, J. / Kautz, G.: Handbuch für Verwaltung und Wirtschaft im Reich und in Preußen, 3 Bde., 11. Aufl., Berlin 1931 ff.

Apelt, W.: Geschichte der Weimarer Verfassung, 2. Aufl., München 1964.

Fromme, F. K.: Von der Weimarer Verfassung zum Bonner Grundgesetz, Tübingen 1960.

Bundesrepublik Deutschland

Maunz, Th. / Dürig, G.: Grundgesetzkommentar, München 1959, lose Blattsammlung mit Ergänzungslieferungen (grundlegend).

Hamann, A.: Das Grundgesetz. Ein Kommentar für Wissenschaft und Praxis, 2. Aufl., Berlin / Neuwied 1961.

Giese, F. / Schunk, E.: Grundgesetz für die Bundesrepublik Deutschland, 6. Aufl., Frankfurt 1962.

Mangoldt, H. v. / Klein, F.: Das Bonner Grundgesetz. Kommentar, 2. Aufl., Berlin / Frankfurt/M. 1957—1964.

Schmidt-Bleibtreu, B. / Klein, F.: Kommentar zum Grundgesetz, Neuwied / Berlin 1967.

Leibholz, G. / Rinck, H. J.: Grundgesetz für die Bundesrepublik Deutschland. Kommentar an Hand der Rechtsprechung des Bundesverfassungsgerichtes, 3. Aufl., Köln 1968.

Maunz, Th.: Deutsches Staatsrecht, 16. Aufl., 1968.

Koellreuther, O.: Deutsches Staatsrecht, Stuttgart / Köln 1953.

Deutsche Demokratische Republik

Abendroth, W.: Zwiespältiges Verfassungsrecht in Deutschland, in: AöR Bd. 76 (1950/51), S. 1 ff.

Dürrwanger, A.: Der Einfluß der sowjetischen Verfassung auf die staatsrechtliche Gestaltung der Deutschen Demokratischen Republik, Diss. Marburg 1952.

Draht, M.: Verfassungsrecht und Verfassungswirklichkeit in der Sowjetischen Besatzungszone, 4. Aufl., Bonn 1956.

Ders.: Die Grundlagen der kommunistischen Staatsauffassung und Revolutionslehre im Staatsrecht der Sowjetzone, in: *Schneider, P., Hrsg.:* Fragen des Staatsrechts im Ostblock, Studien des Instituts für Ostrecht, Bd. 1, Berlin (West) 1958.

Bärwald, H. / Maerker, R.: Der SED-Staat. Das kommunistische Herrschaftssystem in der Sowjetzone, Köln 1963.

Richert, E.: Macht ohne Mandat. Der Staatsapparat in der sowjetischen Besatzungszone Deutschlands, 3. Aufl., Köln u. Opladen 1963.

Mampel, S.: Die Verfassung der sowjetischen Besatzungszone Deutschlands. Text und Kommentar, 2. Aufl., Frankfurt/M. / Berlin 1966.

Ders.: Die volksdemokratische Ordnung in Mitteldeutschland. Texte zur verfassungsrechtlichen Situation mit einer Einleitung des Verf., 1. Aufl. 1963, 3. neubearbeitete und fortgeführte Aufl., Frankfurt/M. / Berlin 1967.

Ders.: Die Entwicklung der Verfassungsordnung in der sowjetisch besetzten Zone Deutschlands von 1945 bis 1963, in: JöR NF Bd. 13 (1964), S. 455 ff.

Ders.: Herrschaftssystem und Verfassungsstruktur in Mitteldeutschland, Köln und Opladen 1968.

Schulz, W.: Recht und Staat als Herrschaftsinstrumente der Kommunisten, München 1963.

Zieger, G.: Die Regierung der SBZ als Organ der Gesetzgebung, in: ROW Bd. 4 (1960), S. 45 ff., 98 ff.

Mampel, S.: Die Funktion des Staatsrates der SBZ nach dem Prinzip des demokratischen Zentralismus, in: ROW Bd. 5 (1961), S. 129 ff.

ParlStud. / PolSystStud. / ReprStud.

Mohl, R. v.: Staatsrecht, Völkerrecht und Politik, 3 Bde., Tübingen 1860/1869.

Ders.: Die geschichtlichen Phasen des Repräsentativsystems in Deutschland, in: ZgesStW Bd. 27 (1871), S. 1 ff.

Preuß, H.: Staat, Recht und Freiheit, aus 40 Jahren deutscher Politik und Geschichte, Gesammelte Aufsätze, hrsg. v. Th. Heuß, Tübingen 1926.

Schmitt, C.: Verfassungslehre, 3. Aufl., Berlin 1957.

Leibholz, G.: Strukturprobleme der modernen Demokratie, 3. Aufl., Karlsruhe 1967.

Ders.: Das Wesen der Repräsentation und der Gestaltwandel der Demokratie im 20. Jahrhundert, 2. Aufl., Berlin 1960.

Bracher, K. D. / Dawson, Chr. / Geiger, W. / Smend, R., Hrsg.: Die moderne Demokratie und ihr Recht, Festschrift für G. Leibholz, 2 Bde., Tübingen 1966.

Fraenkel, E.: Deutschland und die westlichen Demokratien, 3. Aufl., Stuttgart 1968.

Kluxen, K., Hrsg.: Parlamentarismus, Köln / Berlin 1967 (dort S. 473 ff. auch weiterführende Literaturangaben).

Vor 1918

Gottwald, F.: Die Vertretung der kleineren nichtadligen Grundherren (Bauern) in den Kammern der deutschen Staaten seit dem 19. Jahrhundert, Berlin 1915.

Herrfahrdt, H.: Das Problem der berufsständischen Vertretung von der französischen Revolution bis zur Gegenwart, Stuttgart 1921.

Suhr, O.: Die berufsständische Verfassungsbewegung in Deutschland bis zur Revolution 1848, Diss. mass. Leipzig 1923.

Hintze, O.: Typologie der ständischen Verfassungen des Abendlandes, in: HZ 141 (1930), S. 229 ff.; neuerdings in: *Ders.:* Staat und Gesellschaft. Gesammelte Abhandlungen zur allgemeinen Verfassungsgeschichte, hrsg. v. G. Oestreich, 2. Aufl., Göttingen 1962, S. 120 ff.

Brandt, H.: Landständische Repräsentation im deutschen Vormärz. Politisches Denken im Einflußfeld des monarchischen Prinzips, Neuwied 1968.

Zeeden, E. W.: Hardenberg und der Gedanke einer Volksvertretung in Preußen 1807—1812, Berlin 1940.

Rothfels, H.: Stein und der deutsche Staatsgedanke, in: Königsberger Universitätsreden, Königsberg 1931.

Heffter, H.: Die deutsche Selbstverwaltung im 19. Jahrhundert. Geschichte der Ideen und Institutionen, Stuttgart 1950.

Hočevar, R. K.: Stände und Repräsentation beim jungen Hegel. Ein Beitrag zu seiner Staats- und Gesellschaftslehre sowie zur Theorie der Repräsentation, München 1968.

Bergsträsser, L.: Geschichte des Parlamentarismus in Deutschland, in: Handbuch der Politik, hrsg. v. G. Anschütz, F. Berolzheimer, u. a., Bd. 1, 3. Aufl., Berlin 1920.

Ders.: Die Entwicklung des Parlamentarismus in Deutschland, Laupheim 1954.

Gerber, E.: Der staatstheoretische Begriff der Repräsentation in Deutschland zwischen Wiener Kongreß und Märzrevolution, Diss. Bonn 1929.

King-Hall, St. / Ullmann, R. K.: German Parliaments. A Study of the development of representative institutions in Germany, London 1954.

Ziebura, G.: Anfänge des deutschen Parlamentarismus (Geschäftsverfahren und Entscheidungsprozeß in der ersten deutschen Nationalversammlung 1848 / 1849), in: Faktoren der politischen Entscheidung, Festgabe für E. Fraenkel, Berlin 1963, S. 183 ff.

Zechlin, E.: Bismarcks Stellung zum Parlamentarismus bei der Gründung des Norddeutschen Bundes, Diss. mass. Heidelberg 1922.

Kramer, H.: Fraktionsbindungen in den deutschen Volksvertretungen 1819-1849, Berlin 1968.

Lamer, R. J.: Der englische Parlamentarismus in der deutschen politischen Theorie im Zeitalter Bismarcks (1857—1890). Ein Beitrag zur Vorgeschichte des Parlamentarismus, Lübeck / Hamburg 1963.

Meisner, H.: Die Lehre vom monarchischen Prinzip in der französischen und deutschen Verfassungsgeschichte, vornehmlich im Zeitalter der Restauration und des Deutschen Bundes, Breslau 1913.

Hintze, O.: Das monarchische Prinzip und die konstitutionelle Verfassung, in: Preußische Jahrbücher Bd. 144 (1911), S. 381 ff.

Böckenförde, E. W.: Der deutsche Typ der konstitutionellen Monarchie im 19. Jahrhundert, in: *Conze, W., Hrsg.:* Beiträge zur deutschen und belgischen Verfassungsgeschichte im 19. Jahrhundert, Beiheft zur Zs. GWU, Stuttgart 1967, S. 70 ff.

Franke, R.: Die gesetzgebenden Körperschaften und ihre Funktionen in den Verfassungen der Rheinbundstaaten und der Deutschen Bundesstaaten 1806—1820, Diss. Greifswald 1912.

Kott, H.: Die preußischen Provinziallandtage von 1823, ihre Entstehung, ihr Inhalt, mit besonderer Berücksichtigung des Wahlrechts und seiner Voraussetzungen und ihre Zusammensetzung in statistischer Darstellung, Diss. mass. Würzburg 1929.

Kaufmann, G.: Der Vereinigte Landtag in der Bewegung von 1848, München 1906.

Freyer, U.: Das Vorparlament zu Frankfurt a. M. im Jahre 1848, Diss. Greifswald 1913.

Haym, R.: Die Deutsche Nationalversammlung, ein Rechenschaftsbericht 1848 bis 1850, 3 Berichte, Frankfurt/M./Berlin 1850.

Biedermann, K.: Das erste deutsche Parlament, Breslau 1908.

Eyck, F.: The Frankfurt Parliament 1848—1849, London 1968.

Schilfert, G.: Sieg und Niederlage des demokratischen Wahlrechts in der deutschen Revolution 1848/49, Berlin (Ost) 1952.

Mailer, C.: Die Wahlbewegung zum Frankfurter Parlament im Jahre 1848 in Bayern, Diss. München 1931.

Hessische Wahlen zur Deutschen Nationalversammlung zu Frankfurt a. M. vom 18. 4. 1848, in: Hessenland Bd. 12 (1898).

Repgen, K.: Märzbewegung und Maiwahlen des Revolutionsjahres 1848 im Rheinland, Bonn 1955.

Schnurre, Th.: Die Württembergischen Abgeordneten in der konstituierenden deutschen Nationalversammlung zu Frankfurt a. M., Diss. Würzburg 1912.

Ibler, H.: Die Wahlen zur Frankfurter Nationalversammlung in Österreich 1848, in: Mitteilungen des Instituts für österreichische Geschichtsforschung Bd. 48 (1934), S. 103 ff.

Hess, A.: Das Parlament, das Bismarck widerstrebte. Zur Politik und sozialen Zusammensetzung des preußischen Abgeordnetenhauses der Konfliktszeit (1862 bis 1866), Köln u. Opladen 1964.

Seydel, M. v.: Der deutsche Reichstag, in: Annalen des Deutschen Reiches 1880, S. 352 ff.

Jolly, J.: Der Reichstag und die Parteien, Berlin 1880.

Stoltenberg, G.: Der deutsche Reichstag 1871—1873, Düsseldorf 1955.

Molt, P.: Der Reichstag vor der improvisierten Revolution, Köln u. Opladen 1963.

Deuerlein, E., Hrsg.: Der Reichstag, Aufsätze, Protokolle, und Darstellungen zur Geschichte der parlamentarischen Vertretung des deutschen Volkes. 1871—1933 (Sondernummer von „Das Parlament" 10. Jg. (1960), Nachdruck Frankfurt/M. — Bonn 1963.

Grosser, D.: Vom monarchischen Konstitutionalismus zur parlamentarischen Demokratie. Die Verfassungspolitik der deutschen Parteien im letzten Jahrzehnt des Kaiserreiches, Den Haag 1970.

Bermbach, U.: Vorformen parlamentarischer Kabinettsbildung in Deutschland. Der interfraktionelle Ausschuß 1917/18 und die Parlamentarisierung der Reichsregierung, Köln u. Opladen 1967 (dort auch weiterführende Literaturangaben).

1918—1933

Tormin, W.: Zwischen Rätediktatur und sozialer Demokratie, Düsseldorf 1954.

Kolb, E.: Die Arbeiterräte in der deutschen Innenpolitik 1918—19, Düsseldorf 1962.

Weber, M.: Parlament und Regierung im neugeordneten Deutschland, in: *Ders.:* Gesammelte politische Schriften, München 1921, S. 126 ff.

Ders.: Wahlrecht und Demokratie in Deutschland, ebenda, S. 277 ff.

Anschütz, G.: Parlament und Regierung im Deutschen Reich, Berlin 1918.

Heilfron, E., Hrsg.: Die deutsche Nationalversammlung im Jahre 1919, 9 Bde., Berlin 1919/1920.

Ziegler, W.: Die deutsche Nationalversammlung 1919/1920 und ihr Verfassungswerk, Berlin 1932.

Rose, G.: Der Reichsrat der Weimarer Republik, Diss. Freiburg 1964.

Stürmer, M.: Koalition und Opposition in der Weimarer Republik 1924—1928, Düsseldorf 1967.

Schmitt, C.: Die Diktatur des Reichspräsidenten nach Artikel 48 der Weimarer Verfassung, in: *ders.:* Die Diktatur. Von den Anfängen des modernen

Souveränitätsgedankens bis zum proletarischen Klassenkampf, 2. Aufl., München 1928.

Haungs, P.: Reichspräsident und parlamentarische Kabinettsregierung. Eine Studie zum Regierungssystem der Weimarer Republik in den Jahren 1924 bis 1929, Köln u. Opladen 1968.

Revermann, K.: Die stufenweise Durchbrechung des Verfassungssystems der Weimarer Republik in den Jahren 1930 bis 1933. Eine staatsrechtliche und historisch-politische Analyse, Münster 1959.

Fischer, F. K.: Mehrheitssystem und Mehrheitsaufstellung bei der Wahl des deutschen Reichspräsidenten, Diss. Leipzig 1931.

Meyers, F.: Reichspräsidentenwahl und Ausnahmemaßnahmen, Emsdetten 1934.

Domarus, M.: Der Reichstag und die Macht, Würzburg 1968.

Bundesrepublik Deutschland

Ellwein, Th.: Das Regierungssystem der Bundesrepublik Deutschland. Leitfaden und Quellenbuch, 2. Aufl., Köln u. Opladen 1965.

Glum, F.: Das parlamentarische Regierungssystem in Deutschland, Großbritannien und Frankreich, 2. Aufl., München / Berlin 1965.

Monz, H.: Die parlamentarische Verantwortlichkeit im deutschen Staatsrecht einst und heute, Göttingen 1965.

Loewenberg, G.: Parliament in the German Political System, New York 1967; dtsch.: Parlamentarismus im politischen System der Bundesrepublik Deutschland, Tübingen 1969.

Winkler, H. J.: Der Bundespräsident. Repräsentant oder Politiker, Opladen 1967.

Der Staatspräsident in der parlamentarischen Demokratie, Veröffentlichungen der Vereinigung der deutschen Staatsrechtler, Heft 25, Berlin 1967.

Sternberger, D.: Lebende Verfassung. Studien über Koalition und Opposition, Meisenheim / Glan 1956.

Ders.: Bildung und Formen der Koalitionsregierung, in: ZPol NF Bd. 1 (1954), S. 47 ff.

Ders.: Gewaltenteilung und parlamentarische Regierung in der Bundesrepublik Deutschland, in: PVS Bd. 1 (1960), S. 22 ff.

Ders.: Parlamentarische Regierung und parlamentarische Kontrolle, in: PVS Bd. 5 (1964), S. 6 ff.

Ders.: Grund und Abgrund der Macht, Frankfurt/M. 1962.

Gehring, N.: Parlament — Regierung — Opposition. Dualismus als Voraussetzung für parlamentarische Kontrolle der Regierung. München 1969.

Böckenförde, E. W.: Die Organisationsgewalt im Bereich der Regierung, Berlin 1964.

Domes, J.: Bundesregierung und Mehrheitsfraktion, Köln u. Opladen 1964.

Besson, W.: Regierung und Opposition in der deutschen Politik, in: PVS Bd. 3 (1962), S. 225 ff.

Bode, J.: Ursprung und Begriff der parlamentarischen Opposition, Stuttgart 1962.

Friedrich, M.: Opposition ohne Alternative? Über die Lage der parlamentarischen Opposition im Wohlfahrtsstaat, Köln 1962.

Kralewski, W. / Neunreither, K.: Oppositionelles Verhalten im ersten deutschen Bundestag 1949—1953, Köln 1963.

Grube, K. D.: Die Stellung der Opposition im Strukturwandel des Parlamentarismus, Köln 1965.

Roth, G.: Fraktion und Regierungsbildung. Eine monographische Darstellung der Regierungsbildung in Niedersachsen im Jahre 1951, Meisenheim/Glan 1954.

Obermann, E.: Alter und Konstanz von Fraktionen. Veränderungen in den deutschen Parlamentsfraktionen seit dem Jahre 1920, Meisenheim/Glan 1956.

Trossmann, H.: Der deutsche Bundestag, Organisation und Arbeitsweise, 3. Aufl., Darmstadt 1966.

Lohmann, K.: Der Deutsche Bundestag, Frankfurt/M. / Bonn 1967.

Triesch, G.: Struktur eines Parlamentes. Der Vierte Deutsche Bundestag, in: Die Politische Meinung 66 (1961), S. 3 ff.

Schäfer, F.: Der Bundestag. Eine Darstellung seiner Aufgaben und seiner Arbeitsweise, verbunden mit Vorschlägen zur Parlamentsreform, Köln u. Opladen 1967.

Kelm, W., Hrsg.: Der Deutsche Bundestag 1949—1969, Frankfurt/M. / Bonn 1968.

Hübner, E./Oberreuter, H./Rausch, H., Hrsg.: Der Bundestag von innen gesehen, München 1969.

Schäfer, H.: Der Bundesrat, Köln 1955.

Neunreither, K.: Der Bundesrat zwischen Politik und Verwaltung, Heidelberg 1959.

Pfitzer, A.: Der Bundesrat, 6. Aufl., Bonn 1960.

Deutsche Demokratische Republik

Mampel, S.: Volkssouveränität und die Bildung der Volksvertretungen in der SBZ, in: ROW Bd. 4 (1960), S. 47 ff.

Feddersen, D.: Die Rolle der Volksvertretungen in der DDR, Hamburg 1965.

Steiniger, A.: Das Blocksystem. Ein Beitrag zu einer demokratischen Verfassungslehre, Berlin (Ost) 1949.

Ders.: Vom Wesen unserer Arbeiter- und Bauernmacht, Leipzig / Jena 1954.

Rost, R.: Der demokratische Zentralismus unseres Staates, Berlin (Ost) 1959.

Türke, J.: Demokratischer Zentralismus und kommunale Selbstverwaltung in der Sowjetischen Besatzungszone Deutschlands, Göttingen 1960.

Galette, A.: Der demokratische Zentralismus als Grundprinzip der sozialistischen Staatsmacht im kommunistisch regierten Teil Deutschlands, in: JbOstr. Bd. 1 (1960), S. 41 ff.

Polak, K.: Die Demokratie der Arbeiter- und Bauernmacht, Berlin (Ost) 1957.

Jendretzky, H.: Höhere Qualität der staatlichen Leitung. Ein entscheidendes

Kettenglied für die Verwirklichung unserer Aufgaben, in: Staat und Recht Bd. 9 (1960).

Knevels, P.: Aufbau und Beseitigung der kommunistischen Selbstverwaltung in der „DDR", Diss. Marburg 1958.

Büchner-Uhder, W.: Zu den Grundsätzen über ein Gesetz über die Rechte und Pflichten der Volkskammer gegenüber den örtlichen Volksvertretungen, in: Staat und Recht Bd. 7 (1958), S. 968 ff.

Heller, Fr.: Die Reform der örtlichen Verwaltung in der sowjetisch besetzten Zone Deutschlands, Bd. 12 der Studien des Instituts für Ostrecht, München 1961.

Krüger, U.: Die Rechtsstellung der Abgeordneten in der DDR, in: Staat und Recht Bd. 5 (1956), S. 571 ff.

Poppe, E.: Der sozialistische Abgeordnete und sein Arbeitsstil, Berlin (Ost) 1960.

PartGesch. / PSysStud.

Bergsträsser, L.: Geschichte der politischen Parteien in Deutschland, 1. und 2. Aufl., Mannheim / Berlin / Leipzig 1921; z. Z. zu benutzen: 11. Aufl., völlig überarbeitet und hrsg. v. W. Mommsen, München / Wien 1965 (grundlegend, dort auch weiterführende Literaturangaben).

Tormin, W.: Geschichte der deutschen Parteien seit 1848, 3. Aufl., Stuttgart / Berlin / Köln / Mainz 1968.

Grebing, H.: Geschichte der deutschen Parteien, Wiesbaden 1962.

Treue, W.: Die deutschen Parteien, 2. Aufl., Wiesbaden 1962.

Valjavec, F.: Die Entstehung der politischen Strömungen in Deutschland, München 1951.

Nipperdey, Th.: Die Organisation der bürgerlichen Parteien in Deutschland vor 1918, in: HZ 185 (1958), S. 550 ff.

Ders.: Die Organisation der deutschen Parteien vor 1918, Düsseldorf 1961.

Eisenmann, G.: Die Parteyen der teutschen Reichsversammlung, Erlangen 1848.

Parisius, L.: Deutschlands politische Parteien und das Ministerium Bismarck, Berlin 1878.

Gabler, H.: Die Entwicklung der deutschen Parteien auf landschaftlicher Grundlage von 1871—1912, Tübingen 1934.

Kremer, W.: Der soziale Aufbau der Parteien des Deutschen Reichstages von 1871—1918, Emsdetten 1934.

Neumann, S.: Die deutschen Parteien, Wesen und Wandel nach dem Kriege, Berlin 1932; Neudruck unter dem Titel: Die Parteien der Weimarer Republik, mit einer Einführung von K. D. Bracher, Stuttgart 1965.

Matthias, E. / Morsey, R., Hrsg.: Das Ende der Parteien 1933, Berlin 1962.

Conze, W.: Die deutschen Parteien in der Staatsverfassung vor 1933, ebenda, S. 3 ff.

Ders.: Die Krise des Parteienstaates in Deutschland 1929/30, in: HZ 178 (1954), S. 47 ff.

Schumann, H. G.: Die politischen Parteien in Deutschland nach 1945. Ein bibliographisch-systematischer Versuch, Frankfurt/M. 1967.

Flechtheim, O. K.: Die Institutionalisierung der Parteien in der Bundesrepublik, in: ZPol NF Bd. 9 (1962), S. 225 ff.

Lange, M. G / Schulz, G. / Schütz, K.: Parteien in der Bundesrepublik. Studien zur Entwicklung der deutschen Parteien bis zur Bundestagswahl 1953, Stuttgart 1955.

Kaack, H.: Die Parteien in der Verfassungswirklichkeit der Bundesrepublik, 2. Aufl., Kiel 1964.

Ders.: Geschichte und Struktur des Deutschen Parteiensystems, Köln und Opladen 1969.

Narr, W. D.: CDU — SPD. Programm und Praxis seit 1945, Stuttgart 1966.

Lohmar, U.: Innerparteiliche Demokratie. Eine Untersuchung der Verfassungswirklichkeit politischer Parteien in der Bundesrepublik, Stuttgart 1963.

Müller, U.: Die demokratische Willensbildung in den politischen Parteien, Mainz 1967.

Wildenmann, R.: Partei und Fraktion, 2. Aufl., Meisenheim / Glan 1955.

Markmann, H.: Das Abstimmungsverhalten der Parteifraktionen in deutschen Parlamenten, Meisenheim / Glan 1954.

Varein, H. J.: Parteien und Verbände. Eine Studie über ihren Aufbau, ihre Verflechtung und ihr Wirken in Schleswig-Holstein 1945—1958, Köln 1964.

Bussmann, W.: Zur Geschichte des deutschen Liberalismus im 19. Jahrhundert, in: HZ 186 (1958), S. 527 ff.

Schieder, Th.: Die Theorie der Parteien im älteren Liberalismus, in: ders.: Staat und Gesellschaft in Wandel . . ., a.a.O.

Sell, F. C.: Die Tragödie des deutschen Liberalismus, Stuttgart 1953.

Reif, H.: Geschichte des Liberalismus, Köln u. Opladen 1966.

Heyderhoff, J. / Wentzke, P., Hrsg.: Deutscher Liberalismus im Zeitalter Bismarcks, 2 Bde., Bonn 1925 ff.

Frank, L.: Die bürgerlichen Parteien des deutschen Reichstages. Historische Skizze, mit einem Anhang: Die Programme der bürgerlichen Parteien, Stuttgart 1911.

Brandenburg, E.: 50 Jahre nationalliberale Partei 1867—1917, Berlin 1917.

Gall, L.: Der Liberalismus als regierende Partei. Das Großherzogtum Baden zwischen Restauration und Reichsgründung, Wiesbaden 1968 (dort S. 501 ff. weiterführende Literaturangaben).

Hartenstein, W.: Die Anfänge der deutschen Volkspartei 1918—1920, Düsseldorf 1962.

Sußmann, E.: Liberale in der Verantwortung. Vorgeschichte und Entwicklung der Freien Demokratischen Partei, Hamburg 1964.

Bertsch, H.: Die FDP und der deutsche Liberalismus 1789-1963, Berlin 1965.

Gutscher, J. M.: Die Entwicklung der FDP von ihren Anfängen bis 1961, Meisenheim/Glan 1967.

Schnabel, F.: Zusammenschluß des politischen Katholizismus in Deutschland im Jahre 1848, Heidelberg 1910.

Bergsträsser, L.: Studien zur Vorgeschichte der Zentrumspartei, Tübingen 1910.

Bachem, K.: Vorgeschichte, Geschichte und Politik der Deutschen Zentrumspartei, 9 Bde., Köln 1927 ff.

Buchheim, K.: Geschichte der christlichen Parteien in Deutschland, 2. Aufl., München 1966.

Schauff, J.: Die deutschen Katholiken und die Zentrumspartei. Eine politischstatistische Untersuchung der Reichstagswahlen seit 1871, Köln 1928.

Morsey, R.: Die deutsche Zentrumspartei 1917—1923, Düsseldorf 1966.

Böckenförde, E. W.: Der deutsche Katholizismus im Jahre 1933, in: Hochland Bd. 53 (1960/61), S. 215 ff.

Wieck, H. G.: Die Entstehung der CDU und die Wiedergründung des Zentrums im Jahre 1945, Düsseldorf 1953.

Schwering, L.: Frühgeschichte der Christlich-Demokratischen Union, Recklinghausen 1964.

Deuerlein, E.: CDU/CSU 1945—1957. Beiträge zur Zeitgeschichte, Köln 1957.

Schulz, G.: Die Organisationsstruktur der CDU, in: ZPol NF Bd. 3 (1956), S. 147 ff.

Mehring, F.: Geschichte der deutschen Sozialdemokratie, 2. und 3. Aufl., Stuttgart 1903.

Heidegger, H.: Die deutsche Sozialdemokratie und der nationale Staat 1870—1920, Göttingen 1956.

Chalmers, D. A.: The Social Democratic Party of Germany, New Haven/London 1964.

Grebing, H.: Geschichte der deutschen Arbeiterbewegung. Ein Überblick, München 1966.

Wachenheim, H.: Die deutsche Arbeiterbewegung 1844—1914, Köln u. Opladen 1966.

Balser, F.: Sozialdemokratie 1848/49—1863. Die erste deutsche Arbeiterorganisation, „Allgemeine Arbeiterverbrüderung", nach der Revolution, 2 Bde., Stuttgart 1962.

Conze, W./Groh, D.: Die Arbeiterbewegung in der nationalen Bewegung. Die deutsche Sozialdemokratie vor, während und nach der Reichsgründung, Stuttgart 1966.

Groh, N.: Die „Vaterlandslosen Gesellen" und das Vaterland, Tübingen 1968.

Brandis, K.: Die deutsche Sozialdemokratie bis zum Fall des Sozialistengesetzes, Stuttgart 1931.

Hunt, R. N.: German Social Democracy 1918—1933, New Haven 1964.

Matthias, E.: Der Untergang der alten Sozialdemokratie 1933, in: VjHZ Bd. 4 (1956), S. 250 ff.

Drechsler, H.: Die Sozialistische Arbeiterpartei Deutschlands (SAPD). Ein Beitrag zur Geschichte der Arbeiterbewegung am Ende der Weimarer Republik, Meisenheim/Glan 1965.

Kaden, A.: Einheit oder Freiheit. Die Wiedergründung der SPD 1945/46, Hannover 1964.

Meyer, H.: Zur Struktur der deutschen Sozialdemokratie, in ZPol NF Bd. 2 (1955), S. 348 ff.

Varein, H. J.: Freie Gewerkschaften, Sozialdemokratie und Staat, Düsseldorf 1956.

Schellanger, H. K.: The SPD in the Bonn Republic. A socialist party modernizes, The Hague 1968.

Booms, H.: Die Deutschkonservative Partei. Preußischer Charakter, Reichsauffassung, Nationalbegriff, Düsseldorf 1954.

Liebe, W.: Die Deutschnationale Volkspartei 1918—1924, Düsseldorf 1956.

Jonas, E.: Die Volkskonservativen 1928—1933, Düsseldorf 1965.

Schäfer, W.: NSDAP. Entwicklung und Struktur der Staatspartei des Dritten Reiches, Hannover/Frankfurt a. M. 1957.

Maser, W.: Die Frühgeschichte der NSDAP. Hitlers Weg bis 1924, Frankfurt/M. 1965.

Glum, F.: Der Nationalsozialismus. Werden und Vergehen, München 1962.

Vierhaus, R.: Faschistisches Führertum. Ein Beitrag zur Phänomenologie des europäischen Faschismus, in: HZ 198 (1964), S. 614 ff.

Meyn, H.: Die Deutsche Partei. Entwicklung und Problematik einer national-konservativen Rechtspartei nach 1945, Düsseldorf 1965.

Neumann, Fr.: Der Block der Heimatvertriebenen und Entrechteten 1950—1960. Ein Beitrag zur Geschichte und Struktur einer politischen Interessenpartei, Meisenheim/Glan 1968.

Jenke, M.: Die nationale Rechte. Rechtsradikalismus in der Bundesrepublik seit 1945, Berlin 1967.

Fetscher, I./Grebing, H. u. a.: Rechtsradikalismus, Frankfurt 1967.

Gemmecke, V. / Kaltefleiter, W.: Die NPD und die Ursachen ihrer Erfolge, in: Verfassung und Verfassungswirklichkeit, Jahrbuch, hrsg. v. F. A. Hermens, Köln u. Opladen 1967, S. 23 ff.

Weber, H.: Die Stalinisierung der KPD 1924—1929, in: PVS Bd. 9 (1968), S. 519 ff.

Wohlgemuth, H.: Die Entstehung der KPD 1914—1918, Berlin (Ost) 1968.

Flechtheim, O. K.: Die Kommunistische Partei Deutschlands in der Weimarer Republik, Offenbach 1948.

Kluth, H.: Die KPD in der Bundesrepublik. Ihre politische Tätigkeit und Organisation 1945—1956, Köln u. Opladen 1959.

Mattedi, N.: Gründung und Entwicklung der Parteien in der Sowjetischen Besatzungszone Deutschlands, Bonn/Berlin 1966.

Kopp, Fr.: Die Nationale Front des Demokratischen Deutschlands, in: Deutsche Fragen 1960.

Kulbach, R. / Weber, H.: Parteien im Blocksystem der DDR, Köln 1969.

Stern, C.: Die SED. Ein Handbuch über Aufbau, Organisation und Funktion des Parteiapparates, Köln 1954.

Dies.: Porträt einer bolschewistischen Partei, Entwicklung, Funktion und Situation der SED, Köln 1957.

Rost, R.: Die führende Rolle der Partei im sozialistischen Staat, Berlin (Ost) 1961.

Mampel, S.: Die SED im materiellen Verfassungsrecht der SBZ, in: ROW Bd. 7 (1963), S. 49 ff.

Schultz, J.: Der Funktionär in der Einheitspartei. Kaderpolitik und Bürokratisierung in der SED, Stuttgart/Düsseldorf 1956.

Schön, O.: Die höchsten Organe der Sozialistischen Einheitspartei, Berlin (Ost) 2. Aufl. 1965.

Ludz, P. Chr.: Parteielite im Wandel. Funktionsaufbau, Sozialstruktur und Ideologie der SED-Führung, Köln u. Opladen 1967.

Krippendorff, E.: Die Liberal-Demokratische Partei Deutschlands in der Sowjetischen Besatzungszone 1945—48. Entwicklung, Struktur, Politik, Düsseldorf 1961.

Krieg, H.: LPD und NPD in der „DDR" 1949 bis 58. Ein Beitrag zur Geschichte der „nichtsozialistischen Parteien" und ihrer Gleichschaltung mit der SED, Köln u. Opladen 1965.

WR/WRGesch.

Meyer, G.: Das parlamentarische Wahlrecht, hrsg. v. G. Jellinek, Berlin 1901.

Smend, R.: Maßstäbe des parlamentarischen Wahlrechts in der deutschen Staatstheorie des 19. Jahrhunderts, Akademische Antrittsrede, Stuttgart 1912.

Stier-Somlo, F.: Vom parlamentarischen Wahlrecht in den Kulturstaaten der Welt, Berlin 1918.

Tecklenburg, A.: Wahlrecht und Wahlverfahren, in: Handbuch der Politik Bd. 1, 3. Aufl., Berlin/Leipzig 1920, S. 358 ff.

Rodbertus, K.: Zur Frage und Geschichte des allgemeinen Wahlrechts, in: Deutsche Worte Bd. 10 (1890), S. 257 ff.

Frensdorf, F.: Die Aufnahme des allgemeinen Wahlrechts in das öffentliche Recht Deutschlands, in: Festgabe der Göttinger Juristenfakultät für R. v. Schering, Leipzig 1892. S. 135 ff.

Hartmann, A.: Das allgemeine Wahlrecht, Berlin 1897.

Meyer, G.: Über die Entstehung und Ausbildung des allgemeinen Stimmrechts, Akademische Rede, Heidelberg 1897.

Mehring, F.: Zur Geschichte des allgemeinen Wahlrechts, in: Neue Zeit, Bd. 16 (1899), S. 385 ff.

Bebel, A.: Die Sozialdemokratie und das allgemeine Stimmrecht, Berlin 1905.

Philippson, J.: Über den Ursprung und die Einführung des allgemeinen, gleichen Wahlrechts in Deutschland, mit besonderer Berücksichtigung der Wahlen zum Frankfurter Parlament im Großherzogtum Baden, Berlin 1913.

Zetkin, C.: Zur Frage des Frauenwahlrechts, Berlin 1907.

Bernhard, M.: Frauenstimmrecht in der Gegenwart, Berlin 1929.

Heimann, E.: Das Pluralwahlrecht in Deutschland, Berlin 1917.

Jellinek, G.: Das Pluralwahlrecht und seine Wirkungen, Vortrag, gehalten in der Gehe-Stiftung zu Dresden am 18. 3. 1905, Dresden 1905.

Triepel, H.: Wahlrecht und Wahlpflicht, Vortrag, Dresden 1900.

Wülbers, G.: Wahlgesetze und Gleichheitsgrundsatz. Eine Untersuchung neuerer deutscher Wahlgesetze unter besonderer Berücksichtigung des Gleichheitsgrundsatzes, Diss. Göttingen 1950.

Laschitza, H.: Der Grundsatz der gleichen Wahl im deutschen Staatsrecht, Diss. Heidelberg 1954.

Hegels, E. W.: Die Chancengleichheit der Parteien im deutschen und ausländischen Recht, Diss. München 1967.

Leser, G.: Untersuchungen über das Wahlprüfungsrecht des deutschen Reichstages. Zugleich ein Beitrag zur Frage: Parlamentarische oder richterliche Legitimationsprüfung, Diss. Heidelberg 1908.

Drath, M.: Das Wahlprüfungsrecht bei der Reichstagswahl, Kiel 1927.

Busse, V.: Wahlfehler, Wahlungültigkeiten und deren Rechtsfolgen bei Parlamentswahlen. Entwicklung und Rechtszustand, Diss. mass. Freiburg 1956.

Greeve, J. Chr.: Die Wahlprüfung unter besonderer Berücksichtigung der Wahlen zum Bundestag der Bundesrepublik Deutschland, Diss. mass. Hamburg 1954.

Vor 1918

Bülau, R.: Wahlrecht und Wahlverfahren, Leipzig 1849.

Waitz, G.: Über die Bildung einer Volksvertretung, in: Das constitutionelle Prinzip, seine geschichtliche Entwicklung und seine Wechselwirkungen mit den politischen und sozialen Verhältnissen der Staaten und Völker, hrsg. v. A. v. Haxthausen, Bd. 2, Leipzig 1864.

Held, J.: Die politischen und sozialen Wirkungen der verschiedenen politischen Wahlsysteme, in: *Ders.:* Vier Abhandlungen über das konstitutionelle Prinzip, Leipzig 1864.

Mohl, R. v.: Kritische Bemerkungen über die Wahlen zum deutschen Reichstage, Tübingen 1874.

Tzschoppe, W. v.: Geschichte des deutschen Reichstagswahlrechts, Leipzig 1890.

Pfizer, G.: Das Reichstagswahlgesetz, in: AöR Bd. 7 (1892), S. 509 ff.

Röder, A.: Ein neues Reichstagswahlrecht, Berlin 1896.

Savigny, L. v.: Das parlamentarische Wahlrecht im Reiche und in Preußen und seine Reform, Berlin 1907.

Hatschek, J.: Kommentar zum Wahlgesetz und zur Wahlordnung im deutschen Kaiserreich, Berlin 1920.

Rieger, F.: Früher deutscher Liberalismus und das allgemeine Wahlrecht, Diss. mass. Freiburg 1956.

Gagel, W.: Die Wahlrechtsfrage in der Geschichte der deutschen liberalen Parteien 1848—1919, Düsseldorf 1958.

Boberach, H.: Wahlrechtsfragen im Vormärz. Die Wahlrechtsanschauung im Rheinland 1815—1849 und die Entstehung des Dreiklassenwahlrechts, Düsseldorf 1959.

Gneist, R.: Die nationale Rechtsidee von den Ständen und das preußische Dreiklassenwahlrecht. Eine sozial-historische Studie, Berlin 1894, Neudruck Hildesheim 1962.

Gerlach, H. v.: Die Geschichte des preußischen Wahlrechts, Berlin 1908.

Oncken, H.: Bismarck, Lasalle und die Oktroyierung des gleichen und direkten Wahlrechts in Preußen während des Verfassungskonfliktes, in: Preußische Jahrbücher Bd. 146 (1911), S. 107 ff.

Augst, R.: Bismarcks Stellung zum parlamentarischen Wahlrecht, Leipzig 1917.

Herrfurth, L.: Die Wahlreform in Preußen, in: Deutsche Revue 18 II (1893), S. 230 ff.

Jastrow, J.: Das Dreiklassensystem. Die preußische Wahlreform vom Standpunkt sozialer Politik, Berlin 1894.

Poensgen, O.: Das Wahlrecht zu den Volksvertretungen mit besonderer Berücksichtigung Preußens, in: Berliner jungliberale Festschrift, hrsg. v. Dix, A./ Marwitz, B. u. a., Berlin 1904.

Leo, E.: Wahlrecht und Berufsstände. Ein Beitrag zur Reform des preußischen Landtagswahlrechts, Diss. Berlin 1907.

Schmoller, G.: Die preußische Wahlrechtsreform von 1910 auf dem Hintergrunde des Kampfes zwischen Königtum und Feudalität, in: Jahrbuch für Gesetzgebung, Verwaltung und Volkswirtschaft im Deutschen Reiche Bd. 34 (1910), S. 1261 ff.

Voigt, P.: Geschichte der Entwicklung des Wahlrechts zum preußischen Abgeordnetenhause, Diss. Greifswald 1910.

Landau, L.: Die geschichtliche Entwicklung des Wahlrechts zum preußischen Abgeordnetenhaus, Greifswald 1913.

Dietzel, H.: Die preußischen Wahlrechtsreformbestrebungen von der Oktroyierung des Dreiklassenwahlrechts bis zum Beginn des ersten Weltkrieges, Diss. Köln 1934.

Anschütz, G.: Die preußische Wahlreform, in: Annalen für soziale Politik und Gesetzgebung Bd. 5 (1917), S. 273 ff.

Meinecke, F.: Die Reform des preußischen Wahlrechts, ebenda, S. 1 ff.

Hintze, O.: Zur Reform des preußischen Wahlrechts, in: Europäische Staats- und Wirtschaftszeitung Bd. 2 (1917), S. 432 ff.

Friedberg, R.: Wahlrecht und Zukunft der nationalliberalen Partei, Berlin 1918.

Wulff, K.: Die Deutschkonservativen und die preußische Wahlrechtsfrage, Diss. mass. Greifswald 1922.

Bergsträsser, L.: Die preußische Wahlrechtsfrage im Kriege und die Entstehung der Osterbotschaft 1917, Tübingen 1929.

Vollrath, W. O.: Der parlamentarische Kampf um das preußische Dreiklassenwahlrecht, Diss. Jena 1931.

Schuster, D.: Das preußische Dreiklassenwahlrecht, der politische Streik und die deutsche Sozialdemokratie bis zum Jahr 1914, Diss. mass. Bonn 1958.

Patemann, R.: Der Kampf um die preußische Wahlreform im Ersten Weltkrieg, Düsseldorf 1964.

1918—1933

Granzow, W.: Das aktive und passive Wahlrecht zur verfassunggebenden Deutschen Nationalversammlung von 1919, verglichen mit dem früheren aktiven und passiven Reichstagswahlrecht, Diss. Greifswald 1920.

Erdmannsdörffer, H. G.: Das Wahlrecht für den Deutschen Reichstag 1920, Berlin 1920.

Kaisenberg, G.: Die Wahl zum Reichstag, 4. Aufl., Berlin 1930.

Pohl, H.: Das Reichstagswahlrecht, in: Handbuch des deutschen Staatsrechts, hrsg. v. Anschütz, G./Thoma, R., Bd. 1, Tübingen 1929, S. 386 ff.

Bundesrepublik Deutschland

Mennen, A.: Das Wahlrecht zu den gesetzgebenden Körperschaften der Bundesrepublik Deutschland, Diss. mass. Köln 1951.

Heimerl, J.: Grundlagen des Wahlrechts in der Bundesrepublik, Diss. mass. Mainz 1955.

Nass, K. O.: Wahlorgane und Wahlverfahren bei Bundestags- und Landtagswahlen. Grundlagen des Wahlvollzuges, Göttingen 1959.

Partsch, K. J./Genzer, W.: Inkompatibilität der Mitgliedschaft in Bundestag und Bundesrat, in: AöR Bd. 76 (1950), S. 186 ff.

Mallmann, A.: Das passive Wahlrecht der Beamten. Die Unvereinbarkeit von Amt und Mandat, Diss. mass. Mainz 1954.

Tsatsos, D.: Die Unzulässigkeit der Kumulation von Bundestags- und Bundesratsmandat. Die Rechtsproblematik einer lex imperfecta des Bonner Grundgesetzes, Tübingen 1965.

Röhring, H. H.: Mit 18 wählen? Die Diskussion über die Herabsetzung des Wahlalters in der Bundesrepublik Deutschland, in: Aus Politik und Zeitgeschichte, Beilage zur Wochenzeitung Das Parlament, B 33/69 S. 28 ff.

Deutsche Demokratische Republik

Haupt, L.: Wie übt das Volk in unserer Republik die Staatsmacht aus? Leipzig/ Jena 1956.

Dies.: Wahlen und Demokratie, in: Neue Justiz 1957, S. 257 ff.

Krüger, U.: Demokratie und Wahlrecht, in: Demokratischer Aufbau 1957, S. 368 ff.

Riege, G.: Die Rolle der Wahlen in der DDR, Berlin (Ost) 1958.

Unger, O.: Die Rolle der Wahlen in der DDR für die weitere Festigung und Entwicklung der sozialistischen Staatsorgane und für die sozialistische Willensbildung der Werktätigen, in: Staat und

Recht Bd. 7 (1958), S. 953 ff.

Bundesministerium für gesamtdeutsche Fragen, Hrsg.: Wahlfälschungen, Wahlbehinderungen, Wahlbeeinflussungen in der sowjetischen Besatzungszone 1946—1950. Dokumente und Tatsachen, o. O. und o. Jg.

Dass.: „Volkswahlen", Wahlterror, Wahlbeeinflussung und Wahlbehinderung bei den Wahlen zur Volkskammer am 17. Oktober 1954 in der Sowjetzone. Dokumente und Materialien, Bonn / Berlin 1954.

Dass.: Wahlen gegen Recht und Gesetz. Die Gemeinde- und Kreistagswahlen in der Sowjetzone vom 23. Juni 1957, Bonn / Berlin 1957.

Zieger, G.: Die Wahlen in der Sowjetzone. Dokumente und Materialien, hrsg. vom Bundesministerium für gesamtdeutsche Fragen, 4. Aufl., Bonn/Berlin 1960.

Mampel, S.: Der Wählerauftrag im Staatsrecht in der Sowjetzone, in: Schneider, P., Hrsg.: Fragen des Staatsrechts im Ostblock, Studien des Instituts für Ostrecht, Bd. 1, Berlin (West) 1958.

Andrä, L.: Richtige Arbeit mit Wähleraufträgen, in: Demokratischer Aufbau 1957, S. 371 ff.

Poppe, E.: Zum Wesen des Wählerauftrages, in: Staat und Recht Bd. 5 (1956), S. 869 ff.

Schneider, S.: Der Wählerauftrag in der DDR, in: Staat und Recht Bd. 6 (1957), S. 568 ff.

Vogel, H.: Die Rechenschaftslegung der Abgeordneten vor den Werktätigen, in: Demokratischer Aufbau 1954, S. 284 ff.

Sorgenicht, Kl.: Die Vorstellung der Kandidaten zu den Wahlen, in: Demokratischer Aufbau 1957, S. 196 ff.

WS/WsStud.

Tecklenburg, A.: Die Proportionalwahl als Rechtsidee, mit einem Zusatz: Die Verbindung der Proportionalwahl mit dem Dreiklassenwahlrecht, Wiesbaden 1905.

Hartmann, G. v.: Ein neues Wahlverfahren, Berlin 1906.

Cahn, E.: Das Verhältniswahlsystem in den modernen Kulturstaaten, Berlin 1909.

Pelser-Berensberg, C. v.: Die Verhältniswahl und ihr gegenwärtiger Bestand in Deutschland, Bonn 1911.

1918—1933

Smend, R.: Die Verschiebung der konstitutionellen Ordnung durch die Verhältniswahl, in: Festgabe für W. Bergbohm, Bonn 1919, S. 278 ff.

Heller, H.: Die Verhältniswahl nach der Weimarer Verfassung, Berlin / Leipzig 1930.

Ders.: Die Gleichheit in der Verhältniswahl. Ein Rechtsgutachten, Berlin 1929.

Garbers, E.: Das Proportionalverfahren im neuen deutschen Staatsrecht, Diss. mass. Jena 1925.

Ziegler, H. O.: Die Bedeutung des geltenden Wahlverfahrens für die politische Struktur Deutschlands, Diss. mass. Heidelberg 1925.

Erdmannsdörffer, H. G.: Das automatische System, in: ZPol Bd. 20 (1931), S. 170 ff.

Heuß, Th.: Verhältniswahl und Parlamentarismus, in ZPol Bd. 20 (1931), S. 312 ff.

Schreiber, W.: Die geltenden Wahlrechtsgrundsätze und die Frage der Splitterparteien, Diss. Halle 1931.

Peter, R.: Die Bekämpfung der Parteizersplitterung durch das Wahlrecht im Rahmen der Reichsverfassung, Diss. Freiburg 1933.

Hermens, F. A.: Demokratie und Wahlrecht. Eine Wahlrechtssoziologische Untersuchung zur Krise der parlamentarischen Regierungsbildung, Paderborn 1933.

Ders.: Proportional Representation and the Breakdown of German Democracy, in: Social Research November 1936 und Mai 1937.

Ders.: Democracy or Anarchy? A Study of Proportional Representation, Univ. of Notre Dame Press 1941; dtsch.: Demokratie oder Anarchie. Untersuchungen über die Verhältniswahl, Frankfurt/M. 1951; 2. Aufl., Köln und Opladen 1968.

Ziegler, D. J.: Prelude to Democracy. A Study of Proportional Representation and the Heritage of Weimar Germany, 1871—1920, Lincoln 1958.

Schäfer, Fr.: Zur Frage des Wahlrechts in der Weimarer Republik, in: Staat, Wirtschaft und Politik in der Weimarer Republik. Festschrift für Heinrich Brüning.

Jellinek, W.: Verhältniswahl u. Führerauslese, in: AöR NF Bd. 10 (1926), S. 71 ff.

Schmidt, R.: Verhältniswahl und Führerauslese, Diss. Kiel 1929.

Schauff, J., Hrsg.: Neues Wahlrecht. Beiträge zur Wahlreform, Berlin 1929.

Kaisenberg, G.: Wahlreform, in: ZgeStW Bd. 90 (1931), S. 449 ff.

Bornemann, C. H.: Einzelwahlkreis und Proporz. Ein Vorschlag zur Reichswahlreform, in: ZPol Bd. 20 (1931) S. 43 ff.

Tecklenburg, A.: Vorschläge zum Entwurf eines Reichswahlgesetzes, in: ZgesStW Bd. 91 (1931), S. 449 ff.

Leibholz, G.: Gleichheit und Allgemeinheit der Verhältniswahl nach der Reichsverfassung und die Rechtssprechung des Staatsgerichtshofes, Jur. Wochenschrift Bd. 58 (1929), S. 3042 ff.

Ders.: Die Grundlagen der Wahlrechtsreform, in: Veröffentlichungen der Vereinigung der dtsch. Staatsrechtslehrer Bd. 7, Berlin 1932.

Pohl, H.: Die Reform des Wahlrechts, ebenda.

Guthke, H.: Die Vorschläge zur Reform des Reichstagswahlrechts in der Zeit von 1920 bis 1930, Würzburg 1932.

Schiele, E.: Die Reformpläne des gegenwärtigen Reichstagswahlrechts. Ein Beitrag zur Wahlreform, Konstanz 1933.

Schwartz, H.: Das Deutsche Reichsverhältniswahlrecht im Lichte der Statistik, Köln 1933.

Bundesrepublik Deutschland

Schumann, H. G.: Wahlrecht — Wahlkampf — Wahlanalyse in der Bundesrepublik (Literaturbericht), in: ZPol NF Bd. 9 (1962), S. 379 ff.; ZPol NF Bd. 12 (1965), S. 286 ff.

Schindler, P.: Wahlsystem und Wahlrecht der Bundesrepublik Deutschland, Auswahlbibliographie, Bonn 1967.

Rüstow, D. A.: Einige Bemerkungen zur Debatte über das Prinzip der Verhältniswahl, in: ZgesStW Bd. 106 (1950), S. 324 ff.

Unkelbach, H.: Wahlverfahren und Demokratie. Ein Beitrag zur Diskussion der Wahlreform, Bad Ems 1949.

Ders.: Möglichkeiten und Grenzen einer mathematisch exakten Fundierung der Wahlgesetzgebung. Analyse destruktiver Wirkungen der Verhältniswahl, in: ZgesStW Bd. 108 (1952), S. 703 ff.

Ders.: Grundlagen der Wahlsystematik. Stabilitätsbedingungen der parlamentarischen Demokratie, Göttingen 1956.

Hermens, F. A.: Mehrheitswahlrecht oder Verhältniswahlrecht, Berlin 1949.

Ders.: Der Proporz als Verhängnis der Bundesrepublik, in: Neues Abendland Bd. 7 (1952), S. 193 ff.

Pollock, J. K.: The electoral System of the Federal Republic of Germany, in: AmPSR Bd. 46 (1952), S. 1056 ff.

Westerath, H.: Die Wahlverfahren und ihre Vereinbarkeit mit den demokratischen Anforderungen an das Wahlrecht, Berlin 1955.

Ders.: „Der sogenannte Pluralismus", die Demokratie und das Wahlverfahren, in: ZPol NF Bd. 6 (1959), S. 318 ff.

Günther, H.: Die Sicherung arbeitsfähiger Parlamentsmehrheiten durch die Gestaltung der Wahlgesetzgebung, Diss. mass. Göttingen 1951.

Henrichs, W.: Die Verfassungsmäßigkeit der Sperrklauseln in Wahlgesetzen, in: NJW Bd. 9 (1956), S. 1703.

Schwarz, K.: Die Ursachen der Überhangmandate bei Bundestagswahlen und Möglichkeiten zu ihrer Beseitigung, in: DÖV Bd. 15 (1962), S. 373 ff.

Peters, H.: Zur Kandidatenaufstellung für freie demokratische Wahlen, in: Vom Bonner Grundgesetz zur Gesamtdeutschen Verfassung, Festschrift für H. Nawiasky, München 1956, S. 341 ff.

Kaufmann, K. / Kohl, H. / Molt, P.: Kandidaturen zum Bundestag. Die Auswahl der Bundestagskandidaten in zwei Bundesländern, Köln / Berlin 1961.

Sernberger, D.: Über Vorschlag und Wahl. Umriß einer allgemeinen Theorie, ebenda.

Varein, H. J.: Kandidaten und Abgeordnete in Schleswig-Holstein 1957—1958, in: PVS Bd. 2 (1961), S. 363 ff.

Kaack, H.: Wahlkreisgeographie und Kandidatenauslese, Köln und Opladen 1969.

Ders.: Wer kommt in den Bundestag? Abgeordnete und Kandidaten 1969, Opladen 1969.

Zeuner, B.: Kandidatenaufstellung zum Bundestag 1965, Den Haag 1970.

Grundlagen eines deutschen Wahlrechts. Bericht der vom Bundesministerium des Innern eingesetzten Wahlrechtskommission, Bonn 1955.

Sternberger, D.: Die große Wahlreform. Zeugnisse einer Bemühung, Köln und Opladen 1964.

Unkelbach, H. / Wildenmann, R.: Grundfragen des Wählens, Köln / Frankfurt / M. / Bonn 1961.

Unkelbach, H. / Wildenmann, R. / Kaltefleiter, W.: Wähler – Parteien – Parlamente. Bedingungen und Funktionen der Wahl, Frankfurt/M. 1965.

Raschke, J.: Wie wählen wir morgen? Verhältnis- oder Mehrheitswahl in der Bundesrepublik, Berlin 1967.

Zilleßen, H., Hrsg.: Mehrheitswahlrecht? Beiträge zur Diskussion um die Änderung des Wahlrechts, Stuttgart / Berlin 1967.

Kaack, H.: Zwischen Verhältniswahl und Mehrheitswahl. Zur Diskussion der Wahlrechtsreform in der Bundesrepublik Deutschland, Köln und Opladen 1967.

Schäfer, Fr.: Sozialdemokratie und Wahlrecht, in: Verfassung und Verfassungswirklichkeit 1967, S. 157 ff.

Jäckel, H.: Die Auswirkungen einer Wahlreform. Methodische Bemerkungen zur Analyse von Wahlsystemen und Wahlergebnissen, in: PVS Bd. 7 (1966), S. 533 ff.

Ders.: Risiken der Mehrheitswahl, in: Politologie Bd. 8 (1967), S. 6 ff.

Ders.: „Swing" und „Bias" als Mittel der Analyse und Prognose von Mehrheitswahlergebnissen, in: PVS, Bd. 9 (1968), S. 197 ff.

Wildenmann, R. / Kaltefleiter, W.: Voraussetzungen zur Erörterung der Auswirkungen von Wahlsystemen, in: PVS Bd. 7 (1966), S. 556 ff.

Hermens, F. A. / Unkelbach, H.: Die Wissenschaft und das Wahlrecht, in: PVS Bd. 8 (1967), S. 2 ff.

Vogel, B.: Probleme einer Wahlrechtsreform, in: ZPol NF Bd. 14 (1967) S. 246 ff.

Scheuch, E. K.: Die deutschen Wähler und ein alternierendes Regierungssystem, in: Verfassung und Verfassungswirklichkeit 1967, S. 197 ff.

Nohlen, D.: Das Harmonisierende Mehrheitswahlrecht. Eine Kritik am Vorschlag der Jungen Union Rheinland, in: Der Wähler NF Nr. 3 (1967), S. 7 ff.

Unkelbach, H.: Die Viermann-Verhältniswahl. Eine Alternative zur relativen Mehrheitswahl, ebenda, S. 12 ff.

Schäfer, F.: Verhältniswahl im Viererwahlkreis, in: Der Wähler NF Nr. 13/14 (1968), S. 11 ff.

Wrage, E. G.: Verhältniswahl in Dreierwahlkreisen, in: Der Wähler NF Nr. 15 (1968), S. 2 ff.

Zur Neugestaltung des Bundeswahlrechts. Bericht des vom Bundesminister des Innern eingesetzten Beirats für Fragen der Wahlrechtsreform, Bonn 1968.

Rechtsgutachten zu der Vereinbarkeit der Verhältniswahl in kleinen Wahlkreisen (Dreier-Wahlkreissystem) mit dem Grundgesetz. Dem Bundesminister des Innern erstattet von J. A. Frowein und R. Herzog, hrsg. v. Bundesministerium des Innern, Bonn 1968.

Hermens, F. A.: Zur Wahlrechtsdiskussion in der Bundesrepublik, in: Verfassung und Verfassungswirklichkeit 1968, S. 1 ff.

von der Vring, Th.: Reform oder Manipulation? Zur Diskussion eines neuen Wahlrechts, Frankfurt/M. 1968.

Nohlen, D.: Wahlsystematische Grundlagen künftiger Wahl-Rechtsprechung, in: Der Wähler NF Nr. 22 (1969), S. 2 ff.

WSoz.

Tingsten, H.: Political Behaviour. Studies in Election Statistics, Stockholm Economic Studies 7, London 1937.

Lipset, S. M.: Political Man. The Social Basis of Politics, 2. Aufl., New York 1960; dtsch.: Soziologie der Demokratie, Neuwied 1963.

Abendroth, W.: Aufgaben und Methoden einer deutschen historischen Wahlsoziologie, in: VjHZ Bd. 15 (1967), S. 300 ff.

Diederich, N.: Empirische Wahlforschung. Konzeptionen und Methoden im internationalen Vergleich, Köln und Opladen 1965.

Tennstädt, F.: Der Wähler, Allensbach 1957.

Treue, W.: Der Wähler und seine Wahl, Wiesbaden 1965.

Scheuch, E. K. / Wildenmann, R.: Zur Soziologie der Wahl, Kölner Zeitschrift für Soziologie und Sozialpsychologie, Sonderheft 9, Köln u. Opladen 1965 (dort S. 348 ff. weiterführende Literaturangaben zur Soziologie der Wahl).

Liepelt, K. / Mitscherlich, A., Hrsg.: Thesen zur Wählerfluktuation. Bericht über eine Arbeitstagung des Instituts für angewandte Sozialwissenschaft, Frankfurt/M. 1968.

Blücher, V.: Der Prozeß der Meinungsbildung, dargestellt am Beispiel der Bundestagswahl 1961, Ergebnisse von EMNID-Untersuchungen während und nach der Legislaturperiode des 3. Deutschen Bundestages, Bielefeld 1962.

Institut für angewandte Sozialwissenschaft (Infas), Hrsg.: Wählermeinung und Wahlprognose. Acht Gesichtspunkte zur Lektüre von Wahlvorhersagen

(Heft 3 der Reihe politogramm), Bad Godesberg 1966.

Hartenstein, W.: Der Einfluß von Wahlvoraussagen auf das Wählerverhalten, in: Interdependenzen von Politik und Wirtschaft, Festgabe für G. von Eynern, Berlin 1967, S. 285 ff.

Diekershoff, K. H.: Das Wahlverhalten von Mitgliedern organisierter Interessengruppen, Diss. Köln 1964.

Mulert, H.: Konfession und politische Parteistellung in Deutschland, in: ZPol Bd. 21 (1932), S. 334 ff.

Bremme, G.: Die politische Rolle der Frau in Deutschland. Eine Untersuchung über den Einfluß der Frauen bei Wahlen und ihre Teilnahme in Partei und Parlament, Göttingen 1956.

Sandmann-Bremme, G.: Das Wahlverhalten der Frauen, Köln (in Vorbereitung).

Fülles, M.: Frauen in Parteien und Parlament, Köln 1969.

Vor 1918

Denk, H.: Die Wahlen zum preußischen Abgeordnetenhaus und zum konstituierenden Reichstag des Norddeutschen Bundes in der Stadt Köln in den Jahren 1849—1867, Diss. mass. Bonn 1954.

Rieve, E.: Die politischen Wahlen im Herzogtum Holstein 1848/49, Diss. Bonn 1960.

Hess, A.: Die Landtags- und Reichstagswahlen im Großherzogtum Hessen 1865 bis 1871, Diss. mass. Frankfurt/M. 1955.

Matern, N.: Politische Wahlen in Hildesheim 1848 bis 1867, Diss. Bonn 1959.

Haas, A.: Die Wahlen zum preußischen Abgeordnetenhaus im Regierungsbezirk Aachen von der Deutschen Revolution 1848/49 bis zum Deutsch-Französischen Krieg 1870/71, Diss. mass. Bonn 1954.

Möllers, P.: Die politischen Strömungen im Reichstagswahlkreis Essen zur Zeit der Reichsgründung und des Kulturkampfes (1867—1878), Diss. mass. Bonn 1955.

Weinandy, K.: Die politischen Wahlen in den rechtsrheinischen Kreisen Sieg, Mülheim, Wipperfürth, Gummersbach und Waldbröhl des Regierungsbezirkes Köln in der Zeit 1849 bis 1870, Diss. mass. Bonn 1956.

Hombach, H. J.: Reichs- und Landtagswahlen im Siegkreis sowie den Kreisen Mühlheim am Rhein, Wipperfürth, Gummersbach und Waldbröhl 1870—1878, Diss. Bonn 1960.

Schierbaum, H.: Die politischen Wahlen in den Eifel- und Moselkreisen des Regierungsbezirks Trier 1849—1867, Düsseldorf 1960.

Steil, H. W.: Die politischen Wahlen in der Stadt Trier und in den Eifel- und Moselkreisen des Regierungsbezirks Trier 1867—1887, Diss. mass. Bonn 1961.

Dressel, H.: Die politischen Wahlen in der Stadt Trier und in den Eifel- und Moselkreisen des Regierungsbezirks Trier 1888—1913, Diss. Bonn 1961.

Röttges, O.: Die politischen Wahlen in den linksrheinischen Kreisen des Regierungsbezirkes Düsseldorf 1848—1867, Diss. Bonn 1962.

Haseloff, W.: Die politischen Parteien und die Wahlen in Waldeck 1867—1953, Diss. mass. Marburg 1955.

Graf, H.: Die Entwicklung der Wahlen und politischen Parteien in Groß-Dortmund, Hannover / Frankfurt/M. 1958.

Kurt, A.: Wahlen und Wähler im Wahlkreis Offenbach. Eine historisch-statistische Untersuchung zur politischen Struktur der Stadt und des Landkreises Offenbach im Wandel der letzten anderthalb Jahrhunderte, Offenbach 1966.

Rosenbaum, L.: Beruf und Herkunft der Abgeordneten zu den deutschen und preußischen Parlamenten 1847—1919, Frankfurt/M. 1923.

Frank, R.: Der Brandenburger als Reichstagswähler (1. Bd.: 1867/1871—1912/13), Diss. Berlin 1934.

Ehrenfeuchter, B.: Politische Willensbildung in Niedersachsen zur Zeit des

Kaiserreiches. Ein Versuch auf Grund der Reichstagswahlen von 1867—1912, insbesondere seit 1890, Diss. mass. Göttingen 1951.

Franz, G.: Die politischen Wahlen in Niedersachsen 1871—1918, 2. Aufl., Bremen 1954.

Klöcker, A.: Konfession und sozialdemokratische Wählerschaft. Statistische Untersuchung der allgemeinen Reichstagswahlen des Jahres 1907, Diss. Erlangen, Mönchen-Gladbach 1913.

Bertram, J.: Die Wahlen zum Deutschen Reichstag vom Jahre 1912. Parteien und Verbände in der Innenpolitik des Wilhelminischen Reiches, Düsseldorf 1964.

1918—1933

Kamm, W.: Abgeordnetenberufe und Parlament, die berufliche Gliederung der Abgeordneten in den deutschen Parlamenten des 20. Jahrhunderts, Karlsruhe 1927.

Egelhardt, V.: Die Zusammensetzung des Reichstages nach Alter, Beruf und Religionsbekenntnis, in: Die Arbeit, Bd. 8 (1931), S. 31 ff.

Borell, A.: Die soziologische Gliederung des Reichsparlamentes als Spiegelbild der politischen und ökonomischen Konstellationen, Diss. Gießen, Dessau 1933.

Schwarz, M.: Biographisches Handbuch der Reichstage, Hannover 1965.

Kaltefleiter, W.: Wirtschaft und Politik in Deutschland, Konjunktur als Bestimmungsfaktor des Parteiensystems, 2. Aufl., Köln und Opladen 1968.

Heberle, R.: Landbevölkerung und Nationalsozialismus. Eine soziologische Untersuchung der politischen Willensbildung in Schleswig-Holstein 1918—1932, Stuttgart 1963 (zuerst erschienen als: From Democracy to Nazism. A regional Case Study on Political Parties in Germany, Baton Rouge 1945.

Ders.: Zur Soziolgie der nationalsozialistischen Revolution, Notizen aus dem Jahre 1934, in: VjHZ Bd. 13 (1965), S. 438 ff.

Stoltenberg, G.: Politische Strömungen im Schleswig-holsteinischen Landvolk 1918—1933, Düsseldorf 1962.

Pratt, S. A.: The Social Basis of Nazism and Communism in Urban Germany, Diss. Michigan University 1948.

Nilson, S. S.: Wahlsoziologische Probleme des Nationalsozialismus, in: ZgesStW Bd. 110 (1954), S. 279 ff.

Koellreuther, O.: Der Sinn der Reichstagswahlen vom 14. September 1930 und die Aufgaben der deutschen Staatslehre, in: Staat und Recht in Geschichte und Gegenwart 76, Tübingen 1930.

Bracher, K. D.: Probleme der Wahlentwicklung in der Weimarer Republik, in: *Ders.:* Deutschland zwischen . . ., a.a.O., S. 50 ff.

Milatz, A.: Wähler und Wahlen in der Weimarer Republik, 2. Aufl., Bonn 1968.

Eschenburg, Th.: Streiflichter zur Geschichte der Wahlen im Dritten Reich, Dokumentation, in: VjHZ Bd. 3 (1955), S. 311 ff.

Bundesrepublik Deutschland

Münke, St.: Wahlkampf und Machtverschiebung, Geschichte und Analyse der Berliner Wahlen vom 3. Dezember 1950, Berlin 1952.

Hagmann, H. J.: Die saarländischen Landtagswahlen vom 30. November 1952, Köln 1953.

Hirsch-Weber, W. / Schütz, K.: Wähler und Gewählte. Eine Untersuchung der Bundestagswahlen 1953, Berlin/Frankfurt/M. 1957.

Baer, Chr. C. / Faul, E., Hrsg.: Das deutsche Wahlwunder, Frankfurt/M. / Offenbach 1953.

Grosser, A.: Sept élections allemandes, in: RFSP Bd. 5 (1955), S. 345 ff.

Grube, W.: Der Stuttgarter Landtag 1457—1957. Von den Landständen zum demokratischen Parlament, Stuttgart 1957.

Kitzinger, U.: German Electoral Politics. A Study of the 1957 Campaign,

Oxford 1960; dtsch.: Wahlkampf in Westdeutschland. Eine Analyse der Bundestagswahl 1957, Göttingen 1960.

Shell, K. L. / Diederich, N.: Die Berliner Wahl vom 7. Dezember 1958, in: ZPol NF Bd. 7 (1960), S. 241 ff.

Schede, W. E.: Der Landtagswahlkampf in Niedersachsen 1959, Diss. Freiburg 1961.

Faul, E., Hrsg.: Wahlen und Wähler in Westdeutschland, Villingen 1960.

Eberlein, K. D.: Die Wahlentscheidung vom 17. September 1961, ihre Wirkungen und Ursachen, in: ZPol NF Bd. 9 (1962), S. 237 ff.

Barnes, S. H. u. a.: The German Party System and the 1961 Federal Election, in: AmPSR Bd. 56 (1962), S. 899 ff.

Beeger, B.: Anatomie einer Wahl. Gewinne und Verluste am 17. September 1961, in: Die politische Meinung 1961, Heft 65, S. 17 ff.

Kaase, M.: Wechsel von Parteipräferenzen. Eine Analyse am Beispiel der Bundestagswahl von 1961, Meisenheim / Glan 1967.

Vogel, B. / Haungs, P.: Wahlkampf und Wählertradition. Eine Studie zur Bundestagswahl von 1961, Köln und Opladen 1965.

Gemmecke, V.: Parteien im Wahlkampf. Eine Analyse der Bundestagswahl 1961 im Wahlkreis Arnsberg-Soest, Meisenheim / Glan 1967.

Blankenburg, E.: Kirchliche Bindung und Wahlverhalten. Die sozialen Faktoren bei der Wahlentscheidung Nordrhein-Westfalens 1961—1966, Olten u. Freiburg / Breisgau 1967.

Leirich, W.: Politik in einem Bundesland. Die Landtagswahl vom 8. Juli 1962 in Nordrhein-Westfalen, Köln und Opladen 1968.

Kaltefleiter, W.: Wähler und Parteien in den Landtagswahlen 1961—1965, in: ZPol NF Bd. 12 (1965), S. 224 ff.

Sänger, F. / Liepelt, K.: Wahlhandbuch 1965, Frankfurt 1965.

Buch, J. / Lüke, F.: Wir hatten die Wahl. Die Parteien im Kampf um die Macht 1965, München 1965.

Kaltefleiter, W.: Konsens ohne Macht? Eine Analyse der Bundestagswahl vom 19. September 1965, in: Verfassung und Verfassungswirklichkeit 1966, S. 14 ff.

Klepsch, E. / Müller, G. / Wildenmann, R.: Die Bundestagswahl 1965, München/ Wien 1965.

Scheuch, E. K.: Zur Irrelevanz des Wählerwillens. Eine Untersuchung der Landtagswahl in Nordrhein-Westfalen und ihre politischen Konsequenzen, in: Verfassung und Verfassungswirklichkeit 1966, S. 63 ff.

Infas, Hrsg.: Anhänger der neuen Rechtspartei. Beiträge zur Diskussion über das Wählerreservoir der NPD (politogramm, Heft 13/14), Bad Godesberg 1967.

Liepelt, K.: Anhänger der neuen Rechtspartei. Ein Beitrag zur Diskussion über das Wählerreservoir der NPD, in: PVS Bd. 8 (1967), S. 237 ff.

Fink, W.: Die NPD bei der Bayrischen Landtagswahl 1966. Eine ökologische Wahlstudie, München/Wien 1969.

Neusüs-Humbel, E.: Parteien und Wahlen in Marburg nach 1949, Meisenheim/ Glan 1968.

Infas, Hrsg.: Wahlen in Nordrhein-Westfalen. Heft 5 der Reihe politogramm: Wählerbewegungen. Statistische Analyse des Wahlergebnisses; Heft 6: Wählerverhalten. Soziologisch-politische Aspekte des Wahlergebnisses, beide Bad Godesberg 1966.

Klingemann, H. D.: Bestimmungsgründe der Wahlentscheidung. Eine regionale Wahlanalyse, Meisenheim/Glan 1969.

Kaltefleiter, W.: Die Wahlen in Niedersachsen und Bremen in ihrer Bedeutung für das deutsche Parteiensystem, in: Verfassung und Verfassungswirklichkeit 1968, S. 61 ff.

Ders.: Zur Chancengleichheit der Parteien in der Bundesrepublik, ebenda, S. 214 ff.

Schäfer, Fr./Jekewitz, J.: Die Wahlprüfung zum 5. Deutschen Bundestag, ebenda, S. 237 ff.

Wildenmann, R.: Die Bundesrepublik am Scheideweg. Zur Bundestagswahl 1969, in: Sozialwissenschaftliches Jahrbuch, Bd. 1 (1969).

Jäckel, H.: Wahlführer 1969. Politiker, Parteien, Programme, Daten, Fakten, München 1969.

Müller, G.: Die Bundestagswahl 1969. München/Wien 1969.

Nohlen, D./Schultze, R. O.: Die Bundestagswahl 1969 in wahlstatistischer Perspektive. Materialien zur Diskussion des Wahlergebnisses, in: Aus Politik und Zeitgeschichte, Beilage zur Wochenzeitung Das Parlament, B 51—52/69, S. 15 ff.

Schiederer, U.: Wahlen in der Bundesrepublik. Am Beispiel der Bundestagswahl 1969, Frankfurt/M. 1969.

Haungs, P.: Wahlkampf und Wählerverhalten 1969, in: Zeitschrift für Parlamentsfragen, 1. Jg. (1970), S. 90 ff.

Kaase, M.: Determinanten bei der Bundestagswahl 1969, in: PVS Bd. 11 (1970), S. 46 ff.

Klingemann, H. D./Pappi, F. U.: Die Wählerbewegungen bei der Bundestagswahl am 28. September 1969, ebenda, S. 111 ff.

Kaltefleiter, W. mit Arend, P./Kevenhörster, P./Zülch, R.: Im Wechselspiel der Koalitionen. Eine Analyse der Bundestagswahl 1969, Verfassung und Verfassungswirklichkeit 1970, Teil 1, Köln/Berlin/Bonn/München 1970.

WStat.

Bock, E.: Wahlstatistik. Ein Beitrag zur politischen Statistik, Jena 1920.

Kostić, L. M.: Die parlamentarischen Wahlen und die Statistik, Diss. mass. Frankfurt/M. 1923.

Anderson, E. N.: The Prussian Election Statistics 1862 and 1863, Lincoln 1954.

Hack, F.: Übersicht über die Zusammensetzung der Volksvertretung in Deutschland und in anderen repräsentativen Staaten, in: ZgesStW Bd. 27 (1871), S. 526 ff.

Haak, H. / Wiechel, H.: Kartogramm zur Reichstagswahl. Zwei Wahlkarten des Deutschen Reiches in alter und neuer Darstellung mit politisch-statistischen Begleitworten und kartographischen Erläuterungen, Gotha 1903.

Specht, F. / Schwabe, P.: Die Reichstagswahlen von 1867 bis 1903. Eine Statistik der Reichstagswahlen nebst den Programmen der Parteien und einem Verzeichnisse der gewählten Abgeordneten, 2. Aufl., Berlin 1904.

Phillipps, A.: Die Reichstagswahlen von 1867 bis 1883. Statistik der Wahlen zum konstituierenden und norddeutschen Reichstage, zum Zollparlament, sowie zu den ersten 5 Legislaturperioden des deutschen Reichstages, Berlin 1904.

Kalkoff, H.: Graphische Darstellungen der Parteien in den Parlamenten des Deutschen Reiches, Bd. 1: Die Vertretung der Parteien im Reichstage 1871—1912, Bd. 2: Die Vertretung der Parteien im preußischen Abgeordnetenhaus 1866 bis 1913, Berlin 1912/1913.

Ders.: Nationalliberale Parlamentarier 1867—1917 des Reichstages und der Einzellandtage. Beiträge zur Parteiengeschichte, hrsg. aus Anlaß des fünfzigjährigen Bestehens der nationalliberalen Partei Deutschlands, Berlin 1917.

Dix, A.: Die Deutschen Reichstagswahlen 1871—1930 und die Wandlungen der Volksgliederung, in: Recht und Staat in Geschichte und Gegenwart Bd. 77, Tübingen 1930.

Dittmann, W.: Das politische Deutschland vor Hitler, Zürich / New York 1945.

Striefler, H.: Deutsche Wahlen in Bildern und Zahlen, eine soziologische Studie über die Reichstagswahlen der Weimarer Republik, Düsseldorf 1946.

Hagmann, M., Hrsg.: Der Weg ins Verhängnis, Reichstagswahlergebnisse 1919 bis 1933, München 1946.

Schachtner, R.: Die Deutschen Nachkriegswahlen, Wahlergebnisse in der Bundesrepublik Deutschland, in den deutschen Bundesländern, in West-Berlin, im Saarland und in der Sowjetzone (DDR) 1946—1956, München 1956.

INDEX

DIE WAHL DER PARLAMENTE

und anderer Staatsorgane

Ein Handbuch

Herausgegeben von Dolf Sternberger und Bernhard Vogel

Redaktion von Dieter Nohlen

Band I: Europa

1. Halbband. Lexikon-Oktav. XL, 831 Seiten. Mit 52 Graphiken und umfangreichem Tabellenwerk. 1969. Ganzleinen DM 140,—
2. Halbband. Lexikon-Oktav. XVI, Seiten 832—1489. Mit 18 Graphiken und umfangreichem Tabellenwerk. 1969. Ganzleinen DM 106,—

In Vorbereitung befinden sich weitere Bände zu den Ländern Afrikas, Amerikas und Asiens (in Teilbänden). Ein abschließender theoretischer Band ist vorgesehen.

Aus Buchbesprechungen zu Band I, 1. und 2. Halbband:

Ein großes politisch-wissenschaftliches publizistisches Werk wurde begonnen, für das Wissenschaft — und zwar weit über die Fachzunft der Wissenschaft von der Politik hinaus — und Praxis dankbar sein werden. Gleichzeitig hat aber dieses Werk schon in dem vorliegenden ersten Halbband des ersten Bandes Zeugnis gegeben von dem hohen Wert, den richtig verstandene und sprachlich unverstümmelte Wissenschaft von der Politik hat . . .
. . . Selten wird man ein solch umfassendes Werk zur Hand genommen haben, das so nahe an die Gegenwart herangeführt ist!

Günter Olzog in „Politische Studien"

Von Albanien bis Zypern kann man sich jetzt mit einem Griff über das geltende Wahlrecht in 34 europäischen Staaten informieren: in den ersten beiden, als Halbbände des ersten Bandes figurierenden Bänden des von Dolf Sternberger und Bernhard Vogel herausgegebenen Handbuchs „Die Wahl der Parlamente". Mit diesem Werk, an dem eine größere Zahl von Autoren mitwirkt, soll nach dem erklärten Willen des Herausgebers das fortgeführt werden, was mit dem 1901 erschienenen Wahlhandbuch von Georg Meyer und den 1932 herausgekommenen beiden Bänden von Karl Braunias für frühere Zeiten geschaffen worden war . . .
. . . Das Handbuch „Die Wahl der Parlamente" ist ein so anspruchsvolles wie verdienstliches Unternehmen, das auf sich genommen zu haben man Herausgebern und Mitarbeitern nicht genug danken kann.

Frankfurter Allgemeine Zeitung

WALTER DE GRUYTER · BERLIN · NEW YORK